# 争夺非洲

## 列强瓜分非洲大陆简史

张宏伟 编著

民主与建设出版社

·北京·

**图书在版编目（ＣＩＰ）数据**

争夺非洲 : 列强瓜分非洲大陆简史 / 张宏伟编著
. -- 北京 : 民主与建设出版社，2022.8
ISBN 978-7-5139-3907-2

Ⅰ.①争… Ⅱ.①张… Ⅲ.①非洲—历史 Ⅳ.
① K4

中国版本图书馆 CIP 数据核字（2022）第129312号

争夺非洲：列强瓜分非洲大陆简史
ZHENGDUO FEIZHOU LIEQIANG GUAFEN FEIZHOU DALU JIANSHI

| | |
|---|---|
| 编　　著 | 张宏伟 |
| 责任编辑 | 胡　萍　宁莲佳 |
| 封面设计 | 王　星 |
| 出版发行 | 民主与建设出版社有限责任公司 |
| 电　　话 | （010）59417747　59419778 |
| 社　　址 | 北京市海淀区西三环中路10号望海楼 E 座7层 |
| 邮　　编 | 100142 |
| 印　　刷 | 重庆长虹印务有限公司 |
| 版　　次 | 2022年8月第1版 |
| 印　　次 | 2022年9月第1次印刷 |
| 开　　本 | 787毫米 ×1092毫米　1/16 |
| 印　　张 | 29 |
| 字　　数 | 460千字 |
| 书　　号 | ISBN 978-7-5139-3907-2 |
| 定　　价 | 149.80元 |

注：如有印、装质量问题，请与出版社联系。

# 目录

CONTENTS

目录 CONTENTS

# 第一章 "不朽"的利文斯通

从大航海时代葡萄牙人在非洲沿海殖民，到19世纪中期欧洲工业革命进行得如火如荼，中间过去了400余年。彼时的欧洲，城市烟囱林立，乡间火车汽笛轰鸣，河道里蒸汽船航行，就连地铁、海底电缆这些看似现代化的产物，也已经投入使用。但对处于文明之巅的欧洲人来说，地中海对岸的非洲大部分地区，依旧像月亮一样神秘莫测，甚至毫不夸张地说，那里比月亮还要神秘，因为人们至少还能用望远镜观察月亮。

自希罗多德时代以来，欧洲便流传着"大河自非洲腹地喷薄而出"的传说。但当时没有人有能力沿着非洲各条大河逆流而上，追溯源头。尼日尔河与赞比西河的河口，宛如沼泽与沙洲的迷宫；刚果河被如同水闸一样的巨大瀑布群封锁；即便是欧洲人相对熟悉的尼罗河，也在穿过埃及、努比亚等文明地区之后，隐没在遍布纸莎草的苏德沼泽中。这些大河流域普遍气候湿热，温度超过40℃如同家常便饭，疟疾、昏睡病等可怕的热带疾病泛滥，无论对当地人还是对入侵者来说，都是致命的威胁。因此，欧洲人连一个关于非洲腹地最基本，同时也是他们最关心的问题都难以回答：那里究竟是一块蕴藏着无尽财富的宝地，还是仅仅是一块蛮荒之地？

话说回来，非洲腹地在中世纪时确实出现过一个让欧洲人垂涎不已的"黄金国"，那就是辉煌一时的马里帝国。1325年，马里帝国鼎盛时期，皇帝曼萨·穆萨一世（Mansa Musa Ⅰ）前往麦加朝觐。途经开罗时，他挥金如土，以致市场上的金价下跌12%左右。中世纪末期，世界上三分之二的黄金来自西非。驼队从杰内（Jenne）与廷巴克图（Timbuctu）出发，经过两个月的颠簸，穿越撒哈拉沙漠，抵达地中海沿岸。一两年之后，驼队鞍袋中的黄金被铸造成金币，换来了产自中国的丝绸和马鲁古群岛的香料。

黄金是驱使葡萄牙人在15世纪染指西非的"荷尔蒙"。1480年，葡萄牙人已经在塞内加尔河与几内亚湾的埃尔米纳（Elmina，位于今加纳）装运从未知黄金产地冲到下游的金子。葡萄牙航海家在非洲南部建立了两块殖民地——安哥拉与莫桑比克，在西非成立了许多贸易站，并占领了佛得角群岛、圣多美岛和普林西比岛。但相比从印度、马鲁古群岛、中国以及新大陆获得的海量财富，葡萄牙在非洲收获的黄金和象牙显得微不足道。于是，非洲短暂地淡出了欧洲人的视野。

然而，随着欧洲投资家们在新大陆大肆开辟种植园，对劳动力的需求急剧增长，他们将目光重新投向非洲。臭名昭著的黑奴贸易就此兴起。除奥地利、波兰和俄国等少数国家外，几乎所有的欧洲国家都先后参与了这一罪恶活动。与黄金贸易一样，黑奴贸易也不需要欧洲人深入非洲大陆，他们只需借助各部落之间的矛盾，由当地部落酋长出面抓获奴隶即可。在尼日尔河下游以西，奴隶海岸（今贝宁）热气腾腾的港口上，当地人押来成串的奴隶。随后这些奴隶被解开、分类、买卖、再次上好枷锁、装载（在此期间，至少有三分之一的人死亡），然后被运往巴西、美国、西印度群岛等地。毫不夸张地说，这是有史以来规模最大、最可怕的人口迁徙。

到了19世纪，作为黑奴贸易的发起者，欧洲人似乎忽然良心发现。英国资产阶级自由派提出了"通商（Commerce）、传教（Christianity）、文明（Civilization）"的"3C"方案。所谓"通商"，就是以交易工业品的自由贸易取代奴隶贸易。英国从1807年起禁止奴隶贸易，1834年废除奴隶制度，并派皇家海军检查、拦截贩奴船。美国有样学样，于1808年禁止奴隶贸易，但由于南方各州属于种植园经济，需要奴隶耕作，因此这一命令成为一纸空文。几十年后，南北战争爆发，其重要导火索便是奴隶问题。法国、丹麦、瑞典、荷兰、葡萄牙等国也先后禁止奴隶贸易。这之后，奴隶贸易的中心由西非沿海转移到了东非沿海，奴隶贩子也由欧洲人变成了阿拉伯人、斯瓦希里人①。这些奴隶贩子为了逃避巡查船的检查，销毁罪证，经常把大批活着的黑奴杀死后抛入大海。

随着贩奴帆船逐渐从历史之海中退场，冒着黑烟的蒸汽船成了下一阶段出入非洲的标志性风景。在帆船时代，只有价格昂贵、体积小、不易腐烂的货物才值

---

① 斯瓦希里人生活在如今的肯尼亚与坦桑尼亚，讲斯瓦希里语。尽管他们信仰伊斯兰教，装束也与阿拉伯人一样，但只有少数人拥有阿拉伯血统。

得商人运输，但随着蒸汽船航速的飞速提升，大宗热带商品，如坚果、橄榄油，成了欧洲商人新的财富之源。昔日因奴隶贸易而崛起的利物浦港，如今因热带商品贸易再度热闹起来。汽船搭载着来自伯明翰的纽扣、曼彻斯特的棉布，前往非洲交换热带作物。

搭乘汽船来到非洲的，还有当时人气堪比流量巨星的探险家们。这场对非洲腹地的大探险，主角依旧是英国人。这既归功于海洋民族盎格鲁 - 撒克逊人征服四方、开拓进取的冒险精神，又归功于探险家身后对海外市场和原料产地趋之若鹜的企业家和富商们的支持。

在西非，1854年，海军外科医生威廉·贝基（William Baikie）乘坐"昴宿星"号（the Pleiad）汽艇，沿着尼日尔河航行近500千米，5年后抵达尼日尔河与贝努埃（Benue）河的交汇处洛科贾（Lokoja）。在东非与中非，1858年2月，理查·伯顿（Richard Burton）发现坦噶尼喀湖。同年7月，约翰·斯皮克（John Speke）发现维多利亚湖，并认为该湖便是白尼罗河的源头。1862年7月28日，斯皮克与詹姆斯·格兰特（James Grant）亲眼见到维多利亚湖的水泻入白尼罗河所形成的瀑布，证实了先前的猜测。斯皮克一行返程时碰上了塞缪尔·贝克（Samuel Baker）。不久后，贝克发现了一个大湖，并以女王丈夫阿尔伯特亲王的名字将其命名为"阿尔伯特湖"。贝克沿湖勘察，发现尼罗河注入阿尔伯特湖，然后又从东端流出，因而证实阿尔伯特湖也是尼罗河的源头。尼罗河发源地的神秘面纱就此被揭开。

这一代探险家中的翘楚，毫无疑问是大卫·利文斯通（David Livingstone）医生。利文斯通出生于苏格兰的布兰太尔，在一个贫穷的茶叶商家庭长大。在笃信基督教的父母的影响下，他从小便立志成为传教士，传播上帝的福音。1840年，他受伦敦传教会派遣，前往南非库鲁曼传教，初次踏上非洲大陆。1849年8月1日，他跨越卡拉哈里（Kalahari）沙漠后发现了恩加米湖。1851年8月3日，他又发现了"巨大的河流"——赞比西河。

长期的非洲生活，使得这位传教士深刻见识到了奴隶贸易的残暴。利文斯通称奴隶贸易为"世上裸露的创口"，他坚信只要开辟一条自沿海进入内陆的"文明之路"，将合法贸易与基督教传输给未开化的土著，便可治愈这道创口。因此利文斯通决定成为专职探险家，寻找这一通道。

1853—1856年，利文斯通进行了第一次专程探险，探索纵贯非洲大陆的赞比西河谷。他在赞比西河中游遇到了一个巨大瀑布，为表示对女王的敬意，他将其取名为"维多利亚瀑布"。绕过大瀑布后，他继续沿赞比西河进入莫桑比克，于1856年5月20日到达非洲东海岸的克利马内（Quelimane）。这样，利文斯通在两年多的时间里，自西向东横越了非洲大陆，被誉为横越非洲第一人。他于1856年返回英国时得到女王召见，成为国人心目中的英雄。而作为医生，利文斯通发现从金鸡纳树中提取的奎宁能够有效治疗疟疾等热带病，这大大提高了欧洲人在非洲内陆的存活率，从此深入非洲探险再也不是九死一生的送命之旅。

　　1858—1862年，在英国政府的赞助下，利文斯通进行了第二次探险，依然是对赞比西河流域进行勘察。这次探险并不成功，他的妻子玛丽因病死于赞比西河畔，而水流湍急的赞比西河亦难以成为理想的水上商道。因此在利文斯通看来，自地中海通往非洲大陆中心——"黑暗之心"的尼罗河，是唯一的"文明之路"。

　　1866年年初，利文斯通发起第三次探险。他从桑给巴尔出发，溯鲁伍马河而上，对尼亚萨湖（Lake Nyasa，1965年改名马拉维湖）进行勘察。接着他又折向西北，从坦噶尼喀湖西行，考察了姆韦鲁湖和班韦乌卢湖。1871年，他抵达刚果河上游的卢阿拉巴河。当年11月，在回到坦噶尼喀湖畔的基地乌吉吉（Ujiji）一个月后，利文斯通终于得到了外界的增援——或者说"被找到了"。寻找他的是探险家中的"后浪"亨利·莫顿·斯坦利（Henry Morton Stanley），此时他已与欧洲足足有5年没有任何联系了。1872年，利文斯通拒绝了斯坦利希望他回国的建议，这两位19世纪最伟大的探险家就此诀别。

　　在此插一句，利文斯通探险的初衷是终结罪恶的奴隶贸易，但在旅途中，他与斯瓦希里奴隶贩子们的关系却是若即若离，亦敌亦友，错综复杂。斯瓦希里人与利文斯通一行相遇时，常常慷慨地为后者提供热气腾腾的食物。有一次，利文斯通因肺炎病倒，咳嗽吐血，半昏半醒，还是坦噶尼喀湖畔的斯瓦希里奴隶贩子使用阿拉伯土法，才将他治好。

　　另一方面，奴隶贩子的残暴让医生触目惊心。1871年7月15日，利文斯通等人在卢阿拉巴河边的大型商镇尼扬韦（Nyangwe）歇脚。结果斯瓦希里人忽然毫无征兆地开枪，肆意射杀村民，乘坐独木舟捕捉奴隶，并把河岸边的17个村庄付之一炬。当地人慌不择路地向河里逃去，他们的独木舟在卢阿拉巴河上翻船，有几百人被杀死或溺死。利文斯通目睹"如同无底深渊"的场景，没有胆量伸张正义，只能张皇失措地站着。他下决心与斯瓦希里人分道扬镳时，还得乞求这些凶残的"猎犬"们提供让他返回坦噶尼喀湖所需的衣服与火药。

与斯坦利告别后，利文斯通发起了第四次专程探险。这次探险的目的是继续对班韦乌卢湖做进一步勘查，并寻找卢阿拉巴河与卢阿普拉河的源头。这是非洲地理最后一个大的未解之谜。利文斯通一直相信，所谓"卢阿普拉河"，就是尼罗河，这样人们可以从地中海沿尼罗河直抵非洲腹地，甚至来到大西洋沿岸。

不过，这次探险十分不顺。1873年4月21日，利文斯通从驴背上摔下来，受了重伤，无法走路。楚玛等随从们只能用草垫和木棍做了个简易行军床，白天抬着他继续前进，晚上则搭一个小草房供利文斯通休息。

当一行人来到莫里拉莫（Molilamo）小河边上的卡伦加朱乌（Kalunganjovu）镇时，利文斯通的旧相识奇坦博（Chitambo，位于今赞比亚）酋长头戴塔布什帽（tarbooshes，帽顶有缨子的男式红色土耳其帽），身穿阿拉伯长袍，带着一个孩子与3篮子花生，与躺在行军床上、几乎不能说话的利文斯通见面。酋长邀请医生到他的村子里暂时休整，并提供给他们独木舟过河。楚玛温柔地把医生抱上最大的一艘独木舟，越过满是纸莎草与荷叶的沼泽，穿过被河水淹没、衰颓的丛林，经过几个小时的旅行，进入了酋长的村庄。

随从们给利文斯通建了一座大房子，还在房子内摆了一口大箱子充作桌子，用来放药箱，并把用于交换食物的几捆美国布、几箱珠子、利文斯通视若珍宝的私人物品——坏掉的六分仪与经线仪、来复枪、《圣经》、锁在锡皮盒子里的铁皮日记本——都放在房子里。尽管利文斯通身受重伤，又先后患上痢疾和疟疾，接近失明，但他依旧壮心不已。他在4月25日的日记中写道：

> 世间尚无事能迫使我绝望地放弃工作。我以我主自励，继续前进。

4月27日，由于他已经半失明，因此日记写得很模糊，只能依稀辨认出"依旧很累……恢复了……派人去买奶羊，我们在莫里拉莫河岸"的字样。

4月30日，奇坦博酋长邀请他在此长住，但利文斯通说他第二天就要返回乌吉吉休养。当晚利文斯通睡得很早，但在深夜11点被远方的巨响惊醒，他叫来另一个随从苏西问："这些声音是我们的人弄出来的吗？"

苏西回答："不，人们正在从高粱地里赶走一头水牛。"

利文斯通开始浮想联翩，说："这就是卢阿普拉河吗？"

苏西回答他们正在奇坦博的村子里。

"多久才能到卢阿普拉河？"

"我认为将在3天内。"

利文斯通呻吟着说："天啊，天啊！"

一个小时后，苏西再次被叫到小屋里。"主人需要你，苏西。"利文斯通让他热点水。

苏西将铜壶灌满热水，随后把药箱带到床上，点燃蜡烛。医生极为费力地选了一瓶甘汞。"好了，你可以走了。"

天还未亮，苏西就听到睡在小屋门前的男孩马吉瓦拉叫道："去看看主人吧，我害怕极了。"

随从们拥进小屋，只见一支蜡烛被粘在药箱顶部，烛光下的利文斯通跪在床边，身体前倾，头埋在枕头里，双手抱头，一动不动，仿佛在祈祷。马修·威灵顿（Matthew Wellington）摸了摸医生的脸，已经冰凉了。他们整理好医生的遗容，走出屋子，围着篝火静坐。不久之后，公鸡开始打鸣。

利文斯通孤独地死去，乃是他最后一次探险中最大的悲剧，但他的此次旅程并未结束，而是刚刚开始。

利文斯通死后，探险队由苏西和楚玛领导，这支队伍除了妇孺以外尚有50人。他们身处非洲大陆的中心，距故土桑给巴尔近2500千米，四周是野蛮民族，还有捕奴人时常出没。

大家达成一致意见，并不就地安葬医生，而是将其运回桑给巴尔。他们得证明医生确实死了，而不是像6年前那样被随从抛弃了。但是，他们需要对外隐瞒这一计划，因为当地人害怕陌生人的死亡，认为死者会吸走他们的寿命。这样一来，探险队得付出大量物资，弥补他们的损失。于是楚玛带着一捆布与一些珠子前去拜见奇坦博酋长。

"主人病得厉害，他讨厌这个气味陈腐的村庄与到处乱窜的老鼠，他想要一个外边的房子。"

"我昨天来过了，但没见到他，我今天能见他吗？"

"不能，我们将用衣服把他盖好。"

"好的，什么时候可以见他，告诉我一声，我可以让手下带几只鸡鸭来卖给他。"

酋长指着一棵高大的非洲柚木洒下的树荫，让楚玛在那里盖新房子。于是，人们开始伐木。

然而，一个去奇坦博购买补给的桑给巴尔人告诉酋长利文斯通已死。奇坦博酋长找到了楚玛。

"你为什么隐瞒他的死讯？你以为我要吃了他？遗体在哪里？"

"我不能告诉你。"

"不要再害怕了，我也曾经旅行过，在这个国家被马志都族（Mazitu）摧毁之前，我不止一次去过海岸边。我知道你并没有坏心眼。在旅途中，死人是司空见惯的。"

次日，苏西前去拜会奇坦博酋长，将事实讲了一遍。酋长说："好吧，我的人都应为之哀悼。"他穿着棉裙子，外罩一件红色宽袍，带着妻妾以及手持长矛、弓箭的部下，敲鼓哀号了两个小时，利文斯通的人则一次又一次地举枪齐鸣，为医生致礼。

大家修建了一座没有屋顶的小屋，取出医生的五脏六腑，将其放进医生装日记的锡盒里，埋在柚木旁边。年轻的雅各布·温赖特（Jacob Wainwright，一个在印度被释放的奴隶，随后被带到孟买附近的纳西克接受传教士教育）朗读悼词，主持仪式。随后，他们用衣服盖住医生的遗容，用盐擦拭他的遗体，并把他的嘴唇和头发涂上白兰地。苏西等人白天将遗体放在烈日下暴晒，晚上为防止遗体被鬣狗吃掉夜夜守护，足足折腾了两个星期。每一天奇坦博酋长都会来看，并诧异地问："为什么不埋掉他？"

"不，他是个大人物，不能埋在这里。"

最后，利文斯通的尸体终于被处理好了。苏西等人用兽皮裹住尸体，由于没有做木棺的工具，他们只能将其放进卷成圆筒形的柚木树皮里，再在外面裹上厚帆布，涂上沥青。最后，他们将它固定在一根木棍上，抬着它向大海方向前进。

离开奇坦博之前，他们用两块涂了沥青的木头做了个墓碑。温赖特将利文斯通的死期——5月4日（他们记错了，应该是5月1日）刻在柚木上，并央求奇坦博酋长帮忙打理，不要让树周边长草，否则树就会在林火中被烧。随后，他们给了酋长一箱饼干、几张报纸，以向后来者宣告欧洲人曾来过。酋长回答："倘若有人要来，那么尽快，因为我担心马志都人回来，那样我们不得不离开，而他们会把这棵树砍了做独木舟。"

4个月后，也就是1873年9月，在乌亚耶博（Unyanyembe）的塔波拉（Tabora），英国皇家地理协会探险队队长——中尉弗尼·卡梅伦（Verney Cameron）收到楚玛送来的一封英文信，落款为"利文斯通医生探险队，雅各布·温赖特"。原来，楚玛等人听说由利文斯通之子带领的探险队抵达了塔波拉。事实上，利文斯通的儿子奥斯维尔（Oswell）已经回到英国，他的外甥罗伯特·莫法特（Robert Moffat）则死于高烧。

温赖特在信中写道：

> 你的父亲在比萨（Bisa）的乡下因病去世，但我们带回来了他的遗体。我们失去了10个士兵，其中有人已经牺牲了。我们目前正在挨饿，不得不向你们要一些布料，来交换补给品。

卡梅伦当时已经半瞎，而他的英国搭档迪伦医生因高烧精神错乱，于几周后自杀。尽管卡梅伦自顾不暇，但他还是为楚玛提供了补给。几天后，利文斯通的遗体被运至塔波拉。卡梅伦试图劝说楚玛将遗体就地埋葬，因为利文斯通的妻子就埋骨于赞比西河畔，而医生自己也在1868年6月的日记中提到，他希望埋葬在"静谧的森林里，无人打扰我的骸骨"。但是苏西、楚玛等人铁了心要将医生的遗体带回故里，他们用干草编了一个假遗体，让它代替医生在塔波拉于大庭广众之下下葬。他们把真遗体包裹得像一捆布，继续朝巴加莫约（Bagamoyo）和大海的方向前进。

在桑给巴尔，医生的尸体被安置在一艘英国船上，温赖特陪伴左右。1874年4月，利文斯通去世11个月后，他的遗体终于抵达英格兰，在西敏寺进行了最高规格的葬礼。温赖特与斯坦利、约翰·柯克（John Kirk）医生以及利文斯通的亲朋一起为医生抬棺。5月，伦敦传教会出资邀请苏西与楚玛二人前往英格兰。英国公众已经听说了他们的事迹，对此深受触动。

有一个人缺席了这场盛大的葬礼，那就是28岁的卡梅伦中尉。在塔波拉接济送葬队之后，他要来了医生的航海仪器，包括坏掉的经线仪。卡梅伦拨给楚玛一行两个人后继续向西前进，试图完成利文斯通的未竟事业，探索神秘的卢阿普拉河。

1875年11月2日，距离西敏寺葬礼已经过去了一年半，卡梅伦终于挣扎着回到了位于安哥拉海岸上的本格拉（Benguela）附近的沙滩，他未能沿着卢阿普拉河走向大海，但他是第一个自东向西横穿非洲中南部的欧洲人。他相信自己解开了非洲最后一个地理大谜团：卢阿普拉河是刚果河，而非尼罗河！

卡梅伦的发现引起了一位欧洲君主的注意，瓜分非洲的序幕就此拉开。

# 第二章 利奥波德的野心

谁也不会想到，拉开瓜分非洲内陆序幕的，是一个小国之君。

比利时国王利奥波德二世（Leopold Ⅱ）通常早上5点起床，在莱肯宫的花园里，沿碎石小路一瘸一拐地散步。如果是下雨天，国王就会待在温室里。他有一个习惯，每次散步过后，就要读一读《泰晤士报》。属于他的那份报纸，头天晚上还在英国，而后被封在特制圆筒里用火车送到多佛尔，然后船运到奥斯坦德（Ostend）。当布鲁塞尔邮政车从莱肯宫经过时，它就会被抛出来，由专人送到莱肯宫，交给国王亲自启封阅览。

1876年1月7日早上，国王在《泰晤士报》第6页底下一角发现了一则来自葡萄牙殖民地罗安达（Luanda）的简报。该简报出自7周以前，上面写着："英国探险家卡梅伦中尉历经三载，终于抵达非洲西海岸，但他饱受坏血病折磨，身体过度虚弱，要等到春天才能回英格兰。不过，他发来的旅行笔记，将在下周一举行的英国皇家地理协会会议中公布。"这条消息引起了国王的格外关注。

4天之后，《泰晤士报》以"非洲探索"为头条，在前三版报道了英国皇家地理协会会议。协会主席亨利·罗林森（Henry Rawlinson）爵士赞美卡梅伦的探险是"在非洲大陆腹地进行了最为艰难与成功的旅行"，这绝非溢美之词。

卡梅伦在笔记里写道：

> 非洲内陆整体来说神秘而兴盛，富饶得无法用语言形容。我有一块优质煤的小样本，其余矿藏，如金、银、铜、铁亦十分丰富。我相信，在充裕（而不是奢侈）的资本支持下，一个崭新的内河航运系统将能投入使用，它会是世界上最大的内河航运系统之一。只需要30~36个月，所有进行投资的资本家们都会收到回报。

值得一提的是，当时欧洲列强尚未宣称非洲内陆某块土地为其殖民地或保护国，但卡梅伦还是颇有先见之明地指出"未来会出现外交难题"。卡梅伦的笔记引起了利奥波德的注意，几天后他向英国皇家地理协会承诺，如有需要，他将出资10万法郎（4000英镑）来支付卡梅伦探险的花销。

利奥波德出身于德意志的萨克森－科堡（Saxe-Coburg）家族。其父利奥波德一世是萨克森－科堡－萨尔菲德（Saxe-Coburg-Saalfeld）公爵的幼子，他娶了英土乔治四世的女儿夏洛特公主，一度成为英国王位的有力竞争者。孰料夏洛特公主于1817年香消玉殒，他的英国国王梦就此破灭。不过利奥波德一世促成了孀居姐姐维多利亚公主与乔治三世的四子爱德华王子的婚姻，两人的女儿就是后来的维多利亚女王。因此，按辈分利奥波德二世是维多利亚女王的表弟。

1830年，比利时脱离荷兰王国独立。次年，利奥波德一世加冕成为比利时首任国王，随后娶了法国奥尔良王朝国王路易·菲利普之女露易丝，生下三子一女。其中，长子早夭，次子即利奥波德，被立为王储。这位王储虽然肺不好，跛了一条腿，但十分热衷于出国旅行。他以疗养为借口，曾3次前往埃及游历，并热切地关注苏伊士运河的修建情况。1864—1865年，利奥波德前往印度旅游，比利时驻罗马大使戏谑道："我开始认为我们亲爱的王子故意生病，好有借口出国。"

这位王储痴迷的不仅仅是异域风情，还有海外的土地。当他游览希腊帕特农神庙时，他捡起一块大理石碎片，在上面写道："比利时需要一块殖民地。"当别人质疑比利时这样的小国是否有能力统治和教化落后的民族时，王储便举出邻国荷兰殖民爪哇岛的案例进行反驳。

事实上，他的父王早就想拥有一块皇家殖民地，并在危地马拉的圣托马斯尝试投资，但这次投资完全打了水漂：一些殖民者死于高温；主要赞助人破产，死在监狱里。因此，利奥波德一世对儿子的殖民大梦不屑一顾，认为这纯属"少年的白日梦"。

1865年，利奥波德一世病死，30岁的利奥波德登上王位。虽然根据《伦敦协议》，欧洲列强保证比利时永久中立，而且比利时是君主立宪制国家，国王的权力与责任都有限，但想要坐稳宝座绝非易事。比利时所在的低地地区，自古便有"欧洲斗鸡场"之称，始终是欧洲大陆诸国、诸民族与教派争锋角逐的中心。尤其是利奥波德即位没多久，两大邻国——普鲁士与法国便爆发了普法战争，结下血海深仇。在比利时国内，讲法语的瓦隆人与讲荷兰语的弗兰芒人势不两立，两大党派——天主教党与自由党党争不断。好在利奥波德天资聪颖，很快便掌握了立宪君主有所为有所不为的尺度。在公开场合，他几乎滴水不漏，无懈可击。在参议院，他高大威严，蓄着长须，身若重鼎，声如洪钟，但惜字如金。在外人看来，他更像一座高大而无趣的雕塑，而且没有一些小国君主身上常见的妄自尊大、坐井观天的毛病。

然而，国王身边的近臣都知道，这位主子有时执拗得几乎毫无理性。他一直在顽固地以"先王遗愿"的名义，寻觅一块殖民地。比利时是君主立宪制国家，国王的话算不上金口玉言，臣民不会轻易为之赴汤蹈火。顾问只能对他实话实说，比利时以商立国，在热带无人区开拓殖民地纯属赔钱买卖，比利时政府绝不会批准这样的计划。国王大包大揽地说，他可以自掏腰包解决资金问题。

国王并不是在吹牛。如果当时有福布斯富豪榜，那么国王必定榜上有名。国王的财富来源主要有二：他从父母那里继承的1500万法郎（60万英镑）的皇家遗产和他购买的、不断升值的苏伊士运河股票。更何况，他不仅能够自己承担殖民地的花费，还可以说服欧洲金融家们组成投资集团。因此，不差钱的国王需要的只是切实可操作的目标。

国王首先想到当时正陷入经济危机的西班牙。他托特使询问西班牙大使，该国是否同意租借菲律宾。他愿意出价1000万法郎，可预支付500万法郎。但国王没想到，西班牙虎瘦雄心在，人穷志不短，大使回答："对西班牙国王而言，如果他敢接受，那么等待他的将是退位、自杀。"同样，另一个老牌殖民帝国葡萄牙也拒绝了转让安哥拉、莫桑比克或帝汶岛，因此利奥波德将目光转向英国自治领澳大利亚附近的新几内亚岛。1875年7月，他接见英国大使萨维尔·鲁姆利（Saville Lumley），国王说道："我国需要一个用于疏导多余能量的安全阀，先王曾确信，没有比建立一个殖民地更好的办法。这样不仅可以发展我国的商业，还可以提升我国的陆军士气，建立起急缺的商船队。是时候让比利时谦逊地追随英国的脚步，投入建设文明的伟大工程中。我很高兴可以获得一块殖民地，费用从我的私产里出。殖民地定在哪里，该问题颇为头疼，但经过对比后，我相信能在日本与澳大利亚之间的新几内亚岛找一片合适的地方，它会处在未来伟大的商业高速通道上。"

大使:"我必须承认我的无知,但我担心那里的气候并不适合比利时人。"

国王:"我知道比利时人不似英国人坚韧且精力充沛,但我认为这座伟大的岛因其富饶而受到祝福,它的美丽和茂盛的植被无可比拟。"

随后国王解释道,比利时政府目前并未参与该计划。他一本正经地问大使:"女王的政府对这座岛有什么想法吗?如果有,那么我将从别的地方寻找殖民地。"

伦敦收到大使的报告后感到莫名其妙。按照《蓓尔美街报》(*Pall Mall Gazette*)的说法,新几内亚"几乎没有开发,估计有500万人口,基本上是凶残的食人族"。外交大臣德比(Derby)勋爵质疑道,比利时人如何拖家带口,在食人族中间生活?当然,德比勋爵的真实想法是,尽管英国自己不想占领新几内亚岛,但澳大利亚已经将其当成本国的后院,如果让比利时抢先一步,那么伦敦实在无法对澳大利亚人交代。因此德比勋爵果断地回绝了利奥波德。四处碰壁之后,利奥波德在1875年8月,对他的外交大臣兰贝蒙特(Lambermont)说:"无论是西班牙人、葡萄牙人,还是荷兰人(他竟然没有提到英国),都不愿意卖殖民地,我想谨慎地问一下,在非洲是否能做些什么?"

这就是本章开头卡梅伦的消息令国王格外关注的原因。

作为世界政治版图上的绝对配角,比利时能否在山雨欲来的瓜分狂潮中分一杯羹?这看似痴人说梦,利奥波德也清楚如若与英法硬争,无异于以卵击石。他决心反其道而行,将比利时国小民寡的劣势转化为优势,化被动为主动,利用公众对奴隶贸易的深恶痛绝和对传播文明、进行自由贸易的美好愿景,来达到自己的目的。

1876年9月,国王把十余位各国探险家邀请到莱肯宫,召开国际地理学会议。作为东道主,国王考虑周到,细致入微,事事亲力亲为。5月底,国王前往苏格兰巴尔莫勒尔城堡拜见表姐维多利亚女王,顺便与卡梅伦、格兰特等英国知名探险家见面。正如利奥波德所想,年轻气盛的卡梅伦曾劝说英国政府将刚果收为保护国,并自作主张地与当地酋长签了一些协议,但英国首相本杰明·迪斯累利(Benjamin Disraeli)根本没有这个打算,因此卡梅伦的协议沦为一堆废纸。一直悬在国王心中的石头终于落了地。

会议开始前,国王派了一艘专船去多佛尔迎接探险家们,船平稳穿过海峡,抵达奥斯坦德。在那里，他们登上了一列终点站为布鲁塞尔的专列，途中比利时入境管理人员对其大开绿灯。1876年9月11日傍晚6点30分，这些不拘小节的探险家们，略为拘束地穿着考究的礼服，拥向布鲁塞尔王宫的巴洛克式大理石阶梯，进入二楼被7000支蜡烛照成白昼的正殿，向等候多时的国王鞠躬致敬。富丽堂皇的宫殿与奢侈的招待，令这些习惯风餐露宿的探险家们受宠若惊。英国皇家地理协会代表团团长，曾在波斯波利斯破译过楔形文字的亨利·罗林森爵士当晚给妻子写信道："我住在富丽堂皇的套房里，深红色的绸缎和黄金饰品装点着房间。一切都是红色的，连墨水和厕纸都是。"

9月12日，会议在恢宏壮丽、如同剧院一般的画廊中正式召开，这个画廊是国王效仿法国杜伊勒里宫（Tuileries）建造的。国王发表致辞："向世界上唯一一块未开化之地传播文明，撕破笼罩在全人类头上的黑暗。我敢说，这是一场能够促进本世纪进步的十字军运动！在我看来，比利时这个位于欧洲中心的中立国，是召开这样一个会议的理想之地，正是这一点让我鼓足勇气，邀请你们来到我的国家。我很满意今日的开幕式。邀请你们到布鲁塞尔，我毫无私心。先生们，比利时虽小，但它感到快乐满足。我唯一的野心，仅仅是为它服务。"

国王的这段演讲，堪称高风亮节。何况在国王的近臣和与会的大多数探险家看来，非洲内陆穷得叮当响，没有什么财富能让国王心生杂念。在这些探险家中，资历最老的格兰特和斯皮克在非洲内陆探险时，唯一发现的财富就是象牙。但大象寿命长达60～70年，生长周期缓慢，象牙数量有限，就算放开手脚滥捕滥杀，象牙贸易也不会长久。几位德国探险家对非洲的财富也不乐观。1869—1874年，古斯塔夫·纳赫蒂加尔（Gustav Nachtigal）在撒哈拉沙漠及苏丹的科尔多凡（Kordofan）进行探险，他认为那里是世界上最贫瘠的地区。1865—1867年，穿越撒哈拉沙漠、进入博尔努（Bornu）的格哈德·罗尔夫斯（Gerhard Rohlfs）也没有发现什么财富。唯有年轻的卡梅伦判断刚果"富饶得无法用语言形容"，尽管他只是途经了巨大的刚果盆地南侧。

但与会的所有人在另一个议题上达成了共识，那就是尽管奴隶贸易在西非地区已经被禁止，但在东非，由阿拉伯、斯瓦希里人主导的奴隶贸易却依旧存在，并如同癌细胞一般，向中非地区扩散。因此，利奥波德呼吁在布鲁塞尔成立国际非洲协会总部，并在各国设立分会，他号召发起新的十字军运动，借助合法贸易与传教，打击奴隶贸易。利奥波德的提议得到了与会者的一致赞同。随后，众人推举国王担任国际非洲协会的首任主席。国王谦逊地说，他只干一年。会议结束后，国王赠送给每位客人一幅镶着金边框的他的戎装画像。

毫无疑问，借助这次会议，利奥波德的身份发生了翻天覆地的变化。这位之前在公众眼里枯燥无味，甚至有些粗鲁的国王，如今成了对抗奴隶贸易的现代十字军运动的发起者。在海峡对岸的英国，利文斯通的祖国，国王收获了无数粉丝，大家把他当作医生遗志的继承人。苏伊士运河的总设计师斐迪南·玛利·德·雷赛布（Ferdinand Marie de Lesseps）把国王发起的事业称为"这个时代最伟大的人道主义工程"。但亨利·罗林森爵士私底下对此表示悲观："我对此不抱期待，但纸面上的安排挺好。"

国王的本意究竟是什么？在几个月后一封发给驻伦敦的比利时大使索尔维恩（Solvyns）的信中，他的心迹昭然若揭：

我不会错过在非洲这块瑰丽的蛋糕上切下一块的机会。

利奥波德早已敲定了开启刚果之门的人选，但此人并未出现在布鲁塞尔会议上，他便是英国探险家亨利·莫顿·斯坦利。早在3年前，斯坦利便率领一支英美联合探险队，从桑给巴尔出发，尝试卡梅伦未竟之事：沿卢阿普拉河一直走到海边，从而确定这条河并非尼罗河，而是刚果河。但文明世界上一次收到他的消息，还是前一年他在维多利亚湖绕航时。

那么斯坦利现在究竟身在何方？

# 第三章 斯坦利的探险与杀戮

1876年9月14日，布鲁塞尔会议最后一天，一名矮小敦实、头戴白木盔（脑袋后面有遮阳的头巾）、身穿灰制服、脚踩褐色皮鞋、系着绑腿的中年人，率领132名荷枪实弹的士兵与水手、95名挑夫以及一些妇孺离开了坦噶尼喀湖西岸村庄卢旺达（Ruanda），以每天14.5千米的速度，向卢阿普拉河前进。当地居民看到这支队伍以及他们高举的3面旗帜后，纷纷望风而逃。

这就是斯坦利和他的探险队。探险队所举的3面旗帜中，第一面在该地区威名赫赫，或者说臭名昭著——桑给巴尔苏丹国国旗。斯瓦希里人在这面猩红旗帜的庇护下，肆无忌惮地抓捕黑人，卖作奴隶。第二面旗帜在这里则是陌生事物——星条旗。斯坦利的官方身份是美国《纽约先驱报》（the New York Herald）的记者，该媒体赞助了此次探险。第三面旗帜则预示了这里的未来——米字旗。斯坦利出生于威尔士，渴望得到英国公众的认可，并且伦敦的《每日电讯报》（the Daily Telegraph）同样是此次远征背后的赞助商之一。

根据斯坦利的回忆，两年半以前，他在西敏寺有幸成为利文斯通的8名抬棺人之一，当第一捧黄土洒在医生的棺椁上时，斯坦利的精神火焰被点燃了，他暗自发誓，完成逝者的遗愿，并更进一步。"若天意如此"，他后来写道，他将成为"地理科学的下一位殉道者。如果我幸免，那么我不仅将弄清大河（卢阿普拉河）的所有秘密，还会弄清伯顿、斯皮克、贝克的发现中仍然充满疑问和不完整的地方"。

之前提到，伯顿、斯皮克与贝克发现了非洲的3个大湖——坦噶尼喀湖、维多利亚湖与阿尔伯特湖，但未能环绕大湖航行，因此3个大湖的面积和形状还是个谜。当然，当时非洲地理最大的谜团是卢阿普拉河。它究竟像卡梅伦推测的那样，是刚果河上游（这种说法被大多数理论家支持），还是如利文斯通期望的那样，是尼罗河的源流，可以从地中海直通"黑暗之心"？寻找答案的使命，落在了这位美国记者兼探险家的肩上。

斯坦利的童年，比大卫·狄更斯的小说更为凄惨。他生于威尔士，原名约翰·罗兰兹（John Rowlands），是个私生子。6岁时，他被父母送到当地济贫院。因不堪虐待，他逃到母亲那里，母亲却拒绝收留他。17岁，罗兰兹乘船前往美国从事海员工作。他在新奥尔良终于时来运转，结识了一位棉花富商亨利·霍普·斯坦利（Henry Hope Stanley），此人不仅收他为养子，而且让他完成了教育。约翰·罗兰兹的名字就此变成亨利·莫顿·斯坦利。但没过多久，两人的关系便变得疏远起来。南北战争爆发后，斯坦利加入南方的邦联军，参加了著名的夏洛战役①，结果被俘。1864年，他转投联邦海军，凭借出色的文笔当上了文书（他一直对外宣称自己担任的是海军军官）。内战结束后，斯坦利成为《纽约先驱报》的记者，并在报道英国入侵阿比西尼亚（1941年改名埃塞俄比亚）时一炮而红。

1871年春，斯坦利率领一支190人的庞大探险队，从非洲东海岸向内陆前进，寻找利文斯通。8个月后，他终于在坦噶尼喀湖畔的乌吉吉找到对方，并对他说了那句著名的话："恕我冒昧，您是利文斯通医生吗？"斯坦利给利文斯通带来了大量物资：成捆的布、成盒的珠子、锡制浴缸、巨大的水壶、烹饪锅、药物、弹药、搬运工以及最重要的家信。

斯坦利之前认为，利文斯通是一个怪人，是一个厌世主义者，但随着深入接触，斯坦利发现医生安详、宁静，并且难能可贵地拥有一颗赤子之心。当非洲仆人欺骗他时，他甚至不忍加以惩罚。很快斯坦利便被利文斯通的人格魅力折服，两人成了忘年交，一起在坦噶尼喀湖上泛舟，寻找尼罗河的源头。这位在非洲身经百战的长者，向斯坦利传授人生经验：他们的使命是把奴隶贸易的恐怖公之于世，从而发动舆论与文明国家的力量，制止这一暴行；随后传教士们前往非洲，一个部落接一个部落、一片区域接一片区域地传播福音，给黑暗大陆带来文明。斯坦利劝利文斯通回到文明世界，被后者拒绝。斯坦利返回美国后，写了他的第一本畅销书《我是如何找到利文斯通的》（How I Found Livingstone）。该书感动了大西洋两岸的数百万读者，尽管他们中的大多数从没读过利文斯通本人的一篇文章。

斯坦利虽然自封利文斯通的衣钵传人，但他很清楚两人的区别，他在日

---

① 1862年4月6—7日，发生在田纳西州萨凡纳的夏洛教堂附近的一场战斗，后来的联邦军总司令、美国总统尤利西斯·辛普森·格兰特（Ulysses Simpson Grant）将军在此役中一战成名。

记中写道：

> 愿我能被选为他的继任者，把上帝的光辉洒向非洲。但我不会采用利文斯通的方法，每个人都有自己的方法。我认为他存在短板，尽管他的善良、耐心与自我牺牲精神已经接近上帝了。与赐予仁慈一样，自私、愚蠢的非洲世界还需要控制。

斯坦利强调的"控制"很快便让他臭名昭著。在旅途中，他用皮鞭驱赶部下片刻不停地前进。很多人指出，斯坦利与利文斯通实在不是一路人，质疑《我是如何找到利文斯通的》一书的真实性，甚至怀疑斯坦利未曾与利文斯通谋面，信件是伪造的，非洲探险只是噱头，整个故事完全是一连串谎言。这些质疑者中，既有眼红《纽约先驱报》总能拿到一手新闻的其他报刊，也有因对利文斯通援助不力而备受指责的英国皇家地理协会的专家，还有时任给巴尔领事的利文斯通的好友约翰·柯克医生。斯坦利生性敏感，绝非八面玲珑之人，面对质疑他选择沉默。他说："敌人如此之多，友人装聋作哑，我不得不诉诸沉默，以防止自己恼怒。"但沉默并非完美的抗争，针对他的新一轮指责很快便铺天盖地地袭来。

1874年11月，在英国《每日电讯报》和美国《纽约先驱报》的赞助下，斯坦利率领一支大规模探险队从桑给巴尔出发，前往非洲中部。他第一阶段的任务是绕航维多利亚湖，探索乌干达。乌干达当时有一个区域强国——布干达王国（Buganda）[①]。1862年，斯皮克曾拜见过布干达国王梅萨一世，他带回来的故事恐怖至极：这个土皇帝为庆祝登基，竟然烧死了30个人；臣民即便犯了最微不足道的罪行，如在国王面前大声说话，也会受到折磨，甚至被处死……不过，时间与阅历，似乎让这位暴君变得成熟了。梅萨一世安排成千居民、数百士兵列队作为仪仗，他在上百酋长的簇拥下，坐在镀金的座椅上欢迎斯坦利。尽管皈依了伊斯兰教，但梅萨一世还是对基督教表现出了强烈的兴趣。斯坦利将梅萨一世对传教士到来

---

① "布"（Bu）在属于班图语系的卢干达语中表示"国家"，"布干达"意为"干达人的国家"。但在斯瓦希里语中，"布干达"的发音为"乌干达"，于是英国接手布干达时，根据斯瓦希里语的发音，称之为"乌干达王国"。

的期待，写信给《每日电讯报》与《纽约先驱报》，并在1875年11月发表。斯坦利补充道，国王的邀请发自肺腑，在布干达王国传教大有可为。此时的斯坦利俨然是基督世界的马前卒，积极为传教士充当向导。但很快，斯坦利便原形毕露，陷入了麻烦之中。

1875年4月，斯坦利从梅萨一世的宫廷返回，沿着维多利亚湖四岸航行，前往坦噶尼喀湖。在一个叫作布姆博（Bumbireh）的湖中岛上，当地部落不仅拒绝给探险队提供食物，还用弓箭、长矛攻击他们，撕扯斯坦利的头发（尽管是假发），强行将可拆卸的汽船"爱丽斯女士"号（Lady Alice）拖上岸，并拿走船桨。斯坦利一行使用武力突围，杀死14个部民，己方无一人伤亡，只丢了一把桨。4个月后，斯坦利俘获该岛酋长，将其用锁链锁住，要求当地大酋长提供赎金。斯坦利的要求被驳回后，他决定给该岛居民一点儿颜色看看。

斯坦利得意扬扬地写道，他"以一个父亲惩治顽固、不服从管束的儿子的权利，来惩治布姆博人"。他在岛民的弓箭、长矛的攻击范围外，对着人群用施耐德步枪打光了一箱又一箱的子弹。他声称33人被当场打死，上百人被打伤，很多伤者由于得不到有效治疗，不久后也死了。想必这场胜利的报复带给探险队员的感觉好极了。"当我们沿着岸边前进时，我们举行了凯旋仪式。装载500人（包括土著盟友）的37艘独木舟，在响亮的鼓声以及欢呼的号声中划桨。不列颠、美利坚、桑给巴尔的旗帜欢快地飘扬，场面极为活跃。"

如果斯坦利更圆滑一点儿，惺惺作态，装作对屠杀痛心疾首却又不得已而为之，那他不至于成为公众厌恶的对象。但他仿佛乐在其中，更糟的是，他还把这场屠杀写在信纸中，寄回文明世界。英国皇家地理协会与英国外交部收到了像蝙蝠一样蜂拥而来的抗议信，称斯坦利的所作所为玷污了他高举的米字旗。探险界前辈也觉得这个后生着实可怕，塞缪尔·贝克对格兰特说道："无论是斯皮克，你，利文斯通，还是我自己，都没有想过这么干。我们对阴谋与拖延抱有耐心。"

倘若斯坦利此刻回到英国，他非但不会成为民众心目中的英雄，反而会遭到唾骂。好在斯坦利当时并未回国。他在完成环绕维多利亚湖与坦噶尼喀湖的航行之后，开始准备解开非洲大陆最后一个地理谜团——卢阿普拉河是否就是刚果河。如果是，那么它必定在某个地方拐了180度的大弯。

1876年10月17日，斯坦利抵达卢阿普拉河。这里的景象让他陷入了"神秘的狂喜"，大河宽近1.6千米，河水呈浅灰色，"像汇入水量充沛的密苏里河那棕色河水之前的密西西比河"。10天后他抵达尼扬韦，这里既有阿拉伯风格的房屋，也有非洲的小草房，还有种着蔬菜的花园，它是"猎犬"们——斯瓦希里奴隶贩子在这条河上的主要据点，也是桑给巴尔势力范围的终点。利文斯通曾在这里目睹"猎犬"们屠戮当地人。1874年时，当地人担心卡梅伦引来"猎犬"，拒绝卖给他独木舟，卡梅伦被迫向西南绕了一个大圈，最后出现在安哥拉。

尽管斯坦利的探险队武装到了牙齿，但他还是意识到，他的任务成功与否，取决于如何处理与奴隶贩子们的关系。在通往尼扬韦的路上，他会见了这些地头蛇的领袖——外号"蒂波·蒂普"（据说是枪响的声音）的哈马德·本·穆罕默德（Hamed bin Muhammad）。蒂普是一个有着阿拉伯血统的班图黑人，他拥有上千支火枪，占据了从坦噶尼喀湖到伊图里（Ituri）雨林之间的广大地区。斯坦利出价5000美元，让蒂普派140名装备火器与长矛的护卫随行。蒂普对此感到困惑："如果你们白人想要搏命，那么我们阿拉伯人没有理由这么做。我们一步一个脚印地探险，获取象牙与奴隶，自我离开桑给巴尔，9年来都是这样。但你们白人只是寻找山川与河流，你们是在毫无理由、毫无目的地浪费生命。看看那个死在比萨人地盘的老人（利文斯通）吧！他年复一年地寻找着什么，直到他老得再也无法旅行。他没有钱，因为他从来没有给过我们什么。他没有拿到象牙或奴隶，但他走得比我们任何人都远，他这么做是为了什么呢？"

最后，斯坦利同意蒂普的人在从尼扬韦出发60天后自行返回，这笔交易才终于达成。

这支混编队伍有700人（包括随行杂役），他们于11月5日出发。队伍中，头戴白头巾、身穿白袍、有奴隶伺候的斯瓦希里人格外醒目。相比其他穷凶极恶的"猎犬"，蒂普看起来更像是一位绅士，但是他的奴隶们却个个戴着连枷。蒂普对斯坦利说："奴隶不花什么成本，他们只需要被聚集到一块儿。"当一艘满载妇孺奴隶的船被冲下瀑布，消失在水面时，蒂普轻描淡写地说："太可惜了！这是一艘顶好的独木舟。"

队伍沿着卢阿普拉河前进，距离海岸已达1448千米，周围的景色也发生了显著的变化：点缀着金合欢优雅枝叶的绿草地，荆棘半掩的多石沟壑，旱季脆得像羊皮纸卷、雨季绿得像翡翠的起伏山谷，俯瞰非洲平原的积雪高山。之后，出现在他们眼前的是浓密的、如同黑色长城的雨林，平原和河流消失在"长城"中。斯坦利一行一头扎了进去。里面如同隧道一般黑暗，斯坦利连笔记本上的字都看不清。如同桅杆一般高大的慕乌拉（mvula）树，在香蕉树、棕榈树与野枣树的纠缠中盘旋上升，而后者则被蕨类、茅草、甘蔗包围。棕色的土壤被枯枝败叶覆盖，空气如同在温室里一般升腾着热气，每一棵树干都凝结着水珠。大家不得不像野兽一样，手脚并用地向前穿行。不久之后，歪歪扭扭的道路变成了泥浆，更糟的是，蒂普的人冲到了斯坦利秩序井然的队伍前面，造成了混乱。

最麻烦的是搬运"爱丽斯女士"号。这艘船被拆卸成6块，由12名壮汉搬运。其余人不得不用斧子清理倒下的大树，好开辟出一条通道，让搬运船只的壮汉通过。刚过一天，这些壮汉就被折磨得精疲力竭，尽管斯坦利又派了12个人帮助他们，但他们还是被甩在后面，以至于当其他人都在吃饭睡觉时，他们还在干活。斯坦利不愿意放弃"爱丽斯女士"号，他不仅把这艘船当作探索大河的完美工具，还将其看作探险路上的吉祥物。在离开伦敦之前，他与一个叫爱丽丝·派克的美国女孩坠入爱河，两人在纽约定下婚约，约定于1877年1月14日结婚（在这个日期之前他肯定是回不去了）。爱丽丝是斯坦利的心灵支柱，是这次探险行动的灯塔与启明星，因此他用她的名字来命名这艘船。斯坦利把爱丽丝的照片用丝绸裹好，放在胸前的口袋里。

相比"心有猛虎，细嗅蔷薇"的斯坦利，他的合伙人，奉行现实主义的蒂普对这场探险信心不足。10天后，蒂普便叫苦连连，抱怨食物短缺，瘴气屠杀他的人，称这个鬼地方只属于"可恶的异教徒、猴子与野兽"，表示没法再走，要求斯坦利解除合同。斯坦利只能妥协，告诉蒂普一旦他确认卢阿普拉河就是刚果河，便远离这条河向东北方向行进，这需要几个月。蒂普和他签署了一份新的合同：多走20天，可以多拿到2600美元。随后，斯坦利将队伍一分为二，蒂普与主力沿河西岸走，那里的植被稀疏一些，食物也更多；斯坦利则把"爱丽斯女士"号拼装好，收集尽可能多的独木舟，沿着大河而下。蒂普的很多部下因伤寒、痢疾、天花而死，就连蒂普最喜欢的3个小妾也死在了旅途中。

斯坦利的船队顺流而下，快速前进。然而，河边的居民认定斯坦利一行是捕奴队，不愿意卖东西给他们。斯坦利在河边村庄附近宿营，并送给村民珠子作为见面礼，结果第二天村民便跑光了。斯坦利只能让部下自己去村庄里翻找山羊肉和木薯。斯坦利走得越远，土著居民对他们的敌意就越强。11月21日与24日，发生了两场冲突，斯坦利的部下被迫向土著开火。蒂普率领的主力队则在丛林中迷了路，其中有3个人落在后面，被土著用弓箭射死。在爱昆都（Ikondu）镇——由一条长3千米的道路连接起来的一连串小村庄，探险队看到棕榈树上挂着酒壶，花园里有大西瓜，地里种着木薯与花生，甘蔗在风中摇晃，可惜这座小镇也被抛弃了。探险队听到的只有温雅人（Wenya）瘆人的战吼声在丛林里回荡，他们不断敲击战鼓，将消息从一个村庄传到下一个村庄："未受割礼之人（斯瓦希里人）来了！"

12月19日，在一个叫作温雅-恩加拉（Vinya-Njara）的村子里，1000多名土著乘着独木舟，试图冲进斯坦利的大营。斯坦利之前已用木头搭建了3道栅栏、两座瞭望塔，并清理了前方草地，为施耐德步枪腾出射界。最终，探险队以4人死亡、13人受伤的代价击退了土著的进攻，并缴获了23艘独木舟。但这场胜仗，却成为压倒蒂普的最后一根稻草，他坚持要离开。尽管蒂普未能履约，但斯坦利还是按合同给足了2600美元，并赠送给他一头驴、一把金锁、一把左轮枪、若干布匹、许多珠子和线等。

圣诞节那天，探险队举办了一场别开生面的"告别运动会"，比赛项目包括独木舟比赛与赛跑。蒂普在赛跑中战胜了斯坦利仅剩的白人伙伴弗兰克·波柯克（Frank Pocock），赢得了一个银杯子。12月28日，"爱丽斯女士"号给独木舟船队引路，蒂普带着身着白袍的斯瓦希里人，在岸边唱起了宛如哀歌的道别曲。斯坦利与蒂普分别时，斯坦利的大部分部下都在流泪，认为他们永远无法回到故乡桑给巴尔。舵手乌勒迪（Uledi）试图唱歌，但他嗓子沙哑、声音滑稽，伙伴们听了他的歌，不知道到底是该哭还是该笑。

在接下来的日子里，探险队遭到了来自四个方面的威胁：食人族、疾病、饥饿以及大河本身。在阿鲁维米（Aruwimi）河，头上插着鹦鹉羽毛、胳膊上戴着象牙臂环的2000名野蛮人组成庞大的独木舟舰队，向他们发起攻击。桨手们用由象牙做柄的桨快速划水，拍打得水面全是泡沫，战吼声、鼓声、号角声、施耐德步枪的枪声混合在了一起。比食人族的战吼更为可怕的，是瀑布的咆哮声。斯坦利以自己的名字为7个大瀑布组成的瀑布群命名。激流倾泻而下，河道向一侧突出，形成一个大湖。弗兰克·波柯克高呼："啊，这片辽阔水域应该叫'斯坦利湖'！"斯坦利湖（今马莱博湖）由此得名。但斯坦利瀑布群与向西145千米的另一个瀑布群比，仍是小巫见大巫。该瀑布群有大小32个瀑布，包括波柯克在内的许多人溺死在这里，斯坦利以利文斯通的名字命名这个瀑布群。在伊桑吉拉（Isangila）瀑布群，斯坦利不得不忍痛割爱，丢弃"爱丽斯女士"号，大家通过陆路向97千米外的海岸走去。

在刚果河的出海口北岸，有一个叫作博马（Boma）的小镇，这里排布着一排高高的、像盒子一样的铁皮屋顶房子，每座房子都有白色围栏保护。在博马，有18个来自荷兰、葡萄牙、英国和法国的欧洲创业者。他们经营工厂（实际上是贸易站），用棉布、锅碗瓢盆、杜松子酒和枪等交换非洲的象牙、花生和橄榄油。这些白人既要忍受高温，又要应对当地人的袭击（在附近的巴纳纳，欧洲人的一个工厂被烧掉，作为报复，他们折磨并杀死了40个非洲人），还要承受缺少异性爱抚的痛苦。为了解决生理问题，他们只能包养当地人做自己的情妇。但这些欧洲人和之前的奴隶贩子一样，并不深入内陆，而是把收集象牙和花生的工作交给当地的中间商来做。欧洲人想到周边巡视时，他们会坐上由8个壮汉抬着的白色吊床，比当地酋长还要风光气派。

1877年8月5日傍晚，留在博马英国"工厂"的两名欧洲商人碰见4名形如饿殍的斯瓦希里人，他们带来了一封信。葡萄牙商人达·莫塔·维加（Da Motta Veiga）戴上眼镜，开始读信。这封信是用英文写的，来自距离此地两天路程的一个穷困村庄：

致博马任何懂英语的人：

亲爱的先生，我自桑给巴尔而来，带着115人，包括男人、女人和小孩。我们现在即将饿死，从土著那里什么都买不到，他们看不上我们的布料、珠子和线。在这片地区没有补给品可以购买，只能等待赶集，但挨饿的人没法等了。

我不认识你们，但有人告诉我在博马有个英国人，既然你是一个基督徒、一位绅士，那么请不要对我的呼吁视而不见。补给品得在两天之内送到，否则我将在一群濒死者中度过一段恐怖时光。

谨上

亨利·M.斯坦利，英美联合非洲探险队队长

另外，你可能不知道我是谁，我在此补充一下，我就是1871年发现利文斯通的那个人。

天亮之后，维加让斯瓦希里人领路，派去了数艘船，船上除了有成袋的大米、红薯、成捆的鱼、西红柿、一桶朗姆酒、数匹白色和彩色的棉布，还有专门赠送斯坦利的白面包、两瓶奶油、一包茶叶、沙丁鱼、鲑鱼、李子布丁、淡麦芽酒、雪利酒、波特酒和香槟等诸多罕见食物。依靠这些补给，斯坦利一行完成了最后一段路程，抵达博马。

8月9日，维加与4名欧洲人穿着体面的节日服装——白色西装、时尚草帽、彩色领带和漆皮靴子，被土著用吊床抬着，穿过长草的高坡，经过奇形怪状的猴面包树和可以俯瞰河口的裸露山脊，前来迎接斯坦利一行。在那片荒野上的会面，有点儿像6年前斯坦利和利文斯通在乌吉吉的会面，既悲怆又不协调。斯坦利感到自己与这些白人格格不入，他回忆道：

> 他们交谈时不用打手势，就可以彼此理解，太奇怪了！观察到他们微微点头的动作，令我相当愉快。他们衣着整齐，一尘不染，我不敢与他们坐在一起。他们平静的灰蓝色眼睛让我敬畏，整洁的衣衫让我目眩神迷。

当手下吟唱胜利的赞美诗时，斯坦利跪倒在地，泪流满面。

尽管斯坦利坚持说自己还能走路，但维加还是让他躺在吊床上，把他抬进博马。斯坦利的探险就此结束。在离开桑给巴尔后的999天里，斯坦利跋涉了11407千米，环绕数个大湖，证明卢阿普拉河就是刚果河，完成了利文斯通所有未竟的探索，但付出的代价着实惊人。他从桑给巴尔出发时，全队共356人，现在只剩108人。其余人不是走丢了，就是死了：14人淹死，38人战死，62人饿死或死于痢疾……一向铁石心肠的斯坦利也为部下的惨重损失而心中有愧，他决定先不回欧洲，而

是把残部送回桑给巴尔。回到桑给巴尔后，他收到了一封爱丽丝女士早就寄到的信：10个月之前，也就是他乘坐"爱丽斯女士"号沿卢阿普拉河顺流直下之前，爱丽丝嫁给了俄亥俄州的一个铁路富商。

斯坦利不知道的是，自始至终牵挂着他的，并不是爱丽丝女士，而是远在布鲁塞尔的利奥波德国王。布鲁塞尔会议结束后，国王依旧保持着在莱肯昌散步、观察温室以及阅读《泰晤士报》的习惯。每一天，他都在报纸上寻找斯坦利的消息，但斯坦利整整一年杳无音讯，生死未卜。直到1877年9月，利奥波德才知道斯坦利已经抵达博马。11月，斯坦利在《每日电讯报》上将这次探险的经历公之于众。与卡梅伦一样，他认为广阔的刚果盆地是个聚宝盆。

11月17日，国王给比利时驻英国大使索尔维恩写信，嘱咐他等斯坦利在英国出完风头后，邀请对方来布鲁塞尔。国王打算借用受他控制的国际非洲协会接管刚果。如今，各国委员会已经在筹集资金，筹划一些在东非的探险，这正好可以转移人们对刚果盆地的注意力。国王梦想让斯坦利成为"比利时的戈登帕夏[①]"。当然，该计划不能透露给英国人，国王在信中说：

> 我相信，如果我公开交给斯坦利接管非洲某一区域的任务，英国人会阻止我。如果我向他们寻求建议，他们同样会阻止我。所以，我认为我拜托给斯坦利某项探索工作，不用麻烦任何人。他将为我们建立基地与总部，我们不久后便能接管。

得知国王真的要在非洲大干一场后，大臣们纷纷反对。国际非洲协会秘书长格里德尔（Greindl）男爵以辞职威胁国王；外交大臣兰贝蒙特则提醒国王，斯坦利在英国声名狼藉，将这样一个人与国际化的、贡献于地理与科学的国际非洲协会搅在一起恐怕不妥。就算进行灵活处理，至少应该让斯坦利先澄清人们的指控，最好是等到来年，躲过这股风头再说。

---

① "帕夏"是对奥斯曼帝国高级官员，如总督、将军、高官等的敬称。

但利奥波德迫不及待，甚至不愿意斯坦利先回英国。他派格里德尔男爵等人蹲守马赛火车站，准备直接把斯坦利请到布鲁塞尔。1878年1月8日，消瘦憔悴、头发灰白、比照片老上10岁的斯坦利抵达马赛。他以自己又病又累，无法去布鲁塞尔为由，婉拒了国王的邀请。

孰料斯坦利回到英国之后，立马如同希腊神话中大力士安泰俄斯触摸到大地母亲一样，几乎瞬间恢复活力。他到处巡游演讲，复述利文斯通的呼吁：非洲中部十分富饶，不列颠必须在那里开启"3C"——商业、基督、文明，让米字旗在刚果上空飘扬，取代肮脏的桑给巴尔旗。斯坦利在刚果的发现，被誉为非洲最伟大的地理发现。贝克、格兰特等老一代探险家纷纷对之前的怀疑赔不是。斯坦利成了社交晚宴上的雄狮、王室的座上客，当他在圣詹姆斯教堂为英国皇家地理协会发表演讲时，连威尔士亲王也莅临现场。

然而，斯坦利逐渐发现，英国朝野感兴趣的只是他的传奇经历，而不是非洲本身。当时英国唯一做出的反应，就是海外传教会向布干达王国派出了几个传教士。心灰意冷的斯坦利在把他的日记整理成《横穿黑色大陆》一书后，便主动对利奥波德投怀送抱，与其签订了一份长达5年的合约。

英国为何对斯坦利的伟大发现反应冷淡？首先，斯坦利本人声名狼藉，在英国政府内部饱受争议。驻桑给巴尔领事约翰·柯克还给伦敦送来了最新消息：斯坦利把人活活打死，包养非洲情妇，将当地人卖作奴隶，无端袭击村庄……外交部不得不承认，斯坦利的行为是"丢脸的"。其次，当时的英国经济萧条、财政紧张，开发新的非洲殖民地，想要回本还得好几年。再者，一年前，迪斯累利政府刚刚吞下刚果以南3000多千米的德兰士瓦共和国，这块并不大的殖民地，已经让大英帝国的胃有点儿消化不良了。

# 第四章 祸起南非

1877年4月12日，斯坦利挣扎着来到博马的4个月前，在德兰士瓦的首都比勒陀尼亚（Pretoria），冬日的阳光照亮了加尔文教堂的铁皮屋顶，被拴在教堂广场的牛悠闲地吃着枯黄的草。大约中午11点，以西奥菲罗斯·谢普斯通（Theophilus Shepstone）打头的7名英国官员抵达教堂。他们穿着不协调的粗呢狩猎夹克，站成一排，在牛与牛车之间，在满是殖民地粗人和武装布尔人的小镇上，紧张又兴奋地等待着仪式举行。

德兰士瓦代表团秘书梅尔莫斯·奥斯本（Melmoth Osborn）戴上眼镜，开始宣读声明："女王陛下的政府，无时无刻不对被好战部落（祖鲁王国）摧残的睦邻友邦给予最为诚挚与友好的关怀……"

奥斯本的手剧烈地颤抖着，声音越来越小，几乎快要听不见。20岁的文书雷德·哈贾德（Rider Haggard）不得不接过来继续读道："很大比例的德兰士瓦居民看到了这个国家满目疮痍的状况，因此真挚地期望它能够归属于女王陛下的政府，由其管理与统治。许多演说、仪式和信件对此表示非常满意。"

听到稀稀拉拉的鼓掌声后（大多数来自英国人），7名英国官员长舒了一口气，如同放学的小学生一般，急匆匆地牵马返回住处，连升米字旗与演奏《天佑女王》等传统项目都未举行。随着这场如同乡下婚礼一般简陋的仪式结束，德兰士瓦被大英帝国正式兼并。

英国以官方身份涉足南非，只有短短70多年的历史，而布尔人的祖先荷兰人早在17世纪中期便在开普殖民地辛苦耕耘。当时荷兰因航海贸易盛极一时，"海上马车夫"风光无限。他们发现了一条利用西风和西南季风直通印度洋巽他海峡的航线，通过该航线，可以自由往来于大西洋与印度洋之间，经营东西方商品的转运贸易。而非洲最南端的好望角，正好处在航线的中途，因此战略地位十分重要。1652年，一支荷兰舰队在好望角登陆，建立起开普殖民地，该殖民地由荷兰东印度公司管理。开普殖民地的中心城市开普敦土地肥沃、气候温暖，金色的麦浪随风起伏，葡萄园整齐排布，山谷郁郁葱葱。荷兰起初只是将开普敦作为替远洋航行补给新鲜牛羊肉和蔬菜水果的基地，但在沿海站稳脚跟后，荷兰后裔们开始向内陆扩张。1707年，荷兰东印度公司规定，农场主只需交付一定租金，就可以在内地无限"租地"，只要不与邻近的农场发生冲突，愿意租多少地都可以。

荷兰人以商业立国，武备并不算厉害。荷兰东印度公司的正规军只用来对付欧洲国家入侵，要在向内地的扩张中对付当地土著的，只能是移民自己。1672年殖民政府规定，移民中16～60岁的男子必须参加军事训练并承担军事义务。17世纪70年代，开普半岛边区的移民成立了民团。这些民团，便是19世纪中后期威震天下的布尔突击队的滥觞。他们依靠枪械、马匹和牛车的优势，随意侵占土著的土地，圈起无数大牧场，将畜牧业与两洋航线挂钩，而丧失土地的土著只能沦为布尔农场主们的奴隶。1741年，荷兰在距离开普敦32千米的西蒙斯敦（Simonstown）建立起海军基地。

然而，随着荷兰海上霸权的衰落，占据战略要地好望角的荷兰东印度公司如同小儿抱金行于闹市，惹得其他海上强国垂涎不已。法国大革命时期，荷兰本土遭到法国侵略，无暇顾及殖民地。英国以保护盟友殖民地为借口，于1806年占领开普。1814年，拿破仑在欧洲彻底战败后，英国本应把开普还给荷兰，但它此时已经意识到开普殖民地的重要战略地位，于是支付了一笔赔款给荷兰，从此开普正式成为英国的殖民地。桌山附近的西蒙斯敦就此成为英国除本土外最大的海军基地，同时也是英国海军维持大西洋—印度洋之间战略平衡的支点。等到蒸汽时代到来后，西蒙斯敦更是成了英国海军不可或缺的供煤港。

英国吞并开普后，当地荷兰后裔拒绝接受同化，他们保留对加尔文教的虔诚信仰，高傲地称自己为"阿非利卡人"，并形成了以荷兰语为主体，融合欧洲多种语言、非洲土著语言、马来语而成的阿非利加语。英国移民则称之为"布尔人"，意思是"农场主"。在开普殖民地沿海地区，自由黑人与白人在理论上是平等的，但在内陆，布尔人依旧将土地据为己有，把黑人当作奴隶。

1833年年底，英国在所有殖民地（包括开普殖民地）宣布，自1834年起废除奴隶制。布尔人不仅将失去免费的劳动力，还将面临与昔日的奴隶平起平坐的尴尬局面。在随后的两年里，6000多名布尔人背井离乡，扶老携幼，赶着奴隶与牲畜，乘坐大篷车或徒步穿越奥兰治河和瓦尔（Vaal）河，寻找自己民族的"应许之地"，这就是著名的"大迁移"运动（Great Trek）。

1837年年底，东路的布尔迁徙大队从德拉肯斯山脉隘口进入纳塔尔（Natal）的图盖拉（Tugela）河流域，在祖鲁人的地盘占地建立农场。卧榻之侧，岂容他人鼾睡，祖鲁王丁刚（Dingane）摆下鸿门宴，杀死了布尔民团头目彼得·莫里茨·雷提夫（Pieter Mauritz Retief）等人，摧毁了纳塔尔境内几乎所有的布尔人堡垒和农场，并击退多路布尔援军。生死存亡之际，布尔人请求开普殖民地赫拉夫－里内特边区的民团司令官安德列斯·比勒陀利乌斯（Andries Pretorius）担任总司令。在比勒陀利乌斯的组织与整治下，原本一盘散沙的布尔民团初具战斗力。

1838年12月15日，比勒陀利乌斯在恩康姆河河套上摆下环形牛车阵，让几十辆牛车首尾相接，利用幽深的河水掩护背后，并在牛车之间留了4个可以快速关闭的出入口。次日凌晨，丁刚的祖鲁大军排成密集的公牛角阵，他们一边发出惊天动地的呐喊声，一边向牛车阵发起冲锋。阵中的布尔人尽管每人手里有3~4支步枪，由身后的妇孺装填子弹，但在持续射击之下，每支枪的枪管都变得十分滚烫。血战持续了两个小时，祖鲁战士伤亡惨重，被迫撤退。布尔骑兵见状，纵马狂追。祖鲁军被击溃，伤亡3000人，鲜血染红了恩康姆河——因此它又被称为"血河"。自此，12月16日这一天成了布尔人的节日——丁刚日①。

血河战役之后，布尔人占领整个纳塔尔地区，成立了纳塔利亚共和国。由于荷兰、美国等国与纳塔利亚共和国联系频繁，英国担心开普殖民地受到威胁，便于1842年5月派T. C.史密斯上尉率250名英军士兵占领纳塔尔的德班（Durban）港。布尔民团把英军围困在德班近两个月，但由于民团缺乏攻坚能力，无力将其歼灭。到了7月，英国援军由海路赶到纳塔尔，布尔军防线迅速崩溃。7月5日，布尔军投降。1843年，英国正式宣布兼并纳塔尔。比勒陀利乌斯率领不愿当亡国奴的布尔人再次迁徙，他们越过瓦尔河，于1849年建立起南非共和国，即德兰士瓦共和国（Transvaal② Republic）。因政局动荡，再加上爱尔兰发生大饥荒，英国决

---

① 1994年南非废除种族隔离制度后，这一天改称为"种族和解日"。
② "Transvaal"一词的意思是"渡过瓦尔河"。

定在南非地区见好就收，于是在1852年和德兰士瓦共和国签订《桑德河协定》，承认了德兰士瓦共和国。

另一部分留在奥兰治河以北、瓦尔河以南的布尔人，则不像追随比勒陀利乌斯那批布尔人那般命途多舛，他们在当地建立起了奥兰治自由邦，于1854年和英国缔结《布隆方丹协定》，得到英国的承认。

19世纪60年代之前，两块南非殖民地与两个布尔国家的经济，在世界白人政权中毫无疑问处于最底层，其共同特点是：人口稀少，居住分散；居民主要从事畜牧业和半自给农业；资金极度匮乏；工业、农业和商业的发展非常缓慢，看起来永世无法翻身。但在1867年，一个牧羊人在霍普敦捡到一块闪闪发光的石头。"先生们，"时任殖民大臣的卡那封（Carnarvon）勋爵不久后在开普议院上说，"南非未来的成功将建立在这种石头上！"卡那封没有说错，人们首先在瓦尔河附近的西格里夸兰的河床上发现了金刚石矿区，然后在32千米外的一个巨大的、布丁状的、名叫"科尔斯堡"的山丘上发现了巨大的管状金刚石矿脉。1870年，这片金刚石矿根据时任殖民大臣金伯利勋爵的名字被命名为"金伯利钻石矿"。不久后，这块昔日仅有几百名格里夸人居住的荒芜之地变得举世瞩目，数万人纷至沓来，他们挥舞着锹铲、锤子，各展神通，将这座山丘挖成了人类历史上史无前例的人造大坑。德兰士瓦共和国、奥兰治自由邦、开普殖民地、当地酋长均期望将金伯利钻石矿据为己有。1871年，纳塔尔副省督基特做出仲裁，认定该地区的合法所有者是格里夸人酋长沃特布尔，而开普殖民地则是沃特布尔的合法继承人。就这样，通过巧取豪夺，金伯利钻石矿落入了英国人手里。作为补偿，英国人给予奥兰治自由邦9万英镑补偿金。通过开采钻石矿，开普的财政收入在5年之内增长了4倍，英国政府的负担大为减轻。1872年，开普殖民地建立了类似于加拿大、澳大利亚与新西兰的完全自治政府。

保守党重新掌权之后，外交大臣卡那封勋爵积极推进建立南非联邦的战略。按照他的构想，南非联邦应包括德兰士瓦、奥兰治和纳塔尔，但要以开普殖民地为主。当时，德兰士瓦共和国因矿业短暂繁荣后，马上受到世界经济萧条的影响，陷入经济危机。德兰士瓦政坛分为三派：支持总统托马斯·伯格斯（Thomas Burgers）的布尔人，支持副总统保罗·克鲁格（Paul Kruger）的布尔人，以及支持英国干涉的英国移民。伯格斯总统期望依靠基建来刺激经济发展，计划修筑连接德兰士瓦东部金矿和德拉戈阿湾之间的铁路。这条铁路最便捷的路线，需要通过佩迪王国（Pedi）和斯威士王国（Swazi）国境。此外，莱登堡金矿和麦克麦克金矿都在佩迪王国境内。于是在1876年9月，伯格斯总统对德兰士瓦北部的佩迪王国发动了战争。由于克鲁格派的掣肘，布尔军队惨败。军事上的败北让经济跟着崩盘，伯格斯押宝的铁路工程最终流产，德兰士瓦政府的财政信用就此归零。与此同时，德兰士瓦的世仇祖鲁王国，在塞奇瓦约（Cetshwayo）国王的治理下，国力蒸蒸日上，4万大军时刻准备出动，收复血河以东的失地。

卡那封勋爵决定趁着德兰士瓦内忧外患、濒于崩盘之际，将其兼并，来推动南非联邦计划。于是他来不及与首相迪斯累利商量，便找到当时正在英国开会的祖鲁问题专家谢普斯通。谢普斯通匆忙登上一艘邮轮，在他怀里的，是任命他为首任德兰士瓦总督的秘密文件。安排妥当之后，卡那封才塞给迪斯累利一张纸条，把事情的来龙去脉解释一番。迪斯累利回复道："倘若在他赶路期间，危机进一步加剧，那就做你认为最明智的事。"

谢普斯通带着12个助手、25个纳塔尔骑警进入德兰士瓦后，已经自暴自弃的伯格斯总统毫不犹豫地接受了兼并的要求，并声称："我宁愿当一个强大政府下的警察，也不愿当这样一个国家的总统。"这就是本章开头谢普斯通在比勒陀尼亚举办兼并仪式的背景。

卡那封双管齐下，在派谢普斯通兼并德兰士瓦的同时，任命聪明能干的巴特莱·弗雷尔（Bartle Frere）爵士为新任开普总督兼高级专员。弗雷尔爵士长期在印度供职，在来到开普前是孟买省督。他自称是一名慈善家，仰慕利文斯通，曾在1873年出使桑给巴尔，劝说苏丹放弃奴隶贸易。但弗雷尔从未管理过冥顽不化的白人移民。卡那封勋爵给弗雷尔的薪水为一年1万英镑，是其他地区总督的两倍，并声称一旦南非联邦顺利组建，弗雷尔将成为整个南非的"副王"。

卡那封的"饼"越画越大："我们不能接受东方出现敌人，也不能接纳位于非洲中部的敌人，我坚持赞比西河也是我们的殖民范围。"按照他的宏愿，一个"新印度"即将在非洲出现，一个新的帝国时代即将开启，而弗雷尔爵士将成为非洲的罗伯特·克莱武。

1877年3月31日，弗雷尔爵士乘坐邮船抵达开普后，面临的第一个难题就是适应新的住所。相比他在孟买下榻的富丽堂皇的王公宫殿，开普总督府是一座陈旧的荷式建筑，更像是一个农家院。他在"农家院"安置好不到半个月，便传来了谢普斯通兼并德兰士瓦的消息。弗雷尔清楚这一定是卡那封的安排，于是对此不闻不问。但是当他开始为开普政务忙碌时，他逐渐从卡那封为其描绘的美好前景中跌落到现实里。

尽管布尔人的数量在不断减少，但依然占开普殖民地白人数量的三分之二。如果把开普、纳塔尔、德兰士瓦、奥兰治合在一起进行统计，英国人与布尔人的人口比例差不多是2：3。所以南非无法像加拿大那样实行联邦制（在加拿大，法裔与英裔的比例是1：2）。而白人的数量与黑人相比，更是微不足道。在德兰士瓦与纳塔尔，黑人与白人的人口比例是10：1。而且随着"钻石热"的兴起，金伯利钻石矿的工资水涨船高，黑人青年们纷纷前去打工赚钱。他们不喜欢酗酒赌博，而是在金伯利钻石矿干几个月后，像白人一样穿上马裤与鞋子，背着来复枪返回故乡。黑人手里的枪支数量逐渐增加，这引起了治安者的警觉。在黑人数量较多的德兰士瓦与纳塔尔，黑人的变化让白人感到了威胁。

弗雷尔通过蓝皮书摸清南非的人口后，决心亲自视察各地。他计划先来到纳塔尔，搞清楚白人与黑人之间的矛盾所在，随后前往德兰士瓦与谢普斯通会面。结果弗雷尔因为开普东部的科萨人暴动，在金·威廉斯顿（King Williamstown）的军营里待了足足7个月。

在开普东部边境的凯河（Kei river）流域，自16世纪起便居住着以农牧业为生的科萨人。一名英国军官将科萨人描绘为"油腻的野人，全身上下只有插在头上的一根羽毛和遮蔽生殖器的束腰，他们跑得像马一样快"。但就是这些"油腻的野人"，不肯屈服于殖民者，因此统治开普的荷兰人和英国人多次对其发动卡弗尔战争[①]。即便如此，荷兰人和英国人也均未能将其征服。直到19世纪50年代，一个科萨"女先知"预言，如果科萨人宰杀所有牲口并毁掉存粮，那么在预言的那一天，他们

---

① 荷兰人把班图人称为"卡弗尔"，意为异教徒。

的祖先将靠万能之风复活，并把白人赶下海去。科萨人信以为真，大肆屠牲毁粮，结果引发了饥荒，导致2万多人饿死，从此一蹶不振。

从大鱼（Great Fish）河到凯河西岸的西斯凯（Ciskei）地区，生活着科萨族恩戈奎卡部族（Ngquika-Xhosa），其酋长是散迪勒（Sandile），除此之外，还生活着芬果人（Fingos）；河东的特兰斯凯（Transkei）尚未被英国人正式兼并，居住着穷困不堪的昔日科萨霸主格卡利卡部族（Gcaleka-Xhosa），其酋长是科雷利·萨里利（Kreli Sarhili）。格卡利卡部族曾是芬果人的主人，但芬果人在卡弗尔战争中替英国人卖过命，因此开普做主将格卡利卡部族的土地赏赐给了芬果人。1877年9月，心怀怨恨的格卡利卡人手持最新式步枪，进攻芬果人，第九次卡弗尔战争爆发。随后，格卡利卡人袭击了最近的警察局，但他们枪法不精，被当地警察与志愿者打退。他们被一路围剿，先是被赶过凯河，后是被追至特兰斯凯，一直到渡过巴希河才摆脱追杀。在短短几个月里，包括20名酋长在内的700多名格卡利卡人被杀，13000头牛被殖民者掠走。

但开普殖民当局并未吸取教训，依旧没有派人把守特兰斯凯的几个浅滩。格卡利卡部族卷土重来，他们再次渡过凯河，杀入殖民地，煽动恩戈奎卡部族起兵。当时在金·威廉斯顿的弗雷尔认为，正是开普的软弱，让格卡利卡部族保持自治地位，才导致了特兰斯凯暴动。

叛乱爆发后，开普的政策转向了不计后果地使用暴力。凯河另一侧的森林小丘中不断冒出浓烟，那是民团在烧毁非洲人的木屋，抢掠他们的牛。令弗雷尔尤为震惊的是，布尔人抓住恩戈奎卡人之后，未经审判便将他们处决。弗雷尔要求开普借助这次叛乱，直接兼并特兰斯凯，并要求帝国军队介入。

时任开普总理的是17岁便来到开普打拼的约翰·查尔斯·莫利特诺（John Charles Molteno）爵士，他在叛乱爆发之初，就将其定性为殖民地内部冲突，拒绝帝国方面插手。当弗雷尔嘱咐莫利特诺，酋长们应该受到惩罚，但普通部民只需解除武装、接受教育时，后者回应道，殖民武装不应受帝国的控制"狩猎"土著，并称即使帝国军队进入开普，他也不会为其提供一个子的军费。弗雷尔一怒之下解散开普议会，罢免莫利特诺，任命新总理戈登·斯普里格（Gordon Sprigg）组建政府。

与此同时，两个英国步兵营在弗里德里克·塞西杰（Frederick Thesiger）少将的指挥下，迅速赶到南非。好在科萨人缺乏组织性，又热衷于在广阔战场上正面冲锋，因此成了阿姆斯特朗12磅炮与马蒂尼 - 亨利步枪的完美靶子。英军以优势兵力在肯塔尼（Centane）一举击败格卡利卡部族，接着又击溃了恩戈奎卡部族。恩戈奎卡酋长散迪勒被打死，格卡利卡酋长萨里利被流放。1878年4月，科萨人叛乱被扑灭，不久后英国便兼并了特兰斯凯与庞多兰（Pondoland），控制了从开普到纳塔尔的所有战略海岸。但弗雷尔在从金·威廉斯顿返回开普的途中，得知了一个令人沮丧的消息：他的靠山卡那封勋爵于1月25日辞职，新任殖民大臣是年轻而缺乏经验的希克斯·比奇（Hicks Beach）。

　　尽管谢普斯通吞并德兰士瓦的过程还算顺风顺水，但大多数布尔民众反对兼并，他们准备了一份请愿书。保罗·克鲁格带着请愿书，先后跟随两个代表团赶赴伦敦，试图劝说英国政府恢复德兰士瓦的独立。英国人把克鲁格领到伍尔维奇的炮兵基地，暗示布尔人反抗的后果，拒绝了布尔人的请愿。回到南非后，克鲁格开始煽动布尔人反对建立南非联邦的政策。下野后的开普前总理莫利特诺成为该运动的领袖，得到大多数布尔人的支持。纳塔尔的白人尽管以英国人为主，但因担心被人数较多的荷兰后裔融合，对南非联邦的前景表现得十分谨慎。

　　至于德兰士瓦，核心问题还是经济。英国政府为了填补德兰士瓦的财政窟窿，已为其拨款10万英镑。但新任德兰士瓦总督谢普斯通似乎不善理财。1878年夏天，弗雷尔认定必须将谢普斯通撤换掉，伦敦方面同意了这个提议。

　　谢普斯通在德兰士瓦干得不怎样，但弗雷尔还得在祖鲁问题上依仗他。不过实事求是地讲，这位"祖鲁通"理论水平出色，实操能力欠佳，无论是智商还是情商都不是搞政治的材料。在当时的局势下，即便是最拙劣的政治家，都会尽力拉拢祖鲁王国，对付德兰士瓦的布尔人，结果谢普斯通却很快与称他为"父亲"的祖鲁国王塞奇瓦约闹翻了。

　　双方矛盾的导火索，是祖鲁兰（Zululand）西北边界处的一条走廊，即所谓的"乌得勒支地区"。该走廊是北方黑人劳工进入林波波（Limpopo）河以南地带的主要通道。祖鲁先王姆潘达（Mpande）在位时，布尔人与祖鲁人在这一地区摩擦不断。尽管姆潘达挺愿意把乌得勒支割让给布尔人，但后者欲壑难填，继续向东渗透，占领了更多领土。为了防止被布尔人进一步蚕食，姆潘达与塞奇瓦约有意将乌得勒支割让给英国人，但谢普斯通当时不想得罪布尔人，婉拒了祖鲁人送来的烫手山芋。如今，英国已经兼并德兰士瓦，塞奇瓦约便打算通过英国要回乌得勒支地区。然而谢普斯通写信警告塞奇瓦约，他必须承认这片土地属于布尔人。塞奇瓦约回信称，他事谢普斯通如父，后者却抛弃了祖鲁人，是一个骗子。于是谢普斯通给伦敦与弗雷尔发去急信道：

> 塞奇瓦约是方圆数百千米内、期望黑皮肤人获胜的每一位独立酋长心中的希望。恶毒的根源——我认为是祖鲁的政权以及其军事组织——被拔除得越早，我们的任务就越容易完成。

随后，谢普斯通策划了针对塞奇瓦约的舆论战：报道不满的边境农民、枪支与威士忌商人、煽动力最强的新教传教士发表的言论。例如，一个新教传教士煞有介事地撒谎道，纳塔尔主教约翰·科伦索（John Colenso）的一个弟子背弃信仰，屈从于威士忌和美丽的祖鲁姑娘的诱惑……弗雷尔担心在强大的祖鲁王国的支持下，开普的土著部落会像印度当年一样，让叛乱的火焰四处燃烧。于是他连忙上报伦敦称，必须早日摧毁祖鲁王国这一"禁欲的杀人机器"，将强大的嗜血暴君塞奇瓦约除掉。

迪斯累利首相当然不担心堂堂大英帝国的军队搞不定土著部落，但他认为开战的时机欠妥。第一，在当年6月的柏林会议上，首相取得了重大的外交胜利，挫败了挟俄土战争大捷余威的沙俄在欧洲开疆拓土的企图。然而，当前欧洲的和平依然很脆弱。第二，印度总督兼副王利顿（Lytton）勋爵发动了不得人心的阿富汗战争。利顿发动战争的理由是：先发制人，抢占阿富汗作为缓冲区，是保护印度免受俄国侵略的唯一手段。弗雷尔、谢普斯通等人发动战争的借口与利顿类似，即抢先攻击，来制止想象中祖鲁王国的入侵威胁，但他们的理由更加站不住脚：祖鲁王国何德何能，造成的威胁能与沙俄相提并论？第三，对处于经济萧条期的英国来说，发动一场远征有些奢侈。基于上述3个原因，1878年10月，议会通过新任殖民大臣希克斯·比奇，给弗雷尔送去了一份礼貌的批评，要求他必须表现出"妥协精神"，对塞奇瓦约及祖鲁人宽容。

此时塞奇瓦约也给纳塔尔总督布尔沃（Bulwer）送信，寻求解决争议领土的建议。布尔沃建议成立调查委员会进行仲裁。弗雷尔起初心存疑虑，但谢普斯通对上司拍着胸脯保证道，他有充足的证据证明布尔人拥有全部的争议土地。最后，弗雷尔同意以仲裁手段解决争议。

调查委员会由3人组成：一个叫加勒韦（Gallwey）的律师、谢普斯通的弟弟约翰·谢普斯通（John Shepstone）以及安东尼·邓福德（Anthony Durnford）上校。他们在野牛（Buffalo）河畔的罗克渡口（Rorke's Drift）待了几个星期，从双方取证。令人大跌眼镜的是，布尔人无法提供任何白纸黑字的证据。当前所有证据都表明，这里曾是祖鲁人的土地，是布尔人依靠恐吓、诱骗与侵略将其夺取，并且没有给当地酋长哪怕象征性的赔偿。与之相比，历代祖鲁君王对这块土地都格外重视，塞奇瓦约与其父姆潘达自始至终宣称其主权属于祖鲁，因此委员会将土地判给了塞奇瓦约。

仲裁结果对一直试图拉拢德兰士瓦的弗雷尔来说不啻晴天霹雳。然而，将在外君命有所不受，弗雷尔绝非一个乖乖听话的人。他认为自己身为开普最高长官，有权果断采取行动。此时开普敦与伦敦之间的海底电缆尚未接通，他完全可以对伦敦半遮半掩地传达消息。1878年11月，希克斯·比奇抱怨道："在没有电报的情况下，我无法真正控制他的行动（我不知道我是否能得到电报）。我觉得他现在很可能正在和祖鲁人交战。如果他的力量被证明是不够的，或者德兰士瓦的布尔人乘机暴动，那么他将陷入大麻烦之中，我们则会因为没有支援他而遭到指责。"希克斯·比奇说服议会派遣援兵，但要求弗雷尔只能将其用于防御。

此时数千千米外的弗雷尔在干什么？弗雷尔在不通知伦敦的情况下，在开普煽动战争："我们的移民们可能会说，在我们的一生中，一直因为图盖拉河上的黑色阴影（祖鲁人）而处于束缚之中。这样一个国家必定越过边界，对和平的欧洲共同体构成持续威胁。文明在其边沿地带，两者不可能并存。"与此同时，他向塞奇瓦约发出最后通牒：

必须让传教士自由进出祖鲁（他们事实上并没有被驱逐出境）；

国王必须接受英国顾问（这样祖鲁将成为英国的保护国）；

必须废除祖鲁的军事体系（毁掉祖鲁王国的根基）。

弗雷尔宣称，塞奇瓦约在30天内不接受上述通牒，英军将会入侵祖鲁。他心知肚明，塞奇瓦约不会接受如此离谱的条件，战争即将开始。

1878年12月11日，在图盖拉河流入大海的地方，祖鲁使者清晨刚刚得知委员会的裁决结果，中午饭吃完后就收到了弗雷尔的最后通牒。

安东尼·邓福德上校曾护送谢普斯通参加塞奇瓦约的加冕仪式，算是半个"祖鲁通"。他认为这场战争既不正义，也没有必要。他评论这场战争："我并不是一个关心黑人利益的人。作为一个军人我应该喜爱战争，但作为一个人类，我谴责它。"之前，他作为委员会的成员之一，尽力保证公平，一直阻止弗雷尔篡改结果，并得到了正直善良的纳塔尔总督布尔沃的支持。但如今作为职业军人，他告诉部下，即将到来的战争不会很激烈。他给母亲写信道："祖鲁人将会跑回家。"（或许是安慰她。）

1878年12月31日，弗雷尔的最后通牒到期。次年1月2日，弗雷尔发了一封告示，说明入侵祖鲁的原因。在这份虚伪的文件的结尾部分，有一句言不由衷，甚至是自欺欺人的话："英国政府同祖鲁民族并没有什么不和……"

1月11日，负责此次行动的司令官切姆斯福德（Chelmsford）①男爵少将率领7000人，在长达320千米的战线上分为三路前进，直指祖鲁王国的首都乌伦迪（Ulundi）。东路英军由查尔斯·皮尔逊（Charles Pearson）上校指挥，从沿海地区渡过图盖拉河中游；西路英军由伊夫林·伍德（Evelyn Wood）上校指挥，从纽卡斯尔（Newcastle）附近侵入祖鲁；中路英军为主力部队，由切姆斯福德亲自率领，从罗克渡口渡过野牛河，进入祖鲁兰境内。邓福德上校负责驻守罗克渡口的基地。21日，他给母亲写信说："我很沮丧，因为我被安排在了后面。"

切姆斯福德男爵少将倒是兴致勃勃，信心满满。时年52岁的他出身名门，留

---

① 即前文提到的弗里德里克·塞西杰。1878年10月，他继承父亲的爵位，成为第二代切姆斯福德男爵。

着如同烈火一样的须髯，相貌堂堂，威风凛凛。他很有礼貌和胆量，待人处世光明磊落，对上级忠诚，对部下宽厚，是19世纪中叶英国将军的完美模板。他在克里米亚战争中担任下级军官，在阿比西尼亚战争中担任罗伯特·内皮尔（Robert Napier）的参谋，还率领正规军镇压了科萨人起义，每一次都表现得无可挑剔，看起来是领导这次远征的完美人选。

切姆斯福德率军深入祖鲁兰19千米后，于1879年1月20日在一块形状怪异的岩石下扎营。由于地面坚硬，英军并未挖掘战壕。毕竟在切姆斯福德看来，这场战争没有必要步步为营，贻误战机，仅仅他这一路便有实力摧毁祖鲁人，他拥有2000名红衫军、1000名殖民地志愿者、1000名土著以及6门野炮。一个叫尤斯（Uys）的布尔老兵提醒他：“等你长途跋涉进入祖鲁兰后，两个军队必须相互靠近。让密探走得更远一些，把你的辎重车组成一个车阵。”男爵却对他的建议置之不理。除了道路因下雨而变得泥泞之外，他只有一种担心，那就是祖鲁人化整为零，逃出他的掌心。这是非洲战争中一个令他厌烦的特征，他在一年前对付科萨人的时候已经深有感触。勿以军众而轻敌，勿以独见而违众，勿以辩说为必然，这三条为将大忌，切姆斯福德男爵一条不差地全犯了个遍。

旭日照在60米高、形状怪异的岩石上，使其投下长长的阴影。现在，英国军人终于看清了这块巨石的轮廓。它看起来像是一头卧着的狮子，或者说，像第24步兵团帽徽上的斯芬克斯。当地的纳塔尔士兵称之为“伊散德尔瓦纳”（Isandlwana），意思是“小房子”或者“牛胃”。

我们把目光转向祖鲁王都乌伦迪，这是一个由蜂巢般的小屋聚拢而成的巨大圆形城市。在这里，塞奇瓦约国王与他的妻妾们还在等待着英方取消最后通牒的奇迹。他如何看待弗雷尔我们并不清楚，但在两年前，塞奇瓦约对在祖鲁兰的传教士罗伯逊这样说道：“我热爱英国人，我不是姆潘达的儿子，我是维多利亚女王的孩子。但同时，我也是我国的君主，必须被尊敬地对待。‘白人父亲’对我说话请客气一点儿，我宁可去死，也不会听从命令。”

最后通牒时间一过，塞奇瓦约国王便征召各个战团，发号施令。根据祖鲁的风俗，年轻战士需要经过一场战斗，即所谓的“长矛的洗礼”，才能结婚。这是塞奇瓦约王朝的第一场战争，第一次“长矛的洗礼”。战士们自乌伦迪出发前，国王在演讲中说道:"我带你们去对付'白鬼子',他们入侵祖鲁兰,抢走我们的牛群!你们要对付在罗克渡口的纵队,将他们赶回纳塔尔。你们将在白天进攻,因为你们兵力足够吃掉他们。你们行军要慢,这样不会让自己疲倦。"除此之外,塞奇瓦约国王特地叮嘱部下,切勿踏入纳塔尔的领土。

上文提到,由于开普尚未通电报,因此远在伦敦的希克斯·比奇无法第一时间获得南非的消息。等终于知道祖鲁战争爆发的消息时,他反而变得乐观起来。他劝深受支气管炎和痛风折磨的迪斯累利安心:"这是一个好的兆头,我希望这场战争像阿富汗战争一样短暂而成功。"他对弗雷尔擅自做主的怨恨也开始消失,毕竟对方才是身处第一线的人。弗雷尔莽撞的最后通牒,算得上是一个"彻底成功的试触"。

按照卡那封、弗雷尔等人的"新印度"计划,吞并德兰士瓦,乃是建立南非联邦的第一步。而第二步,就是入侵祖鲁兰。但接下来,英国人将逐步付出代价,不管是鲜血、财富,还是尊严。

# 第五章 祖鲁战争

1879年1月22日凌晨1点30分，在伊散德尔瓦纳的英军营地中，大多数官兵已经回到自己的帐篷里，部分还躺在篝火边聊天。两天前，英军在形如卧狮的伊散德尔瓦纳下方扎营。山下的平原，显得格外荒凉。在东南方向，供牛车行走的故道于起伏的绿色丘陵上留下一条苍白的线，它短暂地消失在沟壑之后延伸到了天际。沿着这条"白线"走64千米，便可抵达乌伦迪。在西侧，同样有一条小道，它通往32千米外的、纳塔尔与祖鲁王国边界的罗克渡口。但这条路已经被英军上百辆辎重车压成了棕色，如今这些牛车正在成排的帐篷旁边卸货。

中路纵队的参谋弗朗西斯·克莱西（Francis Clery）少校闯进切姆斯福德男爵的帐篷，他叫醒将军，读了一封皱巴巴的信："率领纳塔尔骑警、志愿者以及纳塔尔土著侦察前方道路的达特内尔（Dartnell）少校发现左侧溪谷里有大量敌人，他需要几个白人连队的支援，等天亮后就向敌人发起攻击。"切姆斯福德瞧不上祖鲁人的战斗力，因此并不担心分兵造成的削弱，他下令第24团第22营的6个连、骑马步兵中队、哈尼斯（Harness）上校的4门火炮以及纳塔尔土著轻工兵部队天一亮就前去增援达特内尔。切姆斯福德将随同前往，侦察下一个宿营地。与此同时，他"命令邓福德上校带领部队前来支援本营"。文书克莱洛克（Crealock）的命令写得很混乱，并未明确告诉邓福德他是前来增援营地，还是随同切姆斯福德一起前进，抵达营地后谁又是指挥官，等等。

克莱西并没有让人吹响起床号，而是悄悄叫醒每一位指挥官，向他们发出了指令。切姆斯福德将军天未亮就已穿戴完毕，离开了营帐，但克莱西惊奇地发现负责守营的第24团第1营营长亨利·普莱恩（Henry Pulleine）上校并未得到任何命令。于是克莱西亲自给他下了命令：主将不在时，普莱恩负责指挥营区，严防死守！等到天色能够依稀辨清小路后，切姆斯福德便亲自带队，率领军队开拔了。

与此同时，赫拉斯·史密斯-多伦（Horace Smith-Dorrien，在一战中担任了集团军总司令）中尉在黑暗中，沿着通往罗克渡口的道路，将克莱洛克书写的命令带给邓福德。这条路沿石山侧面向西北延伸6～8千米，随后向左急转到河边。那天黎明，赫拉斯经过了西拉约酋长的村庄。一周前，第24团第1营与祖鲁人在这里交战，他们杀掉了几十个祖鲁人，抢走了400头牛。赫拉斯看到村里的草房都被烧毁了，但他不知道的是，在小路的东侧，一支庞大的祖鲁军队就潜伏在他脚下的深谷里。

19世纪初，祖鲁仅仅是恩戈尼人（Ngoni）中一个默默无闻的小部族，依附于盛极一时的姆塞思瓦（Mthethwa）王国。当时的祖鲁酋长恰卡（Shaka）是姆塞思瓦国王丁吉斯瓦约（Dingiswayo）的得力干将，但他趁着丁吉斯瓦约不幸战死在与恩德万德韦人（Ndwandwe）的战争中，夺取了姆塞思瓦王国的大权。他率军击败恩德万德韦人，在姆塞思瓦王国的基础上建立了祖鲁王国。随后恰卡连年出征，先后吞并了100多个部落。祖鲁王国的版图扩大到近3万平方千米，北至蓬戈拉（pongola）河，南至图盖拉河，西抵德拉肯斯山脉。从此，祖鲁王国辖区内的数十万居民被称为"祖鲁人"。

祖鲁王国名震天下的"军团"（Impi），便是姆塞思瓦王国的遗产。丁吉斯瓦约废除了恩戈尼人"割礼入会"[①]的习俗，将加入同龄兵团、服役、参加战斗作为少年步入社会的标志。恰卡则在丁吉斯瓦约的基础上，进一步打破了部族的界限，他将男人按年龄分组，每600～1000人组成一个团。26个团被组建起来，每个团的战士持同样色彩和装饰的盾牌，分别驻屯在特定的军屯区，也就是"埃开达"里。祖鲁战士在18岁时被征集起来，接受残酷的军事训练，直到35岁成为老兵之前都不允许结婚。各地酋长的部队皆由已婚老兵组成，战斗力自然难以和国王掌握的青壮精兵相比。这使地方势力难以与中央抗衡，更何况兴兵作乱。

恰卡还改进了祖鲁军团的武器和战术。南班图人的传统作战方式是投掷标枪，并不擅长肉搏。恰卡给每个战士配备了一根短矛和蒙着不同颜色牛皮的椭圆形大

---

① 每当首长的一个儿子施行割礼时，部落中同龄青年便一起接受割礼。这些青年顺理成章地成了首长之子未来的扈从核心和最亲近的伙伴，一生效忠于他们的首领。割礼仪式繁复冗长，年轻小伙子被集中关一处，在四五个月内接受严酷的肉体折磨，其间精疲力竭，体力下降。敌对部落常趁对手施行割礼，大部分年轻战士无力自卫期间，发动突袭。此外，这种仪式使部落的同龄青年成为只忠于首长继承人的终身扈从，十分不利于部落的合并和统一国家的形成。

盾牌，便于进行近距离白刃战。战斗时，战士们排成密集队形，一只手以盾牌进行掩护，抵御敌人的箭矢和标枪；另一只手则执短矛冲锋，进行白刃战。任何战士不允许将短矛当标枪投掷，凡在战斗中失去短矛者一律按规定被处死。祖鲁军团的战斗队形是当时在北恩戈尼人中流行的牛角阵：中央的主攻部队排成若干密集方阵，左、右两翼的辅攻部队列成向里弯曲的弧形。与敌接触时，中央主力部队放慢步伐，让侧翼部队迅速从两侧进攻或突入敌后进行包抄；之后中央主力发起冲锋，以短矛摧毁已经投罄标枪、陷入两翼夹击的敌人。训练有素的祖鲁战士堪称19世纪最优秀的步兵之一，他们有死战的决心，在行之有效的战术引导下，他们在部落战争中几乎无往不胜。

恰卡在统治末期已开始认识到拥有火器的欧洲人对其王国的巨大威胁。然而，1828年9月24日，恰卡的两个同父异母兄弟丁刚和姆兰加尼（Mhlangana）发动政变，刺死了恰卡。据说，恰卡临终前说的最后一句话是："白人就要来了！"

丁刚在杀掉同谋者姆兰加尼之后，登上了祖鲁国王的宝座。起初，丁刚鉴于恰卡在位十多年来兵连祸结，民生疲敝，试图熔剑为犁，休养生息，让士兵们回乡耕种生产。但由于各地叛乱不断，丁刚不得不恢复军事化的残酷统治。在1838年的血河战役中，祖鲁军大败，乘胜追击的布尔人一举占领了祖鲁人的首府姆冈冈德洛武（UmGungundlovu）。丁刚被迫答应把图盖拉河以南的土地全部交给布尔人，并赔偿对方大量牲畜与象牙，才结束了战争，返回姆冈冈德洛武。血河战役的失败，让丁刚的威望荡然无存，他的臣下开始有了篡位谋反之心。

1839年10月，丁刚的弟弟姆潘达投靠布尔人，并在后者的支持下击败丁刚。1840年2月18日，姆潘达由布尔人加冕为"祖鲁王"。登上王位后，姆潘达把图盖拉河至白乌姆福洛齐（White Umfolozi）河之间的大片土地奉送给布尔殖民者。自此，祖鲁王国只剩下半壁河山，成为布尔殖民者的附属国，偏安一隅。至于丁刚，他于1840年在斯威士兰境内忧郁去世。

等到1843年英国人并吞了纳塔尔后，得位不正又体弱多病的姆潘达对外周旋于布尔人和英国人之间，对内则试图利用嫡子塞奇瓦约与庶子姆布拉齐之间的矛盾，进行制衡。终于在1856年，姆潘达的制衡术玩过了火，塞奇瓦约与姆布拉齐之间爆发夺位之战，后者惨败，塞奇瓦约执掌国政。1872年姆潘达死后，塞奇瓦约正式登基。

塞奇瓦约掌权后，深知仅仅凭借短矛和盾牌难以抵挡殖民者的洋枪洋炮，于是不惜用大批牲畜向莫桑比克的葡萄牙人购买枪支弹药。他还派遣祖鲁青年到金伯利钻石矿做工，用挣来的钱购买枪支带回国内，并雇用英国商人约翰·丹恩训练军队，教祖鲁战士骑马、射击，甚至从德拉戈阿湾重金聘请英国人替他们修理枪械。几年内，塞奇瓦约便建立了一支既能使用短矛、大盾，又能操持近代火器的4万大军。

此时，塞奇瓦约国王的半数兵力——2万余人，在通向罗克渡口的小路东侧的深谷里潜伏着，他们像黑蜂一样挤在一起，寂静无声。1月17日，他们从乌伦迪出发，21日抵达伊散德尔瓦纳以东的峡谷潜伏下来。祖鲁人迷信月亮"死去"时不能战斗，因此把进攻时间定为新月升起之日——23日的早晨。许多祖鲁战士装备了马蒂尼-亨利步枪，但实际上，祖鲁人从未在实战中用过这种步枪。这支军队上一次参加战斗，还是20年前的祖鲁内战，他们没人与白人打过仗。

再回到伊散德尔瓦纳。安东尼·邓福德上校在22日凌晨5点之后得到了赫拉斯带来的消息，他对纳塔尔骑兵队长乔治·谢普斯通（George Shepstone，西奥菲罗斯·谢普斯通之子）说："啊，正合我意，我们马上就出发！将军已经动身去攻击祖鲁军团了！"他带上了火箭连，以及300名来自纳塔尔、巴苏陀兰（Basutoland，今莱索托）的土著骑乘兵。其中巴苏陀人（Basuto）是他亲自训练的，忠诚与战斗力都有足够的保证。至于纳塔尔土著，他们与祖鲁人同宗同源，在邓福德看来，忠诚度堪忧。

早上10点30分之前，邓福德就已经抵达了伊散德尔瓦纳，与普莱恩会面。提到由谁负责指挥营地的军队时，普莱恩直截了当地让贤道："您的军衔比我高，所以由您指挥。"邓福德表示反对："我不会干涉你的，我不想留在营地里。"邓福德认为，即使有威胁，也是针对切姆斯福德与他的主力纵队，于是在上午11点的时候，他带着自己的人马出去侦察祖鲁人的动向，不再理会普莱恩守卫营地的任务。

另一边，早上6点30分，切姆斯福德与位于16千米外、在平原东南端宿营的达特内尔会合。他并没有发现达特内尔提到的大股敌人，祖鲁人只留下了80人的小部队，大部队已经溜走了。切姆斯福德将军因为劳累过度和缺少得力部下，显得异常烦躁，他抱怨道："除了杀了一些家伙之外，我们早上的工作毫无意义。"

上午9点30分，克莱西收到普莱恩的急信，信上说："据说祖鲁人正朝营地左前方推进，早上8点5分。"克莱西问将军："针对这份报告，我们该怎么做？""什么都不用做。"将军回答。但切姆斯福德还是派出汉密尔顿·布朗（Hamilton Browne）的纳塔尔第3团第1营去支援营地，并派两个军官登上附近山头，用望远镜观测情况到上午11点，如有异常，立即汇报。随后切姆斯福德决定在曼盖尼河源头扎营，并命令普莱恩的部队携帐篷和其他装备赶来与他会合。

下午1点之前，位于纵队最后方的哈尼斯炮兵上校听到伊散德尔瓦纳方向传来炮声，并看到东北方高原上炮弹爆炸的火光。这肯定来自留给普莱恩的两门炮。哈尼斯立马派人侦察。不久后，汉密尔顿·布朗发来求援信："看在上帝的分上，回来吧，营地被包围了！"哈尼斯毫不迟疑，立即命令他的4门火炮掉头，沿着小路快马加鞭原路返回。切姆斯福德的高级副官戈塞特少校发现了这一情况，并向将军进行了汇报。几分钟后，哈尼斯就被召回，他被告知不要在乎布朗歇斯底里的求助。

切姆斯福德坚信在上千步枪兵和两门火炮的保卫下，伊散德尔瓦纳大营稳如磐石。而根据祖鲁战俘的口供，一支2万多人的军团，预计将在当天从乌伦迪赶来。这消息反倒让将军高兴，里应外合，中心开花，聚而歼之，这正是他求之不得的。正在这时，将军也听到了炮声。"你听到了吗？"祖鲁战俘叫道，"那是大营爆发了战斗！"一小时后，一个土著从山脊上飞奔而下，他说他确实看到了从伊散德尔瓦纳升起的硝烟。切姆斯福德和参谋不再淡定了，他们骑马来到山脊，举起望远镜对准16千米外的那个形状怪异的小山。阳光静静地照射在岩下整齐的白色帐篷上，有人在帐篷之间移动，除此之外什么都没有。[①]

下午2点，切姆斯福德男爵终于下定决心，亲率骑马步兵视察伊散德尔瓦纳的情况。他走在队伍前，不紧不慢地向大营赶去。下午5点，男爵与纳塔尔第3团第2营的营长朗斯代尔（Lonsdale）会面。朗斯代尔在追击一个骑马的祖鲁人时，与

---

① 遇到紧急情况时，通常首先拆掉帐篷，因为支着帐篷会严重妨碍防御。

手下失去了联系，并摔成了脑震荡。他心不在焉地在下午3点左右沿着小路骑回营地，结果迷迷瞪瞪地看到营地里到处是"红衫军"，之后他忽然反应过来，这些穿红军装的都是黑人！原来，他们是抢掠大营的祖鲁人。他立即掉转马头，疾驰逃命，才免于一死，并终于让切姆斯福德收到了关于灾难的确切消息。

伊散德尔瓦纳究竟发生了什么？

原来，祖鲁人得知行踪暴露后，决定提前一天发起进攻。于是，当邓福德率兵登上科尼克尔山的山脊时，惊奇地看到下方山谷里的祖鲁军团已经排成牛角阵，包围住了他们。进攻的祖鲁军团像是一条泛滥的大河，先是静静地淹没河岸，然后凶横地撞击河谷，像海啸一样把树和房子抛到一边。当祖鲁军团如潮水一般从高原的边缘涌出时，绿色的高原几乎立刻变成黑压压的一片。邓福德一边派乔治·谢普斯通去给普莱恩送信，一边把火箭连派到左边。与此同时，他带人向前急跑，去封堵右边。火箭连只发射了一枚火箭，便很快被淹没在"黑色汪洋"里。邓福德与一些幸存者退回到营地以东800米的一条溪谷里，他命令手下挖掘堑壕，其中有一名叫贾贝兹（Jabez）的巴苏陀人后来描述道：

> 最后，我们来到了一条有许多石头、离营地很近的小溪边。我们在这里长期坚守，不断射击。上校不停地在阵线上来回奔走，不断鼓舞大家："射击，孩子们！干得好，孩子们！"我们中一些人不愿意他过分暴露，希望他待在后面，但他对我们大笑道："好了，别胡扯。"他非常平静，情绪高涨。我们人不多了，但凭借领导者的指挥，我们能够长期顶住那一侧的祖鲁人……最后，我们的子弹几乎用光了。

就在邓福德的骑乘部队向山头撤退时，普莱恩的5个步兵连、2门火炮以及装备不全的土著武装试图堵住从另一侧冲来的祖鲁武士。起初，英军十分镇定。第24团第1营的几个连都参加过卡弗尔战争，作战经验相当丰富。但祖鲁人多达2万，而且他们与纪律较差的科萨人的战斗力不可一概而论。祖鲁人的中央部队冲破英军的前卫防线时，两翼已经将营地"淹没"了。随着射距越来越短，英军把炮弹从爆炸弹改为榴霰弹，不断用来复枪和燧发枪射击前冲的祖鲁人。祖鲁人挥舞短矛，发出战吼，像庞大的蜂群一样发出震天动地的嗡嗡声。英军弹药开始不足，运送弹药的辎重车就停在后面只有几百米远的地方，但英军没有组织起人力运送这些弹药，而且弹药箱都被铜带和6只螺丝钉牢牢地封住了。等赫拉斯终于撬开一个弹药箱，企图向非常吃紧的第24团第1营运送弹药时，第24团第2营的军需官却强烈抗议，说赫拉斯撬开不属于第1营的弹药箱这种行为完全违反规定，因为他没有提交申请！祖鲁人趁着对手火力中断，发出震耳欲聋的呐喊声，蜂拥上来。刺刀与短矛的白刃战代替了枪林弹雨，黑人与白人混战成一团，展开了你死我活的血腥战斗。纳塔尔士兵开始崩溃，四散而逃。许多人沿着铺着石头的小路逃到河边，很快小路上堵满了惊慌失措、身体负伤、乞求帮助的士兵。坚韧的红衫军试图撤到军营里，但军营黑烟四起，到处都是祖鲁人。士兵们只能各自为战，垂死挣扎。炮手被困在一个溪谷里，火炮被推翻在一旁。普莱恩撤回到自己的帐篷里，据说是给切姆斯福德写诀别信。邓福德把爱马"族长"放生了，站在靠近峭壁的山岩上。拥有一匹好马、本可逃生的乔治·谢普斯通，决定与他同死。

只有屈指可数的白人活了下来。其中之一就是把信送到罗克渡口后，又在当天上午返回的赫拉斯。他这样描述这场屠杀：

> 在我们知道自己身处何方之前，他们（祖鲁人）已经冲进了军营，挥舞短矛左冲右杀。有马的人掉头就跑。敌人以一种半走半跑的方式，迅速前进。我们环顾四周，发现被彻底包围了！通往罗克渡口的路已经被切断了。他们看起来力量最薄弱的地方，就是我们所有人奋力突围逃命的地方。所有人慌乱地在满是巨大圆石与碎石的大地上奔逃，直到来到一条很深的溪谷里。我不知道，我的马是如何坚持下来的。我当时骑了一匹并不属于我的、膝盖有伤的老马，它看起来随时都可能倒下。在溪谷，我们必须再次突破重围，我们中很多人死在了那里。我一路疾驰，用左轮手枪射击追兵，惊险地摆脱了数次危机。通往河边的道路十分颠簸，以致祖鲁人奔跑的速度和我们的马一样快。他们一路都在杀戮我们的人。我们的溃兵很少有白人，绝大多数是骑马的黑人。这一情况一直持续到我们抵达野牛河边的一处悬崖。
>
> 我跳下马，牵着它往下走。这时，我发现了一名手臂被击中的、可怜的

骑马步兵。当我经过他时，他哀求我帮忙包扎胳膊，只要止住血他就会没事。于是我拿出手帕，绑在他的胳膊上。我刚做完这件事，炮兵少校史密斯就从上面滑到我身边，他受了伤，说："看在上帝的分上，接着跑吧，祖鲁人在我们上面！"我已经为这个伤员做了我能做的一切，于是转身跳上马。正在这时，马儿被标枪击中，一溜烟地跑到了悬崖底部。我陷入了绝望，祖鲁人将我们围住，他们屠戮了伤员，包括我帮助过的那名士兵以及史密斯。然而，每个人都期待奇迹的发生。我疾步冲进河里，河水湍急，只比怒吼的洪流稍好一点儿。

就在我以惊人的速度被河水挟裹而下时，一匹无主的马经过我的身边，我拽住了它的尾巴，于是它把我安全地带到了河的对岸。

赫拉斯掉进河水之后，祖鲁人在岸边胡乱放箭射击。就算过了河，祖鲁人也没有放弃击杀他，整整追了他5千米。赫拉斯的靴子灌满了水，他过于疲惫，无力骑马，只能蹒跚向前，到了晚上，他已经进入纳塔尔境内16千米，他是仅有的5名免遭屠杀的英国军官之一。那天早上，在大营里欢快地吃早餐的800多个白人里，只有30人逃出生天。

切姆斯福德得知真相后呆住了，但很快意识到职责所在。他组织起第24团第2营的6个连，动员道："伙计们，敌人已经占领了我们的大营！我们的许多士兵在防守中不幸遇难，除了战斗，我们别无他法！注意，我们必须苦战。我们不得不为自己的性命而战。我了解你们，我知道你们值得信赖。"

等纵队踏上山坡，朝山顶上的卧狮轮廓走去时，天已漆黑。士兵们眺望远方，只看到罗克渡口散发着一道不祥的微光——切姆斯福德担心这是祖鲁人的围点打援之计。精神紧张的英军陷入了疑神疑鬼的状态，有的人声称看见渡口有人影在晃动，还有的人认为他听到了沙哑的哭声和短矛拍打盾牌的声音。

当遭遇挡在半路的祖鲁辎重车时，切姆斯福德命令炮兵对准它们开炮。震耳欲聋的爆炸声在山谷中回响，就连北侧40千米以外的伊夫林·伍德上校的纵队都听得一清二楚。随后，切姆斯福德命令一伙人去占领峭壁对面的石山，但他们只占领了一座空山头。祖鲁人已经悄悄撤走了，正如他们悄悄集结，辎重车也被他们抛弃了。

切姆斯福德为防止遭到夜袭，下令部下手持武器，枕戈待旦。即使对经历过无数血战的老兵来说，这个夜晚也过于恐怖了。他们不得不在惨烈的战场上露营，走路时往往会被战友的尸体绊倒。切姆斯福德担心手下睡着，不停地往返巡视。然而一些人过于疲累，还是进入了梦乡。

天亮前，切姆斯福德命令部下：先不要掩埋战友的遗体，直接撤回罗克渡口。《旗帜报》记者查尔斯·诺里斯－纽曼（Charles Norris-Newman）报道了战场上令人作呕的惨状：尸体横七竖八地躺着，扭成各种各样的姿势；几乎所有尸体都遭到了祖鲁人的破坏，他们按照当地习俗，将尸体的腹部划开了一个口子；许多尸体因为身上的红军服被剥走，要么全裸，要么半裸；袋子损坏的茶叶与糖从辎重车上撒落，与废纸、死马、死牛一起，散落在士兵尸体中间。由于祖鲁人的破坏，能够被辨认的尸体很少。有人发现一具尸体穿着工程兵军官的红背心，戴着一块表。几个月后，有人认出这块表属于邓福德。表的指针停在了3点40分，可见邓福德足足苦战了4个小时。乔治·谢普斯通就战死在邓福德身边，而亨利·普莱恩上校的尸体最终未能找到。

切姆斯福德率部抵达罗克渡口时，发现渡口处的奥斯卡堡传教站正在燃烧。但值得庆幸的是，渡口依旧在英军手里。就在几个小时前，罗克渡口发生了英军战史上最为英勇的一场战斗。前面提到，塞奇瓦约曾特地嘱咐部下切勿进攻纳塔尔，但他的弟弟达布拉曼齐（Dabulamanzi）不顾兄长的命令，率4000祖鲁士兵进攻罗克渡口。当时守军只有140人，但他们在约翰·查得（John Chard）中尉与冈维尔·布罗姆黑德（Gonville Bromhead）中尉的指挥下，利用装满玉米的布袋和饼干盒，结合传教站的医院与仓库等建筑，搭建了简易的防御工事。战斗在22日下午4点30分打响，持续了整整12个小时。当切姆斯福德的部队于23日上午7点到达时，传教站院子前面密密麻麻地躺着约400具祖鲁人的尸体，而守军只阵亡了15人。参与罗克渡口战役的人中，被授予维多利亚十字勋章的多达11人。

当然，罗克渡口的小胜，无法为伊散德尔瓦纳的大败遮羞。丢盔弃甲的英军撤回纳塔尔后，整个纳塔尔为之震动。为了应对祖鲁人的入侵，民众们在城镇筑起车阵，准备与之展开巷战。但祖鲁军队这回严格遵循塞奇瓦约国王的训示，未曾踏进纳塔尔领土一步。

2月12日凌晨，希克斯·比奇在家收到一份骇人听闻的电报：切姆斯福德中路军的半数士兵在一个叫作伊散德尔瓦纳的地方被屠杀，切姆斯福德男爵及部下逃回纳塔尔。这一败仗成了英军在19世纪的最大耻辱，共有858名白人（包括52名军官）、471名黑人（包括随军非战斗人员）死在伊散德尔瓦纳。英国首相迪斯累利意识到，这是对他的政府的致命一击！"我非常震惊，"他写道，"当所有人都在祝贺我成为最幸运的首相时，这场可怕的灾难降临了！"他如实禀告了女王。这场惨败将改变一切：英国不仅会在列强面前丢脸，影响力也会被削弱，财政收入同样会白白流失。迪斯累利知道，征服祖鲁人是迟早的事，但他的政府却必须为此次惨败付出代价。果然，在次年4月的大选中，保守党竞选失败，维持6年的迪斯累利内阁宣告解散。对迪斯累利这样身患各种疾病的老政治家来说，权力无疑是最好的保健品，政治生命的终结，意味着维持他活力的激素的消失。果然，一年之后，迪斯累利因患支气管炎去世，终年77岁。

迪斯累利死后，人亡政息。卡那封、弗雷尔、谢普斯通梦想的建立从开普到赞比西河的南非联邦的计划随之破灭。新任首相、自由党领袖威廉·尤尔特·格莱斯顿（William Ewart Gladstone）在非洲的关注点，从最南端的南非地区转移到了最北端的埃及。

# 第六章 伊斯梅尔的帝国梦

地处尼罗河下游的埃及，是人类文明的主要发源地之一，这是一个饱经沧桑、迭经战乱的古国。自从古典时代以来，埃及便先后遭受喜克索斯人、利比亚人、努比亚人、亚述人、波斯人、马其顿人、罗马人以及阿拉伯人的入侵与统治。1517年，奥斯曼帝国灭掉统治当地的马穆鲁克王朝之后，将埃及变为帝国的行省之一。但奥斯曼帝国在埃及的统治只是名义上的，实权依旧掌握在当地的马穆鲁克手里。所谓"马穆鲁克"，是一群生于高加索，但从小便被掳掠到埃及、长期服役的武士阶层。马穆鲁克内部派系林立，各派都有自己的武装，相互之间争权夺利，内斗不休。与此同时，他们依靠包税制，压榨埃及农民。在马穆鲁克残暴而低效的统治之下，埃及农田荒芜，河渠淤塞，富饶肥沃的尼罗河三角洲接近三分之一的农田沦为荒漠，粮食产量不足罗马时代的四分之一。埃及全国的人口，法蒂玛王朝时为600万人，到了19世纪初竟然锐减到250万人。托勒密王朝时代街市繁华、人口稠密的亚历山大港，已经退化成凋零残破、满目凄凉、只有8000人的小城镇。

18世纪末，在开罗清真寺阿訇日复一日的低沉祷告中，越发死气沉沉的尼罗河畔迎来了天崩地裂的剧变。1798年7月1日，拿破仑·波拿巴率领法兰西共和国东方军团，在亚历山大港附近登陆，随后沿着尼罗河而上，在金字塔战役中击溃了马穆鲁克。拿破仑试图以埃及为跳板，向奥斯曼帝国腹地进军，但在阿克城，法军遭到了奥斯曼军队的殊死抵抗。此时，欧洲局势风云突变，反法联盟已经向法国宣战，法国在莱茵河战线兵败如山倒。拿破仑不得不返回法国收拾残局。留守埃及的法军内外交困，当地民众频繁发动暴乱，就连新任东方军团司令克莱贝尔将军也被暴民刺杀。英军趁火打劫，阿伯克龙比将军率领麾下英军在阿布基尔港登陆。两支欧洲军队在亚历山大城外展开决战。结果梅努率领的法军大败，被迫率7000名残兵撤离埃及。

对野心勃勃的穆斯林军阀来说，欧洲列强制造的乱局，乃是攫取权力的最好时机。1805年，奥斯曼帝国的阿尔巴尼亚军团长官穆罕默德·阿里（Muhammad Ali）夺取埃及的统治权，并迫使奥斯曼苏丹封他为帕夏，建立起穆罕默德·阿里王朝。1811年3月的一个晚上，阿里假借为出征内志（Najd）、打击瓦哈比教徒[①]的将士饯行，在开罗举行鸿门宴，把统治埃及数百年的马穆鲁克屠杀殆尽。后来，他接管了乌里玛的地产，得到了国家的全部土地收入。

阿里既是一位暴君，也是一位伟大的改革者。他着手实施土地改革，改进灌溉系统，推广棉花种植，创建了中东地区第一批近代工业，尤其是军工制造业。埃及的财政收入，如同8月份的尼罗河水一样疯狂暴涨。尽管埃及农夫蕴藏在肌肉里的力量与西欧的煤与蒸汽机不可相提并论，但在古老的斯芬克斯雕像旁，埃及的工业革命俨然蓄势待发。

阿里一向把拿破仑当作偶像。相比经济，他的军事成就更加接近拿破仑，但更为短暂。他聘请法国教官训练、改组军队，并将军中的青年才俊挑选出来送往法国公费深造。经过7年征战，他灭掉了沙特第一王国，将阿拉伯半岛腹地名义上纳入奥斯曼苏丹名下。为了给他的新式陆军补充兵员，阿里越过尼罗河的几大瀑布，对埃及南部的苏丹发动远征，一路打到了青、白尼罗河的交汇之处，并于1823年在此修筑喀土穆（Khartoum，意为"象鼻子"）。羽翼渐丰的阿里，向奥斯曼帝国发出挑战，入侵叙利亚与巴勒斯坦。经过改造的埃及军队，战斗力远非腐朽的奥斯曼军队能比，后者连战连败。1839年6月，埃及与奥斯曼帝国在尼济普决战，奥斯曼军队全线崩溃。

当时，以英国为首的列强，扶持奥斯曼帝国对抗沙皇俄国，不希望看到它就此垮掉。因此在1840年9月，英国舰队在其他列强的配合下炮轰贝鲁特（Beirut）城。随后，英国、奥斯曼联军在贝鲁特登陆，一路向南推进，于当年11月占领叙利亚重镇阿克（Acre）。就这样，埃及本土与叙利亚的联系被彻底切断。与此同时，法国也断绝了对埃及的援助。彻底被孤立的阿里不得不俯首向奥斯曼苏丹称臣。作

---

① 瓦哈比教派，又称"伊斯兰复古主义"或"原教旨主义"，是近代伊斯兰教复古主义派别，18世纪中叶出现在阿拉伯半岛的纳季德地区，创始人是穆罕默德·伊本·阿卜杜·瓦哈比。瓦哈比与盘踞在内志德尔伊叶地区的沙特家族政教联合，建立沙特第一王国，统一了内志，并攻占了伊拉克圣城卡尔巴拉。

为妥协，奥斯曼苏丹封阿里家族为埃及的世袭总督和苏丹的统治者。阿里的强国之梦，终究竹篮打水一场空。

1849年阿里死后，其继任者阿巴斯与赛义德在开疆拓土方面毫无建树，前者一定程度上鼓励欧洲投资，特别是英国对铁路的投资；后者则在法国人雷赛布的陪伴下长大。赛义德即位后，授权雷塞布成立国际苏伊士海运运河公司（简称"苏伊士公司"），挖掘跨越苏伊士地峡的运河。但直到赛义德撒手人寰，其侄伊斯梅尔（Ismael）即位，运河仅完成一半。1867年，伊斯梅尔通过在苏丹宫廷行贿，使本人与后继者得到了"赫迪夫"（Khedive，意为"伟大的埃米尔"）的封号，地位高于奥斯曼帝国的其他帕夏。

1869年，苏伊士运河终于竣工，自此，从地中海到红海的海路畅通无阻。伊斯梅尔自小在巴黎留学，他曾骄傲地说，"我们不是非洲国家，而是欧洲国家"，梦想埃及有朝一日"脱非入欧"。当时，只要有欧洲船只停泊在亚历山大港，码头的工作人员就会把"洋大人"的名单通过电报发给阿伯丁宫。随后，伊斯梅尔就会盛情款待某上校、某夫人、《每日世界》的记者、《每周环球报》的主编等，一切消费由他买单。酒足饭饱之后，伊斯梅尔会亲自前来询问客人："我试图通过毕生努力，把这片古老的土地变成一个进步的现代国家，阁下有什么建议吗？""阁下看到罗达（Rhoda）的新糖厂、亚历山大港的新码头、赫利奥波利斯（Heliopolis）的模范农场了吗？"客人们吃人嘴软，当然对赫迪夫不吝溢美之词，宴会总是在宾主尽欢的气氛中圆满结束。

在埃及这样一个文盲遍地的农业国家，建造上述造价不菲的工业化产物，无疑需要海量的资金。好在伊斯梅尔执政初期，世界的棉花主要产地之一美国刚刚结束内战，产能尚未恢复，埃及的棉花出口量增加了3.5倍，政府收入翻了一番。因此，伊斯梅尔主导下的埃及近代化看上去似乎前景一片光明。

相比当时对非洲腹地十分陌生的欧洲列强，伊斯梅尔在向非洲内陆开疆拓土方面，堪称先行者。早在布鲁塞尔会议召开10年以前，伊斯梅尔便开始沿着尼罗河向赤道扩张，一直扩张到了白尼罗河的源头（今乌干达的维多利亚湖）以及青尼罗河的源头（今埃塞俄比亚的塔纳湖）。1869年，伊斯梅尔在如今的南苏丹与乌干达北部建立赤道省。与此同时，他派军队对阿比西尼亚发起远征。他占领了红海沿岸的两个战略港口——萨瓦金（Suakin）和马萨瓦（Massawa，厄立特里亚北部港口城市），对列强声称会利用它们来阻止苏丹和阿拉伯之间的奴隶贸易。

但问题是，埃及同样盛行蓄奴，伊斯梅尔本人就拥有数千名奴隶，这个说辞实在无法令世人信服。伊斯梅尔为了堵住外界的嘴，任命英国探险家塞缪尔·贝克为赤道省省督。贝克在土耳其的奴隶市场上初次看到匈牙利女孩弗洛伦斯（Florence）时，便花重金让她获得自由，并与之结为伉俪，一时传为佳话。谁会怀疑贝克结束奴隶贸易的决心呢？

贝克于1873年卸任后，伊斯梅尔又为废除奴隶贸易找来了一位新的代言人——英国皇家工兵上校查尔斯·戈登（Charles Gordon），让他继任赤道省省督。戈登矮小、瘦弱、黝黑，眼睛如同蓝宝石一样。他曾在中国帮助清政府镇压太平天国运动，在华尔阵亡后接替其指挥"常胜军"。时任淮军统帅的李鸿章虽与其因苏州杀降①一事爆发冲突，一度剑拔弩张，但李鸿章不得不承认，这个小个子洋人是名卓越的职业军人。戈登也是一位虔诚的新教福音派教徒，一直未婚，他把大多数工资都捐给了英国的福利事业，在英国名望颇高。由他作为伊斯梅尔革除奴隶贸易的新招牌，实在再合适不过了。

综上所述，伊斯梅尔在很多方面都十分精明，但在经济上他却把国家逐渐拖入了深渊。这主要归咎于两点。第一，伊斯梅尔挥金如土。他以巴黎为模板，在开罗与亚历山大城打造纵横交错的街道、绿草如茵的广场与鳞次栉比的住宅区。近30座富丽堂皇的宫殿拔地而起。各地贵族云集开罗，三日一庆，五日一宴，过着奢靡放纵的生活。第二，前任赛义德帕夏将运河和周边大片农田免费租给苏伊士公司，换取该公司48%的股份。伊斯梅尔对该合同并不满意，坚持重新谈判。但他派出的谈判负责人——亚美尼亚基督徒努巴尔（Nubar）帕夏达成了一个非常糟糕的协议：伊斯梅尔向苏伊士公司赔偿300万英镑，并将埃及政府每年分享的公司15%的净利抵押给公司。随着美国内战的影响逐渐淡化，棉价开始回落，埃及

---

① 1863年11月清军围困苏州时，太平军郜永宽等将领与清军暗中达成共识，杀死慕王谭绍光投降，清军保证降兵降将的安全，戈登等人为之作保。但太平军投降后，李鸿章设下鸿门宴杀死太平军降将，随后尽屠降卒。戈登对此大为不满，甚至提枪去李鸿章帐前挑衅。

政府入不敷出。伊斯梅尔为了继续挥霍，大肆向各国银行借贷，这些贷款的利率浮动与偿债基金都十分惊人，债务如同滚雪球般上涨到9000万英镑。这个国家快速走向了破产。

1875年，伊斯梅尔忍痛割爱，出售他最大的一笔资产——手里的苏伊士公司股份。他本来想让法国人接盘，但迪斯累利首相很快从大银行家内森·德·罗斯柴尔德（Nathan de Rothschild）那里募集到资金。在短短的两周内，英国政府就以400万英镑的价格，获得了伊斯梅尔手里的苏伊士公司的股份。然而这400万英镑的巨款，对伊斯梅尔来说只是杯水车薪，第二年他彻底宣告破产，不得不接受国际债务委员会的干涉。英法两国为了保障债权人的利益，各自安排一名财务总监直接管理埃及的财政收支，即所谓的"二元控制"。

相比前两任守成之君，伊斯梅尔心比天高，他毕生的梦想，是在非洲建立一个尼罗河纵贯其中、从地中海到赤道的强大帝国，恢复昔日法老的荣光。而如今，他处处受制于人：奥斯曼苏丹阿卜杜勒·哈米德二世（Ⅱ.Abdül Hamid）是他名义上的君主，英国财务总监里沃斯·威尔逊（Rivers Wilson）是他的财政大臣，法国人布里尼叶（Blignières）侯爵是他的建设大臣。威尔逊、布里尼叶这两个欧洲人与首相努巴尔帕夏组成了内阁三人组，他们操纵内政，伊斯梅尔不得不接受立宪君主的角色。

如今，在宏伟的阿伯丁宫里有一套朴素的私人公寓，里面放着简单的家具，就像巴黎一家小酒店的客房，这便是伊斯梅尔的办公室。矮小、微胖的伊斯梅尔，像一个镇长一样每天坐班8~12个小时，唯有客人拜访才能让他暂时脱离案牍之劳。人们很难相信，这是一个曾梦想统治半个非洲的"法老"。现在，在英法联盟的震慑下，他只得韬光养晦，等待时机。

1879年2月18日午后的几分钟里，开罗发生了一件怪事。

阿伯丁宫与财政部由一条宽阔笔直、绿树成荫的巴黎式街道连接。当时，两辆没有护卫的马车沿这条街道相向而行，车上分别坐着努巴尔帕夏与财政大臣威尔逊。威尔逊忽然听到了枪声，接着看到人群手持枪支与剑冲了过来，揪住了努巴尔帕夏挽马的辔头，不让他走。威尔逊勇敢地挥舞手杖跳出来，试图帮助帕夏，结果被团团围住，随后被人拉着胡须，推搡进努巴尔的马车里。努巴尔的塔布什帽歪在一边，领带被撕破，袍子上全是尘土。随后，这两位权臣被暴乱者裹胁到财政部。暴乱头目一边高喊着"处死基督徒的走狗"，一边强行进入威尔逊的办公室。二人这才发现，这些"暴徒"原来是埃及陆军军官，其中有一个名叫艾哈迈德·阿拉比（Ahmed Urabi）的上校。军官们声称自己和家人快要饿死了，抗议几周前在没有结清欠款的前提下，将他们的薪资降低五成的决定。

英国在开罗的外交代表、总领事维维安（Vivian）听说此事后，赶紧亲自前去通知伊斯梅尔。伊斯梅尔来不及带近卫军，便与维维安赶往已经被军官团团围住的财政部。军官们规规矩矩地为伊斯梅尔的马车让路，并向他欢呼。毕竟所有人都知道，伊斯梅尔憎恶努巴尔帕夏与威尔逊。

伊斯梅尔用土耳其语向军官们允诺，满足他们的要求，随后命令他们撤离。"倘若你们还是我的军官，按照誓言你们应该服从于我。假如你们拒绝，我会把你们全部赶走。"这时近卫军匆忙赶来，挡在暴动者面前。军官们拒绝解散，伊斯梅尔命令近卫军向天开枪，人群顿时乱成一团，伊斯梅尔身边的管家在混乱中胳膊挨了一刀，还有些人脚部中弹。等人群逐渐退去后，暴乱才真正结束。

次日，开罗的大街小巷都在传言，这场暴乱的策划者实际上就是伊斯梅尔。伊斯梅尔确实是暴乱的实际受益者。各国领事纷纷来到阿伯丁宫，赞美他在暴动中的沉着冷静、处事不惊。他用法语谨慎地表示感谢。

暴乱发生两天后的清晨，远在苏丹的戈登帕夏穿戴整齐后，前往喀土穆的白色宫殿。透过百叶窗，在椰枣树斑驳的阴影外，戈登可以看到波光粼粼的青尼罗河。青尼罗河在喀土穆上游800米外，与白尼罗河汇合在一起。这时，他的苏丹助理博扎提贝伊（Berzati Bey）咧嘴一笑，洁白的牙齿在他黝黑的脸庞上闪耀着象牙般的光泽。伊斯梅尔从开罗发来一份电报，告知两天前发生了军官暴动，戈登讨厌的努巴尔帕夏已被撤职。伊斯梅尔邀请戈登回到开罗，主持大局。戈登回复道，他希望先平息当地的叛乱。

戈登担心，自己会因为抗令而被辞退。但几天之后，伊斯梅尔做出了让步，同意他推迟返回开罗。这样一来，戈登就可以前往西南1600千米外的科尔多凡省与达尔富尔（Darfur）省，平息奴隶贩子制造的暴乱。趁伊斯梅尔还没有改变主意，戈登立马出发了。他像一袋米一样在骆驼上颠簸，在酷热的白天休息，晚上赶路。

他每天前进48千米，连续走了4个多月，才通过可怕的荒原。戈登认为他所受的苦皆乃上帝的旨意："他知道什么对像我这样的可怜虫最好。"这是给予奴隶贸易致命一击的最后机会了！

戈登的思绪忽然飘到了他的贵人伊斯梅尔身上，他夸张地给家人写信道：

> 对于他的人民来说，他是极其完美的，完全符合他们遵从的所有信条，他就像一头出色的豹子！他无数次在不可能中挣脱看似无法挣脱的牢笼……让我们不要干涉他们（埃及）的内政，让我们把改革交给他与他的人民。

但戈登改变想法的频率比换衣服还频繁，在他的眼中，今天伊斯梅尔是一头出色的豹子，明天他就是软弱的逃避者。在苏丹遭遇的挫折，常常使戈登近乎发疯。有一次戈登生病了，他孤身一人在又大又空的房间里走来走去，神志也因发烧而变得迷糊，于是开始自言自语地回答起那些让他癫狂的、想象中的请愿。随后他的情绪从近乎绝望转为狂躁，他跳上骆驼，连续前进64千米，就像骆驼有了翅膀一样。他忘却了身下的颠簸和萦绕不去的苍蝇，陶醉于这头巨大牲畜安静的脚步，陶醉于纯净的空气，陶醉于沙漠孤独的壮丽。他在驼背上开始苦思冥想：他真的可以击垮奴隶制度，给苏丹带来文明与教化吗？伊斯梅尔会善用他的征服成果吗？苏丹远离文明会不会更好？他不断地自我拷问。在他看来，他的苏丹之行更像是一种受难。

戈登的"受难"始于1874年，当时他与努巴尔帕夏在伊斯坦布尔偶遇，对方劝说他担任赤道省省督。努巴尔让他放手去干，并给他"画饼"：他的任务包含两方面，一是结束奴隶制度，二是开疆拓土。具体来说，就是把埃及的疆域扩张到撒哈拉以南非洲最为强大、人口最多、最富庶的国家——布干达王国的边界，把尼罗河开辟为通往非洲中部的主要航道，在喀土穆与维多利亚湖之间建立起一连串基地，好让成群结队的蒸汽船到来。一旦盘活了贸易，赤道省很快便能富庶起来。那时，奴隶贩子不得不放弃奴隶贸易，转而从事合法贸易，正如戈登的伟大同胞大卫·利文斯通所预言的那样。

戈登听了努巴尔的话，心里充满了不祥的预感。尽管他认为伊斯梅尔是诚心实意的，但鉴于埃及腐败不堪的现状，整个计划就像是一场"为了引起英国人注意的骗局"。不过他还是接受了邀请。

戈登从喀土穆乘船逆流而上，花了数周时间才抵达赤道省首府冈多卡罗（在今南苏丹首都朱巴附近）赴任。其间，他日夜航行，无数次在月光照耀下看见仿佛镶着银边的大象、河马等巨兽。从某一刻起，天地变得开阔起来，他们进入了苏德沼泽！这是一个纵横数百千米的大沼泽，其间长满了纸莎草。蒸汽船在沼泽中前进，在水面上画出了一条条长长的波纹。只有为引擎收集木柴时，他们才会停下来。

所谓的赤道省首府冈多卡罗，其实只是尼罗河褐色水域旁的一堆小屋。这个基地由贝克创建，是自喀土穆出发的贸易线的终点，再往前走就是难以通行的巨大瀑布。对戈登一行来说，冈多卡罗更像一个坟场，大部分人因为高温病倒，其中有许多人死去。当地土著对抢掠牛群的士兵恨之入骨，离开基地稍远一点儿就会危机四伏。戈登在附近新建了两个基地——拉多（Lado）和拉杰夫（Rejaf），并逐渐赢得土著的信任。做完这些，他继续逆流前进。雨季来临后，黑人士兵们拖着108吨重的汽船"赫迪夫"号越过了瀑布。继续向南前进160千米后，尼罗河神秘的、油汪汪的褐色河水消失在杜菲德（Dufile）的一个多石的峡谷里，戈登一行只能拆掉"赫迪夫"号，在瀑布另一侧将其重新组装。随后蒸汽船一路冲到阿尔伯特湖，但还有两个瀑布封锁了通往维多利亚湖的道路。事实证明，伊斯梅尔的计划根本不现实，沿着尼罗河很难直通非洲中部。如此一来，赤道省的商业价值便微乎其微了，只是"一片可怜的沼泽"。

1876年10月，戈登辞去省督一职，灰心丧气地回到伦敦。他完成了伊斯梅尔赋予他的使命，建立了一连串到维多利亚湖的基地，至于上帝赋予他的使命——改善可怜的黑人的生活、粉碎奴隶贸易，他毫无进展。

戈登将失败的根本原因归咎于埃及人软弱，绝非建设帝国的良才。但戈登依然对伊斯梅尔推崇至极，坚持认为他"至圣至明，只是受奸臣蒙蔽"，埃及之所以变得腐朽黑暗，全是大臣们的错。他认为对大湖的远征，乃是努巴尔等高官竭力向列强展示其终结奴隶贸易决心的一场骗局。至于腐败的财政大臣萨多克（Sadyk）帕夏之流，其真实想法只是开发赤道省与布干达的财富。但在1876年

11月，戈登乘船抵达开罗附近时，他经历了一件可怕的事，自此改变了对伊斯梅尔的看法。

当时，戈登在轮船甲板上看到一艘逆流而上的帆船，船上窗户全部被钉死，埃及士兵在座舱门前持枪而立。这艘帆船里面关着萨多克帕夏。戈登知道他臭名昭著，从伊斯梅尔的国外贷款中大肆贪污，但伊斯梅尔对他的惩罚过于残忍了：撤销其职务，把他密封在驶往尼罗河上游的船里，不提供任何食物与仆人。根据埃及官方公告，萨多克最后死在瓦迪哈勒法（Wadi Halfa）。但有人声称，在这艘船离开开罗之前，伊斯梅尔便下令将萨多克勒死了。还有人说，他被扔进了尼罗河里。戈登得知此事后，在日记里写道："这是什么事！人人敢怒而不敢言！我已经下定决心，不再为赫迪夫服务！"

但当伊斯梅尔任命他为整个苏丹的总督后，戈登又欣然为伊斯梅尔继续效力了两年。之前，戈登只能保证大部分奴隶商队不再通过赤道省，如今掌管整个苏丹后，他决心着力打击猎奴重灾区——加扎勒（Bahr al-Ghazal）河流域。奴隶在这里被抓获后，被驱赶着向东穿过达尔富尔与科尔多凡的沙漠，随后渡过红海被押到阿拉伯半岛。在吉达（Jeddah），有一个巨大的奴隶市场。当地有一名权势熏天的奴隶贩子祖贝勒（Zebehr）帕夏，他曾担任达尔富尔省督，但他做得太过火了。他前往开罗向伊斯梅尔施压，后者将他软禁起来，但祖贝勒遥控21岁的儿子苏莱曼（Suleiman）发动暴乱。这场暴乱从达尔富尔蔓延到了科尔多凡。祖贝勒声称只要他回来继续担任达尔富尔省督，就能平息暴乱，并且可以每年缴税25000英镑。努巴尔帕夏在下台前不久同意了祖贝勒的建议。然而戈登不想放虎归山，极力阻拦。

于是，1879年3月，戈登骑着骆驼在那片由枯草和灌木丛组成的可怕的荒原上计划着对奴隶主进行致命打击。

戈登授权意大利人罗慕洛·杰西（Romolo Gessi）具体指挥平叛。杰西手里只有不到1000名埃及和苏丹士兵，其中部分是逃兵，数量不及敌人的十分之一，而且弹药稀缺，战斗结束后不得不在战场上捡子弹。但他轻易击败了苏莱曼，从沼泽之间的村子里解救了上万以妇孺为主的奴隶，并将可以辨别身份之人送回了家。杰西击毙了数百奴隶贩子，其余的则交给当地村民实施私刑。到了1879年5月，苏莱曼只剩下几百残兵败将。

戈登对奴隶贩子遭到的报应毫无怜悯之心，而且允诺杰西，一旦抓住苏莱曼，可以把他就地正法（当年7月，杰西果然处死了苏莱曼）。但是，当戈登骑着马穿过科尔多凡和达尔富尔时，依旧发现沿途到处都是骸骨，孩子们的骸骨在井旁的沙了里咧着嘴"笑"。原来，许多奴隶贩子为了躲避戈登的搜捕，强迫奴隶们走在缺水的沙漠中，死在沙漠里的掉队者不计其数。戈登救了约2000名奴隶，但是相比沙漠中的骸骨，依然是九牛一毛。由于这些奴隶的故乡大多在遥远的沼泽，他没法将其送回家，只能将他们交给新的主子。奴隶制乃是埃及与苏丹的政权基石，戈登无法在不终结奴隶制的前提下结束奴隶贸易。

5月27日，戈登决定屈服，赴开罗向伊斯梅尔递交辞呈。他在日记里写道：

> 我将不再给赫迪夫写信阐述这片土地上的苦难，我知道他甚至没有时间想这些。事实上，人们几乎怀疑他是否还能继续当赫迪夫。

戈登的日记颇有预见性，伊斯梅尔的统治进入了倒计时。

列强们为了换掉不听话的伊斯梅尔，足足筹划了两个月。打头的是法国的债券持有者以及背后的法国政府；英国不甘落后，也加入了进来；俾斯麦亲王则坚持，所有债券持有者公平竞争（有消息称，他的银行家布莱克罗德一直在跟踪调查）。随后所有人，包括同样债台高筑的奥斯曼苏丹达成一致：废黜伊斯梅尔。苏丹期望由伊斯梅尔的叔叔——定居伊斯坦布尔的哈里尔（Halil）帕夏继任。伊斯梅尔也坚持由苏丹来抉择，也许他还幻想着搞到一笔新的巨额借款，可以贿赂苏丹进行自救。但是列强们选择伊斯梅尔软弱的儿子陶菲克（Tewfik）继任。

伊斯梅尔得知留任希望渺茫后，便开始从后宫挑选爱嫔，并将她们的金银财宝集中起来。接着，他又对阿伯丁宫以及其他宫殿的宝物进行打包：科普特盘子，奥布森地毯，墙上的银壁灯，22套精美的餐具。一切顺利，唯一的遗憾便是一些被抛弃的妃子愤怒地砸坏了不少镜子和家具，造成约8000英镑的损失。

6月26日清晨，一封奇怪的电报被送到阿伯丁宫的司仪办公室。收件人用土耳其语写着给"伊斯梅尔帕夏，埃及前任赫迪夫"。没人敢上楼将这封电报交给伊斯梅尔,毕竟谁也不愿当花剌子模信使①。最后,接替努巴尔担任首相的谢里夫帕夏担起了这一任务。

伊斯梅尔眼睛都不眨地读完了这封政治上的死刑判决,随后叫来他一直不喜欢的儿子陶菲克,他亲了亲儿子的面颊,随后加速打包财宝。

那天下午,开罗人民听到皇家礼炮响起,列强代表纷纷赶来,祝贺陶菲克成为新任赫迪夫。4天以后,一列载满财宝的火车驶出开罗火车站。次日,伊斯梅尔的游艇自亚历山大港起锚,前往那不勒斯。除了他携带的大量财宝外,列强还支付给他200万英镑的“补偿费”供其挥霍。伊斯梅尔的余生过得相当滋润。

当戈登于8月23日抵达开罗时,他对恩主皇冠落地感到震惊,但他发现陶菲克非常友好,特别是当戈登告知陶菲克,他已决心辞职时。不过,在陶菲克的劝说下,戈登还是同意在辞职前尝试修补与南方邻国阿比西尼亚的关系。9月,他骑着一匹毛驴执行这一艰难任务。

随着伊斯梅尔下台,陶菲克即位,埃及逐渐淡出英国民众的视野。大家开始关注非洲另一端,英国新征服的殖民地德兰士瓦。

---

① 传说中亚古国花剌子模有一个古怪的风俗,给君王带来好消息的信使会得到提升,给君王带来坏消息的人则会被送去喂老虎。

# 第七章 第一次布尔战争

1880年12月，南非正值盛夏（南非属于南半球）。尽管大英帝国兼并德兰士瓦已有三年半，但德兰士瓦首府比勒陀尼亚相比兼并前变化不大，除了政府大楼前旗杆上的旗帜变成了米字旗，广场上多了打板球的椰衣垫，修道院边多了可供一个步兵营驻扎的茅草屋军营，其他与之前并无太大差异。新增添的物件里，最引人注目、造价最昂贵的，要数如同列兵一般竖立的电线杆，以及电线杆尽头的小电报室。电报线沿电线杆翻越纳塔尔绵延起伏的高原，直到德班港，再通过海底电缆与伦敦连接。这条电报线路造价高达3万英镑，占德兰士瓦当年预算的五分之一。

此时，有小道消息称，布尔人计划于12月8日在勒斯滕堡（Rustenburg）附近的帕德克拉尔（Paardekraal）举行集会。谢普斯通的继任者、德兰士瓦总督——欧文·兰因（Owen Lanyon）上校与英国非洲东南部高级专员乔治·科利（George Colley）少将对此不屑一顾，二人均认为布尔人复国不过是痴人说梦。兰因对科利说："这里的一些良民对即将举行的集会大叫'狼来了'，但他们在每一个类似的场合都这样做。我对此毫不担忧，因为人民已经抛弃了他们，他们将一事无成。也有一些人找到我，说：'你必须表现出强硬的姿态！'但事实是，如果我们制造出殉道者，对他们而言就再好不过了。"

德兰士瓦即将面临一场暴风骤雨，但奇怪的是，两位沙场老将竟未察觉到任何征兆，就连科利将军的至交、德兰士瓦前任高级专员、"非洲通"、才智卓绝的加内特·沃尔斯利（Garnet Wolseley）爵士也未察觉到。

沃尔斯利是当时公认的英国陆军最出色的将军之一，首相迪斯累利曾称他为"我们唯一的军人"。他出身于军旅世家，18岁便从戎参军，在英缅战争中受伤导致半盲，在克里米亚险些被炮弹炸成碎片，镇压过印度大起义，参与过火烧圆明园。中国人送给他一个中国味十足的译名"吴士礼"。此外，他还作为军事观察员，观摩过南北战争，与罗伯特·李、"石墙"杰克逊等邦联名将谈笑风生。久经沙场之后，沃尔斯利得到了独立领兵的机会，先后指挥了红河远征[①]与阿散蒂（Ashanti）远征，可谓大英帝国的救火队员。

格莱斯顿首次出任首相期间（1868—1874年），自由派陆军大臣爱德华·卡德维尔（Edward Cardwell）开始对英国陆军实施近代化改革，如打造培训合格军官的参谋学院，建立专业的后勤部队——皇家陆军医疗队、皇家陆军军需部队，改革军官任命晋升体制，改革动员体制等。当时，沃尔斯利在陆军部担任助理副官长，是卡德维尔的坚定支持者，负责落实改革政策，被时人赞誉为"掌控一切的加内特爵士"。1879年，沃尔斯利晋升中将，并得到印度陆军总司令这一任命。他本打算对印度陆军推行类似卡德维尔的改革，但随着伊散德尔瓦纳的惨败，屁股还没坐热的他便被迪斯累利政府派往南非救火，接替切姆斯福德男爵。

然而，就在沃尔斯利前往南非的途中，切姆斯福德却时来运转。1879年3月28日，伊夫林·伍德上校率军捅了有2万祖鲁大军的"马蜂窝"。次日，祖鲁大军向伍德上校在坎布拉（Kambula）的宿营地发起了凶猛攻击。战斗持续了4个小时，最后英军获胜，祖鲁人丢下上千具尸体仓促撤退。不久，大批援军先于沃尔斯利从开普敦、圣赫勒拿、毛里求斯和本土赶来，切姆斯福德男爵手中一下有了1.7万大军，于是他兵分两路直捣祖鲁王国首都乌伦迪。7月4日清晨，大约2万名祖鲁人以惯有的勇气，对英军摆好的方阵发动进攻，但被英军的齐射与炮弹打得落花流水，四散而逃。随后，英国第17枪骑兵团从方阵中冲出，展开追击。战斗不到一小时便结束了。英军只有12人阵亡，88人受伤。祖鲁王国事实上已经被摧毁了。沃尔斯利姗姗来迟，所能做的只是抓到"胖子国王"塞奇瓦约，把他锁在骡车上，拉到开普敦的监狱。沃尔斯利想直接兼并祖鲁兰，但已在德兰士瓦得到教训的迪斯累利政府选择让祖鲁兰名义上保持独立，只不过将其分割成13个小邦国，每个邦国都由英国委派的酋长统治。随着祖鲁战争结束，英国、德兰士瓦、祖鲁之间的平衡被打破，德兰士瓦的布尔人彻底解除了因畏惧残暴的祖鲁武士而依附于英

---

[①] 1869年，生活在加拿大鲁珀特特区红河流域的天主教徒、白人与印第安人生下的混血儿路易·里埃尔（Louis Riel）因外来的新教徒接管了他们的土地和财产而发起暴动，处死了新教徒托马斯·斯科特（Thomas Scott）。沃尔斯利上校率军平叛，但当他于1870年8月抵达旧哈得逊要塞时，路易·里埃尔已经逃之夭夭了。

国的心结。

平定祖鲁兰后，沃尔斯利匆忙前往德兰士瓦。他在离比勒陀尼亚3千米的地方遇到了前来迎接他的德兰士瓦代表团。沃尔斯利对后者的恭敬毫不领情，指了指天边的红日说："只要太阳照耀着南非，英国旗帜就会飘扬在比勒陀尼亚上空。"沃尔斯利从骨子里瞧不起布尔人，称他们是"唯一倒退回蛮族时代，很多方面都不如黑人的白人种族"。他在日记里写道：

> 无论走到哪里，我都能听到同样的事情。在南非，反英情绪持续高涨。但是不要以为，他们会冒着生命危险去争取独立。我相信，德兰士瓦的布尔人是纯粹而简单的懦夫。他们可以吹牛，因为他们知道不会受到惩罚，但一旦被抓住，他们就会崩溃。

沃尔斯利未能赶上祖鲁战争，难免手痒。于是他在抵达比勒陀尼亚后，急不可耐地对佩迪王国发动了战争。正是佩迪王国的国王塞库库尼（Sekhukhene）在1876年让德兰士瓦总统伯格斯铩羽而归，并直接导致后者政权倒台，从而让谢普斯通乘虚而入。沃尔斯利发动战争的目的有4个：

一、打垮这一布尔人的死敌，赢得布尔人的支持；

二、锻炼部队的实战能力；

三、增加军费可能会让财政部抱怨，但一劳永逸地解决一个好斗的邻国，可以减少驻军花费；

四、打击佩迪王国可以起到杀鸡儆猴的作用，让当地土著老老实实纳税。

沃尔斯利确实是英军中不可多得的智将。相比切姆斯福德征服祖鲁王国的伤亡惨重、耗资巨大，沃尔斯利打垮佩迪人，把塞库库尼扔进比勒陀尼亚监狱，只花了10万英镑，不到祖鲁战争花销的十分之一，损失的人员也以斯威士仆从军为主。沃尔斯利满意地看到，对佩迪的铁血政策产生了明显的效果：据说德兰士瓦土著愿意缴纳茅舍税，在1880年预计能征到3万英镑，比布尔人纳的税还多。

但沃尔斯利也有失策之处。尽管他摧毁了布尔人的宿敌，但后者毫无感恩之心。事实上，身边剩下的敌人越少，布尔人越是有恃无恐。以保罗·克鲁格为首的代表团携带一份由6591人签名的请愿书抵达伦敦，劝说迪斯累利撤回谢普斯通的声明，放弃兼并德兰士瓦。并且，布尔人中的极端分子拒绝纳税，抵制英国货。即便布尔人中的温和人士也在质疑，为何英国还不兑现谢普斯通的承诺，让布尔人在英国旗帜下实现高度自治？

事实上，除了打垮塞奇瓦约和塞库库尼之外，英国在德兰士瓦的统治只能说乏善可陈。谢普斯通对财政一窍不通，于是让开普商业银行的赫德森来监管财政。结果赫德森以权谋私，建立私人土地公司，大搞土地投机。德兰士瓦银行破产后，赫德森便拍卖德兰士瓦的土地来抵债。至于大英帝国的财政部，只吝啬地拨给德兰士瓦10万英镑。赫德森收到这笔钱后，立刻给官员们发薪水。另外，他还修建了本章开头提到的电报线，加强与母国的联系。至于关乎德兰士瓦民生的基建，则完全陷于停滞。民用医院、桥梁、铁路这些在大英帝国其余殖民地司空见惯的基建设施统统没有。当布尔人提出质疑时，沃尔斯利回答："缴你的税，证实你的忠诚，总有一天你们会像开普的布尔人那样得到完全自治。当下，女王的殖民政府是你们唯一的、安全的政府。"然而，沃尔斯利的所作所为，似乎与让布尔人自治背道而驰。1880年5月10日，沃尔斯利在比勒陀利亚成立了一个新的立法委员会，代表均是英国移民，布尔人完全被晾在一边。

1879年12月10日，数千名荷枪实弹的布尔人在波切斯特鲁姆（Potchestroom）附近的万德方丹（Wonderfontein）摆起车阵，再次呼吁独立。沃尔斯利以军人的铁腕手段作为回应：他以叛国罪逮捕了两名布尔人领袖——博科（Bok）与普利托乌斯（Pretorius）。沃尔斯利认为这只是虚张声势，他在日记里轻蔑地写道："可怜的蠢货，他们戏弄、威吓士兵，心里却想，一旦看到我们的第一批龙骑兵，他们就赶紧逃跑。"沃尔斯利甚至向伦敦建议，英国在德兰士瓦和纳塔尔的驻军可以从6个营减少到4个营。

1880年4月，科利少将接替沃尔斯利，担任非洲东南部高级专员。他和兰因继续要求布尔人缴税，否则依法惩办。11月，税吏要求一个叫贝祖登胡特（Bezuidenhout）的农夫缴税，并没收了他的拖车，但一名叫作彼得·克罗尼（Piet Cronje）的人率一伙持械的布尔人，抢回拖车还给主人，算是打响了德兰士瓦独立的第一枪。

正如本章开头所提到的，12月初，兰因听说布尔人在勒斯滕堡附近的帕德克拉尔举行集会。他只派了一个卧底去追踪进程并进行汇报。科利当时不在比勒陀尼亚，尽管他也不信布尔人能闹出事来，但还是命令驻扎在莱登堡的第94团的两个连支援比勒陀尼亚。兰因认为科利纯属杞人忧天，布尔人只不过"叫着狼来了"。但兰因忘了，在那个中外驰名的寓言里，狼后来真的来了，并且把孩子吃掉了。

卧底目睹的场景，令他目瞪口呆：德兰士瓦大约有8000名成年布尔男子，而当天集会就出现了5000多名荷枪实弹的布尔人。大多数人身边跟着一个黑人仆从，其马鞍上有一条毯子和一支步枪，马具上系着几袋干粮。一些人驾着大篷车，拉着老婆孩子，如同参加一场大规模集体野餐。

12月9日，昔日德兰士瓦共和国的检察官爱德华·乔里森（Edward Jorissen）骑马赶来。保罗·克鲁格叫道："准备好了！"乔里森本是伯格斯总统从国外请来的专家，但他与克鲁格志趣相投，政治倾向一致，因此很快便成为后者的政治顾问。共和国亡国后，二人曾一同前往伦敦请愿。

乔里森抵达后，与克鲁格在山坡上并肩而行，谋划举义大事。月亮升起，营地里的篝火像城市的灯光一样闪耀，映照出二人对比鲜明的身影：乔里森是一个羞涩而缺乏幽默感的城市知识分子，身材清瘦；克鲁格则留着狮鬃一样乌黑浓密的大胡子，高大壮硕。

保罗·克鲁格是南非大草原上的英雄好汉。他10岁时便跟随父母踏上"大迁徙"之路。他的成年仪式，是猎杀一头狮子。18岁以前，克鲁格就已经成了一名军官。28岁时，克鲁格担任了民团司令。1863年，德兰士瓦几个民团司令为争夺总统宝座互相火并，克鲁格果断下令炮轰叛军。凭借克鲁格的枪杆子，马蒂努斯·比勒陀利乌斯（Marthinus Pretorius，共和国缔造者、血河战役的英雄比勒陀利乌斯之子，又称"小比勒陀利乌斯"）才重新当上德兰士瓦总统。克鲁格曾担任伯格斯的副总统，伯格斯因佩迪战争狼狈下台后，克鲁格接任总统之位。当谢普斯通宣布兼并德兰士瓦后，他不仅与乔里森等人前往伦敦请愿，而且多次举行要求恢复独立的集会：一次在1878年的道恩方丹，两次在1879年的万德方丹。但克鲁格对英国当局的看法显然是一厢情愿，他认为伦敦只是被谢普斯通和弗雷尔之流误导了，他希望通过亲赴英国，为祖国呐喊，从而恢复德兰士瓦的独立。

1880年4月，自由党领袖格莱斯顿担任英国首相，这让克鲁格看到了新的希望。格莱斯顿曾在竞选时透露他将恢复德兰士瓦的独立，至少他在米德洛锡安郡（Midlothian）向成千上万的民众发表演讲时，义正词严地批判了迪斯累利的外交政策。而格莱斯顿的左膀右臂、辉格党领袖哈廷顿（Hartington）勋爵更是在下议院宣称，虚伪的尊严不应该妨碍恢复德兰士瓦的独立。5月10日，克鲁格写信给格莱斯顿，询问后者是否打算解除对德兰士瓦的兼并。结果格莱斯顿不仅在6月的回信中毫不让步，而且向公众正式承诺帝国政府会留在德兰士瓦，独立之事毫无谈判余地。克鲁格就此对大英帝国彻底绝望。

克鲁格等人针对伦敦的公关毫无进展，但在开普则成就显著。当时弗雷尔试图通过开普议会，推动南非联邦的进程。克鲁格前往开普敦，向布尔人呼吁"切勿用同胞的鲜血来洗涤你们的双手"。1880年7月，开普议会对促进南非联邦的政策进行投票，可怜的弗雷尔连一票都未得到，他对南非的统治就此结束。8月，他被召回伦敦。

克鲁格与乔里森会面的第二天，也就是12月10日（星期六），布尔人在帕德克拉尔升起了橙、红、白、蓝四色德兰士瓦国旗。这一天，恰逢帕德克拉尔的市民们守安息日。留着飘逸胡须的族长们把帐篷搭在高原顶端的一个小平台上，在他们下面，是聚集在一起的布尔人。其中，一些人坐在凳子上，但大部分人都躺在地上，像在圆形剧场里一样挤在一起。随后牧师用一张放着《圣经》的小桌子作为讲坛，先是祈祷和念赞美诗，然后以激动得发抖的声音，宣读了全国委员会的呼吁，要求神职人员在即将到来的斗争中支持大家："你召唤我，我已经来了。我将与你同行，与你同在！"

德兰士瓦全国委员会把临时首都设在比勒陀尼亚以南97千米、德兰士瓦的中央枢纽——海德堡（Heidelberg）。临时政府由一个三人小组负责：前总统小比勒陀利乌斯、总司令彼得·朱伯特，以及保罗·克鲁格。在三人组中，小比勒陀利乌斯老迈年高，朱伯特看似德高望重，但实战经验并不丰富，因此克鲁格成为三人组乃至共和国的中流砥柱。

12月15日，大会解散，战士们各奔东西。每个人在离开前，从山上拿起一块石头，堆在牧师所站的位置，象征着与会民众对共和国的宣誓，5000多块石头堆成了一个石堆。随后，国旗被插在石堆上。克鲁格、乔里森等领导人将徒步赶往海德堡，按计划在次日，也就是"丁刚日"当天，宣布共和国正式成立。

毫无疑问，德兰士瓦共和国的成立，等同于与大英帝国宣战。克鲁格和乔里森还在帕德克拉尔的山坡上时，便制订了作战计划：派小股部队围困比勒陀尼亚与其他英国驻军所在的城镇，与此同时，朱伯特将军率领的主力军会聚在纳塔尔，阻止科利将军增援北上。这一计划看似简单，但十分考验部队的战斗力。布尔民团上一次与英国陆军作战，还是1848年的布姆普拉兹战役。那一次，哈里·史密斯爵士轻易打败了小比勒陀利乌斯的父亲。就在几年前，布尔民团还在佩迪人的标枪与燧发枪下落荒而逃，如今他们怎么对付装备最新式武器的红衫军呢？

布尔人一贯实行全民皆兵的民团制。朱伯特将军手头根本没有哪怕用来装点门面的正规军。民团士兵没有军服，缺乏正规训练；军官由民主选举产生，一般都是当地名流或绅士，他们没有经历过正规的军事教育。布尔人的来复枪倒是不错，都是单发后装的马蒂尼-亨利步枪或者韦斯特利-理查兹（Westley-Richards）步枪，并不比英国人的差。但是，他们的弹药严重不足，人均不到50发子弹，而且一门火炮也没有。

不过，布尔人有两个优势：一、布尔民团动员后兵力可达7000人，是德兰士瓦及纳塔尔的英军的3倍（但拥有强大海运能力的英国很容易从各殖民地调兵，因此布尔人必须尽快行动）；二、虽然民团士兵并不擅长欧洲传统战争模式，但他们个个都是草原战争的专家，他们的父辈曾凭借步枪，在南非的莽荒大草原上打下一个共和国，他们的来复枪既狩猎过雄狮、巨象，也狩猎过非洲土著，只不过如今他们的狩猎目标换成了英国人。

上文提到，听说布尔人在帕德克拉尔集会的消息后，谨慎的科利少将派第94团的两个连，共计9名军官、248名士兵，于12月5日从莱登堡出发，支援西南方向的比勒陀尼亚。但多达34辆辎重车以及频繁的雷雨，耽搁了援军的行程。到12月20日，这支头戴白盔、身穿红军装、蓝色裤子上留着红色镶边、打扮得威风凛凛的英军，走了两个多星期，才前进了200千米。此时，他们距离比勒陀尼亚还有两天路程。随着部队沿着遍布车辙的小路行进，德兰士瓦东部粗糙平坦的草原逐渐消失，出现在视野中的是绿色的山谷和荆棘丛生的原野。指挥官安斯特鲁瑟

（Anstruther）上校为了提振士气，命令军乐团演奏《天佑女王》。

20日下午1点，他们正要在布隆克霍斯特溪（Bronkhorst Spruit）前方1.6千米的地方扎营，忽然音乐中断。走在最前面的上校回头一看，发现路左侧的荆棘丛中出现了约150名全副武装、骑着马的布尔人。其中一人举着白旗，给了安斯特鲁瑟一张用英文写的纸条，上面声称德兰士瓦共和国已经在4天前宣告成立，英军必须停止前进，否则布尔人会对他们不客气。安斯特鲁瑟上校回答说，上级给他的命令是向比勒陀尼亚前进，他必须执行命令。上校回到纵队中，命部下展开战斗队形。

军乐手放下鼓和号角，争先恐后地把步枪从马车上拿出来，但风暴般的子弹击中了他们。步兵试图像训练时一样排好队形进行齐射，但布尔人很快消失在硝烟中，躲到了石头和树的后面。其余布尔人呈扇形展开，围住纵队，集中射击车夫与拉车的牛，蓄意制造混乱。英国军官挥舞着指挥刀和左轮枪，站在最显眼的位置鼓励士兵，当然也招致了最密集的攻击。安斯特鲁瑟仅仅抵抗了10分钟，双腿便中了5枪，他不愿做无谓的牺牲，便让号手吹响代表"停止射击"的音乐。此时，这条小径已经变成了屠宰场，9名军官中有5人当场战死或受了致命伤。英军共有三分之一的人阵亡，另有三分之一的人受伤，大多数伤势严重。

头戴宽檐帽的布尔人看到对手竖起白旗后，从四面八方冲了过来，他们拿走投降者的步枪，摘掉他们的头盔，让他们像非洲人一样蹲着。指挥官朱伯特赶到，与安斯特鲁瑟握手，为他受了致命伤而致歉。随后，他派黑人担架队和一个军医为英国伤兵提供人道主义援助，并让英军信使去比勒陀尼亚求助。布尔人则押解着没有受伤的战俘以及所有辎重物资（其中3辆车装满了马蒂尼-亨利步枪与弹药）赶往海德堡。独立战争第一战，布尔人便歼灭了德兰士瓦八分之一的英军。

德兰士瓦宣布独立，是在圣诞节的前一周。1万千米外某个高原发出的一个声明，显然无法影响伦敦人欢度节日的好心情。市民们云集在泰晤士河的驳船旁边钓鱼，前往水晶宫观看表演，到动物园欣赏新展出的猛兽——作家弗洛伦斯·迪克西（Florence Dixie）女士赠送的美洲豹以及最近刚被解雇的印度总督利顿勋爵出借的孟加拉食人虎。12月19日，科利少将在纳塔尔司令部发电报称"并无冲突和暴力"，该电报于20日抵达伦敦（当天安斯特鲁瑟上校的部队惨败被俘），21日才登上《泰晤士报》。

　　格莱斯顿内阁的大多数成员来自辉格党贵族，他们在乡下拥有大片地产。圣诞节前，他们浩浩荡荡地离开伦敦，驶向庄园。对他们来说，美好的圣诞节少不了驱赶猎犬打几只松鸡。格莱斯顿除了砍橡树外，对野外运动兴趣不大。圣诞节期间，他静静地在哈瓦登庄园（格莱斯顿是利物浦商人的儿子，但他的妻子是贵族，哈瓦登庄园是她的嫁妆）度过。他到教区教堂做功课，在书房里学习，从而获得短暂的放松。

　　圣诞节那天，殖民部的值班人员收到了布隆克霍斯特溪灾难的电报，然后层层向殖民大臣金伯利、格莱斯顿以及女王上报。科利请求一个团的援军，但格莱斯顿出了名地厌恶增加军费开支。最后，还是在怀特岛奥斯本宫与路易丝公主、利奥波德王子过节的维多利亚女王亲自拍板出兵："布尔人是一个危险的敌人，我们必须大力支持科利爵士。"

　　12月29日，格莱斯顿返回唐宁街，为第二天的重要内阁会议做准备。当天正值他71岁生日，他的私人助理们送给他一个新的"格莱斯顿包"（一种因他而出名、大得可以表演戏法的黑色扁包）。对一个71岁的老人来说，格莱斯顿的身体好得出奇。尽管白发苍苍，但他的目光犀利如雄鹰，肩膀壮硕似运动员。在次日的内阁会议中，这个老人从他的新包里变出了新把戏。他为了安抚辉格党，同意终止人身保护令。这将使政府无须在法庭上提供证据，就有权逮捕知名捣乱分子。同时为了安抚激进派，格莱斯顿使用全部能量，酝酿新的爱尔兰土地改革，这将体现在新的土地法案里。

　　本次会议的另一项决议，是从阿富汗撤军。这是对一年前迪斯累利前进政策的反转，但他们却在女王那里碰了钉子。按照惯例，在每届议会的开幕式上，女王都要致辞。但当女王看到在1881年1月6日的致辞中出现"我并不打算保持对坎大哈的永久占领"后，拒绝批准致辞。格兰维尔（Granville）勋爵和哈廷顿勋爵先后乘火车和轮船到奥斯本宫请求女王批准。起初，女王直截了当地加以拒绝，但经过一天的僵持后，她极为不快地屈服了。格莱斯顿无奈地说："可怜的女人，要让她从几个月前前任大臣要求她高度重视的地方撤军，确实相当难。"

　　总而言之，过完圣诞节后，格莱斯顿一直忙于在爱尔兰问题上和稀泥，以及与女王殿下拔河角力，把德兰士瓦丢到了一边。不过伦敦的忽视，并不意味着"南线无战事"。2月中旬，来自南非的坏消息开始如同雪片一样飞到了唐宁街。原来，科利将军得到一个团的支援后，试图越过德拉肯斯山脉，进入德兰士瓦，为被围在各地的英军解围。结果，他先是在1月28日败于德拉肯斯山脉的朗峡（Laing's Nek），紧接着在2月7日败于因戈戈（Ingogo），累计阵亡150人，对手伤亡不到60人。与此同时，开普新总督赫拉克勒斯·罗宾逊（Hercules Robinson）爵士向伦敦报告：奥兰治自由邦的布尔人已经蜂拥加入他们在德兰士瓦的同胞，而人数更多的开普布尔人也在蠢蠢欲动。殖民大臣金伯利提议与布尔人和谈，他对格莱斯顿说，兼并德兰士瓦是前任首相的错误命令，比起将整个南非变成另一个爱尔兰，谈判，即使是战败后的谈判也更加划算。尽管女王会再次感到不快，格莱斯顿还是同意了金伯利的要求。

2月16日，金伯利通知科利："告诉克鲁格，如果布尔人停止武装反抗，我们将准备任命具有实权的德兰士瓦委员会。另外，如果本提案被接受，你将有权同意暂停敌对行动。"

金伯利称，只要德兰士瓦接受英国宗主国的身份（英国只保留外交权），那就给予他们想要的自治。但科利不希望在比分是0∶3的情况下与布尔人谈判，他希望捞回一分，在战场上用胜利挽回自己的尊严。何况新一批援军在伊夫林·伍德将军的率领下已经抵达。科利回电报问：他们是要在德兰士瓦的英军据点依然被围的前提下，离开布尔人设在朗峡的前沿阵地吗？"是的。"金伯利回电。"如果协议继续进行"，科利既不用攻占朗峡，也不用为英军据点解围。科利认为，既然金伯利的条件是"如果协议继续进行"，那么克鲁格必须在一个"合理的时间"内回复科利。

所谓"合理的时间"是多久？科利趁着天高皇帝远，私自做主，把时间定为48小时内。布尔信使怀疑自己听错了，提醒科利称，从海德堡的克鲁格那里得到答复，至少需要6天时间。科利重复道，48小时，这是最合理的时间！

科利发热的脑袋里浮现出了一个新的计划。方圆数千米内的制高点，是朗峡防线最西边、610米高的马朱巴（Majuba）山，英军和布尔军都能从自己的阵地登上此山，但目前此山无人占领。科利希望发挥训练有素的英军的优势，以夜行军占领这一制高点，逼迫布尔人撤出朗峡防线，退回到德兰士瓦境内。于是，科利匆忙集结起600人，包括两个星期前才在德班登陆的第92高地团的3个连，携带3天的口粮和铲子、铁锹等装备，在26日深夜10点30分，也就是48小时期限到期时出发。

夜间上山需要好向导、好精神、好训练和好运气，英军似乎全部拥有。非洲向导们找到了一条崎岖山路。英军在岩石间磕磕绊绊地前进，被步枪、大衣、罐装牛肉和弹药压得大口喘气，每走几百米就得停下来歇一歇。来到山顶周围最陡峭的地方时，他们只能手脚并用地攀爬，但直到爬上山顶，他们都没遇到布尔人的任何抵抗。27日凌晨4点左右，科利率400名疲惫的部下登上山顶（他在因古拉山留下3个连，保障沿途的安全），在草地上歇息。马朱巴山顶有点儿像个盘子，四边高，中间低。科利看着山下600多米远的地方，布尔人的车阵之间亮光闪烁，敌人依旧在沉睡，不知道他们的到来。

黎明时分，阳光照在平原上，敌军阵地如同军事演习时的沙盘一样暴露在科利眼前。布尔人像蚂蚁一样来回奔走，给马上鞍，移动马车，似乎准备逃跑。过去几周的紧张，屡战屡败的痛苦，仿佛一瞬间从科利身上消失了。他欣喜地向参谋长斯图尔特（Stewart）说："我们可以永远待在这里了（这句话一语成谶）。"他让弗雷泽（Fraser）少校，也就是副指挥官，下令让一半人留在山顶中间，作为预备队，其余人在山顶边缘布设阵线，但不用挖堑壕。战士们全都精疲力竭，不要打扰他们休息，此地已坚不可摧。随后，科利派人发了一份轻松愉快的电报给伦敦。他的部下同样轻松愉快，一些高地人站着朝敌人的方向挥拳，一名军官甚至向远处的布尔人开了几枪，直到科利下令停止射击。

马朱巴山顶上突然出现的红衫军，让缺乏正规战经验的布尔人陷入了混乱。一名青年军官斯特凡努斯·罗斯（Stephanus Roos）描述了这一场景：

> 所有人、所有事物都陷入了混乱。我知道，如果我们不立即把英国人从山头赶走，给他们时间加固阵地，把火炮带上去，那么我们就输定了！我们根本没有时间和机会为开战召开会议。我猛地上马，跑到山脚，看到人们从四面八方拥来。我高叫着，将他们集中在岩石下方。

当时，彼得·朱伯特将军正在帐篷里给奥兰治自由邦总统布兰德（Brand）写关于议和的信。忽然间，他听到"上马！上马！"的叫声，他意识到英国人爬上了山顶，不禁为自己被科利的和平提议麻痹而感到恼恨。他对那些提议撤退的人吼道："现在你们去干掉他们！"随后，他告诉他最好的战士——尼古拉斯·斯密特（Nicolas Smit）将军，准备战斗。斯密特发表了简短而充满激情的演讲，召集志愿者："只要不是懦夫，都必须跟我上！"

在第一个岩石平台上，在大山的阴影中，罗斯和他的手下跳下马，把他们的小马拴在沟壑的隐蔽处。这些布尔战士看起来更像农夫而非军人，所有官兵都穿着宽松的灯芯绒裤子、肥大的夹克，戴着又大又软的宽檐帽，身上挎着子弹带，手持一把单发后装来复枪。有的民团士兵是白胡子老汉，有的是长着络腮胡子、挺着啤酒肚的胖大叔，有的是十三四岁的瘦男孩。罗斯找到另一个军官，乔吉姆·费雷拉（Joachim Ferreira），两个人号召战士们履行两个月前他们在帕德克拉尔发下的誓言。战士们回答道："我们将跟随你们，要么拿下山头，要么战死！"罗斯说："上帝将帮助我们，我们能拿下山头！除此之外，不会有任何事。"费雷拉负责袭击控制主峰西北角的小山包，而罗斯则直接一个平台接一个平台地攀爬，进攻主峰。

值得一提的是，布尔人的步兵进攻战术从未在当时世界上主流军事强国中出现过：一个战术小组分为掩护队伍与移动队伍，掩护队伍对敌人进行压制，移动队伍迅速前进至隐蔽位置；随后移动队伍转为掩护队伍，掩护原掩护队伍前进。这一战术执行得很完美。前方，英军的排枪子弹在布尔人头顶上乱飞，他们匍匐着艰难而缓慢地前进；后方，布尔人用猛烈而精确的火力对前方部队进行掩护，山顶上的英军被打得抬不起头。三四个小时之后，到了中午时分，罗斯的战士们已经渗透到距山顶只有几米的地方，与敌军只隔一块巨石。他抬头一看，吓得向后一仰。山顶上密密麻麻全是身穿红军装、头戴白盔的英军！

虔诚信教的罗斯知道手下人并没有与优势敌人展开白刃战的勇气，他决定破戒，撒一次谎。他回头挥舞帽子高叫道："过来，你们这些家伙，快点，英国佬跑了！"

当戈登高地团（第92团）A连连长伊恩·汉密尔顿（Ian Hamilton）用望远镜看到大批布尔人（罗斯与费雷拉的人）疾驰过田野，在山谷里下马，随后以每批

10～15人的队形，在后方队友的掩护下快速通过18米的开阔地，消失在视野中时，他决定向科利将军报告。他找到将军时，发现大多数红衫军吃过早餐后因为天热开始就地打盹，把挖井和搭野战医院的体力活交给了非洲民工。从下方射来的子弹并没有让他们感到担心，他们唯一可能中的是跳弹，但这比中彩票还难。一切闲适得如同郊游。科利将军让汉密尔顿吃饭、喝水、抽烟，随后让他回到前哨。汉密尔顿先后4次向科利汇报消息，请求援兵，但只等来1名军官与5名士兵。最后有人告诉他，将军睡着了，请勿打扰。

在汉密尔顿负责防御的阵地左侧91米处有一个高出马朱巴主峰、无人布防的小丘，山丘左侧是高地团B连，连长是赫克托·麦克唐纳（Hector MacDonald）中尉。中午过后，汉密尔顿听到小丘方向传来枪声，原来布尔人（费雷拉及其部下）已经占领了这座小丘！两三名英军士兵当即被打死。高地人给步枪安上刺刀，穿蓝夹克的海军陆战队员拔出短剑却不知道如何是好。这时山头又响起了可怕的排枪声，这一次有16个人倒下。汉密尔顿还没有完全反应过来，一群布尔人便从硝烟中居高临下地冲出，用肩膀抵着枪托快速射击，汉密尔顿只能下令撤退。在他身后，其连队的大多数人以及麦克唐纳连队的所有人，或死或伤，剩下的人则成了俘虏。

山洼里的科利将军忽然发现高地人狼狈不堪地撤了回来，与其他部队混在一起。军官高声吼叫着："向右侧集中，向右侧集中！"英军在科利身边用石头垒起矮墙。布尔人就在27米外的硝烟里近距离射击，枪口不断冒出火光。英军军官们先是大声喊道："现在，我的伙计们，等他们出现就压低枪口射击！"随后他们又高叫道："就位，就位！"然而没有人愿意离开石墙的掩护。布尔人渐渐推进到了山顶边缘。刚喘口气的汉密尔顿向科利请求发动刺刀冲锋，并补充说希望他的要求不是自作聪明。科利淡定地说："并没有，汉密尔顿先生。不过我们得等到对手向我们发起冲锋。我们先给他们一次齐射，然后再发起反冲锋。"

这是科利下达的最后一道命令，这套战法也是红衫军的看家本领。可惜的是，他的部下已经熬不到对手冲锋了。石墙后的第58团、高地人、海军陆战队早已陷入了混乱。此时的英军，不但指挥糟糕，阵地还缺乏保护，士兵们再也按捺不住，开始选择逃跑。《纳塔尔时报》记者托马斯·卡特（Thomas Carter）听到后方传来"一阵可怕的吼叫声"，原来是费雷拉的人从西侧攻上山头，对英军形成了夹击。败局已定，军官们徒劳地朝士兵们吼道："该死的，你在干什么？回来，回来！"在卡特起身之前，已成乌合之众的败兵从他头顶跨过，试图逃回那天早上他们上山的小路，军官们紧随其后。汉密尔顿与麦克唐纳等人成了俘虏，其他人在留驻因古拉山的3个连的接应下，逃出生天。

科利将军死得还算体面。据幸存者回忆，科利将军手持左轮枪，慢慢走向敌人。几秒钟后，科利倒在地上，布尔人的一发子弹正中他的眉心。对于这场灾难，科利负有主要责任。他先是拒绝和谈，随后制订并实施了奇袭马朱巴山的计划，却没有在山顶挖掘工事，导致布尔人轻易冲上山头。如今，他以命赎罪。

第二天清早，也就是2月28日，英军在马朱巴山战败的消息通过电报发往伦敦。格莱斯顿得知消息后瘫倒在床上。女王、保守党、辉格党、激进派难得团结一致，认为是格莱斯顿的鸽派政策导致了这场惨败。对英国民众来说，此次战败的耻辱远超伊散德尔瓦纳之战。毕竟在伊散德尔瓦纳，不留活口的祖鲁人好歹让帝国军人"全员玉碎"；而在马朱巴山，他们的子弟兵连"战至最后一刻"都未做到，大多数阵亡者像野兔一样被射杀，另有56人被俘。因此，各方一致呼吁雪耻。《泰晤士报》报道："除非我们准备立即无条件地从南非撤走（这是不可想象的），否则我们必须在遭到反抗的地方重树我们的权威。"

伦敦城里最感到悲伤和耻辱的，莫过于沃尔斯利将军。科利是他的至交，是"沃尔斯利圈子"的二号人物。从根上说，科利被杀，与沃尔斯利盲目乐观，认为布尔人不会发起战争有莫大关系，如今却被现实打了耳光。最倒霉的是，英国政府决定，倘若和平无望，沃尔斯利的死敌、坎大哈的英雄弗雷德·罗伯茨（Fred Roberts）将率1万援军奔赴南非。

但随着格莱斯顿向议会展示科利的电报，"48小时合理时间"的真相被公开。公众方才知道，3月4日时克鲁格已同意和谈，换句话说，马朱巴之战本不该发生。这时开普也发来呼吁：马朱巴之战爆发前，和谈本就很难，马朱巴之战爆发后，和谈更是难上加难，然而，即便如此，也必须实现和平；否则，开普殖民地将爆发内战，英国将像100年前失去美国一样，失去南非。

3月23日，伍德将军与克鲁格总统在马朱巴之战结束后伤者被转移救治的地方——奥尼尔农场签订临时和平协定，第一次布尔战争就此结束。8月3日，双方签订《比勒陀利亚协定》。该协定规定，德兰士瓦可以建立自治政府，但英国作为宗主国保有三项特权：有权掌握德兰士瓦的外交；有权干涉德兰士瓦与非洲部落的关系；战时英军有权假道德兰士瓦。对战场上连战连捷的布尔人来说，这样一个妥协的协定显然无法令人满意。因此，以保罗·克鲁格为代表的强硬派不依不饶地寻求修约。倘若在谈判桌上无法得到满足，他们势必将希望重新寄托于战争。显然，这一协定并非和平的象征，只代表短暂的休战。

# 第八章 "拯救"突尼斯贝伊

1881年3月23日，巴黎的清晨格外清冷，阳光照亮了折线形的屋顶和烟囱下笨重的飞檐，巴黎大学街上空空荡荡。一个身材高大、温文尔雅的中年男人自奥赛码头出发，踩着大学街的鹅卵石路，前往共和派巨头莱昂·甘必大（Léon Gambetta）的豪华官邸，此人便是法国外交部的政治事务负责人、时年46岁的阿尔丰斯·德·库塞尔（Alphonse de Courcel）男爵。他的心在胸腔里怦怦乱跳，他将试图游说甘必大，希望通过说服他，让茹费理政府改变对突尼斯的政策。

非洲的西北部地区，通常被称为"马格里布地区"，阿拉伯语意为"日落之地"。中世纪时，该地区诞生了3个伊斯兰王朝，即定都突尼斯的哈夫斯王朝、定都特累姆森（Tlemcen）的阿卜德·瓦迪王朝和定都非斯（Fès）的马林王朝。其中，哈夫斯王朝无论是在国力上，还是在经济文化上，均为翘楚。来自热那亚、比萨、威尼斯、佛罗伦萨和阿拉贡等地的商人，纷纷前往突尼斯进行贸易，哈夫斯的金银铸币在当时的国际流通中享有很好的声誉。

但在16世纪，如日中天的奥斯曼帝国在著名海盗"红胡子"海雷丁的引领下，陆续灭掉上述王朝，并在其国土上建立了突尼斯、阿尔及利亚、摩洛哥3个国家，由帝国任命的帕夏作为行政长官，由海盗出身的贝伊[①]掌管财政大权，负责税收。随着时间推移，贝伊与突尼斯当地贵族结盟，逐渐掌握了突尼斯的实权。到了侯赛因王朝时期，贝伊虽然名义上奉奥斯曼苏丹为宗主，但苏丹承认贝伊家族的世袭权力，突尼斯实际上已经形同独立。

1827年，突尼斯海军在协助宗主国镇压希腊民族独立运动时，在纳瓦里诺海战（Battle of Navarino）中全军覆灭。自此，突尼斯门户大开，面对船坚炮利的列强，基本处于不设防状态。

---

① 在奥斯曼帝国统治时期，"贝伊"一开始是对贵族或旁系王子的尊称，后泛指各省区执政官。1934年土耳其共和国政府明令规定：将"贝伊"改为"巴依"（Bay），置于名字后，为一般尊称，相当于"先生"。

在柏林会议中，英国首相迪斯累利与外交大臣索尔兹伯里（Salisbury）勋爵清楚，奥斯曼帝国已是扶不起的阿斗，于是完全推翻了此前执行的以"尽力维系奥斯曼帝国统治"为核心的东方政策，改为亲自上阵，守卫地中海的战略要地。他们逼迫奥斯曼帝国把塞浦路斯割让给英国，以作为防御苏伊士运河及达达尼尔—博斯普鲁斯海峡的基地。为了安抚法国，俾斯麦出马劝法国在叙利亚和突尼斯中选择一个作为战利品。他建议道，突尼斯这只"梨子"，已经"熟透了"。由于担心触犯公众，这一协议进行了保密。但这份协议更像是一个双重羞辱：对奥斯曼帝国来说，它的领土被昔日友邦瓜分；对法国来说，包括库塞尔在内的许多人都认为，第三共和国根本没有胃口吃下突尼斯。

当时，法国人对海外殖民地的感情十分复杂。奥尔良王朝时期，法军于1830年轻易击败阿尔及利亚军队，占领阿尔及利亚。没想到当地民众的反抗此起彼伏，仅仅是阿贝德·卡德尔（Abdel Kader）领导的大起义便持续了15年。紧接着，拿破仑三世在接连取得克里米亚战争、法奥战争的胜利后，突发奇想地介入了墨西哥内战，结果在大洋彼岸碰得头破血流。因此，这份由老冤家俾斯麦送到手里的"厚礼"，将法国政客们吓坏了。无论对右翼的保皇党，还是对左翼的共和党来说，海外扩张的想法都像是个陷阱。要知道法国人在普法战争中战败后，一心想要复仇。他们有理由怀疑俾斯麦是在设下圈套，转移他们的终极目标：找德国人复仇雪耻，收复阿尔萨斯和洛林。

对于上述怀疑，俾斯麦的回答有理有据，让人信服：他希望法国人停止为失去的省份感到不甘和愤怒，否则只会酿成一场新的普法战争；一旦开战，由于双方的工业实力与人口差距越来越大，法国再度战败是必然的；法国必须忘掉色当、梅斯、斯特拉斯堡，和解符合双方以及整个欧洲的利益。俾斯麦一针见血地指出，法国需要的是一个排气阀，一个释放能量的口子。因此，法国人应该摘下突尼斯这颗"熟透的梨子"，利用在海外的开疆拓土，来传播法兰西文明，抚慰他们的自尊。

当时的英国如日中天，是世界上头号海军强国、最大的殖民国家、世界的加工厂。进入19世纪以来，它在非洲罕逢对手，因此法国想要在非洲开辟殖民地，或多或少得看英国的眼色。根据法国外交部部长威廉·沃丁顿（William Waddington）的官方报告，在柏林会议上，索尔兹伯里对他慷慨地承诺："你们在那里（突尼斯）可以为所欲为，你们有义务占领它，不能把它交给巴巴里海盗。"但索尔兹伯里对沃丁顿的态度颇有微词，他告诉迪斯累利："他让我谈论突尼斯，就好像它是我的私人财产，而我正在给他准备一份慷慨的结婚礼物。"不过索尔兹伯里承认，沃丁顿的理解是对的，如果法国想拿下突尼斯，英国不会干预。

在当时，有两股力量像往复式蒸汽机的汽缸一样，驱使法国走向前进政策。一股是对德国的仇恨，这一点无须赘述；另一股是上溯到拿破仑时代的对英国的嫉妒和怀疑，这一情绪主要来自法国海军。在索尔兹伯里这样的外交家看来，法国海军的反英情绪是反常且幼稚的。毕竟，对德国人的憎恨应该把法国人推进英国人的怀抱才对。然而，在法国海军军官看来，是纳尔逊在特拉法尔加海战中摧毁了皮埃尔·维尔纽夫（Pierre Villeneuve）的海军，导致法国在印度洋唯一的优良海军基地——法兰西岛（即毛里求斯）被割让给英国，他们对英国海军有刻骨铭心的仇恨。拥有一半英国血统，从在剑桥念大学时起便是索尔兹伯里粉丝的沃丁顿担任外交部部长时，英法矛盾尚不激烈。他卸任后，以海军部长让·伯纳德·若雷吉贝里（Jean Bernard Jauréguiberry）及其继任者为领袖的反英派逐渐占了上风。

法国对英国态度的转变，还有两个重要原因。

第一，卡那封勋爵、弗雷尔以及谢普斯通在南非推行的前进政策，令法国人不寒而栗。这些盎格鲁-撒克逊人欲壑难填，似乎要把除塞内加尔与阿尔及利亚外的非洲所有地图都涂成红色。若雷吉贝里写道："我们有一个对手，一个顽固的对手！他不断地消除着我们已经施加的影响，努力以各种可能的方式挫败我们。"等到格莱斯顿上台之后，法国对英国更为忌惮了。在反英派看来，格莱斯顿这样的"伪君子"比迪斯累利这种老牌帝国主义者更难对付。他们还发现，英国新任外交大臣格兰维尔勋爵远不如索尔兹伯里勋爵讨人喜欢。

第二，英国在不到3年的时间里，在非洲接连吃了伊散德尔瓦纳和马朱巴两场败仗，红衫军的无能世人皆知。于是，连带大英帝国的中流砥柱——海军也被当作了纸老虎，毕竟这些年来他们除了拦截贩奴船之外，几乎无仗可打。正如若雷吉贝里的一位亲信所说："当英国在全世界被卷入如此多的灾难性的战争时……重申我们权力的时候到了。"

库塞尔男爵并不想招惹英国。他认为在突尼斯问题上，没必要，也不会与"约翰牛"闹僵，毕竟对方已经在柏林会议上做出承诺，格莱斯顿肯定会受前任承诺的束缚。他们在国际上唯一的反对者，是意大利王国。毕竟，如果法国占领突尼斯，在那里修建海军基地，便会在地中海对意大利形成压制。总的来说，占领突尼斯，外界压力不是很大。

库塞尔在国内能做的，只是劝服茹费理总理与议会。但库塞尔的上司、外交部部长巴特尔米·圣伊莱尔（Barthélemy Saint-Hilaire）将占领突尼斯的建议呈报给议会后，只得到3票支持。茹费理气得在会后痛骂圣伊莱尔："在选举年发起对突尼斯的远征？我亲爱的圣伊莱尔，你没有动脑子！"

眼看占领突尼斯一事就要泡汤，法国驻突尼斯领事西奥多·鲁斯唐（Théodore Roustan）发来了一则令人震惊的消息：突尼斯贝伊穆罕默德·萨多克（Muhammad es-Sadok）意欲倒向意大利人！这位年迈的贝伊于1859年即位，执政初期他颁布宪法、整顿军队，想要有所作为，但上述举措无疑需要耗费大量钱财。他向欧洲列强大举借债，但无力偿还，于是财政陷入破产。1869年，萨多克被迫同意成立由法国、英国、意大利和突尼斯代表组成的国际委员会，对突尼斯的财政进行监督。1873年，赫雷丁（Kheireddine Pacha）担任突尼斯的大维齐尔（相当于首相），他实施了一系列改革政策，如建立权威行政机关、减轻农民赋税、兴建学校和图书馆等。但由于触动了缩减开支的王族以及伊斯兰教长们的利益，赫雷丁的改革最终失败，他本人于1877年下台，流亡国外。

此时萨多克贝伊对漂亮男孩的兴趣已远胜于治国理政，他竟然封时年27岁、有犹太血统的男宠穆斯塔法·本·伊斯梅尔（Mustapha ben Ismael）为大维齐尔。鲁斯唐清楚，只要笼络了穆斯塔法，便能笼络萨多克。起初这一策略相当奏效，鲁斯唐的贿赂令这个年轻俊俏的大维齐尔眉开眼笑，但在1880年穆斯塔法索要一座名为"恩菲达"（Enfida）的沿海庄园，而庄园却被法国银行收购之后，二人反目成仇。穆斯塔法为了得到恩菲达庄园，开始对贝伊吹起枕边风，贝伊对法国越发不信任，打算倒向意大利。

意大利虽然国力平平，在统一战争中也缺乏拿得出手的战绩，但一向自封罗马帝国的正统传人。距离西西里岛只有145千米的突尼斯，即罗马帝国时代的迦太基，俨然被意大利人当作自己的后院。当时的突尼斯有大量法国和意大利移民，其中意大利人数占优，但法国人更为富裕。两国的竞争使当地的追随者们也分裂成了两派。有意思的是，法国人与意大利人都热爱时尚与生活，因此两派都以沙龙为活动中心。鲁斯唐的根据地是他的情妇、埃及天主教将军穆萨里（Mussali）的热那亚妻子所在的沙龙，意大利领事利库戈·马乔（Licurgo Maccio）则盘踞在情妇、穆萨里的嫂子特拉弗索（Traverso）夫人的沙龙中。这两位领事与其情妇之间错综复杂的关系，听起来如同庸俗的肥皂剧，但这场肥皂剧关系到至少3个国家的国运：谁将接管突尼斯，法国还是意大利？

鲁斯唐与穆斯塔法处于"蜜月期"时，他很容易在与意大利人的竞争中获胜。首先，法国把电报通到了阿尔及尔。接着，贝伊签署了一份合同，批准法国修建一条通往阿尔及利亚的铁路，这条铁路正在施工。相比之下，意大利人不得不高价从英国人手里购买一条从突尼斯首都到拉古莱特（La Goulette）的小型铁路。除此之外，法国还赢得了建造港口、修建通往比塞大（Bizerta）和南方的新铁路的特许权。但随着穆斯塔法与鲁斯唐反目成仇，法国与突尼斯签订的合同统统成了废纸，上述特许权都被移交给了意大利。

穆斯塔法企图通过牵连英国人来夺取恩菲达庄园。他雇用了一位来自马耳他、具有英国国籍的犹太律师列维（Levy），声称自己作为邻近的地主有权优先购买恩菲达，终于如愿以偿地得到了这座庄园。在这一行动中，英国律师亚历山大·布罗德利（Alexander Broadley）帮了穆斯塔法大忙。为此，穆斯塔法聘请布罗德利兼任贝伊的政治顾问。除了这一身份之外，布罗德利还是《泰晤士报》与《每日电讯报》的特约评论员。

1881年1月下旬，当圣伊莱尔在内阁遭到茹费理训斥时，鲁斯唐正在被恩菲达事件折磨。茹费理内阁想出了一个愚蠢的办法：派遣"弗里德兰"号（Friedland）战列舰前往突尼斯水域，恐吓突尼斯当局处理恩菲达事件。没想到英国当局派出"雷神"号（Thunderer）战列舰向法国施压，最后两艘战列舰尴尬地同时驶离突尼斯。恩菲达事件仍未得到解决，英国却亮出了支持意大利的姿态。自认为受辱的鲁斯唐一度威胁说要辞职，他唯一的希望是，这种耻辱很快能迫使法国通过一项"有男子气概的决议"。

令他沮丧的是，尽管意大利政府目前束手无策，不得不默许法国干预，但这一现状不会持续太久。一个很简单的事实是，贝内德托·凯罗里（Benedetto Cairoli）领导的现任意大利政府孤注一掷，从巴黎证券交易所贷出一笔6.5亿法郎的政府贷款，一旦他们有钱了，就会更加积极。

至于德国，失去耐心的俾斯麦亲王在1月提醒法国驻德大使：先是沃丁顿的"清教主义"，后是弗雷西内（Freycinet）的"迟钝"，让法国错失了将突尼斯揽入怀中的大好机会；在一个晴朗的日子里，法国人醒来后会在阿尔及利亚边境发现意大利军队的警戒线。

为了避免俾斯麦预言的灾难，库塞尔不顾对老权谋家的厌恶与自尊心受挫的沮丧，乞求茹费理可能的继任者、共和派领袖甘必大的支持。

两个人之间的谈话并无记录，但库塞尔或许引用了驻德大使几周前写给法国外交部部长的一封绝望的信。信中写道：

> 你说你想等选举完了再弄……多愚蠢，多盲目啊！10个月后，你将面临一个组织起来反对我们的秘密联盟。你将再次被迫放弃，因为到那时，将不再是把军队带出去遛一圈的问题：如果我们要拯救阿尔及利亚殖民地，我们将亲手挑起欧洲战争！啊，我亲爱的部长，你是一个杰出的爱国主义者，甘必大先生也是，与他见面、谈话吧，将我们的国家从新的羞辱、新的削弱我们的威胁中解救出来吧！我们必须背水一战，欧洲都在观察我们，判断我们的实力。通过一场坚决的、积极的、没有严重危险的、不流血的行动，我们可以恢复在其他国家心目中的良好印象。如果我们只能证明自身的软弱，我们将沦落到西班牙那样的境地。

甘必大冷峻的面孔放松下来，敌意消失了，平时的矜持态度也消失了。他的魅力让库塞尔为之折服，库塞尔后来讲道："他饱满的爱国主义、他投入行动的热情、他广博的智慧、他的理想主义、他天性中的全部宽宏大量，将他从每日重复的肮脏的议会阴谋中解脱出来，哪怕只有片刻。"

库塞尔清楚，他已经唤醒了甘必大的爱国主义情怀。尽管库塞尔并未明言，但他的造访让甘必大集团看到了钱袋鼓起来的机会。在这位共和派领袖周围，环绕着蜘蛛网般密密麻麻的利益网。一旦法国占领突尼斯，他的亲信以及厄兰格（Erlanger）、罗斯柴尔德这样的国际银行家，将凭借股票的牛市，轻易赚取数百万美元。

随着甘必大的内心、灵魂与钱袋都接受了库塞尔夺取突尼斯的计划，茹费理政府的所有反对随之土崩瓦解。鲁斯唐与外交部制订了一个大致计划：两个纵队（据说有3万人）迅速穿过阿尔及利亚边境，随后陆战队在比塞大登陆。鉴于法国议会的复杂情况，同时也为了减少流血牺牲，这次入侵将打着"惩治阿尔及利亚东部边境的赫鲁米尔部落"的旗号。

赫鲁米尔部落没让法国人失望。4月4日，也就是库塞尔与甘必大会面10天后，茹费理告知议会，赫鲁米尔人在阿尔及利亚边境掀起暴乱。3天后，众议院投票，顺利通过决议：拨付500万法郎军费，惩罚赫鲁米尔人。圣伊莱尔轻描淡写地解释道：我们并未与突尼斯贝伊作战，我们也不希望与贝伊作战，我们只是作为盟友进入突尼斯领土，在其上开展行动，消除混乱。4月25日，布雷亚尔（Jules Aimé Bréart）将军与佛古蒙（Forgemol）将军各率一个纵队，高举三色旗，越过阿尔及利亚边境。他们毫不在乎早已跑得一干二净的赫鲁米尔人，沿着沙土路，直奔突尼斯城方向。

走出突尼斯城西门，沿马努巴（Manouba）平原向紫罗兰（violet）山方向行进约3千米，眼前便浮现出已半沦为废墟的古城巴尔杜（Bardo），数百年来，突尼斯的贝伊一直居住于此。在巴尔杜古城的边缘，有一座现代化的、意式风格的4层建筑"幸福之家"（Kasr es Said），它的屋顶上飘扬着带有双刃金剑的侯赛因王朝绿、红、橙三色旗，整栋屋子半隐在玫瑰、茉莉和橘子树的阴影之中。"幸福之家"的原主人是贝伊的一位大臣，因与贝伊的兄弟密谋造反而被贝伊处死。之后，贝伊将"幸福之家"占为己有。4月23日上午，布罗德利沿着路边种着棕榈树和胡椒树的大道骑行，前往"幸福之家"。宫廷乐队一如既往欢快地吹着土耳其风格的唢呐，但在宫殿里，一大群官员在窃窃私语："有来自边境的消息吗？最新的报纸怎么说？英国舰队来了吗？意大利军队已经到巴勒莫（Palermo）了吗？"

萨多克贝伊亲自接见了布罗德利，牵着他的手，将他带进一间铺着褪了色的黄锦缎的会客厅。这位老人红脸，留着灰色胡须，穿着黑长袍和红裤子，佩着装饰有宝石的、苏丹赐予的宝剑和徽章。

"你刚从英格兰过来，英国人相信法国出兵突尼斯是因为赫鲁米尔人吗？"

"恐怕他们对此事知之甚少，但是英国媒体一致反对这次远征。"

萨多克说他知道这些，并对此感到非常欣慰。随后，他给布罗德利念了他要发给英国与其他欧洲国家的严正声明。他说，200年来，突尼斯的贝伊们满足了英国人的所有要求。他的堂兄艾哈迈德（Ahmed）是第一个废除奴隶制的穆斯林君主，他本人同样尽其所能，促进英国的商业利益。他与法国人没有任何过节，并且很高兴地允许他们修建一条铁路和一条电报线。但在过去的13个月里，法国领事鲁斯唐一直试图恐吓他，迫使他接受突尼斯成为法国的保护国，使他的人生陷入凄惨境地。萨多克指了指宝剑和勋章说，他是奥斯曼帝国的贝伊，为苏丹所驱使，受到列强之间的条约保护，因此不可能让他的国家成为法国的保护国。至于所谓的"赫鲁米尔人暴乱"，或其他暴乱，公道自在人心。但他与他的子民们实力过于弱小，无法武装抵抗法国入侵，他可做的唯有抗议，把自己的命运"交给欧洲裁决"。

在布罗德利与意大利领事马乔的帮助下，贝伊的声明被发送给欧洲诸强。

两天以后，法军进入突尼斯境内。当天，巴尔杜便得知了这个坏消息。此时法军已经切断了电报线，但贝伊还是给维多利亚女王写了一封电报，于当晚由一艘意大利蒸汽船带到西西里岛，从那里发往英国："我们呼吁我们庄严的盟友，大不列颠的女王陛下，以及所有签署《柏林条约》的政府，在我们最危难的时刻，为我们进行友好的斡旋。"

日子一天天过去，列强装聋作哑，保持沉默，与外界失联的贝伊却被蒙在鼓里。

贝伊在向列强呼吁干预的同时，还派布罗德利的英国朋友商人帕金斯前往驻扎在边境的弟弟阿里贝伊的军中作为公证人，证明突尼斯人有能力独自平定叛乱，不需要法国插手。帕金斯先是在法国铁路上乘火车，然后骑马，经过两日颠簸，终于在4月24日晚上抵达覆盖着软木树和伞形松树的岩石峡谷西迪·萨拉赫（Sidi Salah），阿里的军营就设在这里。作为哥哥的继承人，阿里贝伊掌控着突尼斯最精锐的部队，拥有一支数千人的常备军。早在1840年，艾哈迈德贝伊统治时期，法国就派来了由科尔贝叶（Corbeye）和吉拉尔（Girard）领导的军事代表团，他们在突尼斯待了13年，帮助贝伊打造了一支西式军队。除了头上的红色塔布什帽，突尼斯士兵的配置与西方军队别无二致。但帕金斯发现，大多数士兵认为沉重的军靴与紧身军裤在沙漠里纯属累赘，他们更喜欢光着腿脚。

阿里贝伊坐在一辆由4匹骡子拉着的镀金马车里，走在队伍前头，后面跟着一列私人行李车队。行李被打包进木箱里，箱子外覆棕色皮革，装饰着黄铜钉。行李车队后面跟着长长的随从队伍，包括阿訇、磨咖啡之人、持枪人、持剑人、持水人和小丑之类的闲杂人等。

阿里贝伊非常诚恳地接待了帕金斯。为了展示他平定暴乱的能力，阿里不时停下来，坐在大帐篷里，接受赫鲁米尔人的致敬。数百名赫鲁米尔武士进入帐篷，他们挥舞着粗陋的前装枪，腰带上还系着一对巨大的手枪，随身携带2~3把大小不一的匕首，光着脚，腰间系着一条宽大的腰带和用来装弹药的口袋。他们在阿里面前结成一个圈，一边跑一边喊："啊，我的主人！"随后，他们把火枪放在阿里面前，离开了帐篷。帕金斯对赫鲁米尔人的顺从感到惊讶。阿里告诉他，所谓"赫鲁米尔暴乱"，起源不过是一头母牛的归属，他判决该牛一半归突尼斯人，一半归阿尔及利亚人，就此平息了暴乱。

但第二天，法国的佛古蒙将军通知阿里贝伊，他的处置方式无效。将军称，他奉军令惩罚赫鲁米尔部族，必须执行。同一天，法军越过边界，屠杀试图保卫玉米地和牲畜的赫鲁米尔人。他们打死打伤了200余人，幸存的赫鲁米尔人纷纷逃走。阿里贝伊奉兄长的命令，不得对法国人动手，只能发信抗议。他已不再相信法国人的目的只是解决边界争端。事实上，他也不知道该相信谁。法国人声称，他们是应其兄萨多克贝伊之邀而来；但他听说法国人轰炸了飘扬着贝伊旗帜的边境港口塔巴卡（Tabarca），现在他们正沿海岸快速前进。更糟糕的是，手下开始指责阿里把他们出卖给了法国人。阿里既担心法国人，也担心赫鲁米尔人，又不放心手下，只能忍气吞声地退兵。28日凌晨2点，突尼斯军队拔营出发。阿里贝伊又坐进由4匹骡子拉着的镀金马车里，身后是驮运棕色皮箱的辎重车队以及持枪人、持剑人、小丑等，帕金斯也紧随其后，一行人开始返回巴尔杜。

坐镇巴尔杜的萨多克贝伊坐卧不安。法国陆战队已在比塞大登陆，完全不把惩罚赫鲁米尔人的借口放在心上。他发出的令人心碎的呼吁，只换来名义上的君主——奥斯曼苏丹优雅但空洞的安慰，列强们则完全无动于衷。之前萨多克对法国人态度强硬，是因为有意大利领事马乔撑腰，结果意大利与其他列强一样装聋作哑。萨多克还担心家族成员背叛，祸起萧墙。阿里贝伊自然忠贞无二，但鲁斯唐已成功拉拢了他的另一个弟弟塔伊布，倘若萨多克坚持抵抗，那么法国人将扶植塔伊布成为突尼斯贝伊。

当然，萨多克还有一张底牌，那就是发动"圣战"，让法军陷入宗教战争的汪洋大海中。但萨多克是个耽于美色的老人，而非一位圣徒；况且，他毕竟是土耳其人，而非土生土长的突尼斯人，根本不敢发动人民群众。他只能把这张牌攥在手里，幻想在最后的牌局中，真主以及敌人对他大发善心。

5月12日，也就法军入侵3周后，摊牌的最后时刻到了。那天一早，布雷亚尔纵队的先遣部队越过了马努巴平原边缘的山岭。中午，下起了倾盆大雨。纵队支起帐篷，占领了卡斯尔-埃斯-丁（Kasr-es-Din）旁边的骑兵营。炮兵很快布置完毕，看架势要以"幸福之家"为目标，进行射击"训练"。

起初，萨多克贝伊勇敢地拒绝见法军。哈米德二世苏丹发来的最新电报让他态度更加坚定："决不与法国签署任何公约……跟他们说你得向我汇报。"不过几分钟后，鲁斯唐便来拜见贝伊。虽然被大雨淋湿，但布雷亚尔将军与紧跟其后的随从们依旧威风凛凛，带着剑和左轮手枪。双方在一楼铺着褪了色的黄色锦缎的会客厅，也就是3个星期前布罗德利待过的会客厅里见面。布雷亚尔将军并没有把时间浪费在东方式的客套上，而是直接从口袋里拿出一份有10条内容的条约草案交给贝伊。但该条约是用法语写的，贝伊一个字也看不懂。他要求把条约翻译成阿拉伯语。根据条约，法国常驻居民和军队有义务巩固"古老的友谊和睦邻关系"，法兰西共和国政府希望贝伊继续在位，并将支持侯赛因王朝。但实际上，突尼斯将成为法国的保护国。

"不管怎样，你能让我考虑24小时吗？"贝伊问道。

"当然不行，今天晚上8点前，我必须得到答案，在此之前我会一直待在这里。"

说完，布雷亚尔将军大摇大摆地走出了会客厅。鲁斯唐提醒老人，他一直在为他尽最大的努力，他早就警告过他后果。塔伊布在旁煽风点火："殿下无路可走，只有签字。如果你拒绝，那没关系，因为还有一个人愿意签字。"萨多克贝伊开始动摇。"签吧，"除穆斯塔法之外，所有大臣们都在说。"签吧。"大宦官说，他手里还拿着一封后宫佳丽写的信。法国炮兵即将展开的"训练"，把她们吓得花容失色。下午5点，这位老人的勇气土崩瓦解，他用颤抖的阿拉伯字符，在他看不懂的文件上签名。当法国人与大臣们纷纷走出会客厅后，萨多克崩溃了，哭得像个丧亲之人。

在"幸福之家"外面，有关该条约的谣言在阴郁的人群中迅速传播开来。一个以香水商为首的代表团问穆斯塔法："都答应了什么？"大维齐尔机智地回答道："赫鲁米尔人打败了法国人，后者躲在宫墙的阴影下。在他们回国之前，我们将给他们面包。"

令库塞尔男爵意想不到的是，远征突尼斯给法国外交部带来的欢愉如此短暂，在国际上造成的影响又是如此恶劣。格莱斯顿听到法国胜利的消息时异常愤怒；英国民间则对法国装作贝伊的盟友，窃取其国家的卑劣伎俩大肆嘲讽。保守党的捍卫者《泰晤士报》则高瞻远瞩地指出，这种帝国主义行径只有在两种条件下才是正当的：一、战略上存在必要性；二、顺从当地民众的意愿。然而，两个条件在突尼斯都不满足。在意大利，政府的无能激怒了民众，凯罗里和他的内阁被赶下台，连带着法国侨民也遭到了报复。

签署《巴尔杜条约》之后，突尼斯官方的表现让茹费理十分满意。萨多克贝伊被鲁斯唐与布雷亚尔将军授予光荣勋章，穆斯塔法则前往巴黎访问。茹费理投桃报李，用15响礼炮的待遇，欢迎这位男宠出身的大维齐尔，并授予他军团荣誉十字勋章。鲁斯唐作为突尼斯的"太上皇"，基本保留了突尼斯宫中的所有高官。他清楚以贝伊为首的老朽们不会造成什么麻烦。

鲁斯唐猜得没错，给法国人带来麻烦的并非突尼斯的高官，而是起义的民众。法国占领突尼斯才两个月，沿海城镇斯法克斯（Sfax）与加贝斯（Gabes）便爆发了起义，内陆的上万游牧部族云集响应。茹费理迫切希望在11月众议院重新召开会议前平息叛乱，以尽量减少政治损失。法军调来舰队炮轰斯法克斯，7月26日，陆战队在斯法克斯登陆，但这场战争并未结束，而是变得旷日持久。法国不断从本土与阿尔及利亚调兵遣将，数千名法国士兵死于伤寒和其他疾病。数十万突尼斯人扶老携幼，越过边境向的黎波里逃亡。俾斯麦口中的这只"熟透的梨子"格外酸涩。

在11月的众议院会议上，茹费理夸张地说，法国已经到了关键时刻：要么向海外扩张，在新的海外基地的保卫下，开辟一个充满贸易和商机的新帝国；要么走上堕落之路。但是众议院会议不但不认同，还宣布《巴尔杜条约》无效。茹费理就此下台，莱昂·甘必大取而代之。随着政府的更迭，外交部的前进政策似乎深陷泥沼：春天，莫名其妙入侵突尼斯的法国，看起来像小偷；到了秋天，残暴镇压突尼斯起义的法国，看起来更像恶棍。反对党媒体开始利用民众对犹太人的排斥情绪煽风点火，称整个事件的真相，是甘必大和他的犹太支持者为了发一笔横财而策划的阴谋。

　　以法国入侵突尼斯为标志，列强们再次开启了对北非的奥斯曼属国的瓜分。而一旦两个国家瞄准同一个目标，争夺便无可避免。

　　尽管英法两个殖民强国已经维持友好关系近40年，但随着双方对埃及展开争夺，这一友好关系也将一刀两断。

# 第九章 "拯救"埃及赫迪夫

1881年，是格莱斯顿第二届首相任期的第二年。总的来说，这一年他的收获是黯淡的。在国内，他在爱尔兰用上了"胡萝卜"与"大棒"，可谓刚柔并济，却始终无法让爱尔兰恢复和平。在海外，突尼斯事件让他大为光火。格莱斯顿一直把突尼斯当作俾斯麦施展诡计的舞台，但他希望长期持有塞浦路斯，因此不敢否定迪斯累利的政治遗产——柏林会议。他只能自我安慰，突尼斯是对法国的补偿，但他还是本能地对帝国主义的血腥罪恶感到恶心。谢天谢地，英国已经从阿富汗和德兰士瓦的泥潭中挣脱出来。

如果格莱斯顿有预知未来的本事，那么他肯定会被1882年自己身上沾满的血腥罪恶吓一大跳。7个月后，他的政府将主动侵略埃及。法国入侵突尼斯的一切丑行——谎言、不知廉耻、血腥暴力，都会在英国政府身上重现。

1879年初夏，陶菲克赫迪夫上台之后，英国银行家巴林（Baring）爵士与法国的布里尼叶成为埃及新的财务总监，重启对埃及农夫剥肤椎髓般压榨的"二元控制"，埃及的偿债能力也逐渐开始恢复。以人道主义传统为荣、喜欢对他国人权指点江山的英国政客自然对"二元控制"感到不适，但想要他们大幅度降低埃及的贷款利率，那是万万不可能的；同样，法国虽然政府迭代频繁，但各届政府始终维护该国债券持有人的利益。总的来讲，即便在突尼斯问题上产生过不快，但在埃及的利益上，两国还是能保持一致的。

陶菲克上台后，埃及陆军中的矛盾一直未能得到解决，反而愈演愈烈。随着奥斯曼帝国派来的、极端歧视本土军官的奥斯曼·里夫基（Osman Rifki）帕夏担任陆军大臣，这一矛盾终于达到了白热化。里夫基为了清理参与2·18事件的官兵，大手一挥将陆军裁到不足万人，并一口气裁撤了上千名本土军官。这些军官的工资与退休金或被削减，或被拖欠，甚至有倒霉蛋被流放到苏丹。1881年年初，忍无可忍的艾哈迈德·阿拉比上校、阿里·法赫米（Ali Fahmi）上校、阿卜杜·阿勒（Abdur Al）上校直接向首相里亚兹（Riaz）帕夏请愿，要求将里夫基解职。里亚兹当面向阿拉比等人保证会调查实情，暗中却与里夫基策划了一场阴谋。

2月1日，里夫基帕夏以给王室公主大婚排练阅兵仪式为由，将3名上校传唤到卡斯尼尔（Kasr-el-Nil）军营。一到那里，等候多时的奥斯曼军官一拥而上，扯掉他们的肩章，夺去他们的佩刀，将他们关押起来。但阿拉比等人早就预见了针对他们的阴谋，因此提前给手下下令，一旦他们在两个小时之内没有回去，就要武力解救他们。

正当阿拉比遭到审讯时，开罗近卫团忽然冲进军营，营救阿拉比一行，里夫基帕夏仓皇从窗户出逃。在3位上校的领导下，士兵们一鼓作气，浩浩荡荡地开向阿伯丁宫。陶菲克手里没有任何可靠的部队，不得不屈从阿拉比的意愿，将里夫基帕夏解职，安排穆罕默德·萨米（Mahmud Sami）接任。

经过这场"2月运动"之后，阿拉比的威望无论在军队中，还是在平民与自由改革派中，都如日中天。新任陆军大臣穆罕默德·萨米尽管也是切尔克斯人（Cherkesses），但他要比飞扬跋扈的里夫基帕夏老练得多。他一眼看出，阿拉比是可以维持军队派系平衡的关键人物，因此十分重用他。但在当年8月，萨米被解职，赫迪夫的妹夫达乌德帕夏接任陆军大臣。赫迪夫提拔他的目的非常明确，就是镇压军中反对分子。达乌德上台以后，决定釜底抽薪，下令将开罗的几个步兵团与亚历山大港亲赫迪夫的驻军进行换防。被逼无奈的阿拉比决定，不再坐以待毙，而是主动出击。

9月9日，阿拉比发动军事政变。根据暂代爱德华·鲍德温·马莱（Edward Baldwin Malet）爵士担任领事的英国顾问查尔斯·柯克森（Charles Cookson）与财务总监奥克兰·柯尔文（Auckland Colvin）等人的描述，当天早上，阿拉比骑马来到阿伯丁宫门前，拔剑出鞘，步兵在他的指挥下封锁了正门，炮兵则封锁了西门。赫迪夫在柯克森与柯尔文的搀扶下颤抖着走出来。赫迪夫小声问柯尔文："我究竟如何是好？""让他下马！"柯尔文回答道。赫迪夫发出命令后，阿拉比收起指挥剑，跳下了马。柯尔文后来坚持说，倘若面对这种情况的是陶菲克的曾祖父穆罕默德·阿里，那么阿里会毫不犹豫地用手枪打死阿拉比，但软弱的陶菲克却选择与他谈判。阿拉比的条件是：撤销里亚兹帕夏的职务，让改革者谢里夫帕夏取代他担任首相；任命阿拉比担任陆军大臣；将陆军规模扩充到1.8万人；成立议会，颁布宪法。最终，政变者大获全胜。

然而有据可查的是，赫迪夫如两年前他的父亲一样，与政变者有着千丝万缕的联系。阿拉比也在回忆录中提到，赫迪夫为政变结果感到欢欣。政变的对象与其说是陶菲克，不如说是腐败的奥斯曼寡头。9月9日那天，陶菲克绝非英国顾问认为的那般懦弱。总之，那天发生的事已经成了罗生门。

政变几周后，格莱斯顿私人秘书艾迪·汉密尔顿（Eddy Hamilton）的朋友，英国探险家威尔弗雷德·布伦特（Wilfred Blunt）来到开罗。12月中旬，阿拉比在阿伯丁兵营附近自己租赁的简易房子里接见了布伦特。阿拉比身材高大，四肢粗壮，行动迟缓，目光呆滞，平凡、朴素的脸上带着心不在焉的神色，像是一名典型的埃及农夫。数百年来，埃及农夫一直被剥削，只顾干活，没有抱怨，不求报酬，如同尼罗河上可怜、忠诚、吃力的牲畜。但阿拉比微笑时，仿佛太阳突然照亮了暗淡的风景，可以窥见他"内在的善良和大智慧"。人们称他为"埃尔瓦希德"（El Wahid），意为"独一无二的人"。

阿拉比很高兴见到像布伦特这样既熟悉古典阿拉伯语，又熟悉尼罗河方言的英国人。当听说布伦特的妻子是诗人拜伦的孙女时，他格外感兴趣。这并非因为阿拉比读过拜伦的诗，而是因为他对拜伦投笔从戎，为解放希腊而战的精神十分尊崇。布伦特表示，如果埃及发生战争，他愿意为埃及做同样的事。与此同时，他声称听过"自由之友"格莱斯顿的观点，他向阿拉比保证，这是一个完全值得信赖的人。

阿拉比向布伦特解释了政变的根源，在某种程度上，这与两年前针对努巴尔帕夏、里沃斯·威尔逊的政变极其相似，根源在于本土军官的薪水、福利与奥斯曼军官无法相提并论。阿拉比显然有意淡化兵变的大背景。在埃及军官身后，是一场"埃及属于埃及人"的运动。这场运动的支持者，既有首相谢里夫帕夏和前陆军大臣穆罕默德·萨米在内的少数开明土耳其人，也有埃及大多数知识分子和记者。当然，运动的主力，还是土生土长的农民。这场运动并不是纯粹地抵触西方，至少不是把其作为首要目标。事实上，他们钦佩西方的体制，并计划建立一个西式的民主政体，由赫迪夫扮演立宪君主的角色。

那个圣诞节，布伦特写了一篇精彩绝伦的报告，经汉密尔顿转手交给格莱斯顿。布伦特称，阿拉比政变与1879年兵变截然不同，政变的目的不限于解决军官的个人问题，而是一场旨在通过和平革命实现正义要求——埃及属于埃及人——的爱国运动。

格莱斯顿读到报告时身体发颤。他在米德洛锡安郡演讲时，一再标榜自己支持为自由而奋斗的弱小民族。他不想落下食言而肥的把柄，因此只能维持现状。外交大臣格兰维尔在当年11月发表声明，称英国政府"除了致力于该国（埃及）的繁荣外，别无所求，并为埃及从苏丹手中获取自由而衷心感到喜悦"；当然，如果把运河（英国在埃及唯一的利益所在）置于更广泛的国际控制之下，那就更好了。

但另一个在埃及极具影响力的列强——法国，对埃及民族主义运动的看法要悲观得多。新任总理甘必大认为，埃及的民族主义者会在法国的北非帝国煽动不满，并给法国在埃及继续扩大影响力带来障碍。甘必大提议，通过发布英法联合照会，来为陶菲克撑腰。

1882年1月8日，甘必大起草的联合照会被送到开罗。马莱将其交给布伦特看。布伦特惊呆了，"他们将把这当成宣战"。原来，该照会颇有底气地向赫迪夫保证，英国和法国团结一致，决心防范一切可能威胁现状、无论是内部还是外部的不安定因素。在法国已经入侵突尼斯的前提下，这份照会带来的后果将是毁灭性的。

布伦特受马莱委托，向阿拉比解释伦敦并不想干预，结果发现后者独自待在办公室，脸色阴沉。当布伦特问他如何看待这份照会时，他的眼睛里闪过一丝奇特的光芒，问道："还是告诉我吧，你是怎么理解的？"布伦特不得不按照马莱的意思违心地说，这份照会的本意是为了让民族主义者放心，无人会干涉赫迪夫作为立宪君主的新角色。

"想必爱德华爵士认为我们这些小孩子听不懂话，"阿拉比回道，"首先，这是威胁性的言辞。这个办公室里没有哪位职员会用这样的话，来表达你说的意思。"显然，法英两国政策上达成一致意味着正如法国入侵突尼斯一样，英国也会入侵埃及。"让他们来吧，埃及的男女老少都将与他们较量。先下手为强是违反我们的原则的，但我们知道如何回击。"布伦特垂头丧气地走了，他知道自己的努力付之东流。

政治危机以惊人的速度发酵，开罗弥漫着民族情绪的洪流。2月初，以阿拉比为首的民族主义者正式向列强发出挑战。当时，埃及的年度预算共计900万英镑，其中一半已经承诺偿付给外国债券持有者。埃及的民族主义者对此深恶痛绝，但只能接受了这一安排。他们坚持要求新成立的议会——名流委员会，对如何分配剩下的预算进行表决。他们建议增加军费，大力提拔本土军官，并将陆军扩编到1.8万人。财务总监柯尔文和他的法国同行以损害债券持有者的利益为由，拒绝了民族主义者的上述主张。英法还要求赫迪夫下令，禁止修宪。这使得谢里夫帕夏辞职，前陆军大臣萨米继任首相，阿拉比则成为陆军大臣，把枪杆子牢牢攥在手里。

就在这时，法国总理、狂热的民族主义者甘必大又出来挑事。原来，"二元控制"看似不偏不倚，实际从一开始英国人便占尽上风。里沃斯·威尔逊得到财政大臣的肥差，而法国人布里尼叶只能担任建设大臣，对债台高筑的埃及来说，根本没有闲钱供布里尼叶投资"建设"！威尔逊在关键位置——铁路、邮电、港口、灯塔、海关，甚至赫迪夫的秘书处安插同胞，留给法国人的只有布尔加赫博物馆（the Bulgah Museum）与赫迪夫的图书馆。在金融领域，威尔逊不顾法国人的抱怨，对他的同胞购买埃及债券大开绿灯。至于贸易，到1881年，与英国的合作已经占了埃及对外贸易的70%，而法国的生意却一落千丈，法国在开罗和亚历山大港的聚居地也日渐衰落。唯独在文化和"文明使命"方面，法国尚处于领先地位。在埃及，法语是继阿拉伯语之后的第一语言，法国的教育体系主导着埃及从小学到大学的所有教育。然而，即使在这方面，英国也在迎头赶上。1881年，英语被确认为法庭和政府的官方语言之一。甘必大尝试在埃及掌控主动权，于是便有了上文中提到的那份鲁莽的联合照会，但它适得其反。将包括部分土耳其切尔克斯军官在内的几乎全体埃及人推向阿拉比时，甘必大变本加厉，询问驻开罗法国总领事派遣军舰在亚历山大港示威的可行性，并在土伦部署了一支由6000名陆战队员组成的远征军。他本来把海军示威的时间定为1月底，如若无效便准备派兵登陆，但他却先和参议院起了冲突。

多年来，甘必大一直致力于通过减少多议席选区的议席数量，增加更多选区，来改革选举制度。但在1882年1月26日，这一选举改革提案以268票反对、218票支持遭到否决。甘必大当场辞职，并借着政坛失意大打"悲情牌"，向女友蕾奥妮·莱昂（Léonie Léon）求婚成功。正所谓爱江山更爱美人，法兰西人的浪漫情怀令人叹为观止。

甘必大辞职后，他的好友"白鼠"弗雷西内继任总理之位，于是海军示威一事就此拖延，但弗雷西内和格莱斯顿均认同这一计划。如果海军示威无效，英法将要求埃及名义上的宗主国——奥斯曼帝国派军介入。5月中旬，两国正式公告列强，一支英法联合舰队将驶向亚历山大港，他们的目的是维护赫迪夫的权威、法律和秩序。事实上，这支联合舰队与之前的联合声明一样，起到的只是火上浇油的作用。埃及的民族主义者没有遗忘，在突尼斯，列强舰队的示威乃是入侵的前奏，因此更加热血沸腾。

英法海军示威失败，看来只能期待奥斯曼帝国的干预了。5月25日，陶菲克鼓足勇气，狐假虎威，依靠奥斯曼苏丹所剩无几的权威，逼迫阿拉比和他的战友们辞职。但弗雷西内这时却因害怕法国议会的反奥斯曼情绪，拒绝请苏丹出兵（1881年，突尼斯南部与阿尔及利亚爆发的部族起义让法国人心有余悸。法国人将其归因于苏丹在伊斯坦布尔的远程操控，并认为阿拉比叛乱是另一次爆发）。这无疑让陶菲克陷入了进退两难的困境。此时的埃及如同巨大的火药桶，爆炸只是时间问题。

6月11日下午，火药桶最终被引爆。当时，亚历山大港的一个马耳他人与本地人因为租驴的事情起了争执，看热闹的穆斯林参与进来导致冲突加剧。希腊与马耳他的侨民见状，打开窗户，从别墅二楼开枪射击，当地人则使用大棒进行反击，见到欧洲人就往死里打。在阿拉比的默许下，维持治安的部队足足拖延了2个小时方才赶来，此时已有超过50名欧洲人被杀，包括英国代理领事查尔斯·柯克森在内的大批人员负伤，当然穆斯林的死伤更为惨重。亚历山大港外，联合舰队的英法海员与陆战队对城内的血案爱莫能助，一是他们人数太少，二是担心贸然上岸会造成更大的外交麻烦。

亚历山大港血案，意味着英国自由党的绥靖政策已经失败，但格莱斯顿和格兰维尔依然死鸭子嘴硬，他们试图拖延时间，并把希望寄托在奥斯曼帝国的干预上。6月23日，英、法、德、奥、俄、意六国代表云集伊斯坦布尔，讨论奥斯曼帝国出面对埃及进行干预的可能性。耐人寻味的是，尽管这场国际会议就在苏丹家门口召开，但苏丹拒绝派代表出席，而是暗中与阿拉比谈判，因此会议当然不会有结果。

格莱斯顿内阁开始出现分裂。几天前的6月18日，印度大臣、辉格党人哈廷顿挑衅地建议：如果其他手段失败，英国应该自己派兵；假如什么都不做，那么他会辞职。而以约瑟夫·张伯伦（Joseph Chamberlain）为首的激进派天马行空地认为，阿拉比不过是"军事冒险家"，埃及真正的民族和爱国政党的核心在名流们的会议厅里；因此，对埃及的干预不仅是为了保护运河，而且是为了将新的民族运动从军事独裁的控制下拯救出来。

7月初，亚历山大港的英国舰队司令西摩尔（Seymour）海军上将声称，埃及军正在加固炮台，这对舰队构成了威胁。他请求内阁批准他发出最后通牒，让他们停止修建炮台，否则他就用舰炮轰炸他们。圆滑的法国总理弗雷西内得知此事后，他先是让本国舰队撤回塞得港，然后把希望寄托在众议院投票支持出兵、保护运河上，这样就规避了自己的责任。但由于昔日盟友、在野的甘必大暗中捣鬼，弗雷西内的小算盘失败了，法国只能在这场危机中作壁上观。

英国外交大臣格兰维尔与温和派希望避免战争，认为几枚炸弹和远征的威胁足以震慑阿拉比，因此接受了西摩尔发出最后通牒的申请。只有格莱斯顿和约翰·布莱特（John Bright）反对这位海军上将的做法。布莱特说："如果对港口的攻击危及运河，就不应该进行攻击。"但当时内阁分裂与爱尔兰危机已经把格莱斯顿逼到了绝境。他告诉格兰维尔，没有必要下最后通牒，"但我愿意遵从你的决定和判断"。这位"自由之友"为避免内阁解体，不惜牺牲埃及的利益和自由党的原则。

两天后，西摩尔最后通牒的时间一到，亚历山大港的海岸炮台，连同诸多漂亮的海滨建筑，在浓烟和火焰中沦为废墟。阿拉比迅速将部队撤到尼罗河三角洲。连续两个晚上，暴民在亚历山大城进行抢劫和杀戮，把美丽的亚历山大城变成一堆瓦砾。当时英国媒体报道说，阿拉比为了报复英军炮轰亚历山大，打算摧毁苏伊士运河，并发起"圣战"（事实上，阿拉比并非宗教狂热者，他的行为一向克制，这对他来说尤其致命）。于是自由党毫不费力地说服保守党立即派兵去埃及。7月27日，众议院以压倒性选票通过了拨付230万英镑军费惩罚阿拉比的提案，这将使所得税提高1便士，将近10%。

远征军司令官沃尔斯利将军率领来自马耳他、塞浦路斯的1.5万名英军以及来自印度的1万名英军，于8月16日抵达亚历山大。他身边那些头戴白盔、佩着指挥剑的将校军官，大多属于"沃尔斯利圈子"：雷德弗斯·布勒（Redvers Buller）上校、威廉·巴特勒（William Butler）上校、J. F. 莫里斯（J. F. Maurice）少校以及其他司令部参谋。在未来的岁月中，这些人大多为英国立下了赫赫战功。沃尔斯利一向信奉武力外交，他渴望在非洲实行前进政策。他既鄙视格莱斯顿和激进派对殖民政策的畏惧，又鄙视托利党对军队改革的阻挠。出身于西部乡绅家庭的布勒，则是老牌的辉格党，他钦佩沃尔斯利的专业素养，但不赞成他的沙文主义观念。他和格莱斯顿、格兰维尔一样，支持布尔人恢复独立。而爱尔兰人巴特勒则是天主教徒、民族主义者，倡导地方自治，将查尔斯·帕内尔（Charles Parnell，19世纪后期爱尔兰民族主义领袖、自治运动领导人、英国国会议员）奉为民族英雄。他自我批判道，他前往埃及，并非为一项崇高的事业而战，这是一场金融家的战争，一场为了保障债券持有者利益的战争。然而，正如他后来所写，当代军人必须满足于他能得到的最好的事业，最好不要对这场特殊的战争过于挑剔。

在他的"圈子"里，沃尔斯利最欣赏的是足智多谋的乔治·科利。可惜一年前，科利在第一次布尔战争中，由于自己的莽撞而殒命马朱巴。沃尔斯利本人是大胆而谨慎的，7月份他待在陆军部办公室时，就已经制订了精确的计划。为了远征埃及，沃尔斯利坚持要凑齐2.5万大军，其中大多是久经沙场的英国老兵，并且还要装备上最新式的火炮。这个数字有些夸张，因为埃及陆军的常备编制只有区区1.8万人。尽管在最近几个月里，阿拉比大肆扩兵，但也只是让军中充斥着老人和小孩。因此，埃及军只有那些参加过阿比西尼亚远征的部队才有一定的战斗力。

沃尔斯利在选择进军路线时，同样谨慎。苏伊士公司总裁雷赛布为保护自己毕生的杰作不被摧毁，向阿拉比保证运河在战争中保持中立。沃尔斯利当然不会相信和在乎雷赛布的保证，他制订的计划就是占领运河两端的港口城市——塞得港和苏伊士，然后航行到两者中间的伊斯梅利亚（Ismailia），把它作为入侵的港口与基地。从这里前往开罗，可以借用雷赛布建设的伊斯梅利亚铁路运送补给，而且沿铁路挖掘的水渠可以为士兵和马匹供水。

为了牵制阿拉比的兵力，沃尔斯利让伊夫林·伍德爵士率一个旅驻扎在亚历山大港。但事实上，这完全是多此一举。阿拉比已经把主力撤出运河及沿途城市，龟缩在尼罗河三角洲。因此，沃尔斯利的真实意图是让心高气傲的伍德爵士在亚历山大港坐冷板凳。

9月12日，英军登陆伊斯梅利亚，随后和埃及军沿着铁路，在马格法（Magfar）、马赫萨马（Mahsama）、卡萨辛（Kassassin）等地发生了几场战斗。英军尽管屡战屡胜，但未能歼灭埃及军主力。接下来，英军面对的就是距开罗97千米的泰勒凯比尔（Telel-Kebir）要塞。阿拉比已经把精兵良将都集中在那里，这不仅给了沃尔斯利在进入开罗之前摧毁阿拉比主力、一举结束战争的机会，还能证明英国仍是一个陆军强国。当军乐队在漫天风沙的大漠中吹奏爱尔兰风格的浪漫曲子时，沃尔斯利在帐篷里写信给妻子道："我如此渴望一场彻底的胜利，让全世界都感受到英格兰不容小觑……尽管受到激进主义精神的毁灭性影响，但它的士兵仍然充满力量和勇气。"

然而，砸开泰勒凯比尔这个"硬核桃"绝非易事。开战前一天，沃尔斯利在寒夜中向将校们公布了作战计划。他把出奇制胜的希望寄托在夜行军上。夜行军对进攻者来说十分冒险，可以把训练有素的军人变成惊慌失措的傻瓜。几分钟或几百米的偏差，与敌方斥候的偶遇，都可能导致灾难发生。因此，沃尔斯利的计划是一场豪赌。但夜行军有许多好处：第一，出奇制胜；第二，在冲进壁垒之前，黑暗将保护进攻者免受枪炮攻击；第三，黑暗还会保护来自西欧的小伙子们免受沙漠酷暑的折磨；第四，有传言称，阿拉比曾宣布一旦丢了泰勒凯比尔，他就会烧毁开罗，如果这一切将会发生，那么骑兵在战斗结束后前去拯救开罗，将得到充足的白昼时间。

那天清晨，当沃尔斯利带着将校们在远处研究要塞6.4千米长的围墙时，朝晖忽然照亮了要塞后方的天空，这时穿着白军装的埃及步兵才懒洋洋地离开岗哨，进行巡逻。沃尔斯利看了看手表，清晨5点45分。"注意时间，我们的攻击必须在次日清晨5点前发起……否则那些哨探就会发现我们。"他让罗森（Rawson）海军中尉观察星象，为全军带路。

沃尔斯利的进攻计划一直保密到了最后一刻。那天下午，军号没有被吹响，但军官们把士兵叫出帐篷集合。他们得到命令：点燃并留下篝火，安静行军，禁止吸烟。士兵们背着各种装备——马蒂尼-亨利步枪和刺刀、装着100发子弹的弹药盒、装着水瓶的背囊——吃力地向前走。晚上11点30分，他们在"第九山"歇脚，那是在铁路以北大约1.6千米处的一堆沙石。

英军就地展开进攻阵形：在42门野炮的支援下，2个步兵师（各有2个旅）组成6.4千米宽的正面战线向前推进；骑兵师和骑炮兵位于最右侧；一个印度步兵旅和一个海军旅则沿着左侧的铁路和运河前进。由于沿河岸前进速度要快很多，因此沃尔斯利特地让左翼在主力行军一个小时后再前进。

起初，夜行军还算顺利。唯一的插曲是，一个士兵喝光整整一瓶朗姆酒后，在黑暗中发出古怪的笑声，他的战友赶紧把他制服了。凌晨3点30分，阿里森准将的高地旅短暂停止前进，结果发生了一件看似可笑却险些引发灾难的事。原来，高地旅是左翼师的领头旅，由4个营组成，排成两列。"暂停前进"的命令通过士兵们口口相传，花了很长时间才从中间传到两侧。结果，中间的士兵停下时，两边的士兵依旧大步向前，最后整个旅形成了一个新月形。当阿里森再次发出"前进"的指令后，"新月"两角的部队眼看就要撞在一起，阿里森连忙下令停止行军。威廉·巴特勒上校仔细地数着步数，骑着马走上前去察看。罗森中尉和参谋们花了半个小时才把混乱的阵形重新排好，夜行军得以继续。

走了1.6千米后，又发生了一件怪事。一道白光出现在东方，也就是要塞的正上方。如果这是黎明的第一缕曙光，那么一切都晚了！事实上，那束白光是1882年大彗星①，有幸目睹这一天文奇观的英军被它吓了一跳。现在，高地旅离敌军工事只有几百米了。随后，沃尔斯利和参谋们听到右前方发出一声枪响，接着第二声、第三声响起，之后是巴特勒描述的"滚雷般的枪响"以及重炮的呼啸声。战斗打响了！

泰勒凯比尔之战，被时人称为一场"士兵之战"，将帅们的战术毫无发挥余地，士兵们"狭路相逢勇者胜"的战斗精神与惨烈碰撞起到了决定性作用。对埃及军的幸存者来说，这段经历难以忘怀。上万名农夫出身、老实巴交的埃及士兵，身穿白色制服、头戴红色塔布什帽、手持雷明顿步枪蹲在堑壕里。他们

---

① 1882年大彗星的亮度在1882年9月达到顶点。它运动到近日点时，位于太阳附近的彗星甚至可以被人裸眼观测到。

不会想到，会有一场袭击在黑暗中发起，也没有想到穿着方格呢裙子的苏格兰人围着胸墙，如野人般持剑砍杀。敌军的炮弹像巨浪一样冲破了防线，埃及士兵的躯干被弹片击伤打碎。英军骑兵挥舞着马刀，向逃亡的人砍去，就像收割麦田里的庄稼一样。

战斗持续了半个多小时，之后的发展，用布勒上校写给妻子的信来说，"我可以把后来发生的事一笔带过了"。沃尔斯利和参谋们在埃及军溃散后，前往前线视察。此时刚到清晨5点45分，太阳已经从地平线上升起。胸墙前灰色的砾石上躺着一些英军伤兵，大多是在埃及军第一波抵抗中负伤的高地轻步兵。在他们前面，英军火炮在要塞胸墙上炸开了一个洞，要塞里到处是埃及士兵、马和骆驼的尸体。更远处，在通往铁路和运河的斜坡上，散落着阿拉比的溃兵，他们正在四下逃命。"顺着山坡，穿过营地，"巴特勒写道，"越过铁路和运河，这些身穿白衣的逃兵成群结队，几十个、数百个地向南和向西逃窜。"清晨6点20分，沃尔斯利到达运河桥，并向骑兵们下达命令：冲向开罗！此时，阿拉比已经撤出战场一个钟头了。

接下来，沃尔斯利给陆军部写了一封电报告捷。他完全有自夸的资本。像他的偶像——同样征服埃及的凯撒大帝一样，他来了，看到了，征服了——这一切都发生在35分钟之内。

当沃尔斯利写电报邀功时，巴特勒上校和其他军官正试图阻止部下射杀埃及伤兵。"战斗的阴暗面在这里痛苦地显现出来。任何东西似乎都足以让人开一枪，到处都是死伤人员、马匹和骆驼……我听到一名军官让手下把他的水壶在运河边加满水，然后给一名倚着桥的埃及骑兵送去。士兵愤怒地回答道：'我把他的嘴唇弄湿了！'"英国士兵开始抢劫，如果当地村民试图反抗，就会遭到殴打。巴特勒在一个水闸值班室匆匆吃了点早饭，然后换了匹马，在火红的太阳下慢慢视察战场。他颇为同情地写道：

> 他们没有时间醒来，站起身，准备，进入阵地。这一击落在他们身上，就像雷电落在一个熟睡的人身上一样。他们所能信任的领袖，和他们自己一样，都是农夫。他们当中很少有人知道战斗的技巧、谋略和它们的必要性。他们四面受敌，但只要有10个人、20个人或50个人能聚在工事里，他们就会奋勇

作战……在初升的太阳下，横七竖八躺在步枪上的尸体，有力地证明了这些可怜家伙的最后决心。

9月14日，逃到开罗的阿拉比不发一枪，便向一小股英军骑兵投降了。9月15日，沃尔斯利一行乘坐布勒上校亲自驾驶的火车驶进开罗。他们受到一些看起来焦虑不安的帕夏们的欢迎。接下来的几天里，沃尔斯利等人就像阿伯丁宫里的帕夏们一样肆意享受。他给妻子写信道："在过去的48小时里变化太大了！从满是污秽和苍蝇的凄凉沙漠，到凉爽豪华的宽敞宫殿。昨天在污秽里求生，今天喝着冰镇香槟酒。"

除了放松身心外，沃尔斯利还在等待伦敦的奖赏。格莱斯顿提议，授予他与西摩尔上将男爵爵位。沃尔斯利听说他居然要与西摩尔平起平坐，抱怨道："应该是子爵才对，西摩尔毁掉了亚历山大港，我拯救了开罗。"他把遭遇的不公，归咎于女王要杀一杀他的威风。"我想女王和往常一样反对我得到任何奖赏。"9月25日，开罗为赫迪夫归来举行了盛大的庆典。陶菲克在一片谄媚的喝彩声中乘坐马车穿过这座城市。畏缩的帕夏、颤抖的名流、狐假虎威的陶菲克及英国顾问们和平相处，埃及看似恢复了秩序。革命的一切痕迹，似乎像沙漠中的海市蜃楼一样消失了——除了泰勒凯比尔沙丘里的累累尸骨以及沦为阶下囚的阿拉比等人①。

在花费英国纳税人230万英镑，将陶菲克送回王位一个月后，沃尔斯利终于在伦敦查灵街头得到包括首相在内的无数国民的欢呼。几天后，女王在巴尔莫勒尔城堡接待了他，这两位老对手相谈甚欢，两人的共同话题，便是对格莱斯顿与激进派的不满。

尽管摆平了阿拉比，但格莱斯顿内阁的紧张形势并未得到缓解，爱尔兰危机依然有撕裂自由党的可能。在格莱斯顿看来，这次埃及远征纯粹是辉格党和激进派组成的邪恶联盟强加给他的。他计划像撤离德兰士瓦一样，在时机成熟时

---

① 阿拉比被英军转交给赫迪夫之后，英国外交部要求对他进行公审。当年10月3日，阿拉比等8人被带到军事法庭，以背叛赫迪夫的罪名提起诉讼。阿拉比等人认罪，被判处死刑，随后赫迪夫亲自对其减刑，改判永久流放。阿拉比等人被流放到锡兰，直到1901年，阿拉比才被允许回到埃及。

撤离埃及。

　　接下来，我们来看一看法国的作为。上一章提到，法国在这段时间里，在突尼斯吃下了"酸涩的梨子"，在埃及无所作为。与此同时，在刚果盆地，一位年轻的法国探险家，与利奥波德国王旗下的斯坦利展开了一场生死角逐。

# 第十章 布拉柴与斯坦利的竞赛

1882年5月底，英国小货船"科里斯科"号（Corisco）驶入利物浦码头。船上载着来自非洲的大宗货物：桶装棕榈油，成捆的树胶、橡胶，还有象牙。船上有两名法国乘客，岁数稍大的意大利口音很重，他身材高大，英俊的脸庞因害了疟疾，双颊凹陷、眼睛凸出，显得格外沧桑。在与其他乘客的攀谈中，他自称是法国海军中尉，是一支勘探刚果河流域的探险队的领队。他与一位声称拥有斯坦利湖所有权、名叫马科科（Makoko）的非洲酋长签订了条约。该条约替法国打开了通往非洲心脏地带的大门，可以让法国人进入等待和平开发的数万平方千米沃土。现在，他正在返回巴黎、要求当局批准《马科科条约》的路上。毫无疑问，乘客们把这个家伙当成了疯子。

这个"疯子"叫作皮埃尔·萨沃尼昂·德·布拉柴（Pierre Savorgnan de Brazza）。他和同伴米绍（Michaud）当时已身无分文。"科里斯科"号靠岸后，他们不得不去找法国驻利物浦领事求助。后者致电海军部长若雷吉贝里[①]："布拉柴和机械师米绍从加蓬回来，没有带任何资源，我应该付给他们路费吗？"海军部长冷冷地回复道："赶紧付车费，以最廉价的方式让布拉柴回国。"

布拉柴的父亲是意大利贵族，血统可追溯到罗马皇帝塞普蒂米乌斯·塞维鲁（Septimius Severus），母亲则是马可波罗的后裔。布拉柴从小便对探险充满兴趣。少年时，他在父亲、宗教学校校长以及亲戚蒙塔尼亚克（Montaignac）海军上将的鼓励下，报考了法国布雷斯特海军学校，毕业后获得候补少尉军衔。1871年，法国南大西洋舰队的战列舰"贞德"号（the Jeanne d'Arc）满载部队，前去镇压掀起卡比尔人起义的阿尔及利亚部队，布拉柴当时就在船上。当他看到法军肆意射击起义者时，他感到无比震惊。之后，布拉柴乘坐"金星"号（the Venus），首度沿着

---

[①] 1890年以前，法国的海外殖民地由海军部管辖，之后殖民部脱离海军部，主管殖民地。

法国殖民地加蓬的海岸进行探险。1874年，布拉柴沿着加蓬河与奥果韦（Ogowe）河游历，学习土著语言。随后，布拉柴通过当时已成为海军部长的蒙塔尼亚克及其高官好友甘必大、茹费理等人的关系，得到法国政府1万法郎的殖民资金，作为探索奥果韦河的经费。探索的其余经费，部分来自加蓬殖民地，部分由布拉柴自掏腰包。

布拉柴组建的探险队有3个白人——水手哈蒙（Hamon）、科学家艾弗里·马尔什（Alfred Marche）、医生诺艾尔·巴拉（Noel Ballay），其余全是黑人：10个塞内加尔水手，几个加蓬向导及翻译，在兰巴雷内（Lambaréné）雇用的120名划着9艘独木船的船夫。之所以雇用船夫和船，是因为离开兰巴雷内之后，蒸汽船将无法继续前行。

与斯坦利等探险家类似，布拉柴的目标是：找到奥果韦河的源头，在某块"无主"的土地上插上法国国旗，将某条河或某种动物以他的名字命名，将法国商品带到非洲内陆建立贸易等。但布拉柴出身名门望族，不像大多数探险家一样江湖气十足，而是浑身充斥着贵公子的天真与理想主义。有一次，一个奴隶恳求布拉柴为他赎身，布拉柴立刻用10厘米长的串珠买下他，但很快布拉柴就被其他奴隶围住了。布拉柴当即在营帐上插了一面三色旗，他告诉奴隶们，只要摸到这面旗，他们就自由了，因为在法国，奴隶制度是非法的。但很快布拉柴便沮丧地发现，大多数奴隶获得自由后，又回到了曾经卖掉他们的族群中。

布拉柴带了许多小饰品、人造珍珠、法式烟花作为礼物。他的探险手段更像利文斯通：克制动武，能忍则忍。通过贿赂黑人酋长，布拉柴一点点向内陆前进。本来，布拉柴希望可以沿奥果韦河进入非洲腹地，但他们自兰巴雷内出发300多千米后，奥果韦河便消失了。布拉柴越过崎岖的分水岭，向当地人购买新的独木舟，然后顺着一条奔腾的河流——阿利马（Alima）河前进，最后来到了从未见过白人的巴富鲁人（Apfourus）的领地。布拉柴见到了四五个巴富鲁人，向他们保证自己这群人并无恶意，他把枪放在草屋门口，抽起烟斗，而他的翻译则用某种不知名的语言与他们交谈着。第一个巴富鲁村庄放他们通行，但当晚箭矢便从河岸向布拉柴的船只飞来，战鼓声整夜不绝。黎明时分，布拉柴一行击退了由30艘独木舟发起的攻势。巴富鲁武士的勇气令布拉柴赞叹不已："我永远忘不了坐在打头的独木舟上的那个人，我们对准他集中开火，子弹却没有打中他，他伫立在船上，挥舞着图腾。"

布拉柴子弹不足，决定撤退。一行人抛弃了独木舟与大部分行李。然而，当他们踏着水花穿过河东岸的沼泽后，撤退演变成了溃逃。探险队伤亡惨重，布拉柴自己也受了伤，这次探险就此结束。布拉柴不明白巴富鲁人为何动武，直到1878年12月回到欧洲，他才知道真相：在他远征之前几个月，斯坦利沿刚果河探险，沿途烧杀抢掠。阿利马河正是"大水"刚果河的北方支流。根据布拉柴的说法，巴富鲁人攻击他，完全是为了报复斯坦利的暴行。两人素未谋面，便隔空结下了梁子。

此时的法国海军部长已经变成了若雷吉贝里。布拉柴费尽心机地讨好若雷吉贝里，但后者却看他十分不顺眼。追究起来，主要有两方面的原因：第一，政府提供给加蓬和刚果的资金越多，提供给西非和塞内加尔的资金就越少，若雷吉贝里担任过塞内加尔总督，他更热衷于建设塞内加尔与西非帝国；第二，若雷吉贝里看不起这个意大利贵族，认为他是依靠法国上层人脉才爬到了当前位置。

1879年，布拉柴再度筹划前往加蓬与刚果探索，若雷吉贝里只愿意赞助他去时的旅费和雇用16名塞内加尔水手的费用。布拉柴的老靠山，蒙塔尼亚克与茹费理，帮了他大忙。蒙塔尼亚克也是个地理学家，是巴黎地理协会与国际非洲协会法国分会——法国全国委员会（the French National Committee）的领导者。法国地理学家们当时正要响应利奥波德国王的呼吁，发起一场现代十字军运动，为非洲带来文明。时任公共教育部长的茹费理承诺为法国全国委员会提供10万法郎的政府资金。由于蒙塔尼亚克的游说，各方同意布拉柴探险队得到这笔资金的一半。布拉柴接受了法国全国委员会的委托，建立一个连接奥果韦河上游与刚果河的基地。而受利奥波德国王和国际非洲协会总部委托的斯坦利则于1879年年初在刚果河下游开始了同样的工作。

按理说，斯坦利与布拉柴都在探索同一条河流，国际非洲协会皆是其重要赞助者，彼此应互相通气。但俗话说得好，同行是冤家，双方均对对方保密。布拉柴、蒙塔尼亚克和法国全国委员会越是深入挖掘国际非洲协会总部与斯坦利的所作所为，就越是感到怀疑。

1879年2月，斯坦利化名M.亨利离开欧洲。之后，一个名为"上刚果研究委员会"的神秘新组织便取代了国际非洲协会,这似乎是一个纯粹的商业组织,旨在为其投资者(包括比利时人、法国人、荷兰人和英国人)开发刚果的财富。更诡异的是,1879年11月,除了被认为代表国王的比利时投资者外,其余投资者的钱被纷纷退回。如果情况属实,那么斯坦利涉足的就不是国际十字军运动,而是为比利时国王建立一个可供剥削的殖民地。布拉柴突然联想到,如果国际非洲协会总部可以代表利奥波德国王和比利时人,那么法国全国委员会为何不能代表法国人呢?

布拉柴再次向若雷吉贝里发出呼吁:"在比利时人之前,将法国国旗插到斯坦利湖岸边!"斯坦利湖可以作为航道系统的起点。当时,斯坦利正在费力地从刚果河入海口越过阻断下游最后300千米的一连串大瀑布,往斯坦利湖前进。布拉柴则想抄近路,从加蓬奥果韦河上游前往斯坦利湖,然后宣称此地属于法国。布拉柴还建议道,倘若斯坦利先一步到达,法国全国委员会就宣称布拉柴的行动是一次地理探险,从而撇清责任。

若雷吉贝里以毫不掩饰的厌恶态度拒绝了布拉柴的建议,但法国政界的两位大佬——甘必大和茹费理十分青睐斗志昂扬的布拉柴。当年8月,参众两院对给布拉柴探险提供10万法郎的拨款进行表决。茹费理清楚,如果他提到殖民扩张,那么表决必然失败,因此茹费理阐述的皆是法国全国委员会慷慨承担的文明使命,对布拉柴的真实目的只字未提。表决顺利通过,资金到位,其余就看布拉柴的本事了。

1880年8月,布拉柴经过他在奥果韦河上的第一个站点——弗朗斯维尔(Franceville),越过分水岭,向刚果河上游靠近。此时,斯坦利的探险队仍然在下游的瀑布中挣扎。布拉柴一行在森林里跋涉了好几天,由于天气炎热,截至8月15日,他们只从维维(Vivi)向前走了40千米,距目的地还有320千米。就在当天晚上,布拉柴在这个地方第一次看到了一条河流。在这个干涸的国家,他和他的手下都快渴死了。看到在月光下像床单一样延伸到森林另一边的大河,他扑倒在河边,贪婪地喝水,喝饱后才心满意足地睡去。这条被当地人称为"奥鲁姆河"的河流,实际上就是刚果河。布拉柴沿着"奥鲁姆河"向上游前进,不到两周就抵达了斯坦利湖。

布拉柴随后与当地太凯人（Teke）酋长马科科展开谈判。马科科的祖先曾经是这片地区的霸主，他本人在当地拥有举足轻重的地位。在向导的建议下，布拉柴脱下破烂的卡其色制服，换上相对正规的蓝色少尉礼服。塞内加尔水手们也换上了法国水兵的蓝制服。布拉柴在日记中记录了这一庄严的场面：

> 在号手和一面法国国旗的指引下，我来到了那个村庄……我们在酋长大院的门前停了下来……大院里的柱子上挂着一口铁钟。他们敲响它宣告有人到来。
>
> 马科科在妻子们的簇拥下抵达。他与年长的妻子戴着粗大的铜项链……他自己穿着宽大的布长袍，脚上和胳膊上戴着大手镯，头戴一顶织成挂毯样式的羊毛帽子，上面用一个铁别针别着两根长长的羽毛……
>
> 马科科酋长坐在一块有红蓝相间的方格图案的大地毯上，这块地毯有4米宽，上面还铺着一块绣着狮子图案的小地毯。带我来的人走过去跪在了他面前……
>
> 然后，药剂师站起来，跪在我面前，手里拿着矛和剑……他把手放在我的手上以示尊重。
>
> 我告诉酋长，我是我的国家的酋长。当两个酋长见面时，他们会握手……我走过去和他握手，坐在他的旁边。

在接下来的25天里，布拉柴一行受到了马科科酋长的高规格款待。他们吃着玉米和开心果，喝着木薯酿制的啤酒和棕榈酿制的红酒，欣赏当地少女的舞蹈，愉快地进行谈判。像大多数内陆国家一样，马科科希望与法国达成协议，用土特产换取法国的工业品。他让法国人在斯坦利湖北岸的纳库纳（Ncuna），即未来的布拉柴维尔（Brazzaville）建立站点。这片土地当时属于马科科统治下的一些阿班霍族（Abanhos）的小酋长。布拉柴右手拿着弹药，左手拿着布，对小酋长们说："白人有两只手。一只是强壮的战争之手，另一只是贸易之手。阿班霍人想握住哪一只？"

酋长们不约而同地叫道："贸易！"布拉柴把弹药埋进一个洞里，然后在上面种了一棵树，对众人说:"在这棵树结出子弹之前，希望不会有战争。"

9月10日，马科科在一份条约上签字。布拉柴凭借几样微不足道的礼物（即斯坦利后来控诉的两块布和几颗珠子），便得到了作为领主的马科科的继承权，并让马科科酋长国成为法国的保护国。布拉柴把这份珍贵的条约连同一份当地酋长认同该条约的声明（如果法国政府能够被说服批准该条约的话，这实际上是一个新的法属刚果的地契）装进了自己的口袋里。现在布拉柴要做的，就是拿着条约，回到巴黎说服政府批准。布拉柴在塞内加尔水手中选出精明能干的马拉米纳·卡马拉（Malamine Camara），提拔他为中士，让他负责守护基地。他对马拉米纳说:"我无法给你留下任何的钱或物资，但你还有双手、手下和枪。你可以见机行事，不要放弃职守。"

布拉柴把条约副本给了马拉米纳，告诉他可以向怀疑法国主权的白人展示。布拉柴还警告马科科及他麾下的酋长们，除法国人外——法国人的标志是帽子上插着一根公鸡羽毛——不许任何白人进入该地区。一切交代完毕后，布拉柴一行沿着多岩石的北岸向海岸走去。不久，他的小分队就消失在刚果河中游的瀑布中。

现在，我们来看看斯坦利的进度。利奥波德国王给斯坦利的任务，是在下游的第一个瀑布到斯坦利湖之间修建3个基地和一条路。1880年11月，斯坦利已经离开欧洲大半年，但只建造了维维一个基地，公路也只修了大约64千米。斯坦利的施工队有215人，其中只有利文斯通的老部下苏西和他手下的68人比较能干。因此，光修建维维基地便花了几个月。随后，两艘汽船"皇家"号（the Royal）与"先锋"号（the En Avant）不得不被拆分开来，用马车拉着，沿一条新修的道路前进。这条路有时需要用炸药开山破石，一天只能修不到91米，当地人因此给斯坦利取了个绰号——破岩者（Bula Matari）。

斯坦利面临的困难不仅是工期紧、任务重、人手少，还有国王没完没了地通过神秘的"上刚果研究委员会"干事马克西米安·施特劳赫（Maximilian Strauch）上校转达他的"宝贵建议"。国王的政治站位相当之高，"我们的基地应该是模范基地……如果（它们）要名副其实地代表文明事业，我们必须有一流的人才来管理它们，这是必不可少的"。可是斯坦利眼下别说一流人才了，连靠点谱的手下都没有，他最出色的帮手不幸死于高温。利奥波德倒是从比利时陆军制图处调来了几个军官，但斯坦利认为这几个人只能帮倒忙：哈鲁（Harou）中尉的手下喝棕榈酒喝得酩酊大醉，头脑不清的他烧毁了他们的小屋；勃拉康涅尔（Braconnier）中尉只顾着赶车，结果差点被车上"先锋"号的锅炉压死。

1880年年初，国王安插在法国全国委员会的间谍给斯坦利寄来了一份布拉柴写给若雷吉贝里的信件的副本（即那封写着"在比利时人之前，将法国国旗插到斯坦利湖岸边"的信）。斯坦利坦率地答复国王："我不是在为斯坦利湖赛跑。"如果国王想让他走得更快，就必须派来更多的人和物资。"如果我们的力量加倍……我们的速度也会加倍；我们干活的力量提高3倍，进度就会加快3倍。有足够的人手，我们可以在一个月内到达斯坦利湖。"

1880年11月7日，一个非洲仆人冲进斯坦利在伊桑吉拉瀑布下的营地，递给他一张皱巴巴的小纸片。斯坦利勉强辨认出"萨沃尼昂·德·布拉柴伯爵，海军中尉"的签名。随后这两位伟大的探险家生平第一次会面。布拉柴谨慎地告诉斯坦利，他已经在斯坦利湖北岸的纳库纳设立了一个小岗哨，由3个黑人士兵看守，但并没有提到与马科科签订的协议。随后，布拉柴挖苦斯坦利说，他的施工队得花6个月，才能通过457米高的恩戈马（Ngoma）山。

斯坦利觉得国王先前的警告纯属大惊小怪，布拉柴只是个不值一提的公子哥儿。花6个月穿越恩戈马山？斯坦利只用了一个月，就用炸药移走了数千吨岩石，于1881年2月在伊桑吉拉建成第二个基地。尽管不断有人因高温死去，但队伍的士气依旧很高。人们将较小的"皇家"号汽船重新组装好，运送"先锋"号的部件和其他补给品。船只一口气行进了145千米，证明这段航道可以行船。

1881年2月底，两名英国浸信会传教士向斯坦利报告，他们本想在斯坦利湖设立一个传教站。南岸恩塔莫（Ntamo）一位叫恩加利埃马（Ngaliema）的酋长（1877年斯坦利发现湖泊时，曾与他结为兄弟）倒是欢迎他们，但其余酋长用火器驱赶他们。原来，马拉米纳已经警告过酋长们，不要帮助帽子上没有公鸡羽毛的白人，两人因此被迫撤离。斯坦利这才意识到，布拉柴这个"小孩儿"是他的最大对手。

5月，斯坦利患了疟疾，包括他自己在内的所有人都认为他要死了。斯坦利把手下叫到床边诀别，他说："告诉国王，我高估了自己的力量，我很抱歉未能完成他交给我的使命。"但他奇迹般地康复了，并很快建成了第三个基地——曼扬加（Manyanga）。斯坦利意识到，控制刚果河的关键是斯坦利湖，这个大湖是通往8000千米外可通航水道的门户。于是斯坦利把筑路工人和辎重甩在身后，先去和北岸的酋长们谈判。

斯坦利在纳库纳的哨所发现三色旗在法国基地上空飘扬。高大英俊的马拉米纳身穿笔挺的军士制服，在两名塞内加尔水手的护卫下迎了过来。他是一个拥有古铜色肌肤的塞内加尔人，五官精致，身材修长，看上去有柏柏尔人（Berber）和阿拉伯人的血统，大约30岁的样子。马拉米纳很有礼貌，向斯坦利展示了《马科科条约》副本，并邀请他去他们的基地——一间简陋的茅屋。自从布拉柴走后，马拉米纳把一切安排得井井有条，他学习当地语言，与当地人沟通，凭借出色的射术猎取河马、水牛，让部下打足牙祭。马拉米纳的智慧、领导才能和优雅风度给斯坦利留下了深刻的印象，仿佛他是一个真正的法国人。据一位法国传教士说，马拉米纳"非常严肃地说，作为那里唯一的'白人'，他很高兴看到其他白人来跟他做伴"。

马拉米纳笑里藏刀，表面彬彬有礼，实则想方设法把斯坦利礼送出境。他一边向斯坦利拍胸脯保证尽一切努力接待他，一边暗自向酋长们下令，禁止为他们提供任何补给品，于是一夜之间斯坦利的部下什么也买不到。当地酋长给他们的警告，和去年给英国浸信会传教士的警告一样：要么离开，要么饿死。

斯坦利退到南岸的恩塔莫，去找恩加利埃马。恩加利埃马酋长是一个富有的太凯族象牙商人，短短几年内，他就创建了一支拥有150支毛瑟枪的奴隶大军，囤积起了价值3000英镑的象牙和其他贸易商品。

1881年8月2日，斯坦利和恩加利埃马见面时，这位身穿黄、蓝、深红色丝绸衣服的结拜兄弟开门见山，向斯坦利索要礼物：一只名叫弗洛拉的纽芬兰黑狗、两头驴子、一面大镜子、一件金色的绣花外套、珠宝、玻璃扣、长长的铜链、一块提花台布、15块布、一个日本漆盒。

要是在4年前，斯坦利肯定会想这个黑小子是不是脑子进水了，然后子弹上膛准备开战，但如今的斯坦利成熟稳重了许多，他顺从地一一照办了。然而，他的结拜兄弟欲壑难填，斯坦利自己携带的贸易商品不多，无法让这位野心勃勃的酋长让步。于是斯坦利兵分三路：派比利时军官瓦尔克（Valke）一路赶回罗安达，购买价值500英镑的丝绸和天鹅绒；让苏西等11名桑给巴尔人陪在酋长身边哄其开心；斯坦利则亲自回去指挥筑路队。筑路队带着一长串马车（包括那些带着珍贵船只部件的马车），一边修路，一边慢慢向湖泊前进。当年11月，道路马上要修到斯坦利湖时，苏西等人赶了过来与斯坦利碰面。原来，恩加利埃马不但退回了所有礼物，还将桑给巴尔人赶走。这一切都是马拉米纳策划的，他清楚当地刚果商人害怕失去将象牙运往海岸这一垄断行为带来的丰厚利润，于是利用这一点，驱逐斯坦利探险队。

斯坦利用一个恶作剧破开了困局。当恩加利埃马率领200名士兵朝他们赶来时，斯坦利命令手下躲在棚屋和马车里不得露面，直到锣声响起。恩加利埃马发现营地空荡荡的，只有斯坦利在悠闲地看书。恩加利埃马爱不释手地翻看着探险队新到的物品——红色的毛毯、鲜艳的手帕、锡盒和铁箱子等。

"这是什么？"恩加利埃马拿着一面中国锣问。

"这是一种法宝。"斯坦利一本正经地说。

"'破岩者'，敲一下，让我们听听。"

"啊，恩加利埃马，我不敢敲，它是战争法宝。"

"不，敲一下吧，'破岩者'，我听一下。"

"我不敢，恩加利埃马，这是战争的信号，是一种召唤勇士的神器。敲响它就完蛋了。"

"不，不，不！我叫你敲。来吧，'破岩者'！"酋长不耐烦地跺着脚。

斯坦利用尽全力，将锣鼓敲得叮当作响。桑给巴尔战士听到锣声，全都跑了出来，仿佛凭空冒出来的恶魔战士。酋长的士兵们吓坏了，他们扔下前装膛枪，逃回村庄。酋长则紧紧抱着斯坦利的腰，惊恐地看着桑给巴尔战士吼叫着向他冲去。

"救救我，'破岩者'，别让他们伤害我！我不是故意的。"

"紧紧抓住我，恩加利埃马，紧紧抓住我，我会保护你，不要害怕。"

闹剧结束后，两人重新恢复了友谊。恩加利埃马受辱的故事，让斯坦利的大名传遍了湖泊南岸。几个月后，第四个，同时也是最大的一个基地在那里拔地而起。基地不但出现了木屋、别墅、仓库、花园，还修建了一个港口。斯坦利为了向国王致敬，将其命名为"利奥波德维尔"（Leopoldville），这便是未来殖民地的首府，也就是如今的刚果民主共和国首都金沙萨（Kinshasa）的肇始。"先锋"号继续向上游航行，发现了大批象群的踪迹。最妙的是，1882年夏天，据当地人报告，精明能干的马拉米纳中士已被召回加蓬。斯坦利似乎依靠耐心赢得了比赛。

将视线拉回到布拉柴那边。布拉柴在返回欧洲的途中，给法国全国委员会写了一封推心置腹的信。在信中，布拉柴重申了他的成就：第一，他发现了一个满是象牙与橡胶的"宝库"，一个富得令人难以置信的地方，它的开发时机已经成熟；第二，他在加蓬河上游的弗朗斯维尔基地和刚果的纳库纳基地升起了法国国旗；第三，他打破了当地商人的垄断，让法国商品进入奥果韦河上游；第四，他安抚了好战的当地人，抹去了斯坦利留下的不愉快记忆。最后，他高呼，他险些死于痢疾和严重的腿部溃疡，但他拒绝接受失败。"只要我的力量支持我，我就会继续下去。如果我死了，这一事业将不再复起。"布拉柴乘坐英国小货船"科里斯科"号，转道利物浦回到法国，这就是本章开头的一幕。

1882年6月2日，布拉柴落魄地回到巴黎。然而在北方火车站，他意识到他的呼吁终于得到了回应，蒙塔尼亚克、雷赛布等法国全国委员会的领导们在那里手持彩旗迎接他。布拉柴在月台做了一番即兴演讲之后，被紧急送往正在举行会议的巴黎地理协会的会场，与会人员纷纷向他致敬。

只隔了短短两个月，被若雷吉贝里轻视排挤的布拉柴就变成了法兰西的英雄。这固然是由于他的信引起了广泛的共鸣，但根本原因在于，法国公众舆论开始转变对建立海外殖民地的态度。之前的殖民地对政府来说像是定时炸弹，茹费理政府在1881年11月垮台，很大程度就是由于突尼斯南部爆发起义；在埃及实行前进政策的甘必大，则在1882年1月的选举改革投票中落败。地中海殖民地往往牵扯太多列强，稍有不慎就会造成外交灾难。相比之下，在非洲腹地升起三色旗既廉价又容易，也不会威胁到任何列强的既得利益。唯一可能牺牲的，就是布拉柴等豪杰的生命。

布拉柴回到巴黎后，开始凭借英俊的外表、优雅的举止、非洲的经历，征服各个沙龙与演讲台。他从三个方面——人道主义、经济、政治，来敦促政府批准《马科科条约》。他在讲述三个方面的任何一点时，总会把当时探险界的"天王巨星"斯坦利作为参照对象。

在人道主义方面，布拉柴声称，他将通过宣扬法式文明、天主教及合法贸易，把"黑暗之心"从奴隶制的深渊中拯救出来。他所到之处，土著居民对三色旗趋之若鹜。相比之下，斯坦利经常吹嘘他在1876—1877年像飓风一样席卷刚果，将当地人折腾得七零八落，难怪当地人在他第二次来到湖泊时对他的抵抗极为激烈。

在经济方面，布拉柴声称法国"不受任何抵抗"，就能获得一片广阔的土地。非洲腹地资源丰富，有棕榈、象牙、橡胶、玉米、铜和铅，亟待开发；而且，当地人友好、勤劳、聪明。他返回时还发现，加蓬的克维卢（Kwilu）—尼亚里（Niari）路线虽然不是一条近路，但比奥果韦河上游的路线要轻松一些。相比之下，可怜的斯坦利却浪费了利奥波德投资在国际非洲协会的数百万法郎，试图从刚果南部修建一条公路。

在政治方面，1882年8月，布拉柴向宿敌若雷吉贝里上将递交了一份完整的报告。他声称他与位高权重的马科科酋长就斯坦利湖北岸签约，但在湖泊对岸，国际非洲协会的金星蓝旗飘扬在斯坦利的第四站——利奥波德维尔上空。利奥波德声称，他的事业是国际性的和慈善的，但他的代理人已与下游维维的土著签约，得到开发该地区的独家商业权力。不久，国王的代理人就会垄断整个湖泊。为了激将海军部，布拉柴不惜挖苦若雷吉贝里为"英国海军上将"。他说，葡萄牙声称对刚果拥有主权，这纯属癞蛤蟆想吃天鹅肉；但英国人正通过浸信会传教士，宣称对刚果拥有主权，这一点不容忽视。布拉柴声称，目前英国没有真正的商业利益需要捍卫，然而一旦刚果的财富被公之于众，一切都将改变。法国政府要么立即批准《马科科条约》，要么把它扔进废纸篓。

若雷吉贝里不得不承认，批准条约可能会带来"有利的结果"，但法国在西非的扩张已使海军部的预算捉襟见肘，于是他把球踢给了外交部。不出所料，阿尔丰斯·德·库塞尔男爵对布拉柴大为支持，他建议把这个问题提交内阁讨论。

布拉柴的一举一动，都没有逃脱利奥波德孜孜不倦地研究对手动向的眼睛。3年来，国王已把300万法郎（12万英镑）的私产投入一项看起来可笑的事业中去。如今，320千米的马车路、4个基地、维维的远洋船舶港口、斯坦利湖的汽船港口以及刚果河中游的2个中间站全部竣工，国王的投资开始有了回报。1882年4月，斯坦利用丝绸和铜棒换来了刚果河上游的两根象牙，这笔生意净赚28英镑，即便扣除运输成本后，利润也接近50%。等到未来修成通往上游的铁路后，利润还会进一步提高。

在政治方面，斯坦利的消息同样令人振奋。斯坦利与一位名叫戈比拉（Gobila）的酋长签署了一项条约，该条约将斯坦利湖南岸160千米范围内、向东一直延伸到宽戈（Kwango）河的地域的专有权赋予了利奥波德国王。而在1882年5月，精明能干的马拉米纳被布拉柴的接替者安托涅·米松（Antoine Mizon）中尉召回，法国在湖泊边的威胁解除了。斯坦利继续向上游航行，他接到的明确指示是，抢在布拉柴之前，与斯坦利瀑布方圆1600千米内的每一位酋长签订专属条约。如果他的身体还能扛得住，国王希望他能在上游待到12月份。

"科里斯科"号靠岸后，利奥波德国王本打算邀请布拉柴来布鲁塞尔，但他最终决定暂缓这一邀请。也许国王想让布拉柴像当年的斯坦利一样，感受一下辉煌逐渐化为虚无的失落。令国王没有想到的是，布拉柴回到巴黎之后，更加如鱼得水。相比外表粗野、内心敏感的斯坦利，温文尔雅、出身贵族的布拉柴显然更受欢迎。利奥波德顿觉失策，决定尽快将他拉拢过来。

但当二人四目相对时，利奥波德发现这位年轻探险家对奢侈款待毫无兴趣，他的胃口也远不止吞下刚果河北岸这么简单。利奥波德在那一周写道，布拉柴的梦想不单单是看到条约获得批准，而是把整个刚果盆地都收归法国。布拉柴也看透了国王，他讽刺性地写道：

> 毫无疑问，国王是完全无私的。他捐了数百万法郎，只为了让野蛮部落变得文明起来。然而，我相信在比利时国王的人道主义情怀之下，还有一种政治思想。我并不是要因此而谴责他，但这不妨碍我也有自己的政治观点。我的观点很简单：如果要从刚果获得好处，我更希望飘扬在这片美丽的非洲土地上的是法国国旗，而不是比利时的"国际国旗"。

利奥波德无法拉拢布拉柴，只能绝望地向他的法国老朋友雷赛布求救。他恳求后者认识到，批准《马科科条约》将使每个国家都试图垄断"现在对所有人开放的交通"，并导致对领土的瓜分。他非常钦佩布拉柴的工作，并愿意向他伸出援助之手，但有一个条件：布拉柴必须把自己局限于为"商业、文明和进步"而工作。

几周后，利奥波德才得到雷赛布的答复：预计法国内阁将建议批准《马科科条约》，因此法国全国委员会把它的基地移交给法国（雷赛布当然不会透露，正是他和他的委员会，为批准该法案四处奔走呼吁）。看来，雷赛布这条路线是走不通了。

国王病急乱投医，要求驻伦敦大使索尔维恩接触英国外交部，说服格莱斯顿派军舰前往刚果河口，吓跑法国人，"一艘非常小的船就足以挫败布拉柴的计划"。索尔维恩礼貌地拒绝了这个愚蠢的想法，他的建议很简单：认输。布拉柴已经赢了，如果国王坚持，他应该在法国的旗帜下，在刚果建立一家贸易公司。

利奥波德随后向法国政府首脑发出个人呼吁：刚果必须保持对所有贸易国家开放，否则它将引发丑陋的领土争夺战。由于英军在埃及大获全胜，弗雷西内被迫下台，利奥波德便派了他最亲密的金融伙伴、比利时银行家利昂·兰伯特（Léon Lambert）去说服弗雷西内的继任者夏尔·杜克莱克（Léon Lambert）。杜克莱克是一位敏锐的商人，是一家正与英国人在尼日利亚争夺霸权的法国公司的董事。他当然不希望刚果"对所有国家开放"，从而出现类似尼日利亚的混乱局面。兰伯特最后两手空空地离开巴黎。

就在这个时候，另一个坏消息传来。斯坦利又得了一场疟疾，虚弱不堪的他离开刚果，回到欧洲休养。利奥波德担心斯坦利口无遮拦，耽误他的大事。他简直找不到比这更致命的时刻了。"有什么办法能让斯坦利保持沉默？"利奥波德哀叹道，"他恐怕是为了挫败布拉柴把刚果并入法国的努力才回到欧洲的。"没有人能够阻止"破岩者"斯坦利，这位"瓷器店里的公牛"，会在巴黎打碎"瓷器"。

果不其然，国王在1882年10月20日的法国报纸上读到了他最害怕的消息：前一天，斯坦利与布拉柴在巴黎的大陆酒店展开了一场激烈的辩论，结果斯坦利无论在言语上还是道义上均落了下风，这也打碎了国际非洲协会长期以来苦心经营的友善、正义形象。

事情的来龙去脉如下：

斯坦利应斯坦利俱乐部巴黎分部（他的法国粉丝俱乐部）的邀请，参加一个活动。据说那天早上他和布拉柴在林荫大道上偶遇。"布拉柴，我今晚一定要杀了你！"布拉柴接受了斯坦利的挑战，整个下午，他都在不停地喝黑咖啡、抽烟，同时背诵别人帮他翻译成英语的一篇演讲稿。

当晚，斯坦利如同酒醉的公牛一般，率先发起进攻。他控诉布拉柴之前的言论给他带来了巨大的舆论压力：

> 1880年，我在刚果离我们基地40英里（约64千米）的地方遇见布拉柴先生，我没想到，我款待的这个人不久后就会给我带来如此大的压力。他当时赤着脚、衣着寒酸，因为一件褪了色的制服、一件长礼服和一顶高高的帽子，在土著人中间显得那么与众不同。他并不像你们想象的那样，是一个威严的人物，也不像你们想象的那样，会让人觉得他是乔装打扮的显赫人物。

接着，斯坦利嘲笑布拉柴声称自己是一个人道主义者、一个新的利文斯通。法国媒体称他为"自由的使者"，他"给西非的奴隶制造成了致命打击"，大量黑人前来请求他赐予自由，并欢迎他成为伟大的解放者。对于这些夸赞，斯坦利表示："你得承认这是最令人震惊的消息，我一直在自责，我居然眼瞎了，没有从我在帐篷里招待的那位陌生客人身上看出上述这些崇高美德。"

斯坦利开始难以自控，痛骂布拉柴是个彻头彻尾的骗子，说他曾试图用两块布和几颗珠子，骗取马科科的土地。马科科真的以这个价格卖掉了领土吗？当然没有，他没有给布拉柴任何政治权力，只不过给了北岸的商业协议，类似于斯坦利在南岸签订的协议：在湖泊边建立一个基地。布拉柴怎么能宣称这片地区属于法国，并像给孩子们发糖果一样给当地人分发三色旗呢？同时，斯坦利控诉布拉柴是国际非洲协会的叛徒，他的实际雇主是该协会的分会——法国全国委员会，由于比利时国王的慷慨，他探险的一半资金来自比利时，他无权把基地移交给法国。斯坦利指责他自称爱国者也是假的，"法国国旗显然是用来遮掩对道德的可耻漠视"。总之，斯坦利表示，这个厚颜无耻的意大利人的目的，要么只是为了恶作剧，要么是为了从土著人身上赚钱。

斯坦利接下来毫不谦虚地吹嘘了一番自己的成就，以类似诅咒的话结束了演讲：

刚果盆地到目前为止仍属于文明之外的空白，是一片荒凉、贫瘠的不毛之地。我们的目的是用生命来填补这片空白，拯救这片废土，我们耕作和播种，让黑人来采集，让被欧洲遗忘的广阔荒原充满生机。但是，如果有人受到无缘无故的嫉妒和恶作剧的驱使，迫使我们烧毁基地，破坏我们已经开始的、如此引人注目的工作，使非洲陷入原始的无助和野蛮状态，那他将不得安生。

就在这一刻，布拉柴变戏法般地挤进房间，要求允许他讲话。他用下午突击背好的英语演讲稿发言。他表示，自己久仰斯坦利的大名，希望人们知道，他不以斯坦利为敌，而视之为战场上的同袍。他们虽然各为其主，但他们的力量终将汇聚在一起，为非洲的进步而努力。他举起酒杯，总结道："先生们，我是法国人，一名海军军官。我为所有国家在各自的旗帜下为非洲文明做出的努力干杯。"现场掌声雷动。随后，布拉柴走到斯坦利面前，说他听说自己今晚会遇袭，欢呼声一刹那变成了惊呼。作为对这一挑衅的回应，他戏剧性地握了握斯坦利的手。胜负已分！

可想而知，次日的巴黎报纸猛烈地抨击了斯坦利。他不仅把法兰西的英雄形容为一个赤脚的流浪汉，还侮辱法国国旗，而这位英雄却选择了克制，以理服人。当时，法国公众正因为英国独占埃及而倍感屈辱，只有通过海外扩张，法国才能以较小的代价挽回声誉，不至于沦落到意大利等二流国家的行列。在这样的背景下，风度翩翩、以柔克刚的布拉柴形象越发高大。《马科科条约》获得批准已成定局。

利奥波德国王无力阻止法国从他眼皮底下夺走刚果北部，除非他行动迅速，否则三色旗很快就会飘扬在整个刚果盆地上空，他的轮船会被拦在河上。突然，一个新想法窜入他的脑海中：用他自己的旗帜对抗三色旗！他要加快速度把刚果河南岸的领土攥到自己手里，把刚果建成殖民国家，他自己担任独裁君主，而不像在母国比利时那样当一个立宪君主。于是他创造了一个新组织——国际刚果协会，打算凭借这个外壳建立刚果自由邦。该邦国奉行的自由贸易的幌子，对私人投资者毫无疑问充满诱惑。

尽管斯坦利在巴黎闯了大祸，但国王清楚，完成建立自由邦的任务，非斯坦利不可。斯坦利在前一年已在伊桑吉拉（5月8日）、曼扬加（8月13日）、恩戈努比

（Ngombi，9月24日）、利奥波德维尔（10月12日）等地与当地酋长签下条约。但这些条约只授予国王商业权力。国王打算让轻车熟路的斯坦利起草新条约，得到专属的政治权力，同时消除商业垄断的所有痕迹。

然而斯坦利在巴黎论战失败后，已对刚果感到厌倦。当施特劳赫上校要求他继续履行剩下的两年合同时，斯坦利称医生曾警告他，在刚果的气候下待得太久无异于自杀，因此无法继续履约。10月下旬，国王接见了斯坦利，他一见面就说："斯坦利先生，你不能在我最需要你的时候离开我。"国王尽力安抚这位探险家，只字未提斯坦利在巴黎大陆酒店的失态。实事求是地讲，国王有超高的情商和极强的个人魅力，在斯坦利面前，他既像父亲，又像朋友。斯坦利再次溃败，保证自己将立即重返非洲，在刚果河上游建立新基地，与酋长们签署新条约（条约文本将由布鲁塞尔提供）。国王教诲他要更圆滑一些，同时告诉斯坦利，切勿让法国人知道他的计划。

斯坦利使用新的化名，于1882年12月14日悄悄回到了刚果河口，这次他比布拉柴早了4个月。此时的布拉柴在法国的名声如日中天。11月18日，《马科科条约》获得批准。12月，莱昂·甘必大在清洁手枪时意外走火受伤，后死于并发症，布拉柴获得了为这位政治巨头抬棺的殊荣。1883年4月，布拉柴带着政府的委托回到加蓬，随后在刚果北部建立殖民政权，年仅31岁的他顺理成章地成为法属刚果的首任总督。通过议会，布拉柴获得了127.5万法郎的拨款，是上一次的10倍。现在，他有88名白人员工、291名塞内加尔水手、400～500名船夫和350吨货物，足以和斯坦利抗衡。

当海军上将若雷吉贝里不得不为布拉柴准备大量人员与物资时，他想必在苦笑。这个刚果是什么鬼地方？相比"黑暗之心"，他相信西非的西苏丹[①]地区才是"黄金国"的所在地。

---

① 这里的苏丹并非埃及南部的国家苏丹，而是一大片地区，泛指非洲大陆西起大西洋沿岸、东到埃塞俄比亚高原、北连撒哈拉沙漠、南接几内亚湾这一广阔的平原地带。

# 第十一章 "黄金国"的海市蜃楼

当布拉柴还在巴黎畅饮香槟时，在塞内加尔河上游多石的高原上，一支法军沿着古老的商道向东前进，他们的目的地是尼日尔河。早季，从撒哈拉沙漠吹来的凛冽、干燥的东风，刮起灰棕色的沙尘，直扑行人的双目。1883年2月1日，法军纵队在越过最后一个山脊后，终于抵达了尼日尔河岸边的巴马科（Bamako）附近。在西非的炎炎烈日下，尼日尔河这条闪闪发亮的水带，在距离源头几百千米的地方，河面扩大到800米宽，如同一条棕色巨蟒从树木繁茂的山地蜿蜒而下，滑行至灼热的平原。

骑马走在纵队前方的军官，穿着法国炮兵中校的蓝制服、白马裤，扎着皮绑腿，头戴白色热带盔。他就是古斯塔夫·伯格斯－德斯博尔德（Gustave Borgnis-Desbordes）中校。2月7日，在巴马科扎营一周后，这位以沉默、冷峻、强硬著称的中校决定放纵一下：进行一场演讲。

巴马科村是典型的班巴拉（Bambara）村庄，由大约100间泥屋组成，它们建在离河岸较远的地方，以避开每年泛滥的洪水。两三百个赤裸着上半身的班巴拉土著走出泥屋，围观法军纵队的阅兵仪式：走在前面的是两个白人步兵连；接着是头戴红头巾，身穿红斗篷，挎着马刀的西帕希骑兵（奥斯曼土耳其帝国的骑兵）；然后是穿着灯笼裤、赤着脚、扛着格拉斯步枪的非洲猎兵；最后是辎重部队，骡夫们披上了拉风的蓝白色披风。

德斯博尔德的得力助手路易·阿奇纳德（Louis Archinard）上尉给野战炮装上炮弹，士兵们升起了一面巴黎妇女赠送的精致三色旗。做完这些，德斯博尔德中校开始了讲话：

> 去年11月，我担任上塞内加尔的指挥官时，曾对你们说过这样的话：我们在这是不是为了谈判，而是为了行动；我们必须前往尼日尔河，我们一定要到达那里。现在，我们做到了！

他开始解释他们的"教化使命":

> 你们都知道,我们是在何种状态下征服苏丹的。1880年,我们除了(塞内加尔)总督布里埃尔·德·勒伊尔的干劲和奉献精神,什么都缺。可以说,我们被来自各方的不祥警告困扰着……
>
> 我们的祖先高卢人,难道比我们遭遇的马林凯(Malinka)人和班巴拉人更野蛮、更原始、更顽固、更无知吗?可以肯定的一点是,后者不会一经邀请就成为商人,他们不会马上掌握火车、轮船、电报、汇率……

接着德斯博尔德提醒他们,在过去的3年里,他们经常被告知,他们脚踩污泥,头在云间。如果说"泥"是塞内加尔,那么"云"就是巴马科。

> 我拿自己打比方吧……我这么高,手脚之间离得这么远……法兰西共和国就像是这样一个巨人。我想,它很容易就知道如何从挡住去路的泥潭、遮住视线的云层中走出。

德斯博尔德继续他的演讲:

> 我想在巴马科,在我们的事业或许最危险的时刻,让你们听到这些话。即便暴风雨就在我们周围咆哮,也不能阻止我们冷静地思考。

随后,德斯博尔德为尼日尔河上游的第一座法国堡垒主持了奠基仪式。他将几枚硬币和一张写着共和国总统、海军部长等名字的纸条放进果酱罐中,然而将它埋在地基里。精致的三色旗在风中飘扬,早有准备的炮兵点燃引信,11发礼炮轰鸣作响。德斯博尔德对部下说,礼炮的声音"不会传出我们脚下的这座山,但回声……将在塞内加尔之外的远方响起"。

法国对西非的殖民史,可以追溯到黎塞留时代,当时法国商人在几内亚海岸建立贸易公司,这些公司被黎塞留授予了广泛的权力。1626年,第一诺曼底公司的船只抵达塞内加尔地区的恩达尔（Ndar）岛，并将其更名为"圣路易岛"。到了"太阳王"路易十四时代，法国先后组织了一些大的特许公司，扩大和巩固塞内加尔殖民地。1666年和1667年，法国趁着法荷战争爆发，荷兰疲于守卫本土之际，先后从其手中夺得阿尔京和果雷埃（Gorée）两岛，并把果雷埃和圣路易合并为塞内加尔省，设置总督。七年战争之后，法国丢失了塞内加尔殖民地；但在北美独立战争期间，塞内加尔失而复得。拿破仑战争结束之后，法国恢复了向达喀尔（Dakar）派遣移民的活动。在塞内加尔沿海地区，以圣路易、果雷埃、达喀尔和吕菲斯克（Rufisque）等城镇为中心，逐渐形成了4个殖民区。到了法兰西第二帝国时期，果雷埃单独成立殖民政府，兼管几内亚湾沿海各法国殖民点的事务。这使塞内加尔殖民政府可以把精力集中在塞内加尔河流域的扩张。

当时，欧洲人对中世纪的"黄金国"马里帝国十分垂涎，相信帝国遗留下的塞古（Ségou）、廷巴克图等古城有无数宝藏。而真正以官方身份，把开发宝藏提上日程的，还是两度担任塞内加尔总督（1854—1861年、1863—1865年）的路易·费德尔布（Louis Faidherbe）。费德尔布曾在19世纪40年代在阿尔及利亚服役，参与过镇压卡德尔起义，是一名纯粹的职业军人。在他看来，军事安全优先于贸易，而最好的防御便是进攻。

法国向北扩张的主要目的，是击败控制塞内加尔河下游航道的特拉扎（Trarza，今属毛里塔尼亚）诸部。为打败特拉扎人，费德尔布沿河修筑了波多尔、达加纳和巴克尔等碉堡，连续三次入侵特拉扎人居住区，最终击败特拉扎人，控制了塞内加尔河下游以北直至卡约尔湖的地区。树胶贸易权落入法国人之手，塞内加尔河下游航线同样被法国人掌管。

相比四分五裂的特拉扎部落，法国向尼日尔河中下游推进时遇到的对手——图库勒尔（Tukolor）苏丹国，则要难对付得多。该苏丹国由伊斯兰教提江尼亚派"圣人"阿尔·哈吉·奥马尔（Al Haj Umar）创立。

奥马尔于1797年出生于富塔托罗（Futa Toro），在麦加朝圣时被推举为一个宗教兄弟会的代表。回国之后，奥马尔住在富塔贾隆（Futa Jallon），并以此为基地，在曼丁戈人（Mandingos）和图库勒尔人中间游走布道。1848年，富塔贾隆的阿尔马米（清真寺里主持祈祷之人）把他驱逐出境，他带领弟子和支持者到达了富塔贾隆和班布克（Bambouk）交界的丁吉拉伊（Dinguiraye）。

奥马尔在丁吉拉伊组建"圣战"军队，以弟子和跟他从富塔贾隆出走的老部下组成精锐的突击军团，新近改宗的人和征募的士兵组成步兵军团，弗拉尼人（Fulani）组成辅助部队。他们的武器既有从欧洲商人那里购买的现代步枪，也有当地制造的土枪。1852年，奥马尔发动"圣战"，占领了尼日尔河上游和塞内加尔河流域一些班巴拉人和马林凯人的国家，如班布克、布雷等，随后向东部的卡尔塔（Kaarta）王国猛扑过去，攻占首都尼奥罗（Nioro），瓜分当地土地，建设清真寺，执行严苛的沙里亚法。卡尔塔的人民被迫叛依、被奴役或遭杀害。

当时，费德尔布也在向东推进，并在塞内加尔河上游的战略前哨梅迪内（Médine）建造了一座法国堡垒。这座堡垒不仅可以对付奥马尔，而且可以作为通往尼日尔河的第一台阶。1857年，奥马尔率领两万图库勒尔"圣战"大军，手持长剑和毛瑟枪杀了过来。围攻梅迪内的战斗从4月20日持续到7月，最后费德尔布亲自率军来援，奥马尔这才下令主动撤退，把整个塞内加尔留给法国。

相比面对法军时的无能为力，奥马尔的"圣战"大军面对非洲同胞时，称得上气势如虹，如汤沃雪。1861年，奥马尔灭亡塞古王国。奥马尔曾要求弗拉尼人统治的马西纳（Masina）苏丹国联合行动，但被后者拒绝，于是奥马尔灭掉塞古后马不停蹄地率领近3万人入侵马西纳苏丹国。奥马尔的战事进行得很顺利，短短一年便灭掉了马西纳，毁其首都哈姆达拉希（Hamdallahi）。他把马西纳交给侄子统治。1863年，他占领古城廷巴克图。

费德尔布虽然在与图库勒尔苏丹国的较量中旗开得胜，但他认为维持两国之间的和平更符合法国的利益。1863年年初，费德尔布打算派海军中尉欧根·玛格（Eugène Mage）与奥马尔签署一项和平条约。费德尔布希望奥马尔允许他租赁土地，在分水岭上建造一系列堡垒和贸易站，作为回报，费德尔布承认奥马尔在东方的征服，并给奥马尔提供大炮和步枪。

但真主对奥马尔的眷顾就此到头了，马西纳、塞古先后爆发起义。玛格还没有走到塞古，奥马尔就在围攻哈姆达拉希时被叛军切断后路后杀死。随后，马西纳与廷巴克图陆续被叛军攻占。新任苏丹——奥马尔之子阿赫马杜（Ahmadu）和玛格中尉进行了一场艰苦的谈判。阿赫马杜只想以签署和平条约和商业协议为条件，换取法国的大炮。对于法国建立堡垒和贸易站的要求，他统统表示拒绝。

之后普法战争爆发，法兰西帝国灭亡，第三共和国成立，法国暂时没有闲钱在非洲进行殖民冒险了。让塞内加尔雪上加霜的是，1874年，塞内加尔的主要贸易商品——花生和橡胶在全球供应过剩，价格下跌30%，殖民地只能勒紧裤腰带过日子。直到19世纪70年代末，第三共和国才逐渐恢复元气，再次将目光投向尼日尔河。当时，巴黎提出了一个脑洞大开，似乎只能在科幻作家儒勒·凡尔纳（Jules Verne）小说中出现的方案——修建一条穿越撒哈拉沙漠，从地中海直达尼日尔河，通过廷巴克图和苏丹西部将阿尔及利亚与塞内加尔连接起来的铁路！诡异的是，众议院十分认真地讨论了这一方案，仿佛这条铁路穿越的不是纵深2400千米的炎热沙漠，而是巴黎市郊。时任公共工程部部长的弗雷西内、甘必大最亲密的知己保罗·波特（Paul Bert）和莫里斯·鲁维耶（Maurice Rouvier）等一众大员都认为该计划可行，并讴歌"穿越撒哈拉"将缔造一个"巨大的殖民帝国……一个在发展程度方面可以与英属印度匹敌的法属'印度'；为贸易和工业开放无限的市场，并让我们的文明得到自由发挥"。鲁维耶对西苏丹的富饶沾沾自喜："那里幅员辽阔，在大江大湖的滋养下，拥有令人难以置信的肥沃土地，居住着2亿人口。这些地区不应该为我们的贸易提供无限的机会吗？"在1879年年底之前，为初步勘测这一路线，议会拨款80万法郎（3.2万英镑）。但不到两年，该计划就因弗拉特（Flatters）上校率领的勘测队被图阿雷格人[①]屠杀而夭折。

在塞内加尔经营多年的费德尔布曾建议，从塞内加尔修建一条铁路直通尼日尔河，这一建议显然要比修建一条穿越撒哈拉的铁路务实得多。1880年，海军部长若雷吉贝里上将宣布，重启费德尔布的方案。若雷吉贝里曾在费德尔布两届任期之间担任过塞内加尔总督，他在任期内疏远白人商人，烧毁富塔托罗土著村庄，管理得简单粗暴。十几年过去了，若雷吉贝里在众议院里仍然粗鲁无礼，但他清楚自己的目标：控制西苏丹，以利用这个"新印度"的财富。位于罗亚尔街的海军部官员们对这条塞内加尔—尼日尔铁路的花费进行了估算：修建铁路需4500万法

---

① 图阿雷格人是撒哈拉沙漠中的一支游牧民族，居住在阿尔及利亚、利比亚、尼日尔和马里几个北非国家中，信奉伊斯兰教，其典型特征是男性用围巾蒙脸。

郎;为保护铁路,沿途修建堡垒需8200万法郎——如果这条铁路从大西洋开始修建,总共需要1.2亿法郎(480万英镑)。天价的预算吓坏了众议院(但这些估算很快就会被证明低得离谱)。1880年2月,若雷吉贝里要求首期付款900万法郎,但议会只能挤出130万法郎。手头钱紧,若雷吉贝里不得不警告塞内加尔总督布里埃尔上校:第一,和平修建铁路乃当务之急;第二,所需费用绝不可超过预算。与此同时,他派未来的马恩河英雄——时年31岁的约瑟夫·西蒙·加利埃尼(Joseph Simon Gallieni)上尉前往塞古谈判。

布里埃尔上校对若雷吉贝里的警告充耳不闻。这个参加过阿尔及利亚战争的老兵比两位前任(若雷吉贝里和费德尔布)更不服巴黎的管束。布里埃尔做事的一贯方法是先造成既成事实。即便巴黎抗议,他的回复始终是:只有按照他所采取的方法去做,才有可能保卫殖民地的安全。1877年,布里埃尔手下的一支法国纵队曾推进到富塔托罗,强迫当地居民接受法国为其"宗主国"。第二年,他袭击了塞内加尔北部的萨布希尔(Sabouciré)要塞。若雷吉贝里对此无可奈何,1880年7月他从海军部离职,乔治·查理·克劳(Georges Charles Cloué)海军上将继任。

我们再说一下加利埃尼上尉的谈判。加利埃尼虽然后来成为殖民地绥靖政策的一代大师,但当时他年轻气盛,与德斯博尔德一样好战。他明面上宣称与阿赫马杜苏丹友好交往,暗中却煽动班巴拉部落反抗图库勒尔苏丹国的统治。加利埃尼确信英国人准备与阿赫马杜谈判,于是决心抢先一步。而阿赫马杜尽管信任法国人,但还是对加利埃尼称:"我想和上尉(加利埃尼)完成谈判。但就像我说的,我没有信心……我将等待,如果法国人想对我们发动战争,真主会站在我们这边。"

1880年11月,加利埃尼与阿赫马杜苏丹签署条约。按照该条约,图库勒尔苏丹国将成为法国的保护国,并承认法国在尼日尔河拥有专属商业和航行权。作为回报,法国将不会在图库勒尔苏丹国领土上修建防御工事,也永远不会主动入侵。除此之外,法国还愿意给予4门山炮及全套配件、1000支步枪、4000发子弹,并以1万法郎的年租金出租200支火枪、200颗炮弹和200桶火药。然而,双方都心怀鬼胎。苏丹在条约的阿拉伯文版中,删除了成为法国保护国的关键承诺;而巴黎则因加利埃尼让步太多拒绝批准该条约。因此,这份条约变成废纸一张,法国与图库勒尔苏丹国的关系依旧没有太大改善。

1881年，新上任的海军部长克劳海军上将发现布里埃尔非但没有执行和平修建铁路的命令，反而派上塞内加尔司令官德斯博尔德上校对尼日尔河流域进行惩罚性远征。克劳把抗命不遵的布里埃尔召回巴黎，但这反而让德斯博尔德彻底失去了束缚。之后，雨季带来的伤寒和黄热病突袭了塞内加尔南部，布里埃尔的继任者干了4个月，便死掉了。下一任总督因传染病肆虐对修建铁路丧失信心，于是被解雇了。被寄予厚望的塞内加尔—尼日尔铁路工程，成了一场漫长的闹剧。法国花光了几百万法郎，结果连1米铁轨都没有铺好。然而，如此高的沉没成本，让海军部不敢承担就此放弃的责任，克劳上将向议院申请750万法郎的新拨款，议员们沮丧地同意了。

　　1882年春天，海军上将若雷吉贝里官复原职，重任海军部长，他决心向尼日尔河发起最后冲刺。当年夏天，德斯博尔德上校休假回到巴黎时，特意前往罗亚尔街拜访若雷吉贝里。两人一致认为，过去几年法国在塞内加尔上游的进度过于缓慢。每年，雨季一结束，法军便沿塞内加尔河向上游航行，向尼日尔河方向挺进，随后被当地肆虐的伤寒和黄热病、物资短缺、返回巴黎的迫切愿望所逼退。法国人取得的唯一成果，是德斯博尔德在两河之间建造的两座堡垒。

　　德斯博尔德警告领导，这些年来，他们在西非的几个对手都没闲着：阿赫马杜苏丹为保住从父亲那里继承的图库勒尔苏丹国而战斗；来自几内亚山区的后起之秀萨摩里·杜尔（Samori Toure）依靠黄金和贩奴的资金，在尼日尔河下游建立了瓦苏鲁王国；背信弃义的英国人从塞拉利昂与冈比亚的战略基地向前推进。但是，只要法国人行动够快，与英国人和瓦苏鲁王国的冲突就可以避免。

　　当德斯博尔德离开若雷吉贝里的办公室时，一个大胆的新计划在他脑海中成形：在下一个可以行动的季节向巴马科进军！一旦抵达巴马科，他将重新集结由塞内加尔河上游经陆路运来的炮艇，继续向塞古及廷巴克图前进。问题是，尽管图库勒尔军装备不良、训练不佳，但人数十分庞大，只要苏丹下定决心，完全可以像碾可可豆一样碾碎法国人。

　　图库勒尔苏丹国的首都塞古位于巴马科以东约240千米，城墙围绕，看上去固若金汤，但事实上，只要欧洲大炮一响，那些3.7米高的石墙和土墙不会比硬纸板结实多少。塞古最初是信仰多神教的班巴拉人的要塞，1861年被奥马尔占领后，成为图库勒尔苏丹国的首都。阿赫马杜即位后，按照图库勒尔经典要塞样式对其进行重建。班巴拉神庙被清真寺取代，宣礼塔代替了悬挂祭品的神树。阿赫马杜在清真寺的对面建造了中央军火库和金库，后者大得足以容纳他在过去20年的战争中获得的所有战利品——800名妻妾，以及更多的装饰着土耳其或摩洛哥精美饰具的骏马。

上文提到，1864年，刚刚即位的阿赫马杜苏丹曾与欧根·玛格中尉谈判。根据中尉的回忆，苏丹的房间很简朴，他坐在一张羊皮上，身边放着凉鞋、宝剑与一本阿拉伯语书。当天，苏丹头戴一顶鲁昂或斯特拉斯堡制造的蓝色棉帽，穿着同样材质的宽松长袍，一只手拿着穆斯林念珠，在谈话中用手指拨弄着。苏丹表情平静，看起来颇有智慧，他说话有点儿结巴，但很温柔。苏丹的肤色呈古铜色，他的眼睛很大，鼻子细长，前额又宽又高，这是柏柏尔人的特征，但突出的嘴巴和后倾的下巴又是黑人的特征。

在过去的20年里，阿赫马杜苏丹一直试图把父亲缔造的帝国的碎片黏合起来。他试图使用传统的非洲手段——刀剑屠戮、奴役居民，但图库勒尔军队的战斗力已经远不及其父的时代。阿赫马杜更喜欢的武器是外交，或者说，更擅长和稀泥。尽管他的一些同父异母兄弟试图发动叛乱，但是中部的两个行省卡尔塔和塞古依旧被苏丹牢牢控制着。马西纳由他的堂亲控制，实际上已经是一个国中之国；南部的丁吉雷（Dinguiray）省由他的一个兄弟统治，事实上独立于中央；贝勒德古（Beledegu）的班巴拉人只有部分被驯服。总的来说，阿赫马杜的帝国更像是一个松散的联邦，但散而不乱，阿赫马杜本人的统治还是相当稳固的。

然而，阿赫马杜和他的父亲一样，也不知道该如何对付法国人，双方20年来一直处于不稳定的休战状态。眼下，德斯博尔德动作不断，先是占领了图库勒尔苏丹国西部，后是突袭巴马科，与法国之间的和平还能延续吗？

苏丹的许多部下无法掩饰对他无所作为的失望。最激进的是那些被法国人从穆尔古拉（Muntaga）驱逐出去，逃到苏丹兄弟——卡尔塔省尼奥罗总督穆罕默德·蒙塔加（Muhammad Muntaga）那里的人。蒙塔加给德斯博尔德送去一封上面有蛇牙形印章的信：

穆罕默德·蒙塔加，虔诚的信徒与伟大的酋长奥马尔（在真主的帮助下，所有国家向他敞开，每一个人都选择皈依。奥马尔以真主的名义与律法，打了一场神圣的战争，仅此而已）之子，警告未受割礼者德斯博尔德上校：

愿真主给你的朋友带来惊惶与毁灭。没有人比你作恶更多，没有人比你更奸诈，没有人比你更邪恶。你说你只想开辟一条贸易之路，这个说法是不对的，有悖于理智和理性。你的愿望实际是摧毁这个国家，关闭贸易通道，向信徒发动战争……

蒙塔加最后写道：

我们相遇的那一天，天上的鸟儿就无须到别处去寻找食物了。

但阿赫马杜依然极力避免与法国开战，原因如下：他的帝国四分五裂，他无法完全控制他的国家；国民们分裂成了不同的派别，而他当前最要紧的是镇压南部与西部的班巴拉人叛变……因此，他继续试图与法国就武器交易进行谈判，即便买不到枪，至少也可以争取时间。

阿赫马杜苏丹因自身虚弱而不想打仗，但事实上法军更加虚弱，他们因高温和痢疾不断减员。巴马科周边非常贫穷，法军只能依靠塞内加尔的基塔（Kita）的补给线来补充作为食物的牛以及作为坐骑的马匹。这条补给线在崎岖的山野中穿行，已经到了临界点。从上帝视角看，苏丹当时可选的战略有两种：一、趁着法国的堡垒还未竣工，切断这条补给线，并摧毁法军在巴马科的堡垒；二、与西非另一个新崛起的势力——瓦苏鲁王国联手。但苏丹以"圣人"奥马尔之子自矜，根本没有把萨摩里放在眼里。在他看来，萨摩里的父亲是一个拜物教者，一个喝啤酒、未受割礼的罪人，就像法国人一样。

在巴马科以南几千米，一条小支流与树木环绕的大江汇合的地方，坐落着一个叫维扬科（Weyanko）的小村庄。它看起来和其他班巴拉村庄一样，摇摇欲坠的泥土外墙"塔塔"保护着几个长方形的泥屋，周围是散落的耕地和水果蔬菜园。1883年3月末，瓦苏鲁王国的几千名火枪手在王国北方军区指挥官——萨摩里·杜尔的兄弟法布（Fabou）的指挥下，像蝗虫一样突然在这个村庄冒出来。班巴拉村民仓皇逃窜。德斯博尔德听说班巴拉人离村逃跑，才知道瓦苏鲁军的到来。据说法布兵分三路，主力部队直接逼近巴马科，一路沿着河的南岸前进，另一路则进入山区切断法国人的补给线。不仅如此，新修的电报线路已被瓦苏鲁军切断。

3月31日，德斯博尔德孤注一掷，派皮埃特里（Pietri）上尉率半个连的非洲猎兵、骑着骡子的白人步兵以及12名西帕希骑兵打通补给线。当这支小部队消失在山里时，路易·阿奇纳德上尉感到一阵寒意。由于疾病导致的减员，他们只剩不到300个能拿起武器的人。当天就有4个白人士兵因热带病而死。

"我们不需要等多久，"阿奇纳德在日记里写道，"上校认为，我们今晚就会被萨摩里的武士们攻击，我们不得不整夜保持警惕。这段时间，我们晚上不再脱掉靴子，就算睡觉也必须手持左轮手枪。我们一直处于警惕状态，这令人感到不快。"阿奇纳德推测瓦苏鲁军会从两边进攻他们的阵地，"这是聪明的做法，而我们建造堡垒的做法却非常不明智，即便现在它的基本设施差不多快完工了"。由于班巴拉劳工大量逃亡，这座堡垒并没有竣工，上校只能吩咐阿奇纳德不惜一切代价把外墙的缺口堵上。

4月1日午夜，一名西帕希骑兵从大门口疾驰而来，大喊着说他看见许多敌人从前哨经过。不一会儿，军号手吹响警报，全军起床准备战斗。但黑暗中传来几声枪响后，便没有了动静。几个小时后，大家都回到了床上。

那个西帕希骑兵说得没错。第二天早上，法布的大部队通过急行军，抵达堡垒附近，他的一些骑兵之前已经摸黑疾驰到巴马科护墙前，用刀刺死了一个牧民。当他们准备抓一些屠宰场的牛和一些属于非洲猎兵的女奴时，守军开枪将他们吓跑，这就是凌晨时那几声枪响的由来。

由于堡垒尚未完工，雨季即将来临，守备部队因疾病而半瘫痪，德斯博尔德无法承受长期被困的代价，决定主动出击。在出击之前，他举办了一场残酷的"祭旗"仪式。

德斯博尔德进驻巴马科后，受到了当地摩尔商界领袖卡拉莫科·贝尔（Karamoko Bile）的欢迎，但贝尔的两个兄弟——提科罗（Tiekoro）和西迪科罗（Sidikoro）对他却很冷淡。德斯博尔德认为，他们和瓦苏鲁军是一伙的，便把两人囚禁在堡垒里作为人质。现在，纵队进攻在即，德斯博尔德决定把这两个不幸的商人拉出来枪毙"祭旗"。4月2日拂晓时分，242人的法军纵队，在一门机关枪和两门大炮的保护下，气势汹汹地向法布的阵线进发了。

法军没想到的是，瓦苏鲁军队的士气很高，战斗技巧非常出色，他们以非凡的勇气击退了法军对营地的正面攻击。法军死伤累累，他们没有军医，只有一名兽医忙前忙后、救死扶伤。不多时，法军的格拉斯步枪便热得烫手，弹药几近告罄。德斯博尔德下令发放最后一盒子弹时，嘱托白人士兵留下一发子弹以供自裁。随后法军组成一个方阵，且战且退，踉踉跄跄地在中午撤回巴马科。精疲力竭的白人士兵得抓着骡子的尾巴才能站立，很多人都是被担架抬回来的。

随后几天，法军士气不断下降，电报依旧没法用，官兵不断死于疾病，皮埃特里上尉音讯全无。心高气傲的德斯博尔德怎么也没想到，他居然在黑人手里栽了跟头。这些全副武装的黑人士兵为何在机关枪和大炮面前毫不畏缩？萨摩里·杜尔究竟是何许人也？这位来自米洛（Milo）的军阀，是如何训练这些异教徒狂热战斗的？

在几内亚高原树木繁茂的山坡上，有着冰冷的溪流与高山牧场，尼日尔河及支流迪翁（Dion）河、桑卡拉尼（Sankarani）河和米洛河的发源地都在这里。山间的溪流越过岩石分水岭，冲下悬崖，消失在高原与几内亚湾之间令人窒息的热带雨林中。这些河的北岸，往往水土丰美，是非洲的伊甸园，米洛河谷尤其如此。马里帝国土崩瓦解之后，马林凯人移居到这里，分裂成几百个村镇和小酋长国。但他们都具有共同的血缘，都是泛灵论者，以帝国的辉煌历史为荣。当地盛产可可，由于可可是伊斯兰教允许服用的少数兴奋剂之一，因此被中东地区视为奢侈品。

善于经商的迪奥拉人（Dyola）[①]，以米洛河畔的康康（Kankan）为活动中心，沿着两条商贸路线活动。其一是可可贸易路线。为运输易腐烂的可可果，迪奥拉人

---

① "迪奥拉"在马林凯语中意为"商人"，迪奥拉人指源于马林凯族的商人集团，他们信奉伊斯兰教，分布甚广，父子相承。

沿着这条路线精心布置了集市、干燥仓库、值得信赖的警卫和能干的搬运工。他们把可可运到马格里布地区，交换地中海的盐块、摩洛哥的上等布料、突尼斯的陶器、阿拉伯的马匹。其二是奴隶贸易路线。迪奥拉人捕获当地落后土著为奴，驱赶他们向南穿过雨林，抵达几内亚湾的奴隶港，踏上开往新大陆的轮船。随后，迪奥拉人让搬运工头顶"旧世界"的商品——西班牙刀具、英国水壶、法国布以及过时的武器回到雨林。总的来说，迪奥拉人是现实主义者，他们因此被19世纪西非的"圣战者"斥责为"名义上的穆斯林"和"妥协主义者"。他们与信奉泛灵教的马林凯人在几个世纪中相安无事，互相尊重对方的习俗。

但在19世纪30年代，迪奥拉人中出了一位名叫莫里·乌勒·西塞（Mori-Ule Sise）的"圣人"。他离开康康之后，效仿马西纳苏丹国的弗拉尼人，宣布发动"圣战"。尽管迪奥拉商人一贯把弗拉尼游牧民视为野蛮人，但马西纳中央集权王国的理念，却与西塞的宗旨相吻合。他以莫里列都谷（Moriuledugu）为都城，建立了该地区有史以来第一个中央集权王国——西塞王国。西塞被杀后，他的儿子们继续推进"圣战"。1860年，他们成为科尼亚（Konya）河上游和米洛河谷的主宰。

但西塞王国的统治只是昙花一现。19世纪中期，出身于康康一个小商贩家庭的萨摩里·杜尔自称"松迪亚塔（马里帝国的创建者）再生"，率领马林凯人揭竿而起，掀起新一轮"圣战"。

萨摩里自幼跟随父亲行商，足迹遍及几内亚，可能还到过塞拉利昂、多哥、上沃尔特（Upper Volta，今布基纳法索）等地。游历期间，萨摩里对信仰伊斯兰教、擅长贸易的迪奥拉人颇为欣赏。1853年，萨摩里的母亲不幸被迪奥拉猎奴队抓到，他主动要求代替母亲为奴。他在莫里列都谷待了7年，向迪奥拉人悉心学习管理国家、军队与宗教的经验，随后与母亲逃出莫里列都谷，加入西塞王国的敌人——瓦苏鲁酋长国的军队，逐步成为托隆地区的领袖。约在1870年，萨摩里开始武力统一瓦苏鲁地区的各小酋长国。1873年，他攻打康康，大获全胜，成为该地区的新霸主。萨摩里定都比桑杜古（Bissandugu），取国名为瓦苏鲁，以纪念他在瓦苏鲁地区的收获。此后他继续征战，扩大版图。在王国的全盛时期，其领土西邻塞拉利昂，东迄象牙海岸（今科特迪瓦），北起巴马科附近，南至利比里亚边境，成为仅次于索科托（Sokoto）和图库勒尔的西非第三大国。

萨摩里迅速崛起的秘诀是什么呢？

首先，萨摩里主张宗教自由。之前西非各地爆发的"圣战"，如豪萨（Hausa）之战、博尔努之战等，"圣战"军大多要求异教徒要么皈依真主，要么引颈受戮，这导致很多民族虽然被迫皈依伊斯兰教，却叛乱无常，典型例子就是图库勒尔苏丹国的班巴拉人。萨摩里本人从小便是泛灵论者，从军后才皈依伊斯兰教，因此对宗教并不狂热。但同时，萨摩里十分清楚宗教在政治和民心方面的作用，因此他力图成为不同信仰的教众的共同领袖：对泛灵论的臣民来说，他具有泛灵教主"法埃玛"（Faama）的魔力；对穆斯林臣民来说，他是"阿尔马米"。他对全体国民传达了这样一个信念：瓦苏鲁王国将带来和平，而和平将带来繁荣。大量奴隶和可可果通过迪奥拉人几百年来精心打造的贸易通道被带出瓦苏鲁，换来无数黄金。

其次，萨摩里堪称军事组织天才。当时的西非军阀，一般是从应征者和战俘中征召士兵，并根据年龄和地区对他们进行分组，各组只对带兵将领效忠。萨摩里在西塞王国中央集中军权的管理基础上，建立了对其个人效忠的体系：将不同地区、不用年龄的新兵混在一起建团，各团均需宣誓效忠萨摩里，之后被编入军团，军团指挥官是萨摩里最信任的高级将领。瓦苏鲁王国的5个行省，各有一个军团镇守。位于王国中心的福罗巴（Forobah）行省军团由萨摩里亲自管理，现代步枪的供应和特务系统也由福罗巴行省统筹掌控。萨摩里有意使国家成为英国的保护国，无奈英国拒绝，他只能退而求其次，改从塞拉利昂的弗里敦（Freetown）购买后膛枪，并在国内建立军械所，修理和仿造欧式步枪。除此之外，他还把叛乱分子或战俘卖给东部平原上的野蛮部落，换取马匹。瓦苏鲁军在鼎盛时期大约有3.5万名步兵、3000名骑兵。

瓦苏鲁军与法军的初次较量发生在1882年，当时德斯博尔德率领一支部队袭击了瓦苏鲁军占领的小镇肯涅拉（Keniera），瓦苏鲁军经过苦战赶走了对手，但萨摩里对法军的火力与纪律惊骇不已。尽管瓦苏鲁士兵装备着现代步枪，但相比法军战斗力依旧有很大的差距。上文提到，萨摩里当时最现实的战略，莫过于和图库勒尔苏丹国结盟，唇齿相依，共同对付法国，但他与阿赫马杜苏丹相看两厌。至于前面提到的，与法军在巴马科的厮杀则纯属意外。萨摩里知道巴马科的战略地位十分重要，本想派北方军区指挥官法布驱逐当地的班巴拉人，将其拿下，结果却惹怒了占领巴马科不久的德斯博尔德。萨摩里得知巴马科的交火后，开始担心法国人会向尼日尔河发起进攻，带来巨大的灾难。

10天后，萨摩里的担心应验了。4月12日，德斯博尔德在瓦苏鲁军阵线上发现了一个漏洞——石墙后面有一个无人守备的缺口，于是他拼凑了一支200人的突击队冲过缺口，冲进法布的营地。瓦苏鲁军全线崩溃，逃过尼日尔河。法军烧毁了茅草军营，缴获成吨的谷物和几百磅自制火药，全部运回塞内加尔。

与此同时，失联许久的皮埃特里上尉终于有了消息。他痛击敌人，抢回牛群，重新打通了补给线。4月底，德斯博尔德留下155人继续建造和守卫巴马科堡垒，率领其余人返回塞内加尔。离开前，他为能歌善舞的黑人猎兵举办了舞会。赤裸着上半身的巴马科酋长提提（Titi）领舞，卡拉莫科·贝尔也在场，神情中丝毫看不出为被杀的弟弟们哀伤。

德斯博尔德及部下的事迹，得到了巴黎政坛的齐声称赞。于1883年年初再次成为总理的茹费理盛赞攻占巴马科："这些英勇的法兰西子弟们的胜利……他们的勇气、胆识和能力让我们感到震撼。" 茹费理支持德斯博尔德在西苏丹开疆拓土。与占领突尼斯和远东不同，法国入侵西非腹地在政治上是不会被诟病的。当时，殖民主义通常因为两个原因而蒙受指摘：第一，远征会削弱本土武装力量，妨碍对德复仇；第二，殖民事业常常被军官的风流韵事和肮脏的金融投机所玷污（这自然说的是甘必大）。但西苏丹驻军从未超过4000人，不至于"妨碍对德复仇"；而驻军在那里获得的财富，亦不足以承担包养情妇的费用。何况，最近在那里出现了一个英雄人物：虽不服命令，但一腔热情、报国心切的德斯博尔德上校。他完成了费德尔布宏伟计划的第一步：建造连接塞内加尔河和尼日尔河的堡垒链，并在河岸边建立基地。因此，议会的左翼代表不敢要求法军吐出这片土地，甚至连茹费理最痛恨的敌人——激进资产阶级左翼领袖乔治·克列孟梭（Georges Clemenceau）也不得不默许这场新殖民主义的胜利。

5月，德斯博尔德一行返回圣路易，结果塞内加尔代理总督勒·布歇（Le Boucher）不但对巴马科的英雄们不热情，反而以伤寒防疫为名，将德斯博尔德的手下隔离在附近的一个岛上。德斯博尔德激烈地以辞职为要挟，向若雷吉贝里提出抗议。后者谴责布歇，并让德斯博尔德返回巴黎，在海军部担任苏丹问题专家。

但当德斯博尔德回到巴黎时，若雷吉贝里已被一位更冷静的海军部长取代了。此时塞内加尔—尼日尔铁路只敷设了几千米铁轨，却已经耗资6000万法郎。众议院在茹费里的恳求下，勉强再批了400万法郎。总的来看，这条铁路的进展，取决于能否以巴马科为基地，继续沿尼日尔河推进。但已在罗亚尔街办公的德斯博尔德清楚，这一进程已经戛然而止了。塞内加尔—尼日尔铁路之前之所以吊足了众人的胃口，不过是因为大家都渴望一张通往"黄金国"的火车票，可是法军在尼日尔河畔发现的，是可怜的泥屋、饥饿的牛群、多石的土地以及野蛮的村民，在西苏丹寻找黄金国，简直是痴人说梦。殖民军人当前能做的，就是巩固现有成果。

就连海军部自己对尼日尔河上游的前景也越来越不看好。若雷吉贝里的继任者将目光转向了尼日尔河下游，相比西苏丹，这里更像黄金国。在尼日尔河三角洲的沼泽中，在油棕树林中，热带商品是如此丰富。唯一值得担心的是，他们在这里需要和老对手英国人继续掰手腕。

# 第十二章 西非海岸的暗战

74岁的英国自由党领袖格莱斯顿的健康状况很糟糕。他焦躁不安，情绪低落，睡眠困难。之前，格莱斯顿即使在职业生涯最糟糕的时候，如1882年5月"凤凰公园惨案"[①]中，也能安睡7～8小时。现在，他每天只能勉强睡4个小时。女王老拿外交部副次官查尔斯·迪尔克（Charles Dilke）爵士的事纠缠首相。女王认为这个人靠不住，不适合作为内阁成员。格莱斯顿声称他被这些"私人问题"弄得非常"困扰"。很多人认为这位元老辞职在即。

英国驻苏丹大使达夫林（Dufferin）勋爵刚刚发表了一篇关于埃及的报告。他声称，埃及的税收、司法、农业濒于崩溃，埃及需要重建，但这意味着要对这个国家从内到外进行改造，而这一改造至少需要5年。他还积极呼吁，务必使埃及摆脱"二元控制"，由英国单独掌控。在这5年里，英军必须像在印度一样，驻扎在埃及，唯一不同的是需要保留赫迪夫这一傀儡。

格莱斯顿由于迟迟不撤军，而被舆论称为"伪君子"，他当然不高兴，只能安慰自己，他并非帝国主义者，他没有为帝国增加一亩埃及土地。帝国之所以干预埃及，是因为其他国家，特别是法国未能履行自己的责任，需要外力把埃及人和债券持有者从混乱中拯救出来。如果英国不当"世界警察"，埃及的局势会更严重。这是格莱斯顿的崇高誓言，如果他现在认输，辞去首相一职，那么出兵埃及就失去了正义性。

格莱斯顿的副手、上院领袖、内阁二号人物、外交大臣格兰维尔勋爵，以及格莱斯顿的高龄连任对手——下院领袖哈廷顿勋爵，都不具备领导自由党的能力。1883年1月初，格莱斯顿前往法国戛纳度假，让格兰维尔代理他的职务。格兰维尔勋爵是一名天生的外交官，是个典型的辉格党人：迷人，英俊，文雅，谦逊，唯独

---

[①] 1882年5月6日，爱尔兰新上任的首相F.卡文迪什和副首相T. H.伯克被民族主义恐怖集团"不可被战胜者"暗杀于都柏林的凤凰公园。

缺乏创造力，只能源源不断地汲取格莱斯顿的灵感。格兰维尔对非洲事务漠不关心，认为当时已知的最可怕区域——从冈比亚到刚果的西海岸——毫无战略意义，只关乎商人的利益。他尽可能把这些商业问题留给他激进的副次官查尔斯·迪尔克，毕竟迪尔克一家就是靠贸易发家的。但是迪尔克在西非问题上，与尼日尔领事爱德华·休伊特（Edward Hewett）持同一看法：应该在整个油河地区建立正式保护国制度，这些保护国的军事、外交、财政、司法大权由宗主国掌控，宗主国保留名义上的土著政权。

油河地区，指从尼日利亚的拉各斯（Lagos）向东延伸500千米，到尼日尔河三角洲和卡拉巴尔（Calabar），再到喀麦隆的大西洋沿岸的广大区域，以盛产棕榈油得名。人烟稠密、肥沃富饶的尼日利亚一向是英国在西非扩张的主要方向，早在1862年，英国便把棕榈油的重要输出港口拉各斯及周边划为殖民地，但由于作为中间商的当地居民警惕地捍卫着自己的利益，英国行政机构难以立足。格兰维尔为迪尔克与休伊特的要求感到费解。难道英国控制的油河地区范围还不够大吗？难道"非正式帝国"（Informal empire）①不够满足商人的需求吗？

当时，人们普遍认为国旗乃自由贸易的阻碍。只有在几代人之后，当生活复杂到需要正式的主权，商业规模大到足以承担相应成本的时候，国旗才会追随贸易出现。在此期间，商人们保持着简单的生活，而商业则在政治空白中开花结果，于是形成了秘密而无形的帝国。这个贸易网如同电磁场一样，由英国领事和炮艇围绕非洲海岸延伸的非正式权力网来支撑。时任殖民大臣的金伯利同意格兰维尔的观点，试图否决休伊特的计划。

早在3年前，喀麦隆的诸多国王、王子们就向维多利亚女王发去过一封"充满爱的信"。他们乞求女王接管喀麦隆：

> 来自喀麦隆的阿夸（Acqua）镇，
> 致最亲爱的夫人：

---

① 非正式帝国，指的是某强权并未正式将弱势国家和地区收为殖民地、保护国、附属国或朝贡国，而是通过商业、战略、军事等利益对其施加潜移默化的影响的一种形态。

我们是您的仆人，我们聚集在一起，认为最好给您写一封充满爱的信，把我们所有的愿望都告诉您。我们期望城镇得到您的统治，我们想把所有形式都改一改，我们会按照你们领事的话去做。我们的国家经常爆发战争，充斥着大量谋杀和偶像崇拜行为。

　　也许您会把我们写的这几行字看作是一个无聊的故事，但我们和英国领事谈过很多次，希望能在这里建立属于英国的政权。我们从来没有收到过您的回信，所以我们亲自写信给您。

　　我们听说卡拉巴尔的城镇里有英国的法律，听说他们破除了所有迷信。噢，如果我们能像卡拉巴尔一样，我们会非常高兴。

　　静候您的回信。

阿夸国王

迪杜·阿夸（Dido Acqua）王子

布莱克（Black）王子

乔·加纳（Jo Garner）王子等

　　然而，索尔兹伯里的外交部并未给出任何回复。阿夸国王与贝尔（Bell）国王随后向格莱斯顿发出了类似的呼吁，但遭遇了同样的命运。格兰维尔清楚，这些所谓的"国王""王子"，都是当地臭名昭著的奴隶主。如果休伊特与迪尔克真的建立起保护国，那么这帮奴隶主们将登堂入室，成为大英帝国体系内的地方统治者。因此，格兰维尔并不理会他们。时任殖民大臣的金伯利勋爵则认为"这片海岸充满瘟疫，当地居民众多，难以管理"，断然表示拒绝。①

　　1883年1月18日，也就是格莱斯顿前往戛纳度假的第一天，一伙身着礼服的商人代表团出现在白厅前门外。他们是国民非洲公司（National Africa Company）

---

　　① 19世纪中后期，白厅各部门对大英帝国海外势力范围的管理体系为：印度与缅甸由印度部管理；正式殖民地与自治领由殖民部管理（1907年，从殖民部中又划出了自治领部）；而无论是官方保护国（比如埃及），或者是无形的贸易帝国，都由外交部管理。不过，建立保护国与殖民地，都得经过殖民部批准。

的董事们。打头的阿伯德尔（Aberdare）勋爵是格莱斯顿的前内政大臣与格兰维尔的前政治盟友，是国民非洲公司的头脸人物。但代表团的真正核心，是该公司的总经理——43岁的乔治·戈尔迪·陶布曼（George Goldie Taubman）。

陶布曼家族世代居住在马恩岛，18世纪时靠走私贸易发家致富。戈尔迪本人咄咄逼人、刚愎自用，但才华横溢，和他从事走私贸易的祖先一样精明。戈尔迪参过军，但两年后便当了逃兵，逃往开罗。在那里，他遇见了一位埃及美女，并和她一起消失在苏丹沙漠的荒野中。之后3年他生活在"真主的花园"，陶醉在自由中。戈尔迪借助闲暇时光，一口气读完了亨利·巴斯（Henry Barth）的五卷本巨著《北非和中非的旅行与发现》。慢慢地，一个不寻常的想法开始在他的脑海中形成：他的"黄金国"坐落在撒哈拉沙漠与大海之间、尼日尔河和尼罗河之间，他将在那里建立一个巨大的商业帝国，在英国的旗帜下挽回自己的声誉。

这个计划听起来比利奥波德的刚果计划还不靠谱。首先，与富甲一方的比利时国王不同，戈尔迪游手好闲、性格怪异，对商业一窍不通。其次，在自由贸易和"非正式帝国"盛行的时代，英国商人为何非得高举米字旗呢？

不受道德约束的戈尔迪抛弃了"真主的花园"和埃及美女。他刚回到马恩岛，就深深地爱上了女家庭教师玛蒂尔达·埃利奥特（Matilda Elliot），两人于1870年8月私奔到浪漫之都巴黎。他本来打算谈一场罗曼蒂克的恋爱，没想到正好赶上法军兵败色当，巴黎被围。戈尔迪和埃利奥特只好空着肚子谈情说爱。第二年，两人在伦敦的圣玛丽勒本（St Marylebone）低调结婚，但戈尔迪绝非一位忠诚的丈夫。

这时的戈尔迪不仅事业上一事无成，婚姻生活也过得很不体面。他的大哥约翰当时也结了婚，女方父亲格罗夫·罗斯（Grove-Ross）是伦敦一家名为"霍兰与雅克"（Holland and Jacques）的小公司的董事长，该公司于1869年开始在尼日尔河上交易棕榈油，到1875年已濒临破产。陶布曼家族伸出援手，以相对较低的价格买下了霍兰与雅克公司的资产。陶布曼家族认为，既然戈尔迪这个不肖子孙自诩为苏丹专家，那为什么不让他亲自到尼日尔河上去看看霍兰与雅克公司究竟出了什么问题。

戈尔迪和弟弟亚历山大乘船顺着尼日尔河而上，沿着豪萨朝圣者的路线，向麦加的大致方向，也就是尼罗河流域前进。结果亚历山大差点死在尼日尔河流域的努佩（Nupe），计划失败。但这段旅行足以让戈尔迪得出结论：从事棕榈油贸易的商人数量过多，形成了恶性竞争，只有垄断才能使尼日尔河上的贸易恢复正常。回国后，戈尔迪让陶布曼家族将霍兰与雅克公司改组为中非贸易公司。1879年，中非贸易公司兼并了3个竞争对手，改组为联合非洲公司，不久后更名为"国民非洲公司"。

戈尔迪这位缺乏买断竞争对手资金的商业菜鸟，是如何实现这一壮举的？一方面，戈尔迪口才极好，擅长说服他人。格拉斯哥（Glasgow）的交易员们看到他闪亮的眼睛会忍不住颤抖，认为戈尔迪的智慧如同高炉里的热风一样灼人。另一方面，戈尔迪的结论堪称一针见血：工业革命之后，欧洲急需棕榈油，以制造让机械运转的润滑油和工人用的廉价肥皂，于是各地的商人蜂拥而至，导致棕榈油价格下滑。戈尔迪给出的解决办法是：结束自由竞争，维持棕榈油的价格。

与奴隶贸易一样，欧洲的棕榈油商并不深入西非内陆，而是通过当地中间商采购。在尼日尔河三角洲，充当中间商的一般是当地大家族的家长。这种大家族由家长一人、副家长若干人以及众多的自由人和奴隶组成，既是生产单位，又是商业组织，拥有奴隶组成的军队和武装独木舟组成的船队。他们划着独木舟，沿着如迷宫般的溪流运送棕榈油，从三角洲北部的油河地区，一直运送到靠近公海的英国商人手中。戈尔迪打算绕开这些中间商。他率领汽船沿尼日尔河而上，最终顺利抵达油棕榈林中，当地的酋长们十分渴望合作。中间商们当然不干，派军队进行反击，并将汽船击沉。戈尔迪一行迅速招来英国皇家海军明轮炮舰"先锋"号展开惩戒行动，烧毁当地村庄，击沉中间商的独木舟。但戈尔迪清楚，粗暴动武绝非长久之策，在他们不能通过直接的政治控制来强加法律和秩序的"非正式帝国"，英商得不到安全稳定的经商环境。"非正式帝国"的时代已经结束了。

更令戈尔迪担忧的是来自两家法国大型贸易公司（法属赤道非洲公司、塞内加尔公司）的竞争威胁。与提倡自由贸易的英国政府相比，法国政府公开支持自家公司。戈尔迪担心法国会吞并尼日尔河中下游，从而垄断那里的贸易。这便是阿伯德尔勋爵等人来到外交部拜见格兰维尔勋爵的原因。阿伯德尔简要引荐代表团后，就将剩下的事情交给了口才极佳的戈尔迪。戈尔迪对外交大臣说：

如您所知，法国正在大力推进塞内加尔、塞古和尼日尔上游之间的铁路交通（建设）。如果他们成功的话，那么他们很可能把廷巴克图以北的交通垄断。尽管这在原则上令人反感，但我们并不反对——多年来，英国商业公司似乎都没有能力触及该地区。

我们并不希望在尼日尔河下游效仿他们，我们完全愿意面对一切的公平竞争。但是我们有理由担心……法国政府可能会诱使尼日尔河中游的一些当地酋长给予他们交通垄断权，并对英国商品征收重税，以阻止英国向上游拓展交通。

接下来，棉花贸易商、自由党议员、国民非洲公司最有经验的董事詹姆斯·赫顿（James Hutton，曾任曼彻斯特商会会长）解释了造成上述担忧的原因。赫顿在巴黎遇到了布拉柴。这位年轻的探险家告诉他，他最初受法国政府指派前往尼日尔河与当地酋长签约，使其成为法国的保护国，后因情况有变，他才转而前往刚果。虽然布拉柴未能成行，但法国必然会派其他人去尼日尔河。英国想把法国人拒之门外，要么直接兼并尼日尔河三角洲，使之成为英国的殖民地，要么宣布它是英国的保护国。不过，他们必须说服内阁和格莱斯顿，后者似乎认为自由贸易是道德法则的一部分，而兼并领土则是魔鬼的诱惑。因此，上述两个方案都让格兰维尔勋爵颇感为难。

实际上，戈尔迪的如意算盘是，国民非洲公司凭借皇家特许状，接管整个尼日尔中下游地区，换句话说，由他本人掌管这片殖民地。但他让阿伯德尔汇报给格兰维尔的显然不是这个方案。戈尔迪之前通过小道消息得知，英法两国正在密谈瓜分西非，因此他只是建议双方以廷巴克图为分界点，划分势力范围。只要法国不涉足廷巴克图下游的尼日尔河流域，英国便同意让法国在尼日尔河上游放手去干。另外，还可以附加一条协议：用冈比亚交换法国在非洲西海岸的殖民地（当时没人想到俾斯麦会在西非横插一杠）。外交部被阿伯德尔提交的方案打动了，它既可以使英国在尼日尔河流域的贸易免遭法国人扼杀，又可以使英国避免花费更多的财政资金。因此，外交部命令驻法大使莱昂斯（Lyons）爵士就此事向法方提议。由于该方案涉及冈比亚殖民地，阿伯德尔的方案也被转交给了殖民部。

新任殖民大臣德比勋爵秉承多一事不如少一事的为官理念，把具体事务交给两个手下——常任外务次官罗宾·赫伯特（Robin Herbert）和助理外务次官罗伯特·米德（Robert Meade）处理。这两个人看了阿伯德尔的方案，虽被触动，但深感无能为力。

罗伯特·米德一向认为，自己手里的这摊子事纯粹是赔钱赚吆喝的买卖。英国现有的西非殖民地与法国殖民地相互交叉，并不安全；并且，由于英国对非洲内陆缺乏控制，因此无法征收足够的税收来支付运营成本，尤其是高温贫瘠、被塞内加尔包围的冈比亚，对帝国来说纯粹是个累赘。如果如愿以冈比亚换来几内亚湾周边海岸，把象牙海岸、黄金海岸（今加纳）、多哥兰（Togoland）、达荷美（Dahomey）、拉各斯、尼日尔和喀麦隆等地连成一片，那就再好不过了。

罗宾·赫伯特同样默许阿伯德尔的方案，但认为议会绝不会同意交出冈比亚。1883年3月初，该方案尚未提交议会讨论，莱昂斯大使便回复说此法不通。法国现在不会与英国谈判，英方入侵埃及，废除"二元控制"已经让法方不爽，偏偏英国外交部为保护刚果河的商业利益，准备与葡萄牙进行交易，这让法国人更为不爽。甚至有人担心法国会在尼日尔河对英方采取报复行动。

促使一向谨慎的外交部剑走偏锋的，并非利奥波德。外交部知道国王的动机并非他宣称的那么纯粹无私，但他们认为国王不会干涉英国在刚果的贸易。让外交部与殖民部担忧的，是布拉柴与法国人。外交部担心法国在批准《马科科条约》后，会吞下整个刚果盆地，因此决定联合葡萄牙，声称将正式承认葡萄牙在刚果河下游两岸的主权。但外交部的这个主意遭到了下议院的强烈谴责。

首先，自1810年以来，英葡两国一直就奴隶贸易问题进行激烈争论。直到19世纪中叶，葡萄牙还声称他们有权自西非海岸——最远到刚果河口两岸，包括卡宾达（Cabinda）——出口奴隶。如今，英国的态度忽然反转，从道义上难以自圆其说。

其次，英国政府口口声声说，法国关税政策将扼杀英国在刚果的自由贸易，但葡萄牙殖民地的关税比法国更为苛刻。因此，外交部不得不让葡萄牙在协议中同意各种附加条件：最高关税限制，给予英国最惠国待遇，建立英葡委员会来控制刚果河下游的交通。

拟订的《英葡条约》很快引起了轩然大波。商人、反奴隶制的舆论和浸信会传教士纷纷进行抗议。这些人举出葡萄牙人在安哥拉殖民地残暴统治的事实，认为无论如何也不能把刚果托付给他们（很多抗议都是由利奥波德国王秘密策划并支持的）。更为重要的是，英国与葡萄牙的轻率交易，将促使法国寻找新的盟友（俾斯麦的介入令英国人惊愕不已，但这是可以预见的）。

到了1883年4月，当外交部与殖民部还在不紧不慢地讨论究竟采取何种方案时，法国的两项行动让外交部猛然警醒。

第一，法国和波多诺伏（Porto Novo）国王托法（King Tofa）缔约，让后者重新成为法国的保护国。法国控制了从达荷美到拉各斯西侧的海岸线。

第二，法国派出炮艇"腾跃兵"号（the Voltigeur），沿着尼日尔河三角洲和油河地区巡航。海军部报告称，阿夸国王与贝尔国王可能会与法国签署条约。毕竟他们等了3年，也没有得到女王的答复，他们已经失去了耐心。

法国接管西非的整个西海岸，只是时间问题。外交部追悔莫及，要知道是英国第一个发现了尼日尔河的秘密，第一个发现了它隐藏的棕榈油，第一个非正式统治它的国家，在尼日尔河占尽天时、地利、人和。只因格莱斯顿及大多数同僚对"正式帝国"的深恶痛绝，才导致戈尔迪等人在白厅一事无成，让尼日尔河的局势变得如此危险。

眼下只能指望即将回国的爱德华·休伊特领事了，他在非洲商人中颇有威望。休伊特当时以邦尼（Bonny）港作为基地。邦尼四周是深绿色的红树林、泥滩和商人们的白色工厂。在那里，成捆的曼彻斯特棉布、成箱的老式来复枪从吞吐着黑烟的轮船上卸下，被运往非洲大陆。当地有句谚语：一旦你待惯了，邦尼是个不错的地方——如果你能活到那个时候。10年之后，玛丽·金斯利（Mary Kingsley）在《西非旅行》一书中写道："天啊！多么可怕的事故，我们踏入了'冥河'！除了半淹在水里，如同动物骸骨的旧船龙骨外，这里只有腐烂的红树林和臭气熏天的泥浆。在5—9月的雨季，只有两种声音，一种是马蹄声，一种是沉闷的雨声。有时，雨会一连下上6个星期！"

世界上最大的沿海沼泽从拉各斯一直延伸到喀麦隆的里奥德尔雷（Rio del Rey）。玛丽·金斯利曾把它的阴郁壮丽比作喜马拉雅山，其千篇一律的景色令人崩溃，几乎没有一个地标性景观。每一个蒸腾着热气的海湾，每一条臭气熏天的潮溪，每一块腐烂的泥滩，仿佛是同一个模子铸造出来的。在尼日尔河下游寻找出路，就像在160千米长的绿色海绵上探索。三角洲有23个真河口，还有无数个假河口。难怪探险家们花了比探索尼罗河源头更长的时间才找到尼日尔河的出海口。很多支流退潮后水很浅，除了独木舟，别的船根本无法进入。

休伊特抵达邦尼后，刚习惯"邦尼是个好地方"，当地便爆发了黄热病。11个白人里，有9个在10天内死亡。某次葬礼上，剩下的两个酗酒的低级职员在棺材下葬之前掉进了坟墓里，以致被棺材压在下面。人们手忙脚乱地把棺材和两人一起拉了上来，但有人说："几乎没有必要，不是吗？那两个人必须在下一个日落之前为自己建造一座坟墓。"

1882年雨季，休伊特不顾医生的劝告，又回到邦尼。他面临的问题有两个：一是解决与非洲中间商的贸易争端，恢复秩序；二是向外交部解释，英国为何必须正式控制从拉各斯到喀麦隆的整个海岸。休伊特发现在他离开期间，尼日尔河三角洲的许多地方都陷入了混乱。制造麻烦的是他的老对头——奥波博（Opobo）的贾贾（Ja-Ja）国王。贾贾是伊博人（Ibo），年轻时作为奴隶被带到邦尼，随后他发动奴隶起义，反抗邦尼国王乔治·佩普（George Pepple），战败后带领部下逃到邻近的奥波博。没过几年，他就建立了沿海地区最大的黑人贸易帝国。他每年向奥波博的白人商人出售8000吨棕榈油，并对内陆棕榈林的黑人生产商进行无情的垄断。只要有人反抗这一垄断，无论其肤色是黑是白，最终都会落得独木舟粉碎、浮尸沼泽的下场。

贾贾国王的"为商之道"令休伊特毛骨悚然。贾贾的手下从夸伊博（Qua Ibo）抓了100个俘虏回奥波博，据说这些人已经没有几个活口了。大多数人被折磨致死或被杀害了，有些人甚至被吃掉了。当休伊特发出抗议时，与利物浦诸多商界大佬关系密切的贾贾不屑一顾，他给格兰维尔寄了一封毕恭毕敬的信（由一个英国商人起草），为"再次打扰他处理本地事务"而道歉。他承认自己以铁腕手段对付夸伊博人，但"大不列颠女王陛下的政府，是否希望将保护范围扩大到每一个渴望独立的非洲小村庄，并顺道抹杀他们合法君主的使者呢？"休伊特不但未能说服伦敦废黜贾贾国王，反而遭到利物浦商人们的狙击，他们试图游说格兰维尔，让不识时务的休伊特滚蛋。

休伊特对国民非洲公司的垄断政策十分支持。在戈尔迪之前，每到雨季河水上涨，皇家海军炮艇就不得不在尼日尔河上进行惩罚性出击。现在这些事件少多了。不过，公司毕竟没有军警等暴力机器。1882年夏天，休伊特收到公司经理大卫·麦金托什（David McIntosh）的求救信号。原来，生活在尼日尔河上游的帕塔尼斯人（Patanis）憎恨公司的垄断，抢劫了阿萨巴（Asaba）的工厂，并杀害了工厂经理与4名员工。未能及时营救的休伊特决定给帕塔尼斯人一点儿教训。

11月14日，休伊特登上皇家海军"情种"号（HMS Trigger）离开了主水道，沿着一条穿过茂密棕榈树林的支流驶去，一天后抵达阿萨巴。有人从河岸向他们开枪，休伊特下令用炮弹和火箭摧毁这个城镇。夜里，他们听到了战歌和鼓声，休伊特命令加特林机枪向声音传来的方向射击，声音逐渐停止了。第二天，另一个拒绝交出凶手的城镇阿巴里（Abari）被炮火摧毁。为了使破坏更为彻底，休伊特派陆战队登陆，烧毁了附近所有房屋。随后，休伊特又焚毁了第三个城镇托罗法尼（Torofani），居民要么被杀害，要么被驱逐。尽管凶手没有一个被绳之以法，但是休伊特很高兴以两名英国人被子弹擦伤的代价，给帕塔尼斯人上了血腥的一课。不过，休伊特与戈尔迪看法一致，认为从长远来看，惩罚性的远征无法代替真正的统治。这是英国必须接管油河地区的第一个原因。

第二个原因，则是为了把法国人拒之门外。休伊特发现三色旗如同病毒一样，扩散到了尼日尔河及其支流。1880年时，从布腊斯（Brass）到努佩，法国人还没有一个贸易站。到1882年，三色旗在贝努埃河上的势力已经超过了米字旗。第一家挑战英国公司的是法属赤道非洲公司。该公司由前非洲猎兵军官塞梅尔（Semellé）伯爵担任总经理，但这个倒霉蛋在1880年死于高温。董事们随后说服另一位殖民地军官，科西嘉人马蒂（Mattei）上尉接任总经理，法国政府还任命他为代理领事。1882年，第二家法国公司——塞内加尔公司，也加入了行列。现在，在贝努埃河上共有33家法国工厂，数量很快就会超过英国工厂。如果任由法国吞并尼日尔河三角洲，他们将对英国商品征收关税，国民非洲公司必然破产。

这是休伊特1883年4月回国时，带给外交部的最重要的消息。他还证实了尼日尔河的酋长们十分期待成为英国的保护国：他带回了一份由国民非洲公司总部所在地阿卡萨（Akassa）的3名酋长签署的请愿书；而他自己则前往喀麦隆，拜会了阿夸国王和贝尔国王。尽管维多利亚女王未回复他们的"亲笔信"，但两位国王似乎仍然期望加入帝国。

当休伊特回国时，马蒂上尉正好从巴黎回到尼日尔河三角洲。马蒂回国期间，法国政府派出"腾跃兵"号汽船前往西非巡航，这让英国外交部大为震惊。事实上，"腾跃兵"号在邦尼无人搭理，而在喀麦隆，只有一个臭名昭著的酋长帕斯·阿里（Pass-All）准备与法国人签署合约。马蒂上尉想要得到法属赤道非洲公司的总部所在地，位于尼日尔河中央口岸的布腊斯，将其作为突破国民非洲公司防线的缺口。

当时布腊斯的中间商在国民非洲公司的绞杀下困苦不堪。他们曾呼吁英国政府公平竞争："我们没有土地可以种芭蕉或山药，如果我们不能贸易，我们就得挨饿。"但英国政府对他们的呼吁置若罔闻。于是布腊斯人从利物浦商人那里购买武器，袭击各家公司的汽船，英国炮艇则对布腊斯进行了猛烈的报复，烧毁沿岸的城镇和村庄。1883年8月9日，马蒂乘虚而入，主动提出把布腊斯收为保护国，当天布腊斯酋长表示同意，但次日他便食言了。无论是戈尔迪，还是其死敌利物浦商人，在对付法国人上，一贯是齐心协力的。马蒂注定失败。

布腊斯人的拒绝，使马蒂大为震动，他决定向北出发，希望能夺回主动权。他给公司汽船"努佩"号装上大量欧洲商品——火药、枪支、杜松子酒、朗姆酒、铁棒等，沿尼日尔河而上，越过棕榈林的边界，向贝努埃河进发，最后到达从属于索科托哈里发国的穆斯林邦国东南边境，即西苏丹地区。

在马蒂看来，西苏丹是与尼日尔河三角洲腐烂沼泽截然不同的世界，那里有干燥炎热、无边无际的大草原和辽阔的天空，当地居民相对文明开化。穆斯林与欧洲人有相似的价值观：尊敬法律工作者、学者、银行家，崇拜一神教，尊崇秩序（这点可以从麦加成千上万的朝圣者看出）。对于一名曾在阿尔及利亚服役的非洲猎兵军官来说，这里更像是他的家园。

马蒂进入了富裕的努佩埃米尔国（他的旗舰就是以之命名的）。1882年马蒂曾来过这里，当时努佩埃米尔国爆发了由尼日尔河上的船夫引发的叛乱，导致其"生命线"——尼日尔河陷入瘫痪。埃米尔的弗拉尼骑兵和从国民非洲公司买来的火炮被隔离在河西岸，埃米尔则被困在东岸比达（Bida）的宫殿里。马蒂坚持协助国民非洲公司的汽船一道镇压叛乱。叛乱被镇压后，心怀感激的埃米尔让英法两国一起在国内建立工厂，戈尔迪的垄断事业就此被打破。

到了1883年，法国强大的竞争力，使戈尔迪在努佩埃米尔国无利可图。但没等最好的工厂竣工，马蒂便不得不回到黑暗的棕榈林和布腊斯腐烂的红树林沼泽中。他为国尽责尽忠，但他自家的买卖却失败了。他的赤道非洲公司没有赚到一分钱。而且令马蒂惊诧的是，他这位代理领事从未收到过海军部或外交部的任何指示，法国政府拒绝向努佩埃米尔国赠送礼物。他的祖国似乎抛弃了他。

1883年的雨季十分短暂，尼日尔河的水位一夜之间就下降了。马蒂的两艘最新式汽艇"努佩"号和"莫雷基"号（the Moleki）搁浅在河上游，直到次年6月才挪动。雪上加霜的是，赤道非洲公司接连遭遇了一系列灾难：汽船"阿达马瓦"号（the Adamawa）在发生碰撞事故后沉没；洛科（Loko）的一家工厂被烧毁，损失了7万法郎的贸易货物。12月，马蒂登上了一艘开往利物浦的英国轮船。他终于明白爱国不能当饭吃，决定从公司辞职。

这时，格莱斯顿内阁终于将目光转向非洲西海岸。在之前一年半的时间里，只要休伊特提到在油河区建立保护国的事，便会遭到白厅的嘲笑。1883年6月，休伊特终于在内阁找到了一个盟友——外交部新成立的非洲司的负责人珀西·安德森（Percy Anderson）。安德森告诉他的领导格兰维尔，休伊特已证实建立保护国无法避免，否则油河区的酋长们将"毫无疑问地把自己交到法国人的手中"。安德森继续说道：

> 法国人为什么不会接受他们？如果说有一件事非常清楚的话，那就是法国在非洲东部和西部海岸都有一个固定的政策，而这个政策与我们的是对立的。这项政策的推动时而迟缓，时而迅速，但它从未停止过……塞内加尔地区的铁路正在从圣路易向尼日尔北部延伸。（法国人）正在与苏丹建立联系，并向廷巴克图推进。法国最近在大巴萨姆（Grand Bassam）和象牙海岸的阿西尼（Assinie）建立了新的基地。布拉柴先生在刚果……拉各斯的贸易遭到来自诺沃（Novo）港的袭击。法国官方特使正在尼日尔河三角洲的上游执行任务，而"腾跃兵"号的船长正试图说服河口的当地人接受他的条约。如果他成功做

到这一点，那么英国贸易除非任由法国官员摆布，否则将没有生存的机会。

我们被动地接收法国的这些政策，如果一直这样，我们在行动方向上就会被逼进死胡同。似乎只有一条路走得通：我们在油河入海口和毗邻的海岸上，承担起成为土著国家的保护者的责任。

只有伸出手去攥住这些保护国，英国才能避免"与法国展开一场不体面的、危险的竞赛"，避免一场争夺。如果这样做了，法国人将不得不放弃他们的阴谋，与我们进行谈判。只有到那时，谈论交换冈比亚才具有意义，这才是对法政策的真正目标。他们将为此付出高昂的代价——加蓬、尼日尔河下游、黄金海岸和象牙海岸。按照这个方式计算，我们付出的价格是低廉的。

此时殖民大臣德比勋爵又来添堵，他不想承认归外交部管辖的保护国。于是在1883年10月，格兰维尔提出直接把油河区变成殖民地，这样就可以由殖民部直接管理。到底是让其成为英国的殖民地，还是保护国呢？德比勋爵把问题抛给了在戛纳度完假、恢复元气的格莱斯顿。格莱斯顿毫不意外地选择了后者。与需要宗主国直接管理的殖民地相比，一个几乎不需要行政管理的保护国耗费极低，至少在最初几年是这样。不过，即使是保护国，其开销——两三个副领事的薪水，每年大约5000英镑，以及他们的日常花费——对英国纳税人来说也算个不大不小的负担。如何搜刮这5000英镑呢？由于保护国至少在名义上属于外国领土，因此帝国无法对其出口的商品征税，那么会有英国商人自愿掏腰包吗？格兰维尔想到了老朋友阿伯德尔。在他看来，尼日尔地区的贸易额每年高达30万英镑，让商人掏5000英镑并不过分。

但上文提到，戈尔迪本人的真实目的，并非建立外交部管理的保护国，而是要建立公司凭借皇家特许状管理的保护国。戈尔迪对这个计划守口如瓶，但眼下他必须阻挠正式建立保护国的计划，因此他与阿伯德尔串通好，拒绝支付这5000英镑，只愿提供一名不领工资的副领事，即国民非洲公司的经理大卫·麦金托什。外交部只能想其他办法。他们先接受麦金托什为副领事，这样好歹能省一个人的工资，然后关闭了火奴鲁鲁（Honolulu）、瓦尔帕莱索（Valparaiso）等地的领事馆，以实现资金平衡。万事俱备后，1884年5月16日，休伊特领事手持为阿夸国王和贝尔国王准备的空白条约，满载着朗姆酒，驶向油河海岸。

同样是在这个月，经过一年多的犹豫，葡萄牙终于与英国签署了《英葡条约》。该条约承认了葡萄牙在刚果河下游——从出海口到马塔迪（Matadi）与第一急流区——的主权。法国人清楚，英国人显然是把葡萄牙当枪使，通过阻止法国向下游扩张，来保护自己的自由贸易，于是扬言要在埃及采取报复行动（英国当时需要其他列强为经济依旧半死不活的埃及提供贷款）。法国总理茹费理试图说服俾斯麦加入反英阵营，但俾斯麦几乎从未表现出对殖民地有任何兴趣，他对茹费理的建议置之不理。

休伊特出航后，坐镇伦敦的珀西·安德森一度沾沾自喜，这是可以理解的，他阻止了事态的恶化，"非正式帝国"注定要灭亡。内阁和白厅整整花了两年半的时间才意识到这个事实。休伊特将开启一个新的正式帝国。英国通过放弃冈比亚，将接管从塞内加尔到刚果的整个西海岸。

休伊特在1884年6月18日才在贝宁（Benin）港停泊，随后抓紧时间安排签约。签字的酋长们根本不清楚，这些条约将成为英国未来殖民地尼日利亚的地契。休伊特计划从奥波博向西航行，之后向东航行到喀麦隆。他特意将与阿夸、贝尔签约的最轻松愉快的使命留到最后。在喀麦隆，河边矗立着一座座青山，仰面便能感受到从4千米高的山上吹来的阵阵怡人微风。休伊特一开始打算在那里建一座疗养院，但也许会把它作为自己新的总部，相比邦尼，那里真的是休憩养生的好地方！

然而7月15日，当休伊特还在贝宁港与酋长们闲聊时，一名英国海军军官给他带来了一个令人震惊的消息：喀麦隆出现了一艘外国炮艇，船上的人正在与阿夸、贝尔两位国王谈判！休伊特立即放下手中事务，于7月19日下午搭乘"情种"号驶入贝尔港。休伊特透过蒸腾的热雾，发现红树林沼泽中确实显现出一面三色旗，但它们不是红、白、蓝三色，而是上有黑十字架的红、白、黑横条旗。

原来在5天前，德国著名探险家古斯塔夫·纳赫蒂加尔医生（德国驻突尼斯领事）在一队陆战队的保护下，从"海鸥"号（Möwe）炮艇登陆该地。他告诉震惊的英国商人，他以德皇的名义占领了喀麦隆。鹬蚌相争，渔翁得利，英法两国为了西非三角洲，在外交、贸易等战场上打得不可开交，谁也没想到，之前对殖民地态度极不在意的俾斯麦，不声不响地占得了先机。

# 第十三章 俾斯麦的殖民秀

1883年夏，"铁血宰相"俾斯麦病得不轻，大家甚至认为他会先于老皇帝威廉一世离世。他的妻子约翰娜（Johanna）请来了犹太医生施魏宁格（Schweninger），此人曾帮助他的次子比尔减肥，还给比尔治过关节炎。施魏宁格给他制订了控制饮食、严禁烈酒、多吃鲱鱼、放松精神、提高睡眠质量的恢复计划。然而，情况稍有好转后，俾斯麦就放任自流，任性贪杯，还对干涉他的施魏宁格发脾气。结果这位年轻的医生把桌子一拍，对着这位一人之下、万人之上的首相吼道："你要不听我的，只有死路一条！我不是你家的奴才，我走了！"俾斯麦只好认错。一个半月后，俾斯麦体重减去50磅。等到1884年，俾斯麦的精力和体力都得到了惊人的恢复，刮掉胡子的他看上去神采奕奕。

在得到施魏宁格治疗前，身心俱疲的俾斯麦时常有退隐瓦尔津庄园①的想法。但无论对以前的普鲁士王国，还是对新生的德意志帝国来说，"铁血宰相"都不可或缺。经过他的数十年经营，普鲁士从一个德意志邦国，变成了世界上最强大的军事帝国。尽管这个帝国与英国一样有国会，但根据宪法规定，首相对皇帝，而不对国会负责，只有皇帝才能解雇他。实际上，俾斯麦既对84岁高龄的皇帝，也对他的臣民发号施令，他毫不掩饰对民主的蔑视。有时，他会在国会大厦露面，用尖细刺耳的声音向议员们发表演说，但他的目的似乎更多是嘲笑他的对手。因此，当人们在1884年6月中旬听说俾斯麦一反常态，打算在国会预算委员会发言，解释其在对外政策上的转变——在非洲占领喀麦隆、安格拉·佩克纳（Angra Pequena，今纳米比亚的吕德里茨）以及多哥兰（包括今多哥全境和加纳东部部分土地）等地，建立海外殖民帝国——他们感到惊讶极了。

人们不仅惊讶于俾斯麦"屈尊"前往国会，更惊讶于这位外交大师不再将舞

---

① 普奥战争结束后，普鲁士邦议会建议由国家奖给俾斯麦一笔巨款——40万塔勒。俾斯麦用这笔奖金买下了波美拉尼亚的瓦尔津领地，它离但泽有150千米，离波罗的海海滨42千米。

台局限于欧洲，而是迈向了黑暗大陆。德意志被誉为欧洲心脏，是欧洲最强大但也最脆弱的国家。俾斯麦在19世纪六七十年代领导德意志连续击败了3个对手：丹麦、奥地利和法国。歌德有一句名言："天才知道何时止步。"俾斯麦精心编织了一张由不同条约（而且常常相互冲突）交叠在一起形成的安全网。1879年，他与奥匈帝国缔结条约。该条约规定，两国在受到俄国进攻时，对方必须以全部武力相助。毫无疑问，这一条约针对的是沙俄。但两年后，他拉拢沙俄、奥匈两国，缔结三皇同盟，该同盟的假想敌是沙俄在地中海和亚洲的传统对手——英国。接着，俾斯麦在这张安全网上又叠加了一道网，他利用意大利与法国抢占突尼斯失势，乘机与意大利、奥匈帝国结成三国秘密同盟。在编织安全网的同时，他也开始着手解决最需要处理的外交事务——与法国修好。在柏林会议上，俾斯麦亲手把"熟透的梨子"突尼斯献给法国，希望通过此类善意，让法国人忘掉阿尔萨斯和洛林。

俾斯麦之前对海外殖民地并不感兴趣，19世纪70年代时他曾说过，羽翼未丰的德意志帝国去抢夺殖民地，就像是有貂皮大衣而没有睡衣的波兰贵族。俾斯麦还对自己的心腹兼朋友荷斯坦（Holstein）男爵说："只要我是首相，我们就不会奉行殖民政策。"他的理由有4点：

第一，新殖民地无法独立维持运行，又不能让纳税人掏钱。

第二，公众舆论对殖民地的厌恶。即使它在政治上能够被接受，德国管理人员也无法适应非洲的气候，帝国古板的官僚系统，同样无法在松散的殖民地发挥作用。

第三，当时规模小于意大利海军的德意志海军无法保卫这些殖民地。

第四，建立殖民地，会恶化德国与列强之间的关系。

荷斯坦认为，这些理由都是老调重弹。拿后两条来说，柏林会议和俾斯麦建立的联盟网，使列强之间爆发大战的可能性微乎其微。法国虽说复仇的口号喊得震天响，但只要德国不抢夺对方觊觎的土地，它肯定欢迎俾斯麦收拾英国人，这反而有利于德法和解。另外，荷斯坦从阴谋论的角度考虑，新殖民地可以作为武器，随时挑起与英国的殖民争端，引发民众的反英情绪，从而间接打击俾斯麦的最大政敌腓特烈王储（王储的妻子是维多利亚女王的女儿，他自己很是崇拜英国的自由主义思想，支持国会中的自由思想党）。

荷斯坦还认为，外因并非俾斯麦改变主意的关键，关键在于民意。在国会大厦，议员们为殖民地大声疾呼。报纸也报道，一种对殖民地"真正的狂热"在德国民众中蔓延。几年前，一群热心人士成立了"德意志殖民地联盟"，会员只有几千人，但他们的思想却像瘟疫一样传播开来。近十年来，世界范围的经济萧条使鲁尔地区遭受重创，俾斯麦被迫放弃英国式的自由贸易，转而选择了降低关税壁垒，如果壁垒越筑越高，殖民地可能会派上用场。除此之外，许多德国人相信非洲中部是"等待进取的资本家"的黄金国。如今斯坦利和布拉柴正为之角逐，为什么德国人不能加入其中？一种恐慌思想开始扩散：瓜分殖民地的大门正在关闭，德国除非现在就抓住一些东西，否则将永远失去机会。

俾斯麦有意利用选民的恐慌。当年秋天，国会即将进行选举，殖民政策成了很好的"选举噱头"。用殖民地来争取德国选民，是俾斯麦用来对抗即将即位的腓特烈太子的一种方式。俾斯麦曾对普鲁士大臣脱口而出："所有这些殖民事务都是假的，但我们需要它来进行选举。"但研究表明，俾斯麦当时慢慢改变了殖民地只是昂贵的负担这一观点。

腓特烈觊觎的目标是非洲西南部。早在1842年，德意志莱茵传教会便在非洲西南部重镇温得和克（Windhoek）建立了传教站，日耳曼人自此在这片地区扎根。19世纪50年代初，奥兰治河下游河谷掀起了一股开发铜矿的热潮。为此，德国人在安格拉·佩克纳修建了一个小港，运输铜矿石。1882年，不来梅烟草商人吕德里茨（Lüderitz）在鲸湾港（Walvis Bay）以南向当地酋长购买了一片土地，1883年2月他向俾斯麦申请，希望他在安格拉·佩克纳附近的贸易站能够得到"德国国旗的保护"，即得到领事馆帮助，并希望军舰偶尔造访。实事求是地讲，吕德里茨的要求不算过分，但当时俾斯麦并不愿意提供这些帮助。他对伦敦称，德国对"海外项目"没有兴趣，如果英国把保护范围扩大到德国定居者所在的地区，德国会非常高兴。但到了4月，外交部律政司的枢密院议员海因里希·冯·库斯洛（Heinrich von Kusserow）致信俾斯麦，称英法打算分享整个西非海岸，并已同意不对彼此国民征收关税，德国商人有麻烦了！这其实是一场误会，库斯洛误读了一个月前英法发表的塞拉利昂协议的法语文本，该协议是为了保护生命和财产安全，而非贸易。

与此同时，德国在非洲最大的贸易商——汉堡韦尔曼公司的主管阿道夫·韦尔曼（Adolph Woermann）也警告首相说：葡萄牙人封锁了刚果，法国人冲出了加蓬；一名叫休伊特的英国领事计划吞并德国公司主要基地喀麦隆……上述行动都可能对德国贸易造成毁灭性影响。韦尔曼直言不讳地说，德国只有一个办法：吞并一些领土，建立一个海军基地来保护自身商业利益。

见多识广的俾斯麦当然不会被一位汉堡商人怂恿，但他开始对非洲上了心，并索要了一份涉及非洲贸易最多的3个港口——汉堡、不来梅和吕贝克的民意调查报告。结果令人惊讶。这些港口以前像英国同行一样支持自由贸易，但现在汉堡和不来梅都转投韦尔曼的阵营。汉堡商会（副主席就是韦尔曼）请求俾斯麦在非洲部署舰队，并以皇帝的名义吞并喀麦隆。只有吕贝克，声称他们对非洲没有多少兴趣。

俾斯麦的非洲政策在不知不觉中发生了变化，1883年8月，俾斯麦命令驻开普敦的德国领事向吕德里茨提供领事帮助，并要求将这一慷慨举动公之于众。当年秋天，俾斯麦向伦敦发出了一系列措辞强硬的电报，旨在迫使英国承认不对安格拉·佩克纳宣称主权。但当时他只想保证安格拉·佩克纳独立，并未打算将其纳入帝国。但到了1884年3月，伦敦方面仍未对安格拉·佩克纳的主权问题进行答复。失去耐心的俾斯麦认为英国有意于该地。而波罗的海诸港的商业游说团体们也开始谴责英国计划吞并多哥兰（那里有德国的重要贸易站）。当月，吕德里茨从南非带回来一个新的信息：英国人找到了一份可证明安格拉·佩克纳所有权的、被人遗忘许久的文件。

俾斯麦进退两难。殖民地对保护商业利益至关重要，但帝国真能管理它们吗？正是在这个关键时刻，狂热的殖民主义者库斯洛挺身而出。他写了一份冗长的报告，打消了俾斯麦的疑虑。

库斯洛声称，英国人曾经依靠东印度公司，在印度建立帝国，最近又在北婆罗洲恢复了公司制度（他当时还不知道戈尔迪特许公司的事）。该制度的美妙之处在于，帝国可以把经济和道义上的负担全部转嫁给公司。库斯洛在4月8日的备忘录中，要求给吕德里茨颁发特许状。同一天，吕德里茨在南非的代理人发来电报，声称开普政府准备吞并安格拉·佩克纳。俾斯麦下定决心，对库斯洛说："现在让我们动手吧！"

5月19日，俾斯麦密令德国探险家古斯塔夫·纳赫蒂加尔医生在多哥兰和喀麦隆上空升起德国国旗，宣称对安格拉·佩克纳拥有主权。但医生至少要等到7月初才能完成上述任务。中间这段时间，如何阻止英国将这些土地据为己有呢？

俾斯麦开始玩弄外交手段。4月24日，他让德国驻伦敦领事感谢英国政府，安格拉·佩克纳"得到英国保护"是有目共睹的。包括英国驻柏林大使安帕希尔（Ampthill）勋爵和德国驻伦敦大使明斯特（Munster）伯爵在内的众人都上了当。伦敦将继续以为，纳赫蒂加尔只是被派去"调查德国的商业情况"。而明斯特在这场骗局中的任务，是让英国人相信，他们不太在意安格拉·佩克纳，俾斯麦无意建立一个殖民帝国。与此同时，"海鸥"号炮艇载着纳赫蒂加尔驶向西非海岸。

但俾斯麦依然担心开普会近水楼台先得月。5月底，他听说英国殖民大臣德比勋爵曾对来自开普的一个代表团称，英国拥有"将外国势力排除在非洲西南海岸之外的权力"。6月初，俾斯麦从德国驻开普领事处获悉，开普政府已同意接管从现有边界到鲸湾港的大片领土。早在1877年，开普议会就想接管这片土地，却被伦敦拒绝。1884年2月3日，德比勋爵致电开普，让他们兼并该地，但当时开普不想为兼并出钱。5月，德比勋爵重复了2月3日的电报，并暗示开普当局，如果他们拒绝，那么德国可能会接管。不过当时开普政府正值换届，无人理睬德比勋爵，直到新总理约翰·梅里曼（John X. Merriman）上台。

此时，纳赫蒂加尔距离海岸还有一个月的路程。俾斯麦不得不提前摊牌。6月中旬，他背着明斯特伯爵，派长子赫伯特（Herbert）到伦敦执行一项特别任务：警告格莱斯顿不要碰安格拉·佩克纳。赫伯特继承了父亲的坏脾气——粗野、傲慢、虚荣，却没有继承父亲的天赋，这对他来说是不幸的，但他对俾斯麦忠心耿耿，是俾斯麦最宠爱的儿子。他早年曾在德国驻伦敦大使馆当过秘书，与英国外交大臣格兰维尔勋爵颇有交情。

随后，俾斯麦对国会宣称，他们有责任在非洲建立殖民帝国，这一帝国并非直属德国，而是效仿英国的特许公司制度。首相最后威胁道，他不同意英国或英属殖民政府阻止德国的领土主张，除非证明这些领土已经属于对方。俾斯麦称："如果有人问，帝国有何手段为远方的德国企业提供有效保护，我们首先要考虑的是帝国的影响力，以及与其他大国保持友好关系的愿望和想法。"这意味着，如果英国有意挑事，德国将毫不犹豫地与法国联手，打出"埃及牌"。

1884年6月13日，赫伯特抵达伦敦，第二天与格兰维尔勋爵见面。格兰维尔打起了太极，并未给赫伯特明确的回复，但开普政府却在他的怂恿下，试图吞并西南非洲（今纳米比亚）。赫伯特等到19日，终于对格兰维尔不耐烦起来，对他大发脾气。外交大臣格兰维尔乞求宽恕："这对我来说非常困难，因为我有很多事情要做，所以我不能详述这些殖民问题……除此之外，在这个艰难的时刻，议会的部分事务落在了作为上议院领袖的我身上。而且，我还必须进行棘手的埃及谈判。"格兰维尔把安格拉·佩克纳问题推给了德比勋爵。至于他自己，从来没想过俾斯麦亲王在背后搞动作，也没想到俾斯麦渴望拥有殖民地。相反，他一直以为，德国人所要求的，只是英国人承担起保护德国人的责任。

格兰维尔没有撒谎，直到那个星期，英国外交部都没有注意到俾斯麦对殖民地的态度发生了转变。两天后，格莱斯顿及内阁决定向俾斯麦屈服，他们致电开普，拦阻后者向北将领土扩张到鲸湾港。

但开普政府并不愿轻易放弃。安格拉·佩克纳周边海岸离开普边境太近，如果它落入敌手，就会有大麻烦。此外，一个由"德帕斯和斯宾塞"（De Pass, Spence & Company）贸易公司领导的游说团体正在开普敦游说入侵安格拉·佩克纳，该公司声称在那里已经投资了30万英镑。开普新总理梅里曼是一个沙文主义者，他对帝国为了讨好俾斯麦而牺牲他与他领导的殖民政府感到愤怒和羞耻。德比勋爵不得不在7月14日安抚梅里曼，称开普只要愿意承担开疆拓土的费用，就有权吞并吕德里茨所赁土地以外的北部海岸，即从鲸湾港到安哥拉边界。但开普不依不饶，在3天后回应道，它将吞并奥兰治河以北，包括安格拉·佩克纳在内的整个海岸。

俾斯麦对爱子向格兰维尔发火一事十分满意，随后便回到瓦尔津庄园度假。在与国会中的自由党周旋、与自由党的盟友——太子和太子妃明争暗斗之后，盛夏的瓦尔津庄园如同天堂。山毛榉和橡树构成的幽暗森林，无边无际的地平线，舒缓了他疲惫的神经。他在瓦尔津庄园依旧工作，但过着隐士般的生活，所见之人除了家人，便是一个马车夫，这名马车夫会从最近的火车站施拉韦（Schlawe）带回来自柏林的密电。

7月的第三个星期，当俾斯麦读到一封开普当局声称他们已经吞并了奥兰治河以北，包括安格拉·佩克纳在内的整片海岸的电报时，他勃然大怒，马上致电外交部，打出"埃及牌"。

原来，英国打算在当年六七月在伦敦召开两次旨在帮助埃及摆脱新一轮破产的列强会议。据估计，埃及需要800万英镑的新贷款，其中半数将用于赔偿外国人在1882年英国轰炸亚历山大以及随后骚乱中所遭受的损失。英国准备提供这笔贷款，条件是在利息和还款方面得到优惠待遇。这意味着要修改1880年的《国际清算法》，牺牲包括法国人在内的大量债券持有者的利益。在6月的会议上，茹费理政府似乎准备合作，并明确表示承认英国在埃及的霸权地位，结束二元控制。但在7月22日举行的第二次会议上，法国人又变了卦，认为没有理由对英国的新贷款给予优惠待遇。英国指望德国人站到他们一边。

俾斯麦选择了在这个时候出招。德国代表明斯特伯爵提出埃及的公共卫生问题，成功转移了大家的注意力。8月2日，由于英法两国相互指责，会议不得不中断。

格兰维尔为惹恼俾斯麦导致会议失败而深感自责。直到8月中旬，来自非洲的消息接连不断地传来时，格兰维尔才从自责中猛然惊醒，明白自己上了俾斯麦的当。

7月5日，纳赫蒂加尔与多哥大酋长姆拉帕缔约，宣布多哥为德国的保护国；7月12日，纳赫蒂加尔与杜阿拉（Douala）的阿夸、贝尔两位国王签署保护条约；7月14日，纳赫蒂加尔在杜阿拉的德国商站附近升起德国国旗，不久又在喀麦隆沿海另外5个商站举行升旗仪式；8月7日，"伊丽莎白"号（the Elizabeth）船长吞并了安格拉·佩克纳；8月底，德国炮艇"狼"号（Wolf）船长正式宣布吞并西南非洲。

摘得累累硕果的俾斯麦，准备获取殖民政策的第一份红利，那就是与法国修好。8月，俾斯麦邀请法国驻柏林大使库塞尔男爵前往瓦尔津庄园，就针对英国的两个问题达成一致步调：让尼日尔和刚果对国际贸易保持开放，维护埃及债券持有人的利益。

得知要与这位当世伟人见面，库塞尔倍感紧张。他特地咨询了荷斯坦，后者警告他永远不要打断首相的话，并担心首相受到儿子赫伯特的影响，急于让英国人走出困境。

然而，等到二人见了面，首相的魅力让库塞尔倾倒。那年夏天，俾斯麦对一位年轻的德国外交官说："英国人就像寓言里的狗。这只狗不能忍受另一只狗也有几根骨头，尽管这只吃得很饱的狗有一个碗，碗里的东西已经满了。"

或许俾斯麦对库塞尔说过同样的话：只要法德联合，就能让这个自私的"畜生"吐出骨头。俾斯麦在埃及问题上闪烁其词，但提议在柏林组织国际会议，讨论刚果和尼日尔的问题。他坚定地承诺，支持法国的主权主张。库塞尔后来向荷斯坦坦白，他"被俾斯麦迷住了"。

欧洲的"驯兽师"俾斯麦又挥舞着德意志的皮鞭，回到了"马戏场"上。9月，他带着赫伯特和比尔离开瓦尔津，护送德皇前往位于俄德边境的小镇斯凯尔涅维策（skiernewice），参加一年一度的三皇会晤。与会的有年轻的沙皇亚历山大三世、年过半百的哈布斯堡皇帝弗朗茨·约瑟夫、耄耋老翁威廉一世。俾斯麦对拥有沙俄这样强大的陆上盟友感到自得。把皇帝们安置妥当后，他开始为10月28日举行的国会选举忙碌。选举结果，太子和太子妃支持的新自由党一败涂地，选民们对新自由党不屑一顾。在旧国会中，他们有117个席位，现在却只有67个席位。俾斯麦的后盾——保守党、帝国主义者和民族自由党，拥有的席位却由119个增至157个。这样看来，俾斯麦拥有很大的优势，但不幸的是，社会党的席位从10个增加到24个，其他反对首相的政党同样不给他投票。俾斯麦所期待的殖民政策的第二个福利——在选举中大获全胜并未出现。新的国会仍然是俾斯麦的眼中钉，不仅伤害了他的自尊，还能随时削减他的预算。社会党所代表的城市工人阶级对非洲的黄金国、骷髅海岸（位于纳米比亚）沙漠中的新市场、多哥或喀麦隆的疟疾与沼泽地毫无兴趣，他们更关心摆脱大萧条，获取更好的工作、更富足的生活。

更糟糕的是，当俾斯麦开始谈论从非洲新得到的3个保护国所需的花费时，他发现之前叽叽喳喳说个不停的殖民贸易商突然沉默了。那年秋天，他在汉堡附近的弗里德里希斯鲁（Friedrichsruh）举行了一次会议，阿道夫·韦尔曼也参加了。俾斯麦指望韦尔曼迈出下一步：根据帝国颁发的特许状，管理喀麦隆保护国。结果韦尔曼与其他德国公司的合伙人礼貌地表示拒绝。他们是唯利是图的商人，对他们来说搞特许经营的成本太高了。毕竟，这里既不是印度，也不是东方，而是一穷二白的非洲。

上文提到，库斯洛曾为特许公司管理殖民地摇旗呐喊。俾斯麦曾同意库斯洛的主张，但现在他才知道一切都是纸上谈兵。库斯洛作为替罪羊，不久后被打发到海牙，成为一个小职员。他完成了当时许多外交家都做不到的事：愚弄俾斯麦。在殖民问题上吃够苦头的俾斯麦，在执政生涯的最后几年又恢复了对殖民地的反感情绪。他短暂的殖民热情，仅仅是他翻手为云覆手为雨的政治生涯中的一个小插曲，只不过为此买单的，是德意志帝国的纳税人。

格莱斯顿在1884年9月5日，也就是俾斯麦打出"埃及牌"整整一个月后，才恍然大悟道："我倾向于认为（俾斯麦）在（事关埃及的）会议上所做出的行为，是对（我们处理）安格拉·佩克纳问题的报复。"两人都是资深的政客、千年的狐狸，彼此毫无信任。但是，当英国在埃及危机中摇摇欲坠时，格莱斯顿还得指望德国保护他不受法国的攻击。在过去几个月里，格莱斯顿的脑子已经被埃及完全占据了，几乎把其他一切事务都排除在外。埃及重新撕裂了自由党内部，它就像沉船的裂缝一样即将把它撕破。现在，埃及问题让英国在欧洲处于"裸奔"状态。

喀麦隆成为德国保护国这一消息传回欧洲时，"太晚的休伊特"成为这位不幸的领事的绰号。英国内阁对纳赫蒂加尔医生以抢先5天的优势在喀麦隆取胜感到不快。不久，约瑟夫·张伯伦发现，俾斯麦并不满足于攫取3个非洲殖民地，他还想在澳大利亚政府眼皮底下从新几内亚分一杯羹。那年冬天，张伯伦写道："我一点儿也不在乎新几内亚，我也不害怕德国的殖民主义，但我讨厌俾斯麦的厚脸皮。"

格莱斯顿并不为安抚俾斯麦而感到羞耻。在他看来，由于英国在处理安格拉·佩克纳问题上过于磨蹭，他们反而欠俾斯麦一个道歉。给德国这样的好邻居一块非洲土地，或新几内亚，又有什么错呢？与咄咄逼人的激进派及其右翼盟友不同，他一直忠于旧的自由主义信仰。

在这段时间里，英国在非洲的殖民事业也不是一无所获，并且收获与德国人有间接联系。这要从德兰士瓦说起。1884年早些时候，德兰士瓦总统克鲁格乘船前往伦敦，就第一次布尔战争后签订的《比勒陀利亚公约》重新进行谈判，最终与殖民大臣德比勋爵签署新的条约，这就是著名的《伦敦公约》。根据新公约，英国不再是德兰士瓦的宗主国，不再承担保护德兰士瓦土著的责任；而克鲁格则同意不与其他列强签约，并放弃已有大批布尔人进入，建立了两个共和国的贝专纳兰（Bechuanaland，今博茨瓦纳）。英国还通过一项协议，确定了德兰士瓦的西部边界，也就是和贝专纳兰的边界。

克鲁格在回国途中，顺道访问了柏林，俾斯麦给予了他英雄般的礼遇，克鲁格公开向德国示好道：

> 就像一个孩子从父母那里得到支持，年轻的德兰士瓦，要向强盛的祖国德国以及（统治它的）辉煌的王朝（霍亨索伦王朝）那里寻求并得到保护。

现在，在争夺南非的三方势力——布尔人、当地土著与开普当局之外，出现了第四个搅局者——占据西南非洲的德国人。如何阻止德国人把贝专纳兰作为连接安格拉·佩克纳与德兰士瓦的桥梁呢？要知道贝专纳兰这片荒芜的沙地就在开普殖民地西北部，如果被德国人占领，将对开普造成直接威胁。由哈廷顿和张伯伦领导的"前进集团"认为，英国必须把贝专纳兰变为保护国，或者把它并入开普殖民地。殖民部确信，既然德兰士瓦边界已定，兼并贝专纳兰会是一路绿灯：没有与德兰士瓦的布尔人作战的危险，也没有冒犯开普的布尔人的危险。11月，英国指挥官查尔斯·沃伦（Charles Warren）上校率兵占领贝专纳兰。此事在英国鲜为人知，但这标志着英国第一次站出来反抗俾斯麦。

另一个鲜为人知的对俾斯麦的反抗，是英国占领非洲东海岸的圣卢西亚（St Lucia）港口。英国对这里进行干涉的理由更为充分：圣卢西亚是德兰士瓦的门户，德国随时可能将其占领。

与这两场小打小闹相比，两场关于非洲的大戏即将拉开序幕。一是俾斯麦将在柏林召开国际会议。大家纷纷猜测俾斯麦试图在法国的帮助下从英国手中夺回盛产棕榈油的尼日尔河。二是沃尔斯利正奋力逆流而上，向喀土穆进发，以拯救戈登以及国家的荣誉免受马赫迪玷污。

# 第十四章 戈登与马赫迪

1884年9月26日，一个矮小而孤独的身影出现在喀土穆宫殿的顶层平台上。他举着望远镜，朝两个方向搜寻汽船冒出的黑烟，他就是查尔斯·戈登。如果英国派出解围部队，他们将从北方沿尼罗河逆流而上，夺回柏柏尔，然后穿过梅特马赫（Metemma），在哈尔法亚（Halfaya）粉碎马赫迪军防线；而戈登自己的蒸汽船会从东南方沿着青尼罗河顺流而下，从森纳尔（Sennar）运来急需的粮食。这支运粮队将不得不面对沿河岸扎营的马赫迪军的攻击，他们只是马赫迪军的先头部队，但有数万人。

下午4点，东南方向果然出现黑烟，戈登把望远镜对准出现在视野内的小汽船。他在当天的日记里写道："阿拉伯人用火炮和来复枪愤怒地朝汽船开火，我们在屋顶上看到所有船体都有枪击留下的弹洞！"汽船最终抵达了喀土穆。经过盘点，有几名船员（包括一名男孩）遇难，3艘船的船身共留下7个弹孔，有些弹孔甚至能伸进手和肩膀。其中，"博丹"号（The Bordein）的弹洞距吃水线不到30厘米，如果不是一个船员把旧帐篷塞进弹洞里，它可能已经沉了。但这次行动也取得了丰硕的成果，喀土穆获得了约1万蒲式耳①谷物，可以坚持到12月。"不管我们信不信，即便在最激烈的战斗中，我们也像在伦敦的客厅里一样安全。"戈登坚信英国军队，不，是他信仰的上帝，最终会让对面那个自称马赫迪②的家伙屈膝折服，十字架终究会战胜新月。

马赫迪，原名穆罕默德·艾哈迈德·伊本·阿卜杜拉（Muhammad Ahmad bin Abd Allah）。他是栋古拉（Dongola）一个不知名的造船工的儿子，他家先是搬到喀土穆附近，后来为了寻找造船的良木，又搬到了白尼罗河上的阿巴岛（Abba）。年

---

① 在英国，1蒲式耳等于8加仑，相当于36.37升。在美国，1蒲式耳相当于35.2升。

② 马赫迪，意为"受真主引导的人"或"被真主引上正道的人"。伊斯兰教认为，马赫迪是世界末日来临前一个有宗教领袖性质的人物，是穆斯林的领导者。

轻的艾哈迈德身材高大，肩膀宽阔，五官端正，有浅棕色的肤色、黑色的胡须、闪闪发亮的眼睛、洁白的牙齿。他的声音很有说服力，笑容让人感觉非常虔诚，他露出的两颗门牙之间有一条缝隙，这个缝隙在苏丹被认为是好运的象征。艾哈迈德本是苏菲派著名教长穆罕默德·谢里夫（Muhammad Sharif）的忠实信徒，但由于谢里夫纵容女仆在儿子的割礼仪式上跳舞，艾哈迈德认为他违背了原始教义，因此独自苦修，成为著名的隐士。当地部落的人成群结队地来到阿巴岛，拜访这位隐士。就连戈登当年乘坐明轮船开往赤道省中途经过该岛时，也放慢速度以示敬意。对欧洲人来说，这位隐士尽管对信仰过于狂热，但似乎人畜无害。

自19世纪20年代穆罕默德·阿里帕夏征服苏丹以来，历任总督就把苏丹当作腐败的温床，对苏丹进行敲骨吸髓的剥削，极力聚敛当地财富为己有，但这对当地上流社会来说尚能接受。然而到19世纪70年代，伊斯梅尔帕夏迫于列强的压力，先后启用了塞缪尔·贝克与查尔斯·戈登等废奴派名人。这些人更热衷于对奴隶贩子们进行武力讨伐，戈登甚至还处死了大奴隶贩子祖贝勒帕夏的儿子苏莱曼，但仅仅通过几场战斗，并不足以铲除奴隶制度。话又说回来，奴隶制是苏丹财政、贸易、家庭的基石，伊斯梅尔又怎么可能下壮士断腕的决心，废除奴隶制度呢？

1879年，戈登离开苏丹的那一刻，许多人就开始期待艾哈迈德作为他们的领袖，带领他们推翻戈登的改革。艾哈迈德将所有心怀不满的人团结在革命的旗帜下，他发誓要驱逐土耳其人和白人，废除开罗征收的人头税，恢复对伟人的尊重，怜悯卑微之人。1881年，时年37岁的艾哈迈德自称"马赫迪"，呼吁苏丹民众放弃当下世界，迎接即将到来的充满正义和公正的新世界。

马赫迪义军起初只装备了长矛短剑，但他们悍不畏死，而埃及官员多为酒囊饭袋，士兵们则是被强征入伍的，因此马赫迪军连战连捷。1883年1月，马赫迪军占领了科尔多凡省首府欧拜伊德（El Obeid），定都于此，此后运用沙里亚法实行严苛的宗教统治。马赫迪把部下按籍贯编成3个旗：黑旗，士兵大多来自西部各省，指挥官为阿卜杜拉·伊本·穆罕默德（Abdallahi ibn Muhammad）哈里发；红旗，士兵来自喀土穆以北尼罗河两岸的农民，指挥官为赛义德·穆罕默德·谢里夫（Sayyid Muhammad Sharif）哈里发；绿旗，士兵来自青、白尼罗河之间，指挥官为阿里·瓦德·希卢（Ali wad Hilu）哈里发。

欧拜伊德的陷落，打碎了陶菲克做了没多久的太平美梦。不幸的是，堂堂埃及赫迪夫，手头竟然没有一支像样的平叛部队。他的曾祖穆罕默德·阿里打造的旧军因阿拉比兵变，在泰勒凯比尔之战后被解散；伊夫林·伍德爵士虽然帮助赫迪夫训练了新军，但这支只有6000人的新军尚未完成训练，而且根据伍德的初衷，这支军队只负责国内维稳。无奈之下，陶菲克只能匆忙召回1万名曾在阿拉比叛军中服役、后被流放到苏丹的士兵。为了防止他们逃跑，许多士兵还被带上了镣铐。这支军队的指挥官是时年52岁的英国人威廉·希克斯（William Hicks）中将。希克斯的作战经验仅限于30年前的印度兵变，以及1868年在阿比西尼亚战争中担任旅参谋长的经历，他对苏丹以及沙漠战争可谓一无所知。当希克斯率领军官团从开罗出发时，留驻开罗的英国军官向一位同僚提议，最好选一匹快马以便逃跑。

希克斯花费了整整一个月练兵，随后率军击退喀土穆南面的马赫迪军，暂时平定了青、白尼罗河之间的平原。希克斯志得意满，准备发起对科尔多凡的远征，一举收复欧拜伊德。1883年9月9日，希克斯率7000名埃及步兵、一些巴希巴祖克（bashi bazouks）骑兵、14门火炮、6挺机关枪以及不少于2000名随军行动的杂役，向西踏入科尔多凡的蛮荒之地。在接下来的一个月里，希克斯不住催促手下在沙漠里艰难跋涉。在发给喀土穆的报告里，他不断提到酷热的天气、对供水的担忧以及对向导提供的信息的困惑。10月3日，他告知喀土穆方面，全军不得不在骆驼上装载50天的补给后脱离交通线继续前进，这是焦急守候在喀土穆的人们收到的最后一封信。在接下来几周里，不断有流言向这座城市袭来：有的说希克斯大获全胜；有的说希克斯遭到敌人袭击，但击退了敌人；有的说他已攻下了欧拜伊德；有的说他被包围了，缺少食物；还有的说他遭到伏击被全歼了。

到了11月底，陆陆续续有残兵逃回喀土穆。城里人终于不得不相信，希克斯和他的部下已在欧拜伊德以南的希甘（Shaykan）被围歼。原来，马赫迪早已将兵力集中起来，派马队实时侦察这支行动迟缓的远征军，只待希克斯进入埋伏圈。接连遭遇向导有诈、迷路以及缺水等厄运后，面对安萨尔（Ansar）①的伏击，

---

① "安萨尔"意为"辅士"，英国人则往往用波斯语"德尔维希"称呼马赫迪信徒，含义是托钵僧，即以行乞为生的穆斯林苏菲派苦修者。英国人对马赫迪士兵的另一种称呼是"Fuzzy-Wuzzy"，意为卷毛兵。

埃及军作鸟兽散，唯有希克斯与几名英国军官战至最后。最终，希克斯被谢里夫哈里发亲自用长矛杀死。至此，埃及失去了最后一支可以抵御马赫迪军的野战力量，而马赫迪一方损失不过数百人。希甘大败后，埃及在苏丹南部的统治濒临瓦解。12月23日，达尔富尔总督——奥地利人鲁道夫·卡尔·冯·斯拉丁（Rudolf Carl von Slatin）投降。1884年1月15日，马赫迪军队进驻达尔富尔首府法席尔（Al-Fashir）。

巴林爵士将一系列坏消息传回伦敦，但格莱斯顿的态度丝毫没有发生转变，他下令除了在亚历山大港留下部分部队，其他英军全部撤出埃及，绝不介入苏丹事务。在他看来，苏丹这块贫瘠的土地不值得英国人浪费一个英镑和军人的一滴鲜血，何况苏丹的局势已不可收拾，埃及政府应让苏丹自治。于是，秉承伦敦旨意的巴林爵士极力劝说埃及政府将军队撤出苏丹。

赫迪夫极不情愿地同意了。接下来的问题是，如何撤出困守各据点的官员、士兵与家眷。自由党认为，务必派遣一名声望与经验兼备，为人清廉，品行端正，既可以代表大英帝国，又可以让当地人寄托足够希望的人，才能稳住苏丹的局势，震慑马赫迪势力，从而让埃及军民脱身。格兰维尔勋爵认为查尔斯·戈登乃是这一任务的最佳人选，在他的一再坚持下，巴林与格莱斯顿最终选择了戈登。

戈登在被重新卷入苏丹的漩涡之前，已准备接受利奥波德的高薪聘用，前往刚果任职，但他最终不得不屈从于首相等高官的诚挚邀请、公众舆论的压力以及自己的良心。在这位虔诚的福音派教徒看来，是"上帝的旨意"使他重返苏丹，拯救苍生。1884年1月18日晚，抵达伦敦的戈登已经身无分文，还是好友沃尔斯利爵士把300英镑与自己的一块怀表送给了他做盘缠，戈登这才从查灵（Charing）出发。25日，戈登抵达开罗，先后与陶菲克和巴林爵士见面。由于萨瓦金附近已经被马赫迪军控制，他只能乘坐汽艇沿尼罗河逆流而上，赶往喀土穆。2月18日，他乘坐游艇"陶菲克"号驶往喀土穆，当地人夹道欢迎，不断亲吻他的双脚，高呼"苏丹""父亲"。戈登与10多年前一样高效而无畏，他到任后，立即着手解决沉疴痼疾，废除埃及统治下的恶法，提高粮食供给，释放未经审讯即入狱的囚犯，烧毁埃及官方的债务记录及酷刑工具，下令赋税减半。喀土穆民心初定。

戈登清楚，自己的任务不是带兵一走了之，而是需要为苏丹建立足以抵抗马赫迪军的自治政府。戈登选择的自治政府领袖有些出人意料——被软禁在开罗的奴隶贩子祖贝勒帕夏。前面提过，1879年7月，祖贝勒的儿子苏莱曼发动叛乱，结果在戈登的授意下，被其部下杰西抓获并处死。戈登同样判处祖贝勒死刑，但开罗当局没有执行这一判决。现在，戈登希望把这位与他有血海深仇的奴隶贩子带到喀土穆，任命他为当地统治者。

巴林对戈登的选择深表赞同。论在苏丹的威望，以及对苏丹社会的了解，没人能及得上祖贝勒的一半。至于祖贝勒是否配合，相信在开罗的软禁岁月已经磨圆了他的棱角，况且他每年还可以从赫迪夫的国库中得到30万英镑，用以抵抗马赫迪军。不过英国政府断然拒绝了戈登的推荐，任命一个臭名昭著的奴隶贩子实在有失帝国的体面，议会绝不能容忍。

除了祖贝勒，谁还能胜任？焦急的戈登提出了一个比一个荒谬的建议。奥斯曼苏丹能接管吗？议会会从印度派来穆斯林军队吗？议会会派兵越过红海去柏柏尔分散马赫迪的注意力吗？所有提议都被伦敦否决。3月8日，戈登悲观地预言："如果你们不派祖贝勒，你们就没有机会撤回守军。"戈登的提议再次被拒绝（事实上，格莱斯顿当时已同意任命祖贝勒，但内阁开会时他突然生病了）。

4天后，也就是3月12日，喀土穆的电报被马赫迪军切断，围攻开始了！戈登做了最坏的打算，他写信给长姐奥古斯塔（Augusta）：

> 这可能是我给你写的最后一封信，因为这里和柏柏尔之间的部族已经揭竿而起，他们将试图切断我们的路线。他们不会和我们直接作战，只会把我们饿死……我所要做的就是服从上帝的旨意，不管发生在我身上的事情有多么痛苦。

围城开始时，喀土穆城内有3.4万人，其中大约有8000名来自不同地区与民族的士兵，食物预计能吃到9月。戈登从一开始就决心采取积极防御策略。他的明轮船队的机动性和火力足以封锁尼罗河，即使6月尼罗河水逐渐退去，汇集的青、白尼罗河依旧是喀土穆北部和西部坚不可摧的护城河。戈登派人在喀土穆南面的沙漠挖出约10千米长的壕沟和护墙，两端分别与青、白尼罗河相连，形成一个三角形防御。戈登在河对岸建立了两个前哨：白尼罗河西岸的恩图曼堡（Omdurman），沿河修筑有一道防御工事；青尼罗河北岸的北堡（North Fort），直面喀土穆。但是到了旱季（11月—次年4月），水位降低后，恩图曼堡下面浮现出沙洲，这对戈登那支小规模守军来说是个危险的缺口。

青尼罗河的水太浅了，不适合蒸汽船航行，戈登只好对周边地区发起小规模袭击，有时还能抢到几百蒲式耳的粮食。但有一次他们被击退了，损失惨重。苏丹士兵声称是两位当地帕夏的背叛导致他们吃了败仗。戈登为了稳定军心，把两位帕夏处决了。7月，上涨的河水开始淹没沙洲，戈登的船队可以发起进攻了。这支船队由8艘船组成，其中一艘是赫迪夫的游艇"陶菲克"号，其余7艘是笨重的、需要烧木柴的汽船。它们有的是在伊斯梅尔的父亲赛义德在位时期穿越瀑布的旧船；有的是塞缪尔·贝克用过的锈迹斑斑的废船，其余的则是1877年戈登亲自用骆驼驮着船部件穿越努比亚沙漠，再在尼罗河岸组装的船只。这些船只的火炮安装在船头和船中部的木制炮塔里，甲板由用螺栓固定在木柱子上的钢制锅炉板保护，其上凿有射击孔。虽然它们古老的发动机发出剧烈的喘息声，但它们的战绩让戈登感到自豪。舰队的指挥官是穆罕默德·阿里帕夏（跟那个著名的埃及统治者同名）。8月12日，4艘汽船载着阿里的600名士兵，开往青尼罗河上的马赫迪军堡垒格里夫（Gereif），他们突袭了那里，带回3000蒲式耳的粮食和1000支步枪。在第二次行动中，他们突袭了阿布哈拉兹（Abu Haraz），之后两艘汽船继续沿着青尼罗河向上游行驶257千米来到森纳尔，带回了9000蒲式耳的谷物。月底，局势似乎大有改观，当地的马赫迪军被一扫而空。戈登认为守军足以夺回柏柏尔，重建与埃及的联系，于是他派遣4艘汽船，在阿里的率领下袭击河岸村庄埃尔·伊拉丰（El Ilafun）。这个地区树木繁茂，盛产谷物、棕油和咖啡。和他们的邻居一样，当地德高望重的谢赫·奥贝德（Sheikh Obeid）酋长，也站在了马赫迪军一边。

阿里对埃尔·伊拉丰的袭击十分顺利，他派一艘汽船满载战利品返回喀土穆。但胜利冲昏了阿里的头脑，他请求戈登允许他上岸，到距内陆24千米、酋长所在的村庄追击敌人。戈登认为那里位于树林深处，是伏击的理想地点（在阿里征服苏丹时，许多埃及士兵消失在那里，尸骨无存），于是很快派骑兵前去协助，默许了这次进攻。但骑兵没有找到阿里，第二天，汽船带回了消息：穆罕默德·阿里的部队被向导出卖，被敌人堵在森林里惨遭全歼！戈登失去了1000名最优秀的士兵，也失去了他最优秀的将领。这场灾难，与去年11月希克斯帕夏在欧拜伊德的遭遇惊人地相似。形势逆转，主动权又回到了马赫迪军手上。戈登安慰部下称："我服从上帝的一切安排，他们的人生必定已经圆满。"但是，他私下自责不已："当我听到战斗的经过时，我感到很遗憾……箭没有回到它的主人身边。"

他现在该怎么办呢？尼罗河已接近洪峰，洪峰过后水位会开始下降，脆弱的护墙必将暴露，喀土穆将面临新的危险。戈登决定鼓励他的两个英国同伴——约翰·唐纳德·哈米尔·斯图尔特（John Donald Hamill Stewart）上校和《泰晤士报》记者兼英国领事弗兰克·鲍尔（Frank Power）沿尼罗河顺流而下，前去最近的电报站栋古拉求救。起初，斯图尔特不想离开上司，但戈登还是坚决地要求他服从命令，并将包括外交部密码本在内的大量可证实驻军困境的机密文件交给了他。斯图尔特清楚，他的话比戈登的话更容易被人相信，这是让守军的真实情况为世人知道，让英国政府"蒙羞"的唯一途径。事实上，戈登写的求援信已经被信使发了出去，但无论是开罗的巴林，还是伦敦的格莱斯顿内阁，居然还在不紧不慢地问戈登，喀土穆是否有危险？他们认为他在不计后果地试图让英国卷入与马赫迪的战争，就好像戈登可以选择一样！戈登不得不在日记里泄愤：

> 我们已经多少次写信请求增援（写信给巴林），要求你们认真注意苏丹！
>
> 当你们胡吃海喝、躺在舒服的床上睡大觉的时候，我们和那些与我们在一起的人，包括士兵和仆人，日夜守望，努力平息这个冒牌马赫迪的行动……
>
> 我现在派斯图尔特上校来，是因为你们这段时间一直不吭声，不理睬我们，白白浪费时间！

9月9日晚上，距离阿里的部队覆灭不到一周，一艘有一门骑炮，船体在水位下30厘米的位置安装了特殊木制缓冲器，以免被暗礁伤害的小型明轮"阿巴斯"号（Abbas），载着斯图尔特、鲍尔、50名士兵、一些希腊难民和法国领事，从喀土穆顺流而下。戈登让两艘更大的汽船"萨菲亚"号（Safia）和"曼苏拉"号（Mansura）护送他们一程。除此之外，还有两艘帆船全程跟随，在必要时可以拖拽"阿巴斯"号。

戈登担心斯图尔特过于相信他人，警告他切勿把船停泊在岸边，只能在偏僻的地方停下砍柴。

9月26日，剩下的3艘汽船——"萨菲亚"号、"曼苏拉"号和"泰勒霍林"号沿青尼罗河到森纳尔征粮，收获颇丰。现在，食物可以撑到12月中旬。戈登想象着斯图尔特和鲍尔在28日安全抵达喀土穆以北400千米处的德巴（Debba）。他确信斯图尔特一行已经安全通过柏柏尔。与此同时，一个由身穿阿拉伯服装的年轻少校赫伯特·基钦纳（Herbert Kitchener）带领的小分队，骑着骆驼穿越沙漠，经过一段危险的旅程后到了德巴。在基钦纳寄来的一封短笺中，戈登第一次听到了沃尔斯利远征的确切消息。戈登盘算，一个月内他就能等来救援，到10月中旬他就可以松一口气了。他派3艘汽船前往梅特马赫准备把援军接过来。他确信，即使乘坐汽船而来的只有几百红衫军，也足以打破马赫迪军的包围圈。他期待他的朋友斯图尔特亲自率领红衫军杀回来。

10月9日，一个男孩进城，声称他在4天前离开了马赫迪的营地。据他所说，马赫迪已抵达喀土穆以南大约160千米的白尼罗河岸边。他带着大约4000名士兵和所有的欧洲俘虏，包括一些希腊修女，沿河西岸向这座城市进发。他吹嘘自己可以滴水不沾地过河。戈登从宫殿顶楼望向白尼罗河西岸，马赫迪的军队很快就会在那里扎营。

戈登在日记里写道：

> 我宁愿和马赫迪一起像个苦行僧一样生活，也不愿每天晚上在伦敦赴宴。我希望如果有将军来喀土穆，不要请我吃饭。

至于马赫迪那些衣衫褴褛的苦行僧们，正是戈登希望领导的军队。他在日记里写道："我希望我能指挥阿拉伯人。"他本能地把自己与受压迫的黑人、苏丹的穷人归于同一人群，而不把自己与喀土穆没落的帕夏和富人联系在一起。他甚至担心他军中的穷人想要加入马赫迪军。"哦，我们的政府，我们的政府！它为什么不负责？不是对我，而是对这些穷人负责！我声明，如果我认为城里的人希望加入马赫迪军，我就会放弃这座城市。我尊重自由的意志。"

此时，戈登亲自任命的达尔富尔省督斯拉丁也在马赫迪军中。前一年，达尔富尔省被攻占时，斯拉丁自称穆斯林（他确实皈依了伊斯兰教，因为其部下将他们的失败归咎于一名基督徒领袖），主动投降。马赫迪对他格外偏爱，将他收归帐下。斯拉丁脱下总督的白色制服和塔布什帽，换上马赫迪军的长袍，成为哈里发的奴仆阿卜杜勒·卡迪尔（Abdul Kadir）。但事实上，他一直在寻找机会逃走。

10月14日，斯拉丁被叫到马赫迪帐中。马赫迪让斯拉丁进入城内劝降："告诉戈登，我是真正的马赫迪，他应该和他的守军一起投降，这样才能拯救他自己和他的灵魂。"斯拉丁回答说，戈登不会相信这些话的，但如果他写信给戈登，劝降戈登，那样或许他会相信。马赫迪同意了。当天晚上，斯拉丁以劝降为借口，将他打算逃跑到喀土穆的计划用德语写信告诉戈登，并要求戈登配合他，但戈登并未回复。斯拉丁又写了一封信。喀土穆的奥地利领事（一定是他为戈登翻译了这封信）将信交给戈登，但戈登又一次拒绝了他。让斯拉丁借助暂时释放他的机会逃脱，有损戈登的荣誉准则，在他看来，"马赫迪的权威，与其他强权的权威一样值得尊重"。也许，戈登在内心深处并没有完全原谅斯拉丁改宗的行为。那天晚上，斯拉丁被哈里发的人抓住，他的脖子和腿被沉重的铁环锁着，拴在铁链上。

两天后，战鼓被敲响，帐篷被拆下，骆驼载满辎重，马赫迪军笨重地向前行进，扬起了巨大的尘雾。斯拉丁骑着驴，因锁链沉重而失去平衡，不得不由两边的人搀着。当天，斯拉丁便能望到喀土穆的棕榈树，那是他向往的地方。这一刻，戈登在屋顶举着望远镜，盼着援军到达。他预计援军将在11月10日左右赶来，斯图尔特当然也在其中。

10月22日，戈登收到一封用阿拉伯语写的信，信上有一个巨大的红色印章，上面刻着马赫迪的名字。即使翻译过来，戈登也很难理解信中的意思：

以仁慈的真主之名，赞美悲悯与慷慨的造物主，用和平祝福我主穆罕默德。

以真主的仆人、阿卜杜拉之子穆罕默德之名，致喀土穆的戈登帕夏：

愿真主指引你走向美德之路，阿门！

我知道，你派出小汽船"阿巴斯"号意图通过栋古拉，向开罗传递消息。不过，你派出的代表斯图尔特、法英两国领事以及其他人，因真主的旨意已经被俘。

那些相信我是马赫迪并选择投降的人已得到释放，其他人则被毁灭，如之前提到名字的代表、领事们等，他们的灵魂被真主判处火刑，承受永恒的痛苦。

斯图尔特和鲍尔都死了，密码本也被截获了！这是戈登心中首先冒出的可怕想法。随后，他的脑袋就清醒了，这一定是谣言！尽管马赫迪的信中确实引用了"阿、巴斯"号上的机密文件，但戈登不相信斯图尔特、鲍尔等人已死。从另外两艘轮船传来的消息，证实"阿巴斯"号已安全抵达。

11月3日，地平线上出现了一缕青烟。这是从梅特马赫返回的"博丹"号。喀土穆军民以为援军抵达，冲到码头上，但没有一个英国人上岸，也没有给守军带来一粒粮食。"博丹"号带来了两封官方信件：一封来自沃尔斯利勋爵的加密电报，一封来自基钦纳少校的短信。由于斯图尔特带走了密码本，因此戈登没法阅读沃尔斯利的电报，但基钦纳的信告诉他，"阿巴斯"号已被缴获，船上的人死了。马赫迪说的是实话！

倘若戈登能用密码本读好友沃尔斯利的电报，他会更加沮丧。沃尔斯利根本不知道喀土穆的局势有多么严重，他在电报中说：

我们听说围城行动已经开始了，这是真的吗？如果是真的，派英国军队去喀土穆有什么用？

一周后的11月10日，马赫迪军在凌晨以非凡的勇气袭击了喀土穆对岸的前哨，但被守军艰难地击退。喀土穆之战最惨烈、最难熬的日子开始了！

11月4日时，戈登曾绝望地写信给沃尔斯利，解释说马赫迪军已加强了对这座城市的控制，并再次重申他只有40天的粮食供应，"在那以后就会很艰难"，他请沃尔斯利不要推脱说他没有得到警告。戈登颇有预见地写道："当然，喀土穆很可能在远征军眼皮子底下被攻陷，到那时，一切救援就太晚了。"

公道地说，沃尔斯利开始关注好友在苏丹遭遇困境的时间，并不算晚。早在4月，他便第一次向陆军大臣哈廷顿勋爵提出了一项颇具争议的解围计划。但4个月后，格莱斯顿才同意批准此次远征。

去喀土穆的最常用路线，是从红海的萨瓦金港穿过402千米的沙漠到达柏柏尔，然后沿着尼罗河的一段缓流前进322千米到达喀土穆。但沃尔斯利认为该路线水源不足，沿途可能会遇到伏兵。沃尔斯利计划从亚历山大港出发，先乘坐火车前进354千米抵达艾斯尤特（Asyut），再乘坐汽船和驳船行进869千米抵达瓦迪哈勒法，最后乘坐捕鲸船，走完剩下的1384千米。很多人指出，萨瓦金—柏柏尔路线只有724千米，相比之下尼罗河路线有2607千米。而且，沿尼罗河从瓦迪哈勒法到喀土穆要经过4个大瀑布，根本无法操作捕鲸船。沃尔斯利固执地回答说，他曾在1870年的红河远征中，在加拿大的激流上使用捕鲸船，那里有些瀑布比尼亚加拉瀑布还高。与他在红河并肩作战的好友们也在帮衬道："尼罗河将是最容易、最安全、最便宜的前进路线。"最终，大家被说服了。

最容易、最安全、最便宜的路线？这也许是真的。但这是最快的路线吗？11月17日，沃尔斯利的计划被证明过于乐观了，沿河纵队最早也要到1885年1月7日才能集中在德巴。沿河纵队究竟出了什么问题呢？

沃尔斯利骑马回到栋古拉查了个究竟，并一如既往地把责任推给参与此事的每一个人，唯独不检讨自己的决策失误。他发现，他的参谋长雷德弗斯·布勒上校未与托马斯·库克（Thomas Cook）公司的当地代理人检查煤炭供应，导致阿斯旺（Aswan）和瓦迪哈勒法之间的轮船因缺煤停运12天。他认为布雷肯伯里（Brackenbury）或许会做得更好，但他有"希腊人的血统"，不值得信任。巴特勒也不行，他没有经商天赋。至于伊夫林·伍德爵士，沃尔斯利一直不喜欢他，称他为"一个彻头彻尾的二流将军，一个不爱国、自私的公仆"。

事实上，沃尔斯利不仅选择了错误的路线，而且选择了错误的交通工具——捕鲸船。这种捕鲸船长9米，由冷杉或白松打造，可装载2名船员与10名全副武装的士兵。英国船厂以创纪录的速度设计与建造了800艘捕鲸船，但从英国运到埃及，以及在加拿大等地招募"红河船夫"，尚需时日。而且这些船本身太小，无法承载过多辎重。当沃尔斯利于11月17日抵达瓦迪哈勒法时，第一艘捕鲸船正在镇子上游的急流中试航。与此同时，沃尔斯利并没有大规模购买骆驼，只订购了4000头，甚至不够作为赫伯特·斯图尔特（Herbert Stewart）爵士率领的用于做先头部队的快速纵队用。

紧接着，沃尔斯利又犯了一个致命错误。他在抵达瓦迪哈勒法那天，收到了基钦纳的电报。基钦纳转述了戈登13天前发出的信息。戈登能撑多久终于有了答案："我们可以轻松地坚持40天，在那之后就很难了。"

一个将军的判断力不仅要看他的战略是否合适，还要看他发现计划失误时能否及时纠偏。沃尔斯利此时应该优先考虑让快速纵队出发，但他没有这样做。在主力部队开始在德巴附近的科迪（Korti）集结，准备沿河进攻之前，快速纵队已经在那里逗留了3周。他们可做的，只是在贾克杜尔（Jakdul）绿洲建立一个据点，然后回来补充补给。沃尔斯利的一名参谋对记者说："如果戈登说他能坚持6周，那么他就能坚持6个月。"沃尔斯利对马赫迪的蔑视，对创造奇迹的戈登的盲目信任，取代了一切理性思考。

1885年1月2日，沃尔斯利又收到一张邮票大小的纸，上面写着："喀土穆很好，1884年12月14日，C. G. 戈登。"但信使的口头描述并不那么乐观：战斗不分昼夜地进行着。

沃尔斯利依旧显得不紧不慢。他给伦敦发电报称，他将按计划派遣沙漠纵队到梅特马赫，他们可以"用汽船与戈登联系，了解他的确切位置，如果他在援军沿河流到达之前陷入绝境，我们将用骆驼队向前推进，冒一切危险帮助他"。换句话说，快速纵队还不是真正的救援队，他们的任务是前往梅特马赫，之后由情报部长查尔斯·威尔逊（Charles Wilson）爵士乘坐戈登留下的一艘汽船侦察戈登的"确切位置"。进一步讲，他只是想让一些穿着红色制服的英军穿过这座城市，"向人们展示英军就在附近"，然后返回梅特马赫，把戈登留在喀土穆。沃尔斯利补充说："马赫迪有可能一看到可怕的英国兵就放弃了围城。"

在这样盲目乐观的预测下，1885年1月8日，斯图尔特和威尔逊带领海军旅分遣队、一个骠骑兵中队、一些骑马步兵、半个炮兵连，以及由1600名官名和2500头骆驼组成的骆驼军团，终于离开科迪，进入了沙漠。其中，骆驼军团分为重骑兵团（兵员来自王室骑兵、龙骑兵与枪骑兵）、轻装团（兵员来自骠骑兵）、骑乘步兵团（兵员为来复枪兵和驻守埃及的步兵）、近卫团（由4个连的海军陆战团组成）。

这支快速纵队的15名军官在《德布雷特英国贵族年鉴》上榜上有名，以至于沿河纵队的一个军官讥讽地称其为"驼背上的伦敦社交场"。为了不让这些精英们饮酒误事，沃尔斯利特地给他们订购了成吨的果酱作为零食，并贴心地给他们准备了1000多把遮阳伞。骆驼是从亚丁（Aden）运来的，它们毛色不同、大小各异，既有犀牛一般大的棕色双峰骆驼，也有来自阿拉伯半岛的淡黄色竞速骆驼。士兵们发现骑骆驼并不简单，他们经常会从骆驼背上摔下来。沃尔斯利本人就在全军面前出了洋相，痛苦地摔在了一片沙砾上。他讨厌骆驼，说："它们太蠢了，你一给它们套上驼鞍，它们就开始嚎叫，而且气味难闻……"

好在这些志愿者们自始至终都兴致勃勃。在沿着尼罗河跋涉了两个月后，他们已成为骑骆驼的高手。一些军官带着自己的马，比如查尔斯·贝雷斯福德（Charles Beresford）勋爵就骑着一匹显眼的小白马。前进似乎轻而易举，布满砾石的沙漠十分平坦，即使没有骆驼也能轻松行走，白天气温虽然炎热，却伴有习习微风，夜晚皓月千里、群星灿烂，凉爽宜人。

4天之后，纵队到达了贾克杜尔绿洲补充补给。18日，他们已接近到达梅特马赫之前的最后一个绿洲阿布克里（Abu Klea），希望在此处补充饮水。但是当天早上，骠骑兵们发现前方出现小股敌人。约翰·登顿·平克斯通·弗伦奇（John Denton Pinkstone French，一战时英国远征军首任总司令）少校试图率领小分队抓住一两个俘虏拷问情况，结果差点遭到包围，不得不疾驰脱离险境。中午过后，大批马赫迪军高举各色旗帜出现在山上，在通往水井的小道上布设阵地。夜幕降临后，马赫迪步枪手开始不间断地向英军射击。沙漠的夜奇寒彻骨，但士兵们不敢点火，因为稍有火光，便会引来一连串子弹。大多数人难以入睡。次日，斯图尔特把部队一分为二：一股人马在由荆棘和石头搭建的围栅后方挖掘战壕，防御营地；另一股人马则组成方阵，将弹药与骆驼护在中间，散兵和骠骑兵负责保护侧翼。10点钟左右，方阵开始移动前进。在殖民战争中，方阵是英军的移动堡垒，需要大量训练和实战才能成熟操练，而骑兵和水手们显然经验不足。方阵停在离商道几百米远的一个石岭顶上，他们发现高举黑色和绿色旗帜的数千马赫迪军隐蔽在深谷中。位于队伍后方的弗雷德·里克·古斯塔夫斯·伯纳比（Frederick Gustavus Burnaby）上校认为，是时候让布雷斯福德（Beresford）和水手们部署加德纳机枪了。

伯纳比是一位身高1.95米的禁卫队军官，他曾穿越可怕的中亚沙漠，面见以残暴著称的希瓦汗国可汗，并且是第一个乘坐热气球飞过英吉利海峡的人。由于当时伯纳比正在度假，因此他只能作为普通志愿者参与远征。沃尔斯利让这位明星人物担任斯图尔特的副手，多少有点儿托大。此时，驮着弹药和担架的骆驼已经落在了后面，赶驼人正拼命抽着鞭子。结果一群咆哮的骆驼和骂骂咧咧的水手冲撞到了一起，混乱中，一些水手弄丢了他们的机枪。在一片嘈杂声中，伯纳比骑着一匹借来的小马，从方阵里走出，他让骑兵暂时离开方阵，好让水手们重新站好。散兵仍在距离方阵几百米远的地方，就在此时，马赫迪军嘶吼着冲出灌木丛，分成5路纵队，扑向方阵。每一路纵队前方，都有一位被旗手与卫兵簇拥着的、衣着华丽的埃米尔领队。他们低沉的战斗口号听起来就像咆哮的河水。

散兵们不顾方阵中战友让他们趴下以便开枪的吼叫，拼命地逃回方阵，好在只有一人被砍死。随后，方阵展开齐射，结果许多人的来复枪因为进了沙子导致卡壳。突然，方阵左后方用马蒂尼 - 亨利步枪手组成的护墙消失了，后方的加德纳机枪声响了一阵后也消失了，一群挥舞着1.8米长矛的马赫迪士兵从缺口处冲了进来。此时，威尔逊上校正站在离前排不远的斯图尔特座下马匹的马尾附近，他吃惊地看到马赫迪军的纵队训练有素地朝后面疾驰而去，他叫道："天哪，他们一定冲进方阵里去了！"这时，他看见一位威武的老埃米尔骑马冲到骆驼后的方阵中央，他一边念经书，一边把手中的旗帜插到地上，但转瞬间他便被打倒在地。随后，方阵陷入了混乱，方阵前方的近卫军向后转并连续开枪，士兵们不分敌我地倒了一片。斯图尔特的马被击中，3个马赫迪士兵从骆驼肚子下面钻出来，用长矛刺他！威尔逊见状，用左轮手枪打死了一人，另外两人被斯图尔特身边的骑兵军官杀死了。在骆驼后方，双方挥舞着手中的矛和刺刀，像屠夫一样砍杀。混乱持续了5分钟。在这5分钟里，英军共有65人阵亡，61人受伤，大部分伤亡来自重装骆驼团。伯纳比躺在方阵外，被敌人用矛刺死了。海军的两个军官死在打了10发便卡壳的加德纳机枪前。布雷斯福德奇迹地逃脱了，他被一个马赫迪士兵打倒晕了过去，埋在一堆尸体下面，醒来后他设法爬回了安全的地方。

英军逐渐合拢方阵，杀死困在其中的马赫迪军。大规模战斗结束了，但恐怖的画面仍在继续。一个马赫迪士兵从尸堆里爬起来，挥舞着长矛朝一个军官冲了过去。那名军官左手握住刺来的长矛，右手持剑刺穿了那人的身体。两个人一时间无法动弹，站在原地，仿佛壁画上的一对角斗士，直到有人跑过来射杀了马赫迪士兵。军官们为了保险，下令向前移动46米，重新列成方阵。

英军把同胞的遗体埋在山脊下不远处的一条长沟里。800多名马赫迪军的尸体则躺在他们那皱巴巴的黑色或绿色的旗帜旁边，还有一些散落在战场几千米外的草原上。许多伤员在那里躺了好几天，一些幸运的人得到了从梅特马赫赶来的妇女带来的食物和水。

斯图尔特命令纵队以方阵形式继续前进3千米，他们占领了阿布克里水井，把水袋送回给留在围栅里的预备队和伤员。之后，英军在一堆乱石和矮树丛中夜行军。由于向导迷路，100头驮着货物的骆驼像幽灵一样消失了，这支队伍没能在天亮前到达河边。

随后，在距离梅特马赫仅仅数千米的阿布克鲁（Abu Kru），双方又进行了交火。事实上，马赫迪军最合理的战法，是在开阔的平原上用来复枪压制英军的方阵，直到对方因口渴而精疲力竭，如此一来就有望将骆驼纵队全歼。但马赫迪军的勇气毁了他们，他们与阿布克里的同袍一样，对自杀式冲锋充满热情。比起在阿布克里战役中的表现，英军有了很大的进步，散兵及时撤退，骑兵学会了像步兵一样列队射击。马赫迪军这一次连用长矛肉搏的机会都没有，很快又堆起了一座死亡之丘，打着补丁的长袍和念珠夹杂在皱巴巴的旗帜和破碎的长矛之间。

斯图尔特在阿布克鲁战役中腹股沟中弹，受了致命伤，快速纵队的指挥官换成了情报部长威尔逊。19日深夜，他们终于抵达尼罗河岸边的贾巴特村，士兵们如同被砍倒的圆木一般瘫倒在地，把沾满沙尘的脸浸在浑浊的尼罗河水中，在河里畅饮、洗澡与嬉戏。按照沃尔斯利的命令，他们应占领梅特马赫小镇，并派一队人乘坐戈登的汽船去喀土穆。但梅特马赫的马赫迪守军数量很多，而骆驼纵队已经伤亡了十分之一。新上任的指挥官威尔逊没有带过兵，在无法与沃尔斯利取得联系的情况下，他只能下令撤回贾巴特村。这时，几艘挂着赫迪夫旗帜的明轮船顺河而下，来到这里。其中3艘是戈登去年秋天派来接应营救队伍的船只，第四艘则是"博丹"号，它于1884年12月14日带着戈登的最新信件和第六卷日记离开了喀土穆。戈登的日记最后一段如下：

现在，注意一点：如果我请求的不超过200人的远征军10天内不能到来，那么这个城镇就会陷落。为了国家的荣誉，我已经尽了最大的努力。再见。

现在是1月19日，倘若威尔逊乘上最快的轮船，装上食物和他最强悍的战士逆流而上，那么戈登还有可能得救。戈登的黑人军官哈萨姆·艾尔慕斯要求威尔逊立刻出兵，但威尔逊只遵从沃尔斯利的指示：先保障自己这支部队的安全，戈登那边多耽搁几天也没事。威尔逊在河上来回巡逻，确认没有马赫迪军的威胁后，他下令对汽艇进行维修与加油，并重新安排了船员。耽搁了3天后，24日清晨，"博丹"号和"塔拉哈瓦叶"号（the Talahawiyeh）载着20名从萨塞克斯团精选的、穿着红色军装的士兵（他们自己的红军装不是丢了就是被抢了，只能从别的团借了一些），以及艾尔慕斯带来的240名苏丹士兵，庄严地向喀土穆进发了。那天晚上，威尔逊被焦虑与愧疚压得喘不过气来。他该怎么把沿河纵队于3月抵达前戈登依旧无法获得解围的消息告诉对方呢？按照沃尔斯利的命令，连这20名英军士兵都不能留在喀土穆。

24日及25日，突击队的行程相当顺利，通过尼罗河第六瀑布也比想象中轻松，只是偶尔需要停下加油——汽艇非常耗油。但25日晚上，由于尼罗河水位下降，"博丹"号搁浅，大家费了九牛二虎之力才将它拖下水。26日，同样的事情再次发生，结果又浪费了24小时。威尔逊终于有了不祥的预感。27日，他命令两艘汽艇向喀土穆急速前进。28日上午11点，喀土穆依稀可见，此时汽艇遭到了马赫迪军6门火炮和数千来复枪的射击。子弹如同热带风暴般猛烈地撞击着固定在船舷上的钢板，但两艘轮船仍在继续前进。士兵们用船上的铜炮与手里的步枪回击，威尔逊与参谋们则举着望远镜焦急地寻找在城市上空飘扬的赫迪夫红旗。但是，无论是小镇里，还是在戈登的宫殿顶上，都没有发现这面旗帜。于是汽艇不顾炮火打击靠近河岸，结果发现河岸上只有马赫迪军与飞舞的各色伊斯兰战旗。城内发射的炮弹、坍塌的总督宫殿告诉了众人喀土穆的悲惨结局：他们来得太晚了！喀土穆已于26日陷落。威尔逊心情沉重，沮丧地下令汽艇按原路返回。

苏丹的"武戏"暂时告一段落。下面让我们把焦点暂时由烈日炎炎的东非转移到白雪皑皑的柏林。一场世人瞩目的，同样关乎非洲命运的"文戏"正在那里上演。

# 第十五章 柏林会议

1884年11月15日，星期六下午快到2点时，14个国家（英国、法国、沙俄、德国、意大利、奥匈帝国、葡萄牙、美国、丹麦、瑞典、挪威、荷兰、比利时、奥斯曼帝国）的19位全权代表和15位助手顶风冒雪，乘马车抵达威廉大街77号，来到二楼的大音乐室，在马蹄铁形的桌前就座。这间音乐室和6年前那次大会召开时几乎毫无变化，白色拱形大厅除了几根灰色大理石柱子、红色花缎窗帘和挂在天花板上的一盏巨大吊灯外，再没有别的装饰。6年前，欧洲外交巨头们曾在这里济济一堂：东道主俾斯麦亲王、英国首相迪斯累利及外交大臣索尔兹伯里勋爵、沙俄外交大臣戈尔恰科夫（Gorchakov）亲王、奥匈帝国外交大臣安德拉西（Andrássy）伯爵、法国外交部部长沃丁顿不顾舟车劳顿，亲自到场。6年后，俾斯麦只邀请了列强派遣的驻柏林大使参与会议，他们可以直接从住所坐马车来到威廉大街。

1878年，外交巨头们开会的主要目的，是为了瓜分老朽的奥斯曼帝国的地盘，从而在中东实现新的平衡。如今这场会议的发起者是另一个老朽的帝国——葡萄牙。前文提到，1884年签订的《英葡条约》承认葡萄牙在刚果河口的主权，英国在该地区享有商业权益。但该条约遭到比利时人与法国人的反对。因此，葡萄牙希望召开一次非洲会议，解决刚果问题，并希望德国及其盟国支持英国与葡萄牙的立场。客观上讲，随着各国对非洲土地的渴望越发强烈，各国之间的矛盾不断积累，确实需要召开一场国际会议解决矛盾，制定进一步瓜分非洲的基本原则。于是俾斯麦与茹费理共同建议，这场会议应于11月在柏林举行。

与会的14个国家中，沙俄、美国、奥匈帝国等大国，以及丹麦、瑞典、挪威、荷兰、比利时等小国对非洲殖民与非洲贸易毫无兴趣。其余在非洲有切实利益的国家，则对俾斯麦开会的动机十分担忧。家大业大，但力有不逮的英国担心俾斯麦重新高举殖民主义大旗，像夺取喀麦隆、多哥和安格拉·佩克纳一样，从其嘴里抢下更多殖民地；法国虽然与德国处于蜜月期，但作为世界头号倡导贸易保护主义的国家，倘若俾斯麦宣布实施以自由贸易为目标的规则，法国必将遭到打击；债台高筑的葡萄牙之所以依旧维持安哥拉和莫桑比克的殖民地，更多是出于维护昔日帝国的荣耀，而不是获利，该国同样赞成贸易保护主义；至于国际刚果协会，由于尚未得到承认，所以只能派观察员列席会议。斯坦利本人则作为美国代表团的技术顾问参与会议。

上文提到，法国驻柏林大使库塞尔男爵曾在去年8月访问过瓦尔津庄园，与俾斯麦谈笑风生。他希望俾斯麦能像15年前粉碎法国在陆上的霸权一样，粉碎英国在海上的霸权。他秘密向巴黎报告说："种种迹象表明，他（俾斯麦）正准备针对英国进行一次直插要害的致命进攻。"库塞尔说的"要害"，大概指的是英国在非洲东西海岸庞大的"非正式帝国"。

会议开始前，英国驻柏林大使——德高望重的安帕希尔勋爵突然去世，驻开罗大使爱德华·马莱爵士匆忙接任，并作为与会的英国代表团团长。马莱毕竟新官上任，对情况不熟悉，因此代表团真正的核心是外交部非洲司长珀西·安德森。他从外交部得到的官方指示为：对真正的敌人法国毫不让步；除了对英国商业利益至关重要的尼日尔河流域，可以给予俾斯麦想要的一切。总的来说，英国对此次会议的态度比较悲观。外交部的最坏打算是，该会议可能与当年8月因埃及财政问题终止的伦敦会议一样，最终谈崩。《纽约时报》驻巴黎的资深记者亨利·布洛维茨（Henri Blowitz）断言道，俾斯麦的目的是使英法彻底决裂，并将英国面对德法联合时的无助公之于众。

11月15日下午2点，身穿猩红礼服，看起来容光焕发的俾斯麦用法语做了简短致辞，宣告大会开幕：

> 召开本次会议的帝国政府相信，所有受到邀请的政府都希望，我们通过同非洲内地的贸易，为居民提供学习的机会，鼓励传播有益知识的传教会和各项事业，消除奴隶制度，尤其是取缔贩卖黑人，使非洲土著获得文明。

站在马蹄形桌前的仿佛不是铁血宰相，而是利文斯通。

随后，俾斯麦确定了3个议题：刚果地区的自由贸易，尼日尔河的自由航行，未来的领土兼并程序。俾斯麦要求会议不讨论主权问题。换言之，会议不讨论各国如何瓜分非洲，只议定瓜分规则。各国代表对他的演讲有些惊讶。一位英国代表说，这次会议似乎只是"就商业和航行自由发表一些陈词滥调"。

猛烈的东北风不仅给柏林带来了大雪，也给低地国家罩上了阴沉沉的雾霭。11月17日，利奥波德一大早就在种满热带植物的、屋顶上装饰有一颗金星的刚果温室里散步。《泰晤士报》如同往常一样准时送到，亨利·布洛维茨发表的关于柏林会议的文章占据着外刊的第三栏。谢天谢地，文中没有提到他和他开发刚果的计划，也没有提到国际刚果协会的代表缺席会议。利奥波德松了一口气，他不想在他建立刚果自由邦最为关键的时刻成为出头鸟。尽管未出席会议，他仍然自认为是会议的实际主宰者。

为了让各国代表在柏林跟着他的指挥棒跳舞，利奥波德使出了狐狸一样审时度势、钩心斗角的本领。虽然在正式的外交活动中，国王依靠宫廷助理、刚果国际协会雇员、比利时政府外交官等官方人员，不过，一些最微妙的任务常常被他托付给一些才华横溢的业余人士，也就是游走于各国政府和既得利益集团之间的掮客，其中最为卓越者，是一个美国人、一个苏格兰人和一个英格兰人。

美国人亨利·桑福德（Henry Sanford）将军，是一位61岁的贵族，来自康涅狄格州，曾被林肯总统任命为比利时大使。尽管桑福德被尊称为将军，但他从没有当过兵，只不过因为在内战期间向明尼苏达第1团赠送了一个连的野战炮，才得到了"将军"的称号。内战中，他为联邦军做出的另一个贡献，是在布鲁塞尔组织美国特勤局，方便在比利时购买枪支、筹集资金。在这一过程中，他在比利时宫廷建立了关系网，并对利奥波德产生了深深的英雄崇拜之情。

苏格兰人威廉·麦金农（William Mackinnon），出身于阿盖尔郡（Argyllshire）坎贝尔镇（Campbel）的一个贫苦家庭。他从杂货店店员干起，40年后成为世界最大的航运公司之一——英国印度航运公司的负责人。19世纪70年代，他涉足佛罗里达州房地产时，认识了桑福德。他作为英国代表参加了布鲁塞尔会议，利奥波德在非洲中部发起十字军运动的号召，与麦金农的想法不谋而合。他认为利奥波德是那个时代最伟大的慈善家之一。不过麦金农并不想为国王白白砸钱，他把钱投资给国际刚果协会，是想等利奥波德买断外国投资者手中的股份后，在即将成立的、利润丰厚的刚果中部铁路辛迪加（"辛迪加"原指工会，后指垄断组织）中分一杯羹。

英格兰人则是上文提到过的詹姆斯·赫顿，他继承了一个与西非有贸易往来的小家族企业，靠曼彻斯特棉花积累了一笔财富。和麦金农一样，他对利奥波德的钦佩也是出于对国王发起十字军运动的认可，同时他也期待很快就能从刚果中部铁路辛迪加中分一大杯羹。

1884年，利奥波德给手下们下达了两项微妙的任务。首先，设法阻挠《英葡条约》的签订；其次，说服列强承认国际刚果协会的主权声明。早在1883年11月，利奥波德就已经派桑福德将军抵达大洋彼岸的美利坚，将他的私信转交给切斯特·A.亚瑟（Chester A. Arthur）总统。利奥波德向亚瑟总统保证，所有出口到刚果的美国商品将完全免除关税；国王还保证，刚果自由邦或刚果自由联邦的宪法将以美利坚合众国和其他文明国家的宪法为蓝本。目前国王打算让伟大的美国探险家斯坦利先生担任协会首席执行官，并承诺自由邦或自由联邦将属于整个文明世界。国王在信中写道：

> 一旦（刚果）自由联邦的资源得到开发，这个协会就会结束管理使命，并自我解散。当它在刚果盆地建立起一个在没有补贴的情况下能够自行运作的独立政治组织，并确保商业和文明得到无限扩张、奴隶贸易能够被废除时，它的目标就将实现，它的使命就将完成。

倘若美国人问这个自由邦在不征收关税的情况下如何获得运营成本时，桑福德将回答："慈善的国际刚果协会正在资助它。"

桑福德的白宫外交十分顺利。1883年12月4日，亚瑟总统给国会发函，表示："对我们而言，与其他商业大国合作可能是明智的：保护刚果河谷的贸易和居住权利，不受任何国家的干涉或政治控制。"不出所料，新大陆自上而下，和亚瑟总统一样天真。黑人选民对废除奴隶制很满意，商人则期望增加美国与非洲的贸易。刚果的宪法将以美国宪法为蓝本这一荒诞不经的承诺，让他们信以为真。自由邦自给自足后，国王便退位的声明，让合众国人民想到了高风亮节的国父华盛顿。1884年4月10日，参议院秘密投票，承认国际刚果协会的主权。

比利时在刚果的最大对手是法国。眼下该国总理兼外交部部长是狂热的殖民主义者茹费理，这是个难对付的角色。利奥波德想出了一个妙计。他让一位叫亚瑟·史蒂文斯（Arthur Stevens）的英国画商（他是两位印象派画家的兄弟，在巴黎上流社会备受尊敬）作为中间人与茹费理联系。茹费理声称，法国不会考虑承认国际刚果协会的主权，但只要付出"价码"，法国人就会同意"尊重"协会的财产。

在茹费理看来，国王是一个天真的、不切实际的、只会大笔烧钱的王室吉祥物和"梦想家"，国际刚果协会在这号人物的管理下迟早会破产，但是届时英国人可能会出面收拾残局，这是他真正担心的。因此，茹费理提出的"价码"是：第一，利奥波德必须做出正式承诺，不"把自己的财产卖给任何国家"，也就是说不能把它卖给英国；第二，利奥波德必须同意解除斯坦利的首席执行官职务，法国人永远不会原谅他对民族英雄布拉柴的侮辱。

利奥波德痛快地答应了茹费理的要求，因为他根本不会把刚果卖给任何人。不仅如此，利奥波德直接抛出了一个诱饵：如果他决定出售刚果，法国人有优先购买权。茹费理像一条饥饿的鱼，一口咬上了这个诱饵。1884年4月23日，法国政府与国际刚果协会签署优先购买权条约。作为回报，法国人同意尊重国际刚果协会的金星蓝旗，不干涉其行使权力。利奥波德就这样轻易搞定了他最大的对手。

利奥波德和法国签订条约后，其他列强意识到了危险。如果利奥波德放弃刚果——这看起来是注定的，那支持贸易保护主义的法国将会占领非洲中部近400万平方千米的土地，后果难以想象。英国外交部抱怨道，"优先购买权"是一个"卑鄙的恶作剧"。这时，麦金农与赫顿等人开始发挥作用。麦金农碰巧当时借给濒临破产的格兰威尔勋爵私人秘书奥斯汀·李（Austin Lee）一大笔钱，因此李一直向麦金农提供机密信息。麦金农在英国不知疲倦地到处游说，还一再保证，国际刚果协会主张在刚果地区实行自由贸易。以刚果传教先行者霍华德·本特利（Howard Bentley）为代表的浸信会和赫顿，同样四处奔走宣传。外交部逐渐意识到，由于法国和德国否决了《英葡条约》，该条约难以执行，于是最终在当年6月份宣布其作废。

随后，利奥波德开始争取英国承认自由邦政府。7月，施特劳赫来到伦敦，在麦金农的撮合下，会见了反奴隶制运动的领导人和其他人道主义者。8月，斯坦利抵达伦敦，与格兰维尔勋爵见面。与桑福德向亚瑟总统夸下的海口相比，斯坦利只强调了国际刚果协会的工作是"非商业性的"，理由是国王每年从自己的口袋里拿出5万英镑补贴自由邦政府。9月和10月，斯坦利在伦敦和曼彻斯特商会会议上发言。他指出，基督教、文明和刚果的商业非常完美地融合在了一起。如果刚果的每个黑人都买1件礼服和4件常服，就需要3511万米曼彻斯特棉布，价值1600万英镑，这还不包括用来做床单的布料。在麦金农策划的新闻风暴下，公众被诸多关于刚果的乐观文章狂轰滥炸。在赫顿的领导下，曼彻斯特商会请求承认这个新国家；国会议员约翰·布莱特也是如此。然而，英国外交部不为所动，这是为什么呢？

原来，英国外交部的助理副秘书长托马斯·维利尔斯·利斯特（Thomas Villiers Lister）一针见血地指出，刚果酋长签署的一些条约，让国际刚果协会获得了独家商业垄断地位，国王所有关于自由贸易和"3C"的言论都是胡扯（这些条约的副本已送到了外交部）。利奥波德自己确实花了一大笔钱，但他的目的仅仅是打着慈善和利他主义的幌子，建立贸易垄断。简而言之，国王是骗子，国际刚果协会是个骗局。承认这个新国家，将导致在刚果出现一个比葡萄牙危险得多的，甚至可能比法国更危险的垄断贸易的敌人。因此，英国外交部坚决拒绝承认国际刚果协会的主权。

就在这时候，俾斯麦主动入局了。俾斯麦得知法国与比利时签订优先购买权条约后，他决定阻止法国独占刚果。1884年6月，他致信利奥波德，表示愿意承认国际刚果协会的主权，但有两个条件：第一，利奥波德必须让整个刚果盆地上的所有德国公民享有自由贸易权；第二，如果他根据优先购买权条约，将该领土出售给别国（即法国），他必须让刚果的新主人给予德国同样的保证。起初，利奥波德对第二个条件犹豫不决。俾斯麦不悦，讽刺道：

> （利奥波德）陛下表现出了意大利人式的天真和自命不凡的利己主义，他认为（我）为"情人"做了许多事而不求回报是很自然的。

利奥波德最终答应了俾斯麦的全部要求。1884年11月8日，柏林会议开幕的前一周，俾斯麦秘密地正式承认了这个新国家。

会议进行到第四天时，俾斯麦提出，所有列强承认国际刚果协会的主权，才是自由贸易的最佳保障。11月19日，他正式请求英国代表爱德华·马莱爵士帮助该协会"成为一个国家"。伦敦的利斯特反对称，利奥波德国王的目的纯粹是实现商业垄断。但马莱无奈地回复，俾斯麦曾警告他，除非英国承认国际刚果协会主权，否则"德国在最重要的问题上将采取不友好的态度"。第二天，伦敦致电马莱，英国政府将承认国际刚果协会的主权。

12月16日，英国和国际刚果协会签署了正式条约。19日，意大利签约；24日，奥匈帝国签约；27日，荷兰签约。利奥波德并没有被胜利冲昏头脑，下一步他打算解决领土之间的纠葛，其中最要紧的就是制止法国和葡萄牙吞并整个西海岸。这两个国家如愿以偿的话，将掐住刚果河通往大西洋的入海口，从而"扼杀协会的诞生"。法国声称遵循俾斯麦制定的规则，不在柏林讨论主权问题，他们想孤立利奥波德，在巴黎单独对付他。

但事实上，就连会议的主持人俾斯麦都不遵循他自己制定的规则。在私下的谈判中，俾斯麦建议法国把利奥波德渴望得到的那一大片非洲土地给他。由于俾斯麦一直支持法国的对手，库塞尔男爵率领的法国代表团从会议的第一天起就处于守势。除了法国的贸易保护主义盟友葡萄牙外，其他与会国全部站在了俾斯麦一边。到12月中旬，利奥波德的领土要求已经摆上了桌面。

凭借祖辈的余晖，葡萄牙宣称拥有刚果河下游两岸，直到瀑布群前方的最后一个港口维维。利奥波德声称，他想要位于维维下游的、更适合建深水港的诺基（Nokki），否则他与海洋将被隔绝开。虽然有些夸大其词，但毫无疑问，如果他得不到诺基，就无法建设从斯坦利湖到大西洋深海港口的铁路。

法国与国际刚果协会的争端是：根据布拉柴1880年与马科科酋长签订的条约，法国宣称对斯坦利湖附近的刚果河两岸都拥有主权。这就意味着，他们既拥有法属刚果首府布拉柴维尔，也拥有刚果自由邦未来首都利奥波德维尔。

利奥波德对法国的主权声明提出异议，他拒绝承认马科科酋长在刚果河两岸的权力。而且，斯坦利已经在加蓬和刚果之间的奎卢（Kwilu）河—尼亚里（Niari）河上建好了基地，利奥波德准备以500万法郎的价格把这块土地卖给法国。如果法国不认同国际刚果协会的主权，他将被迫阻止法国人利用他们在加蓬的基地开发刚果。库塞尔只能向茹费理汇报，后者非常愤怒，让他向俾斯麦发出郑重警告：德国必须同意不再参合利奥波德之事，否则法国人不仅将破坏会议，还会毁掉整个协约。俾斯麦也认为比利时国王的要求有些过分，声称如果是这样，不如让利奥波德与茹费理单独协商。

柏林会议不得不暂时休会。12月31日上午，利奥波德的两名官方代表——自由党政治家尤金·皮尔梅兹（M. Eugene Pirmez）与比利时柏林会议代表埃梅里·班宁（Emile Banning）来到法国外交部茹费理的办公室。会谈一开始就充满了火药味，皮尔梅兹嘲讽布拉柴关于马科科的王国的势力范围延展到斯坦利湖两岸的说法：“奇怪的是，这么多杰出的法国人在描述这一地区时，竟然忽略了这个庞大的国家。”皮尔梅兹和班宁决定把手中那份尖锐的备忘录交给茹费理，但茹费理并不接受。当皮尔梅兹威胁要大声朗读一些选段时，茹费理堵住耳朵，称愿意用斯坦利湖南岸交换奎卢河—尼亚里河流域。“这不是交换，”比利时人回答，“这是投降。”他们向法国提出了500万法郎的经济赔偿。茹费理回答不可能，他必须考虑“预算状况”和法国议会的“斗志”。他所能提供的补偿是：承认国际刚果协会，并作为中间人，促成比利时人与葡萄牙人实现领土谈判。

两天后，比利时与法国的谈判重新开始，眼下有两个问题需要解决。首先，法属刚果和国际刚果协会之间的边界在哪里？法国人想要从布拉柴维尔到维维的整个刚果河中下游北岸，比利时只同意沿刚果河的边界为从布拉柴维尔到曼扬加村。其次，茹费理如何提供500万法郎？他只能从财政部拿出30万法郎，剩下的钱需要通过议会表决才能得到。皮尔梅兹建议在法国发行彩票，筹集资金。茹费理立即称，彩票可能筹集到2000万法郎，这样他将接受曼扬加村作为边界的终点。比利时人匆匆乘火车前往布鲁塞尔，将喜讯告知利奥波德。

几天后，当班宁重新加入比利时柏林会议代表团时，发现法国人作为中间人并不靠谱，葡萄牙人不打算让国际刚果协会得到刚果河北岸的诺基，这里是建立深水港的最佳地点。茹费理没有试图说服葡萄牙人妥协，而是于1885年1月8日在巴黎通知皮尔梅兹，解释说“我们与葡萄牙有约在先”，过去曾承诺将刚果河的两岸给葡萄牙人。茹费理为什么要采取这种背信弃义的行动，待在巴黎的利奥波德的手下和待在布鲁塞尔的利奥波德本人都不清楚。

1885年1月，整整一个月，柏林会议因为领土谈判而休会。俾斯麦就像一列不耐烦的、等待出站的火车一样，不停地喷着蒸汽。一次，有人听到他咕哝着说，比利时人和葡萄牙人应该像英国陪审团那样，关在一个房间里一整晚，那样很快就会达成协议。俾斯麦决定亲自下场，他首先说服法国人按照一个月前谈成的条件，与国际刚果协会签署正式条约。接下来，他替利奥波德与葡萄牙做了裁决：葡萄牙人保留诺基及周边的卡宾达，但维维必须交给利奥波德。这就是当今安哥拉共和国卡宾达飞地的由来。

葡萄牙代表是一名叫 M. 彭菲埃尔（M. Penfiel）的老外交官，他原则上接受俾斯麦的裁决，但要求德、法、英三国政府背书。三国将照会送到里斯本，但里斯本措辞强烈地拒绝交出维维。第二天，深感尴尬的彭菲埃尔向俾斯麦和马莱解释说，本国政府的真正用意，是索要比三国照会更具有威慑力的东西，来应对议会的质询。他主动提出为俾斯麦起草一份最后通牒，发给自己的祖国。2月15日，两个月的阵痛终于结束了，利奥波德的自由邦在柏林安全诞生。

会议的第三个议题也实现了，那就是制定占据新领土的规则。与俾斯麦提出的另外两个议题（刚果地区的自由贸易，尼日尔河的自由航行）一样，该议题的真实目的是抑制英国的扩张。让英国吐出"非正式帝国"，需要法德携手合作。但在这一议题上，作为殖民地既得利益者，英法的处境类似，德国反倒被孤立。因此，虽然会议制定的最重要的规则是，任何列强如果要在非洲海岸占领一片超出其领地范围的土地，必须告知其他签约国，以便让其他国家对同一片土地提出反诉；但这一规则，与公报里的其余协议一样没有约束力。

1885年2月26日，《柏林总议定书》（General Act of Berlin）签署，与会的代表们终于松了一口气。俾斯麦做了结束语：他们对"进程的所有要点"达成"完全一致"的认知；他们保证所有国家都能自由进入非洲内陆，保证整个刚果盆地属于自由贸易；他们对土著民族的身心健康表现出"非常谨慎的关心"。首相希望这一原则能够"结出果实"，并将文明传播给当地人。

很多历史学家认为，是柏林会议制定了游戏规则，导致非洲被瓜分。然而事实正好相反，是瓜分导致了柏林会议。早在会议召开之前，争夺非洲的竞赛就已经开始了。《柏林总议定书》那洋洋洒洒的38项条款，只是制定了瓜分海岸的规则。值得玩味的是，此时非洲海岸基本已被瓜分完毕，但柏林会议却故意绕开了向内陆扩张的难题。

然而，在某种意义上，柏林会议形成了所谓的"柏林精神"。俾斯麦这样的政治巨头首次在国际会议上和利文斯通的崇高理想产生了联系：将"3C"——商业、基督、文明——引入非洲的黑暗地带。今天，人们很容易把这番话当作空话、套话，但当利奥波德之流的真实面目逐渐显露时，正是"柏林精神"，为与之战斗的人权斗士们提供了道义与精神上的强力后盾。

当俾斯麦宣布，国际刚果协会主席施特劳赫上校已正式签署加入《柏林总议定书》时，各国代表们纷纷鼓掌。俾斯麦自己也对利奥波德表示敬意。新刚果是该议定书的"主要被保护者"之一。他相信"其杰出的创始人的崇高愿望"将会实现。利奥波德成为最大赢家，他得到了刚果盆地的大部分土地。3个月后，比利时王室颁布法令，国王将他的国家正式命名为"刚果自由邦"。

珀西·安德森对会议也很满意，英国解除了法国对尼日尔河三角洲的威胁，这才是最重要的。那一周，伦敦的报纸纷纷对英国的外交胜利表示祝贺。《旗帜报》（The Standard）声称，英国货物不久将占据刚果的巨大市场，"棉织品、毯子、陶器、毛瑟枪、火药、各种五金制品和廉价服饰"会是受欢迎的商品。《利兹信使报》（The Leeds Mercury）为善良的利奥波德国王祝福，称他是一位"思想高尚的君主，他有智慧和勇气开启刚果的事业，刚果将成为新的自由与和平联邦的光明中心"，毕竟富饶的刚果盆地没有落在冤家法国人手里。

但当安德森走在白厅外交部的古典门廊里时，他一定没有心情庆祝。刚刚从非洲传来的可怕消息，冲散了柏林会议带来的喜悦。一场巨大的灾难降临到了英国人头上，喀土穆已于1月26日陷落！没人知道戈登的命运，他很可能已经遭遇了最坏的结局。

# 第十六章 戈登的头颅

戈登传出去的日记，只写到1884年12月14日，也就是喀土穆陷落6周以前。关于喀土穆随后的情况，比较公认的说法是：1885年1月中旬，恩图曼守军投降，喀土穆食物告罄，驻军的口粮变成了棕榈树的枝干，他们不得不以驴、狗、老鼠和树胶为食。许多士兵患上了痢疾，无法坚守岗位。头发灰白的戈登几乎无处不在：检查防御工事、看望病人、在绝望的守军中传递不屈不挠的精神。他每天都在官殿顶层①，举着双筒望远镜远眺尼罗河，但始终没有发现载满红衫军归来的汽船冒出的黑烟。

1月20日，一名来自恩图曼的间谍带来了斯图尔特将军在阿布克里获胜的消息，但那片绿洲还在喀土穆以北约200千米处。据斯拉丁回忆，马赫迪听到阿布克里战败的消息后，本打算放弃围攻喀土穆，回到欧拜伊德，但3位哈里发表示，斯图尔特那点儿人构不成威胁，喀土穆已是煮熟的鸭子。此时，白尼罗河水位正逐渐回落，河东岸已经露出了淤泥浅滩，部队可以蹚水过河。马赫迪决定从这个方向发起进攻。1月25日黄昏，他下达进攻命令。次日，在黎明到来前的两个小时里，成千上万的马赫迪士兵蹚水过河，扑向守军。根据博丹尼（Bordeini）贝伊的回忆，在最后时刻，戈登身穿白军装，左手持剑，走到官殿的台阶上。当第一个马赫迪士兵冲上台阶时，戈登还没有举起剑，一柄长矛便已刺入他的胸膛，他脸朝下扑倒在地。这时，离天亮还有一个小时。

喀土穆城内的疯狂屠杀还在继续时，马赫迪军带着一个包裹涉水过河，来到恩图曼马赫迪的大帐里。包裹里露出一个头颅，他的蓝眼睛半睁着，头发花白。斯拉丁认出那是戈登，他尽力保持冷静地说："这又怎么样？一个死得其所的勇敢军人罢了。很高兴他倒下了，他的痛苦已经结束了。"

---

① 据说戈登在官殿里埋了大量炸药，一旦城破，他便选择玉石俱焚。但在城破之前，戈登改了主意，他认为自杀不符合基督教教义，因此取消了这个计划。

1月28日，威尔逊发现喀土穆已经陷落后，命令"博丹"号和"塔拉哈瓦叶"号冒着枪林弹雨一路返回。然而，汽船在通过瀑布时发生了故障，一些苏丹船员投靠了马赫迪。2月4日，当威尔逊和幸存者跟跟跄跄地走进贾巴特村的营地时，他已经累得脸色发灰。当晚，沃尔斯利爵士得知喀土穆陷落，但他不清楚好友生死，只能在日记里发泄了自己的愤怒与失望，并将所有责任都推给首相格莱斯顿："倘若有什么能杀掉老格莱斯顿，那便是这条消息。尽管他擅长自欺欺人，但他无法不对这件事负责。"

他给陆军部发电报请求指示。当时，由于议会休会，大多数辉格党大佬都在全国各地的庄园度假，只剩下迪尔克和张伯伦等激进派驻守伦敦。首相助理艾迪·汉密尔顿立即在2月5日清晨向格莱斯顿所在的霍尔克庄园发去密码电报，又发了一封给待在奥斯本宫的女王。

兰开夏郡的霍尔克庄园仍然沉默着，怀特岛的奥斯本宫却已经按捺不住了。2月5日早饭后，随从看到女王身穿黑衣，出现在皇家庭院的别墅客厅里。"喀土穆陷落，戈登死了。"她用阴沉的语调说着，仿佛失去了至亲。女王在当天日记里写道：

> 早餐后传来了可怕的消息。喀土穆陷落，戈登命运未卜！太揪心了，太可怕了。政府理应受到责备，因为它拒绝派遣远征军，直到为时已晚。（我）用明码发电报给格莱斯顿先生、格兰维尔勋爵和哈廷顿勋爵，表达对这一消息的极度震惊。

女王发出的电报如下所示：

> 从喀土穆传来的消息多么可怕！这一切本来是可以避免的，而且如果早点行动的话，可以挽救许多的宝贵生命。这太可怕了！

女王怒气未消，又打发私人秘书哈里·庞森比（Harry Ponsonby）爵士到伦敦亲口通知内阁，女王陛下在苏丹问题上坚持强硬路线，他们必须获知戈登的下落，还要教训马赫迪。即便庞森比乘渡船回到不列颠岛，女王仍然继续写信，轰炸格莱斯顿。

　　一周前，哈廷顿在从利物浦出发的火车上偶遇格莱斯顿，便邀请他到父亲德文老公爵的霍尔克庄园做客。于是，格莱斯顿偕妻子与女儿露西前来。在霍尔克庄园，饱受失眠症困扰的首相似乎又恢复了健康。每天早晨他都去找哈廷顿，待上几个小时，读读电报。哈廷顿从未有过与首相如此亲密的时光，即使在凤凰公园惨案后的可怕日子里也是如此。哈廷顿认为格莱斯顿是时候急流勇退，把首相之位让给他，而格莱斯顿似乎也有这个打算。2月3日，哈廷顿愉快地给情妇露易丝写信道，格莱斯顿"真的很期待他的退休"。

　　2月5日那天上午，仆人不敢到卧室里叫醒主人，因此伦敦发来的电报一直躺在庄园大厅的托盘上。中午时分，哈廷顿睡眼蒙眬地下楼吃饭，终于看到了喀土穆陷落的密电。

　　格莱斯顿读到这份电报后，一切慵懒与退休的打算全都消失了。他的冷静和果断使所有人感到惊讶，他好像又回到了年轻的时候。他立即乘火车返回伦敦。在卡特梅尔（Cartmel）火车站，他收到女王发来的明码电报："从喀土穆传来的消息多么可怕！这一切本来是可以避免的……"格莱斯顿忍住怒气，向女王陛下保证，如果政府犯了错误，那不是因为拖延救援，而是同意派遣救援。2月7日，他召集内阁成员开会，讨论沃尔斯利是进是退，以及如何应对议会中可能出现的攻击。很多人认为，格莱斯顿必定认输并撤离苏丹，毕竟他从一开始就不愿意干涉埃及，更是避免涉及苏丹事务。只要有合适的保障措施，他不但可能会撤出苏丹，还可能撤出埃及。

　　出人意料的是，格莱斯顿非但没有主张撤退，反而吹响了前进的号角：如果戈登还在马赫迪军手里，而且还活着，那么沃尔斯利就必须粉碎马赫迪军，把他救出来；如果戈登死了，那就一定要替他报仇！无论哪种情况，沃尔斯利都要冒着可怕的风险，将苏丹战役延长到次年秋天。这将是一场消耗巨大财力、牺牲许多生命的战役！艾迪·汉密尔顿听到这个消息后，如遭雷击，他冒昧地提醒首相："这是一件大事。"格莱斯顿表示，这关乎大英帝国在印度的存亡，也关乎内阁的存亡。2月9日，内阁决定拨款275万英镑，为沃尔斯利提供军费。

　　2月13日，伦敦终于得到戈登已死确切消息。格莱斯顿则因为在11日晚上和达尔豪西（Dalhousie）女士去看歌剧招致舆论谴责。《世界报》抨击他道："要为战争带来的一切恐怖负责的首相，竟然如此冷酷无情！"无数匿名信敲打着唐宁街的玻璃窗。格莱斯顿的尊称"GOM"（元老）变成了"MOG"（杀害戈登的凶手）。汉密尔顿称，伦敦的舆论被"对 G 先生的仇恨所引导，如果贝肯斯菲尔德勋爵（迪斯累利）现在还在位，我们听到的只会是颂扬我军的英勇、荣耀和威望"（他们似乎忘了伊散德尔瓦纳之战）。尽管汉密尔顿尽力为领导开脱，但他不得不承认，内阁的埃及—苏丹政策简直是一场灾难。至于戈登之死，格莱斯顿需要担负的不只是领导责任。1884 年 7 月，他以辞职相威胁，阻止哈廷顿派兵，导致救援延迟两个月。格莱斯顿宣称喀土穆是因叛变而陷落，并辩称叛变随时都可能发生，因此拖延两个月无关紧要。幸运的是，伦敦还没有人知道全部事实，戈登的日记还在沃尔斯利的帐篷里，没有发表。汉密尔顿担心这场灾难将促使格莱斯顿退休，"如此伟大的生涯，竟在这样困难的时期结束，简直是一场永无休止的噩梦"。

然而，精神抖擞的格莱斯顿愈挫愈勇。他在议会上为苏丹惨败辩护的演讲，是他职业生涯中最精彩的演讲之一。年轻的辉格党人罗斯贝里（Rosebery）勋爵，此时终于同意加入内阁。他说，在国家遭受灾难的时刻，所有自由党人必须消除内部分歧。内阁开始团结起来，一致对外。上议院的领袖，保守党党魁索尔兹伯里勋爵斗志昂扬，毫不畏缩，坚决指控格莱斯顿政府害死了戈登。但总体来说，保守党除了勋爵外，整体死气沉沉，唯有年轻的伦道夫·丘吉尔（Randolph Churchill）上蹿下跳，但他却是保守党的眼中钉。总之，保守党对格莱斯顿影响不大。

远在苏丹沙漠里的沃尔斯利，再也没有了 1882 年远征埃及时的武运。过去几个月他处处碰壁：捕鲸船沉于尼罗河中；骆驼纵队像在沙漠中迷路的羊群一样，四处游荡；当然，最大的打击莫过于好友戈登被杀。他被格莱斯顿粉碎马赫迪军的决定震惊了。他认为军队不仅应该撤出苏丹，而且应该撤出埃及。他在日记中写道：

我认为，即将到来的苏丹战争是一个可怕的错误，是格莱斯顿在埃及愚蠢政策的结果……来自唐宁街的文官绅士们准备好投入任何一场战争，只要这样做能让他们保住职位。但是，任何一个和我一样了解我军的军人，都只会以恐惧的眼光看待这场可怕的战争。即将发生在苏丹的战争，很可能是自

1854年愚蠢的内阁对沙俄宣战以来我们经历的最可怕的战争。

沃尔斯利认为，从战略上讲，好望角比苏伊士运河更重要，而且控制了塞浦路斯的基地，便可以控制运河。这就是为什么英国应该"尽快离开苏丹和埃及"的理由。然而，有人却命令他为未知的、无休止的战争前进，这让他心灰意冷：

> 如果马赫迪是明智的，那么在我们认真对付他之前，他就会撤走。我们投入了人力、物力、财力，却什么也得不到。当我们开始撤退时，很可能会有一群狂吠的狗尾随其后，对我们的撤退部队进行远距离射击。当然，如果英军建立在专业的基础之上，那么这场战役还有得打。

沃尔斯利经过复盘，认为喀土穆灾难的第一责任人是格莱斯顿，其次便是耽搁1月21—24日这宝贵3天的情报部长查尔斯·威尔逊。他在日记中写道：

> 他（威尔逊）绝不能再作为现役军人……他本可以在1月25日轻松到达喀土穆，如果他这样做了，按照常理，戈登就能获救。伟大的上帝，我们没能拯救戈登和喀土穆，这真是太可怕了。

当然，沃尔斯利自己永远是伟大、光荣、正确的，他似乎忘了自己拍板的错误路线，忘了自己没有订购足够的骆驼，忘了让士兵穿上红军服的愚蠢命令。他也忽略了，即使威尔逊按时抵达，戈登也不会丢下守军与他逃之夭夭。

2月中旬，政府要求沃尔斯利向前推进，粉碎马赫迪军。与此同时，格拉汉姆（Graham）将军指挥下的大批援军将在红海的萨瓦金港登陆，攻击尼罗河以东的马赫迪军，随后在柏柏尔与沿河纵队会师。此时，骆驼纵队的指挥官斯图尔特将军已死，由布勒上校接替指挥。由于大部分骆驼死亡，再加上阿布克里的苦战，该纵队已经精疲力竭。至于沿河纵队，在第一次战斗中，指挥官厄尔（Earle）将军便阵亡了。随后两周，沿河纵队只向上游推进了80千米。照这个速度，他们要两个月以后才能到达柏柏尔。随后天气变得炎热起来。2月20日，沃尔斯利命令两支纵队向科迪撤退，进入夏营。进攻不得不推迟到秋天。

在夏营里，沃尔斯利表面还像以前一样神采奕奕，在帐篷里夸张地唱歌和吹口哨。实际上，撤退让他感到"心碎"。将士们历经苦战，徒劳无功，心情沮丧。天气越来越热，营地里弥漫着死骆驼的臭味。他担心夏季到来后，尘土、苍蝇和蝎子会使夏营生活变得更加悲惨，他盼望着秋季以及秋季战役。他昔日的好斗精神又回来了，他把9月15日定为出击的日子。3月11日，他试探性地给格兰维尔勋爵发电报，请求正式允许他自称苏丹总督。

然而，3月13日，沃尔斯利从哈廷顿那里听到了坏消息：苏丹总督没有指望了，格拉汉姆的部队将从萨瓦金撤走，被派遣至印度。4月14日，哈廷顿又发来电报，称为了"帝国利益"，可能要从苏丹撤军。接着，他收到了一封私人信件，说政府"决心退出苏丹，并正在寻找一个好借口"。

英国之所以对苏丹政策再次发生180度的反转，是由于数千千米外，中亚的一个叫潘贾德（Panjdeh）的小村庄爆发了新的战争。这里是英国扶植的阿富汗埃米尔的领地，也是英俄两国共同担保的阿富汗与沙俄亚洲省份的边界。1885年3月20日，俄军指挥官亚历山大·科马洛夫（Aleksandr Komarov）在潘贾德蓄意挑衅，让暴躁易怒的阿富汗人开了第一枪。随后，蓄谋已久的俄军击溃埃米尔的部队，占领潘贾德，沙俄在亚洲的扩张又一次令英属印度噤若寒蝉。英国与沙俄之间持续数十年的中亚"大博弈"，终于到达高潮。

对格莱斯顿来说，这正是放弃对苏丹"积极政策"的天赐良机。毕竟，面对与强大的沙俄开战的威胁，消灭马赫迪，为戈登报仇已经不那么重要了。沃尔斯利在日记中大发雷霆："老江湖骗子格莱斯顿……着急让自己在与沙俄开战的威胁中受益。只要能够避免，他就不会打仗。"他咒格莱斯顿，"被他欺骗的人民大卸八块"。

女王听说政府打算撤出苏丹后，写信给格莱斯顿，告诉他"在失去所有鲜血和财富之后"，听到这个消息感到"非常痛苦"。在接下来的一个月里，她不断对格莱斯顿发起直接或间接的进攻。5月17日，她向格莱斯顿的法定继承人哈廷顿勋爵写信称："（从苏丹撤军，并且很可能再次派军）会让我们沦为全世界的笑柄！"她最后明确暗示格莱斯顿退休："即便情况如何不妙，我也不能辞职。看到这种目光短浅的、羞辱性的政策被推行，我感到十分痛心。"

然而，这个差点因为爱尔兰问题自我毁灭的内阁，却因为苏丹问题而越发团结。就连哈廷顿也不得不承认，苏丹的秋季战役是不切实际的，原因有两个：第一，沙俄的威胁切实存在，英国怎能在半数军队困在苏丹沙漠时，在中亚动武？两线作战对英军这种小规模军队来说不切实际。第二，无论是保守党还是自由党，公众舆论都已失去了为戈登复仇的欲望。特别是当格莱斯顿宣布，为了给苏丹远征军追加1150万英镑的军费（不包括向喀土穆挺进的费用）而计划将个人所得税从每镑收入征收6便士提高到7便士，并对啤酒征收重税时。

5月，格莱斯顿顺水推舟，同意从苏丹撤军，把外交重心转到阿富汗的边境冲突与埃及的金融上。当年1月，辉格党和激进派原本共同策划了一个阴谋，要把这位元老赶下台，让哈廷顿上台。现在，他们目睹格莱斯顿以娴熟的政治技巧处理苏丹危机，意识到他对自由党依旧不可或缺，便恳求格莱斯顿不要辞职。格莱斯顿同意继续发挥余热，只可惜了远在沙漠、积极备战的将士们。整个夏天，各路人马——戴热带头盔的、头巾的、红色塔布什帽的、草帽的，穿黄褐色的、灰色的、海蓝色的、白色的、格子裙的，英格兰人、苏格兰人、澳大利亚人、印度人、埃及人、苏丹人——络绎不绝地沿着他们曾竭尽全力、满怀希望逆流而上的大河，垂头丧气地顺流而下。

喀土穆陷落的第二天，马赫迪在阿卜杜拉哈里发的陪同下，从恩图曼过河，面无表情地视察了胜利果实。前一天早上，城内的3万平民和6000士兵中至少有4000人遭到屠杀。无头死尸遍布城市。马赫迪军用水牛皮鞭和更残酷的手段，试图让幸存者指出藏匿金银的地方。马赫迪命令部下停止杀戮，不要破坏建筑，将所有战利品上缴军中金库。马赫迪士兵纷纷入住富商的豪宅，他们把华丽的家具劈了当柴火，把金丝锦缎用来修补身上的长袍。马赫迪依旧穿着打补丁的长袍，看起来非常简朴。但在斯拉丁等欧洲俘虏看来，马赫迪纯粹是在作秀。从最为漂亮的女俘虏总是送入他的后宫来看，他已给哈里发们树立了奢侈放荡的榜样。获得大量年轻女性后，阿卜杜拉把戈登的宫殿当成后宫，谢里夫哈里发选择了天主教堂，希卢哈里发则选择了一个富商之家。

马赫迪本打算劝戈登皈依真主，因此对戈登的死表示十分遗憾。但是他赦免了那个自称杀害戈登的人，并且没有阻止部下亵渎戈登的尸体。这具无头尸体在头一天被剥去制服，在王宫花园里被每一个路过的马赫迪士兵砍来砍去，随后被扔进一口井里。而戈登的头颅则被人用石头砸了又砸，直到没有人能辨认出来。这就是戈登的最后下场。

到1885年夏天，马赫迪军又连续攻克了加扎勒省、栋古拉、卡萨拉（Kassala）、森纳尔等重要地区。除了赤道省与萨瓦金港外，马赫迪军基本占领了苏丹全境。马赫迪战略规划的第二部分即将开启：对开罗、麦加、耶路撒冷等城市，以及异教徒信仰区发起"圣战"。当然，马赫迪知道先礼后兵的道理，他先是给"埃及总督"陶菲克写信，大肆吹嘘他的神圣使命与辉煌战绩，宣称自己注定要统治世界。他建议陶菲克加入他的旗帜之下，否则马赫迪军必将挥师北上，入侵埃及。接下来，马赫迪给阿比西尼亚万王之王约翰尼斯（Yohannes）写信，提醒他早在1200年前，埃塞俄比亚人便臣服于先知的继任者阿布·伯克尔（bu Bakr）哈里发。他声称万王之王当时已经皈依了伊斯兰教。他建议约翰尼斯也披上穆斯林长袍，否则他的领土将会被入侵。当时，马赫迪军已经包围了森纳尔和卡萨拉的埃及驻军，下一步将收复从青尼罗河到红海边马萨瓦的领土。万王之王把这封信当成疯子的呓语，不予理会。

马赫迪准备在白尼罗河西岸的恩图曼堡旧址新建一座城市，作为国都以及未来战争的基地。他的城市规划中既包括用于祷告的清真寺、行使政治权力的宫殿，也包括一座打造洋枪洋炮的兵工厂。但在6月，马赫迪忽然病倒。起初大家并不在意，毕竟马赫迪才41岁，年富力强；而且他本人曾预言过，他的人生轨迹与先知完全相同，会以征服麦加、麦地那和耶路撒冷为结束。但很快，信徒们被告知，马赫迪需要他们祈祷，他患了斑疹伤寒。

6月22日，阿卜杜拉哈里发在清真寺歇斯底里地痛哭，向震惊的会众宣布：

> 马赫迪的朋友们，真主的意志无法改变！马赫迪离开了我们，进入了天堂，那里有永远的欢愉在等着他……今生的美好事物不会长久，因此你们要用双手抓住你们的幸运，因为你们是马赫迪的朋友和追随者。永远不要偏离他给你们指明的道路！你们是马赫迪的朋友，我是他的哈里发，你们要发誓对我忠诚。

数万人向阿卜杜拉宣誓效忠，希望他成为马赫迪的继任者。

在三位哈里发中，希卢与谢里夫都是部族长老，谢里夫还是马赫迪的女婿。唯有身为马赫迪首批信徒的阿卜杜拉出身卑微，支持他的埃米尔也最少，但他能力出众，深得马赫迪器重。两年前，马赫迪任命阿卜杜拉为首席哈里发，地位在希卢与谢里夫之上，并把操纵雷明顿连发枪及克虏伯山炮的杰哈迪亚部队交给他。

阿什拉夫们（马赫迪的亲属）与谢里夫的部下支持谢里夫成为继承者。希卢同样不服阿卜杜拉，于是和谢里夫联合反叛。然而两军尚未对垒，精明的希卢便清楚装备低劣的绿旗军与红旗军都不是杰哈迪亚火枪手的对手，便向阿卜杜拉寻求妥协。独臂难支的谢里夫不得不向阿卜杜拉投降，宣誓效忠。阿卜杜拉虽然留下了他们的性命与"哈里发"的称号，却夺去了他们的军权，他们真正能够指挥的只有50名卫士。随后，阿卜杜拉开始对阿什拉夫们开刀，他先是把马赫迪的两位叔叔扔进监狱，瓜分了他们的妻妾与财产，后是依靠武力镇压了马赫迪的表弟穆罕默德·哈立德发起的叛乱。之后，阿卜杜拉让自己的黑旗军戍卫首都，并把他的族人——巴卡拉族塔艾沙部落迁到恩图曼，给予他们特权，以便建立一个武士阶层。阿卜杜拉凭借铁腕，暂时压制住了内部敌人。

在这段时间里，英国政坛同样发生了强烈地震。6月8日，也就是马赫迪死前两周，自由党政府的一项提案——对每瓶啤酒多征一个便士的税收，因议员担心得罪强大的啤酒商势力而在投票表决中失败。这件小事成了导火索，格莱斯顿内阁为此辞职，维多利亚女王欢呼雀跃，"像一个放了学的小姑娘"。索尔兹伯里勋爵与他领导的保守党上台掌权。

# 第十七章 桑给巴尔王宫外的炮舰

第三任索尔兹伯里侯爵罗伯特·塞西尔（Robert Cecil）身材高挑、头发稀疏，留着一脸浓密的络腮胡。他是根正苗红的贵族血脉，其先祖罗伯特·塞西尔曾是伊丽莎白女王的左膀右臂，他本人生长于哈特菲尔德（Hatfield），毕业于伊顿公学。在学校时他受尽欺负，倘若没有家族背景，他很有希望成为一名科学家，他甚至在家里搞了个小实验室；但父亲在他还是个孩子时，就为他谋得议会席位，送他步入政坛。

愤世嫉俗的索尔兹伯里，嘲笑沙文主义者的傲慢，嘲笑帝国主义者的"狂妄自大"，也嘲笑激进派的虚伪。没有哪个首相能比他更相信英格兰被赋予了统治世界的神圣使命。1885年6月初，格莱斯顿下台后，他对当首相有点儿犯怵。用他自己的话来说，当时保守党政府的前景"难以容忍"，而且格莱斯顿为保守党埋下了一颗大雷——赋予城镇和乡村所有男性户主投票权。在11月的大选中，大约200万工人阶级选民，很可能会将自由党重新推上权力宝座。

辞职的格莱斯顿仿佛忘掉了绅士风度，拒绝亲自去巴尔莫勒尔城堡向女王解释辞职的缘由，而是指望女王亲临温莎。气愤的女王不得不回复道：

> 女王是一位年近70岁而非60岁的女士。在48年的艰苦统治生涯中，她的健康和体力受到了严重的损害，而且……她完全不能像一个年轻人和一个男人那样四处奔波。

70多岁的格莱斯顿和60多岁的女王不想四处奔波，那只能辛苦55岁的"年轻人"索尔兹伯里了。索尔兹伯里不想担任首相，但他至少勇敢地前往巴尔莫勒尔城堡向女王解释了这一点。在接下来的会谈中，女王一针见血地指出，勋爵害怕被充满敌意的议会架空。但女王随后说道，目前外交局势十分严峻：因潘贾德事件导致的英俄交恶尚未缓解；奥斯曼帝国有可能加入亲德反英联盟，封锁博斯普鲁斯——

达达尼尔海峡；此外，俾斯麦似乎决心与法国联合起来，破坏英国对埃及的控制。简而言之，女王带着少女寻找骑士的热望，求助作为外交专家的索尔兹伯里。她一度强大的帝国四面遭到围攻，他怎么能在这种时候抛弃她呢？索尔兹伯里只能临危受命，成为首位比女王年轻的首相，但他提出了一个限制性条件，即自由党多数派必须承诺在议会中公平竞争。

终于，6月24日，前后两拨内阁成员陆续前往温莎，进行例行的握手和交换官印仪式。格莱斯顿、张伯伦、格兰维尔交权后兴高采烈地回到伦敦；索尔兹伯里则有点儿黯然地回到自己的办公室；包括性急的伦道夫·丘吉尔勋爵在内的内阁其他成员，则在接手印章后乖乖地乘车返回车站。既然女王关注的重点是外交，而索尔兹伯里又不放心其他人，他只能亲力亲为，兼任外交大臣。于是，他把唐宁街让给新任财政大臣伊德斯利（Iddesleigh）勋爵，自己则在外交部办公。

自1880年卸任外交大臣后，在接下来的5年里，索尔兹伯里就非洲政策不断抨击自由党"摇摆不定，前后不一"：与布尔人开战，惨败后不得不让德兰士瓦复国；未及时干预埃及军事政变，结果深陷其中。当自由党拖延发兵，导致戈登被杀后，勋爵的抨击达到了顶峰。这些抨击正对女王和大多数臣民的胃口。再度兼任外交大臣后，索尔兹伯里向女王保证，他的政策将是坚决和谨慎的。

然而时过境迁，5年前列强对非洲并不重视，但如今，大家像分蛋糕一样瓜分非洲。负责让英国分得一块最美味的蛋糕的，是非洲司司长珀西·安德森爵士。索尔兹伯里了解他，也喜欢他。他们有许多相同的看法，包括对非洲大陆的见解以及对在那里发财的英商（索尔兹伯里称他们为"海盗"）的厌恶。安德森的不寻常之处在于，他几乎第一个认识到，英国廉价、简单、不负责任的权力运作方式——"非正式帝国"注定要在非洲失败。1883年，他支持休伊特提出的在尼日尔河地区和油河区建立保护国的建议。格莱斯顿一度反对该计划，但计划依旧被采纳了。1885年6月，英国宣布，在拉各斯到喀麦隆之间的沿海地区成立油河保护国，两年后改称"尼日尔海岸保护国"。同月，英国政局出现动荡，安德森的注意力聚焦在非洲之角与葡属殖民地莫桑比克之间的东非海岸。在过去的9个月里，英国在东非政策上摇摆不定：究竟是扶植桑给巴尔苏丹赛义德·巴尔加什·本·赛义德，还是牺牲苏丹，肢解它的帝国，建立一个新的保护国？

虽然利文斯通、斯坦利等探险家已经打开了通往非洲腹地的大门，但那里的土壤、水文以及气候极易滋生严重的热带疾病，不适合欧洲人长期居住。殖民者需要阿尔及利亚或南非那样气候宜人的沃土。好在桑给巴尔苏丹的势力范围内有两块这样的宝地：一是乞力马扎罗山周围的小高原，二是环绕白雪皑皑的肯尼亚山的高原。相比之下，肯尼亚高原面积虽大，但附近有以牧牛为生、残暴尚武的马赛部落；乞力马扎罗高原虽然面积小，但它就在通往乌吉吉和坦噶尼喀湖的主要商队路线的北面，离商队路线较近，而且当地土著较为友好。不过，据说法德两国的探险队已经来到乞力马扎罗山附近考察。英国人需要尽快行动，阻止他国，尤其是法国，摘下这颗"熟透的梨子"。如果让法国得逞，他们不仅会像在塞内加尔等地那样废除自由贸易，还可能建立威胁到通往印度和东方海上航道的海军基地。

1884年9月，外交部想到的唯一简单办法，就是把乞力马扎罗高原变成英国的保护国。当时，在乞力马扎罗山附近的查加扎（Chagga），正好有一个叫哈里·约翰斯顿（Harry Johnston）的26岁英国探险家，只需要他与当地酋长曼达拉（Mandara）签署一项保护条约，就能达到目的。该计划以异乎寻常的高效被内阁通过。随后，外交部发送电报给桑给巴尔领事约翰·柯克爵士，告诉他"据信法国人和德国人有兼并的企图"，命令他尽快把乞力马扎罗地区纳为保护国。

但是，吞并乞力马扎罗高原存在两个无法逾越的障碍。

首先是在过去20年里一直致力于辅佐巴尔加什苏丹的柯克爵士。柯克爵士曾建议帮助桑给巴尔苏丹国将领土扩张到乞力马扎罗高原，时任外交大臣的格兰维尔和大多数内阁成员已经同意，但格莱斯顿认为，对"桑给巴尔后面那个叫不出名字的山国"做任何事情都毫无意义，因此否决了柯克的计划。

第二个障碍是德国人。1885年3月3日，柏林会议结束没几天，柏林的官方公报便声称，位于通往大湖区（维多利亚湖附近地区）商队路线上的乌萨加拉（Usagara）、昂古鲁（Ungulu）、乌齐瓜（Uzigua）和乌卡米（Ukami）等地，并不在桑给巴尔领土范围内，因此向一家名为"德意志殖民公司"的企业授予在该地区建立保护国的"帝国特许状"。德国人的依据，是德意志殖民公司创始人卡尔·彼得斯（Carl Peters）与当地酋长签订的12项"条约"。条约的可靠性令人怀疑，但彼得斯的身后站着俾斯麦与德意志帝国，英国外交部被迫承认其为事实。毕竟在埃及的金融谈判中，英国还指望德国作为调解人，因此只能牺牲一定代价，满足俾斯麦的胃口。

但安德森爵士仍然对约翰斯顿在乞力马扎罗高原建立殖民地的方案抱有渺茫的希望。具有远见的外交部官员向曼彻斯特和利物浦的英国商人发出警告，提醒他们英国在海外市场即将受到威胁。其中，柯克在桑给巴尔的高级助理弗雷德里克·霍姆伍德（Frederick Holmwood）是最积极的推动者。他提出了一个疯狂的计划——修建一条通往乞力马扎罗山的铁路。这条铁路以蒙巴萨（Mombasa）海岸为起点，穿越可怕的马赛人控制的平原，最后到达目的地。他向同僚保证，一旦马赛人肯出价购买皮革，就能证明他们是友好的。然而，资本家们似乎不太愿意冒险对这条铁路进行投资。商界大鳄威廉·麦金农爵士与詹姆斯·赫顿脑子里只有刚果。当时他们试图成立一个铁路辛迪加，帮助利奥波德修建一条绕过瀑布的铁路。在对乞力马扎罗铁路进行投资之前，他们要求桑给巴尔苏丹做出重大让步，并得到英国政府的保证。然而，这两个条件都不太可能实现。1885年4月，安德森写道："除非投资万无一失，否则曼彻斯特不会预支六便士。"6月，安德森预测除非英国政府资助修建铁路，或者新任外交大臣索尔兹伯里强烈反对，又或者苏丹设法阻止；否则，俾斯麦注定要吞并东非的大部分地区。

如果游人乘船接近桑给巴尔，可以看到这座美丽的岛屿郁郁葱葱，上面散布着椰子树、芒果树和丁香园，棕榈林里点缀着粉红色的旋花，海浪懒洋洋地拍打着乳白色的沙滩。远远望去，桑给巴尔岛宛如海洋上的一颗明珠。

但上岸之后，这颗明珠便黯然失色。海滨排列着4个国家的领事馆，英、法、美、德四国国旗在旗杆上飘扬。领事馆群旁边是朴实无华、白灰泥外墙的苏丹宫殿。在它的旁边，矗立着老苏丹赛义德执政时期修建的堡垒，现在堡垒已经半塌，里面还有一门生锈的铜炮。除此之外，岛上还有中非传教学院新修建的庄严肃穆的传教室，以及几座清真寺。桑给巴尔镇内狭窄如同迷宫的街道两旁，是高大简陋的建筑，其雕琢精美的正门显得格格不入。这些建筑大多是阿拉伯人、斯瓦希里人或控制绝大部分贸易的4000名印度商人的仓库。再往里走，是巨大而肮脏的贫民窟，成千上万的奴隶和释奴生活在这里。总之，这座城市更像利物浦，而不是威尼斯,没有人费心用任何漂亮的东西来装点它。大多数白人去那里的目的很单纯,就是发财。如果幸运,他们确实能赚一笔;如果还能更幸运,他们会在被疟疾杀死前离开这里。

英国驻桑给巴尔领事馆是一座巨大的黄色平顶建筑。由于领事馆离港口不远,每当夏季西南季风吹来,空气中都会传来丁香的香味、海风的咸味以及沙滩上被抛弃的动物内脏散发的臭味。在这里待了19年的约翰·柯克爵士早已习惯了这种混合气味。

如果说有谁真正继承了利文斯通的衣钵,那只能是柯克了。1858年,在英国政府的赞助下,利文斯通发起了第二次探险。在这次探险中,他对赞比西河流域进行了勘察,时年26岁的医生兼植物学家柯克就是利文斯通的助手之一。在接下来的6年里,他们徒步穿越非洲中部的东方地区,或步行,或乘独木舟。柯克很有耐心,永远不知疲倦,他对利文斯通来说是一个绝佳搭档。然而总的来讲,这次探险并不成功,他们的新发现只有尼亚萨湖与夏尔高地(Shire Highlands)。在夏尔高地,柯克看到了被烧毁和被遗弃的村庄、在灌木丛中蜷缩着的村民、在河里漂浮的尸体。但他们能帮上什么忙呢?柯克甚至无法阻止同伴甚至利文斯通的妻子玛丽死于高温。为了自卫,柯克还不得不杀死一名土著。有两次,他差点丧命,一次是他的独木舟在激流中翻船(他丢失了全部8卷植物素描),还有一次是他的水用光了。在担任利文斯通助手期间,柯克成了后者的信徒,他决定用行动实践以"3C"结束奴隶制的理论。柯克来到桑给巴尔,从医生干起,先后担任领事馆副领事、特使和领事,并被巴尔加什苏丹任命为法官。

作为一名外交官,柯克具有双重身份:巴尔加什苏丹的顾问,英国臣民的庇护者。在苏丹的宫廷里,英国领事的影响力非常大,他能够实现一种间接统治。80年来,英国对定居桑给巴尔的苏丹及其继承人实行非官方的保护,保护苏丹不受欧洲或阿拉伯敌人的侵害。但如果苏丹胆大妄为到在涉及英国利益的问题上藐视英国领事,那么苏丹就倒霉了,干预是"非正式帝国"时代的最后手段,这意味着英国要动用海军挥出铁拳。

一开始,英国人在桑给巴尔并没有什么特权。与西非、南非沿海地区类似,欧洲人在东非殖民的先驱,也是葡萄牙人。自从达·伽马炮轰摩加迪沙(Mogadishu)

开始，葡萄牙人便依靠船坚炮利，对东非沿海城邦逐一武力征服。这伙殖民者皆为穷凶极恶的亡命之徒，他们每攻打一个城邦，都会对该城邦进行毁灭性的破坏。1505年，弗朗西斯科·德·阿尔梅达（Francisco de Almeida）率2500名士兵和水手先后洗劫了基尔瓦（Kilwa）与蒙巴萨，把那里的奴隶以及储存的黄金、白银和龙涎香当作战利品搜刮一空，男女老少甚至无辜幼儿无一幸免，全被屠杀。进入17世纪中叶以后，葡萄牙风光不再，东非各城邦乘机纷纷与阿拉伯半岛上的阿曼亚里巴王朝联合，逐步将莫桑比克以北的葡萄牙据点一一拔除。然而阿曼人绝非善茬，他们赖着不走，在这些城邦派遣总督和驻防军。但总的来说，阿曼人在经营贸易上要比葡萄牙人上心，在这一时期，东非沿海先后出现坦噶（Tanga）、巴加莫约、潘加尼（Pangani）等贸易港口，与非洲内陆的贸易也有所恢复。

阿曼亚里巴王朝本土以热带沙漠为主，全年气候在40℃以上，除了椰枣以外几乎没有任何贸易货物，直到现在也是阿拉伯半岛相对不发达的地区之一。而气候宜人、年平均气温26℃的东非沿海地带，不仅盛产象牙、坚果、花生等热带作物，还可以源源不断地捕获奴隶，因此阿曼亚里巴王朝历代苏丹均有意将统治重心向东非转移，但一直遭到盘踞在蒙巴萨的马兹鲁依（Mazroui）家族的抵制。到18世纪末，马兹鲁依家族的势力范围已北抵马林迪（Malindi），南达潘加尼，公开拒绝向取代阿曼亚里巴王朝的马斯喀特王朝纳贡。1807年，马斯喀特王朝第五代苏丹赛义德·伊本·苏尔坦（Salim bin Sultan），即"赛义德大帝"即位。赛义德一上台，便对马兹鲁依家族实施强硬政策，经过近20年的厮杀，终于剿灭了马兹鲁依家族。1840年，赛义德把首都从马斯喀特（Muscat）迁到桑给巴尔岛。在赛义德统治的后半期，他虽然不时回到本土，但大部分时间留在东非沿海地区。

在赛义德苏丹即位的同一年，英国正式禁止奴隶贸易。当时，英国与马斯喀特王朝的外交纠纷，主要集中在奴隶制度和奴隶贸易等问题上。1822年，英国迫使赛义德苏丹签署了第一份禁止奴隶贸易条约，并规定英国可向当地派驻代表以监督条约执行情况。1824年，英军进驻蒙巴萨，为马兹鲁依家族撑腰，但两年后便灰溜溜地撤出了。等到赛义德苏丹迁都桑给巴尔后，皇家海军以打击贩奴船为名，长驻东非沿海水域形成威慑力量。一位英国领事很有底气地说，当英国炮艇"莉莉"号（HMS Lily）停泊在桑给巴尔港时，他与赛义德讨论问题就容易得多了。1845年时，赛义德苏丹被迫同意减少奴隶贸易至仅能满足本土需求，并禁止贩奴船在他的统治区域内航行。

与大多数中东君主类似，赛义德苏丹的后宫佳丽如云，子嗣繁茂。为了谋求本国利益最大化，各国领事的一项重要工作，便是拉拢与控制诸位王子，幕后导演夺嫡大戏。当时竞争力较强的王子有：英国人支持的、患有癫痫的王储马吉德（Majid bin Said），法国人支持的巴尔加什，以及统治龙兴之地的马斯喀特、控制海军的杜瓦因（Thuwaini bin Said al-Said）。1856年，赛义德在从阿曼返回桑给巴尔的船上病逝，按照法统，应由马吉德继任苏丹。但杜瓦因以东非沿海地区是阿曼属地为由，拒绝承认马吉德的苏丹地位，发兵征讨。当时一艘来自孟买的皇家海军战舰正在阿拉伯半岛沿海巡逻，因而杜瓦因的舰队一驶离马斯喀特就遭到拦截，被迫撤回。

而护送父王梓宫回国的巴尔加什上岸后，深知帝王家手足相残乃是家常便饭，便一心躲在自己的宫殿里严防死守，等待法国领事的帮助。马吉德出动了5000大军，但对兄弟的宫殿无计可施，不得不"借洋师助剿"，请求英国领事里格比（Rigby）帮忙。100名英国陆战队员经过两天作战，攻陷宫殿，逮捕了巴尔加什（从这里也可以看出当地部队战斗力是多么糟糕）。在英国人的保护下，巴尔加什同意永远离开桑给巴尔，并在法庭上承认，他"再也不会听从法国人的建议……除了英国政府，也不会再听从任何人的建议"，此后流亡孟买。1862年，在印度总督查尔斯·坎宁（Charles Canning）的裁决下，东非沿海地区脱离阿曼，成立桑给巴尔苏丹国。

巴尔加什在孟买过得相当滋润，眼光长远的英国人慷慨地赠予他一所房子和一辆马车，并每年支付给他1200英镑的生活费。1861年，巴尔加什得到特赦，返回桑给巴尔。1866年，柯克来到桑给巴尔见到巴尔加什，认为他是一个"精力充沛、意志坚定、聪明睿智的人"，是下一任苏丹的理想人选。而身体羸弱的马吉德只有一个女儿，且他的身体不允许他再有子嗣了。

当时，奴隶贸易屡禁不止，英国人迫使马吉德苏丹宣布，禁止在西南季风期间进行奴隶买卖①。但在1867—1869年的3年时间里，英国皇家海军只救出了2645

---

① 载满奴隶的三角帆船，可以利用西南季风，顺风前往阿拉伯半岛。

名走私奴隶，却有多达3.7万名奴隶被卖到阿拉伯半岛。

如果问马吉德统治时期有何建树，值得一提的唯有他花费大量财富，在陆上建立了一个新的城市达累斯萨拉姆（Dar-es-Salaam，意为"平安之港"），希望将其作为新的都城。但"平安之港"并没有给苏丹带来平安，1870年，年仅36岁的马吉德便死在达累斯萨拉姆，巴尔加什继任苏丹。他上台才一年半，一场飓风便横扫桑给巴尔岛，毁坏了岛上的丁香种植园和停泊在港口的苏丹船队，桑给巴尔苏丹国的经济遭到沉重打击。巴尔加什的坏运气还不止于此。

随着斯坦利于1871年11月找到利文斯通（参见第一、第二章），后者的报告及信件陆续在英国报纸上得到刊发，其中关于奴隶的描述激起了民愤。桑给巴尔这个本来远在天边、鲜为人知的国家，因奴隶交易猖獗，包庇阿拉伯—斯瓦希里奴隶贩子，成为英国人心目中的头号邪恶国家。在英国人眼中，桑给巴尔苏丹国的深红旗帜就是奴隶贩子的护身符。1873年，英国政府派印度高级官员巴特莱·弗雷尔爵士在4艘战舰的护送下抵达桑给巴尔，要求巴尔加什苏丹签署《弗雷尔条约》（*Frere's treaty*）。条约规定，苏丹必须命令他的臣属终止所有的海上奴隶贸易，关闭领地内的所有奴隶市场。

桑给巴尔刚刚遭遇天灾，百废待兴，需要大量资金与奴隶恢复种植园的生产，结果英国人偏偏在这时候出手，可谓釜底抽薪，把苏丹逼上了绝路。巴尔加什毫不犹豫地拒绝了《弗雷尔条约》，并幻想得到法国人的支持。6月3日，柯克独自前往苏丹的宫殿，给他讲了一节时事政治课，着重阐述了法国在1870年普法战争中战败投降的事。他告诉苏丹，除非签署《弗雷尔条约》，否则英国海军将封锁桑给巴尔。"我不是来和你讨论的，而是来发号施令的！"柯克威胁说。两天后，巴尔加什签署《弗雷尔条约》，并在同一天关闭了大奴隶市场。《弗雷尔条约》似乎起到了反作用，因为海上奴隶贸易遭到打击之后，陆上奴隶贸易却蓬勃发展起来。据估计，到1875年，大约有1.2万名奴隶沿着从基尔瓦港到索马里港的路线行进，在丛林中留下了一条遍布骷髅的大道。但这次巴尔加什似乎学乖了，无须柯克催促，便通过一项新的公告取缔了陆上奴隶交易。

好在利文斯通的理论开始生效：奴隶贸易萎缩后，合法贸易开始蓬勃发展。欧洲对非洲出口的橡胶、柯巴胶（用于制造清漆）的需求，象牙贸易的繁荣，再加上苏伊士运河的开通，使合法贸易呈现出井喷式发展，这超出了柯克最乐观的预测。昔日臭名昭著的奴隶港基尔瓦，如今靠橡胶贸易发了大财。桑给巴尔光是税收，每年就有30万英镑。巴尔加什利用这笔钱，把饮用水从内陆引入桑给巴尔，并在两座宫殿之间修建了一条马车路。英国东方电报公司还接通了亚丁至桑给巴尔的海底电缆。

自封利文斯通传人的柯克，此刻的愿景只剩下宣布桑给巴尔国内的奴隶贸易为非法了。而最直接的方法，是使整个桑给巴尔正式成为英国的保护国，但柯克知道伦敦还没有做好准备。

柯克自认为是苏丹的顾问与朋友，站在苏丹的立场上，他希望桑给巴尔能够向大陆扩张。起初，桑给巴尔苏丹国在大陆真正完全掌控的只有达累斯萨拉姆、蒙巴萨和拉穆（Lamu）等沿海港口。在柯克的鼓励下，苏丹组建了一支印度人和桑给巴尔人混编而成的雇佣军，由参加过阿散蒂战役的英国军官劳埃德·马修斯（Lloyd Matthews）将军指挥。当然，这支军队在某种程度上受英国控制。这支雇佣军建造了两座小堡垒来保卫运送象牙的商队路线。除此之外，桑给巴尔的红旗还飘扬在商业城镇塔波拉和乌吉吉。但巴尔加什似乎对向大陆上扩张不感冒，他更青睐法国人的建议，把一大笔钱投资在自己的轮船航线上。柯克对朋友抱怨道：

> 我真希望他能放弃他的船。他们正在毁灭他，使他不再注意自己国家的事情。他完全忽视了海岸，没有花哪怕一分钱，做最小的改善。治理这个国家并让它变得富有是多么容易，但影响一个被领事和商人左右的土著统治者是多么艰难。这应该是英国的保护国，就像法国人将马达加斯加纳为保护国一样。

1884年9月，柯克听说外交部试图阻止德法探险家染指乞力马扎罗地区。对英国来说，这是一件好事。但在乞力马扎罗建立保护国，会削弱苏丹在这片大陆上不断增长的力量，这对自认为是苏丹好友的柯克而言，是他不愿意看到的。1885年3月，德皇宣布，依据彼得斯签署的十二项"条约"，桑给巴尔对岸大陆部分地区成为德国的保护国。苏丹对此向德皇正式提出抗议："这些领土是我们的！从我们的祖辈起，它们就属于我们。"柯克亲自致电索尔兹伯里："如果以真理或正义的准则来判断，德国人的借口经不起任何检验。"但索尔兹伯里的回复让柯克感到绝望，他要求柯克与德国合作，不允许"桑给巴尔当局向德国特使发出任何带有敌意的信息"。柯克倍感屈辱，毕竟现在的桑给巴尔很大程度上是他通过19年的努力一手打造出来的。他与巴尔加什有过约定：他消灭桑给巴尔的奴隶贸易，作为回报，他会让巴尔加什赚得盆满钵满，并免受外国列强的侵略。现在，索尔兹伯里似乎要求柯克放弃一切，将他打造的帝国交给德国人。

给柯克与巴尔加什带来大麻烦的卡尔·彼得斯究竟是何许人也？这个德国人身体虚弱，眼睛近视，淡蓝色的眼睛只能透过一副夹鼻眼镜才能看清东西，他在胡子上涂了蜡，将稀疏的棕色头发梳成中分样式，看起来更像是一个学生，或者一名年轻教授。彼得斯虽然弱不禁风，却总是幻想做出震惊世界的壮举。他曾两次试图游过英吉利海峡，结果每一次都在号叫中被拖出冰冷的海水。回到德国后，他创办了德意志殖民公司，招募了一些同班同学作为员工，并聘来不知名的地方医生和教授，他们都是社会的边缘人物，想在帝国的朝阳下有所作为。

同他横渡英吉利海峡一样，彼得斯征服东非的计划同样不成熟。德意志殖民公司一开始就资金吃紧，因此彼得斯和他的两个老同学兼合伙人——卡尔·朱尔克（Carl Jühlke）、格拉夫·约阿希姆·冯·菲尔（Graf Joachim von Pfeil）只能坐三等舱前往桑给巴尔。他们的探险队只有36个搬运工，以及包括翻译在内的6个仆人。不到5个星期，探险队的食物就快吃光了，这意味着一切必速战速决。彼得斯与当地酋长的签约程序一般为：酋长在小屋里致欢迎词，搭好帐篷，在条约上签字，升起德国国旗，载歌载舞地庆祝，诞生一个属于德国的新省。这套程序几小时就能完成，随后精疲力竭的帝国缔造者赶紧冲向下一个非洲酋长的小屋。

看过前面的文章后，大家应当清楚，在瓜分非洲时，空白条约和布料、塑料珠子一样，已成为探险家与当地酋长交易的一部分。无论是在刚果河活动的斯坦利与布拉柴，还是在尼日尔河和油河地区活动的休伊特与马蒂，抑或是在多哥与喀麦隆活动的纳赫蒂加尔博士，都签过无数空白条约。但与大多数人不同的是，彼得斯到达桑给巴尔时，柏林当局用电报警告过他，德国政府对他的所作所为不负任何责任。然而年轻气盛的彼得斯无视警告，依旧兴高采烈地为德意志帝国开疆拓土。

在与乌萨加拉的酋长签署条约后，彼得斯认为探险队目前补给匮乏，便与朱尔克返回海边收集补给品，而菲尔和一些非洲人则留下来建设新殖民地的总部。结果在路途中，彼得斯和朱尔克因被荆棘划破身体，导致被嗜血的昆虫袭击生了重病，不得不躺在吊床上，将头部暴露在阳光下。每天黎明前，两人用左轮手枪逼着挑夫抬着他们前进。好在彼得斯的阿拉伯翻译拉马桑（Ramasan）在商道边的一个村子里买到了一些卷心菜和萝卜，为他们补充了营养。1884年12月14日，他们到了一个叫乌卡里（Ukari）的地方，彼得斯觉得自己已经时日不多：

> 那天晚上，我的脉搏每分钟跳动140下，我知道我可能活不到第二天。现在，我为这一可能发生的情况做出了安排。朱尔克悲伤而焦虑地握着我的手，我告诉他不要把我的尸体埋在乌卡里，他要一口气冲到海边去。如果他也死了，拉马桑将随身携带条约。

12月17日，太阳下山后不久，彼得斯一行摇摇晃晃地走进了与桑给巴尔岛隔海相望的、棕榈环绕的小镇巴加莫约，踏入了由德国教士管理的教会。

> 门廊上摆着基督教的十字架，我们回到了欧洲的文明世界！当我们进入大楼时，突然间，明亮的哥特式窗户亮了起来，管风琴传出了震耳欲聋的乐声。我无法描述这给我留下的印象，但我毫不羞愧地说，我在抽泣中崩溃了，过去几个星期的紧张情绪在泪水中消失了。

1885年2月5日，彼得斯回到柏林，他忐忑不安地等着俾斯麦的裁决。马上要被免职的殖民事务专家库斯洛警告彼得斯，他会遭到俾斯麦的断然拒绝。一方面，德国大选已经结束；另一方面，与法国的蜜月期同样已经结束。俾斯麦再也没有理由与英国起争执。事实上，自从去年11月俾斯麦在大会上迫使英国做出重大让步——承认国际刚果协会的主权，他已打算在某些地方让英国一筹。

至于彼得斯如何与"铁血宰相"打交道，库斯洛给出了自己的建议：着力宣扬东非的新保护国不会让德国财政部损失一个马克；并且在外交上，它和突尼斯一样，是那种不需要花一分钱就能摘到的"成熟的梨子"。当时，马赫迪逼近喀土穆，俄国人袭击阿富汗，英国在北非与中亚的形势都十分吃紧，正是摘下这颗"梨子"的大好时机。

俾斯麦果然听从了彼得斯的建议。2月17日，俾斯麦签署特许状，并在西非会议结束后将其公之于众。该特许状涉及的范围，包括桑给巴尔岛对岸的乌萨加拉、昂古鲁、乌齐瓜和乌卡米。上文提到，当德皇宣布在东非沿海建立保护国时，巴尔加什提出了抗议。5月底，俾斯麦唤来彼得斯，让他协助库斯洛起草一份文件，回复苏丹的抗议。彼得斯离开之前，首相抛给他一个问题："我们能对桑给巴尔做什么？"彼得斯机警地回答说，苏丹的宫殿正对着波光粼粼的潟湖，帝国舰队的军舰可以随时停泊在那里，苏丹可不希望他的宫殿被舰炮轰塌。俾斯麦点头赞许。此时，海军准将卡尔·帕申（Carl Paschen）带领5艘战舰，已经在赶往桑给巴尔的路上了。

得到俾斯麦的支持后，彼得斯再接再厉，试图通过虚张声势，迫使苏丹和他背后的支持者英国摊牌。为了尽可能快地确定新殖民地的边界，他又招募了各种人才加入探险队：陆军军官、建筑师、工程师和其他技术专家。他要求探险队"迅速、大胆、无情"，如果桑给巴尔苏丹同意达成协议，那就通过协议占领新的领土；如若苏丹不同意，那就直接武力占领，升起德国国旗，宣布帝国特许状。

彼得斯大刀阔斧的新策略似乎效果不错。7月，他收到了来自桑给巴尔的电报，说探险队已经把原来4个地区的边界向南北两边延伸了数百千米：南抵达累斯萨拉姆以南的鲁斐济（Rufiji）河，北到拉穆附近的维图（Witu）。在维图，探险队与维图总督——具有分裂倾向的"维图之狮"辛巴（Simba）取得了联系。苏丹派马修斯将军率军对乞力马扎罗高原和维图发起了反攻。彼得斯估计，苏丹庞大的军队和英勇的德国探险队之间很快就会发生激烈的冲突。俾斯麦别无选择，只能对苏丹采取一些措施。

8月7日，桑给巴尔人惊讶地看到包括"斯托施"号（Stosch）、"格内森瑙"号（Gneisenau）、"阿尔伯特亲王"号（Prinz Adalbert）在内的5艘战舰驶入苏丹宫殿对面的潟湖，将黑洞洞的炮口对准宫殿。更令桑给巴尔人感到不可思议的是，德国海军居然带来了一位货真价实的桑给巴尔公主——苏丹的妹妹。

12年前，这位公主和一个德国商人相恋并怀孕。根据沙里亚法，两人都应该被石头砸死。苏丹放了妹妹一马，只是将她永久驱逐出境。公主在与她的爱人结婚后自称埃米莉·雷特（Emily Reute）夫人。德国人在12年后将这位公主带回国的本意可能只是想诱使苏丹失去理智，试图抓住并惩罚自己的妹妹，这样就能把事情闹大。而公主的本意，则是试图取得苏丹部分财产的继承权。但在柯克等英国人看来，德国人计划用埃米莉·雷特12岁的儿子，即苏丹的外甥取代苏丹。13日，巴尔加什投降，接受了德国对其大陆部分领土的保护。而号称把印度洋变成"英国内湖"的皇家海军，从始至终都没有出现过。

1885年8月，伦敦外交部的气氛远比柯克在桑给巴尔的领事馆平静。对安德森来说，在格兰维尔手下混迹多年后，出现索尔兹伯里这样的上司算是一种解脱：一旦他打消了怀疑，他就会给予明确的支持。安德森与索尔兹伯里决定勒住卡尔·彼得斯的缰头。他们建议英、德在此地的"势力范围"（正式划入保护国之前）分界线应由英、德、法三国组成的勘界委员会来划定。安德森相信，根据刚刚达成的《柏林总议定书》，即使在德国的"势力范围"内，英国的人道主义和贸易利益也不会受到损害，控制大陆和桑给巴尔之间所有贸易的印度商人的利益同样不会受到损害，德国人会尊重自由贸易，镇压奴隶贸易。

一旦勘界委员会完成工作，英国就需要接受新的殖民地或保护国。这个殖民地迫切需要某个富商充当戈尔迪爵士在尼日尔河上的角色。安德森为索尔兹伯里描绘道，威廉·麦金农爵士是唯一合适的人选。届时，麦金农可以成立一个新的特许公司，将蒙巴萨与非洲中部的伊甸园——维多利亚湖畔的布干达王国连为一体。

# 第十八章 布干达的暴君

1885年9月25日，一名又矮又瘦、留着整齐棕色胡须、戴着奥地利毡帽、长着一双犀利蓝眼睛的苏格兰传教士出现在布干达王国的王家围场那用棕叶芦编织的大门外面。他就是时年36岁的亚历山大·麦凯（Alexander Mackay），英国海外传教会驻布干达首席代表。几天前，麦凯得知了一则令人担忧的消息，并决定赶快把它告诉年轻的布干达卡巴卡（即国王）。随着一连串棕叶芦门依次打开，穿着红袍的侍从领着他深入门戈（Mengo）的"蜂巢"。他们穿过一个又一个皇家储藏室、观众席、阅兵场和刑场，最后来到了姆万加二世（Mwanga Ⅱ of Buganda）卡巴卡的茅草宫殿前。

麦凯的消息来自一封6月17日的电报，电报声称一支德国舰队奉命威慑桑给巴尔。一个俾路支（Baloch）商人带来的消息更糟：德国人已经瓜分了桑给巴尔苏丹国大陆的一部分，并向巴尔加什苏丹索要巴加莫约港；在遭到拒绝后，德国人向苏丹宣战了！麦凯知道，德国人的行动给了阿拉伯—斯瓦希里商人诋毁传教士的最新借口。这些商人与传教士很不对付，他们以门戈为基地，在布干达—海岸—桑给巴尔岛之间进行贸易，其中最易牟取暴利的贸易是用枪支火药交换布干达从邻国掠夺的奴隶。传教士无法对这一行为视而不见，常常在能力范围内加以阻拦。断人财路，如杀人父母，阿拉伯—斯瓦希里商人视传教士为眼中钉、肉中刺，一有机会就竭尽所能地抹黑排挤他们。

当时的布干达王国正处于大变局时代。国内，宗教纷争不休，本土的卢巴雷教徒、穆斯林、天主教徒（本土信徒被称为"法兰萨"）、新教徒（本土信徒被称为"英格利萨"）时而互相拉拢，时而明争暗斗。国境线外，东边，德国人不断蚕食海岸；西边，比利时人从刚果徐徐向东挤压；北边，艾敏〔Emin，原名爱德华·施尼策尔（Edward Schnitzer）〕帕夏随时可能从苏丹南下，老邻居、死对头布尼奥罗（Bunyoro）王国同样虎视眈眈。年轻的姆万加初登王位，主少国疑。姆万加及臣下听到德国人到来的消息后惊慌失措，他们知道这些巴赞古（意为白人）是一路货色，都想要卡巴卡的土地。传教士与当地信徒的处境变得危险起来。

在这个多事之秋，麦凯的领导——英国海外传教会高级牧师詹姆斯·汉宁顿（James Hannington）又给他添乱。汉宁顿打算考察海外传教会在布干达的传教情况，但他的路线是从蒙巴萨向东北进发，抄近路穿过马赛人控制区，然后进入布索加（Busoga）。麦凯知道，布索加是布干达的"后门"，布干达人绝不允许白人通过。因此，麦凯向汉宁顿发出紧急警告：避开布索加，走途经塔波拉的传统南线，否则姆万加会更加恐慌，他和他的追随者会有性命之忧。

布干达地区主要生活着干达人，他们属于尼格罗人种（Negro race）中的班图族系。中世纪时，这一地区最强大的政权是尼奥罗人（Nyoro）创立的布尼奥罗王国。而布干达王国，根据传说是15世纪初一位南迁的布尼奥罗王室成员金图（Kintu）创立的。起初，布干达是布尼奥罗王国的附庸国，但数个世纪之后，双方势力此消彼长，布尼奥罗王国与控制苏丹的埃及闹翻，后者的军队一路杀到布尼奥罗国都，布尼奥罗国势从此逐渐衰微。而在梅萨一世统治期间，布干达王国达到了鼎盛。英国探险家斯皮克提到，当他进入布干达王国境内后，他发现了像英国驿道一样宽广、笔直的道路，它们穿过茂盛的草地，爬上起伏的群山，同所有邻近地区的崎岖小道形成了奇异的对照。当地人的茅舍和花园干净、整齐，到处是一派祥和、井然有序的景象。

值得一提的是，尽管布干达王国在大湖区也算一霸，但梅萨一世颇有国际视野，并没有认为自己天下无敌。他不仅对西方火器的威力十分欣赏（为了试验欧洲新式枪支的准确性，梅萨往往下令侍卫们在围观群众中任意挑选一名牺牲者充当活靶），而且当斯坦利率领英美联合探险队经过他的国家时（参见第三章），梅萨一世还隆重地接见了这位巴赞古。心满意足的斯坦利认为此地乃海外传教的理想之地，便向欧洲吹响了召唤传教士的号角。

1877年，麦凯等海外传教会成员前往布干达。他们在维多利亚湖南岸、布干达边界外的姆萨拉（Msalala）建立了传教站。随后，身患疟疾的麦凯不得不回到桑给巴尔。当他于1878年返回时，他的同伴一人死亡，两人在部落战争中被杀，其余人则逃回了家。就这样，麦凯成了前往布干达传教的唯一先驱者。他驾着"雏菊"号（the Daisy）越过了变幻无常、如同加利利湖一样波涛汹涌的维多利亚湖，到达布干达。布干达虽地处赤道，但由于地势较高，河流纵横，湖泊星罗棋布，因而雨量充沛，植物繁茂，是非洲难得的伊甸园。麦凯描述道，布干达"气候宜人，仿佛永驻英伦之夏"，食物在起伏不定的绿色山丘上很容易生长，田野里似乎用不着怎么干活。人们饿了的话，只需切下一串大蕉或一串香蕉便可果腹。棉花、咖啡和烟草长势极好，就像野草一样旺盛。当地人"不是野人，甚至也不是蛮族"，而是"远远超过我在中非遇到或听说过的任何种族"。

麦凯除了是个传教士外，也是一名在英国爱丁堡大学和德国接受过培训的工程师。1878年，他在布干达王国创立新教传教会，并在皇宫西北约5千米处的纳提特（Natete）建造了一座布道所，它是这个国家当时唯一一座两层建筑。他还开办了一座印刷厂，印刷《登山宝训》和《圣路加福音》，并将其翻译成卢干达语。他用一个锻炉、一台车床和一个神奇的水泵，把水喷到6米高的空中。当地人从没见过这些，把他视为神明。麦凯解释说，他也是人，水泵并不是神迹，只是一根像大象鼻子一样吸水的铜管。皈依者呼喊着："巴赞古！巴赞古！他们是人，他们可以做任何事！"人们成群结队地到他那座屋顶用茅草铺成的小教堂里去受洗。

但麦凯在梅萨卡巴卡的宫廷里受到了冷遇。作为自由教会的加尔文派，他无法对当地普遍存在的酷刑、奴役、一夫多妻制、巫术以及宫廷中盛行的龙阳之好视而不见，因此频频公开谴责。他的高洁不仅让他的敌人团结起来，甚至让一些本应成为天然盟友的欧洲人疏远了自己。

1879年，也就是麦凯创立新教传教会一年后，非洲天主教领袖拉维杰里（Lavigerie）将以卢德尔（Lourdel）为首的3人派到门戈，建立天主教会。麦凯对天主教徒充满鄙视，他认为意大利、西班牙、爱尔兰等地的贫困与乱象，皆拜天主教会的腐败所赐。

新教徒与天主教徒随后开始在"拯救200万土著的灵魂"上展开竞争。在这200万灵魂中，最珍贵的莫过于梅萨的灵魂。麦凯本来占据天时、地利、人和。他比卢德尔早到一年，梅萨一世又允许麦凯在礼拜日用斯瓦希里语向整个宫廷传教，而宰相负责将斯瓦希里语翻译成卢干达语。但梅萨本人没有固定信仰，相比传教，他更希望麦凯教他"如何制造火药和枪支"。宰相说得更明确：他们希望巴赞古给他们带来"数不清的、像草一样多的枪"。麦凯回答说,在工业方面,他从来没有拒绝过帮助他们,他沾满油污的双手就是明证,但如果不允许他传教,他将不得不返回英国。梅萨威胁道,没有他的命令,麦凯不得离开。

早在20年前,斯皮克便描述了梅萨一世罕见的残暴,如今麦凯终于亲身领教到了。梅萨得了一种不治之症,巫医建议用活人祭祀来安抚古老的湖神,于是,布干达士兵们抓走卖芭蕉的、毫无戒心的农民,将他们绑在柱子上度过一晚,然后在第二天早上将其公开处决。仅一天,就有2000人被杀。麦凯惊呆了,他在日记里写道:

> 这一切不过是为了满足这个怪物的嗜血欲望……这个被英国的好人称为"仁慈的乌干达国王"的凶残疯子……梅萨一世是一个彻头彻尾的异教徒。他身上集中了所有的恶,他虚伪、狡诈、骄傲、自负、嫉妒、残忍、睚眦必报、极度虚荣。一切都是为了自我、自我、自我!乌干达只为他而存在。

活人祭祀,当然无法拯救病入膏肓的梅萨。1884年,梅萨一世去世,其子姆万加即位。姆万加当时只有18岁,是个身材高大、相貌平庸、经常因为吸大麻而发脾气的年轻人。他还是个孩子时,麦凯便认识他了。在麦凯看来,这个年轻人软弱任性,没有继承父亲梅萨的敏锐和优雅。

麦凯与新卡巴卡的关系,不断发生着令人心惊肉跳的变化。1885年1月,麦凯和同伴在征得国王同意后,乘坐"埃莉诺"号(the Eleanor)前往维多利亚湖旅行,但他们不久就被士兵们逮捕,被押回门戈。为这次旅行服务的3名年轻教徒,包括一名10岁的英俊男孩伦加拉马(Lengalama),被卡巴卡与宰相关押起来。尽管麦凯不顾一切地救他们,但刽子手还是砍下他们的胳膊,把他们扔到木叉子上烧死。后来麦凯才知道,卡巴卡兽性大发的原因,是嫉妒教会拥有这么俊俏的信徒。麦凯谴责姆万加的残暴,姆万加则把责任推给宰相,但大家都知道,是卡巴卡下达的命令。

之后,卡巴卡派士兵守在麦凯屋外,教徒们只能在晚上拜访他。后来卫兵被撤下,姆万加的几个姐妹、一个叫加邦加(Gabunga)的将军、一个叫塞布瓦托

（Sebwato）的酋长纷纷登门，来取麦凯发行的印刷品。6月，麦凯的同事罗伯特·阿什（Robert Ashe）同意在王宫后面浑浊的皇家池塘游泳，姆万加的态度开始变得友善。他惊奇地发现，阿什真的会游泳（在布干达，游泳被认为是一项神迹）。8月，卡巴卡叫麦凯帮忙竖旗杆，但由于他瞎指挥，旗杆倒了，造成一人死亡。国王大怒，越发不待见麦凯。

就在两人关系剑拔弩张之际，麦凯得到了德国舰队到来的消息。于是1885年9月25日，麦凯急匆匆地前去拜见姆万加，有了文章开头的一幕。当麦凯告知姆万加德国人的动向时，双方进行了如下对话：

"巴尔加什会跟他们打吗？"

"你是卡巴卡，最好由你来判断。"

"相信他会不战而退。"

"我们认为你的判断是正确的。"

对于姆万加的看法，重臣基巴雷（Kibare）并不同意，他认为巴尔加什会抵抗到底："德国人是什么样的？他们也是巴赞古吗？"

"是的，他们是巴赞古，来自一个非常强大的国家。不久前，他们与法国人作战，打败了法国人，甚至俘虏了他们的国王。"麦凯回答道。话头一转，他提起他的上司汉宁顿将要到布干达王国考察传教一事，转达了对方想从布索加进入王国境内的想法。

姆万加君臣相当沮丧，一听这话更是面面相觑。怎么又来一批英国人？突然，他们想到了什么，问道："英国人和德国人哪个更厉害？"

麦凯直截了当地说："德国人更厉害，尤其是在陆地上。如果他们去打仗，英国人是打不赢他们的。"

"如果英国人能够打败他们，那么巴尔加什就不用打仗了。"大失所望的姆万加君臣叹息道。随后，他们又对汉宁顿一行是否会对本国造成威胁质疑麦凯。

麦凯解释说，汉宁顿不会对任何人产生威胁，他是英国人而不是德国人，他"不是为了这个世界的财富而来，他是一位宗教领袖"。麦凯请求在汉宁顿到达布索加之前，国王能够派遣代表团乘坐帆船"米伦贝"号（the Mirembe）在湖东侧的卡维伦多（Kavirondo）迎接他。卡巴卡同意了，并赠给麦凯一头牛。

没想到第二天卡巴卡就变卦了。他召集大臣开会，君臣经过讨论后认为，所有巴赞古都是一副嘴脸，麦凯和汉宁顿只是战争的先驱者，等他们的头儿来了，就会开始掠夺他们的土地。大臣们叽叽喳喳地出主意，有人建议和汉宁顿战斗，有人建议杀掉所有的巴赞古。头脑冷静之后，大家一致认为至少不应允许汉宁顿进入布索加。卡巴卡思前想后，决定让"米伦贝"号在卡维伦多接到主教后，把他带到姆萨拉传教站，等待他的进一步指示。

一个月后的10月25日，是个礼拜天。天刚破晓，麦凯便在纳提特新建的茅草教堂举行礼拜仪式。这时，一个身份为皇家侍从的信徒报信道，布索加当地酋长把2个巴赞古和20个（实际上是50人）旺瓦纳（Wangwana，沿海人）搬运工抓了起来，其中个子较高的巴赞古缺了一根手指。麦凯立刻说："是汉宁顿！"他知道汉宁顿在几年前的一次枪击事故中失去了拇指。侍卫补充说，卡巴卡和大臣们已经决定杀死这伙人。麦凯立刻取消礼拜，和阿什跑到王宫里向姆万加求情。卡巴卡拒绝接见他们。第二天，他们又跑了一趟，被告知可以留下一封信，由法国传教士转交。麦凯不得不忍气吞声，恳求卢德尔为他说情。卢德尔尽了最大的努力，卡巴卡才答应派信使去赦免汉宁顿，但禁止他入境。

几天之后，侍从告诉麦凯，卡巴卡已经派出第二名信使前去传达命令，但内容是杀死汉宁顿，而非赦免。

詹姆斯·汉宁顿身材高大、身手矫捷，他有一双灰色的眼睛，方下巴上蓄有胡须，是一名热情奔放的探险家。他一手持《圣经》布道，一手持猎象枪探险。汉宁顿决定在视察传教情况时开辟新的北方路线，从而将他在乞力马扎罗山两侧新设立的泰塔（Taita）传教站和莫施（Moshi）传教站与麦凯在布干达建立的传教站连在一起。这一线路更短，在不考虑马赛人的前提下也更好走。马赛人属于游牧民族，他们身材高大，喜饮牛血，男子的成年礼是猎杀一头狮子，十分剽悍凶猛。只有年轻的苏格兰探险家约瑟夫·汤姆森（Joseph Thomson）尝试过这条路线，结果未能穿越马赛人的领地。汤姆森建议汉宁顿不要走这条路，但在桑给巴尔，包括柯克爵士在内的英国"专家"并不同意汤姆森的看法，他们更赞成汉宁顿走北路；而传教会更是期望汉宁顿顺路把福音传给马赛人和基库尤人（Kikuyu）。事实上，桑给巴尔岛没有一个人能预测到，德国军舰对苏丹的威吓已经把恐慌扩散到了大湖区，威胁到了在那里传教的传教士的生命。而麦凯发出的那封警告他不要向北走的信，一直没有送到汉宁顿手中。

汉宁顿的队伍共有200名旺瓦纳搬运工、1名果阿（Goan）厨师和1名黑人执事。搬运工们顶着24捆布、5大捆铁丝和21箱珠子，以及汉宁顿的帆布床、浴盆和足够用6个月的其他物资。1885年8月18日，汉宁顿抵达基库尤人所在的凉爽森林的边缘。由于基库尤人饱受奴隶贸易之苦，因此不卖食物给他们，但主教大胆地挥舞着雨伞，与他们尝试沟通。好在汉宁顿有一个能干的黑人执事威廉·琼斯（William Jones），在经历了两周的挫败和愤怒之后，商队储备了足够的物资继续前进。

9月初，他们来到马赛人的领地，邀请马赛妇女来到营地做买卖。结果，浑身涂满红泥、手持巨大长矛、唱着战歌的马赛武士也进入了营地。他们坚持索要高昂的报酬，才能让汉宁顿他们通过：40圈铁丝、6块印花布、60串蓝白色的珠子。经过一番毫无结果的争论后，汉宁顿不得不满足他们的要求。整整一天，琼斯都惊恐地看着成群结队的马赛人像鬣狗一样拥入营地。琼斯后来写道：

> （汉宁顿的）帐篷遭到马赛长老的袭击，他们坐在所有的东西上。我们的人不知道该怎么办。没人敢让马赛人离开……帐篷里挤满了人。椅子、帆布床、洗衣盆、袋子、饼干盒……都被马赛人占据着。

马赛武士们除了抢劫他们所能找到的任何东西外，还在帐篷上涂上红色的泥土和油，用肮脏的手指摸着汉宁顿的头发和胡子。但汉宁顿的善良和无畏似乎对马赛人产生了不可思议的影响，日落时分他们全都走了，没有一人死去。

10月中旬，商队安全通过马赛人的地盘，接近维多利亚湖。根据卡巴卡与麦凯的约定，汉宁顿一行应在卡维伦多等待"米伦贝"号来接他们。但汉宁顿让威廉·琼斯在卡维伦多等候，自己则带着助手及50个搬运工继续向布索加进发。

10月21日，汉宁顿被布索加当地人抓住。起初，他被吓得晕头转向，崩溃大哭。他被他以为是强盗的人半拖半抬地带走，衣服也在挣扎中被撕得粉碎，每时每刻都在等着死亡降临。然后，他被扔在一个黑乎乎的小屋里，这个小屋是当地酋长的。

两天后，酋长的态度似乎有所好转，让他在外面搭帐篷住，允许他给麦凯写信说明情况，并把《圣经》、速写本和旅行日记还给了他，汉宁顿得以继续写日记：

10月26日。四肢的瘀伤和僵硬好多了，但我很沉、很困。我不想像往常一样起床，如果我没弄错的话，我出现了发烧的迹象。麦凯今天应该能收到我写的信。算算时间，足够酋长收到他在我被抓时发出的第一封信的回信了。他在信中写了什么，我不知道，也许是："白人被我挡在这里，我该将他送到首都去吗？等待陛下的命令。"如果他们猜不出我是谁，按照非洲的惯例，他们很可能先谈论两三天，然后回复我，在姆万加允许的情况下，我可以继续前进。

约有酋长的33个妻子来观看我这个囚犯取乐。我病得很重，根本不想去理会她们，就用英语说："啊，女士们，如果你们知道我有多难受，你们就走吧。"当我的食物在中午送到时，我根本吃不下。我想，这种情况还是我离开海岸后第一次遇到。

10月27日。今天只有几位女士来看我这头"野兽"。我感到沮丧和不幸，于是躲进了被窝里。她们中的一些人跟在我后面，但因为太黑了，看不见我，我又拒绝说话，于是她们很快就离开了。

10月28日。晚上，我烧退了。有消息说姆万加派来了3个士兵，他们带来了什么消息，我并不知道。

10月29日。昨晚，一只鬣狗在附近嚎叫着，它嗅到了一个病人的气味，但我希望它还没盯上我。


有一天，看守告诉汉宁顿，布索加人将带着他穿过森林，回到商队的搬运工那里。搬运工确实在等着汉宁顿，但他们赤身裸体，被绑在空地上，就像被关在围栏里的待宰羔羊。布索加武士持枪而立。汉宁顿被强行扯下衣服时，他喊道："告诉国王，虽然我将为他的人民而死，但我用我的生命买下了通往布干达的道路。"他跪下来祈祷。随着枪响，士兵们大吼一声，扑向汉宁顿与战战兢兢的挑夫们乱砍乱刺。

50个搬运工中有4个人趁乱逃走，把噩耗带给了威廉·琼斯。琼斯抱着渺茫的希望，在卡维伦多一直等到12月，直到汉宁顿遇害的消息被当地人证实，才返回海边。当因痢疾而虚脱的琼斯出现在拉拜（Rabai）时，他只能可怜巴巴地对迎接者们重复道："我现在最想念的是汉宁顿主教。"

传教士死在非洲，早已司空见惯，但他们要么死于疟疾或痢疾，要么死于未开化的部族之手。堂堂英国主教被一个非洲国王杀掉，这样的悲剧是没有先例的。这一消息很快就传到门戈，无论是英国传教士，还是法国传教士，都为自己与信徒的生命担惊受怕。卢德尔显然比麦凯更擅长处理与卡巴卡的关系，他大胆地去王宫问姆万加自己的生命是否受到威胁。国王先是打消了他的疑虑，随后悲伤地补充道：

> 我是布干达最后一个卡巴卡，白人将在我死后占领我的国家。只要我还活着，我就知道如何阻止他们。但是，在我死后，布干达的黑人王族将会灭亡。

卡巴卡的眼睛受到了轻微感染，他请卢德尔用鸦片为他治疗。卡巴卡称呼他为"我的父亲"，并让他保证永远不离开布干达。他把卢德尔的帽子戴在自己头上，当他看到镜子里的自己时，不禁大笑起来。但第二天，卡巴卡又不舒服了，宰相与卡巴卡都吓哭了。卡巴卡最后还是康复了，但宫廷中流传着这样一个传说：白人为报复汉宁顿被杀，企图毒死卡巴卡。

不久之后，卢德尔得知王家侍卫队长——一位名叫约瑟夫·姆卡萨（Joseph Mkasa）的虔诚天主教徒被刽子手活活烧死。他的罪行是企图将国王杀害汉宁顿的计划告知麦凯，来拯救汉宁顿。姆卡萨在临死前，质问卡巴卡道："您为什么开始杀害白人？您的父亲梅萨一个白人也没杀。"其他侍从认为他们将来也会被处死，纷纷请求卢德尔在死前让他们接受洗礼。卢德尔总共进行过134次这样的洗礼，他认为卡巴卡只是年少没有主见，本性并不坏，举止优雅、穿着一尘不染的阿拉伯长袍的宰相才是一头"野兽"，他渴望杀死所有的基督徒，把白人赶出这个国家

至于麦凯和阿什等人，为了保住自己和信徒的命，他们不得不写信给卡巴卡乞求谅解，并送给他和宰相大量礼物。但这些礼物反而让姆万加暴跳如雷。当卡

巴卡询问他们送礼物的缘由时，麦凯回答说只想知道他们在布索加的朋友的消息。姆万加开始辱骂二人，称他会杀死任何亲近传教士的人，甚至是酋长，然后把巴赞古们扔进大牢，让英国与整个欧洲来营救他们，但除非白人会飞，否则他们无法进入布干达。

尽管姆万加看起来气焰十分嚣张，但他当时已经进退失据。一方面，他贪婪地占有白人的礼物；另一方面，他又害怕应得的惩罚。究竟是杀光传教士，还是扣留他们当人质，他也拿不定主意。因此，这场暴风雨又暂时停歇了。麦凯和阿什决定坚守岗位，恢复往日工作：把《马太福音》翻译成卢干达语付梓印刷，制造织布机和纺纱机各一台，秘密施洗……

从长远来看，欧洲势力进行干预似乎是解决传教士危机的唯一办法。让德国人或利奥波德国王介入都是不错的选择。麦凯想到的人选是依旧坚守在赤道省的艾敏帕夏。也许英国可以邀请艾敏，将赤道省与布干达合并为一个保护国，但万一格莱斯顿重新掌权，这个保护国的下场就会不妙。另一种方案是像刚果那样建立自由邦，由艾敏出任元首。

但话说回来，艾敏已经好几年音信全无，没准儿已经向马赫迪屈膝投降了。结果在1886年2月，一位长期失联的俄国探险家容克（Junker）医生从布尼奥罗王国发来消息说，他几个月前刚离开艾敏，对方还活着并依旧坚守着赤道省。麦凯邀请容克到布干达王国，当时布干达和布尼奥罗之间的战争刚刚爆发，但姆万加及大臣还是热心地帮助容克医生前往布干达。在麦凯看来，这是卡巴卡"在一定程度上弥补汉宁顿和他的人被谋杀"。

3月的时候，姆万加的态度由阴转晴。他赐给麦凯1万个贝壳，并告诉麦凯，他是姆万加的"至爱"。但在当月的一个晚上，当麦凯和阿什在祈祷时，东南方向的天空中出现了一道奇怪的亮光。男孩们喊着"宫殿着火了"，随后响起噼噼啪啪的爆炸声。原来，卡巴卡把火药藏在一间草屋里，而站岗的侍卫秘密离开进行祈祷，结果草屋顶上的蜘蛛网被火星引燃，很快使整座草房都烧了起来，火药桶开始爆炸。火势在大风中蔓延，烧毁了国王的大部分珍贵财产。姆万加听到爆炸声后，以为发生叛乱，挥舞着一把剑跑了出去。宰相拉住他，让他躲起来。随后，他声称自己中了巴赞古的魔咒。其他人则告诉国王，是巴赞古放火烧了宫殿，这样国王就没有火药来对付要掠夺他土地的白皮肤敌人了。朝野上下又出现了针对白人的敌对情绪。

一两个星期后，布干达军队从布尼奥罗班师，吹嘘他们已把布尼奥罗首都夷为平地，但事实上布干达军队大败亏输，总指挥被杀，伤亡惨重。据称，容克也死于乱军之中。然而5月中旬，失踪已久的容克医生大步走进了纳提特的布道所。麦凯希望他能把一封电报发给伦敦：

> 我们无能为力的信徒在非洲所遭受的苦难和可怕的不公，难道不能唤醒基督教国家吗？你们能够眼睁睁地看着他们在未来几十年里，继续被谋杀、折磨和追捕吗？仅仅因为……使他们获得属于人类的基本权利，还需要一点儿外交手腕和努力，也许还需要一点儿费用。

7月中旬，容克医生渡过维多利亚湖，加入一支前往海岸的商队。他肩负着为两个处于困境的群体向外传递消息的任务：一个是被困在赤道省、遭到马赫迪军威胁的艾敏及其部下；另一个是被困在门戈，遭到姆万加威胁的麦凯等传教士。

1886年9月23日，桑给巴尔代理领事弗雷德里克·霍姆伍德将容克的求援信息转达给了外交部：

> 来自乌干达的消息，7月12日……传教士们危在旦夕，（容克）急切要求女王允许他们从当地撤出。艾敏在瓦德莱（Wadelai）守卫他的省，但急需弹药和物资。不到万不得已，他不会放弃4000名忠诚的埃及属下。如果决定提供援助，就不能再浪费时间了。

霍姆伍德提议为艾敏解围，然后借助他的力量征服布干达王国，从而开拓一个横跨东非和中非的新保护国。外交部的非洲专家们听说艾敏还活着，身体还很好，都十分惊讶，但他们认为霍姆伍德的计划纯属异想天开。当被问及霍姆伍德那"500个经验丰富的埃及士兵"是否是对付姆万加国王的"压倒性力量"时，沃尔斯利勋爵只是回答："那太疯狂了。"1886年10月中旬，霍姆伍德的方案被外交部和陆军部的官员们用讽刺性的评语加以批注后，提交给首相索尔兹伯里勋爵[1]。勋爵在非洲事务上很看重安德森的意见，而安德森同样认为霍姆伍德的计划不切实际。于是，英国外交部写信给姆万加，请求他网开一面，让传教士们离开。但外交部找了一个仇视麦凯的阿拉伯贩奴头子当中间人，这事自然被他搅黄了。至于解救艾敏帕夏，索尔兹伯里在10月20日拒绝道："我认为应该让德国人掌握我们获得的情报。艾敏是德国人，那应该是他们的事情。"

安德森的老同事柯克爵士认为，拥有艾敏就等于拥有赤道省，把他推给德国人，等于放弃一块唾手可得的领土。柯克爵士返回伦敦与外交部磋商。然而，情况又发生了变化。首先，麦凯发来消息说艾敏不想被营救，他只需获得补给，就能把赤道省变成英国的保护国。接着在10月30日，英德签署了关于东非的新边界协议。协议规定，桑给巴尔苏丹国除了岛屿外，在非洲内陆只拥有离海岸16千米的一条狭长地带；德国占领苏丹国大陆领土的整个南半部，从翁巴旺加（Umba Wanga）河一直到莫桑比克边界；英国占领直到索马里兰（Somaliland）的北半部。英法两国的分界线大致与今坦桑尼亚与肯尼亚的界限相同。英国支持德国租借达累斯萨拉姆，并把维图划分给德国。维图并非良港，其出海口堆满了沙子，但德国占据维图之后，可以对英国势力范围形成钳形遏制。从纸面上看，这样的划分很公平（不考虑桑给巴尔苏丹国）。事实上，英国人得到了更好的港口——蒙巴萨和更广阔的肥沃高地——肯尼亚山高原。但两国对内陆的划分只划到维多利亚湖东岸，布干达与赤道省的归属并未体现在这项条约里。

10月30日，在首相拒绝解救艾敏10天后，柯克写信给好友麦金农，暗示他应该接手此事。一年以来，麦金农一直在考虑是否要在乞力马扎罗山周围获得商业特许权。现在，他应该利用新的边界协议，把艾敏"治理良好且平静"的省份作为新的英属东非的中心。柯克在信中写道：

---

[1] 尽管距离上一章开头仅仅过了一年半时间，但是英国政坛在此期间发生了多次剧变。在1885年的年底大选中，索尔兹伯里之前的担心变成了现实，自由党凭借工人阶级选民的选票大获全胜，推翻了索尔兹伯里的过渡政府，格莱斯顿复职，索尔兹伯里于1886年1月辞职。但当1886年6月7日议会就地方自治法案进行投票时，93名自由党人投票反对，支持的只有30人，议会就此解散。在随后的大选中，保守党获胜。1886年7月28日，时隔6个月后，索尔兹伯里勋爵再掌首相权柄。

我们有苏丹统治下的蒙巴萨，还有一条通往内陆维多利亚湖的免费道路……我们的铁路是世界上最好的铁路。我们还有赤道省，它现在由勇敢的艾敏控制，治理良好，直到今天仍很安静……这是计划的大纲，你会发现我们有一个不能再好的开始。

不到一个星期，柯克就向麦金农提议，为艾敏帕夏解围的人选是亨利·莫顿·斯坦利。麦金农与珀西·安德森对这个人选十分满意，而斯坦利由于被利奥波德冷落，也乐意领导此次远征，因此各方一拍即合。至于本次解围行动需要花费的2万～3万英镑，巴林爵士已建议埃及政府出资1万英镑（这样他们就免去了不替艾敏解围的道义责任），其余的钱则由麦金农等人出。麦金农等人计划得到皇家特许状，与当地人签约，建立一个以蒙巴萨为基地，一直延伸到尼罗河上游的"大型贸易殖民地"。

1886年12月3日，内阁批准了麦金农的计划。然而，还有两个问题尚未解决：

第一个问题是本次远征的性质。远征是对艾敏进行救援，还是只为他提供补给？斯坦利如何平衡两个雇主利奥波德与麦金农之间的利害关系？英国人完全忽视了这一问题，毕竟英国政府不是出资人。退一万步讲，就算斯坦利死了，英国政府也没有义务为他报仇。

另外一个问题是远征的路线。柯克和霍姆伍德提出，斯坦利应从蒙巴萨出发，通过维多利亚湖，途经布干达，进入尼罗河上游，推翻姆万加的暴政，解救传教士与当地苍生于水火之中。但斯坦利受利奥波德指使，并不想走这条常规贸易路线，而是选择从西海岸出发，经刚果绕远路。麦金农最终只好同意。柯克爵士私下向麦金农提出抗议，称之前从未有人尝试过斯坦利选择的路线。穿过刚果热带雨林，比跨越东部开阔的平原要多花几个月的时间，这可能导致德国抢先占领布干达，至于麦凯与那些传教士，会一直被姆万加宽恕吗？

1886年秋天，麦凯和阿什又从布干达传来令人毛骨悚然的消息。当年5月，门戈一位信教的年轻侍卫拒绝服侍姆万巴，导致后者大发雷霆。5月25日，姆万加下令将宫廷里的基督徒全部抓起来。有人被阉割，有人被砍死，尸体留给秃鹫。6月3日，11名新教徒和13名天主教徒在南贡戈（Namgongo）的一个柴堆上被处以火刑。临刑前，卡巴卡声称，倘若这些男孩们放弃信仰基督教，就会获释，但他们还是在颂扬白人上帝的歌声中死去。

然而，麦凯为拯救皈依者免于迫害而绝望呼吁的信件，在伦敦并未掀起波澜，当时舆论的焦点聚集在斯坦利拯救艾敏帕夏上。

# 第十九章 艾敏的抉择

1884—1885年，斯坦利曾利用假期为利奥波德国王、刚果自由邦的建立撰写了上千页的史书。但按照斯坦利与国王签订的合同，他在合约期内撰写的文章，必须经王室审阅才能发表，因此国王的秘书把书中许多抨击比利时政府与军官的话删减掉了。结果这本《刚果与自由邦的建立》成了斯坦利所有著作中最枯燥乏味的一本。斯坦利也因此对国王极为不满。

参加完柏林会议后，斯坦利休息了3个月，打算重返非洲。他把用于探险的设备——价值500英镑的成套装备、帐篷和仪器——打包装箱，还从开罗带来了驴子，从桑给巴尔带来了仆人。但布鲁塞尔传来的只是王室秘书们含糊其辞的信件，以及媒体对他失宠的报道。他直接写信给国王，询问这些报道是否属实。国王的回复由德·博什格拉夫（de Borchgrave）伯爵转述：

> 现在，我们发现，（我们的）利益需要你待在欧洲。我们每天都在积极地忙碌着，困难重重……然而，我们并没有丧失信心，并对取得成功抱有坚定的希望。但是，什么时候才能取得成功呢？试图确定一个具体的日期是不可能的。

1885年9月，有人告诉斯坦利，刚果自由邦政府打算修建一条从刚果河下游绕过大瀑布通往斯坦利湖的铁路，即马塔迪—利奥波德维尔铁路。于是斯坦利加入了一个由麦金农、赫顿等英国金融家组成的辛迪加。但是，斯坦利的动向乃是刚果事务的晴雨表，敏锐的金融家们发现斯坦利一直待在欧洲，并未前往刚果任职，由此觉察到刚果前景不明，便暂时不打算为铁路投资。

利奥波德国王随后给出官方答复：他打算通知斯坦利，不久斯坦利将被授予利奥波德勋章；斯坦利与国王的10年合同将于1888年到期，之后可再续3年；如果斯坦利能够做到未经陛下明确许可，不发表任何有关刚果的言论，合同可以一直续到1895年。彻底放心的辛迪加筹集了40万英镑，但8个月后，辛迪加与刚果自由邦的谈判毫无征兆地破裂了。利奥波德把马塔迪—利奥波德维尔铁路的特许经营权交给了比利时一家叫"刚果贸易和工业"的公司的子公司——刚果铁路公司。斯坦利感到又被老谋深算的国王戏耍了一通，十分痛苦。

斯坦利的痛苦还有私人原因。1885年的夏天，他认识了业余画家、社交家多萝西·坦南特（Dorothy Tennant，昵称"多莉"）。这个身材高挑、热情洋溢的红发美人，把斯坦利迷得神魂颠倒，两人一起乘坐麦金农的豪华游艇游览苏格兰群岛。尽管雨下个不停，但多莉兴致很高。两个星期以后，他派专使向她正式求婚。他在信中说："可怜的、无助的、颤抖的我……只对你充满爱，对你高贵的美貌充满仰慕。"多莉的回答言简意赅："不！"

1886年12月，情场事业双双失意的斯坦利走进利奥波德国王的宫殿，愤怒地质问国王为什么要这样对待他？但国王还是那么慈祥与威严，他用抱歉的口气说："我承认这对你来说很艰难，但没办法，我们都要对高级政治屈服……我也很想送你去刚果，就像你想去那样，但自由邦的存亡正受到威胁。"

尽管斯坦利是个伟大的探险家，但他从未深入探索过国王的思想，他的怒气消了一半。他认为国王说的"对高级政治屈服"，指的一定是"法国政府制造了某种威胁，他们不希望我出现在刚果"。

当斯坦利于1887年1月第二次造访利奥波德国王时，国王给了他一项军事任务：解围被马赫迪军包围的赤道省省督艾敏帕夏，但不能走更为迅捷成熟的非洲东部海岸路线，而是通过刚果所在的伊图里雨林地区。斯坦利没有反对，他同样渴望开拓一条横跨刚果东北部的新路线。

与此同时，国王还交给斯坦利两项外交任务。

第一，和他的老朋友蒂波·蒂普谈判。蒂普如今是非洲中部阿拉伯人的无冕之王。他利用斯坦利的发现，建立了一个巨大的商业帝国，出口象牙和奴隶，并把布料和珠子进口到斯坦利瀑布以东广阔的未开发地区。1886年，刚果自由邦与这些阿拉伯人的关系发生了一个可怕的转变。蒂普年轻任性的侄子拉希德（Rashid）袭击了斯坦利瀑布的比利时基地，试图抓住一个在那里避难的女奴。当地居民烧毁基地逃跑之后，拉希德控制了瀑布。利奥波德认识到，阿拉伯人和刚果自由邦之间争夺象牙产地的战争不可避免，但目前自由邦还不足以承担一场大规模战争，因此需要斯坦利维系往日交情，与阿拉伯人保持和平。斯坦利建议，正式任命蒂普为瀑布区总督，这个大胆的想法让利奥波德感到惊讶，毕竟，蒂普是一个臭名昭著的奴隶贩子，而刚果的政治成功建立在国王的慈善名声之上。斯坦利表示，只要薪水够高，蒂普会干得非常出色，而且他掌控了刚果东北部的搬运工，决定着斯坦利远征的成败。国王最终被说服了。

斯坦利的第二项外交任务更加微妙：说服艾敏帕夏携赤道省加入刚果自由邦。国王很清楚，麦金农等英国富商们为此次冒险提供了一半赞助，英国也在打艾敏的主意。因此，这项任务对国王来讲更像是一场赌博。国王年少时曾多次来到尼罗河疗养，并在那里度过了蜜月，如今年过半百的国王开始妄想把刚果河和尼罗河连接起来，甚至企图从马赫迪军手里夺取整个苏丹。

利奥波德的大臣们如果知晓国王的妄想，必定不寒而栗。国王像是一个贪吃的孩子，而刚果已经让他消化不良了。卡梅伦与斯坦利预测的象牙和棕榈油大丰收的场景并未出现。前者是因为象牙贸易被阿拉伯人垄断，后者则是因为刚果河上游的土著并未开化，生产力极度落后，无法发展像尼日尔三角洲一样的棕榈油贸易。因此，刚果自由邦的支出大约是收入的10倍。所以，尽管国王于1884—1885年在柏林取得了外交上的胜利，但新成立的刚果自由邦却近乎破产。斯坦利一开始就警告过国王，刚果的成败取决于能否修一条绕过瀑布的铁路，它不仅能大幅降低运输成本，还可以将象牙直接运到刚果西海岸的己方港口，不用被阿拉伯商人摆一道。但前面提到，利奥波德把经营铁路的特许权给了一家比利时公司，而这家公司连考察路线都没有做，更不用说筹集资金了。

1887年，国王时来运转，蒂普接受瀑布区总督一职，月薪仅为30英镑。作为回报，蒂普正式同意在瀑布区放弃奴隶贸易，专注于"合法私人贸易"——象牙、布料、枪支、火药贸易。蒂普还承诺为解围艾敏行动提供后勤辎重人员。

刚果铁路方面也有了起色。利奥波德派37岁的阿尔伯特·蒂斯（Albert Thys）上尉勘察铁路。1887年5月，蒂斯率一队测绘员乘船前往刚果。尽管地形险恶、气候炎热，但蒂斯等人还是设计出了一条可行的铁路线。1888年，蒂斯回到布鲁塞尔，开始筹集2500万法郎来修建铁路。

然而，随着斯坦利解救艾敏行动的逐渐展开，国王的好运气消失了。

此次远征，在斯坦利整个职业生涯中，是最充满雄心壮志的一次，但也是组织得最糟糕的一次。

有些错误是斯坦利一手造成的。他犯的最大的错误，便是同意国王完全出于政治考虑的方案，穿过刚果未开发的森林。

有些错误则是国王造成的。国王答应用一支由汽船组成的大舰队把这支队伍送到扬布亚（Yambuya），之后激流区的"几百千米"路程则需要他们自己步行或乘坐折叠式小船。但由于自由邦濒临破产，国王拼凑的这支"大舰队"只有1艘大轮船"斯坦利"号、1艘捕鲸船、1艘没有桨和发动机的小轮船"先锋"号。虽然斯坦利从英国和美国传教士手中强征到2艘汽船——"和平"号（the Peace）和"亨利·里德"号（the Henry Reed），但他的人还是只能分两拨走。

1887年6月15日，斯坦利的先头纵队乘坐船只，抵达距离斯坦利湖1600千米的扬布亚急流区。卸下人员后，这支船队掉头回到利奥波德维尔，运送第二批人员和物资。此时，斯坦利面临两个选择：一是等待后方纵队；二是率领先头纵队前进，把后方纵队与带给艾敏的大部分弹药留在扬布亚。

如果斯坦利稍有耐心，他就该选择前者。毕竟此次任务与沃尔斯利拯救戈登时完全不同，艾敏并未陷入绝望。斯坦利的任务核心是把弹药带给艾敏，而不是以最快速度赶到艾敏身边。结果贪功冒进的斯坦利立即向着赤道省出发，开始了长达800千米的长途跋涉，把后方纵队的安全托付给声称会再提供600名搬运工的蒂普。

整整一年，欧洲没有收到任何后续消息。1888年5月，威廉·麦金农所在的伦敦总部收到负责后方纵队的埃德蒙·巴特洛特（Edmund Barttelot）少校发来的电报，才知道后方纵队在扬布亚被困了好几个月，因疾病和饥饿遭遇了骇人听闻的减员，现在正向麦金农请求指示。更糟糕的是，他们认为斯坦利已死。去年6月，斯坦利和先头纵队进入了冒着水汽的伊图里雨林，如同潜水员一头扎进大海，他们瞬间被茂密的丛林吞没。

斯坦利一行究竟经历了什么？

根据斯坦利的描述，雨林里树木茂盛，连一块农舍那么大的绿地都没有。由于阳光难以照射进来，里面很多时候如同极夜般黑暗。远征军在成百上千条横贯森林的褐色溪流中穿行。运气好的时候，他们会沿着村庄之间蜿蜒的小路行走，或者沿着大象开辟的粗糙小路行走。大多数时候，他们不得不用刀斧劈砍出一条路来，拖着船的各个部件穿过交缠的藤蔓。斯坦利一行起初有390人，包括斯坦利和4名欧洲军官——罗伯特·纳尔逊（Robert Nelson）上尉、格兰特·斯蒂尔斯（Grant Stairs）中尉、托马斯·帕克（Thomas Parke）医生和28岁的轮船机械专家芒特尼·杰弗森（Mounteney Jephson），以及1个欧洲仆人。他们还携带了发明家海勒姆·史蒂文斯·马克沁（Hiram Stevens Maxim）赠送的马克沁机枪，可谓装备精良。但疾病像阴霾一样笼罩着他们——疟疾、痢疾和坏疽，治疗后者必须将肉从骨头上剜下来，导致营地里到处都弥漫着腐肉的臭味。

斯坦利一行最大的敌人是饥饿。队伍难以买到木薯、大蕉或甜玉米等食物。他们没有交换物资的多余布料，并且被当地人厌恶。斯坦利不得不袭击并烧毁沿途村庄，射杀那些试图反抗的当地人，残忍程度较奴隶贩子更甚。有一个探险队员甚至砍下一个黑人的头颅，塞入一个放了盐的盒子，派人送往伦敦。1887年12月5日，先头纵队走了160天后，终于摆脱了恐怖的雨林，来到一片肥沃的高原，高原之下便是阿尔伯特湖。

1888年4月18日，桑给巴尔搬运工簇拥在斯坦利的棚屋周围，激动地大喊："信，信！"信是艾敏帕夏3周前写的，他证实自己仍在抵抗马赫迪军的进攻。艾敏主动提出接应斯坦利那支精疲力竭的队伍，用汽船把他们带到阿尔伯特湖北端腾古鲁（Tunguru）的基地。斯坦利派芒特尼·杰弗森去与艾敏联系。但让斯坦利难堪的是，他手头只有13箱弹药，这对艾敏来说只是杯水车薪。斯坦利一行从8000千米外赶来，目的是替艾敏解围，结果反倒需要艾敏的援助！

启程之前，斯坦利想象艾敏是一个高大魁梧、孔武有力、专横果断的德意志大汉，因此特地在伦敦为艾敏定做了一套适合1.8米壮汉穿的礼服，但乘坐汽船上岸迎接他们的艾敏，与斯坦利的想象大相径庭——他身材瘦削，高度近视，留着灰白的胡子，戴着一副眼镜，像个意大利或西班牙教授。与斯坦利那些赤裸着上半身的部下形成鲜明对比的是，艾敏与部下穿着一尘不染的埃及陆军白制服，头戴红色塔布什帽。除了弹药，他们似乎不需要任何援助。他们还有两艘保养得当、油漆鲜亮、铜饰擦得闪闪发光的汽船"赫迪夫"号和"尼安萨"号（the Nyanza），它们都是塞缪尔·贝克爵士统治赤道省时留下的遗产。"赫迪夫"号的航速可达6节，因此艾敏不到一周就穿越了半个省，从阿尔伯特湖南端的恩萨比（Nsabe），来到位于福拉（Fola）急流源头的杜菲勒（Dufile）。艾敏的部队仍然占据8个据点。在杜菲勒以北，情况似乎更加糟糕，马赫迪军乘坐戈登的另外两艘旧汽船正沿河前进。此外，艾敏不能指望他的军队能有多么忠诚，毕竟他们大多是苏丹人。

在马赫迪军从北方迫近的情况下，艾敏屈服于形势，从赤道省撤出，岂不是明智之举？这也是埃及政府的建议。赫迪夫支付了一半的远征费用，并让斯坦利带一封信给艾敏，告诉他，如果他们不抓住这次机会撤军，埃及政府此后不再提供任何帮助；他和他的部下可以留在赤道省，但风险自负。

事实上，斯坦利并不劝艾敏选择该方案，他还得为另外两个主子——利奥波德和麦金农服务。首先，斯坦利说了利奥波德的方案。他表示，国王有意将这片领土加入刚果自由邦，并准备聘请艾敏担任赤道省总督，年薪1500英镑。如果该省能提供足够的象牙和其他农产品，国王就能提供1万～1.2万英镑的行政费用。当然，艾敏必须尽力保持尼罗河和刚果河之间的"开放与交流"。根据艾敏的回忆，斯坦利建议他"立即拒绝"该方案。

之后，斯坦利提出了麦金农的方案：艾敏应该把他的驻军带到维多利亚湖的东北岸，为英国在东非的新保护国服役。

如果艾敏没有撒谎，那么斯坦利显然背叛了利奥波德国王。背叛的原因，可能是斯坦利与利奥波德之间的关系逐渐变得微妙，也可能是斯坦利认为刚果自由邦已濒临崩溃，不想再拉艾敏为之垫背。驻军撤退到维多利亚湖东北岸，从桑给巴尔获得补给，对麦金农和艾敏来说是双赢。另外，尽管斯坦利是美国公民，但他自认为是英国人，渴望得到英国父老的认可，因此希望利用艾敏帮助麦金农在东非建立一个新的殖民地。

艾敏并不是一个擅长决断的人。他似乎想要选择麦金农的方案，但他表示需要试探北方基地驻军的态度。因此，1888年5月，斯坦利派杰弗森陪同艾敏前往北方基地。他自己则返回扬布亚，带领后方纵队绕过传教士的噩梦——姆万加卡巴卡统治的布干达王国，回到非洲东海岸。

"赫迪夫"号快速向北航行，穿越阿尔伯特湖湛蓝的湖水后，进入长有许多芦苇、褐色的尼罗河水域。对杰弗森来说，上司由斯坦利变成艾敏，无疑轻松很多。杰弗森认为斯坦利兼有"欧洲人"与"阿拉伯人"的性格。他欣赏斯坦利"欧洲人"的一面，称赞对方"拥有奇迹般的力量、不挠不挠的精力、顽强的意志以及坚持不懈的决心，要把手里的一切都办妥……"与此同时，他很讨厌斯坦利"阿拉伯人"的一面，认为他的上司"虚伪、两面派……卑鄙、残暴和贪婪……"，有几次他在日记里抨击斯坦利："我想，没有比斯坦利更没有耐心、更不温和、更不诚实的人了。他说话和做事都很粗暴，最小的事情也能使他暴跳如雷。"

　　相比咄咄逼人的斯坦利，与艾敏共事无疑让人更加愉快，"听下属用爱戴和亲切的口吻谈论他，听到他们仰慕他、崇敬他，真是太好了"。艾敏将手搭在杰弗森的肩上，像慈父一样与他交流。杰弗森对沿途的珍稀植物和蝴蝶有着科学家的眼光，他用捕蝶网捕捉标本，将来这些标本都会被艾敏送到大英博物馆。杰弗森自豪地宣称，他在地理上有一个非凡的发现。一个月前，杰弗森和帕克医生在阿尔伯特湖南侧发现了一条巨大的、覆盖着积雪的山脉——最高峰达5119米的鲁文佐里（Ruwenzori）山脉。起初，斯坦利对他的这一发现嗤之以鼻，随后却声称自己是第一个发现它的人。当杰弗森把这座山指给艾敏看时，艾敏说尽管他在这里待了这么多年，但从未注意过这些山，可能因为他太近视了。

　　在接下来的几天里，每当"赫迪夫"号停靠在一个基地，号手都会吹奏埃及国歌《赫迪夫之颂》。杰弗森会用斯瓦希里语向集结的守军发表演讲，而赫迪夫的信件则会用阿拉伯语大声朗读。人们会为赫迪夫欢呼三声，并高喊："我们将效忠我们的帕夏！"杰弗森渐渐明白，这种效忠纯属形式主义，意义并不大。正如艾敏警告过斯坦利的那样，大多数驻军都在赤道省娶妻生子，很少有人愿意背井离乡，去埃及或其他地方寻找未知的未来。也许他们会跟随艾敏，也许不会，这取决于他试图带领他们走哪条路。

　　"赫迪夫"号在福拉急流源头的杜菲勒停下。7月16日，他们踏上了121千米的陆路旅程，前往河岸沿线最大的、最北边的基地雷贾夫（Rejaf）。艾敏骑着驴，杰弗森步行。在他们旁边，只有91米宽的尼罗河泛起泡沫，翻滚着奔涌向前。在前三站，他们受到了和以往一样的热诚接待，但在第四站，他们听到了关于驻扎在雷贾夫的第1营发生兵变的传闻。艾敏认为，继续往前太危险了，于是下令第1营南下与他会合。如果第1营抗命，他将带着依旧效忠于他的人撤走，追随斯坦利。雷贾夫只能听天由命了。

8月初，叛乱已经向南蔓延到杜菲勒。8月20日，艾敏和杰弗森撤退到那里时，不但没看见有人列队向他们敬礼，两个人还被立即软禁起来。没过多久，叛军热烈迎接从雷贾夫赶来的同伙。杰弗森责备叛军虐待13年来像父亲一样照顾他们的艾敏。他们反过来说，这位"父亲"威胁要抛弃他们，并说："如果赫迪夫真想让人撤走，就让他派船来，我们坐船到喀土穆去。"叛军接管了斯坦利带给艾敏的弹药，随后召开会议，决定废黜艾敏，把他关押在雷贾夫。杰弗森决定与他同去。

他们还未启程，10月15日，一名叛军报告称，戈登的3艘旧汽船"塔拉哈瓦叶"号、"萨菲亚"号与"穆罕默德·阿里"号抵达雷贾夫以北24千米处的拉多。大家认为这是赫迪夫派来的救援武装。几天后，杰弗森看见3个打扮古怪的人进入杜菲勒：

> 他们的白袍上全是黑色、绿色、红色的补丁。每个人都挂着大大的念珠，头上裹着一条五颜六色的头巾，背着1把长剑和3支长矛。当被问到来干什么时，他们说是来指引我们走上通往天堂的正确道路，并叫我们像真正的信徒、真正的穆斯林那样祈祷。

这帮人正是马赫迪士兵。雷贾夫遭到马赫迪军攻击后，惊慌失措的难民纷纷向杜菲勒逃窜。叛军中有人希望恢复艾敏的职务，但艾敏像往常一样犹豫不决。他拒绝重新担任总督，但也不愿就这样放弃人民，撤退到阿尔伯特湖边，他只准备撤退到瓦德莱。之后几个星期，战事跌宕起伏，杜菲勒先是落入马赫迪军之手，随后又被叛军夺回。叛军打死了马赫迪军派来的使者，还把他们的尸体抛进河里喂鳄鱼。

杰弗森感到恶心透了，他对艾敏的崇拜已被一连串事件击垮。他隐隐约约地感到被欺骗了，英国的每一个人都被艾敏的情况所误导，实际上，他不需要从敌人那里得到救赎，而是需要从自己那里得到救赎。他没有治理非洲人民的力量。

如果斯坦利能回来就好了，杰弗森开始无比怀念强硬的斯坦利，"人们很想让斯坦利在这里待几天，通过他的坚定使全体人民恢复秩序"。11月7日，杰弗森给斯坦利写了一封求救信：

> 我们就像陷阱里的老鼠。他们既不让我们动，也不让我们撤退。我担心，如果你不赶快过来，就来不及了，我们的命运会像其余苏丹驻军一样。

艾敏在信上附了一张纸条："他们是自由的，但也是囚犯。"

但是斯坦利在哪里呢？

8月17日，也就是差不多3个月以前，斯坦利率领先头纵队乘独木舟靠近伊图里河边、距离扬布亚约145千米的巴纳利亚（Banalya）。他们注意到，村里竖起栅栏，桑给巴尔红旗飘扬在村子上空。村里有许多穿着白袍的斯瓦希里人，他们是蒂普的手下。斯坦利靠近河岸，发现了一个英国人，他是远征队雇来的助理医生威廉·邦尼（William Bonny）。通过与邦尼的对话，斯坦利才知道巴特洛特上校因突发事故被斯瓦希里人杀死；詹姆逊（Jameson）和另外两名军官已经离开，后方纵队濒临崩溃。事实上，就在那天，詹姆逊在河下游几百千米外的班加拉（Bangala）发烧而死。

一年以前，斯坦利把第一纵队包括巴特洛特、詹姆逊在内的133人留在扬布亚。8月，"斯坦利"号汽船运来第二批人员和物资。此时，后方纵队共计271人，大约是远征队的三分之一，带着给艾敏的大部分物资。如今，该纵队只有60人还算活着。其中，有100人死在扬布亚，他们大多数是被饿死的；另有10人死在赶往巴纳利亚的路上；现在，有45人濒临死亡。整个营地弥漫着一股只有停尸房才有的恶臭。

斯坦利愤怒地写信给已经死掉的詹姆逊："我搞不懂为什么你和少校、特鲁普、沃德都那么疯狂……你们都像疯了一样！"巴特洛特少校确实因抑郁和高烧出现精神错乱。一天早上，他被女人的歌声、鼓声和枪声吵醒了，原来是蒂普的搬运工正在庆祝节日。他烦躁地要打死唱歌的女人，却被她的丈夫射中。开枪的人，后来因杀人被处死了。

斯坦利把后方纵队的灾难归咎于军官们有令不遵，却忘记是他亲自下令，在蒂普派出搬运工前，后方纵队待在扬布亚等待。随后，他指责蒂普违约。事实上，军官们和蒂普都已尽力。如前所述，这场灾难的根源在于利奥波德国王出于政治原因选择了刚果路线，以及斯坦利不计后果地急于向前推进。

斯坦利带着幸存者沿着折返时的路线往回走。通往阿尔伯特湖的800千米路程成了又一场噩梦。有一次，整个纵队都处于饥饿的边缘。斯坦利派出一支征粮队去寻找粮食，但过了一个星期都没有人回来，于是又有20个人饿死。斯坦利带着左轮手枪和一剂毒药，亲自去找他们，如果找不到，他将自杀。这是斯坦利非洲探险生涯中最绝望的时刻。幸运的是，他找到了芭蕉林。填饱肚子后，一行人继续前进。

12月19日，他们到达了博多堡（Bodo）的香蕉和玉米种植园。1889年1月11日，他们终于冲出可怕的森林，进入了开阔的大草原。1月16日，他们离阿尔伯特湖只有几个小时的路程了。就在那天下午5点左右，两个信使带来了杰弗森于1888年11月7日写的求救信。艾敏部下叛变、马赫迪军发起反攻都是能够预见的，但斯坦利无法相信，他的得力干将杰弗森居然会跟戈登一样，对苏丹这片贫瘠土地产生迷恋，以致自投罗网。

第二天，斯坦利给艾敏和杰弗森写信，说他带来了第二批物资——63箱雷明顿弹药和26箱火药。艾敏现在必须下定决心："是留在这儿，还是跟我走？"如果没有收到回应，他将在20天内离开。

令斯坦利欣慰的是，杰弗森与艾敏同意追随斯坦利。1889年2月7日，杰弗森回归，斯坦利笑脸相迎。一周后，艾敏带着女儿法里达（Farida）和8名他信任的军官来到营地。艾敏请求给他更多的时间，把部下从各个基地接回来，斯坦利同意等到4月。结果由于斯坦利患了胃炎，探险队直到5月8日才向南出发。

艾敏的追随者有190名男子（大部分是埃及人）、380名妇孺，许多人看上去无法在旅程中存活。斯坦利自己的部队由于死亡和逃跑减少到350人，只有原来的三分之一，他们的马克沁机枪已经锈迹斑斑。我们在前面已经了解到，斯坦利是个为达目的无所不用其极的人，艾敏则是一名理想主义的反奴隶制斗士。为了补充搬运工，斯坦利采取了奴役部落居民的激烈措施。艾敏为此责骂斯坦利："我想你最好把我留在这里，我希望你从来没有来帮助我。"斯坦利不悦地回答道："你真是个忘恩负义的人。"两人就此结怨。这一次杰弗森支持斯坦利，认为艾敏不配得到救助。

1889年5月中旬，这支由士兵、搬运工、奴隶和埃及难民组成的、衣衫褴褛的长长队伍，在阿尔伯特湖东南的草地高原上前行。鲁文佐里山脉（其最高峰不久后被命名为"斯坦利山"）高大陡峭的雪峰开始慢慢从云雾中显现出来。走完最艰难路段的斯坦利感到一阵解脱。在此次探险中，他不仅背叛了利奥波德国王，也未实现麦金农的目标。本来，麦金农以为只需为艾敏部提供弹药，艾敏就会同意让赤道省与英属东非殖民地合并，结果却适得其反。斯坦利的到来反而加速了艾敏的垮台，让赤道省暴露在了马赫迪军的攻击之下。一半多探险队员死于非命，数百名非洲人被探险队杀死。至于回报，斯坦利的一名军官说："我们把许多无用、腐败的埃及官员、犹太人、希腊人和土耳其人从非洲腹地带出来，而这些人却不感谢我们这样做。"唯一让斯坦利聊以自慰的是，他这次探险的过程精彩纷呈、跌宕起伏，可以再写出一本畅销书了。

　　一行人艰难地穿过爱德华湖（Lake Edward）周围的莽荒地区，经过布干达边界，沿着维多利亚湖以南的商队路线，于1889年12月4日到达海岸。晚间，海峡对岸的桑给巴尔岛上隐约传来炮声，幸存的桑给巴尔人像疯子一样在月光下尖叫——那是家乡的声音。

　　他们此行的终点——巴加莫约早已发生翻天覆地的变化，一座整洁的德国殖民城镇在土屋与椰子树之间拔地而起。伴随着凯旋礼炮的奏响，德国驻东非专员、曾两次穿越非洲中部的著名旅行家冯·威斯曼（von Wissman）少校与斯坦利、艾敏并肩骑马进城。随后，威斯曼少校在阳台上装饰着棕榈枝和德意志雄鹰的军官餐厅为他们接风。新任德皇威廉二世为被解围的艾敏发来贺电。艾敏情绪高涨，用深沉洪亮的声音向慷慨大方的英国人民和德国皇帝表示感谢。然后，他围着桌子和其他人聊天、开玩笑。阳台下面传来了疯狂的欢呼声和鼓声，那是桑给巴尔人在庆祝他们返乡。

　　但是当斯坦利和威斯曼聊天时，一个仆人突然在威斯曼耳边低声说：艾敏掉下去了！原来，高度近视的艾敏从4.3米高的屋顶上摔到街上[1]，摔成了脑震荡，不得

---

[1]　也有可能是因为艾敏和不能饮酒的穆斯林一起生活久了，已经不太能适应酒精，因而在饮酒后跌了下去。

不在巴加莫约的德国医院多待了几个星期。

在桑给巴尔休息了几天之后，斯坦利乘船去了开罗，他要在短短50天内写完一篇900页的游记《最黑暗的非洲》。然而，一条消息让他的心凉了半截：还在住院的艾敏，辞去赫迪夫赐予他的帕夏一职，决心加入威斯曼一方，为同胞服务。他将率领德军回到赤道省。

斯坦利这次历时3年的探险，在付出数百条人命后，为德国人做了嫁衣。

# 第二十章 从开普到开罗

1888年初夏，英国首相兼外交大臣索尔兹伯里勋爵忽然召见正在休假的尼日尔河三角洲副领事哈里·约翰斯顿。

时年30岁的约翰斯顿是新一代帝国缔造者中最年轻气盛和多才多艺的一位，他拥有探险家、外交家、作家、植物学家、鸟类学家、动物学家、画家和人类学家等诸多头衔。长颈鹿近亲霍加狓的学名"Equus johnstoni"，就是为了纪念首次获得霍加狓颅骨的约翰斯顿。

外交大臣召见一位普通的副领事，这相当令人吃惊。外交部非洲司首席文员克莱门特·希尔（Clement Hill）嫉妒地说，自1871年起他便在外交部工作，却从来没有被勋爵召见过，走在大街上勋爵也不认识他。

约翰斯顿来到勋爵的办公室后，勋爵让他说明他在尼日尔河三角洲实行的政策，并要求他解释废黜和驱逐非洲中间商贾贾国王①的原因。约翰斯顿解释道，贾贾的罪行是挑战皇家尼日尔公司的垄断地位。索尔兹伯里勉强接受了这个解释，并决定宽恕贾贾。随后，勋爵又发出了一个更令人吃惊的邀请：如果约翰斯顿愿意搭乘当天下午4点离开圣潘克拉斯（St Pancras）的火车，就可以与勋爵一家共度周末。

约翰斯顿接受了邀请。抵达哈特菲尔德的当天晚上，他便与勋爵的家人共进晚餐，并一起玩了哑谜游戏。第二天午饭后，首相邀请约翰斯顿陪他沿着通向村子的山毛榉大道散步。首相先是闲聊迪斯累利和孔雀的轶事，随后切入正题：

> 现在，让我们来决定尼日尔的命运。我能察觉到，这是一种奇怪的反常现象，数百万黑人和棕色人种未来的命运，正在北纬51度左右的赫特福德郡

---

① 柏林会议后，英国威逼奥波博王贾贾接受其保护，贾贾拒不理睬，反而封锁商路，关闭商站，禁止英商入境贸易。1887年7月，英国炮舰溯奥波博河而上，炮击沿岸村落。贾贾率军迎击。随后，英国人提议同贾贾谈判，但当贾贾到会时，英国人却将其逮捕。贾贾被押往阿克拉，后又被放逐到西印度群岛。

（Hertfordshire）的山毛榉林荫大道上被决定……我们或多或少已经决定了同喀麦隆的边界以及和法国人的边界。

按照约翰斯顿在自传中的说法，接下来首相把他在非洲的扩张计划告诉了约翰斯顿。当两人迈着沉重的步子回到屋里时，索尔兹伯里开口说道："遗憾的是，没有人能把非洲问题清楚地摆在公众面前，我的意思是指在一些报纸文章中。"约翰斯顿心领神会。

几周后，也就是8月22日，克莱门特·希尔打开《泰晤士报》，发现一篇题为《一个非洲探险家的所见所闻》的文章。他醋意大发地问约翰斯顿："这是你写的吗？"

"是的。我想索尔兹伯里勋爵知道我会这样做，他不反对。"

《一个非洲探险家的所见所闻》是索尔兹伯里非洲战略最清晰的概述。文章提到两个震惊世界的计划：第一个计划是"从开罗到旧卡拉巴尔"或"从尼日尔到尼罗河"，第二个计划是如今广为人知的、跨越4800千米"从开普到开罗"的"2C计划"。

很难说这两个计划有多少是勋爵的想法，有多少是约翰斯顿自己的主张，或许勋爵只不过把第二个计划当作"陪标"，他更青睐第一个计划，即英国从埃及向西推进，越过乍得湖（Lake Chad），直指尼日尔河上游附近的塞内加尔，同时用冈比亚与法国交换达荷美和象牙海岸。但是，这一计划有一个难点，那就是领土交换。早在1876年，卡那封勋爵便提议拿冈比亚与法国交换领土，结果被议会否决。因此，看似更为激进的第二个计划，即"2C计划"，反而轻松地得到了议会的认可。它并不涉及领土交换，只需殖民者向3个方向推进：从开罗向尼罗河上游，从东非向尼罗河上游，从开普向大湖区。这在当时意味着英国还要占领苏丹、德属东非西部的一条走廊，以及德兰士瓦以北的整个"无主"之地（包括"赞比西亚省"，以及夹在安哥拉和莫桑比克之间的非洲领土）。

索尔兹伯里知道，将大西洋、地中海、红海、印度洋连为一体的苏伊士运河，乃是帝国的生死要道。不过他之前对埃及的看法与格莱斯顿没有区别，即占领埃及只不过是权宜之计。直到1887年，埃及依然是个烫手山芋。因埃及与英国结下梁子的法国，现在不仅阻止英国替埃及筹集资金，还试图在世界各地与英国作对。

这反过来又给了居中调节的俾斯麦勒索英国的机会。索尔兹伯里需要想招从埃及解套，做到既让德法两国满意，又不得罪英国的沙文主义者。

1887年年初，拥护索尔兹伯里勋爵的亨利·德拉蒙德·沃尔夫（Henry Drummond Wolff）爵士前往伊斯坦布尔，与埃及名义上的宗主阿卜杜勒·哈米德（Abdul Hamid）苏丹谈判。英国同意在5年内从埃及撤军，但有两个前提条件：第一，如果埃及在这5年内受到内部或外部威胁，撤军将被推迟；第二，如果撤军后埃及的稳定受到破坏，英国将保留重新介入的权力。哈米德苏丹回复道，如果英国同意在3年内而不是5年内撤军，他将在协议上签字。

巴林爵士对谈判结果并不满意。索尔兹伯里承认，将顺埃及的事务至少需要15年的时间，但他还是准备尽快放手埃及。1887年5月22日，哈米德苏丹在协议上签字，只待沃尔夫把协议带回英国，让女王签字。不料英吉利海峡对岸风向突变。当年6月，鼓吹收复阿尔萨斯与洛林、煽动对德复仇主义、备受爱戴的法国陆军部长布朗热（Boulanger）将军被免职。把游行示威当作日常娱乐的法国人掀起了大规模抗议活动，这就是所谓的"布朗热事件"。布朗热事件引起了强烈的反英思潮。法国与俄国发布联合声明，称哈米德苏丹违背了《柏林总议定书》，如果苏丹坚持批准该协议，两国将联合出兵奥斯曼土耳其，其中俄军进军亚美尼亚，法军进军叙利亚。在法俄施加的压力下，哈米德苏丹被迫放弃这一协议。

英国方面，最终让索尔兹伯里打消撤军想法的，还是巴林爵士。1887年，巴林爵士凭借高税赋使埃及扭亏为盈，但高税赋也让当地统治阶级与民众之间的矛盾尖锐到无法调和的地步。只要英军一撤，埃及必定发生混乱，届时将会出现两种可怕的结果：一是再次涌现出一位阿拉比那样的人物，二是其他势力乘虚而入。

这一势力可能是马赫迪国。马赫迪病死之后，继任的阿卜杜拉哈里发一直忙于巩固政权，消灭政敌。如今，哈里发似乎做好了发动战争的准备。但对埃及来说，劳师远征的马赫迪军并不可怕。相反，巴林更担心马赫迪政权内部崩溃，这样一来出现权力真空的苏丹可能会被占领奥博克（Obock，今吉布提共和国塔朱拉湾岸一港口）的法国或占领马萨瓦的意大利夺取。此外，巴林还认为，不能允许其他欧洲列强控制尼罗河上游。一旦列强在上游修建大坝，截断尼罗河，处于下游的埃及农业无疑将遭遇灭顶之灾。英国对发源自阿比西尼亚境内塔纳湖的青尼罗河鞭长莫及，因此在1888年夏天，索尔兹伯里和外交部计划将直至维多利亚湖的白尼罗河流域①全部纳入囊中。但对刚刚抹平赤字、一穷二白的埃及来说，他们连收复苏丹的财力都没有，因此不得不暂时搁置这一路推进计划。

帝国在非洲的另一个战略支点是好望角。1888年，以年轻钻石大亨塞西尔·罗德斯（Cecil Rhodes）为首的开普各界名流要求把开普殖民地的边界向北扩张，这样就能从东西两面夹击两个布尔共和国。罗德斯的计划有两个吸引人的地方。首先，罗德斯得到了罗斯柴尔德家族的支持，无须纳税人掏一分钱。帝国政府所要做的，只是为他将成立的英属南非公司颁发皇家特许状，以便管理非洲中部和德兰士瓦之间的赞比西亚（Zambezia）。其次，罗德斯的计划与取得特许状的英属东非公司负责人威廉·麦金农的计划相辅相成。如果罗德斯与麦金农两路出击，"从开普到开罗"就不再是哈里·约翰斯顿的白日梦。既然英国纳税人只想享受帝国的荣耀，而不愿意为之买单，政府只能把这一机会留给富商们。

威廉·麦金农与非洲结缘，可以追溯到1878年。当时约翰·柯克爵士鼓励他挑起利文斯通留下的担子，开发整个东非海岸。结果时任外交大臣的索尔兹伯里暗中作梗，导致麦金农与巴尔加什苏丹合作失败。1884年，麦金农与一些商人、人道主义者创办了东非协会。在1886年解围艾敏的行动中，麦金农与他的朋友们决心投资1万英镑，在维多利亚湖西岸创立公司，总部就设在蒙巴萨，并邀请斯坦利出任第一任经理。尽管当时有流言称斯坦利已死，但麦金农依旧积极推动此事。1887年5月24日，巴尔加什苏丹签署特许状，正式授予东非协会管理英德分治线以北所有港口的权力，为期50年。苏丹还承诺，他会鼓励公司势力范围内的酋长与他们签署条约，将当地的主权移交给东非协会。作为回报，苏丹将得到海关收入的50%。1888年年初，麦金农创办了一家名为"英属东非帝国公司"的上市公司。公司的启动资金为100万英镑，第一次集资便筹集到20万英镑。该公司邀请到大批慈善界与商界名流出任董事，或为之站台，因此短短两个月股票便卖光了。当年3月，巴尔加什苏丹病逝，其弟哈利法（Khalifa bin Said）即位。

---

① 事实上，青尼罗河的水量占尼罗河下游水量的60%～80%，因此维持尼罗河水量的关键在于青尼罗河。于是，到了现代，当位于上游的埃塞俄比亚准备在青尼罗河修建大坝时，遭到了埃及政府的强烈抗议。

如果问谁是驱动麦金农的齿轮，那这个人非约翰·柯克爵士莫属。1887年7月，由于无法忍受英国外交部在东非的软弱，57岁的柯克从外交部退休。他把开发东非的希望寄托在麦金农身上。但是柯克担心索尔兹伯里再度放弃东非的利益。当他去外交部向老同事们请教时，发现他们和自己一样困惑：他们的头儿到底想干什么？索尔兹伯里如同一个老赌棍，把手里的牌捂得严严实实。

1888年夏天，柯克和麦金农听说德意志殖民公司的创始人卡尔·彼得斯开始了以替艾敏解围为名的新冒险。彼得斯私下里承认，他的目标是把艾敏手中的赤道省变为德皇的殖民地。麦金农连忙写信给外交部，被告知无须惊慌，此乃德国人惯用的招数，彼得斯很可能永远不会离开德国。德国外交部也向索尔兹伯里保证，彼得斯并未得到官方鼓励。但柯克与麦金农仍然记得，彼得斯的上一次探险，柏林也声称对其行为不负责。

1888年8月，两人终于收到一个好消息：索尔兹伯里勋爵成功劝服女王给英属东非帝国公司颁发皇家特许状。勋爵和麦金农打了很多年的交道，知道后者作为一名早已功成名就的富商，最渴望的莫过于公众对他乐善好施、济世救人精神的认可。勋爵抓住了他的这一心理。此外，把资金投入前景未知的东非，具有极大风险，而擅长规避风险的最佳人选，非麦金农莫属。因此，勋爵力劝女王批准发给英属东非帝国公司特许状。

1888年9月3日，出身杂货商人、时年65岁的苏格兰航运巨头麦金农，来到了他辽阔而未知的王国。麦金农派他的得力助手——英属印度蒸汽航运公司的董事乔治·麦肯齐（George Mackenzie）担任英属东非帝国公司的执行董事，处理公司的具体业务。9月，麦肯齐在阿拉伯堡（Arab fort）附近建立公司总部，还为它修建了公路，敷设了电报线。按照与苏丹的协议，麦肯齐把桑给巴尔的深红旗帜悬挂在总部上空。10月初,高效的麦肯齐已经组织了一支由前炮兵军官斯维恩（Swayne）带领的庞大商队，结果后者沉迷于猎杀大象带来的快乐，耽误正事。于是斯维恩很快便被更具实干精神的领队——弗雷德里克·杰克逊（Frederick Jackson）取代。当时，艾敏与斯坦利音讯全无。杰克逊计划为公司从马赛人那里买通一条前往尼罗河上游的安全通道。他们将在瓦德莱与艾敏会合，之后会在瓦德莱和蒙巴萨之间建立商道，以便开发赤道省巨大的象牙财富。

但在1889年，斯坦利从维多利亚湖以西的某个地方发来消息：艾敏的部下已经叛变，马赫迪军入侵赤道省，他可能会带着艾敏的残部回来。麦金农想通过艾敏开发财富的美梦就此破灭。如果公司坚持柯克原来的前进计划，从蒙巴萨慢慢向内陆推进，它所筹得的20万英镑可能在一段时间内够用了。但现在，柯克看到了谨慎推进在资金和时间上的危险性。杰克逊被告知快速向维多利亚湖推进。英属东非帝国公司的部分董事提出了抗议：公司已经负债累累，如果没有发现新的宝藏，那么破产将是必然结局。麦金农向柯克求助，柯克却毫无办法，除非杰克逊能率先到达布干达，否则索尔兹伯里勋爵会让彼得斯占领这颗东非明珠。

卡尔·彼得斯创立的德意志东非公司的家底，远远少于英属东非帝国公司。因此，彼得斯更着急变现。1887年5月，彼得斯派遣拉沃尔（Laver）上尉作为公司新获得的港口——达累斯萨拉姆的代表。拉沃尔试图用甜言蜜语和小礼物赢得阿拉伯人的忠诚。1888年4月，桑给巴尔新苏丹哈利法同意将英德分治线以南的沿海管理权租给德国公司，租期为50年。作为回报，苏丹除了要求德国人支付一定比例的报酬外，还要求征税务必在他的名义和旗帜下进行。

与英国表现出的绅士风度相比，德国人一点儿也不顾及苏丹仅存的体面。这些金发碧眼的家伙摆出一副趾高气扬的征服者姿态：在坦噶，他们纵狗在斋月期间进入清真寺；在巴加莫约、达累斯萨拉姆和基尔瓦，他们升起德意志国旗，侮辱苏丹的旗帜。当然，德国人与当地人最大的矛盾还是在征税上。尽管桑给巴尔苏丹国对斯瓦希里商人的征税不低，并且贪污成风，但总体还算宽松。换了严谨的德国人，则对商人实行敲骨吸髓式的压榨，不仅要求商人缴纳人头税、埋葬税、遗产税等诸多税目，还要求每个人都要登记财产，如果不登记，财产就会被直接没收。

1888年8月初，年轻的德国军官冯·泽勒斯基（von Zalewski）出其不意地带领战舰驶进潘加尼港口。他毫不客气地告知当地瓦里（显贵），作为潘加尼特使，他打算聘用瓦里，瓦里应该每天向他汇报4次，听从他的指示。这成了压垮骆驼的最后一根稻草。

内陆的部落知道，如果让德国人控制了从沿海到内陆的商道，那么他们将无法向商队征收保护费了。于是一位来自乌萨巴拉（Usabara）的酋长率领6000部落武士前往潘加尼，宣称他们宁可"战斗至最后一人"，也不愿成为德国人的奴隶。

泽勒斯基非但没有收敛，反而威胁说，如果他们惹出麻烦，他将炮轰海岸，并把苏丹本人"绑上铁链送往德国"。当地瓦里拒绝与之合作，于是泽勒斯基果真向附近的德国战舰发出信号。100名全副武装的陆战队员登陆，逮捕了苏丹军官，他们闯入瓦里女眷的闺房，砸坏瓦里居所的家具。第二天，陆战队斩断悬挂苏丹红旗的旗杆，回到桑给巴尔，只留下一支小规模成卫队给泽勒斯基。

泽勒斯基知道事情闹大了，赶紧要求苏丹派兵来保障他的权威和身家性命，但他之前的所作所为显然惹恼了苏丹及其臣属，因此大家都乐得看他倒霉。果然，当年9月，阿布希里·伊本·萨利姆·哈提（Abushiri ibn Salim al-Harthi）组织当地瓦里、商人、民众以及内陆部族，发动起义。

阿布希里是潘加尼附近一个身材矮小、眼光犀利、留着灰白色胡子的甘蔗种植园主。他的父亲是阿拉伯人，母亲则是加拉人（Galla）[①]。阿布希里家族属于历史悠久的哈提家族，因此他视阿曼人为暴发户，早就对苏丹抱有反意。在他看来，这些暴发户无权将海岸交给任何白人。因而，阿布希里未征求苏丹的意见，便对潘加尼发起军事袭击，还封锁了泽勒斯基的司令部。部落武装要求把德国人勒死或斩首，而较为保守的瓦里们把泽勒斯基和他的同事们关进了德国特使馆，并在房子里安排了警卫。桑给巴尔岛上的德国领事说服哈利法苏丹派劳埃德·马修斯将军率领雇佣军，为泽勒斯基一行解围。马修斯率两个连完成任务后，担心部下叛乱，并未在海岸过多停留。冯·泽勒斯基逃过一劫，但可惜的是，经历过这场磨难后，他依然不长记性，终于在1891年死在了被他惹怒的赫赫人（Hehe）手里。

从北部拥入潘加尼的难民报告说，德国人炮轰了离英国"势力范围"最近的城镇坦噶。9月21日晚上，阿布希里在他的甘蔗园召开会议，计划号召沿海城镇的民众集体反抗德国人与桑给巴尔苏丹。这一行动的成果是，苏丹的军官离开队伍，回到桑给巴尔。到目前为止，阿布希里义军的人数已达2万之多，包括阿拉伯人、俾路支人、斯瓦希里人以及内陆居民，他们有的持后装步枪，有的持剑、矛、弓。阿布希里最出色的炮兵指挥官名叫杰哈希（Jehasi），来自刚果自由邦军队。印度人

---

① 加拉人自称奥罗莫人（Oromo），分布在埃塞俄比亚南半部，讲加拉语（属闪含语系中的库希特语）。

虽然很少直接参战，但为义军提供了施耐德步枪、温彻斯特连发枪等枪械和大量弹药。能让这些乌合之众团结一心的，只有对德国人的仇恨。阿布希里本人则满足于当一个独立军阀，缺乏现代意义上的民族主义意识。就目前而言，仇恨和狂热足以将这一摇摇欲坠的联盟维系在一起。

9月底，除了达累斯萨拉姆和巴加莫约在战舰的支援下尚能坚守外，德国人已被驱逐出大陆。这个时候，许多欧洲传教士及数千名印度商人仍被困在大陆上，未能脱离险境。值得称道的是，阿布希里及部下对这两个弱势群体表现得足够克制。阿布希里明确宣布，他只针对德国人，并出面保护了危难中的传教士。尽管义军极度缺乏购买食物和弹药的资金，但阿布希里还是尽力阻止部下打劫。只是好景不长，不久之后，阿布希里起义军内部出现分裂。

首先，阿布希里无法约束野蛮部族的武士，这些人穿着掠夺来的制服，手持步枪，高喊"让所有欧洲人都去死"，肆意烧杀淫掠。其次，义军对苏丹的态度产生了分歧，保守派斯瓦希里商人倾向于恢复苏丹的权威，而阿布希里等人则认为苏丹背叛了他们的信任，把他们出卖给了德国人。双方的分歧难以调和。为了转移矛盾，阿布希里决定扫荡剩余据点。他精选了以阿拉伯人与斯瓦希里人为主的2000多名精锐，集中3门缴获的大炮，于12月初兵临巴加莫约城下。他们挖掘战壕，把德军与仍停泊着几艘军舰的港口隔开。

巴加莫约的德军在格拉夫罗斯（Gravenreuth）的指挥下，用石头垒成胸墙，在胸墙前拉起带刺的铁丝网，他们打起探照灯，构筑出坚不可摧的防御工事。巡洋舰"莱比锡"号则不惜以摧毁部分城镇的代价，向义军开炮。义军依靠血肉之躯发起了一次次冲锋，却如同飞蛾扑火一般徒增伤亡。1889年4月，阿布希里不得不与德国海军上将达成休战协议。然而5月，他决定再次对巴加莫约发起攻击。他邀请当地著名占星家和诗人哈莫迪·本·阿卜杜拉（Hemedi bin Abdullah）预测战争进程，后者预言义军将遭遇灭顶之灾，"战争、死亡、抢劫、破坏"。阿布希里对此深表怀疑，德军虽强，但也就50人上下，如何对抗上万义军？

与此同时，德国人控制的另一个港口达累斯萨拉姆，被一个名为苏莱曼·伊本·塞夫（Suleiman ibn-Sef）的斯瓦希里人率众包围。塞夫对德国人没收自己甘蔗种植园里的奴隶，并让他们为德国传教士工作感到愤怒。1889年1月，塞夫带领义军摧毁传教站，在此过程中，他们杀害了3名传教士（其中有两名女性），俘虏了4名传教士。事实证明，攻克达累斯萨拉姆超出了他的能力范围。而且，塞夫的暴行点燃了德国的民族主义之火，俾斯麦终于有了出兵东非的充足理由。

1889年5月，俾斯麦和索尔兹伯里达成协议：各国政府（主要是英德政府）以阻止奴隶贸易的名义，同意对东非海岸实行联合海上封锁，阻止阿布希里义军获得武器弹药。鉴于叛乱源于德属东非公司的高压政策，而公司的脆弱在叛乱中展露无遗，因此俾斯麦取消了公司的特许状。而德属东非的问题，德国打算待叛乱平息后直接将其划为殖民地。至于德属东非的缔造者卡尔·彼得斯，俾斯麦和索尔兹伯里都不喜欢这种挥舞国旗、兴风作浪的冒险家，两人一协商，将正准备为艾敏解围的彼得斯同样纳为封锁的对象。

接着，俾斯麦又派探险家冯·威斯曼少校组织雇佣军。国会经过投票，慷慨地拨付400万马克作为威斯曼的军费。威斯曼在开罗招募了600名与马赫迪军战斗过的苏丹雇佣兵（由于他们只能听懂土耳其语指令，因此威斯曼特意招募了2名奥斯曼军官和20名奥斯曼士官），在莫桑比克招募了350名尚加纳人（Shangana，为了吓唬对手，他们自称"祖鲁人"）。这支雇佣军由80名德国军官指挥。在他们的长官假装与阿布希里进行和平谈判时，他们没日没夜地进行高强度的军事训练。

威斯曼准备就绪后，便与海军陆战队联手，在巴加莫约登陆。他们拥有近20门火炮，还有7艘战舰作为支援。而巴加莫约城外的阿布希里已是强弩之末，很多部族武士已经返回家乡，再加上雨季期间的漫长等待，留下来的人全都精力衰竭。在巴加莫约西北的乌塞古哈（Useguhha），阿布希里大营，威斯曼的47毫米野炮迅速打哑了义军的老旧铜炮。随后，陆战队与雇佣军联手出击，翻越义军设置的栅栏，杀入大营。义军纷纷逃入丛林，但很多被"祖鲁人"揪出，用刺刀活活捅死。阿布希里仓皇逃脱。与此同时，达累斯萨拉姆守军得到威斯曼远征队的两个苏丹连的支援后，在罗胡斯·施密特（Rochus Schmidt）中尉的率领下主动出击，击退了围城义军。

阿布希里逃往姆普瓦普瓦（Mpwapwa），集结起6000兵力（大多数是手持长矛的部族兵），试图在威斯曼分兵收复失地的时候，反扑巴加莫约。巴加莫约指挥官格拉夫罗斯闻讯后，率领3个苏丹连主动迎敌。格拉夫罗斯本来计划派一个连正面抵挡对手，另外两个连兵分两路，迂回到后方包抄义军，结果由于林地茂密、交通困难，负责迂回的两个连一直未能出现。格拉夫罗斯仅仅依靠一个步兵连用刺刀逼退了对手的先锋部队发起的进攻，但还是陷入了重围。之后，突然命部下结成方阵，坚守不退。阿布希里眼看缺乏训练与组织的部族兵无法冲破方阵，急忙下令从后方调来火炮，结果因丛林密布，义军的火炮同样未能及时送达。

经过两天的苦战，义军抛尸400余人，仓皇撤退。自此以后，义军一蹶不振，阿布希里逃到内地，威斯曼出1万卢比（1.5万马克）悬赏其项上人头。1889年12月，阿布希里在一个小村庄被当地酋长出卖被俘，12月15日在巴加莫约被绞死。临刑前，他宣称自己没有完全断绝与桑给巴尔苏丹的联系，在他发起抵抗运动后不久，桑给巴尔苏丹曾写信给他，鼓励他战斗。英国和德国一致认为这个陈述应该被"严格保密"，以避免对桑给巴尔苏丹的"良好信誉"产生怀疑。

相比阿布希里，彼得斯似乎更擅长"捉迷藏"。在英德海军的联合封锁下，他依旧成为漏网之鱼，于1889年6月在桑给巴尔岛登陆。紧接着，彼得斯遭遇了各种刁难。彼得斯起初制订的替艾敏解围的计划十分宏大，将动用100名装备现代步枪的索马里士兵，以及600名搬运贸易货物、补给物资的搬运工。结果等彼得斯到了桑给巴尔岛，才发现麦金农的船运公司已经把他的武器弹药交给了英国海军上将弗里蒙特（Fremantle）。后者坦率地告诉他："这就是战争。"德国领事拒绝帮助他招募搬运工，德国外交部也拒绝帮忙从中调节。但彼得斯依旧毫不在意，他从一家印度船运公司租了一艘悬挂英国国旗的小汽船，抢掠了阿拉伯商人的一些货物。然后，他趁弗里蒙特海军上将不备，把他的60个搬运工、27个来自索马里的士兵（其中9人携带连发枪）和一些走私货物打劫到拉穆附近的一个荒凉海滩上。随后，他领着这些人穿过热气腾腾的薄雾，沿着塔纳河那一排排稀稀落落的树木行进。

此次远征，彼得斯既缺少贸易物资，又缺乏人手，于是在路途中不可避免地滥用暴力。在本书出现的所有探险家中，貌如白面书生的彼得斯无疑是最穷凶极恶的一个。在他的远征路线上，到处是被熏黑的村庄和死者。10月6日，他毫无预兆地闯进之前与他签订过和平条约的加拉部落领地，杀死了一位苏丹和他的6名部下。11月，他挺进到瓦德萨加（Wadsagga）地区。12月，一行人艰难地走出塔纳山谷，来到凉爽的、充满绿意的基库尤人领地。这是一片流淌着奶与蜜的地方，抬头便能仰望肯尼亚山脉的7座雪山，彼得斯的心从日常琐事中得到片刻解放。但随后，15名新雇来的基库尤人试图带着他们的预付薪水逃跑，彼得斯毫不留情地下令枪毙他们，以儆效尤。

接下来，他要挑战的是可怕的马赛人。当时，即使是装备最好的探险队，也只能选择避开该路线，或者屈从于马赛人的勒索。但彼得斯偏偏不信这个邪。他以马赛人拒绝给他提供向导为借口，在黎明时分突袭了埃尔贝加特（Elbejet）的村庄。马赛妇孺顺着山坡逃走，从梦中惊醒的马赛武士们立即组织反击。这些身高腿长的黑人们，并不像其他非洲部落那样敲打战鼓，闹出天大的动静，而是低吼着，手持长矛大盾发起冲锋。他们发现彼得斯率队倾巢而出后，便决定围魏救赵，迂回攻击后者的大营。彼得斯不得不节节后退，直到撤入大营后的树林里。索马里士兵使用连发枪齐射，制造出一道火网。马赛武士虽然骁勇，但从未见过这种武器，他们将其视为神迹，因此进攻有所迟疑。很快，马赛人醒过神来，利用树林进行掩护谨慎向前推进，但探险队已经在树林中展开线列。在探险队占有优势的火力压制下，马赛人最终丢下43具尸体。探险队阵亡7人，弹药几乎打光。

马赛人不顾惨重伤亡，穷追猛打，彼得斯的人只能边打边撤。两天后，马赛人尝试夜袭彼得斯的营地，结果彼得斯使用信号火箭，将周围照得亮如白昼，马赛人就这样成了活靶子。1890年1月初，彼得斯的队伍终于从马赛人的领地中杀出一条血路，抵达巴林戈湖（Lake Baringo）湖畔。1月下旬，彼得斯抵达卡维伦多，2月又穿过通向布干达的大门布索加。这时，他听到了一个晴天霹雳般的消息。

原来早在一年前（在他登上拉穆附近的海滩之前）艾敏就放弃了赤道省，与斯坦利一道向海岸撤退。彼得斯的第一反应是像孩子一样哭泣，他所有的努力都白费了！他感到彻底被祖国抛弃了，他的祖国没能阻止斯坦利夺走艾敏。当晚风将他帐篷上方的香蕉林吹得沙沙作响时，他"突然抽泣起来"，缓解了自己"强烈的悲痛"。第二天，他感觉好多了，这场比赛还没有输。他立即想到在东非的另一个目标——布干达。

上一章提到，姆万加疯狂对布干达王国内的基督徒进行迫害，先是刺杀汉宁顿，随后屠杀宫廷中的年轻天主教徒与新教徒。随后在1888年9月，姆万加计划恢复布干达传统宗教卢巴雷教，并把天主教、新教和伊斯兰教的领袖全部流放到小岛上，让他们饿死。由于消息泄露，3个教派联合起来，废黜姆万加，立其兄基威瓦（Kiweewa）为王，姆万加被迫逃往维多利亚湖南岸。他首先想到找英国人帮忙恢复王位。他找到斯坦利，斯坦利认为自己实力不足，爱莫能助。姆万加接着找到杰克逊，但同样遭到拒绝。不久，姆万加的命运发生转折，在天主教徒和新教徒的帮助下，他在大湖区确立了统治地位。之后，姆万加对英属东非帝国公司做出了巨大的政治让步：如果杰克逊帮助他重登王位，布干达将成为英国的保护国。但杰克逊并未及时答复。

彼得斯决心抢在杰克逊之前，把姆万加攥在自己手里。当时，布干达国内的政局十分动荡，姆万加出逃仅仅一个月，穆斯林便发动政变废黜基威瓦，立其弟拉希德·卡勒马·穆古鲁马（Rashid Kalema Muguluma）为王，并把天主教和新教势力驱赶出境。彼得斯选择与法国天主教徒联手，击败卡勒马的军队。穆斯林则在布尼奥罗国王卡巴雷加（Kabarega）的支持下，一度打回布干达，但在1890年2月的战斗中他们再遭重创，只得败退布尼奥罗。2月25日，彼得斯与姆万加签署协议，答应帮助后者重新登上王位，条件是布干达成为德国的保护国。杰克逊得知后，火速赶往门戈要求卡巴卡取消与彼得斯的协议，但被卡巴卡拒绝。

1890年年初，索尔兹伯里勋爵还不知道彼得斯已把布干达搅得天昏地暗。通过合力镇压阿布希里起义，索尔兹伯里与俾斯麦两位当时最伟大的外交家有了修复关系的打算。于是，英国开始与德国谈判，期望全面解决问题。

在过去的一年里，勋爵的"从开普到开罗"战略计划进展顺利。论贡献，塞西尔·罗德斯厥功至伟。1889年4月，罗德斯等南非钻石巨头正式申请皇家特许状，经营包括赞比西亚在内的非洲地区。他们成立的英属南非公司控制的金融资产约为1300万英镑，政治资产包括城市、社区乃至开普议会。与英属南非公司相比，麦金农的英属东非公司就像他年轻时经营的杂货铺一样简陋。尽管索尔兹伯里对罗德斯反复无常的性格感到担忧，但鉴于财政大臣、前自由党人戈申（Goschen）坚决不为南非的扩张提供拨款，他只能让罗德斯介入，否则这个战略要地将会被布尔人、葡萄牙人或德国人拿下。1889年10月29日，女王正式签署特许状。现在，轮到罗德斯和他的伙伴们大展拳脚了。

苏格兰传教团和商人曾在赞比西河以北的尼亚萨兰（Nyasaland，今马拉维）

建立据点，但在1888年，他们已经快被东非的阿拉伯奴隶贩子和莫桑比克的葡萄牙人排挤出去了。1889年1月，索尔兹伯里任命哈里·约翰斯顿为莫桑比克总领事。这对一个曾得到首相特殊恩宠的年轻人来说算是屈尊。但索尔兹伯里赋予约翰斯顿一个微妙而危险的任务：探索尼亚萨兰地区，用礼物诱使当地酋长在空白条约上签字。届时，苏格兰人可以把条约展示给葡萄牙人看，声称当地酋长自愿成为英国的保护国。这个任务的难点，依旧在于说服财政部为之买单。财政大臣戈申拒绝任何增加开支的做法，尤其是贿赂酋长。

打破僵局的依旧是非洲的"财神爷"罗德斯。1889年5月，约翰斯顿与罗德斯在后者朋友家中偶遇。两人讨论了一整夜的"开罗—开普"战略，颇有相见恨晚之感。第二天早上，罗德斯给约翰斯顿开了一张2000英镑的支票。约翰斯顿正是凭借这张支票，为酋长们购买了大量礼物，让尼亚萨兰在1891年成为英国的保护国。

最后，轮到庙堂之上的英德两国外交官谈判具体如何瓜分东非了。索尔兹伯里把成功的筹码押在他与俾斯麦斗争多年、知根知底上。但在过去一年多的时间里，德国政坛发生了翻天覆地的变化。1888年3月9日，老皇帝威廉一世驾崩，而新皇帝——俾斯麦的死敌腓特烈三世当时已是喉癌晚期，99天后就龙驭上宾了。6月15日，腓特烈之子，以脾气古怪、鲁莽和习惯高估自己而臭名昭著的威廉二世即位。俾斯麦之前常常利用威廉的上述缺陷，与他的父母作对。俾斯麦长子赫伯特是威廉二世的好友，他们经常通宵喝白兰地，赫伯特自认为是小皇帝最信赖的顾问。因此，俾斯麦喜欢把自己摆在长者的位置上，像训晚辈一样与小皇帝交流：陛下应该向首相学习；目前陛下的意见还很不成熟……俾斯麦认为小皇帝可以任其摆布，于是决心趁着自己身子骨还硬朗，继续推行自19世纪60年代以来卓有成效的外交政策：通过构建新的相互交错的联盟网，维持德国在欧陆的霸权（此时三皇同盟已经破裂）。俾斯麦对殖民地的态度是，以之为筹码，用来与英国结盟，或在欧洲换取一些诱人的"果实"。

1889年1月11日，俾斯麦通过德国驻伦敦大使哈茨菲尔德（Hatzfeld）伯爵，向索尔兹伯里提议建立一个对抗法国的防御联盟。与此同时，他在国会大厦里和赫伯特一起诚恳声明，英德友谊的价值重于整个东非。索尔兹伯里没有上钩，尽管英国在埃及的利益需要德国支持，但他不想与法俄直接作对，因此希望把此事留待日后讨论。于是俾斯麦退后一步，考虑两国之间交换领土。

俾斯麦青睐的英国领土，乃是位于库克斯港（Cuxhaven）以西64千米，北海中的赫里戈兰（Heligoland）岛。该岛是一个面积只有7.8平方千米，红砂岩上覆盖着厚厚的海鸥粪便的贫瘠小岛，上面住着几百个贫穷的渔民。1807年，英国人从丹麦人手中夺下该岛，但认为这个岛没有价值，便未进行开发。然而在德国人看来，该岛因扼守德国最重要的两条河流——易北（Elbe）河和威悉（Weser）河的入海口，控制着德国最重要的两个海港——汉堡和不来梅的航路。而且，它还横跨在德国将要挖掘的、穿越日德兰半岛的基尔运河的出入口上。如果德国海军得到赫里戈兰岛，在未来的法德战争中，该岛将成为一个可以与英国的马耳他、直布罗陀和开普相媲美的海上堡垒。俾斯麦起初提议用西南非洲交换赫里戈兰岛但由于开普殖民地已经高度自治，因此索尔兹伯里认为，为开普赢得这块贫瘠的土地，纯属为他人作嫁衣裳，吃力不讨好，于是否决了前者的提议。此事暂时搁置。

1890年3月20日，一条来自柏林的新闻震惊了全世界：统治德意志30余载的俾斯麦辞职，利奥·冯·卡普里维（Leo von Caprivi）继任。4月底，珀西·安德森前往柏林，开始就英德交换领土问题进行具体谈判。当时，布干达以及赤道省仍然是英国最大的"绊脚石"。果然到了5月，柏林外交部不再承认俾斯麦关于布干达和赤道省不在德国势力范围内的承诺，而来自东非的两份报告使得谈判前景更为晦暗：第一，艾敏拒绝斯坦利的请求，并加入了威斯曼指挥的德国军队。据说他已于4月26日离开巴加莫约，前往赤道省。第二，彼得斯已经和姆万加签署了布干达成为德国保护国的协议，只待德皇确认。

与之针锋相对的是，斯坦利宣称在维多利亚湖以西签订了6项条约，这引起了德国人的强烈谴责，对此，两国的殖民派游说团体和媒体在国内各自展开舆论战。苏格兰传教团害怕德国人占领尼亚萨兰，也加入了战局。显然，约翰斯顿前往莫桑比克的消息并没有让他们安心。

索尔兹伯里对舆论压力毫不在意。英国公众需要认清一个现实：倘若他们想在非洲分得一大块新的土地，就必须付出代价。这个代价并不高昂，那就是赫里戈兰岛。索尔兹伯里向德国列出了一份长长的补偿清单：桑给巴尔成为英国的保护国；将德国的保护国维图以及塔纳河以北的所有领土割让给英国；获得从布干达进入坦噶尼喀湖的通道；得到尼亚萨湖以西的大部分土地。看起来，勋爵纯属漫天要价，狮子大开口。

令勋爵自己都想不到的是，威廉二世几乎没有任何怨言地接受了交换条件。5月29日，柏林方面告诉哈茨菲尔德，赫里戈兰岛对皇帝重视的海军来说"极其重要"，没有它，基尔运河将毫无用处。哈茨菲尔德唯一讨价还价的，便是双方势力范围的新边界：沿南纬1度穿过维多利亚湖，平行延伸到刚果自由邦边界。这样做的目的是阻断英国从坦噶尼喀湖到布干达的"全红"①路线。

《赫里戈兰协议》的签署标志着英德瓜分东非大局已定，对双方来说算是个皆大欢喜的结局。相比远在天边的非洲殖民地，年轻的威廉二世显然更在意海军力量的建设，获得赫里戈兰岛使他成为德意志的英雄。而麦金农、苏格兰传教团以及自由党等势力也对收获心满意足。唯有维多利亚女王对此颇有微词，当有人恭喜女王以区区7.8平方千米的小岛换取3个共计25.9万平方千米的新保护国（桑给巴尔、乌干达和赤道省）时，女王抱怨道："放弃自己拥有的，总是一件坏事。"

与列强之间瓜分非洲的大多数协议一样，英德两国签署《赫里戈兰协议》时，也未邀请任何一位非洲代表出席，直接大笔一挥定下了非洲土地的归属。不过协议涉及的布干达王国，虽然爆发了内乱，但仍是一个不可小觑的地区强国。重回王位的姆万加早在谋杀汉宁顿、屠杀基督徒时，便把自己的凶残本性展露无遗，因此，英国想要把纸面上的协议落实，彻底降服反复无常、杀人不眨眼的暴君姆万加，必然会有更多人流血乃至丧命。

---

① 该时期的英国习惯在地图上将本土和其殖民地标记为红色。

# 第二十一章 崭露头角的卢加德

坎帕拉（Kampala）山是布干达王国首都门戈周边4座山丘中最小的一座，它与另外3座山隔着大约1.6千米宽的山谷相望。其南面是门戈山，首都就建在山上；西南面是鲁巴加（Rubaga）山，法国传教士用木杆和芦苇在山上搭建了一座壮观的大教堂；西边是纳米雷姆比（Namirembe）山，英国的海外传教会正在这里建造一座教堂，欲与法国教堂相抗衡。

1891年圣诞节，一名穿着脏污的卡其色夹克、头戴木头盔、脚穿破皮靴、身材矮小却精瘦结实的军官，神情严峻地回到坎帕拉山的营地。他就是弗雷德里克·卢加德（Frederick Lugard）上尉，英属东非帝国公司在布干达的常驻首席代表。卢加德出身于传教士家庭，他心目中的英雄是利文斯通。在本书出现的探险家中，卢加德是最为坚韧的一个，他取得的最终成就也是最高的。在接下来的40年里，没有任何一位欧洲总督能够在非洲打上如此有力的精神烙印。但卢加德来到非洲打拼的初衷，与其说是为大英帝国建立功勋，或继承利文斯通的遗志，不如说是为了了结自己的生命。

卢加德曾是驻扎在印度勒克瑙（Lucknow）的东诺福克团的一名职业军人。他在那里爱上了一名叫克莱蒂（Clytie）的离异女士。1887年，卢加德在第三次英缅战争服役期间，收到电报称克莱蒂出了车祸，生命垂危。他心急如焚，匆忙赶回印度，却发现克莱蒂已乘船去了英国。卢加德追到英国，没想到目睹了克莱蒂的奸情，这一打击让这个铁汉无比崩溃。他放弃了自己的事业，搭上一艘在红海上飘荡的邮轮，希望为某项崇高的事业献出生命。

这时，英国驻莫桑比克总领事奥尼尔（O'Neill）对这位失意的军人发出盛情邀请。原来英国的莫尔兄弟（John Moir and Frederick Moir）在尼亚萨兰的卡龙加（Karonga）平原经营着非洲湖区公司（the African Lakes Company）。这家公司与苏格兰传教会联系紧密，并标榜其初衷是实现利文斯通的梦想，凭借正常贸易来消灭奴隶贸易。公司组织当地恩贡德人（Ngonde）种植土特产品，然后廉价收购，从阿拉伯[1]商人那里换取象牙。但在1887年，公司从阿拉伯人手里赊购过多象牙，却没有足够产品抵账，于是以军阀姆洛齐（Mlozi）为首的阿拉伯人便向恩贡德村庄发起袭击。奥尼尔要求公司为逃难的恩贡德人提供庇护，卡龙加战争就此爆发。但是，该地区的欧洲人均为文官或商人，缺乏军事经验，以致战事不利，急需卢加德这样经验丰富的职业军人重整旗鼓。卢加德欣然接受了这一任务。

卢加德抵达尼亚萨兰的首府布兰太尔（Blantyre）后，立即向当地的代理领事约翰·布坎南（John Buchanan）建议：为了震慑潜在的阿拉伯叛乱分子，必须尽快主动发动进攻。没想到布坎南拒绝给予他任何帮助，而英国政府也当起了甩手掌柜，不管不顾。卢加德不得不离开布兰太尔，白手起家，独立组建武装。

卢加德是一位不可多得的练兵奇才。他在当地招募训练了200名通加族士兵，给他们分发老旧的燧发枪后，便开始试图逐个拔除阿拉伯人的营寨。在取得数次胜利后，这位日后的"非洲王"开始运交华盖。1887年6月16日，卢加德双臂受重伤，不得不率军撤出战斗。经过短暂的修整后，1888年1月，卢加德重整旗鼓，对姆洛齐据守的要塞发动围攻，可惜非洲湖区公司的7磅炮并未对要塞造成严重破坏，此次进攻以失败告终。随后，功亏一篑的卢加德怅然地回到布兰太尔。直到6年以后，也就是1895年12月，时任英属中非保护国（1889年成立，1907年重又改回尼亚萨兰）专员的哈里·约翰斯顿率领400名锡克士兵，用重炮轰击足足两天之后，才终于攻破姆洛齐的要塞，将姆洛齐绞死，就此彻底终结了阿拉伯人在东非以及中非的统治。

尽管卢加德在非洲的处女秀并不完美，但随着他身体上伤痕的逐渐痊愈，克莱蒂带给他的心灵创伤也开始慢慢愈合。于是，在英国政府向威廉·麦金农的英属东非公司颁发皇家特许状后，卢加德凭借在殖民地服役的经验，成功受聘为东非公司在布干达的常驻首席代表。

---

① 本书中，在非洲腹地活动，从事奴隶、象牙贸易的所谓"阿拉伯人"，按其籍贯可分为3种：其一是来自阿曼等阿拉伯国家、俾路支等地的"白阿拉伯人"；其二是来自非洲东海岸的斯瓦希里人；其三是来自中非乌尼亚姆韦齐（Unyamwezi）地区，穿着穆斯林式白袍但只有少数人信奉伊斯兰教的尼亚姆韦齐人（Nyamwezi，斯瓦希里语，意为"西边的人"）。

根据麦金农的指示，卢加德带领手下行进1300千米，穿过荒野到达布干达首都，对重新登上王位的姆万加进行震慑。随后，他说服姆万加签署条约，使公司在布干达的地位合法化。事实上，通过英德签订的《赫里戈兰协议》，布干达已经成为英国的保护国，但当时没有人向姆万加解释过此事。卢加德的任务就是把《赫里戈兰协议》落实到纸面上，使布干达王国及其附庸国变成英国的保护国。

卢加德的远征队有300多人，他们由苏丹人、斯瓦希里人和布干达人组成，其中有100人手持后装步枪。他们还有一挺老旧的马克沁机枪，就是斯坦利在替艾敏解围时用到的那挺。按照布干达王国的法律，外国人入境前必须在边境等候，之后每前进一步都要得到王室的许可，但卢加德却毫无顾忌地直奔首都。1890年12月18日，卢加德抵达首都附近，他拒绝了卡巴卡为他提供的宿营地，而是在可以俯瞰宫殿的坎帕拉山顶上扎起营盘。第二天，他穿上一身"宫廷"服饰——有着黄铜纽扣的旧睡衣，带着12名高大威猛的苏丹士兵大步穿过山谷，穿过像"蜂房里的蜜蜂"一样成群结队看热闹的布干达民众，向王宫进发。布干达王宫的会客厅里，乐队悠扬地吹着笛子，数百个穿着白色长袍、手持前装枪的布干达贵族挤在里面。卢加德坐在自己带来的一把座椅上，平静地读他的介绍信，随后由翻译人员译成斯瓦希里语和卢干达语念给众人听。离开之前，卢加德解释说他带来了一份"友谊条约"，建议国王和酋长们老老实实地签字。12月26日，卢加德又回到国王的会客厅，威胁说如果卡巴卡拒绝签署条约，他将无情地使用马克沁机枪。在法国传教士的劝说下，姆万加和大臣们极不情愿地一一签字。

卢加德带来的条约，要比之前卡尔·彼得斯的条约苛刻得多：限制卡巴卡的外交，禁止其随意签订条约或发动战争；剥夺卡巴卡独立处理内政的权力，取缔奴隶买卖和奴隶掠夺；布干达的军火贸易，将由英属东非帝国公司加以控制；允许外国商人和传教士自由定居，保障贸易自由和信仰自由。总的来说，卡巴卡只要签字，就意味着放弃了对国家收入的控制（"国家的收入将被征收，海关和税收将由常委会或者财务委员会进行评估"），放弃了对军队的控制（"国王将在公司协助下组建一支常备军，公司的军官将努力组织和训练这支军队，就像印度本土的军团一样"），也放弃了对国家的管理（"一切紧要的、和国家有关的事情，都必须征得代表的同意"）。

卢加德的行为过于狂傲，他甚至连最廉价的礼物都没给姆万加。逼迫卡巴卡签约后，卢加德回到了坎帕拉山。他知道自己处境危险：探险队只有100个会用步枪的人，斯坦利那把老旧的马克沁机枪打了几发后就会卡壳，除了香蕉之外他们什么食物都缺。探险队进入此地，就像一头扎进了马蜂窝一样，四周充满敌意。当然，最具敌意的是以姆万加为首、人数不断增加、对法国传教士言听计从的"法兰萨"派。

卢加德起初尽量协调信仰天主教的当地人"法兰萨"与信仰新教的当地人"英格利萨"之间的关系。他试图说服法国人与他合作，但法国也有占领布干达的机会，而卢加德代表的却是一家据称正迅速走向破产的英国公司。因此，卢加德的努力失败了。与此同时，卢加德尽量与"英格利萨"保持距离，以维持相对中立的立场。"英格利萨"自觉遭到背叛，对卢加德试图和稀泥的行为进行谴责。1891年1月底，这个"马蜂窝"变成了一座火山。"英格利萨"在人数与武器上都处于弱势，他们惊恐万分，准备放弃家园，逃往布索加，让穆斯林去对付"法兰萨"。

在这个危险的时刻，麦金农终于给卢加德派来了援兵：英国炮兵上尉威廉率领的75名苏丹人和100名斯瓦希里人，他们还带来了一挺新的马克沁机枪。尽管威廉比卢加德年长，但他还是同意在卢加德手下担任副指挥官。卢加德心里稍微有底了，尽管新机枪在演示时也会出现卡壳的现象。当时，最直接的威胁来自性情乖张的白人军火商查尔斯·斯托克斯（Charlie Stokes），他在德国人控制的维多利亚湖南岸拥有一艘轮船，源源不断地向北岸输送军火。

1891年2月5日，一个身穿阿拉伯长袍的爱尔兰人怒气冲冲地来到门戈对面的坎帕拉，他就是斯托克斯。卢加德邀请他共进晚餐，安抚他的情绪，告诉他布鲁塞尔反奴隶贸易会议的决议。卢加德只想让斯托克斯保证：不再向姆万加或两个派别中任何一方出售枪支弹药。布干达王国已有2000～3000支前装枪，如果枪炮数量更多，战争将不可避免。

斯托克斯解释说，虽然他每卖出一车火药就能赚1440英镑，但他受够了德国人的铁腕管理，宁愿到湖北岸与英属东非帝国公司合作。他问卢加德，能否把他价值5000英镑的存货——50箱火药和250支枪储存在坎帕拉。卢加德当然乐意帮忙，这样至少它们不会落入姆万加手里。

接下来的两个月里，卢加德把坎帕拉的营地升级为堡垒，挖了一个大弹药库来储存斯托克斯的军火。但部队士气低落，士兵们遭受鞭刑已成家常便饭。而布干达王国内的两个派别之间经常发生争吵，有时还会有人被杀。

2月19日，卡巴卡通知卢加德，战争即将爆发。"法兰萨"在山下布好阵形。卢加德呼吁他们的首领冷静，并威胁说他将用马克沁机枪开火。第二天，"法兰萨"再次来到山下，挥舞着巨大的法国三色旗。这样的情况持续了一周，卢加德精疲力竭，他写道：

> 游戏就这样继续着。每天似乎都有战争爆发的消息传来，我们总是在设法避免它，但这种情况会持续多久呢？

3月底，一个叫马丁的马耳他人率领第二批援军抵达坎帕拉。但卢加德对这些人失望透顶，他们大多手无寸铁，根本不适合作战。好在马丁一行带来了布料等可用于贸易的货物，还给国王准备了礼物——成卷的印花棉布和衣物。最关键的是，他们把姆万加在去年派往海岸的两名特使带了回来，这两个特使的身份分别是"法兰萨"和"英格利萨"。他们的任务是，去核定布干达在英国势力范围内的说法是否属实。对于特使们带回来的报告，卡巴卡十分坦然地接受了，并对马丁带来的礼物十分满意。看来，姆万加能够和平地接受布干达王国成为英国的保护国这一事实。他知道，卢加德为了维护他自己和英国的荣誉，不会轻易驱逐他。

此时，出现了一个缓和双方关系的良机。先前在内战中落败的穆斯林投靠了布干达的世仇——布尼奥罗国王卡巴雷加。卡巴雷加利用门戈内乱，袭击了布干达边境省份辛戈（Singo）。卡巴卡请求卢加德出兵讨伐，卢加德同意了。他让少数部队留在坎帕拉，自己则率主力穿过安科勒（Ankole）和托罗（Toro）等附庸国，前往艾敏在尼罗河上游的旧总部卡瓦利（Kavalli），参加剿灭布尼奥罗入侵者的远征。

卢加德参加远征的目的并不仅仅是改善与卡巴卡的关系，他还想招来艾敏的旧部——1888年无法或不愿与斯坦利和艾敏一起离开的苏丹驻军。如果说这一目标还有可行性的话，那么卢加德接下来的目标就有点儿异想天开了：在得到艾敏的军队和蒸汽船后，顺尼罗河而下，击溃马赫迪军，重新夺回喀土穆，为戈登报仇。

1891年5月7日，在布尼奥罗城的战斗中，卢加德终于使出了终极杀招——马克沁机枪，穆斯林抛下300具尸体仓皇逃窜。但接下来天降大雨，道路变得泥泞，卢加德让威廉上尉同布干达军队返回门戈，而他则继续向西前进。在安科勒王国，他与恩塔雷（Ntare）国王的使节签署血书，确认了安科勒的保护国地位。在托罗王国，他为国王建造了一座堡垒，并承诺保护托罗王国免受布尼奥罗王国的侵略。与此同时，有传言说艾敏试图抢在卢加德前面，将他的老部下从卡瓦利带回德国的势力范围。卢加德争分夺秒地越过白雪皑皑的鲁文佐里山脉。9月7日，他终于到达卡瓦利。他发现当地驻扎着两个苏丹步兵团，大约有600名士兵，这些老兵依旧效忠赫迪夫。苏丹人组成中空方阵，手持武器，在指挥官塞利姆贝伊（Selim Bey）的领导下，伴随着法式鼓声和军号前进。卢加德当晚在日记中写道：

> 这些高贵的幸存者，尽管被遗弃在非洲的中心地带，穿着兽皮的身体伤痕累累，许多人甚至过早地头发变白，但依然狂热地效忠于他们的旗帜和赫迪夫，这是一个多么触动人心灵的场面啊。感谢上帝，我的使命是解救他们。我为公司找到了大批良才。

此时，卢加德对收复喀土穆不再抱有幻想，只想把这些"良才"带回布干达。没想到在途中，这些"高贵的幸存者"军纪败坏，不仅掠夺谷物和鸡（由于买不到食物，因此卢加德允许这种情况），而且还偷牛，把当地妇女变成奴隶。战斗兵员中不断加入被掠夺来的搬运工及其家属，人数像滚雪球一般增加，最终超过了8000人。卢加德没法把他们全部带回门戈，只能在托罗王国与布尼奥罗王国的边界建造了一系列堡垒，将大部分苏丹士兵和随军者安置在那里。卢加德和他的部队只带着塞利姆贝伊及100多名精干于1891年圣诞节抵达坎帕拉。这时，他们收到了麦金农的信：公司没钱了，他要离开布干达，尽快撤退到沿海地区。

公司执行董事乔治·麦肯齐随后写了一封信进行解释。首先，他感谢卢加德的"卓越工作"，然而公司的处境"完全改变了"，除了缩减开支和撤离外别无选择。但无论如何，卢加德必须随机应变，在尽可能不损害"国家的整体利益，尤其是传教会的整体利益"这一前提下做到最好。例如，卢加德应该让德国人远离布干达，并让姆万加将现行条约改为永久性条约；他应该让姆万加和他的臣民们意识到，公司的撤军是"暂时性的"，一旦资金允许，卢加德就会重新回来。麦肯齐补充说，英国外交部对此表示赞同。

有着诸多英国商界大鳄站台、风光一时的英属东非帝国公司为何遭遇如此严重的危机？第一，公司在殖民开发前期投入了巨额资金。在布干达一年，东非公司就要投资4万英镑，并且几乎没有任何回报。当然，倘若经济形势一片大好，区区4万英镑并不会拖垮公司。不幸的是，伦敦正处于前所未有的经济危机中。巴林银行，伦敦最大的银行之一，已经崩溃。这意味着在热带非洲的投机冒险活动不可能再筹到更多的钱了。公司咸鱼翻身的唯一希望，是修建一条从蒙巴萨到维多利亚湖的长达1300千米的铁路，以开拓布干达与沿海的贸易。董事们把希望寄托在索尔兹伯里勋爵政府同意对铁路花销进行担保。但是1891年7月，由于自由党的反对，索尔兹伯里被迫搁置这一担保，取而代之的是对铁路路线进行勘测。正是这种断然拒绝，促使公司决定放弃布干达。

为了把布干达变为英国的保护国，卢加德花了两年半的时间，倘若他现在率远征队撤出，他的努力将"纯属浪费，甚至更糟"。首先，"英格利萨"与英国传教士会随之离开布干达，这意味着新教在布干达被连根拔起。其次，卷土重来的穆斯林会对"法兰萨"进行大清洗，布干达将不再有基督徒的容身之地。另外，这也意味着卢加德违背了他对托罗国王的承诺，即英国人会留下来保护他。总之，英国人可以卷土重来，但英国跌落的声望却是"永远无法恢复"的。

回到坎帕拉后，卢加德发现，在他离开的8个月里，情况几乎没有好转。他只对威廉上尉提了撤离的事，威廉听到这个消息同样大吃一惊。好在威廉手里有一些钱，并且甘愿散尽家财来维护布干达人民的平安和祖国的荣耀。两位军官决定，把公司的命令当成废纸一张，凭借威廉的私财为士兵们支付军饷。

幸运的是，两人还未做出仗义疏财之举，伦敦便又发来电报。原来，海外传教会和伦敦人道主义者筹集了足够的资金，使公司将撤离时间推迟一年。不过，这并没有改变"英格利萨"和"法兰萨"、海外传教会和法国传教士之间的激烈竞争，尤其是在相对宽厚的卢德尔离任，法国传教士领袖变成让–约瑟夫·赫斯（Jean-Joseph Hirth）之后。

另一方面，姆万加的行为也比以前更加令人捉摸不透。在返回坎帕拉的途中，卢加德发现一面画着两支长矛、一面盾牌的巨大旗帜在门戈上空飘扬。卢加德认为，这是姆万加有意挑衅英国的权威。但姆万加向威廉上尉保证，他和英国人"完全合二为一"，并声称要赶走"法兰萨"。卢加德把"法兰萨"的首领塞基波波（Sekibobo）叫来，忠告他，如今国王升起自己的旗帜，两派的流血冲突却仍旧每日不断，是时候结束这一切了。国王和"法兰萨"应该"宣布支持英格兰，收起（自己的）国旗，想信什么教，就信什么教"。卢加德清楚，单凭话语很难平息这场风暴，于是劝"英格利萨"把武士集中起来，枕戈待旦。

1892年1月22日这一天，是卢加德34岁的生日。他吃完早餐后不久，一些"英格利萨"酋长愤怒地来到坎帕拉。原来，"法兰萨"的一个小部落酋长在门戈大街上杀害了一名新教徒，并暴尸示众。卢加德来到门戈要求国王给个说法。他顶着烈日在会客室外坐了半个小时，当他进屋时，他看到"法兰萨"酋长们咯咯地笑个不停。显然，他们与卡巴卡已经谈好了价码。

卢加德直言不讳地告诉姆万加，必须枪毙凶手。姆万加温顺地接受了建议，他让卢加德坐等这个小酋长的处理结果。但卢加德只留下他的索马里语翻译杜阿拉（Dualla），自己却先走了。结果姆万加判定，被杀的新教徒跟踪天主教徒进入该酋长的领地，试图找回一把偷来的枪。酋长完全出于自卫才将其杀死，根据布干达的习俗，袭击者不用受到惩罚。

姆万加本人色厉内荏，畏惧战争，但"法兰萨"在赫斯等法国传教士的怂恿下，求战心切。法国传教士告诉教众们，卢加德一行属于一个贸易公司，"可以用棍子赶出去"。1月23日，卢加德写信给赫斯，恳求他出面安抚"法兰萨"的好战情绪，但赫斯毫无回应。赫斯甚至以次日是礼拜天为理由，拒绝到坎帕拉来与卢加德磋商，他解释说，他支持卡巴卡释放"法兰萨"酋长的决定，并警告卢加德不要支持"英格利萨"的"不公正主张"。他暗示，欧洲的公众舆论正在关注这场斗争的每一个过程。

现在，一切都取决于姆万加是否会让步。卢加德派他的翻译杜阿拉回到门戈，给卡巴卡当众宣读了一封措辞生硬的信：必须把凶手交出来，要么选择"正义"，要么选择"战争"，就是这么简单！杜阿拉注意到卡巴卡似乎很放松，而不是像往常那样对"战争"一词感到恐惧,"法兰萨"酋长们则哄堂大笑。姆万加回答说:"好吧。我已经做了决定,不会改变。如果上尉想打仗,那是他的事……""法兰萨"酋长们则赤裸裸地说:"如果他派士兵去帮助新教徒,士兵们会被杀得一干二净。如果发生战争,我们会占据坎帕拉和所有的货物。不仅如此,所有的欧洲人都会丧命。"卢加德知道,一场战争已不可避免。

卢加德打开斯托克斯的弹药库,给"英格利萨"分发火药和前装枪。卢加德自己的人装备了施耐德步枪和2挺破旧的马克沁机枪。但坎帕拉山上的力量依旧十分薄弱:卢加德的许多精兵仍在与穆斯林和卢巴雷教徒作战;山坡上还住着上千妇孺,她们挤不进要塞里,只能住在摇摇欲坠的棚屋中,这些人在战争中纯粹是累赘。

礼拜日早晨,卢加德起得很早。他透过双筒望远镜,看到天主教徒正在西南方向的鲁巴加山和南方的门戈山前集结。这时,卡巴卡的信使上门,请求上尉停止战争。卢加德严厉地回答道:"除非他把凶手交给我,并让'法兰萨'为他们的公开侮辱道歉。"随后,他继续给"英格利萨"分发武器,为两派传教士提供避难所。就算枪声在山谷中响起,卢加德依然认为姆万加可能会让步。谈判在断断续续的枪声中持续。不久之后,持续不断的枪声响起,那是马克沁的声音。门戈之战开始了!

战争结束后,赫斯主教寄给他在阿尔及尔的上司一封长信。2月10日,这封信被移交给了法国政府。法国外交部部长亚历山大·里博(Alexandre Ribot)于5月25日向英国驻巴黎大使达夫林勋爵提出抗议。一周后,赫斯关于门戈之战的记录出现在伦敦的一份报纸上:

> 乌干达刚刚上演了一出可怕的惨剧。长期受迫害的天主教徒被卑鄙地出卖了!以姆万加国王为首的教众,在主教和17名传教士的陪同下,被从门戈赶了出去。这是新教徒在英国公司代理人的支持下干的……英国人不得不找一个国王,把这个被征服的国家交给他,这是黑暗大陆文明中最可耻的一页。

赫斯声称,由于姆万加站在天主教徒一边,因此卢加德一开始便与姆万加作对。1月,武器与弹药得到补充之后,卢加德决定摊牌。如果没有苏丹士兵和马克沁机枪的帮助，卢加德不可能取得门戈之战的胜利。鲁巴加大教堂在战火中沦为一片废墟，幸运的是赫斯等人死里逃生。

但最可怕的场景，发生在门戈之战结束一周后的1月30日。姆万加和"法兰萨"被赶出门戈后，逃到离门戈仅有几千米、离海岸几百米的布林古韦岛（Bulingugwe）避难。但姆万加忘了，马克沁机枪的射程足足有1.6千米。在之后对该岛的射击中，卢加德估计杀死了上百人，此外有几个试图坐独木舟逃走的人则可能是溺死的。幸存的目击者认为，卢加德击杀的人数远不止于此。赫斯记录道：

> 现在是下午2点。我在路上看见15艘船快速地驶近那个岛。突然，子弹像雨点一样落在供王室居住的小屋上，打在我们周围的树丛里，发出可怕的声音。是马克沁机枪与船上士兵射击所发出的声音！国王抓住我的手，把我拖走了。我们没被打得浑身是窟窿。一群妇女儿童和我们一起逃走了。无数人倒了下去！我们很快就到达了岛的另一边，子弹再也射不到我们了。但那是多么凄惨的景象啊！湖面上只有几只独木舟，三四千人跳进水里紧紧抓住它们。这一切令人心碎。到处是可怕的尖叫、齐射声，淹死了多少人啊！

姆万加不得不向卢加德投降。后者的暴行很快传遍文明世界，非洲这场鲜为人知的仇杀，一举成为国际事件。拉维杰里向教皇控诉这场大屠杀。法国政府要求对法国国民受到的虐待进行正式调查。法国驻伦敦大使沃丁顿详细描述了法国传教团的损失：1座大教堂、60座小教堂、12所学校以及5万名据说被卢加德俘虏后卖为奴隶的"法兰萨"。卢加德对这些指控既没有承认，也没有否认，海外传教会同样对此一言不发。

英国驻桑给巴尔领事杰拉尔德·波特尔（Gerald Portal）也听到过这样的传言，他私下里认为，东非公司可能是罪魁祸首。然而，到了6月中旬，波特尔却告诉珀西·安德森爵士："这是一件不同寻常的事，我们既没有从威廉本人那里得到一个字，也没有从卢加德那里得到一个字。"法国人指责卢加德是个说谎者和杀人犯，而英国人钦佩卢加德"是一个勇敢的人，一个能干的人，一个正直的人"。大多数英国媒体认为他是无辜的。至于索尔兹伯里勋爵则完全信任他的殖民地总督："他的所有报告都带有一种极其公正和忠诚的精神……"

然而，索尔兹伯里勋爵的支持已没有多大意义了。1892年6月28日，他的任期结束了。在最后的几个星期里，勋爵还是争分夺秒，通过了两条关于布干达的政策：首先，正式接受麦金农公司年底撤离布干达的计划；其次，委托前去勘测布干达铁路的工程兵军官詹姆斯·麦克唐纳（James MacDonald）上尉，起草一份关于布干达大屠杀的调查报告。随后，他把官印交给女王，退隐到迪耶普（Dieppe）的"塞西尔小屋"。

1892年8月15日下午2点刚过，82岁高龄的格莱斯顿在朴次茅斯登上"阿尔伯塔"号（the Alberta）渡轮，前往女王居住的怀特岛。女王发现这个老冤家不仅"年事已高，走路拄着拐杖，腰也弯得厉害"，而且他雄鹰般的脸庞也萎缩了，以致"脸色惨白，眼神怪异，嘴角无力"。但是，她不得不把她的庞大帝国托付给这个"年迈、狂野、不可思议"的男人那颤抖的双手。她很欣慰地得知，格莱斯顿在自由党的继承人罗斯贝里勋爵同意为这个"不公正的政府"服务。

颇为古怪的是，罗斯贝里勋爵对外交事务的看法似乎与索尔兹伯里勋爵等保守帝国主义者一致。但自由党一致认为，政府需要罗斯贝里，没有罗斯贝里，它永远无法获得公众的信任。格莱斯顿邀请罗斯贝里担任外交大臣，但遭到对方拒绝。他私下告诉朋友，格莱斯顿快要完蛋了，他不希望搭上一艘沉船。但最终，在包括威尔士亲王（代表女王）等人的盛情邀请下，他还是接受了外交大臣一职。8月19日，格莱斯顿在卡尔顿花园举行了新内阁的首次正式会议，庆祝自己在选举中获胜。为表示对罗斯贝里的重视，他与罗斯贝里坐在一张小桌子旁，和其他人分开坐。

8月，法国人再次借助布干达屠杀事件，对英国外交部展开猛攻。沃丁顿向罗斯贝里展示了卢加德对法国传教士及"法兰萨"犯下"暴行"的证据。事实上，没有法国传教士受伤。卢加德声称，他没有参与任何暴行，也没有伤害天主教传教士。他的两挺马克沁中，有一挺每发射几发子弹，就卡壳一次，另一挺则完全坏了，因此所谓"连续不断的射击"是不存在的。但是，他要逃避引发内战的责任就没那么容易了。卢加德辩护道，自己加入新教徒一方，只是为了保住在坎帕拉的地位。

罗斯贝里委托"非洲通"珀西·安德森爵士处理布干达事件。不出所料，安德森对来自法国的战略威胁采取了强硬态度，他写下了一份备忘录：如果东非公司按计划于1892年12月31日撤离布干达，那么政府应接手布干达，随后与法国针锋相对，向苏丹推进。罗斯贝里把这份备忘录伪装成外交部的文件，寄给内阁同事——他们大多数还在度假，并附上了新近封为爵士的杰拉尔德·波特尔的电报副本。波特尔直言不讳地说，撤离布干达"必然会导致基督徒被屠杀，这在本世纪的历史中从未出现过"。老迈的格莱斯顿记不起来"谁是波特尔爵士"，但他觉得此人的警告"令人震惊"。新任财政大臣哈考特（Harcourt）则认为继续留在布干达是荒谬的：

> 哪方面能够受益？是贸易吗？然而连交通都没有。是宗教吗？天主教徒和新教徒……除了互相掐对方的喉咙外，什么也不干……是奴隶制吗？没有证据表明该地区存在奴隶问题。
>
> 如果我们自己对这件事承担起责任，我看到的将是无尽的开支、麻烦和灾难……

随着各方争执不休，大家仿佛又看到了戈登带来的阴影。谁都不希望让卢加德成为新一代戈登，但让帝国耗费人力物力直接接管布干达，会引发很大的非议。在9月28日的会议中，内阁没有得出任何结论。这时，波特尔从蒙巴萨发来电报说，东非公司可以在1892年12月31日撤离的期限上再延长3个月撤走，罗斯贝里欣然同意。随后，罗斯贝里掀起了一场舆论攻势。在他的引导下，除了反对前进政策的《曼彻斯特卫报》（the Manchester Guardian）和《每日新闻报》（the Daily News）之外，其余大报都在不同程度上支持英国直接接管布干达。除了精心策划媒体舆论外，罗斯贝里还鼓励东非公司通过商会、海外传教会、其他人道主义组织展开"拯救布干达"行动。罗斯贝里当然不可能在公开场合直接表态，于是他将最有力的武器——卢加德召回伦敦。

10月3日，卢加德抵达伦敦。他首先给《泰晤士报》写了一封长信，信中写道，英国需要开发新的热带市场，为什么要拒绝布干达的财富——咖啡、小麦、棉花和树胶？英国需要保证埃及的安全，而埃及需要保证布干达和尼罗河源头的安全。

如果这些资产落入法国或德国之手，将会发生什么？况且英国的声誉岌岌可危，他曾替东非公司承诺过会保护当地民众，而公司也承诺过以英国的名义行事。最后，怎么能抛弃传教士，任其自生自灭？怎么能任由阿拉伯奴隶贩子在布干达内战中获胜？卢加德机智地没有提及自己与法国传教士的斗争。

那一周，几乎所有的非洲专家都在媒体上发表演讲，鼓吹"拯救布干达"行动。卢加德受到了英雄般的待遇，被威尔士亲王和剑桥公爵等名流显贵邀请，先后在曼彻斯特、伯明翰、格拉斯哥、纽卡斯尔、利物浦、伦敦、爱丁堡、剑桥和诺里奇（Norwich）等城镇发表讲话。所有这些演讲都被媒体热情洋溢地报道了，只是他的听众可能会略感失望。与气势汹汹的斯坦利不同，卢加德虽然被沙漠与丛林中的磨难搞得十分憔悴，却颇有骑士风度，对他的成就很少提及。人们想象不到这个身材矮小、沉默寡言的人会由于发怒而开枪。他的演说十分乏味，但他身上的某种特质，也许是那双危险的棕色眼睛，鼓舞着人们坚定地支持罗斯贝里。

当卢加德在欢呼的人群中演讲时，罗斯贝里向格莱斯顿和他的同事们提出了挑战：要么他们同意拯救布干达，要么他就弃"船"而去。11月7日和11日，他两次提出辞职。反奴隶制游说团体和其他人道主义组织热情万丈，11月和12月外交部就收到了174份请愿书，但英国商界和内阁对布干达的经济前景并不看好。最后，迫于罗斯贝里的施压，11月23日内阁终于同意派遣一名帝国专员去布干达展开"调查和汇报"。

被选中的专员是索尔兹伯里的得意门生——帝国主义者波特尔爵士。罗斯贝里直言不讳地告诉波特尔，他真正的工作，是接管布干达这个国家，帮助卡巴卡管理它。最终，在1894年，英国政府从东非公司手中接管了布干达，并宣布成立乌干达保护国。同年，英军击败布尼奥罗军队，对布尼奥罗王国实行军事占领。1896年7月，英国将布尼奥罗、布索加、安科勒和托罗等国全部并入乌干达保护国。

至于姆万加，尽管英国保留了他卡巴卡的宝座，但所有大权都掌握在总督手里。姆万加不愿意当提线木偶，希望依靠德国人东山再起，于是逃入坦噶尼喀，多次组织反英武装。1899年，姆万加联合布尼奥罗人共同起义，失败后他和他的死敌布尼奥罗国王卡雷加双双被流放到塞舌尔群岛，并于1903年死在那里。

格莱斯顿向罗斯贝里投降，实际上就是向外交部和"沙文主义"投降。82岁高龄的首相身体和他的内阁一样岌岌可危。在布干达事件中，他唯一欣慰的是，波特尔是索尔兹伯里的人，一旦乌干达出现问题，他就可以把责任推给索尔兹伯里。否则，他只能真诚地说，为了爱尔兰的最大利益，牺牲乌干达和尼罗河。

# 第二十二章 萨摩里的陷阱

把时间往回拨到1890年8月,时任英国首相的索尔兹伯里勋爵在签署《赫里戈兰协议》之后,终于腾出手来解决英法矛盾。8月5日,他大笔一挥,把非洲西北部、从地中海到几内亚湾、面积约占非洲大陆四分之一的大片土地划给法国。英国只在西非保留了3个孤立的据点——冈比亚、塞拉利昂和黄金海岸,以及一个重要的商业殖民地——尼日利亚。仅从面积来看,法国的势力范围甚至比英国的还大。当上议院质询勋爵为何如此慷慨时,勋爵理直气壮地回答说,法国的势力范围大多在撒哈拉沙漠中,属于"农学家口中的瘠薄地"。

此时的法国总理是绰号"白鼠"的政坛老油条夏尔·德·弗雷西内,这已是他第四次担任总理了。尽管法国政局一直很混乱,但在过去5年里,殖民主义浪潮已有了再度抬头的趋势。然而,在19世纪80年代的头几年里,殖民主义一直是法国主要政治家们的一大败笔。弗雷西内的老领导茹费理,曾因1881年的突尼斯起义、1885年的中法战争两度下台,而他自己也在1882年因埃及危机处置不当下台。短短数年,法国政府居然因为不够"帝国主义"而被人诟病。自然而然,8月5日签订的《英法协议》在巴黎引起了热烈反响。英国不仅保证了法国在马达加斯加的自由行动,还不再阻止法国向撒哈拉沙漠和更远的地方扩张。法国的诸多殖民地可以连成一片了。

弗雷西内谦逊、勤奋、谨慎,做事很有条理,看上去没有什么攻击性,也没有多余的感情。时人评论称,他更适合做寡妇的公证人,而不是第三共和国的领导者。然而,在他平静、灰暗的外表下,却隐藏着那个时代独有的浪漫,他对钢铁和蒸汽有着神秘的激情。这是儒勒·凡尔纳(Jules Verne)的时代,是技术官吏成为民族英雄的时代,是蒸汽驱动实现东方梦想的时代,是连通两片海岸的铁路、贯穿大陆的运河的时代。1879年,弗雷西内曾主张修建横跨撒哈拉的铁路,但这条铁路最终成为他职业生涯中的耻辱。现在,1890年,随着公众舆论转向殖民主义,他重新产生了修建这条铁路的想法。既然英国已经在外交上对法国开了绿灯,那么这个梦想在技术上和财政上是否具有可行性呢？

自普法战争以来，法国殖民者一直梦想通过建立庞大的海外帝国来洗刷战败的耻辱，并为法国商人开拓新的海外市场。但谨小慎微的弗雷西内和外交部部长亚历山大·里博竭力避免与其他大国发生摩擦。而沿着尼日尔河向西推进的英国，一直是制约法国扩张的障碍。这一次，英国主动放弃"瘠薄地"，法国终于可以将它的8个殖民地连成一片了：摩洛哥（当时的摩洛哥名义上是独立的，但法国已经控制了该国）、阿尔及利亚、突尼斯、塞内加尔、几内亚、加蓬、尼日尔和法属刚果。正如法国外交部在他们的官方报告中所说：

> 没费多大力气，不需要任何真正意义上的牺牲，不用付出探索的代价……我们就得到了唯一需要担心的国家——英国的承认，阿尔及利亚和塞内加尔会在不久的将来连成一片。我们将塞内加尔河与2500千米长的尼日尔河连通在一起，从而使其大部分河道成为法国的河流……今天，政府可以向全国宣告，这个辽阔的非洲帝国不再是一个梦想……而是一个现实。

总而言之，《英法协议》给了法国充足的空间缔造西非帝国。然而，这个帝国却不是按弗雷西内的想法打造的，殖民司司长尤金·艾蒂安（Eugène Etienne）才是那个真正的缔造者。如今殖民司已归商务部管辖，但艾蒂安依旧可参加内阁会议。艾蒂安是一位征服阿尔及利亚的法国军官之子，他作为奥兰（Oran）贫苦移民的代表出席众议院会议[①]。他赞成《英法协议》，但认为应该是他，而不是外交部部长里博，赢取这个闪闪发光的新奖品。

1890年2月，艾蒂安秘密授权西苏丹驻军指挥官路易·阿奇纳德上校沿尼日尔河进军，占领图库勒尔苏丹国的首都塞古。这不仅违反了法国与图库勒尔苏丹阿赫马杜签订的和平条约，也违反了外交部的政策。直到5月，里博和外交部其他官员才惊讶地在巴黎报纸上看到阿奇纳德拿下塞古的消息。当里博质问艾蒂安为

---

① 1848年，法国在阿尔及利亚设置了3个省——阿尔及尔省、瓦赫兰省和君士坦丁省。各省虽有权选举出席法国议会的议员，但参与选举的人只能是法国移民，阿拉伯人和柏柏尔人仍然没有任何政治权利。

何先斩后奏时，艾蒂安回复说，他无须解释，内阁已经得到了通知，报纸的报道也完全准确无误。这一消息在巴黎群众中得到了良好反响，因此弗雷西内并未打压艾蒂安。

当年5月，法国在奴隶海岸重新建立的保护国波多诺伏遭到达荷美王国的威胁，内阁同意为其提供保护。艾蒂安趁热打铁，宣布了他的非洲政策：

> 如果你沿着突尼斯的边界，从北到南画一条经过乍得湖到刚果的直线，你可以说这条线和大海之间的大部分领土都是法国的，或者注定要被纳入法国的势力范围内。我们在那里有广阔的疆域，我们可以在那里开拓殖民地并取得丰硕的成果。

该言论引得一些右翼代表大笑起来。

艾蒂安解释说，法国有机会让乍得湖成为一个庞大的新帝国的中心。私下里，他已下定决心，不管外交部是否同意，他都要从戈尔迪的皇家尼日尔公司手中夺取乍得湖。为了达到这个目的，他在一个化名"哈里·艾里斯"〔真名叫亨利-希波吕特·珀切（Henri-Hippolyte Percher）〕的记者的秘密帮助下，继续先斩后奏：先安排艾里斯等人成立一家叫"法兰西上贝尼托公司"的商业公司和分公司"中央非洲公司"，随后派一支由保罗·克拉佩尔（Paul Crampel）率领的私人探险队从法属刚果向北前往乍得。艾里斯接下来提议，对乍得的探险分为两路进行：一路从尼日尔河上游出发，由帕尔费-路易·蒙蒂尔（Parfait-Louis Monteil）带队；另一路从尼日尔河下游出发，由安托涅·米松中尉带队。事实上，这几位"探险家"的任务纯粹是政治性的——与当地酋长签订条约，然后在法国与英、德谈判边界时，用这些条约给里博施压。艾蒂安只能为这些行动提供秘密支持（包括5万法郎），而且一旦被发现，法国官方就会翻脸不认人。另外，既然《英法协议》签订后，法国的3个据点——几内亚海岸、象牙海岸和奴隶海岸——与尼日尔河上游和苏丹内陆连接起来，艾蒂安便继续要求外交部沿着从塞内加尔到尼日尔河三角洲的海岸采取前进政策。

之前，人们一直认为，尼日尔河下游横亘着连绵不绝、高耸入云的孔山山脉

（Mountains of Kong），难以通行，因此进入尼日尔河流域，只能从塞内加尔顺着尼日尔河上游往下走。在这种错误的地理认知的引导下，法国人将象牙海岸、法属几内亚和奴隶海岸这些零散的沿海殖民地看作鸡肋，艾蒂安也曾赞同英国的主张，用上述殖民地交换冈比亚，这样就可以把塞内加尔和冈比亚合二为一，形成塞内冈比亚。但是，塞内加尔黄热病肆虐，塞内加尔—尼日尔铁路的造价极高。到了1887年，路易–古斯塔夫·宾格（Louis-Gustave Binger，后来的象牙海岸总督）上尉从塞内加尔出发，沿着尼日尔河一路行进，绕过萨摩里·杜尔的瓦苏鲁王国的势力范围后，南下象牙海岸腹地，最后顺利抵达大巴萨姆。宾格的探险证明，传说中的"刚山山脉"并不存在，换言之，通往尼日尔河流域的真正门户是象牙海岸，而不是塞内加尔。艾蒂安大喜，他派西非专家让·巴约尔（Jean Bayol）与英国人谈判边界问题，并把宾格在内陆签订的条约正式通知列强，从而把整个象牙海岸收入囊中。

开发尼日尔河上游的一切准备已经就绪，但现在，是商人取代士兵的时候了吗？

前一年，也就是1889年，艾蒂安在殖民司为开发尼日尔河设立了专门的委员会，并提出了目前需要解决的问题。例如，他们还必须年年派兵吗？昂贵的堡垒是不是太多了？灾难性的塞内加尔—尼日尔铁路需要进一步延长吗，还是说从南方另外修一条铁路？最重要的是，在尼日尔河流域是不是保住巴马科就够了，还是说需要粉碎图库勒尔苏丹国，再向东推进到廷巴克图？

委员会一一进行了回答：欧洲士兵应该减少；许多堡垒可以废弃或改为仓库；灾难性的铁路必须停止建设，转而重新设计窄轨铁路。对于西苏丹的驻军，他们做出了两项让步：第一，增加一个猎兵营编制；第二，军事长官独立于塞内加尔文职总督之外，不受其节制。1887—1888年出任驻西苏丹法军总指挥的约瑟夫·加利埃尼（Joseph Gallieni）在委员会的报告上签了字。

作为一名曾渴望凭攻城略地扬威海外的年轻军官，两年的战争已让加利埃尼脱胎换骨。如今，他的目标是避免战争和促进贸易。为了实现这一目标，他还得打败塞内加尔北部的"马拉布特"（北非对伊斯兰教圣人及其后裔的通称）阿尔·哈吉·马马杜·拉明（Al Haj Mahmadu Lamine），他发起的"圣战"威胁到了加利埃尼的补给线。加利埃尼在雨季烧毁拉明的堡垒，将他赶到冈比亚，没费一枪一弹就挺进到了尼日尔。到了当年旱季，他杀死"马拉布特"，结束叛乱，然后鼓励贸易，重建之前被法军烧毁的泥屋村庄，每月举办一次集市。

值得一提的是，尽管加利埃尼对西苏丹的两位国王——图库勒尔的阿赫马杜苏丹、瓦苏鲁的萨摩里·杜尔表面保持克制，暗中却挑拨离间，派特使去劝诱班巴拉人反抗阿赫马杜，并给锡卡索（Sikasso）王国的蒂巴（Tieba）法马（指国王）武器，以抵抗瓦苏鲁王国。

既然艾蒂安、加利埃尼、委员会都认为西苏丹的和平稳定压倒了一切，那艾蒂安为何在1890年2月默许加利埃尼的继任者阿奇纳德占领图库勒尔的首都塞古呢？阿奇纳德声称阿赫马杜苏丹威胁要破坏和平，这肯定是在撒谎。

阿奇纳德算是加利埃尼和德斯博尔德的门生，他又矮又瘦，棕色的头发垂在额前，平静的金棕色眼睛半隐在钢质眼镜后，胡子修剪得整整齐齐，说话慢条斯理，看起来更像牧师而不像军官。阿奇纳德最大的优点在于，即使在战斗最激烈的时候，他的神色依旧平静，只是偶尔露出一丝谨慎的微笑。早在两年前，加利埃尼还没有放下屠刀时，他就给阿奇纳德发了一封信：

> 不用对艾蒂安的公函给予过多关注。我在这两次战役中所做的一切都不受部里（殖民部）影响。

阿奇纳德点头称是。他鄙视文官，也鄙视所谓文明使命的空话，一心追求法兰西的军事胜利和他的个人进步。

1890年1月，赴任不久的阿奇纳德写信给图库勒尔苏丹阿赫马杜，希望维持双方的和平。但在6个月前，他已经派让-巴蒂斯特·马尔尚（Jean-Baptiste Marchand）中尉偷偷侦察塞古。马尔尚乘坐炮艇"魔术师"号（Mage）沿尼日尔河航行240千米，驶过这座城市，像旅行者一样在甲板上做着各种记录。1889年11月，马尔尚汇报称，塞古"坚不可摧"。该城周围有近3千米长的厚重椭圆形城墙，尽管它是用泥土而不是石头建造的，容易被轰塌，但城内碉堡星罗棋布，其中最坚固的据点是苏丹之子马达尼（Madani）的指挥部，当时苏丹在卡亚塔（kararta）北部的尼沃罗（Nioro）。简而言之，只要守军一心死守，塞古将很难被攻克。

阿奇纳德并不认同马尔尚的观点，他决定拿下这座城市。1890年4月6日清晨5点30分，晨曦中寂静无声的塞古城浮现在站在尼日尔河南岸的阿奇纳德眼前。巨大的土墙和5座门楼，矗立在对岸。蜿蜒穿过沙质平原的尼日尔河，因降雨频繁，导致上千米宽的河流水位暴涨，颜色变得浑黄，法军根本无法泅渡。阿奇纳德的部队——103名法国官兵、4名土著军官、635名塞内加尔猎兵和西帕希骑兵，只能在班巴拉旧王之子马里－迪亚拉（Mari-Diara）的数千班巴拉士兵的支援下，乘独木舟从城市下游渡河。2门95毫米大型攻城炮被拖到北岸的沙丘上，在城墙上轰开一个洞；留在南岸的小山炮，则向城内发射了数百发炮弹。图库勒尔军队没有任何回应。12点30分左右，阿奇纳德从当地村民那里得知，图库勒尔人已经逃走了，于是阿奇纳德率军从大门进入塞古。令人失望的是，除了被遗弃在后宫的苏丹妻妾们，以及国库中的一堆破旧的古币和珠宝外，他们几乎没找到什么战利品。传说中的塞古宝藏，价值只有法国人想象中的十分之一。好在阿奇纳德本人对钱不感兴趣，他更渴望建功立业。马达尼逃走后，留下的图库勒尔人乞降。阿奇纳德让他们5天之内回到老家。4月11日，阿奇纳德派遣一个纵队押着苏丹妻妾和图库勒尔难民前往巴马科。

阿奇纳德以为大局已定，没想到4月27日苏丹率兵反击，双方爆发了一场异常激烈的战斗。除了班巴拉盟友之外，法军有3名白人和13名塞内加尔人阵亡。5月下旬，苏丹试图切断连接塞内加尔河和尼日尔河的战略铁路；6月，苏丹进攻凯尔（Kale）和凯耶斯（Kayes）。这三次攻击都被击退了。等到雨季来临，塞内加尔河可以通航时，阿奇纳德攻击了位于撒哈拉沙漠边缘、卡亚塔北部的尼沃罗。苏丹与马达尼就盘踞在尼沃罗，兵力达上万人。阿奇纳德只有1700人，其中白人不到200人，但法军训练有素，装备着步枪以及让塞古守军闻风丧胆的95毫米攻城炮。1891年1月1日，在城外和法军短暂接战之后，苏丹及其亲信抛弃尼沃罗，向东越过沙漠，逃往最后的堡垒马西纳。这一战中，图库勒尔有3000名士兵阵亡或被俘，阿奇纳德只有5人牺牲、53人受伤。

眼看图库勒尔人不成气候，班巴拉人便开始闹事了。攻陷塞古后，阿奇纳德扶植马里－迪亚拉为法马，但马里-迪亚拉认为掠夺比建国更符合他的胃口。攻打尼沃罗时，他足足迟到了半个小时。阿奇纳德对他有点儿不放心，但还是让他继续担任法马，由安德博格（Underberg）上尉和一小队非洲猎兵监督。说是监督，其实就是监控。1890年6月，上尉得知马里 - 迪亚拉正密谋灌醉猎兵，逃到南戈（Nango），于是处决了法马及大臣们，让他的一个对手博迪安（Bodian）取代他。

1891年2月，班巴拉人在马里 - 迪亚拉的3个兄弟的率领下，在塞古以南的巴宁科（Baninko）掀起起义，起义很快就蔓延到了塞古。阿奇纳德说服2000名投降的图库勒尔战士与宿敌班巴拉人作战。图库勒尔人带来了5000名奴隶和仆役，他们士气高昂，跃跃欲试。受到感染的阿奇纳德舍弃攻城炮，带领他的小纵队轻装急进。2月18日，纵队抵达尼亚米纳（Nyamina）。在这里，他将部队一分为二，一路骑在牛马上泅渡，另一路则乘坐独木舟渡过尼日尔河。2月24日，他们到达班巴拉叛军的核心区——一个叫迪耶纳（Diéna）的泥墙村庄。班巴拉叛军遭到了7个小时的山炮轰击，但依旧不肯放弃抵抗。阿奇纳德让图库勒尔人从北面和西面的两个裂口杀入，却被击退了。塞内加尔猎兵吹响号角，举起三色旗，但那面旗帜很快就消失在村子废墟之间的混战中。法国人不得不在街道上追捕班巴拉人，用刺刀和来复枪对付敌人的前装枪和毒箭，直到对方逃过平原，被一群西帕希骑兵撂倒。阿奇纳德不得不承认，他没有携带攻城炮是个致命错误，班巴拉人的勇气绝非衰朽的图库勒尔人可比。在迪耶纳攻城战中，有16名欧洲军官受伤，11名士兵死亡，93人受伤，图库勒尔同盟军伤亡人数不详。然而，阿奇纳德一如既往地自信。他在攻陷迪耶纳两天后写信称："如今局势已经得到控制，我们是一切地方的主人。那些想要攻击我们的人，如今都在考虑如何自保。"

搞定图库勒尔人和班巴拉人后，阿奇纳德的下一个目标是法国在西苏丹最强大的对手——瓦苏鲁王国。1882—1883年，法军与瓦苏鲁军交过手，彼此知晓了对方的厉害。1886年3月，两国签订《凯尼埃巴—古拉条约》，一年后，双方又订立《比桑杜古和约》。然而，和平的表象之下，是涌动的暗流。上文提到，加利埃尼秘密武装萨摩里的死敌蒂巴法马反抗瓦苏鲁王国。在镇压锡卡索的战争中，瓦苏鲁军持续围攻18个月，损失了最优秀的将军和无数精英。之后，王国内部大部分地区发生叛乱。但萨摩里毫不气馁，重新征服了这些省份，并再次打通了前往弗里敦的战略通道。

阿奇纳德向他的幕后指挥者艾蒂安添油加醋地说，萨摩里不仅与塞拉利昂的英国人串通，购买最新的弹仓步枪（这是事实），而且与阿赫马杜勾结，煽动班巴拉叛乱（这是扯淡）。阿奇纳德得出结论，必须尽快发动一场战争来粉碎瓦苏鲁王国。

起初，艾蒂安对阿奇纳德征服塞古、入侵卡亚塔、占领尼沃罗、驱逐阿赫马杜、以犁庭扫穴之势摧毁图库勒尔苏丹国感到满意，但随后发生的班巴拉叛乱，让他十分不满。他告诉阿奇纳德，务必让公众相信西苏丹不会长期陷入战争。当艾蒂安得知阿奇纳德想要对瓦苏鲁王国动武时，他更加不安了。他严令阿奇纳德不准进攻，并派遣佩罗兹（Péroz）上尉尽快谈判出一项新条约。

艾蒂安万万没想到，阿奇纳德竟然以下克上，违抗他的命令。1891年4月初，阿奇纳德撕毁条约，仗着火炮优势，攻占萨摩里位于河南岸的大本营康康。当巴黎方面指责阿奇纳德未向上级汇报时，后者轻描淡写地回答说，他从不费心去汇报小事。

既然战争已经打响了，那就只能将错就错，继续打下去，但阿奇纳德却偏偏患上热带疾病不得不回国治疗。这位苏丹英雄被提拔为上校，事后看，他这场病来得正是时候。他走后，阿奇纳德的好友古斯塔夫·亨伯特（Gustave Humbert）接替了他的职务。此时，法国为西苏丹耗费的军费已经超出了预算100多万法郎，这还不算付出的政治成本。艾蒂安被迫对议会承诺，不再批准继续远征的计划，并希望可以对亨伯特严加管束，但这一希望很快破灭了。将在外，君命有所不受。

亨伯特的对手，或许是继汉尼拔之后非洲最出色的军事奇才。萨摩里的士兵尽管和法军训练的非洲士兵一样很有纪律，但他们太兴奋了，在射击上难以统一节奏，甚至无法集中向正前方开火。再加上缺少重炮，部队人数不断减少，萨摩里清楚自己无法与欧洲军队硬碰硬。但瓦苏鲁王国拥有米洛河谷地区以及险峻的山峦，是打游击战的理想之地。萨摩里在距离海岸400千米的绿色牢笼里，如同黑豹一般，神出鬼没地猎捕法军士兵。放弃康康，本来就是萨摩里选择的敌进我退战略。当亨伯特率军缓慢地向米洛河谷前进时，萨摩里又放弃了国都比桑杜古，通过游击战和焦土战术，敏捷地迟滞对手。尽管亨伯特攻占地盘颇多，但他无法得到补给。更糟的是，此时塞古再次爆发起义，塞内加尔黄热病肆虐，法国在西非的统治岌岌可危。被迫率主力撤退的亨伯特说："我不该让自己暴露在灾难和耻辱中……我能逃脱是幸运的……我将离开这里……为了让真相为人所知,我愿意牺牲我的地位和生命。"他给了对手很高的评价:"萨摩里军队的战斗方式和欧洲人一模一样……也许纪律稍差,但决心更强。"

亨伯特只在比桑都加(Bisanduga)和克尔瓦内(Kérwané)仓促建造的堡垒中留下了小规模驻军。此时,离援军抵达尚需数月,好在缺乏火炮的瓦苏鲁军无法攻占这些堡垒。1892年2月,萨摩里·杜尔做出了一个近乎疯狂的决定:将整个瓦苏鲁王国——科尼亚的绿色要塞、他的贸易帝国的腹地以及尼日尔南部的沙质平原——拱手让给法国。他决心转战象牙海岸北部的上沃尔特山区,建立一个新的军事帝国。

亨伯特铩羽而归后,法国外交部想用加利埃尼来代替他,但布里埃尔、德斯博尔德等殖民地宿将则青睐阿奇纳德。1892年夏,阿奇纳德回到西苏丹时,弗雷西内政府已经垮台,艾蒂安也被赶出罗亚尔街,他的继任者埃梅里·贾梅(Emile Jamais)禁止阿奇纳德发起新的行动。但阿奇纳德依旧本性不改,我行我素,他派遣柯贝(Combes)率军越过塞拉利昂边境,追剿瓦苏鲁军,几乎引起了一场外交危机。1893年3月,当得知逃到马西纳的阿赫马杜苏丹已经取代其堂兄穆尼鲁(Muniru),成为马西纳新任苏丹时,阿奇纳德沿着尼日尔河上游对其步步紧逼,先后占领马西纳城镇杰内、莫普提(Mopti)和班迪亚加拉(Bandiagara),并扶植阿赫马杜的兄弟阿奎杜(Aquibou)担任苏丹。阿赫马杜则向东逃到廷巴克图,之后逃往更远的地方。

1893年夏天,阿奇纳德回到巴黎时,贾梅已经退休。新任殖民司司长是泰奥菲勒·德尔卡塞(Théophile Delcassé),殖民司的办公室也搬到了卢浮宫的花神楼。德尔卡塞是殖民派中一颗冉冉升起的新星,他之前一直批评阿奇纳德以下克上的诸多行动。在议会中,包括艾蒂安在内的90名殖民派代表,也要和阿奇纳德算总账。法军尽管赢得了一系列殖民战争,但在开辟通往乍得湖及内陆地区的东西贸易大道上,却未取得丝毫进展。真正的殖民扩张靠的是外交使团和商业条约,而不是95毫米口径攻城炮。

让人道主义者最看不惯的是阿奇纳德的管理方式,他允许阿奎杜等当地首领像他们的祖先那样,继续维持奴隶贸易。《世纪报》谴责他把苏丹当作"奴隶市场"

来管理。事实上，法国派往当地的驻军不足，阿奇纳德为了吸引塞内加尔人参军，规定战后把俘虏的女人分配给他们做性奴，奴隶则留在军中做苦力。总的来说，奴隶贸易在三色旗的庇护下蓬勃发展。尽管阿奇纳德对奴隶贸易只收取传统税收的10%，但收入依旧高于其他任何买卖。

代表们的反对给了德尔卡塞勇气。1893年11月，他在没有任何先兆的情况下解雇了阿奇纳德，以一名文职官员取而代之。他报告称："征服的时代已经结束了。"然而，几周后，法军便继续挺进，并在当年占领古城廷巴克图。阿赫马杜逃到索科托哈里发国，两年后病死在那里。

接下来，让我们把焦点转移到非洲另一座古城，也是另一个"黄金国"可能的所在地——"石头城"津巴布韦。

# 第二十三章 钻石之王罗德斯

津巴布韦的主要地形，是海拔900～1500米的石英岩高原。石英岩这种矿物既有利于金矿脉的形成，又便于用火烧水浇的办法采集到生产所需的石料。津巴布韦的石英岩高原上多覆盖着林地植被，而河谷地区和东部低地则林木茂密、牧草茂盛，既适宜狩猎、畜牧，又适宜农耕，因此这里自晚石器时代以来便有科伊桑人居住。班图人中讲绍纳语的绍纳人于公元940年左右到达津巴布韦高原后，开始修建大津巴布韦。16世纪初，大津巴布韦国家瓦解，绍纳人在北方建立莫诺莫塔帕（Monomotapa）王国，在西南方建立托尔瓦（Torwa）王国和罗兹韦（Rozwi）王国。

对黄金趋之若鹜的葡萄牙人，又一次为欧洲列强充当了打头阵的马前卒。1506年，迪奥戈·德·阿尔卡索瓦在写给葡萄牙国王的信中提到了这些石头建筑，称赞其"鬼斧神工，非人力所及"。葡萄牙人认定莫诺莫塔帕王国就是传说中的"黄金国"，因此试图侵略该国，结果未能成功，于是与其签订了在其国内开采黄金的协议。之后，几个绍纳人的王国先后衰落，反倒是与祖鲁人同文同种、骁勇善战的游牧民族恩德贝莱人在恰卡帐下大将姆齐利卡齐（Mzilikazi）的率领下，迁徙到布拉瓦约（Bulawayo）附近，建立了马塔贝莱兰（Matabeleland，津巴布韦西南部马塔贝莱人集中居住区）王国。恩德贝莱战士与祖鲁战士一样骁勇善战，身穿黑色鸵鸟毛披肩，腰围猴皮短裙，肘部、膝部和踝部都缠着白色牛尾，颈上佩戴翎毛，手持木柄标枪、圆头棒和牛皮盾。这支军队是林波波河以北、赞比西河以南最强大的军队。

1867年，德国探险家卡尔·莫赫（Karl Mauch）发现早已被遗弃的大津巴布韦遗址后，坚定地认为落后、愚昧的非洲人难以完成如此庞大、复杂、精巧的石制工程，这必定出自犹太人、阿拉伯人或波斯人之手。莫赫还发现了塔泰（Tati）和北金山的金矿，但很快该金矿被证明储量有限。随着金伯利钻石矿被发现，探宝客们纷纷转头拥向奥兰治河畔，喧嚣一时的金矿场陷入沉寂，只剩下古老的大津巴布韦，静观即将到来的新一轮龙争虎斗。

1871年，也就是金伯利"钻石热"的第一年，外表精致、头发金黄、身材瘦削，患有先天性心脏病的18岁男孩塞西尔·罗德斯跟随哥哥赫伯特来到金伯利，承包了科尔斯伯格（Colesberg）山。这座寸草不生的山头，很快将成为世间最值钱的山。不善经营的赫伯特意外横死后，科尔斯伯格山完全属于罗德斯，他凭借出色的口才、精明的头脑与独到的眼光，以及异想天开的理想主义，很快在丛林法则盛行的金伯利矿山站稳脚跟，最后竟成为这一地区的霸主与超级富豪。

然而，罗德斯并不满足于躺着数钱的富豪生活。在他虚弱的心脏中，燃烧着为祖国开疆拓土、建功立业的炽热火焰。早在1877年，他便歇斯底里地写道：

> 世界几乎已经被瓜分完毕，即便有余下的部分也正在被瓜分、征服和殖民化之中。可惜我们不能到达夜间在我们头顶上方闪烁的星星那里。如果可能，我要并吞那些星星，我经常想做这件事。我看到它们这样明亮却又这样遥远，只觉得心中难受。

罗德斯24岁时便起草了遗嘱，把自己的财产托付给矿场的法律总顾问西德尼·希帕德（Sidney Shippard）和殖民大臣卡那封勋爵，妄想依靠自己的遗产帮助英国反攻新大陆，收复美利坚。之后，风华正茂的罗德斯很快便踏入仕途，进入开普政坛。

1881年，罗德斯担任开普议会议员。当时，开普殖民地的政治形态有两个特征：第一，大多数白人是与荷兰人同文同宗的布尔人，尽管英国已殖民此地80年，但他们并未选择臣服；其次，当地的不列颠人和当年的美利坚人一样，对独立充满强烈的热情，因此对英国政府的干预，尤其是政府试图保护当地人权利的做法心存不满。罗德斯在南非的政治声誉便是源于他一贯站在殖民者的立场上，对抗大英帝国政府，他很愿意牺牲帝国与当地有色人种的利益，让南非白人内部实现和解。到19世纪80年代末，在南非建立自治领的诉求已经相当明确了：白人拥有共同的本土政策（白人至上、需要黑人劳工等）、共同的铁路和海关政策（防止开普被挤出有利可图的德兰士瓦市场）。罗德斯向选民们承诺，开普将在未来的南非联邦中处于主宰地位。这一目标不难实现，毕竟相比一穷二白的德兰士瓦与奥兰治，开普在经济上的强势地位暂时难以撼动。

但1884年，英国人和布尔人刚签订《伦敦公约》，乔治·哈里森（George Harrison）与乔治·沃克（George Walker）便在瓦尔河与比勒陀利亚之间的废弃矿井附近发现了威特沃德·斯兰德金矿（简称"兰德金矿"）。其地下绵延着几条硕大无比的金矿脉，最重要的一条矿脉长达30千米。兰德金矿的发现，破坏了南非的平衡，原本最穷的德兰士瓦迅速超过开普，成为财政收入最高的地区。如何在开普这一侧的天平上增加筹码呢？罗德斯的解决方案是，发现新的兰德。莫赫证明，林波波河以北的马绍纳兰（Mashonaland，津巴布韦东北部绍纳人集中居住区。绍纳人，亦称马绍人）就是传说中的所罗门王富饶的金矿所在地。

罗德斯认为，通往"黄金国"的第一步，便是占领奥兰治自由邦和德兰士瓦西面的走廊贝专纳兰。贝专纳兰意为"茨瓦纳人的土地"，是开普殖民地西北部的一片沙漠。19世纪70年代末，由于德兰士瓦经济不景气，布尔人自行组织武装团队，乘坐大篷车入侵了贝专纳兰的这些酋长国，建立起斯泰拉兰（Stellaland）共和国和戈申（Goshen）共和国，并击败了以恩戈瓦托（Ngwato）王国为首的茨瓦纳联军，在贝专纳兰站稳脚跟。罗德斯认为，如果开普殖民地向马塔贝莱兰、马绍纳兰等富饶、凉爽的高原扩张，那么首先必须拿下贝专纳兰。1883年8月16日，罗德斯向开普议院提出该建议：

> 你正在处理一个决定着本殖民地（开普）未来的问题。我把贝专纳兰看作殖民地贸易中的苏伊士运河，是通往内地的关键通道。我们面前的问题是：殖民地的领地是被限制在目前的边界之内，还是要成为南非的主导国家，把文明传播到内陆？

令罗德斯懊恼的是，尽管他口若悬河地鼓动占领贝专纳兰，但时任开普总理托马斯·斯坎伦（Thomas Scanlen）对这片荒漠不感兴趣。其主要原因是开普财务因与巴苏陀人的战争和1400万英镑的铁路债务而陷入瘫痪，无钱开疆拓土。罗德斯寻求伦敦支持，但殖民大臣德比勋爵等人对他的呼吁充耳不闻。自由党人仍在舔舐马朱巴之战的伤口，回避任何形式的前进政策。

然而在第二年，也就是1884年，格莱斯顿政府的殖民政策发生了重大转变。2月，克鲁格等人来到伦敦谈判并修订《比勒陀利亚公约》。谈判的结果是，德兰士瓦放弃贝专纳兰，而英国放弃德兰士瓦宗主国的身份。一切就绪后，为了安抚人道主义者，伦敦派著名苏格兰传教士约翰·麦肯齐（John Mackenzie）担任开普高级专员，处理遗留问题。结果1884年8月，麦肯齐因对非洲人过于友善而被解雇。罗德斯被开普高级专员海格力斯·鲁宾逊（Hercules Robinson）爵士任命为专员，他通过承认斯泰拉兰共和国的布尔人对其所占据的土地的所有权，顺利兼并了斯泰拉兰共和国。但克鲁格已经抢先一步将戈申共和国划到德兰士瓦，因此罗德斯在戈申碰了钉子。

格莱斯顿本想对克鲁格妥协。但随着德国占领开普西北的安格拉·佩克纳，再让德兰士瓦占领贝专纳兰，它就可以与德国联起手来夹击英国人，因此，格莱斯顿内阁匆忙向贝专纳兰派遣由查尔斯·沃伦爵士率领的4000士兵。（详见第13章）沃伦没费一枪一弹就占领了贝专纳兰。

但罗德斯不想让英国直接控制贝专纳兰，于是他开始想方设法地为难沃伦，甚至鼓动开普的布尔选民猛烈地谴责"帝国扮演的角色"。正好执政的格莱斯顿政府发现，这个新的、与大海隔绝的、无法自给自足的殖民地是块鸡肋，食之无味，弃之可惜，于是在1885年，开普殖民地与英国达成妥协：属于恩戈瓦托国王卡马（Khama）的北贝专纳兰成为英国的保护国；包括戈申与斯泰拉兰的南贝专纳兰则由开普殖民地兼并。[①]而原戈申共和国的布尔农场主从英国边境警察手中廉价购得大批土地，在警察营地建立起马弗京（Mafeking）城。这座城市在十几年后将成为世界的焦点之一。

罗德斯在没有花费一分钱的情况下，便在德兰士瓦和卡拉哈里沙漠之间打通了通往北方的走廊，"黄金国攻略"的第一步已经完成。接下来的问题是进入马绍纳兰的资金由谁提供？

---

① 这次分割的后果是，属于同一民族的茨瓦纳人，在现代却分属南非共和国与博茨瓦纳两个国家。

答案自然是罗德斯本人自筹。当时,罗德斯同时扮演了4个角色:在约翰内斯堡,他是兰德金矿的黄金投资者和矿业巨子;在开普敦,他是令人敬畏、受到布尔人和不列颠人信任的政治家;在林波波河对岸,他是向马绍纳兰和北部挺进的帝国主义者;在金伯利,他是钻石矿业中的霸主,是金伯利四大钻石公司之一戴比尔斯联合公司的总裁和最大股东之一。

1888年,罗德斯与金融家、钻石专家阿尔弗雷德·拜特(Alfred Beit)联手,对控制南非最优质钻石矿的巴尼·巴纳托(Barney Barnato)的中央矿业公司发起商战。在罗斯柴尔德等欧洲银行家的帮助下,罗德斯与拜特击败巴纳托,将中央矿业公司买断,组建了戴比尔斯联合公司。很快,该公司就在南非钻石业中确立垄断地位,占据全球钻石年销售额的90%。该公司的知名广告语"钻石恒久远,一颗永留传"流传至今。

1886年,当来自兰德的第一批含金砾岩样品被带到金伯利时,罗德斯即将迎来其辉煌商业生涯的顶峰。借助开采钻石的巨大利润及广阔人脉,罗德斯购买了兰德金矿的西段地区。1887年,罗德斯与拜特、查尔斯·拉德(Charles Rudd)合伙,成立南非联合金矿公司。到1888年,已有44家金矿开工生产,启动资金达680万英镑。1889年,几家最主要的金矿公司又联合成立矿业同业公司,开始形成金矿垄断资本。到了19世纪90年代中期,几个最大的集团——矿业同业公司、罗宾逊集团、巴纳托集团、拜特集团,收买或控制了因生产费用上涨而陷于破产的几百家小公司,从而完全垄断了南非的黄金生产,当然这是后话。

尽管罗德斯有为大英帝国开疆拓土的决心,但贝专纳兰的痛苦经历让他对伦敦与开普政府避而远之。伦敦方面对发生在传教士游说团体身上的流血事件反应过激,而开普政府则担心扩张会进一步摧毁当地财政。因此,罗德斯决定以西非的戈尔迪与东非的麦金农为榜样,通过成立皇家特许公司来征服、治理和开发马绍纳兰。但在向女王申请特许状前,他需要哄骗马塔贝莱兰王国的国王洛本古拉(Lobengula)授予他某些特许权。洛本古拉国王声称对邻国马绍纳兰拥有主权,它是其父王姆齐利卡齐带领他的族人向北逃离祖鲁人与布尔人时顺路征服的。

姆齐利卡齐于1868年9月病逝后,按照习俗王位应由嫡长子继承,但嫡长子恩库路马讷(Nkulumane)多年前就已被老国王秘密处死,因此诸位王子对王位展开了残酷的争夺。欧洲的一些采矿公司，如伦敦—林波波公司和南非金矿公司，都积极插手这场王位继承战，同"英杜纳"（izinduna，大臣）们勾结，密谋将他们看好的王子拥上王位，以便从未来国王手中获取利益。

洛本古拉是姆齐利卡齐实力最强的庶子。他在争夺王位的过程中，表现出了心狠手辣的个性。1869年7月，王国最勇敢善战的一个兵团发生哗变，拥立"假太子"珀金·沃伯克。洛本古拉残酷地镇压了哗变，所有官兵均被杀戮，无一幸免。这场大屠杀使马塔贝莱军团的战斗力蒙受了难以弥补的损失。王位继承纠纷经过一年的血雨腥风，终于在1869年9月以洛本古拉胜利登基宣告结束。

洛本古拉目不识丁，却对时局有着非常清醒的认识。他意识到，他的王国气候环境优越，必将成为欧洲人眼里的香饽饽。洛本古拉拥有一支大约有1.5万人的部队，人数上不算少，但他清楚自己不是欧洲人的对手。就在1879年，英军在乌伦迪战役中轻易击败与恩德贝莱人战术类似的祖鲁人，说明非洲军队无论多么勇敢和训练有素，面对装备现代步枪、机关枪和大炮的欧洲军队都是以卵击石。保全自己的最佳手段是外交，要么让欧洲人狗咬狗，要么效仿恩戈瓦托国王卡马，干脆成为英国的保护国。洛本古拉倾向于后者。

1887年7月，到达马塔贝莱兰的两名布尔人说服洛本古拉同意与德兰士瓦共和国签订一项友好条约，即允许布尔人派遣领事。对英国人来说，如果让布尔人进入赞比西流域，不仅"开普—开罗"计划无法实现，就连南非联邦也将成为泡影。于是，1888年2月，罗德斯怂恿开普派遣洛本古拉的发小约翰·莫法特（John Moffat）前往马塔贝莱兰，与国王签订《莫法特条约》。根据条约，洛本古拉承诺，"未经英国高级专员知情和批准"，他不会割让自己的领土。仅仅7个月后，罗德斯再次派出以拉德为首的代表团，前去与洛本古拉国王谈判。

与曾建造过古朴雄伟的大津巴布韦的绍纳人不同，恩德贝莱人主要靠养牛和放牧为生，对土木工程并不擅长。作为首都的布拉瓦约，大多数建筑是泥墙外涂抹牛粪的椭圆形泥屋。布拉瓦约往南19千米，有一道巨大的花岗石墙，其余地方则是一片空旷。拉德一行被带到泥屋群中间的王室居所。国王用篷车搭成宫殿，用储存过炼乳罐头的包装箱搭成王座。他身材壮硕，差不多有1.8米高，除了用一小块布遮住腰部外全身赤裸，头上戴着祖鲁式的头环。尽管宫殿与服装都十分简陋，但宫廷礼仪却无比烦琐。客人需要匍匐前进，进入皇宫，然后一直蹲着，他们没资格坐在椅子上，也没资格躲避阳光。难怪拉德一行迫不及待地想要在谈判中取得许可，然后尽快离开。

在这个代表团中，拉德是一位矿业方面的专家，但他对非洲的风土人情知之甚少。探险家弗朗西斯·汤普森（Francis Thompson）倒是能用当地语言和国王交流，但他对恩德贝莱人恨之入骨。当他还是个孩子的时候，他亲眼看到父亲被当地乱军杀害。代表团的第三个人是牛津来的精英人士罗齐福特·马奎尔（Rochfort Maguire）。罗德斯在牛津镀金时认识了他，并说服他担任代表团的法律顾问。除了三人组外，贝专纳兰副专员西德尼·希帕德爵士当时正好访问马塔贝莱兰，于是他在谈判中扮演了双重角色：公开场合，他向国王保证，罗德斯得到了大英帝国的支持，向他让步是摆脱困境的最佳途径；暗地里，他则积极为拉德出谋划策。

国王起初顾虑重重。他清楚与他有血缘关系的斯威士国王姆班德泽尼（Mbandzeni）由于向欧洲人妥协，失去了大部分国土。但在希帕德和当时担任翻译的传教士赫尔姆（Helm）的沟通下，他终于打消了疑虑。国王要求对拉德的书面让步不包含土地所有权，只包含"对我统治范围内的所有金属和矿产拥有完整的独家开采权，他们（特许人）可以采用一切行动来捍卫这种权力"。由马奎尔起草的精炼协议，对洛本古拉来说有点儿难以理解，传教士赫尔姆就坚持让3人对协议进行口头解释，他这样做或许只是想对国王公平些。最后，代表团妥协，做出了如下口头承诺：

> 在国王的国家里，工作的白人不会超过10人。他们不会在城镇附近做挖掘等事；他们和他们的人会遵守国王的法律，实际上等同于国王的人民。

10月30日中午，双方在《拉德租让书》上签字，最后由洛本古拉用欧洲制造的象牙玺盖上章。为了得到马塔贝莱兰全境的矿业专营权，代表团答应每月支付给国王100英镑，以及1000把马蒂尼-亨利后装步枪、10万发子弹和赞比西河上的1艘炮艇。

他们欺骗了国王，因此一行人赶在国王发现前飞快地回到了罗德斯身边，罗德斯对此十分满意。在他看来，对洛本古拉这个"老野人"说几句善意的谎言算得了什么呢，总比跟对方打仗，或者眼看它被布尔人吞并好。即使是一向公平的希帕德爵士也认为，鉴于洛本古拉和恩德贝莱人对周围民族施加的残酷统治，他们早已丧失道德底线；他希望马塔贝莱兰王国会被消灭，"被我们的步枪和机关枪打倒，就像玉米地里的玉米被收割机砍倒一样"。

搞定洛本古拉还算容易。但对付其他打算染指马塔贝莱兰的各国财团就难了。最令人生畏的竞争对手是吉福德（Gifford）勋爵和著名股票经纪人乔治·考斯顿（George Cawston）领导的伦敦财团。他们已拥有贝专纳兰的采矿权，背景也比罗德斯硬。1889年春天，罗德斯回到英国申请皇家特许状。原本，在殖民部的建议下，罗德斯已经同意与吉福德、考斯顿等人交易，但后者却暗中使坏。拉德离开后，被吉福德派往马塔贝莱兰的专员蒙德（Maund）中尉抵达洛本古拉的宫廷。蒙德中尉向洛本古拉告密，称拉德欺骗了他。国王对赫尔姆说：

> 你见过变色龙捕捉苍蝇吗？变色龙迂回到苍蝇背后，潜伏好长时间一动不动，然后找准时机又轻又慢地向前移动，先伸出一条腿，再伸出另一条腿。最后，在靠近目标时，它突然射出舌头，苍蝇就消失不见了。英国就是变色龙，而我就是那只苍蝇。

洛本古拉让蒙德带着两位"英杜纳"去伦敦向女王抗议。时任殖民大臣的克努斯福德（Knutsford）勋爵得知此事后，决定不再支持罗德斯。这些特许公司永远不会兑现他们的承诺，只会播下一堆麻烦的种子，然后溜之大吉，让政府来承担维护和平的工作。1889年3月27日，克努斯福德勋爵让两位"英杜纳"将一封信转交给国王，信中引用了一则恩德贝莱谚语："王应该送给陌生人一头牛，而不是一群牛，否则其他陌生人吃什么呢？"

随后，罗德斯的另一位支持者——开普高级专员鲁滨逊在开普敦做了一次公开演讲，谴责"伦敦的外行干涉……与不明智，将使许多殖民者从一个帝国主义者变成一个共和主义者"。最后，鲁滨逊因发表不当言论被迫辞职。

但罗德斯坚信有钱能使鬼推磨。他以中央研究公司的名义，用大量股票收买了吉福德与考斯顿。那些声称要揭发他欺骗洛本古拉的人也被他用钱堵住了嘴。就连政坛失意的鲁滨逊，也得到了中央研究公司的几千股作为安慰。罗德斯疯狂砸钱后，天平终于向他倾斜了。索尔兹伯里政府一心希望在林波波河以北发现第二个兰德，并让私人公司背负兼并的恶名和花费，便于1889年10月29日批准了特许状。特许状划定的范围为从莫洛波（Molopo）河到大湖区，这等于授予罗德斯在北方毫无限制的扩张权力。

在布拉瓦约宫廷，反对《拉德租让书》的呼声越来越高。"英杜纳"们纷纷指责国王以几百英镑出卖了国家。但等到蒙德和两名"英杜纳"从伦敦带回克努斯福德勋爵的信后，国王放心。1889年8月10日，他回信称："白人对黄金的执着令我十分困惑，这给我带来了很多麻烦。如果女王听说我把整个国家都送了出去，那是不对的。"但这封信被希帕德爵士有意在贝专纳兰搁置了几个星期，等信到了伦敦，枢密院已经来不及反对颁发特许状了。

为了摆脱困境，国王决定让与弗朗西斯·汤普森惺惺相惜、支持《拉德租让书》的宰相罗切（Lotshe）背锅。9月10日，汤普森骑马返回布拉瓦约时，听到了一个残酷的消息：罗切和他的约300名族人被处决了。有人意味深长地补充说："昨天的杀戮还没有结束。"

汤普森这几个月一直觉得自己睡在火药桶上，现在他一分钟也没法在布拉瓦约待了，牵起一匹马便向贝专纳兰赶去，半路上他险些渴死，还是当地人将他救活。他把《拉德租让书》埋在西瓜地里。罗德斯用尽浑身解数，才说服这个可怜的傻瓜重返布拉瓦约，还要表现得好像什么都没发生过一样。10月，在罗德斯最亲密的知己利安德·斯塔尔·詹姆森（Leander Starr Jameson）医生的陪同下，汤普森回来了，顺路从西瓜地挖出了《拉德租让书》。他们的任务是让国王放心：他们不想要土地，只想挖金子，一次只出动10个人。但洛本古拉不傻，他笑着说："汤普森，你的嘴里抹了油。白人都是骗子，但汤普森，你撒的谎最少。"

1889年11月，莫法特终于勇敢地告诉国王，女王早在一个月前就签署了特许状。紧接着，5名皇家近卫官兵组成的特别代表团携带殖民大臣克努斯福德勋爵的第二封信来到布拉瓦约。比起信，洛本古拉对近卫军的红制服和闪闪发光的胸甲更感兴趣。他告诉众人，女王的这封信是由罗德斯口述的，他禁止女王再给他写信。

莫法特不敢对发小承认，他现在是英国在布拉瓦约的官方代表，由女王任命，由特许公司支付工资。

罗德斯一开始就清楚，公司必须尽快进驻马绍纳兰，否则会被布尔人或葡萄牙人抢先。罗德斯打算对洛本古拉发动突袭。令人惊讶的是，大多数待在布拉瓦约的白人都同意，包括詹姆森、莫法特，甚至赫姆。1889年12月，罗德斯与开普探险家弗兰克·约翰逊（Frank Johnson）签订了一份秘密合同。约翰逊将以15万英镑和大约404平方千米的土地为酬劳，征募500名殖民地居民对付马塔贝莱军队。但有个参与密谋的人酒后失言，消息被泄露给新任开普高级专员亨利·洛克（Henry Loch）爵士，后者立即勒令罗德斯停止该方案。

之后，国王犯了痛风，詹姆森医生用吗啡为他止痛。作为回报，洛本古拉勉强允许罗德斯修一条通往布拉瓦约以东的新路，以供马绍纳兰的开发之用。为了表明不接受特许状，国王拒绝接受几个月前运来的1000支马蒂尼 - 亨利步枪。

1890年4月，罗德斯聘请的"拓荒者"先锋官、著名大型野兽猎人弗雷德里克·塞卢斯（Frederick Selous，坦桑尼亚著名的塞卢斯国家公园就是以他的名字命名的）在勘察路线后抵达布拉瓦约。此时，国王又改变了主意，禁止修建新路，让"拓荒者"走之前的老路。这时，魅力十足的詹姆森回来了，他是唯一敢在国王面前笑的人，也是包里装着吗啡的人。在詹姆森的劝说下，国王才表示，他从未拒绝"拓荒者"进入他的国家，并同意"拓荒者"在国内开辟新路线。事实上，年轻的恩德贝莱武士早已对和欧洲人决战摩拳擦掌，跃跃欲试。国王告诉他们，白人很快就会来，但他们必须耐心在家里等待命令。国王清楚，消灭欧洲人的小部队轻而易举，但长远来看欧洲人势必难以抵挡。他唯一的策略，就是尽量拖延时间。

罗德斯派来修建道路的"拓荒者"是一支由英属南非特许公司出资装备训练的雇佣军。由于罗德斯当时需要待在德比尔斯（De Beers）办理商务，因此他将此事委托给约翰逊。他拨给约翰逊8.7万英镑，让他负责招募200名新兵。新兵在英属南非特许公司的500名警察的护送下，乘火车来到金伯利，然后骑马来到位于贝专纳兰边界的莫图西（Motloutsi）军营接受训练。350名恩戈瓦托苦力赶着117辆牛车以及2000多头牛负责修路，同行的还有数百名负责干杂活的各族黑人。当然，为了代表大英帝国势力的存在，开普当局还在"拓荒者"中安插了经验丰富的英国近卫龙骑兵第6团的中校 E. G. 彭尼法瑟（E. G. Pennefather）。

1890年6月27日，200名"拓荒者"蹚水渡过莫图西河，消失在尘埃中。他们既有英国人，也有南非白人，有农民、医生、工程师、板球运动员、牧师、屠夫、面包师、失业矿工、逃兵，还有耶稣会教士。他们中，有人希望成为非洲大陆的探索者名垂青史，有人被罗德斯承诺的12平方千米农场所诱惑。当然，最吸引人的显然是黄金，罗德斯声称每个人可以得到15块金子。

当洛本古拉听说"拓荒者"已经到达边界时，他写信询问约翰逊："为什么莫图西有这么多战士？""国王是否犯了什么过错？有没有白人被杀，或者白人丢失了他们正在寻找的东西？"两个星期以后，他又向詹姆森医生做了最后一次徒劳的呼吁："医生在布拉瓦约同意只在国王指定的地方挖掘，现在又是怎么回事？"然而此时已无人对他进行正面答复。

1890年7月初，"拓荒者"在图里（Tuli）建了一座堡垒。之后，恩戈瓦托苦力在沿途的灌木丛中开辟出两条马车路，"拓荒者"在路上骑马前进。到了晚上，他们把马车摆成车阵，点亮海军的探照灯。他们在车阵外引爆炸药，作为对马塔贝莱军队的警告。

事实上，洛本古拉除了派斥候沿途关注"拓荒者"的动向外，不进行任何干预。8月1日，"拓荒者"在把灌木草原和马绍纳兰高地分开的主山脉南部的伦迪（Lundi）停了下来。穿过丛林、爬上山顶的塞卢斯，看到开阔的草原，松了一口气。

8月6日，"拓荒者"恢复前进。14日，他们在神秘的大津巴布韦花岗岩城墙附近建立起第二个堡垒——维多利亚堡。"拓荒者"们兴致高昂地玩橄榄球、参观遗址，但没能找到黄金始终让他们感到失望。9月12日，他们到达了最后的目的地——汉普登（Hampden）山，并以首相的名字新建了索尔兹伯里堡（即今津巴布韦共和国首都哈拉雷）。第二天，他们举行入城仪式，米字旗被挂在能找到的最笔直的树干上，两门7磅炮鸣放21响。公司自作主张，将马绍纳兰并入了大英帝国。为女王欢呼三声后，士兵们一哄而散。几天后，约翰逊将8.7万英镑下发，但"拓荒者"们不依不饶地索要事先承诺的黄金和农场。

罗德斯对马绍纳兰的征服，在洛本古拉的"默契配合"下，更像一场武装游行。大英帝国的边界向赤道方向推进了480千米。在此次扩张中，殖民者的金钱和主动性、帝国的谨慎和外交堪称相辅相成。没有大英帝国为后盾，"拓荒者"可能会被绍纳人消灭；没有"拓荒者"，大英帝国只能无助地看着克鲁格从洛本古拉手中接管马绍纳兰。现在，英属南非特许公司要向投资者、英国政府以及支持者兑现承诺了。

但马绍纳兰真的是新兰德吗？旱季结束时，英属南非特许公司还无法回答这个问题，但一个不愉快的想法开始困扰着"拓荒者"：他们是不是也被糊弄了？

1890年，索尔兹伯里堡的雨季降水量达到了创纪录的1.4米，塞卢斯新修的马车道被雨水泡得泥泞不堪。圣诞节时，"拓荒者"们被困在乡下，像土著人一样，住在泥和草搭建的小屋里。他们得不到新的补给品——斧头、铲子、盐、糖、蜡烛，靴子烂得像纸一样。疟疾在他们中迅速传播，但马绍纳兰几乎没有医疗设备，也没有医院。

雨季过去后，第一批妇女来到这里，她们既有医院的修女，也有红灯区的妓女，足以为"拓荒者"的心灵和肉体带来抚慰。但黄金依旧无迹可寻，公司的承诺也无法兑现。

1891年8月，英属南非特许公司最精明的董事阿尔弗雷德·拜特来到马绍纳兰调研，才发现公司已濒临破产。股东筹集的100万英镑已花掉了一半：约翰逊花了8.7万英镑，警队薪资支出20万英镑，买下竞争对手手里的特许权用去7万英镑，搭建电报线路花费5万英镑……

1891年12月，罗德斯与中央研究公司之间隐晦的合作关系曝光。南非特许公司股东以及英国政府意识到，他们也被愚弄了。他们并未拥有《拉德租让书》，它属于中央研究公司，仍然由罗德斯和他的核心圈控制着。因此，穷困潦倒的南非特许公司不得不用100万股的代价，从中央研究公司换取《拉德租让书》。罗德斯为了节约开支，到1892年圣诞节，已将马绍纳兰的警察人数从650人减少到150人。"拓荒者"提出抗议，罗德斯解释说他高估了恩德贝莱人的勇猛，低估了绍纳人的友善，因此没必要养这么多警察。

罗德斯很快就会被残酷的现实打一巴掌，但眼下，他得陇望蜀，打算继续向非洲内陆探索，试图染指加丹加（Katanga）地区。但这片土地早在柏林会议上便被划归刚果自由邦，是利奥波德国王的势力范围。

# 第二十四章 姆西里的微笑

正当塞西尔·罗德斯筹划开发马绍纳兰时，1890年4月19日星期六下午，他未来的对手利奥波德国王派专列前往法国边境，迎接亨利·莫顿·斯坦利。当专列驶进布鲁塞尔火车南站时，这位探险家受到了仪仗队的欢迎，然后迅速坐上了国王的马车，驶过街道两旁山呼"万岁"的人群，直奔通常用来接待国王和皇帝的公寓。

在接下来的几天里，每天上午10点30分到12点，斯坦利都要前往国王的办公室，与国王讨论非洲局势以及下一步计划。国王的办公桌上依旧摆放着信纸、墨水、铅笔和纸刀，国王也依旧背对窗户坐着，但物是人非，国王那漂亮的棕色胡须已经变得灰白，斯坦利铁灰色的头发更是白得像象牙纸刀。

利奥波德首先给斯坦利戴高帽，称多亏斯坦利的探险，他才筹集到建造马塔迪—利奥波德维尔铁路的资金，如今刚果铁路公司的股票已被公众踊跃购买，修建铁路的梦想很快就会实现。接着，国王提出了3个目标，想听取斯坦利的意见：第一，打击盘踞在斯坦利瀑布的阿拉伯奴隶贩子；第二，将毗邻英属东非帝国公司的边界向东延伸至阿尔伯特湖；第三，在紧挨法国殖民地的边界建立据点。斯坦利回答说，他与东非帝国公司的总裁威廉·麦金农关系不错，可以在边境谈判中助国王一臂之力；至于与法国的边境地带，他认为在那里投入纯属糟蹋钱，所有钱都该用在铁路上。斯坦利优先选择镇压奴隶贩子，这当然不是因为斯坦利多么富有正义感，而是他依然对蒂普在他为艾敏解围时未提供足够的搬运工怀恨在心。接下来，国王不再详谈3个目标，这让斯坦利有些摸不着头脑。

终于有一天，国王吐露了他的真实目的：让斯坦利招募2万刚果食人族，攻占喀土穆，粉碎马赫迪军。斯坦利觉得国王肯定脑子进水了，且不说要和强大的马赫迪军作战，光是将食人族训练成军人，就得花4年，而有几个欧洲教官能在高温与瘟疫中熬过4年？因此，斯坦利果断回绝了国王的任务。

之后，49岁的斯坦利再次坠入爱河，对象依然是拒绝过他的多萝西·坦南特。

不到3个星期，两人就订婚了。此后，一代探险家斯坦利基本淡出江湖，夫妻俩在英国萨里的一间乡间宅邸过上了富足而安宁的生活。斯坦利用当年他探索过的地方，来给宅邸的池塘、小溪、松林命名：斯坦利湖、刚果河、伊图里森林。晚年的时候，他一度担任议会议员，并被授予爵位。1904年，他在伦敦逝世。

尽管利奥波德在斯坦利这里碰了一鼻子灰，但他还是不死心。毕竟和从欧洲列强的盘子里分走大部分刚果盆地相比，把食人族送到喀土穆去也不那么离奇。但他清楚，当前首要任务是为刚果自由邦筹集资金。过去几年里，国王为了投资广阔、赤贫、野蛮的刚果，在那里修建道路、桥梁、港口、铁路、城市，建立起法律和秩序，而这几乎耗尽了他的巨额财富。刚果自由邦政府年支出近300万法郎（12万英镑），年收入却仅为30万法郎（1.2万英镑），还不及欧洲一家小工厂的收益。利奥波德需要大量资金来填补财政赤字，他首先想到了征收进口关税。但《柏林总议定书》规定，整个刚果盆地实行自由贸易。这条路算是被堵死了。

税收不成，利奥波德只能贷款。他先向俾斯麦的钱袋子——布雷施劳德，以及朋友查尔斯·德·罗斯柴尔德求助，两人只能尴尬地向国王解释，他已经不再是银行家的宠儿。国王试图通过售卖彩票来募集资金，结果同样失败了。尽管马塔迪—利奥波德维尔铁路如期开工，但这条铁路预计到1894年才能竣工（实际上一直拖到了1898年），短期内无法获得收益。

利奥波德将刚果扭亏转盈的希望寄托于1889年11月在布鲁塞尔举行的反奴隶贸易会议上。这场会议的源头是两年前的1888年7月拉维杰里等人在巴黎圣叙尔比斯教堂（Saint Sulpice）召集的一场集会。会上，拉维杰里生动地描述了奴隶贸易的恐怖：人们惊恐地逃跑，但还是有人被猎奴者抓住，绑在一起；通往海边的路途上白骨累累；妇女和儿童像牛一样被关在奴隶市场里。拉维杰里声称，这种地狱般的贸易仍在非洲东部和中部蓬勃发展。如今，非洲大陆的人口正以每年40万人的速度减少。他号召筹集资金，招募500名志愿者，消灭奴隶制度。随后拉维杰里趁热打铁，于当年8月来到布鲁塞尔演讲，成立比利时反奴隶制协会，招募志愿者。6个月内，共计700人报名。志愿者们本计划前往坦噶尼喀湖，阻止从刚果内陆到东非海岸的奴隶贸易，但就在他们摩拳擦掌时，这个所谓的"反奴隶制协会"暴露出草台班子的本色，不得不承认能力有限，无法将志愿者们送到目的地，这场运动就此作罢。

尽管"嘴炮"达人拉维杰里无法给非洲派去一兵一卒，但他确实在道德层面上给各国政界大佬带来了一定的压力。索尔兹伯里勋爵与俾斯麦亲王向利奥波德提议，在布鲁塞尔召开反奴隶贸易会议。当然，这两个政坛老油条各自心怀鬼胎。对亲王而言，如果把殖民战争包装为反奴隶贸易战争，更容易让国会为其买单。对勋爵而言，参会可以缓解国内人权组织和舆论带来的压力。再者，《柏林总议定书》有一条决议就是"协同镇压奴隶制"，但当时并没有说明如何实施。勋爵希望通过会议加强各国对贩奴船的海上封锁。利奥波德同意召开会议，但坚持《柏林总议定书》的所有签署国均应参会。

1889年11月召开的布鲁塞尔会议受到了整个文明世界的欢迎。《泰晤士报》说，这是国际合作的里程碑。比利时代表德·奇内（de Chinay）亲王说得更为文雅：在此之前，所有大国从未这般一心一意地去实现一个如此慷慨、纯洁和无私的目标，以拯救非洲"受压迫和被屠杀的"种族，结束可怕的奴隶贸易。会议唯一的不和谐之处，便是头戴塔布什帽的奥斯曼帝国代表毫无廉耻、心安理得地出席，毕竟在该国还普遍存在奴隶制度。

反奴隶制会议召开6个月后，1890年5月10日，利奥波德通过比利时外交大臣宣布，刚果自由邦将把全部精力投入反对奴隶贸易的崇高运动中去，这将需要在自由邦建立更多的政府站点、军事哨卡和更好的交通系统，因此《柏林总议定书》中的自由贸易条款需要重新修订。他将对来自海外的所有商品征收10%的关税，从而为打击奴隶贩子提供资金。7月2日，反奴隶制会议出台了洋洋洒洒上百条的《布鲁塞尔总议定书》，所有代表都签了字。就这样，国王巧妙地利用了拉维杰里和其他人在欧洲激起的反奴隶制情绪，在事实上推翻了《柏林总议定书》，让刚果自由邦获得新的权力。

在外交舞台上奏凯的利奥波德，几天后又在比利时议会上告捷。一年前，国王曾私下对首相奥古斯特·贝尔纳特（AugustM beernaert）说，他愿意在死后把刚果——这颗他"多年不辞劳苦、孜孜不倦培育的在非洲结出的果实"——献给比利时，条件是无息借款2500万法郎（100万英镑）。首相当时认为刚果是一个无底洞，否决了国王的建议。但随着国王在外交上的胜利，刚果盈利指日可待。1890年7月

3日，贝尔纳特向议院提议：向国王提供2500万法郎的贷款，使比利时有权在10年后接管刚果。几天后，贝尔纳特将国王的遗嘱公之于众，强调国王为他的人民建立这块殖民地所做的牺牲。这项提议几乎没有遭到反对就通过了。

得到2500万法郎的贷款后，国王按捺不住，再次派了几支探险队继续探索刚果。尽管柏林会议划分了自由邦的范围，但自由邦的实际统治并未完全渗透到所有地盘。国王要求探险队率先探索东南方的加丹加高原。选择这里有两方面的原因：第一，国王认为加丹加盛产黄金；第二，国王担心塞西尔·罗德斯先下手为强。

当年，利文斯通曾被告知，往卡赞比（Kazembe）的西边再走一个月，就会发现巨大的矿山，当地人会把金属熔炼成一根根壮汉恰好能举起的大铜棒。弗尼·卡梅伦还看到土著男女都戴着从加丹加换来的铜十字架，并且听说葡萄牙人在本格拉（Benguela）炼铜，可以从中提炼出黄金。非洲人并不看重它，因为他们更喜欢"红铜而不是白铜"。

1883年，两个德国探险家保罗·赖查德（Paul Reichard）和理查德·鲍姆（Richard Bôhm）横穿安哥拉，抵达加丹加。他们发现，当地不仅出产铜、象牙等原材料，还存在奴隶贸易，但这些交易都被姆西里国王牢牢攥在手里。姆西里原是生活在桑给巴尔的尼亚姆韦齐人（Nyamwezi），是跟着他的父亲来到加丹加的。当地人称呼他们为"耶克人"（Yeke），意为"猎象人"。1869年，他建立耶克王国，定都邦基亚（Bunkeya）。姆西里通过婚姻统治他的王国。姆西里统治下的每一个村庄，都要为他献上一位女性做妃子，这样姆西里可以拿她们作为人质。据说姆西里的妻妾达到500人。同时，姆西里也把女性家眷嫁给周边的军阀和富商为妻为妾，如著名的蒂波·蒂普便娶了姆西里的一个女儿。

赖查德和鲍姆抵达邦基亚时，耶克王国正处于鼎盛时期，其疆域东起卢阿普拉河，西至卢阿拉巴河，北迄卢武阿河（Luvua River，卢阿拉巴河的支流），南抵赞比西高地。两条商业路线贯穿国境，西路将铜丝或铜锭运往安哥拉，东路经乌吉吉将象牙和奴隶送往桑给巴尔。姆西里招募劳动力开采铜矿，引进铜丝加工技术，向安哥拉出口铜丝。

然而，德国人印象最为深刻的不是当地繁荣的贸易，而是姆西里小屋外顶着各种人类头骨的树干，那些骷髅看上去"就像钉子上的帽子"。继德国人之后，来到这里的是英国传教士，他们在这里建立了一个不稳定的据点。1885年，弗雷德·阿诺特（Fred Arnot）在邦基亚的一间简陋小木屋"山景城"（Mountain View）创建了加伦甘泽（Garenganze）福音传教团，成为定居邦基亚的第一位白人。在"山景城"，阿诺特可以俯瞰光秃秃的沙地和远方蓝色的群山。越过群山，便是利文斯通逝世的地方奇坦博。金合欢树装点着这片干燥多沙的平原，平原上到处是斑马、角马、长颈鹿与狮子等野生动物。刚果河与赞比西河的源头在这里交汇，形成一道难以发觉的分水岭。

阿诺特眼中的姆西里是个两面派。一方面，他对臣民异常残暴：常因微不足道的事砍掉他们的手脚或耳朵；将人脖子以下的部分埋到土里，令其活生生被憋死；纵恶狗咬死臣民；肆意抓捕邻国人民为奴。另一方面，姆西里对传教士却以礼相待。即使传教士批评他的残暴，他也会礼貌地倾听。当他看到传教士的药品时，他会开玩笑地说："不会再有人死掉了。"

苏格兰少年传教士丹·克劳福德（Dan Crawford）看到姆西里门前的头骨时，祈祷道："至高无上的上帝，也许会乐意拯救穆希迪（姆西里的名字）。"他自己对姆西里的看法十分坦率："将穆希迪的统治体系描述为严酷，完全是选错了词，这就是屠宰！……对我来说，最大的奇迹是，穆希迪的王国只不过是一个庞大的奴隶制国家，却已经维持了这么长时间！"

按照柏林会议的精神，加丹加属于国际刚果协会管理的范围，但事实上自由邦此前并未在那里实现过有效占领。于是1889年《泰晤士报》便叫板道，加丹加是个无主之地，罗德斯的南非特许公司接管加丹加的时机已经成熟。利奥波德气得写信给英国外交部抗议。随后，他决定派出远征军，征服耶克王国。

此时的阿诺特已经返回了英格兰。他在邦基亚的继任者发现姆西里开始原形毕露。原来，姆西里的火药快用完了，而在这个节骨眼上巴桑加（Basanga）部落造反了。传教士保持中立、拒绝给他提供火药的态度让姆西里十分恼火。

1890年11月，塞西尔·罗德斯资助的探险队在尼亚萨兰副领事阿尔弗雷德·夏普（Alfred Sharpe）的率领下抵达邦基亚。但夏普将大部分商队留在卢阿普拉河的另一边，只带了一个护卫和一堆廉价的白布。更糟糕的是，当地有预言称，贪图金子、摧毁耶克王国的人将来自东方。夏普恰恰从东边过来。传教士们费了好大劲儿才说服姆西里相信预言不是真的，结果夏普的白布让姆西里心灰意冷。

在夏普和酋长之间充当翻译和中间人的是斯旺（Swan），斯旺也和阿诺特一样持中立态度，并对姆西里的慷慨大方颇有好感。夏普让斯旺直接告诉姆西里，英国想与他成为朋友，然后要求他在条约上签字，使他的领土成为英国的保护国，但斯旺坚持把条约全文翻译给姆西里听。姆西里表示，阿诺特曾警告他："不要与希望你签署文件的人有任何瓜葛，这意味着你要放弃自己的国家。"夏普无功而返。

5个月后，1891年4月，保罗·勒·马内尔（Paul le Marinel）率领自由邦的第一支探险队沿着刚果河的支流桑库鲁（Sankuru）河向西北前行600多千米，携带成捆天鹅绒和许多火药抵达邦基亚。天鹅绒与火药一到手，姆西里便表示他"非常喜欢白人"。他允许比利时人在离邦基亚两天路程的洛弗埃（Lofoi）河修建一个基地，但禁止他们插自由邦的蓝旗。

此时，巴桑加叛军已经威胁到邦基亚。他们在半夜放火烧毁棚屋，袭击为首都提供食物的村庄及村民。难民开始源源不断地逃离邦基亚。姆西里得到比利时人的火药后，开始着手平叛，但他的实力明显在减弱。决心保持中立的传教士退到了洛弗埃河基地。

随着危机加深，整个邦基亚地区都面临着饥荒威胁，这时由亚历山大·德尔坎姆（Alexandre Delcommune）带领的第二支探险队带着300名士兵、搬运工以及其他闲杂人等，进入了邦基亚。比利时人一直梦想着在邦基亚吃上可口的米饭，在闪亮的河水里沐浴，结果他们发现邦基亚不过是坐落在3座小山环绕的平原上的、被泥墙围起来的村庄。他们从远处看到的"闪亮的河水"，原来是雨季后留下的大泥塘。4天后，姆西里同意让德尔坎姆走进环绕骷髅的"宫殿"。这个院子里有6座葡萄牙风格的房子，为了避免被暗杀，姆西里每天随意选择一间屋子睡觉。比利时军官们喝着当地酿的啤酒，观看舞蹈表演。随后，比利时军官和他们的黑人部队展示了令人印象深刻的演习、吹奏军号和齐射。德尔坎姆向姆西里解释加入自由邦的好处：

> 现在你什么都害怕，连睡觉的地方都要保密。你害怕有人会毒死你，或

以其他方式杀死你……你既得不到和平，也没有安宁。如果你想改变这一切，那么你所要做的只是接受"破岩者"（斯坦利）的保护，在你的每个村庄上空飘扬星旗。然后，事情会平息下来，和平与富裕会回到你的国家。

姆西里直截了当地回答道："我是这里的主人，只要我还活着，加丹加就不会有别的主人，只有我。"德尔坎姆威胁说，他打算向南进军到叛军控制的巴桑加地区。姆西里更加生气，决定倒向英国。他召见丹·克劳福德，口授了一封信，邀请阿尔弗雷德·夏普返回邦基亚。

这时，利奥波德的第三支探险队离开巴加莫约。该探险队由格兰特·斯蒂尔斯上尉率领，加丹加公司和利奥波德共同出资，共计336人。27岁的加拿大裔英国军官斯蒂尔斯是艾敏救援远征队中斯坦利最喜欢的人，但他左肺受损，身体又因患了疟疾而变得衰弱，已经时日不多。探险队中还有两名英国人——伦敦医生约瑟夫·莫洛尼（Joseph Moloney）和一个叫鲁滨逊的军人。尽管团队中很多人是英国人，但他们依然渴望赢得与罗德斯的比赛。除了英国人外，队伍中还有自由邦军官博德森（Bodson）上尉和大型野兽猎人德·邦尚（de Bonchamps）侯爵等欧洲人。

巴加莫约是个肮脏的小港口，由于阿布希里叛乱（详见第20章）而实行宵禁。这里的德国人除了征收象牙外，几乎不和当地人交流。莫洛尼写道，他们"用铁棍"统治这个城市。当地还居住着两位名人：一位是皮肤黝黑的8岁小女孩法里达，她是艾敏帕夏与一个阿比西尼亚女子的结晶，此时她的父亲已经回国；另一位是象牙和军火商人查尔斯·斯托克斯，他娶了万尼维西（Wanyamwesi）一个酋长的女儿为妻。

搬运工头顶着可折叠的钢船部件，有节奏地摆动着手臂，迅速向西行进，平均每天走13～16千米。斯蒂尔斯一行经过了几辆满载象牙、向海岸驶去的德国大篷车，还与身材高大、胡须灰白的奴隶贩子蒂波·蒂普不期而遇。原来在1889年12月，斯坦利向英国领事法院提起诉讼，指控蒂普没有为远征队提供搬运工，并要求对方赔偿他1万英镑。法院要求蒂普前往桑给巴尔出庭，于是向东走的蒂普与向西走的斯蒂尔斯一行相遇了。蒂普后来虽然胜诉了，但无奈后院起火，阿拉伯人在与自由邦的"象牙之战"中失利，于是只得留在桑给巴尔，成了那里仅次于苏丹的第二大土地拥有者。有着7个丁香种植园、上万奴隶的蒂普此后一直生活在桑给巴尔，直到去世。

1891年10月，斯蒂尔斯等人抵达坦噶尼喀湖东岸。他们乘坐租来的独桅帆船到达对岸（这比使用可折叠船容易），在西岸升起了自由邦的旗帜。这时，有传言称两个英国人到达了邦基亚，他们得加把劲了。在他们跌跌撞撞地向卢阿拉巴河走去的途中，斯蒂尔斯截到姆西里写给夏普的信。斯蒂尔斯立即给姆西里写信，称自己特意漂洋过海来看他，还故意在信上签名——英国人斯蒂尔斯。与之合作的酋长马苏迪（Massoudi）带着4名桑给巴尔士兵和足够的搬运工携带大量礼物，先行一步给姆西里送信。

11月19日，探险队乘坐钢船和独木舟渡过了卢阿拉巴河。现在，他们每天要走22.5千米路。对一支大商队来说，这是一个惊人的速度。当他们接近邦基亚时，他们看到地里的高粱被烧掉，大多数村庄荒废，当地陷入了饥荒，市场上没有肉卖。他们向西走得越远，战争的影响就越严重。

他们遇到了从邦基亚返回的马苏迪一行。马苏迪带回两封信，都是传教士丹·克劳福德的笔迹。第一封是姆西里口授的官方回复，他说他对白人的到来感到非常高兴，他们应该接受弟兄们的问候。第二封是传教士写的一封长信，内容则悲观许多，他叙述了国王的压迫和由此造成的破坏。"好吧，"斯蒂尔斯说，"我很快就会终止姆西里先生的小把戏。"

如今，姆西里的情绪在愉悦和愤怒之间摇摆。当他读到"英国人斯蒂尔斯"的信时，他对手下高呼："他们是英国人！他们是英国人！你们听见了吗，尘埃之子？我们清楚，英国人称得上是真正的人。"他一连几天高谈阔论，吹嘘他将取得的伟大的胜利，吹嘘他一旦有了火药就会展现出的强大威力——他认为英国人是给他送火药来的，而比利时人则要兼并他的国家。

当传教士送给姆西里一个音乐盒和137米布时，他的脸色变得像魔鬼一样"野蛮而邪恶"。为什么不给他火药？克劳福德以为自己要完蛋了，但酋长很快就给他发了一封道歉信，请求他的"朋友"再来看他。

12月14日，克劳福德终于看到斯蒂尔斯率领的庞大远征队浩浩荡荡地穿过漆黑的田野，向首都走来。斯蒂尔斯带了翻译，所以姆西里不再需要克劳福德。斯蒂尔斯很乐意传教士的缺席，他认为传教士过于软弱，竟让暴君称他们为"白奴"。如果冲突无法避免，他希望传教士能置身事外。

双方第一次谈话就剑拔弩张。姆西里想要挑拨斯蒂尔斯与驻扎在洛弗埃的比利时军官勒冈（Legat）中尉之间的关系。斯蒂尔斯假装同意让勒冈离开，还提出，只要姆西里同意升起自由邦的旗帜，他就会给姆西里提供足够的火药来对付巴桑加叛军。姆西里表示愿意升起英国旗帜，但不愿升起自由邦旗帜。斯蒂尔斯大发脾气，告诉姆西里再也不能忍受他"可怕的暴行"，但姆西里仍然拒绝接受蓝旗，斯蒂尔斯一无所获。

在两天后的第二次谈话中，姆西里提出二人结拜为兄弟，并在第二天升起自由邦旗帜。斯蒂尔斯并不答应，要求立即升起旗帜。最后，他从姆西里的栅栏里抽出一根杆子，爬上了镇边一座小山，自己把蓝旗挂在杆子上。姆西里既没有阻止，也没有承认这种挑衅行为。军官们失望地回到营地。那天晚上，他们还以为姆西里的战士会发起进攻，但什么都没发生。次日早晨，斯蒂尔斯接连给姆西里送出4封信，表示愿意和他结拜为兄弟，但每次都得到相同的回答：国王睡着了。

事实上，那天晚上姆西里并未在邦基亚。他惊恐地逃到离首都半个小时路程的穆尼玛（Munema），那是他的混血宠妾玛丽亚·德·丰塞卡（Maria de Fonseca）的村庄。斯蒂尔斯认为必须逮捕姆西里，毕竟根据国际协议，加丹加是自由邦的领土。他让博德森上尉率领115名桑给巴尔士兵去把姆西里铐起来。接着，斯蒂尔斯和莫洛尼给传教士们寄去一封信，告诉他们到自由邦驿站去避难。最后，他们用望远镜焦急地观察着穆尼玛村。

透过玻璃镜片，斯蒂尔斯看到姆西里待的小屋前的广场上一下子尘土飞扬。隐约可以辨出，向导领着博德森与十几名桑给巴尔人进村，而邦尚带着其余人待在小屋周围迷宫般的木栅栏后。据追随博德森的哈马迪（Hamadi）回忆，他们的对面是300名充满敌意的战士，并且大多数都带着枪。博德森让姆西里跟他回到"营地里的伟大白人首领那里"，告诉他这样他的"人身就不会受到任何伤害"。姆西里什么也没说，只是气得咬牙切齿，然后抓起3天前斯蒂尔斯赠予他的剑，向博德森扑去。博德森向国王开了两枪，村子顿时乱成一团。莫洛尼气喘吁吁地走到村庄广场，发现姆西里仰面躺在地上，已经死了；博德森生命垂危，腹部中枪；哈马迪和另一名桑给巴尔士兵受了伤；其余桑给巴尔人失去控制，像疯子一样追逐着鸡、山羊和妇女。莫洛尼拿着一根大棒朝他们打去，让他们恢复秩序。接着，他请脚夫把3名伤员抬回邦基亚，另外又派了8人去抬姆西里的尸体。姆西里的头被割下来示众，莫洛尼清楚地看到，他的脸上挂着"嘲弄的微笑"。

当晚8点，博德森死了。临死前，他低声对莫洛尼说："医生，我不介意死，因为我已经杀死了姆西里。"他告诉斯蒂尔斯："感谢上帝，我的死不会是毫无意义的。我把非洲从它最可恶的暴君手中拯救了出来。"

在度过一个疯狂击鼓和喝啤酒的夜晚之后，姆西里的无头尸体被埋进了王家墓地。斯蒂尔斯干净利落地切割了姆西里的王国：邦基亚周边土地归国王的养子马坎达（Makanda）所有，两个村庄给了马坎达的两个叔叔，其余土地分给巴桑加人。为了让自由邦的主权永久化，斯蒂尔斯拆掉姆西里的宫殿，用建材在邦基亚建造了一座六角形堡垒。1891年圣诞节，斯蒂尔斯做了葡萄干布丁，开启香槟庆祝轻而易举得来的胜利。

但几周之后，饥荒加剧，饿死的不仅有当地人，还有73名桑给巴尔人。另外，有90人在荒野征粮时失踪了。除了莫洛尼之外，其余欧洲人都得了重病。好在1891年1月，比亚（Bia）上尉率领的由300名官兵组成的第四支远征队进入邦基亚。斯蒂尔斯把堡垒移交给比亚上尉，自己于2月4日带着他的远征队，以及装在煤油罐里的姆西里的头颅，向海岸出发。

直到1891年7月下旬，利奥波德才知道斯蒂尔斯在距离海边不远的钦德死于血尿热。而比亚在加丹加南部勘探矿产之后也死了，他没发现金子，只发现了大量铜矿，但铜并不值钱，为了把铜从加丹加运到海上而修铁路并不值得。至于姆西里的头颅则不知去向。利奥波德平静地接受了从加丹加传回的消息。在他看来，比发现金矿更重要的是，他打败了塞西尔·罗德斯。

利奥波德逐步把刚果的经济命脉攥在了手中。1891年9月，利奥波德颁布一道秘密法令，命令阿鲁维米尼（Aruwimini）和乌班吉—乌埃勒（Ubangi-Uele）两个偏远地区的政府代表自由邦保护所有的象牙。随后，政府颁布一系列法令：禁止当地人捕猎大象或者采集橡胶，除非把它们卖给政府，而价格由政府来定；除了当地人实际占有或耕种的土地之外，其余所有土地都归自由邦所有。

这一声明令国王的合作者们震惊，就好像利奥波德降下了自由邦的蓝旗，挂起了骷髅。自由邦总督卡米尔·詹森（Camille Jansen）辞职，兰贝蒙特男爵抗议，贝尔纳特的内阁也都在议论要辞职。国王在殖民地事务上最有经验与最忠诚的顾问埃梅里·班宁也在备忘录中写道：

> 土地所有权国有的原则……与（自由贸易）体制完全相悖。我们不应让这一原则占上风，既不应剥夺当地人民的天然权利（实际上要剥夺），也不应违背《柏林总议定书》赋予列强的权力。

事实上，投资刚果的商业公司并不好惹。1892年10月，国王做出了妥协，刚果被分为3个区：赤道以北的地区为王属地（Domaine de la Couronne）；中区对贸易者开放；而南部和东部，包括加丹加和阿拉伯人控制的地区，仍在同化过程中。然而，这种妥协完全是装装样子：赤道以北包含了大部分橡胶和象牙产地，而中部"开放区"的一部分被分给了特许公司，其中有几个公司为国王所有，这些公司在10年内给国王带来了数不尽的财富，但也使他声名狼藉。

# 第二十五章 开疆拓土的刚果自由邦

在抢夺殖民地上，利奥波德国王多线开花。他一面设法抢占加丹加，一面忙着争夺尼罗河。1890年4月，国王让拒绝前往尼罗河、即将退隐的斯坦利站好最后一班岗，去伦敦与麦金农就自由邦与英属东非特许公司的边界进行谈判。利奥波德表示，愿意为英国提供一条连接布干达和坦噶尼喀湖的走廊，从而补上从开普敦到开罗的"全红"路线中缺失的一环。作为回报，他希望将自由邦的疆域从阿尔伯特湖沿尼罗河流域推进到赤道省的拉多。麦金农上报索尔兹伯里勋爵后，勋爵称，外交部"不反对"国王与公司达成协议。但索尔兹伯里只是故作姿态，以安抚国内的殖民主义者。这一条走廊位于德属东非西部，如芒在背的德国人当然不会坐视不管。不久，索尔兹伯里就向德国保证，英国永远不会占领这条走廊。

勋爵把利奥波德对尼罗河流域的觊觎当成白日做梦，但谁也没想到，利奥波德动了真格。1891年2月，国王命令范·柯克霍温（Van Kerckhoven）上尉率领14名白人军官、士官和600名非洲士兵，从利奥波德维尔出发，潜入阿鲁维米尼河以北的无人地带，穿过刚果河—尼罗河流域，前往赤道省搜罗艾敏旧部，向喀土穆进军。除此之外，国王还特意嘱咐他在沿途尽力搜刮象牙。

当时，欧洲兴起了一股"象牙热"，从小装饰品、刷子柄、梳子柄、餐刀柄，到钢琴琴键和台球，都盛行用象牙制作。一家普通的餐具店，一年就需用20吨象牙。维多利亚时代的英国，家具更是流行以象牙精工镶嵌，追求极致的华丽。起初，非洲人猎杀这种数吨重的巨兽的方式是以村庄部落为单位集结约20人，使用毒叉或毒矛投掷，或将落单的大象围起来，用武器打死。这种原始的捕象方法显然无法满足欧洲人对象牙的海量需求，于是，无利不起早的阿拉伯—斯瓦希里人组成装备精良、组织严密的猎象队深入雨林，对象群展开疯狂屠杀。他们囤积到足够的象牙后，便让奴隶扛着象牙长途跋涉来到沿海市场，将奴隶和象牙一起卖掉，因而又有"黑象牙"（黑奴）和白象牙之称。国王向范·柯克霍温上尉暗示，如果遇到囤积、运输象牙的阿拉伯人，完全可以毫不客气地直接抢走象牙。

范·柯克霍温上尉以鲁莽残暴著称，得到国王的暗示后，他撒开手脚，横冲直撞，成了闯入非洲腹地的犀牛。1891年10月24日，他在打败阿拉伯人后，缴获了800根象牙。几天后，他缴获了更多的象牙，据说一口气杀了1800多个阿拉伯人（大多数是奴隶）。1892年10月4日，柯克霍温在即将抵达尼罗河岸边时被一名搬运工射杀。但探险队并没有停下脚步，而是继续蹒跚地向尼罗河方向前进。然而，这支队伍太弱了，补给线又太长，根本无法抵御马赫迪军的进攻，只有少数幸存者跌跌跄跄地返回了自由邦。

范·柯克霍温的探险造成的后果相当恶劣。虽然列强们对阿拉伯人被杀喜闻乐见，但柯克霍温先是沿乌埃勒河穿越法国人的地盘，后又在1892年秋进入昔日埃及帝国的赤道省，因此，利奥波德国王先后遭到法英两国的抗议。当然，反应最为激烈的，是自由邦北部曼耶马（Manyema）地区的阿拉伯人。柯克霍温抢夺的大部分象牙属于此前一直与自由邦密切合作的蒂波·蒂普家族。蒂普的儿子塞夫（Sefu）、接替蒂普任瀑布区总督的侄子拉希德都声称麾下有大量部下被杀、象牙被盗，要求赔偿。蒂波·蒂普的死敌莫哈拉（Mohara）则声称，他失去了价值150万法郎的象牙。莫哈拉直言不讳地说，他不希望白人出现在里巴-里巴（Riba-Riba），无论是自由邦公务员还是商人。这直接导致象牙商人亚瑟·霍迪斯特（Arthur Hodister）等人成为又一个牺牲品。

与大多数依靠黑人士兵欺压、殴打当地人的欧洲商人不同，霍迪斯特不需要黑人士兵保护，而是身穿白袍、头裹阿拉伯式头巾，在奴隶的侍候下，越过洛马米（Lomami）河，深入大象之国，主持当地事务，受到阿拉伯酋长们的礼遇。对淳朴的非洲本地人来说，他流利的斯瓦希里语使人陶醉，他的白皮肤和整洁的黑胡须赋予了他神秘的气质。

当时，象牙是曼耶马地区财富的主要来源。霍迪斯特说服了他的雇主——利奥波德昔日合作伙伴蒂斯上尉经营的加丹加公司，在猎取象牙方面采取新的前进政策。霍迪斯特认为，可以信任阿拉伯人，利用阿拉伯人开发曼耶马；用商业贸易，而不是武力征服，来实现该地的文明化，帮助曼耶马融入自由邦。因此，利奥波德把霍迪斯特和他的雇主视为自由邦政府的对手，派自由邦特使米切尔斯（Michiels）中尉加入霍迪斯特的队伍，监视这个商人的举动。

1892年年初，霍迪斯特装备精良的象牙商队乘蒸汽船沿刚果河抵达伊桑吉（Isangi），在那里他们兵分两路。包括米切尔斯在内的第一路一直走到斯坦利瀑布，然后乘独木舟向南，沿卢阿巴拉河向里巴-里巴和尼扬韦进发。第二路由霍迪斯特带领，沿洛马米河向西进发。由于洛马米河水流湍急，霍迪斯特选择骑马。他们现在已经接近大雨林的边缘了，再往南走便是里巴-里巴。里巴-里巴是传说中的大象之国，也就是莫哈拉的地盘。无尽的财富似乎就在前方。

5月9日，莫哈拉的部下恩塞勒拉（Nserara）酋长在里巴-里巴与霍迪斯特的代表诺贝莱士（Noblesse）及米切尔斯中尉发生争执。诺贝莱士与米切尔斯对危险一无所知。尽管莫哈拉已经下了禁令，诺贝莱士依然自信满满地表示，要在里巴-里巴建立基地。米切尔斯则要在那里升起自由邦的旗帜，他警告恩塞勒拉，如果他愿意，他可以召集上千名士兵。"那你赶紧走，把你那装备了步枪的成千士兵带来吧，"恩塞勒拉回答，"我们要杀了你，再把那面旗帜插在你的头颅上。"

事实上，恩塞勒拉做得比说得更绝。第二天，他把诺贝莱士绑在他小屋外的甘蔗压榨机上，慢慢将他鞭打致死。米切尔斯则在丛林中躲了两周后被抓获，之后，他也遭遇了同样的命运。

此时，霍迪斯特正愉快地骑着马穿梭于洛马米河和卢阿巴拉河之间的灌木丛。5月15日，他们遇到一群阿拉伯人。霍迪斯特下马谈判，结果被杀，头颅被送到恩塞勒拉那里。探险队的幸存者们魂飞魄散地沿卢阿巴拉河逃回瀑布，其间又有两人因高温丧生。到5月底，霍迪斯特探险队只剩下他那欢腾的阿拉伯马和一些散落的骨骸。

利奥波德国王赞成在适当的时候对曼耶马的阿拉伯人采取坚决的强硬措施，就像柯克霍温上尉做的那样，但这个时候，国王的主要精力集中在尼罗河上游和加丹加地区。因此，他向曼耶马以西的驻军指挥官发出警告，他们的任务是防守，切勿进行任何冒险。最重要的是，他们不能越过洛马米河，否则就有可能挑起与阿拉伯人的全面战争，而此时自由邦根本不准备打这场战争。

卢桑博（Lusambo）的驻军指挥官是30岁的弗朗西斯·丹尼斯（Francis Dhanis）。本来，该地的补给是从1100多千米外的利奥波德维尔运来，但由于自由邦过度扩张，卢桑博常常几个月得不到补给。那里也没有电报，所以丹尼斯只能发挥主观能动性，自己征收食物，购买奴隶担任士兵，镇压当地人反抗。他曾在只有80名士兵和150名搬运工的情况下，说服面积为比利时8倍的克旺戈省（Kwango）投降。

10月8日，他收到两个令他震惊的消息：一是霍迪斯特被杀，二是刚果自由邦政府禁止他随意出击。但主观能动性极强的丹尼斯决心将在外，君命有所不受。他与洛马米河以西的3个强大部落——年轻气盛的巴特特拉（Batetela）军阀贡戈·鲁特特（Gongo Lutete），以及他的两个昔日封臣、如今的对手卢邦古（Lupungu）和姆帕尼亚·穆托姆博（Mpania Mutombo）——结成了联盟。

贡戈的势力中心位于洛马米河沼泽岸边的恩甘杜（Ngandu），这是一个拥有1万~1.5万人的城镇，由6个出入口守护，每个出入口的环形大门前都有一条至少由2000个骷髅砌成的白色人行道，而且寨子里的每个柱子上都顶着骷髅。巴特特拉人和周边的邻居一样，是食人族，但贡戈自己已经开化。当贡戈还是个孩子时，便被蒂波·蒂普作为奴隶收养，长大后因作战英勇而获得自由。之后，他在洛马米河上游担任蒂普的副官，和顺从的食人族一起抓捕奴隶和狩猎大象。当塞夫接替他成为蒂普的副手时，贡戈便自己出来单干，结果在1892年4月被丹尼斯击败，从此心服口服地追随丹尼斯。拥有一半拿着长矛、一半拿着前装枪的1万名野蛮盟友，丹尼斯觉得自己可以和阿拉伯人拼一把。

就在自由邦与阿拉伯人的战争即将全面爆发的节骨眼上，自由邦的两名特使——利平斯（Lippens）中尉和德布劳内（Bruyne）中士前往塞夫位于卡桑戈（Kasongo）的宫廷。两人被塞夫扣为人质。利平斯身患痢疾、肺炎和肝炎已有14个月了。起初，塞夫和他的家人对利平斯很客气，让他住在一座很凉爽、很高的四四方方的阿拉伯房子里，还有很多奴隶伺候他。但在范·柯克霍温抢劫象牙、霍迪斯特等人被杀的消息传出后，卡桑戈的气氛发生了变化。塞夫毫不掩饰自己对白人的仇恨：利平斯的住所被烧，东西被偷，仆人被杀，他自己也被软禁起来，无法与德布劳内联系。在塞夫的要求下，10月6日，利平斯给丹尼斯写了一封长长的、措辞激烈的求救信。利平斯称卡桑戈的所有阿拉伯人都支持塞夫，而想要拉拢塞夫的莫哈拉还没有赢得塞夫的支持。此时莫哈拉的军队有1.2万人，他们不仅装备精良，而且有着丰富的作战经验。塞夫之所以没有和莫哈拉结盟，是因为其父蒂波·蒂普与自由邦签订了条约。

塞夫宣称，贡戈曾是蒂普的奴隶，现在也依然是塞夫的封臣，却被丹尼斯收编，因此是丹尼斯而不是塞夫首先违反双方的协定。利平斯提议把贡戈交给塞夫，好让丹尼斯与塞夫重归于好，这样利平斯自己也能保住性命，否则，塞夫便与莫哈拉联合，形成一股丹尼斯无法抵挡的力量。

与此同时，被押到洛马米河边的德布劳内也向丹尼斯发出求救信：

> （你）只能做一件事，那就是和塞夫达成谅解。这很难，却是必须要做的。做其他任何事情，都是在犯罪和发疯。
>
> 　我们的命在你手中，我们的安全将取决于你接下来的行为。首先，如果你继续拒绝来到洛马米河东边的伊卡雷（Ikere），他们会毫不留情地杀掉我们。其次，他们将穿越洛马米河，攻击并消灭你战斗力不强的军队。第三，他们将入侵营地，然后转身向南方发起进攻，这对自由邦来说将是一场可怕的灾难。

丹尼斯读到这些文字时，他离洛马米河只有3天的路程了。他派手下的谢林克（Scheerlinck）中尉等人前去与塞夫谈判，并答应尽快给出答复。但丹尼斯并没有回复，只是在科洛米尼（Kolomini）停了下来，然后慢慢地向洛马米河前进。他认为利平斯和德布劳内都是军人，应该清楚军人的荣誉，背叛盟友贡戈会被人不齿。11月20日，在科洛米尼停留了5天的丹尼斯终于到达了洛马米河。

在这之前，谢林克中尉和英国医疗官西德尼·辛德（Sidney Hinde）上尉一直在徒劳地等待丹尼斯的回信。他们不敢擅自与塞夫谈判，而且怀疑塞夫正在密谋逮捕或谋杀他们。最后，他们准备直接渡过洛马米河，营救德布劳内。

褐色的洛马米河宽约183米，水流湍急，但对善泳的人来说是可以泅渡的。20日早晨8点30分，太阳还没有把晨雾驱散，两支部队便从两边的种植园里走到长满青草的河岸上。辛德和谢林克带着约50名黑人士兵来到西岸，其中包括队伍里最出色的射手。他们认出了对岸的德布劳内中士，在他身后1米远的地方有一位阿拉伯酋长，再往后十几米是约40名阿拉伯士兵，主力部队则位于后面400米的地方。辛德隔着河对德布劳内用法语喊道：

"你会游泳吗？"

"会。"

"你们这边有人懂法语吗？"

"没有。"

辛德用法语告诉部下瞄准各自的目标，他自己对付那个酋长。之后，他朝对岸喊道："我在草丛里藏了枪，我可以救你。跳进河里！"

德布劳内沉默大约半分钟后，开口了："不，谢谢你。我不能抛弃利平斯。"

谢林克也试图说服德布劳内，但得到了同样的回答：他的上司病了，他不能离开对方。他恳求谢林克与塞夫讲和。

大约10点钟，谢林克看见德布劳内从河岸边被带走，前往卡桑戈。这一刻，谢林克等人都清楚等待两人的可怕命运，只能一声叹息。

4天后，丹尼斯正式拒绝塞夫要他们交出贡戈的要求，于是塞夫悍然发动战争。塞夫当时有1万士兵，他们没有进行过任何正规训练，没有纪律，而且现代化步枪少得可怜，缺少大炮和汽船。他手下大多数人，或是食人族，或是奴隶，或是当地军阀的仆人，他们都拿着长矛或前装枪。冲锋时，他们很勇敢，但一旦受挫就会转身逃命。最糟糕的是，塞夫没有办法协调边远地区的阿拉伯酋长的行动，甚至一些效忠蒂普的酋长也不听他的。

11月19日晚，塞夫在离恩甘杜几千米的地方渡过洛马米河，几千人足足用了两天时间才全部乘坐独木舟过河，在西岸用竹子搭建起营寨。他们毫不费力地驱走了贡戈的前哨，然而11月22日，一场龙卷风将临时搭建的营寨夷为平地，并浸湿了前装枪的火药。塞夫不得不回到东岸帐篷里，等待风暴平息。

贡戈侦察到对手的动向后，向巡逻河岸的米修（Michaux）中尉发出警告。米修强行军12小时，增援贡戈。龙卷风来袭的第二天早晨，贡戈告诉米修，手下的火药都湿透了，无法进攻。米修灵光一闪，塞夫的火药肯定也湿透了，但自由邦军队的后装步枪却不受影响。米修当机立断，下令向寨子发起猛攻。

塞夫的寨子位于河边空地上，有两片形状不规则的围栅保护，围栅是用新砍下的树苗扎成的。这里既没有深沟，也没有石墙。米修派贡戈和他的长矛兵顶住侧翼，以阻止阿拉伯人向两边茂密的森林突围。然后，他命令弗利斯（Frees）中士和本加（Benga）下士率150名自由邦士兵向寨子发起正面攻击，其余人在身后射击掩护。阿拉伯人被这场突袭吓呆了，门户瞬间洞开。两名士官发现外围寨子空无一人。"到河边去！"米修喊道。他带着15个人，用15支步枪，将数千惊慌失措的阿拉伯人赶进了洛马米河。其余正规军则将火力倾泻在挣扎的人群中。米修后来写道：

> 洪水暴发的洛马米河把成千上万的人卷进了激流中。恐惧使这些穿着奇怪服饰的人变得疯狂，也让他们逃跑的行动失去了章法。人们像下饺子一样冲进河里，但挤在一起的人群阻止了他们游泳渡河。在绝望的痉挛中，他们试图让自己浮在同伴的尸体上，但没有成功……撒旦都会感到害怕。

根据辛德统计，有600名阿拉伯人战死，另有两三千人淹死在河里。敌人在慌乱中扔下了30支后装枪、2000支前装枪和大量黑火药。塞夫自己逃脱了，但包括他儿子在内的许多高级将领或被击毙，或被淹死，他的力量土崩瓦解。第二天，丹尼斯率领主力部队与辛德等人会合。他不等发往博马的请示被批准，便在11月26日直接派包括辛德在内的先头部队乘独木舟渡过洛马米河，向莫哈拉的国都尼扬韦进军。

丹尼斯清楚，洛马米河战役之后，利平斯与德布劳内必死无疑。果然在12月1日，塞夫的溃兵误以为塞夫已死，决定拿两名特使出气。他们来到利平斯的住处，在游廊里刺死利平斯，在写字台前杀死德布劳内。两个人的手脚被送到尼扬韦的莫哈拉处。当塞夫逃回卡桑戈，得知两人被杀害后，慌忙下令将两人残破的尸体收集起来安葬好。

另一个我们熟悉的老朋友，也在几周前成为这场暴乱的牺牲者，那就是艾敏帕夏。艾敏帕夏自从效力祖国德意志后，事事不顺。1890年4月，他率领一支庞大的德国探险队打算夺取布干达及赤道省，结果当年7月，英德签订《赫里戈兰协议》，德国正式放弃了这些领土。艾敏又试图招募留在阿尔伯特湖岸边的苏丹老兵，但也失败了。更糟糕的是，艾敏的商队里暴发了天花，他不得不把大部分人送回维多利亚湖。

尽管如此，艾敏也没打算放弃，他决定加入阿拉伯猎象商队，向西进发穿越雨林，前往"喀麦隆腹地"。这无疑是自寻死路：首先，艾敏已经52岁了，健康状况很差；其次，他信任的阿拉伯人，已经被比利时人逼到了战争边缘。在卢阿巴拉河，当地酋长基邦戈（Kibongo）以允许帕夏的士兵去附近种植园采集香蕉和木薯为借口，把他们支走。随后，酋长的人把艾敏按在椅子上，割断了他的喉咙。艾敏的身体被扔进了灌木丛中，头颅与私人用品则被送到基邦戈那里，基邦戈还收养了艾敏的幼女（实际上是将其纳入后宫）。

尼扬韦的莫哈拉尽管实力要强于塞夫，但他清楚，手持后装枪、与贡戈结盟的欧洲人兼具火力与兵力优势，因此，他只有一条路可走：和其他阿拉伯人联合起来，打一场消耗战。但可惜的是，莫哈拉既不是马赫迪那样的宗教领袖，也不是萨摩里那样的军事天才。当地的阿拉伯商人在东海岸的丁香种植园里养得脑满肠肥，他们更擅长贸易而不是战争，他们参加的大多数"战争"，都是针对手无寸铁的黑人奴隶的掠夺与屠戮，面对比他们牙齿更锋利的敌人，这些"狼"变成了任人宰割的绵羊。

1893年1月9日，莫哈拉在与贡戈部的混战中被杀。丹尼斯的位置正好夹在莫哈拉余部与塞夫之间，他的处境相当危险，但两家矛盾重重，拒绝合作。塞夫听说莫哈拉被杀后，再次逃跑。两周后，丹尼斯所向披靡的部队——6名白人军官、400名自由邦士兵，以及包括被俘奴隶在内的1万名贡戈食人族——抵达尼扬韦对面泥泞的河岸。阿拉伯人不足为惧，但近千米宽的、打着旋涡的褐色卢阿巴拉河难以泅渡。连续几个星期，丹尼斯的军队时不时向阿拉伯人的牛群乱射一气，而阿拉伯人的前装枪发射的铜弹或铁弹也在他们的头顶上方呼啸而过。丹尼斯以掠夺尼扬韦为诱饵，让河上的瓦格尼（Wageni）船夫为他们服务。3月4日，他们用100只独木舟将丹尼斯的部队送到对岸。尼扬韦几乎一枪未发就陷落了。

莫哈拉的残部交出武器没几天，巴特特拉人便散布俘虏将要叛乱的谣言，对俘虏大开杀戒。几个小时内，便有上千阿拉伯人及仆从被杀，许多自由邦军人也被贡戈人顺手杀死。次日，丹尼斯命令部队焚毁尼扬韦，把尸体扔进卢阿巴拉河。结果丹尼斯发现，他的贡戈盟友已经把这些尸体吃得只剩下人头了。

这样的事情让欧洲军官一时半会儿难以接受。在先前的一场小规模冲突中，辛德便注意到尸体莫名其妙地消失了，但当时他不相信盟友已经把它们大卸八块。

不一会儿，战斗再次打响，辛德却看到前面的盟友把"战利品"扔在路上，然后再次加入战斗，这些"战利品"居然是人的胳膊、腿和头颅。好在欧洲军官们很快便适应了，一个年轻军官写信给家人道："幸运的是，贡戈人在几个小时内就把它们吃光了。这是可怕的，但非常有用和卫生……在欧洲，这种想法令人震惊，但在这里却很自然。不要轻率地把这封信给任何人看。"

贡戈自己对部下的习惯也觉得恶心。尼扬韦大屠杀后，他躲在自己的住所里，成千上万的巴特特拉人炙烤人手人脚时散发出的奇异味道令他作呕。

塞夫得知尼扬韦陷落后，要求停战，但被丹尼斯拒绝。1893年3月，丹尼斯在博马的上司费乌（Fivé）督察的批示终于被送达前线。4月初，费乌支援给丹尼斯大量补给。进攻塞夫首都卡桑戈的一切准备已经就绪。卡桑戈是一座大约有5万人的城市，外围建有城墙，城墙上有箭塔和城垛。虽然城防牢固，但塞夫已毫无战意。4月22日，丹尼斯的军队冲进卡桑戈。惊慌失措的难民恳求瓦格尼人送他们过河，但瓦格尼人却把他们扔到船外，或把他们变成奴隶。胜利者得到了他们之前难以想象的奢侈品。辛德写道：

> 即使是普通士兵，也睡在铺着丝绸和缎面的床垫上，躺在有丝织品和蚊帐的雕花床上。我住的那间房子长80英尺（约24.4米）、宽15英尺（约4.6米），有一扇门通向一个橘子园，园外有一片5英里（约8千米）的美景……在这里，我们发现了许多来自欧洲的奢侈品——蜡烛、糖、火柴、银制高脚杯、玻璃制高脚杯和玻璃瓶，我们几乎已经忘记了它们的用途。我们还缴获了大约25吨象牙，10~11吨火药，数以百万计的火帽，各种各样的来复枪、手枪和左轮手枪的子弹，一些贝壳，阿拉伯人从德属东非夺来的物件。

丹尼斯让释奴在玉米田和果园里干活，为军队提供食物。博马接受了这个既成事实，安排援军从西面和北面赶来。剩下的一些扫尾工作，丹尼斯交给了别的军官。至此，刚果自由邦完成了对200多万平方千米土地的实际占领。这是一场通过无数场血战实现的真正的军事征服。

就在胜利来临的那刻，发生了一场悲剧：之前与丹尼斯并肩作战，如今负责管理通往卢桑博和西部补给线的贡戈被指控密谋行刺丹尼斯。谢林克中尉等3人对他进行了军事审判，判处他死刑。丹尼斯得知消息后大惊，让辛德前去解救贡戈。结果辛德晚到了两天。那位骄傲的非洲酋长为避免被处决，在牢房里上吊，却被狱卒发现救下，随后被押出去执行了枪决。这毫无疑问是一桩冤案。没有贡戈的上万巴特特拉勇士，丹尼斯无法赢得胜利。获胜后，贡戈也兢兢业业，管辖的补给线几乎从未出现纰漏。

贡戈的死，引发了巴特特拉人的复仇，他们杀死了村子里的办事员。许多巴特特拉人脱离了部队，留下的人虽然表面忠诚，但仇恨的火种依旧在燃烧。最终在1894年，巴特特拉人爆发兵变，丹尼斯险些在暴乱中丧命，当然这是后话了。

1894年春，利奥波德授予丹尼斯男爵位。几大阿拉伯军阀都已被剿灭，接下来无非是接手他们的不义之财——数百吨的象牙和数以万计的奴隶，并把它们用于自由邦的建设。此外，就是追拿并绞死杀害霍迪斯特、艾敏、利平斯和德布劳内等人的凶手。

但利奥波德并未就此止步，他征服尼罗河的痴心不灭。很快，他就得到了机会。1894年3月，女王厌恶的格莱斯顿终于告老还乡，回到哈瓦登庄园，并于1898年5月19日清晨逝世。一代伟人的死亡，竟没有被记载在宫廷公报里。维多利亚女王后来对首相索尔兹伯里勋爵说，这"完全是一次疏忽"。女王钟爱的罗斯贝里击败哈考特成为新任首相。为了阻止法国人从乌班吉前往南苏丹，罗斯贝里询问利奥波德国王是否有意租赁赤道省和加扎勒省，作为回报，罗斯贝里要求利奥波德将连接乌干达和坦噶尼喀湖的走廊租给英国。

利奥波德毫不犹豫地接受了这个提议。1894年4月12日，刚果自由邦与英国签订秘密条约。4天后，利奥波德国王与法国人谈判，以解决刚果东北部长期存在争议的乌班吉边界问题。利奥波德试图隐瞒《英刚协议》，但真相泄露了。法国代表团团长加布里埃尔·阿诺托（Gabriel Hanotaux）愤怒地中断了谈判，并威胁说要发动媒体运动。

鉴于法国政局动荡，利奥波德没有把一个法国官员的威胁放在心上，果然一个月后法国政府便再次更迭，夏尔·迪皮伊（Charles Dupuy）成立新政府。但利奥波德发现，法国新任外交部部长恰恰是阿诺托。他不依不饶地谴责《英刚协议》，希望把整个加扎勒省据为己有，只把拉多飞地留给利奥波德。拉多飞地位于赤道省，是沿着尼罗河向北延伸至拉多的一块泥泞三角洲，艾敏帕夏在这里构建了一连串据点作为防御链，抵御马赫迪军。随后，德国也倒向了法国一方。

利奥波德向罗斯贝里求助，罗斯贝里认为相比法国，欧洲小国比利时的利益是随时可以牺牲掉的。何况，英国外交部没人喜欢利奥波德的品格：恃强凌弱、牢骚满腹、花言巧语。最后，利奥波德被迫放弃了除拉多飞地外的整个尼罗河流域。

# 第二十六章 阿诺托时代

1894年，加布里埃尔·阿诺托41岁，他戴着眼镜，胡须修剪得整整齐齐，穿着一身黑衣服，绰号"教授"。阿诺托原本是一名档案保管员和历史学家，后因发表在《时报》上的一篇历史文章为莱昂·甘必大所欣赏，在他的说服下加入外交部，逐渐升为领事和商业事务主任。工作之余，阿诺托在历史研究上颇有建树。1893年，他出版了黎塞留两卷传记中的第一卷，这部作品得到了法兰西学院的称赞。他还俘获了美丽的女演员瓦伦丁·韦尔兰（Valentine Verlaine）的芳心，可谓情场职场双开花。1894年5月底，夏尔·迪皮伊组阁后，任命阿诺托为外交部部长。

阿诺托是一个信奉实用主义的外交家。他上任之时，法国外交形势十分严峻。弗雷西内一手主导并促成了法俄同盟，但同盟的排他性，让沙俄有意阻止英法两国修复因埃及问题造成的隔阂。阿诺托颇有前瞻性地主张，为保护法国免受三国同盟（德国、意大利和奥匈帝国）的威胁，法国应该与英国达成"友好协议"。为了实现这一目标，阿诺托认为有必要把非洲作为筹码。

当时，英法在非洲有两个棘手的矛盾并未解决：第一，与尼日尔和西苏丹接壤的3块孤立的英国殖民地——塞拉利昂、黄金海岸和皇家尼日尔公司势力范围的北部边界并未明确划分；第二，由谁来控制目前掌握在马赫迪国手中的、位于尼罗河上游和苏丹东部的大片沙漠。

1890年8月5日，索尔兹伯里和沃丁顿在伦敦签署《英法协议》。该协议确定原则如下：撒哈拉沙漠的土地属于法国，沙漠南部包括尼日尔河上游的大片腹地也应属于法国。但是，专员们后来并没有为上述3块英国领土确定北方边界，这就埋下了两国争端的诸多隐患。例如，英国外交部宣称，1890年的协议已在原则上规定，皇家尼日尔公司势力范围的北部边境、法国势力范围的南部边界，是从尼日尔河边的萨伊（Say）到乍得湖边的巴鲁瓦（Barruwa）。但是，1894年2月，就在阿诺托成为外交部部长之前，法国外交部却提出，萨伊—巴鲁瓦线只是法属非洲的南部边界，而不是皇家尼日尔公司势力范围的北部边界。因此，该线南部的大片地区依然是无人区，如果法国探险家能抢先到达那里，他们就能笑纳这份大礼。尤金·艾蒂安在殖民部时，曾在1890年组织人员对乍得湖进行3次"科学"考察，结果从加蓬出发的保罗·克拉佩尔被一些好斗的当地人杀死，帕尔费-路易·蒙蒂尔除了在撒哈拉沙漠的"瘠薄地"进行了一次漫长的旅行外，几乎没有取得什么成就，而安托涅·米松的考察则以闹剧开始，以丑剧告终。

我们重点说下米松的考察。1883年，米松曾命令塞内加尔军官马拉米纳中士放弃职守回家，结果差点丢掉布拉柴开创的殖民地。7年以后，神秘的"哈里·艾里斯"说服米松，从尼日尔河下游逆流而上，向东北转进贝努埃河，到达博尔努和阿达马瓦（Adamawa）。当米松的蒸汽船在1890年10月到达尼日尔河河口时，戈尔迪·陶布曼试图阻止它通过。法国外交部厚着脸皮向伦敦抗议道，米松全副武装的远征是纯粹的"科学和商业"行为，1885年的《柏林总议定书》赋予了他自由通行的权力。而戈尔迪则用《柏林总议定书》回击道，该法案没有提到着陆权，因此米松没有上岸收集食物和燃料的权力。但英国外交部认定米松将一事无成，于是让戈尔迪放行。

1892年夏天，米松回到巴黎后，大肆吹嘘自己在阿达马瓦建立了一个新的保护国，还带回来一位据称是被他解救的美丽黑公主恩萨布（N'Sabou）。当时，法国国内的殖民运动开展得如火如荼，在这股劲风的带动下，米松被捧为法兰西西非帝国的象征。法属非洲委员会主席奥伦贝格（d'Arenberg）亲王称他为新的布拉柴，并把他的仁慈和斯坦利的嗜杀成性做比较："关于阿达马瓦，无须问与斯坦利一样的问题，'你在非洲杀了多少黑人？'"

艾蒂安和后来的泰奥菲勒·德尔卡塞等人毫不质疑地认可了米松的功绩。米松声称的新保护国阿达马瓦，部分在皇家尼日尔公司声称的势力范围内，而且尚未被公司控制，这令法国殖民部非常振奋。

在法属非洲委员会、众议院中90名殖民派代表和殖民部的大力支持下，一家特许公司迅速成立。米松得到了100名塞内加尔士兵和2艘装备快炮的汽船。当然，随后的武装探险依然披着"科学和商业"考察的外皮。与上次一样，戈尔迪力图阻止，法国外交部抗议，英国外交部放行。

但1893年5月，远征队的医生亨利·瓦德（Henri Ward）回到巴黎后，在激进报纸《不妥协者》上发表了一篇文章，揭穿所谓"阿达马瓦保护国"的骗局：当地埃米尔非但没有与米松签署条约，反而警告他不要再来。那么米松是如何完成任务的呢？原来，米松故意把船留在贝努埃河，然后携带船上的快炮前进240千米进入皇家尼日尔公司势力范围的穆里（Muri），讨好该地的埃米尔。这位埃米尔因戈尔迪的公司拒绝帮助他掠夺奴隶，对戈尔迪十分不满。米松则毫无道德约束，两人臭味相投，结为盟友。圣诞节那天，米松亲自指挥了对科瓦纳（Kwana）村的攻击，他先是命人用快炮向土墙发射30发炮弹，然后指挥塞内加尔士兵冲进缺口，洗劫了这座城镇。科瓦纳村有50人死亡，100人受伤，2000人逃到山上，但他们很快便被围捕并被卖为奴隶。兴高采烈的埃米尔让米松挑选奴隶，米松挑了两个年轻女孩赠给阿拉伯仆人哈米德，挑了一个八九岁的孩子取悦他的黑公主恩萨布。

瓦德的文章后来得到了米松探险队另外两名成员的证实。米松杀害、奴役了2000多名受英国保护的民众。瓦德引用奥伦贝格亲王的言论进行讽刺："关于阿达马瓦，无须问与斯坦利一样的问题，'你在非洲杀了多少黑人？'"他接着写道："现在，大家可以问了。"

法国政府被迫将米松召回。米松把恩萨布交给当地天主教神父照料，几个星期后，她生下一个浅肤色的男孩。法国外交部的人对米松的丑闻只能发出一声叹息。1893年年底，戈尔迪与德国人划定了英德两国在阿达马瓦地区的殖民地分界线，该线从阿达马瓦埃米尔国首都约拉（Yola，约拉仍属于英国）以东的乍得湖南岸，直抵斐南多波岛（Fernão do Pó，今赤道几内亚的比奥科岛）的海岸。该线东面归德国，西面归英国。《英德协议》保证了博尔努的安全，并阻止了法国进一步蚕食戈尔迪的皇家尼日尔公司势力范围的东部边境（最北至乍得湖水域）。1894年年初，在德国人允许法国人进入贝努埃河的一条支流航道后，法国政府接受了《英德协议》这一既成事实。

接下来，我们把目光转向苏丹。1893年1月，泰奥菲勒·德尔卡塞接管殖民部，几乎与此同时，水文学家维克多·普罗波特（Victor Prompt）发表演讲，建议在位于尼罗河上游、喀土穆以南800千米处的法绍达（Fashoda）沼泽地修建一座大坝。他认为，通过操纵大坝，便可令埃及洪水泛滥或河流干涸。英法的政客们对此信以为真。4月，德尔卡塞决定派帕尔费-路易·蒙蒂尔去法绍达执行探险任务。蒙蒂尔起初并不想接这活儿。德尔卡塞把他带到爱丽舍宫，萨迪·卡诺（Sadi Carnot）总统亲手递给他一份普罗波特的演讲稿，一本正经地告诉他："我们必须占领法绍达！"蒙蒂尔不得不恭恭敬敬地对总统敬礼："您是陆海军司令，我将服从您的命令。"

俗话说，兵马未动，粮草先行。远征的物资早已抵达出发地布拉柴维尔，但蒙蒂尔却迟迟不肯动身，他抱怨说，必须与利奥波德国王确定刚果的北部边界，这样他才能安全前进。事实上，利奥波德通过他在法国的内线，已经收买了蒙蒂尔。大批物资在布拉柴维尔的仓库囤积了一年后，德尔卡塞忍不了了，试图找人替代蒙蒂尔。在这种背景下，1894年7月16日，蒙蒂尔终于启程去了非洲。由于两个月前利奥波德与英国签订的《英刚协定》泄露，法国反英情绪高涨，导致双方的边界问题上升成了关乎国家荣誉的大事。法国公众再次谴责英国人不履行他们撤离埃及的诺言。阿诺托不想使英法关系恶化，明确禁止蒙蒂尔去法绍达，甚至要他以名誉担保不能离开刚果河，而这正符合蒙蒂尔的心意。一个月后，利奥波德做出让步，《英刚协定》破裂。此时，滞留在布拉柴维尔的蒙蒂尔成了即将召开的英法谈判的重要筹码。

1894年9月5日，英法新一轮谈判开始。英国代表康斯坦丁·菲普斯（Constantine Phipps）要求法国人做出两大让步：首先，承认英国在整个尼罗河上游（直至刚果河流域）的主权，承认苏丹依旧是埃及的一部分，换句话说，苏丹属于大英帝国。其次，法国人必须按英国人理解的那样，尊重1890年签署的《英法协议》。萨伊—巴鲁瓦线将成为皇家尼日尔公司势力范围的北部边界，博尔努和索科托同样属于公司。作为补偿，英国将让出尼日尔公司势力范围西部的博尔古（Borgu）①，从而给法国留出一条从达荷美通往尼日尔河上游腹地的宽阔走廊。塞拉利昂的边境也将进行对法国有利的调整。此外，英国还答应赔偿在乌干达遭到马克沁机枪惊吓的法国神父们1万英镑。

阿诺托对菲普斯提出的关于尼日尔河的建议感到满意，不过他虽然认为尼罗

---

① 博尔古省如今是贝宁的12个省份之一，位于该国东北部。

河上游属于埃及，但他坚持英法在埃及人驱逐马赫迪军前不介入尼罗河上游的事务。换句话说，英国的势力范围以乌干达为界，法国的势力范围将以刚果河为界，尼罗河上游暂时是"无主之地"。

菲普斯认为这个方案可行，但当他于10月6日向伦敦报告该方案时，非洲司司长珀西·安德森爵士对此很不满意。在安德森看来，法国人同意远离苏丹，只不过因为他们无法把能打败马赫迪军的部队送到那里。英国人当然不能为了这个毫无诚意的让步放弃博尔古，远离苏丹。英国仍然根深蒂固地认为，尼日尔河流域有谈判的余地，但尼罗河流域绝不能妥协。埃及可以保护通往印度和东方的运河和海上航道，而保护埃及就必须征服苏丹。戈登的战死，为这个等式增添了许多的激情和荣耀。可怜的菲普斯因为谈判失败被踢到巴西当公使。

巴黎谈判破裂的另一个结果是，36岁的非洲老兵弗雷德里克·卢加德上尉成了受人追捧的对象，重出江湖。1894年，英属东非公司关门大吉后，卢加德渴望回到"自己的孩子"乌干达，担任乌干达首任总督。但罗斯贝里和珀西·安德森拒绝了这个提议，毕竟卢加德曾在两年前用马克沁机枪让法国人噤若寒蝉，此时再任命他恐怕会激怒法国人。这时，被卢加德视为偶像的戈尔迪亲自出面，最终说服他替皇家尼日尔公司工作。

戈尔迪给卢加德的合同十分古怪，他给卢加德准备了两个备选任务：第一，与位于该公司势力范围西北丛林的博尔古酋长签订条约；第二，将皇家尼日尔公司的边界从乍得湖向尼罗河推进。不过要等到他抵达尼日尔河以后，戈尔迪才会通过电报告诉他应该执行哪一个。除此之外，戈尔迪要求卢加德在今后5年内，在未得到公司许可的情况下，对自己的任务只字不提。

1894年8月28日，卢加德再次出现在尼日尔河三角洲红树林沼泽中的阿加萨（Akassa）港，两天后乘坐"努佩"号轮船沿着尼日尔河向博尔古驶去。戈尔迪并未给他发出执行第二个任务的信号，因此卢加德的目的地已经确定——博尔古西部、毗邻达荷美的尼基（Nikki）城。卢加德的任务是，抢在法国派出的亨利·德科尔（Henri Decoeur）上尉的探险队之前，与这里的统治者，以及神秘的布萨（Bussa）以西的其他统治者签订条约。随后，卢加德将切断法属殖民地达荷美与内地的联系。他要向西推进到尼日尔大河湾和黄金海岸之间无人居住的山区莫西（Mossi）。卢加德探险队主要由几百名驮运华丽布匹的搬运工组成。虽然有约40名豪萨族士兵护卫，但戈尔迪教导他："你们远征的目的是外交，而不是征服……使用武力不能帮助你们实现目标，反而会阻碍目标的实现。"

卢加德在尼日尔河上航行时，他来到红树林沼泽后便一直纠缠着他的低落情绪一扫而空。尼日尔河又宽又深，与东非河流截然不同。尽管下着倾盆大雨，他还是觉得秀色可餐，浓密的雨林之墙泛起各种各样的绿意，一棵开着猩红色花朵的树在其中格外引人注目，让他想起了英国的山楂树。蕨类植物和兰花随处可见，岸边还有成排的红树，皇家尼日尔公司已经开始开发这种优质木材。参加过英缅战争的卢加德向公司建议在上缅甸的柚木区训练和饲养亚洲象（非洲象体型更大，但性情暴躁，难以驯服），然后把它们运到这里帮忙驮运木材。

卢加德对尼日尔河三角洲的经济潜力十分看好，但对皇家尼日尔公司的管理人员并无好感。这些人把非洲的竞争者布腊斯人挤出贸易圈，使其陷入饥寒交迫。卢加德对当地原始的状态感到震惊："女人们在轮船旁边洗澡，她们全身赤裸地在岸边擦着肥皂，根本不想在水里遮遮掩掩。"卢加德只能躲在"努佩"号前甲板的一块帆布屏风后洗澡。管理层内部流传着各种花边新闻，比如米松中尉的那个黑公主恩萨布，其实是皇家尼日尔公司一个领航员11岁的侄女。

事实是，皇家尼日尔公司的统治范围局限于潮湿的河岸。它在岸边建造了6座有铁皮屋顶的交易站，由当地警察和豪萨士兵守卫。卢加德发现，戈尔迪拨给他的豪萨士兵连施耐德步枪都不大会用，好在现在他还不想使唤这些士兵。

1894年9月8日，当庞大的商队还在集结的时候，卢加德带领一支快速纵队，沿着陆路前往160千米外的布萨。他以疯狂的步伐前进，"我赶路赶得有点儿过了，我不确定自己是不是在吐血……我已经筋疲力尽了"。当卢加德抵达布萨时，他被当地酋长晾在太阳下晒了半个小时，还得穿上一件可笑的衣服——饰有金色花边和星星的猩红色大衣——才能会见酋长。在他看来，布萨酋长是一个肮脏、凶恶、被一群全裸或半裸的女人包围着的野人。卢加德在争吵中浪费了好几天时间，除了许诺写几封可以换取枪支、火药和盐的介绍信，并证实布萨的虚弱外，他什么收获也没有。他发现布萨只是博尔古联邦中的一个小邦国，因此与布萨的现有条约并不能赋予皇家尼日尔公司整个博尔古的主权。于是卢加德坐着独木舟返回，与商队集合。

9月27日，卢加德带着商队出发前往尼基。这支商队起初组织十分混乱：缺乏非洲土官，只有两名酋长；两个本能帮上忙的欧洲青年得了疟疾；努佩人、豪萨人和约鲁巴人（Yoruba）等各族搬运工为了货物互相争斗。但卢加德堪称那个时代所有探险家中最有管理才能的一位，他没有鞭笞任何人，就把混乱的商队整顿得井井有条。卢加德一行忍受了高温（他的狗死于中暑）、暴雨、一次伏击和发烧的侵袭。卢加德克服后者的方法是，自己吃下安替比林，并在炽热的太阳下行军21千米，从而促进排汗，产生疗效。当地的土药则把他从刺穿他头骨的毒箭中解救了出来。10月11日，商队徒步进入与博尔古接壤的最后一个约鲁巴城镇基希（Kishi）。他被警告，离开这里以后，他必须对博尔古人的攻击有所准备。但是，博尔古最有影响力的王国之一——基亚马（Kiama）王国的国王却对他表示欢迎。国王深夜穿着睡衣，在两名女孩的陪同下来到卢加德的帐篷里。他告诉卢加德，他将是他的终生挚友。为了表达对卢加德的信任，国王将与两个女孩一起睡在卢加德的帐篷里。国王很高兴地签署了条约，并承诺成为大英帝国的保护国。作为回报，卢加德给了他一些黄色和红色的毛绒玩具，以及从杰巴（Jebba）取盐的凭证。国王给他的兄长尼基国王写了一封介绍信，但警告卢加德提防其他博尔古人，称他们非常奸诈，如果允许他们进入营地，或者不带武器独自去见他们，那就等于送死。

卢加德带着基亚马国王签下的条约和信，穿过高高的绿色草地，顶着浇灭篝火的倾盆大雨，向尼基前进。10月30日，尼基国王派来信使阻止卢加德前进，因为国王的药师曾警告过他，如果白人进入尼基，国王就得死。卢加德回答说，尼基不是非洲唯一的国家，如果国王在两天内没有派人去叫他，他就会去别处，遭受损失的只是国王自己。卢加德成功了。11月5日，卢加德在尼基城墙外扎营。第二天，国王派来一位伊玛目（伊斯兰教教职称谓）。伊玛目说他代表国王前来谈判，因为国王害怕与白人见面。卢加德的翻译——塞拉利昂黑人约瑟夫被允许与年老失明的国王会面，并确认伊玛目是国王的代理人。11月10日，伊玛目代表尼基国王在条约上签字。尼基并未明确成为公司的保护国，但它让公司控制了对外事务。公司将开放该国的贸易，并承诺"在可行的范围内"协助尼基御敌。公司还送给国王和伊玛目价值11英镑的礼物。两天后，在非洲新朋友依依不舍的告别声中，卢加德带着珍贵的《尼基条约》，在浓雾中返回约鲁巴。

1895年1月21日，卢加德抵达阿加萨后兴高采烈地发电报给戈尔迪，称德科尔上尉输了这场比赛。德科尔从达荷美出发，于1894年11月16日，也就是卢加德离开5天后抵达尼基。过于谨慎的德科尔实在很难被称为"探险家"，但他的队伍是法国官方组织的军事远征队，背后有法国政府撑腰。德科尔有100名训练有素的塞内加尔士兵，以及堆积如山的物资。面对荷枪实弹的塞内加尔士兵，尼基国王忘记了对白人的恐惧，亲自与德科尔见面。11月26日，国王签署条约成为法国的保护国。即便这样，德科尔也比卢加德晚了10天。与法国签约的尼基国王，对英国翻脸不认账，声称卢加德手中的条约是伊玛目的骗局，目的是把英国人的礼物据为己有。

之后，达荷美新任总督维克托·巴洛特（Victor Ballot）率部向尼日尔河流域出发，他们建立了一系列驻地，开始为河流通航进行勘测。1895年2月下旬，由乔治·图蒂（Georges Toutée）上尉率领的第三支探险队到达努佩河，并以奥伦贝格亲王的名字修建了"奥伦贝格堡"，挂上了三色旗。图蒂继续自己的勘测工作，一直勘测到布萨急流。在那里，他们建立哨所，与戈尔迪的贸易伙伴签署条约。

就在英法两国各自较劲的时候，谁也没有料到，1月24日，皇家尼日尔公司在阿加萨的驻地被布腊斯人洗劫并烧毁。在伦敦，尼日尔公司的职员们感到震惊，他们一直认为阿加萨和伦敦的皮卡迪利广场一样安全。戈尔迪赶紧将事情汇报给了外交部。卢加德可能因为不喜欢阿加萨的湿热，3天前去了别的地方，他得到消息时同样很惊讶。

在皇家尼日尔公司在阿加萨扎根前，布腊斯曾号称是尼日尔河三角洲的威尼斯。布腊斯人是经营棕榈油和酒类贸易的中间商，他们的独木舟船队在河道中自在穿梭，利物浦商人对其趋之若鹜。但戈尔迪的到来结束了这一切。起初，利物浦商人与布腊斯人结盟。但在1893年，戈尔迪买下了利物浦商人的全部股份，就此断了布腊斯人的正常贸易途径，他们只能选择走私。皇家尼日尔公司用暴力镇压走私活动，布腊斯人只得忍饥挨饿。屋漏偏逢连夜雨，当地暴发了天花，巫师们宣称只有活人献祭才能结束一切悲剧。再加上其他大大小小的事件，如公司职员强奸一名受人尊敬的非洲妇女等，促使走投无路的布腊斯人在1895年1月发动起义。

起义由布腊斯国王科科（Koko）本人领导。1895年1月29日，在黎明的晨雾中，脸涂白垩粉、手持恩菲尔德步枪的上千武士在科科的带领下划着独木舟从布腊斯首都内姆贝（Nembe）出发。身轻如燕的布腊斯人麻利地穿过红树林沼泽，溜进了公司在阿加萨的港口，跑到两名法国军官所在的、当地警察队长摩根（Morgan）的两层木房子前，对着房子排枪射击。摩根等5人看起来在劫难逃，但幸运的是，邮船"巴瑟斯特"号（Bathurst）的到来分散了布腊斯人的注意力，使他们得以乘汽艇逃走。

之后，布腊斯人疯狂屠杀了在皇家尼日尔公司船坞与工厂打工的克鲁族（Kru）男孩。大约有75名当地人在棚屋里被枪杀或被砍死；其余人则被捆起来，送上独木舟带走。临近中午时，英国驻布腊斯副领事震惊地看到，在齐鸣的战鼓、飘扬的旗帜中，一船又一船的囚犯被运回镇上。然后，在由当地巫师主持的人祭狂欢中，大多数白人被杀害并被吃掉。只有25名俘虏幸免于难，被移交给英国领事馆。

科科国王和他的酋长们随后写信给威尔士亲王，请求原谅他们对皇家尼日尔公司的攻击。他们"现在非常抱歉，特别是在杀害和吃掉部分员工的事情上"。他们向亲王保证"我们现在完全听凭善良的老女王摆布，因为我们知道她是一位心地善良、富有同情心的老母亲"，随后把发动起义的缘由逐一解释给亲王听。

戈尔迪得知阿加萨遭到袭击后，气急败坏地要求派出皇家海军，惩治暴乱的布腊斯人。英国驻尼日尔海岸保护国的专员和总领事克劳德·麦克唐纳（Claude MacDonald）少校私底下却认为，叛乱的根本原因在于皇家尼日尔公司为非作歹。伦敦方面，一边派出炮艇前去惩罚叛民，一边派退休的非洲专家约翰·柯克爵士前去调查真相。8月，柯克带回了调查报告。相比科科国王的信，圆滑的柯克并未将责任归咎于任何一方。他得出结论称，皇家尼日尔公司的特许体系已经无法运作，该公司的垄断地位应该被打破。然而，在柯克从阿加萨归来前，罗斯贝里勋爵的自由党政府已经倒台了。1895年6月，索尔兹伯里勋爵三度拜相。为了避免惹怒戈尔迪，他将柯克的报告打入了冷宫。

布腊斯起义逐渐冷却，但法国的"阿尔当"号（Ardent）却令人尴尬地躺在沙滩上。1894年12月，法国向尼日尔河派出海军炮艇"阿尔当"号，但不久它便搁浅在了离大海160千米的沙滩上。在布腊斯暴乱中，法国船长尽管被皇家尼日尔公司的人救了一命，但依然拒绝承认公司对尼日尔河的主权，宣称该河和英吉利海峡一样属于国际水域。当时还在执政的罗斯贝里政府为此遭到保守党的猛烈抨击，他们借题发挥，把西非与苏丹联系在一起：既然法国人在尼日尔河流域都可以蔑视英国权威，那么英国又怎么阻止他们派遣远征队到尼罗河上游，夺取法绍达呢？

对此，外交部次官爱德华·格雷（Edward Grey）爵士忙不迭地声称，他没有理由相信法国有该计划，因为"秘密派遣一支法国远征队从非洲的另一边进入我们早已知晓的领土……是一种不友好的行为，（格雷强调道）英国也会这么看"。

这就是所谓的"格雷宣言"，它在巴黎引起了轰动。人们纷纷传言，这是英国为争夺整个尼罗河河谷准备发动战争的信号（这当然不是格雷的本意）。

此时，阿诺托急于与英国和解。实际上，除了尼罗河与尼日尔河流域，英法两国在非洲的利益很容易调节。例如，意大利想利用英国在索马里兰的港口泽拉（Zeila）进入阿比西尼亚，这遭到了阿比西尼亚的盟友法国的抗议，于是英国拒绝了意大利。

索尔兹伯里勋爵重新出山后，阿诺托与勋爵考虑就尼日尔河问题单独达成协议。尽管阿诺托拒绝收回法国对博尔古的领土要求，但他不再派出新的探险队，也不再让那艘搁浅的炮艇在能够自由活动时去找英国的麻烦。8月雨季来临后，"阿尔当"号借着上涨的河水离开沙滩，回到了法国。作为回报，英国人不再给萨摩里·杜尔提供武器。1895年11月，莱昂·布尔茹瓦（Léon Bourgeois）取代里博出任总理（1895年初夏尔·迪皮伊卸任，里博继任）。一朝天子一朝臣，阿诺托也随之辞职。新任外交部长是马塞林·拜特洛（Marcellin Berthelot），他比阿诺托更亲英，但在政治上却有点儿天真。他的手下建议由马尔尚重拾蒙蒂尔的任务，其目的听起来人畜无害：让法国有权参加关于尼罗河河谷的会议。为了尊重赫迪夫，马尔尚的远征将以民间名义进行，不挂国旗，不签订任何条约，只有当他遇到另一支外国探险队时，才能升起三色旗相互致意。11月30日，拜特洛秘密批准了"马尔尚计划"。拜特洛不知道的是，外交部和殖民部的官员们对马尔尚的真正期盼，是他挥舞三色旗，夺取法绍达。但所有人都想不到，3年后马尔尚的远征将把英法两国带到真正的战争边缘。

索尔兹伯里勋爵当然不清楚马尔尚的疯狂计划。自从7月回到唐宁街以来，勋爵一直把与法国修好当作首要任务。他认识到,如果现在就重启有关埃及问题的谈判,法国那太过激动的公众舆论,必将导致谈判失败。至于苏丹,当前最好依然让马赫迪国掌控它。在西非,他反倒可以通过牺牲戈尔迪对博尔努的部分主张来取得进展。然而,1895年秋,对英法关系的新威胁,从东非热雾中隐隐浮现。

多年来,英国一直在尽其所能地拉拢三国同盟中最弱一环——意大利王国。在索尔兹伯里勋爵看来,意大利首相弗朗西斯科·克里斯皮(Francesco Crispi)在东非开拓殖民地的企图是一个错误。红海岸的马萨瓦疟疾频发,意大利殖民者因病去世者甚多。而幸存者则差点被万王之王约翰尼斯赶进大海,若不是1889年马赫迪军在加拉巴特战役(battle of Gallabat)中侥幸杀死约翰尼斯,他们恐怕难以幸免。随后,意大利与阿比西尼亚的绍阿(Shoa)国王孟尼利克二世(Menelik II)签订《乌查里条约》,承认其为万王之王。英国则承认阿比西尼亚为意大利的势力范围。意大利人再接再厉,建立厄立特里亚殖民地,将其当作本国在阿比西尼亚绿色高原与红海沙漠的立足点。但这个立足点并不稳定,一方面是由于这里贫瘠不堪,另一方面则是马赫迪军正在卡萨拉后方集结。

1895年,克里斯皮要求租借泽拉。自由党外交大臣金伯利勋爵拒绝,但索尔兹伯里同意。法国外交部部长拜特洛抗议称,这将意味着尼日尔河谈判的结束。索尔兹伯里只好告诉意大利人,他们必须自己去和法国人解决问题。

1896年1月,因殖民地卡萨拉正面临马赫迪军的威胁,意大利请求英国人转移马赫迪军的注意力。英国人开始讨论,如果要派军队,是将军队派往红海的萨瓦金,还是派到栋古拉?克罗默(Cromer)赞成派往萨瓦金,陆军部的将军们支持派往栋古拉。索尔兹伯里决定暂时什么也不做,这样会更安全。

沿着尼罗河向栋古拉挺进,是重新征服苏丹、解放喀土穆、为戈登报仇,以及确保从刚果边缘到阿比西尼亚蓝色山脉的整个白尼罗河流域属于英国的一个重要步骤。自19世纪80年代以来,这一直是索尔兹伯里政府防御计划的一部分。但现在,他有了新的想法,那就是从相反的方向推进:顺着尼罗河而下,而非沿着尼罗河逆流而上。他计划在未来几年内修建一条从蒙巴萨到维多利亚湖的1300千米铁路,这条铁路的投资将是天文数字。因此他决定暂时不招惹马赫迪国。

但在两个月后,索尔兹伯里收到了一则意想不到的消息:意大利人在阿杜瓦

（Adowa）遭遇一场空前惨败。阿杜瓦战役在英法两国迅速引起了多米诺骨牌效应，索尔兹伯里为了给意大利解围，立即授权赫伯特·基钦纳将军向栋古拉推进。随着基钦纳出兵，拜特洛伸出的橄榄枝瞬间枯萎，他被迫辞职，尼日尔河谈判中断。拜特洛的继任者莱昂·布尔茹瓦命令马尔尚加快速度冲向法绍达。

# 第二十七章 阿比西尼亚的胜利

1895年9月26日，一艘从亚丁驶来的汽船，载着厄立特里亚总督奥雷斯特·巴拉蒂耶里（Oreste Baratieri）将军，在厄立特里亚的港口马萨瓦登陆。马萨瓦港口不大，由两个通过堤道与陆地相连的粉红色珊瑚岛组成，岛上有一排不规则的木屋、一幢刷成白色的营房、一座土耳其风格的堡垒、一座飘扬着意大利国旗的总督官邸、一栋有两座宣礼塔的清真寺。马萨瓦港的水很深，整个水域非常安全，是红海最好的港口之一。马萨瓦港外什么也没有，只有点缀着珍珠母贝的美丽扇形海滩，以及沙漠中闪烁的亮光。巴拉蒂耶里将军在马萨瓦登上火车，火车轰隆隆地穿过堤道驶往非洲大陆。然而，这条铁路只有短短8千米。下车后，他换乘骡子，沿着沙质小道向南前进240千米，在阿迪格拉特（Adigrat）与他的军队会合。当然，如果他继续往前走，越过2500米高的峭壁，就会在热浪中隐约感受到凉爽，这是苍翠的埃塞俄比亚高原在向他招手。

阿比西尼亚在当时被欧洲人称为"非洲瑞士"或"非洲西藏"。埃塞俄比亚高原在地壳运动的作用下，被切割得支离破碎，形成了无数深达数百米的峡谷。这片孕育出悠久文明的高原，先后诞生了阿克苏姆（Aksum）王朝、扎格维（Zagwe）王朝、所罗门（Solomonic）王朝，但由于地理原因，这些王朝对阿比西尼亚边境地区的控制有限，各路诸侯历来听调不听宣。所罗门王朝后期，阿比西尼亚的主要割据王国是北方的提格雷（Tigre）与南方的绍阿，此外戈贾姆（Gojjam）、沃罗（Wollo）、锡缅（Hemra）等省份也处于独立状态。而基督教会是把这个国家维系在一起的唯一纽带。

1855年，提奥多罗斯二世（Theodore Ⅱ）结束了所罗门王朝的统治，成为新的万王之王。他致力于现代化改革，一边限制教会发展，一边修筑道路、购买洋枪洋炮。起初，阿比西尼亚与英国贸易往来频繁，并试图废除奴隶制度，两国关系进入蜜月期。但在1863年，提奥多罗斯二世致信维多利亚女王，要求英国支持他对抗埃及的侵略，结果英方没有回信，而是带来了一份别有用心的礼物——一块地毯，上面画着穆斯林士兵正在攻击一头狮子，后面还站着一个骑在马上的欧洲人。提奥多罗斯认为狮子暗指他，士兵是指埃及人，骑手代表支持埃及的法国人，英国正在将他抛给埃及。于是万王之王爆发雷霆之怒，将英国驻阿比西尼亚领事卡梅伦与59名欧洲人关进监狱。

使用外交手段解决无效后，英国于1867年派出镇压过印度大起义、参加过第二次鸦片战争的老将罗伯特·内皮尔率领1.3万英印军队，驱赶着包括44头印度象在内的数万头驮畜，发起了远征。他们沿着风景壮丽的东非大峡谷缓慢进军，每个士兵需要背负55磅的物资，有的地方，他们不得不用绳索与滑车将辎重车从谷底吊到山顶，然后再在另一边放下来。相比在高原上的艰苦行军，在阿比西尼亚首都马格达拉（Magdala）附近作战，无疑要简单得多。由于提奥多罗斯的改革过于激进，提格雷、绍阿等割据势力与他离心离德，再加上武器落后，英军无一伤亡便击溃了阿比西尼亚主力。走投无路的提奥多罗斯使用维多利亚女王赠送的左轮枪自戕而亡。这场远征花费了英国和印度纳税人近900万英镑，但是当时迪斯累利政府无意在东非建立殖民地，于是命令内皮尔班师。内皮尔因功被封为马格达拉子爵。

提奥多罗斯二世死后，阿比西尼亚进入了军阀混战、群雄逐鹿的时代。其中最强大的军阀，莫过于绍阿国王孟尼利克和提格雷国王约翰尼斯（Yohannes）。约翰尼斯曾在内皮尔远征时为其带路、提供斥候与情报，因此得到了内皮尔价值50万英镑的施耐德步枪、弹药和其余武器物资。兵精粮足的约翰尼斯靠着这些武器力压群雄，于1872年在阿克苏姆正式加冕为万王之王，即约翰尼斯四世。

这位"战士皇帝"有两个雄心勃勃的目标：一、统一在过去两个世纪中因内战而分崩离析的帝国；二、将疆域向300年前被穆斯林占据的东部沙漠扩张。想实现上述两个目标，红海良港马萨瓦不可或缺，没有马萨瓦，约翰尼斯就无法从欧洲进口武器，建立一支现代化军队。当时，马萨瓦掌握在老对手伊斯梅尔赫迪夫手里。伊斯梅尔于1875年11月和1876年3月两次派兵南侵。其中，第二次入侵的埃及军队共计2万人，装备着最新式的步枪与大炮，由大量参加过美国内战的将领指挥。约翰尼斯的武士们手里大多是前装枪、剑和长矛，但他们占据兵力优势。经过几次交战，埃及军溃不成军，勉强保住了红海沿岸地区。之后埃及财政崩溃，正式退出逐鹿东非的舞台。1878年，对约翰尼斯威胁最大的孟尼利克在脖子上系上一块石头面见万王之王，表示归顺。约翰尼斯仍封他为绍阿国王。1882年，孟尼利克将6岁的女儿嫁给约翰尼斯15岁的儿子，并且将沃罗地区当作嫁妆陪送过去。约翰尼斯则把侄女泰图（Taytu Betul）嫁给孟尼利克，从而在形式上完成了帝国的统一。

19世纪80年代，随着马赫迪运动席卷苏丹，该地区只剩下4个埃及据点仍在坚守，这4个据点分别是红海边的萨瓦金、阿比西尼亚边界的加拉巴特和克伦（Keren）、艾敏帕夏的赤道省。英国派出格拉汉姆将军替萨瓦金解围，而对赤道省则鞭长莫及。至于加拉巴特与克伦，英国决定求助于万王之王，1884年，双方签署《阿杜瓦条约》。约翰尼斯同意出手解救加拉巴特与克伦的埃及军，并在国内禁止奴隶贸易。作为回报，英方答应让他得到提格雷以北的低地省份博戈斯（Bogos），并承诺在"英国人的保护"下，阿比西尼亚可以通过马萨瓦运送包括武器在内的所有商品。

马萨瓦对英国来说就是个鸡肋，除了出口珍珠贝壳外几乎没有其他贸易货物，每年却需要2万英镑的补贴才能维持运转，因此英国急于将其脱手。当时，英国在非洲的主要对手是法国，而法国已经在索马里的奥博克建立起据点。自从突尼斯事件（1881年4月24日，法国借口受到突尼斯胡梅尔部落的袭击，悍然出动3.1万兵力，由阿尔及利亚入侵突尼斯。当年5月12日，战败的突尼斯被迫与法国签订《巴尔杜条约》，后又于1883年7月签订《马尔萨条约》，突尼斯正式沦为法国的保护国）后，意大利便与法国交恶，因此英国决定扶植意大利对付法国，于是，1885年2月，英国和意大利签署秘密协议，英国将马萨瓦送给意大利。意军占领马萨瓦后，在其西侧40千米的萨阿提（Saati）修建了要塞。

在非洲之角的南侧，意大利又吞下了后来的意属索马里兰，英国则拿下了非洲之角北侧的柏培拉港（Berbera）。至于埃及在苏丹之外的另一个据点——沙漠城市哈拉（Harar），欧洲列强对它毫无兴趣，于是这群填饱肚子的狮子把它抛给了一只饥饿的鬣狗——孟尼利克。在这场对埃及外围领土的侵吞中，约翰尼斯成了唯一饿着肚子的人。愤怒的约翰尼斯很快便给了意大利人一个下马威，他派麾下头号大将厄立特里亚大公阿鲁拉（Ras Alula）攻打萨阿提要塞。意军匆忙派兵增援，结果中了阿鲁拉的围点打援之计。1887年1月，大约500名意军在多加利（Dogali）遭到伏击，只有不到100人幸免于难。

约翰尼斯很快就受到了来自三方的战争威胁：西北部的马赫迪军打败戈贾姆王，洗劫了圣城冈达尔（Gondar）；占领马萨瓦的意大利人可以从海上得到补给，从而在阿比西尼亚沿海站稳脚跟；他的嫡子因患天花早逝，而亲家孟尼利克与他的关系急剧恶化，对方与意大利人勾结，在得到了医疗帮助与大量火器后，挑起了内战。

这3个敌人先对付哪个？约翰尼斯决定先对付马赫迪军。他召集起了13万步兵、2万骑兵。这支部队看似规模庞大，实际上派系林立，贝格姆迪尔和提格雷提供的部队十分可靠，沃罗提供的部队则心怀二心。1889年3月9日，加拉巴特战役爆发。起初，阿军依靠数量优势突破马赫迪军的防线，但随后约翰尼斯身受致命伤。群龙无首的阿军土崩瓦解，当晚约翰尼斯死去，运送他灵柩的部队也遭到偷袭，万王之王的头颅成了哈里发的战利品。几周之后，绍阿国王孟尼利克在意大利人的支持下，凭借与先王缔结的姻亲，在高原南麓的恩托托（Entotto）加冕为万王之王。绍阿的营地被定为新都，并得到一个浪漫的名字——亚的斯亚贝巴（Addis Ababa），意为"新鲜的花朵"。但在800千米外，约翰尼斯的私生子曼加夏（Mengesha）亲王盘踞在提格雷，声称自己才是约翰尼斯的继承人。

1889年5月2日，为了准备内战，孟尼利克与他的老朋友意大利人签署《乌查里条约》，宣布阿比西尼亚沿海的厄立特里亚地区接受意大利的保护；同意将提格雷的大部分领土割让给意大利，并给予其商业、工业、司法上的特许权。作为回报，意大利人承诺，尽量满足孟尼利克对现代步枪的需求。但随后意大利人频繁耍起小聪明：他们把5000支步枪运抵亚的斯亚贝巴，但运来的弹药与步枪的口径不符。如果孟尼利克想购买弹药，需要借贷200万里拉（8万英镑），由意大利政府担保。1889年6月2日，意军占领克伦，8月3日占领阿斯马拉（Asmara），不久又长驱直入占领哈马西安省的余部以及奥库勒 - 库赛伊和赛勒两省。随后，意大利人引用意大利文版《乌查里条约》第17条"阿比西尼亚与其他国家的交往必须通过意大利政府"①，并根据《柏林总议定书》通知列强，阿比西尼亚是意大利的保护国。

---

① 然而阿姆哈拉文的版本是这样写的：阿比西尼亚政府"可以在意大利政府的协助下，同欧洲各国君主交往"。

孟尼利克恰巧在此时告知欧洲列强，自己准备在1889年11月3日加冕，结果维多利亚女王的答复是："我们将把您的信件和我们的答复文本邮给我们的朋友——意大利国王陛下的政府。"这让孟尼利克感到一头雾水，女王为何还要通知意大利人？当他发现两个版本《乌查里条约》的差异时，立即向列强提出抗议。1893年，意大利人试图用200万发子弹来安抚他（这些子弹是用意大利政府担保的贷款买的）。孟尼利克接受了子弹，但拒绝接受意大利对条约的解释，他宣布《乌查里条约》作废。不过，在当时的列强中，只有3个国家认为阿比西尼亚并非意大利的保护国：因意大利夺走马萨瓦而蒙羞的奥斯曼帝国，以及两个咄咄逼人的后来者——俄罗斯和法国。

　　孟尼利克开始暗自与法俄示好，而两国则通过法属索马里向他提供武器。意大利无法封锁阿比西尼亚，于是决定扶植曼加夏亲王。这个男孩虽然是个勇敢的战士，但在政治斗争方面完全是个菜鸟，除了他自己的封建领地外，没有人支持他。当时饱经战争与饥荒摧残的提格雷，已是满目疮痍，而厄立特里亚总督巴拉蒂耶里只是不断给曼加夏画大饼，并无实际援助。1894年6月，对意大利心灰意冷的曼加夏南下绍阿，颈悬石头向孟尼利克谢罪，其他王公也纷纷效仿，投到万王之王麾下。不过巴拉蒂耶里对此毫不在意——阿比西尼亚帝国也许会被万王之王统一，但最终难挡他手下现代军队的进攻。

　　1894年年底，厄立特里亚一个叫巴塔·哈戈斯（Bahta Hagos）的酋长与曼加夏及孟尼利克取得联系，试图从意大利人手里赢取独立。巴拉蒂耶里镇压了这场叛乱，杀死哈戈斯。随后，他率4000名阿斯卡里（Askari）[1]穿过双方事实上的边境线，意阿战争就此爆发。曼加夏被迫撤军，先后放弃阿克苏姆、阿迪格拉特、阿杜瓦以及提格雷的首府默克莱（Mek'ele）。结果意军由于缺乏军费，只能停在阿迪格拉特。1895年7月，巴拉蒂耶里乘船回到意大利，说服克里斯皮内阁拨付军费。这位红衫军老兵的此次活动相当成功。当他进入国会时，全体议员向他起身致意。他被誉为意大利当世最伟大的军人，并被总统吹捧为加里波第的传人。尽管面临金融危机，

---

　　① "Askari"，斯瓦希里语，意为"战士"，泛指东北非、大湖区、中非等地，由列强提供武装，接受过欧式训练的当地黑人士兵。

克里斯皮内阁还是同意大幅增加军费。巴拉蒂耶里夸下海口，要将孟尼利克"装在笼子里运回罗马"。随后，志得意满的巴拉蒂耶里在马萨瓦登陆，匆忙与驻扎在阿迪格拉特的军队会合，于是就有了本章开头的场景。

1895年10月初，巴拉蒂耶里派遣9000人越过厄立特里亚南部边境。除了军官和一队猎骑兵外，这支部队全部由招募自厄立特里亚的非洲士兵组成，他们经验丰富、纪律严明、作战勇敢，不仅装备着最新的弹匣步枪，还得到了现代化大炮的支援。起初，巴拉蒂耶里认为孟尼利克会支持曼加夏发动反击，但事实恰恰相反。10月9日，曼加夏在与巴拉蒂耶里的先头部队发生冲突后，惊慌逃走。于是，巴拉蒂耶里率主力向提格雷南部挺进，他计划占领并强化通往阿比西尼亚腹地的第一个战略据点默克莱，并控制通往北方阿迪格拉特与阿杜瓦的两条要道。巴拉蒂耶里在阿迪格拉特遥望阿杜瓦，只看到如同角楼一样怪异的山峰。1895早些时候，他本有机会轻易占领阿杜瓦，可惜因缺乏军费而被迫放弃。他相信自己还有第二次机会。

经过与提格雷军队的接触，巴拉蒂耶里相信孟尼利克早已无力再战。首先，万王之王腹背受敌：东部沙漠有奥萨（Aussa）苏丹国，西部有马赫迪国，国内的封建王公与他始终离心离德。其次，万王之王的军队需要穿过高原错综复杂的峡谷，前往800千米外的地方作战，而且需要从贫瘠的提格雷征集食物。巴拉蒂耶里给罗马拍电报称，他不确定孟尼利克能否前来应战。后者的军队已经因为缺乏食物而崩溃，甚至有传言称万王之王本人遭雷劈而死。

1895年9月17日，也就是巴拉蒂耶里在马萨瓦登陆的9天前，在马萨瓦以南800千米外的亚的斯亚贝巴宫殿大院，士兵们不停地敲着战鼓，召集民众聆听圣谕。当时苔麸播种已接近尾声，绍阿高原上春花烂漫，郁郁葱葱。这片高原地势相对平坦，旅行者可以骑马一口气进入"新鲜的花朵"亚的斯亚贝巴。这座建立10年的新都没有街道，只有几座石头建筑，以及在绍阿高原南部延展开的上万座泥屋，它们如同上百个非洲村庄凑在一起，坐落在点缀着金合欢树、流淌着溪水的绿色山谷里。首都的中心是一个巨大的露天集市，里面挤满了穿着白袍的商人和他们的驴子。唯有5座圆锥形的茅屋教堂——拉斐尔教堂、玛丽教堂、三一教堂、奥里尔教堂和圣乔治教堂，才让人想起，这里自公元4世纪起就是基督教的地盘。

孟尼利克的宫殿有一个建有山墙的巨大宴会厅，还有一组由瑞士设计师设计的印度风格的亭子。宫殿外的笼子里，趴着两只脏兮兮的、无精打采的狮子，象征着"犹大之狮"。

孟尼利克头戴灰色宽边软毡帽，赤着脚，骑在一头披着猩红色马鞍布的骡子上，两侧的马镫各由一个仆人扶着，一个男孩在他的身边高举遮阳伞。他皮肤黝黑，满脸麻子，高高的前额和匀称的鼻子是典型的闪米特人特征，然而他异常厚的嘴唇却遗传自属于尼格罗族的母亲。当他说话时，他的脸上洋溢着智慧和幽默。当欧洲游客给他介绍水管或电灯等现代发明时，他几乎无法抑制自己的好奇心。其中，最让他兴奋不已的是现代火器。他认为自己更擅长外交，对战争没有兴趣，然而这一次，万王之王不打算再和意大利人唇枪舌剑，而是要直接战斗。

"集合军队，击鼓！"万王之王坚信，他的人民依靠古老的信仰和新式欧洲步枪，能将侵略者赶入大海。他演讲道：

> 感谢慈悲的上帝，助我击杀仇敌、扩张领土，保佑我至今。蒙上帝之恩，我才得以称王。我们终有一死，如果我死了，我也不会感到痛苦……敌人来了，他们要破坏我们的国家，改变我们的宗教。他们已经越过了上帝赐给我们的疆界——大海……这些敌人向前推进，像鼹鼠一样得寸进尺。我已忍无可忍！我要采取行动捍卫国家，抗击敌人……

送信人沿着尘土飞扬的大道飞驰而去，每个村庄都回响着这份宣言，首都顿时热闹起来。皇宫大摆宴席，可以容纳2000武士吃英吉拉①。各省军事首领为表忠心，陆续赶来赴宴。孟尼利克最为倚仗的，是他的表弟——哈拉省总督马康南（Makonnen）亲王。哈拉省相对富裕，因为吉布提的法国军火商、泽拉的英国军火商购买的步枪与弹药都要经过哈拉运抵。一周后，马康南亲王率哈拉军队进入首都，这座泥屋之城霎时变成了帐篷之城。太阳被成千上万头牛经过而扬起的尘埃遮蔽，

---

① 英吉拉是蜂窝状的灰白色大薄饼，用当地特产的苔麸和面粉混合发酵后制成，略带一股馊掉的酸味。吃的时候，可以在多孔的面饼上放上豆子酱、碎牛羊肉酱或蔬菜。

月亮在无数营火升腾的浓烟掩盖下失色。孟尼利克的军队，如今拥有7万多支现代步枪和各种大炮，炮手们由俄罗斯探险家帮忙训练。除了现代枪炮外，这支军队仿佛从中世纪穿越而来：酋长们穿着猩红色和金色的锦缎衣袍，头戴狮鬃装饰的金属头盔；仆从们带着剑、水牛皮盾和面包篮；牧师们在条纹伞下高举十字架。每个人——亲王、牧师、普通士兵，无论是骑马还是步行，都赤着脚。繁重的后勤工作被交给妇女和奴隶。到了晚上，营地里的气氛就像在过狂欢节一样，作曲家们已经在预祝孟尼利克的胜利了："你，罗马城的基石！孟尼利克，救世主！就算是你的后裔，也没有一个能继承你的名号。"

10月11日，万王之王与泰图皇后率领亲兵——大约5万人的绍阿军队沿河谷出发，他们花了18天时间才走完160千米路程，抵达沃罗伊鲁（Woro Illu），等待与各省军队会合。当他们离开沃罗伊鲁时，军队中光是战兵就有近7万人，仆从、后勤人员更是不计其数。这次动员过于成功，出乎孟尼利克的想象，他如今最发愁的，不是军队是否忠诚，而是如何喂饱他们的肚子。多加利战役之后，约翰尼斯曾率领10万大军进攻厄立特里亚，但因粮食供应不足被迫撤退。现在，孟尼利克每前进一步，就离布满石头的峡谷，饱受干旱、牲畜疾病以及战争摧残的提格雷越近。

孟尼利克派马康南亲王走在队伍最前面。为了争取时间，他授权马康南与巴拉蒂耶里谈判。巴拉蒂耶里对孟尼利克应战的决心依旧半信半疑，他听说阿比西尼亚军队出现了大规模逃跑现象，而奥萨苏丹的威胁也在折磨着皇帝。他预计敌军不会超过3万人，结果他发现自己严重低估了对手。光是马康南亲王的先头部队就有3万多人，他们已经在提格雷安营扎寨，并于1895年12月7日在阿拉吉山地（Amba Alagi）消灭了托塞利（Toselli）少校率领的2000名阿斯卡里。接着，马康南率军对由1200名意大利士兵驻守的默克莱要塞发起了一次又一次的进攻，但由于缺乏重炮，久攻不克。巴拉蒂耶里无力援助，只能将自己的部队撤回阿迪格拉特，同时要求意大利本土派遣增援部队。

1896年1月底，经过45天的围攻，意军放下武器，在马康南亲王的允许下列队撤出默克莱。与此同时，从意大利本土派来的白人部队已经在马萨瓦登陆，前来与巴拉蒂耶里会合。克里斯皮内阁急需洗刷阿拉吉山地惨败带来的耻辱，同意再提供2000万里拉（80万英镑）的军费。

由于双方均缺乏诚意，马康南与巴拉蒂耶里的和平谈判毫无悬念地以失败告终。意大利政府仍然坚持把阿比西尼亚收为保护国，他们需要意军尽快取胜。然而，远在前线的巴拉蒂耶里却并不急于进攻，而是将拥有2万余官兵（其中有10596名意大利人）、56门火炮的意军部署在阿迪格拉特以南的石质山脊上。他在这里建立起坚固的防线，等待兵力是其五六倍的阿军主动发起进攻。孟尼利克当然不愿意在正面碰得头破血流，他打算占领阿迪格拉特以西的阿杜瓦，从侧翼包抄意军。巴拉蒂耶里迅速做出调整，在萨乌里亚（Sauria）构筑新的防线，逐渐向阿杜瓦推进。意军的补给线从马萨瓦出发，虽然只有177千米长，但沿途道路蜿蜒狭窄，再加上意军并未准备太多驮畜，到2月下旬固守萨乌里亚的意军只剩下10天的食物。如果僵持到3月2日，巴拉蒂耶里只能收拾行囊撤走。巴拉蒂耶里精读兵书，深知面对人数为其5倍的敌军唯一正确的策略就是采取费边战略，回到厄立特里亚，耗到庞大的阿军吃空提格雷，被迫撤退。然而远在罗马的克里斯皮首相显然不这么看，意大利的荣耀和他的选民都需要一场大胜。他致电巴拉蒂耶里：

> 这只是一场军事行动，而不是一场战争……在小规模的冲突中，我们总是面对人数较少的敌人……这场战役没有基本计划……为了挽救军队的名声和君主的威望，我们已经有了做出任何牺牲的准备。

当时，意大利内阁已秘密决定，将这位"当世最伟大的军人"撤职，由巴尔德萨（Baldissera）将军取代他全力发起进攻。2月底，巴尔德萨化名前往马萨瓦。巴拉蒂耶里尚不知情，但在克里斯皮发来的电报的刺激下，于2月28日晚找来4名旅长——阿尔贝托尼、阿里蒙迪、达博米达、埃莱纳，召开军事会议，讨论下一步行动。巴拉蒂耶里依然倾向于战略性撤退。"撤退？决不！"第2步兵旅旅长达博米达将军喊道。旅长阿尔贝托尼将军也表示认同，并补充说，孟尼利克的两个亲王不愿战斗，这对他们有利。另外两名旅长纷纷表示同意。巴拉蒂耶里问道："敌人很勇敢，不畏死亡。我军士气如何？""好极了！"4位旅长异口同声地回答道。

2月29日，巴拉蒂耶里决定进攻阿杜瓦。按计划，各旅在黑夜的掩护下分头前进，行军至萨乌里亚以西14千米处的神秘山峰。天一亮，他们就会在山峰前方筑起一道防线，这样就把难题交给了孟尼利克。倘若孟尼利克不动如山，他会失去王者的尊严与威望；倘若孟尼利克被激怒发动攻击，他的士兵将会越过开阔地带，冲向意军的火炮，后果必定是遭遇一场屠杀。最好的结果是，饥肠辘辘的阿军一看到意军就惊慌失措，掉头就跑，这样不费一枪一弹阿杜瓦便会落入意大利人手里。

那天晚上，阿尔贝托尼和达博米达率领的两个先头旅在并未派出斥候的情况下，沿着被峡谷撕裂的崎岖山路夜行军，山路两边散布着金合欢树与巨大石块。一个军官形容当地地貌为："暴怒的上帝把汪洋中的怒涛恶浪化为石头，然后把它们搬到埃塞俄比亚。"巴拉蒂耶里命令阿尔贝托尼旅占领贝拉（Belah）山和塞马亚塔（Semaiata）山之间的基达尼（Chidane）山。但该旅占据的是另一座基达尼山——恩达·基达尼（Enda Chidane）山。两者之间相距6.4千米，中间还隔着一条山脉。

根据《孟尼利克编年史》记载，之前一个星期，贵族们建议万王之王孤注一掷，向萨乌里亚防线发起猛攻。孟尼利克起初同意，但曼加夏亲王提醒他，他的父亲约翰尼斯皇帝就是在攻打马赫迪军设在加拉巴特的堡垒时丧命的。况且马赫迪军的堡垒是木造的，而意大利人的堡垒是用石头造的，孟尼利克主动进攻必遭失败。于是万王之王对贵族们宣布："除非敌人进攻我的大营，我听见枪声并看见他们，否则我不会打发我的士兵出战。"当时食物几乎告罄，死于疾病和饥饿的马、骡尸体堵塞了帐篷之间的通道，而播种苔麸季节已到，士兵们都急着回家种田，人心思归，士气十分低落。

3月1日，星期一，大约早上5点30分，一个侦察兵骑马飞奔向皇帝的红色帐篷，请求侍从唤醒陛下。外国人出现在了阿巴加里马（Abba Garima）教堂外！人们大吃一惊。当孟尼利克听到枪炮的轰鸣声，看到步枪冒出的白烟时，他告诉大家准备战斗。为了保护自己，万王之王身穿一件普通士兵的白斗篷，他的猩红锦缎斗篷则穿在一位高官身上。站在孟尼利克身旁的是大主教阿布那·马修（Abuna Matthew），他身穿丝绸长袍，像是在参加礼拜。还有一些来自阿克苏姆大教堂的牧师，他们高举一面绘制着圣母玛利亚的旗帜。令人敬畏的泰图皇后手持一把代表哀悼的黑伞，背着一块大石头，跪在光秃秃的地上祈祷。一层薄薄的熏香飘过头顶，神父在教堂里孩童号手的伴奏下高声诵经。

往东8千米的恩达·基达尼山教堂附近，空气中弥漫着黑火药的气味。赤足的阿比西尼亚士兵怪叫着，挥舞着长矛，一边疯狂地向敌人射击，一边冲上多石的山坡。阿尔贝托尼旅里，同样赤足的阿斯卡里进行了激烈的回击。

阿军虽然装备了法国大炮，但其炮手水平欠佳。两个意大利山炮连一次又一次地击退了进攻者。子弹穿透水牛皮盾，像暴雨一样打在岩石上，但阿军毫不畏惧，继续从最近的营地向枪声方向跑去。很快，阿尔贝托尼旅就被10～15倍的阿军围攻。意军中的阿斯卡里知道，如果他们被活捉，他们会被虐待致死，因此许多人像英雄一样战斗。其他人则失去了信心，不顾军官们的叫喊和咒骂，沿着山谷往东逃跑。

上午9点左右，战斗已经持续了3个小时，阿尔贝托尼的山炮把阿军阵线轰得千疮百孔。待在阿巴加里马教堂的孟尼利克及泰图皇后等人，虽然看不见将士们支离破碎的尸体，但看得见不断从山谷挣扎着跑回来的伤兵，知道己方伤亡惨重。不过孟尼利克不为所动，他投入的部队来自3位对其王位产生威胁的贵族——马康南亲王、戈贾姆王塔克尔·海马诺特（Tekla Haimanot）、沃罗王米歇尔（Ras Michael）。显然，孟尼利克有意借助意大利人之手，消耗非嫡系部队。

此时泰图皇后手持黑伞，率宫廷女眷大步向前。"不要害怕！"她高喊，"胜利是我们的，进攻！"她的卫队随后向敌人开火。皇后巾帼不让须眉的勇气，似乎触动了孟尼利克。他终于动用了2.5万禁卫军与骑兵精锐。精疲力竭的阿尔贝托尼旅如同在海啸中挣扎的帆船，不断被滔天巨浪拍打。待到硝烟散尽时，阿尔贝托尼旅已经溃不成军。

8点15分的时候，巴拉蒂耶里曾收到阿尔贝托尼发来的一封信，信上说敌军人多势众，"请求援军支援"。15分钟后，巴拉蒂耶里爬上埃沙索（Eshasho）山远观，看到东边有缕缕烟雾升起，才得知阿尔贝托尼走错了阵地。如果意军此时重建防线，依然可以击退阿军，但巴拉蒂耶里犹豫了一个小时，直到目睹阿尔贝托尼旅在南方山谷中溃败的场景，才企图指挥达博米达旅向阿尔贝托尼旅靠拢，来挽回局面。但是达博米达率军直奔敌人在马里亚姆·沙维塔（Mariam Shavita）的营地，距离阿尔贝托尼太远，鞭长莫及。

巴拉蒂耶里命令防线中央的阿里蒙迪第3旅向前接应阿尔贝托尼旅。阿里蒙迪让炮兵开炮，掩护阿尔贝托尼旅的官兵撤退，结果发现溃兵中混入了很多阿军士兵，阿里蒙迪旅只能一边打一边撤退。虽然打死了无数白衣武士，但阿里蒙迪第3旅依旧难以遏制对手的进攻。

巴拉蒂耶里如同一个失去左右手却还未反应过来的人。他仍然幻想达博米达控制贝拉山的山嘴。但在上午10点30分左右，数千名咆哮的绍阿武士淹没了贝拉山嘴。巴拉蒂耶里试图用两个连的阿尔卑斯猎兵把他们赶走，但杯水车薪。守住山嘴的绍阿人开始从贝拉山包抄第3旅。随后，意大利左翼的一个非洲营失去勇气，仓皇逃窜。大约中午时分，巴拉蒂耶里命令达博米达旅掩护主力撤退。但事实上，绍阿人攻占贝拉山嘴后，已把达博米达旅与其他旅的联系切断了。

在优势敌人面前撤退，需要高效的参谋人员进行指挥、足够的后备力量进行掩护。现在，意军两项条件均不具备。巴拉蒂耶里在贝拉山的防线被一拨又一拨的绍阿人冲垮了，撤退变成溃败。巴拉蒂耶里后来描述道：

> 在一片混乱中，我退了出来……被几股仍由军官控制的阿斯卡里团团护住……我注意到一堵围墙，也许它属于一座废弃教堂的古老墓地。我努力重新发起某种形式的抵抗，以掩护撤退。我召集阿尔卑斯猎兵、神枪手和其他白人士兵，包括军官……"意大利万岁！"我握着左轮手枪喊道。大约有100张嘴重复了这句话，他们又累又渴，浑身是血！躲在墙内侧的我们无法朝敌人开枪，因为墙比人的肩膀还高。过了一会儿，阿姆哈拉人占据了俯瞰山嘴的位置。随着时间推移，人潮被冰雹般的子弹不断打倒，越来越混乱。我对下达命令或执行命令感到绝望。看到死伤者，我的心被撕成了两半。

当巴拉蒂耶里高喊"意大利万岁"时，达博米达旅仍在贝拉山西北的马里亚姆·沙维塔山下等待命令。如果意军工程兵装备有利用反射太阳光传递讯息的仪器，那么该旅可能会被及时召回，与其余旅会合。可惜意军没有该装备，这导致达博米达旅尽管已被包围，却对战局一无所知。

下午2点左右，达博米达旅已奋战4个小时，死伤过半，衣着光鲜又不愿意隐藏自己的年轻军官损失尤为惨重。该旅依然斗志昂扬，但周边都是绍阿人，他们的战友呢？"这是一件严肃的事，一件极其严肃的事。"达博米达一边喃喃地说，一边在山谷中央的梧桐树旁踱来踱去。"没有消息，没有命令，没有增援，什么都没有！"他告诉参谋官们，司令部"似乎消失了"。快到下午3点时，他决定沿着一条山谷小径，向来时的方向撤退。

与巴拉蒂耶里的中央旅耻辱性的溃败相比，达博米达旅的撤退堪称且战且退的典范。绍阿人疯狂地向他们冲去，用剑和矛砍杀留在战壕里的伤员。达博米达旅各营很好地服从了命令，表现出了卓越的纪律性。后卫连为了战友而牺牲，大多数炮手为保护火炮而战斗到最后一刻。

受伤的达博米达蹒跚地来到了一座村庄。一个当地老太太回忆道："一个戴着眼镜、表和金星的头目或大人物，向我要水喝，他说他是将军。"几个月后，阿军才在上千具意军尸体中发现了他。

参与阿杜瓦战役的10596名意大利军人中，有4133人阵亡或失踪，约2000人被俘；7100名阿斯卡里中，约有4000人被杀或被俘。得知意军在阿杜瓦战败的消息后，意大利城市居民纷纷走上街头抗议。不到两个星期，克里斯皮就被赶下了台。新任首相迪鲁迪尼（Rudini）侯爵申请到1.4亿里拉（560万英镑）作为乞和赔款，这比克里斯皮花费的军费要多得多。巴拉蒂耶里在厄立特里亚首府阿斯马拉的法庭上，以制订"不可原谅的"攻击计划，以及抛弃部下、逃离战场等罪名受审，但最终无罪释放。他的继任者巴尔德萨将军负责收拾烂摊子。意军的残兵败将在奔向厄立特里亚南部边境的过程中，遭到了痛打落水狗的提格雷农民的袭击。他们士气低落、精疲力竭、赤裸着上半身，许多人还受了伤。巴尔德萨将他们整编成4个营，随后开始为阿迪格拉特以及卡萨拉的驻军（为马赫迪军所困）解围。在此之后，为了解救4000名俘虏，巴尔德萨主动与孟尼利克议和。但孟尼利克拒绝和谈，并逮捕了意军派出的代表萨巴少校。不过阿军当时同样损失惨重，而且后勤难以为继，再加上播种季节已到，因此除了本土作战的提格雷人之外，其余各路人马——绍阿人、戈贾姆人、哈拉人匆忙撤回故里。

万王之王和皇后率领绍阿军队，押着意大利俘虏，依靠就地抢粮补给，历时2个月返回亚的斯亚贝巴。班师途中，他们不断与沿途部落发生冲突，还在加拉人手里吃了一场大败仗。当万王之王抵达首都，聆听阿杜瓦缴获的野战炮发出的礼炮声时，想必如释重负。而对1900名意大利战俘（其中一些人伤势非常严重）来说，亚的斯亚贝巴之旅更像是一场灾难。他们饿得半死，不仅靴子破了，衣服也破烂不堪。当倾盆大雨从天而降时，他们不时摔倒在泥潭中，有的人再也没有起来。万幸的是，万王之王打算和意大利握手言和了。

1896年8月23日，意大利特使涅拉齐（Nerazzi）伯爵被告知，万王之王只有两个条件：废除《乌查里条约》，承认阿比西尼亚的绝对独立；倘若意大利放弃厄立特里亚，厄立特里亚只能转手给阿比西尼亚。迪鲁迪尼政府赶忙同意上述宽松条件。当年10月，双方签署《亚的斯亚贝巴条约》，随后又签署了遣返意大利战俘的条款。在支付了1000万里拉（40万英镑）的赔款后，1705名意大利战俘被送往哈拉，他们从那里前往海边。阿斯卡里则没有这么好运，他们被砍掉了右手和左脚。大约有200名意大利人以及几乎同样数量的阿斯卡里在途中死亡。战俘回国后被新政府冷眼相待，并被警告不要与记者交谈。

战争期间，法国人给孟尼利克提供武器，英国人则给予意大利道义支持。孟尼利克知道，这两大列强都惹不起，因此竭力左右逢源。他秘密承诺，无条件支持法国占领尼罗河上游的计划，从而得到法属索马里的大片领土。同时，他支持英国人发起对马赫迪国的战争，由此获得了进口商品自英属索马里免税过境的好处，并得到了英属索马里的大片领土。除此之外，他还与马赫迪国签署了一项商业协定。当然，这3个承诺是互不相干的。孟尼利克一直在观望尼罗河上游的争夺者们最终鹿死谁手。

1897年，万王之王派出他的绍阿军队，征服西南地区的凯法（Kaffa）和南部边境地区的加拉人聚居区，当地部民根本不是手持弹匣步枪的绍阿战士的对手。成千上万的黑人或被杀害，或被卖为奴隶。他们的牲畜和黄金被抢掠一空，土地同样被蚕食殆尽。不久后，孟尼利克控制的国土面积便是约翰尼斯鼎盛时期的两倍。孟尼利克凭借凯法和加拉的黄金，开始加快这个古老国家的现代化进程，到1900年，亚的斯亚贝巴已经成为一个初具规模的都市。俄国工程师在这里修建桥梁，法国人在这里修建火车站与铁路，丹麦人带来电话与电报业务，就连昔日的死敌意大利，也有工程师来到这里修建了第一条公路。阿杜瓦战役打破了这个古老国家数个世纪的与世隔绝，推开了一扇通往现代化的大门。

# 第二十八章 征服罗德西亚

1895年8月，英国中部地区像南非草原一样喷薄着热气，伯明翰附近的田野变成了金色，市政厅的铜塔尖被太阳照得闪闪发光。几千米外的海布里（Highbury），下过雨的草坪上，59岁的约瑟夫·张伯伦坐在椅子上，沉浸在突如其来的好运中。在他的躺椅旁边，一个标着"殖民部"的政府公文袋，在满是绿色的世界中红得格外耀眼。

1886年以前，张伯伦完全有希望接替格莱斯顿成为自由党领袖，但由于地方自治问题，他与自由党分道扬镳，转而与哈廷顿创立自由统一党。9年之后的1895年4月，张伯伦在政坛上的地位已岌岌可危。忠于格莱斯顿的朋友把他比作犹大；而在保守党人眼中，他仍然是一个危险的激进分子。但重新掌舵的索尔兹伯里勋爵为自由统一党在内阁安排了4个席位，张伯伦可以选择成为除外交部之外，任何一部的领导人，结果他选择了殖民部，这一选择无疑令人大跌眼镜。首先，19世纪80年代的张伯伦曾是坚定的反帝国主义者；其次，殖民大臣当时相对算是个"闲差"，因为帝国扩张在很大程度上是外交部的责任；最后，财政部对开发殖民地过于吝啬。所有这些原因，导致群众对投资非洲缺乏热情。

在其他国家，情况正好相反。1884年，殖民热席卷德国，俾斯麦借此机会一口气在非洲夺取了4块殖民地；布拉柴在刚果的探索在法国引起了轰动，法军借助这股东风在非洲大肆开疆拓土。然而，在非洲拥有最大商业与战略利益的英国，公众却对非洲缺乏兴趣。除了在尼罗河上的博弈之外，英国开拓非洲主要依靠塞西尔·罗德斯、戈尔迪·陶布曼这样的资本家，弗雷德里克·卢加德这样的雇佣军人，威廉·麦金农这样的人道主义者，以及哈里·约翰斯顿这样古怪的外交家。正是这些人的个人英雄主义，使大英帝国在近10年里在非洲夺取了500多万平方千米的土地：瓜分东非，靠的是麦金农；抢夺乌干达，靠的是卢加德；拿下尼日尔河流域，靠的是戈尔迪；得到马塔贝莱兰和马绍纳兰，靠的是罗德斯；获得尼亚萨兰，靠的是约翰斯顿。除此之外，还有克罗默勋爵强加给埃及的"暗中的保护国"。

尼罗河、尼日尔河和南非大草原上的3场角逐即将开始，殖民部需要一位强有力的领袖，让英国在这3场角逐中成为冠军，这就是张伯伦选择殖民部的原因。1895年8月，张伯伦如愿以偿地接管了殖民部。在《每日记事报》上，著名编辑马辛厄姆（Massingham）预测说，张伯伦对殖民地的管理，"也许是这个国家有史以来最有趣的行政管理实验"。对张伯伦而言，在遭遇多年的谩骂与羞辱之后，这些赞美听起来简直令人难以置信。

　　但张伯伦上任仅3个多月后，便迎来了一场意料之外的挫折。12月30日晚，正要换衣服去海布里赴宴的张伯伦，突然收到了殖民部发来的一封密电，称昨日罗德西亚（Rhodesia，今津巴布韦和赞比亚）的行政长官詹姆森医生率一支由500名罗德西亚士兵组成的部队入侵德兰士瓦。次日凌晨0点50分，张伯伦搭乘火车前往伦敦，凌晨4点，他抵达了位于普林斯花园的家中。他千方百计想要阻止这场袭击，但无济于事。3天后，詹姆森的部队战败，在约翰内斯堡附近的多恩科普（Doornkop），向克鲁格的民团举起白旗。这次袭击虽然规模不大，却产生了巨大的国际影响。1896年1月3日，德皇威廉二世向克鲁格发来贺电，祝贺他打败英国侵略者。这在英国引起了强烈的抗议。

　　詹姆森突袭行动的幕后策划者显然是南非特许公司的董事长塞西尔·罗德斯。罗德斯还伙同兰德的两位巨头阿尔弗雷德·拜特和朱利叶斯·沃纳（Julius Wernher），资助约翰内斯堡的英国移民掀起暴乱，试图里应外合，推翻德兰士瓦政权。但约翰内斯堡暴乱被克鲁格轻易镇压了。

　　罗德斯策划的这场形如儿戏的袭击事件并未得到帝国政府的强力支持，这场惨败如此，之前在罗德西亚的3场胜仗——征服马塔贝莱兰王国，镇压恩德贝莱人起义，镇压绍纳人起义——同样如此。因此，罗德斯心安理得地用自己的名字将新殖民地命名为"罗德西亚"。这三场战争可以说是罗德斯一个人的战争。

　　故事还得从5年前，也就是1890年"拓荒者"占领马绍纳兰讲起。当时，由于南非特许公司开销过大，罗德斯的首要任务是在推进铁路建设的同时降低殖民地的运营成本。因此，他把当地警力从650人削减到150人，这样每年可以节省10万英镑。殖民地的第一位常驻专员，是来自印度的柯克霍恩（Colquhoun），结果他因过度奢侈被罗德斯礼送出境。取代柯克霍恩的是罗德斯在金伯利的密友——擅长精打细算、偷工减料的詹姆森医生。1893年7月，詹姆森突然提议，对他们的邻居马塔贝莱兰王国发动袭击，这让罗德斯大吃一惊。

在罗德斯看来，虽然双方存在不少矛盾，但是与马塔贝莱兰国王洛本古拉维持表面上的和平还是没问题的。当时，国王声称《拉德租让书》只涉及采矿特许权，并不涉及土地，为了抗议，国王拒绝接受罗德斯根据《拉德租让书》交付的1000支步枪。罗德斯占领马绍纳兰后，国王还打算让他每月向自己支付租金。另外，国王虽然尽力避免惯于抢夺性畜和奴隶的恩德贝莱武士与马绍纳兰的定居者之间发生冲突，却纵容各军团袭击赞比西河以北的莱瓦尼卡（Lewanika）领地，允许部下在那里肆无忌惮地杀戮。国王最忠诚的顾问姆拉巴（Mhlaba）一贯坚持与白人和平相处，结果国王以巫术"嗅出"阴谋之名，将其灭族。

1893年7月，一些绍纳人在马绍纳兰与马塔贝莱兰边界的维多利亚堡附近偷牛。洛本古拉派出一支部队去惩罚这伙盗贼。洛本古拉在法理上确实有权惩治马绍纳兰和马塔贝莱兰的臣民，但派遣武装进入白人定居地的中心地带无疑是鲁莽之举。更糟糕的是，他的部下违背了国王尊重白人财产的命令。在维多利亚堡外围，约400名绍纳部落男子被恩德贝莱人砍死，男仆在白人家里被杀，妇女和儿童被当作奴隶拖走，幸存者逃到堡垒里避难。尽管白人只损失了几头牛马，但这次袭击还是令他们极为震惊。野蛮的黑色浪潮拍打着新砌成的堡垒的墙壁，现在谁敢跟野蛮成性的洛本古拉谈和平？

詹姆森提议发动全面战争，正是在维多利亚堡事件发生几天后。罗德斯感到震惊。在南非特许公司濒临破产的时刻，他们怎么能冒这样的风险？他赶紧发出电报：

阅读《路加福音》第十四章第31节。

詹姆斯翻了翻《圣经》，罗德斯提到的篇章如下：

倘若一个王出征，去与其他王打仗，难道不先坐下斟酌，可否率一万兵与别人的两万兵抗衡？

詹姆森明白罗德斯是提醒他谨慎用兵，于是拍着胸脯说，他对付洛本古拉只需要1000兵马，部队从索尔兹伯里堡和维多利亚堡出发，直取布拉瓦约就能达到目的。詹姆森只要求罗德斯提供资金。罗德斯最终同意赌一把，也许只有孤注一掷才能拯救财政糟糕到了极点的马绍纳兰。他同意出售价值5万英镑的特许公司股票，以支付詹姆森的军费。军马需要从德兰士瓦购买，新兵也要从德兰士瓦招募，尽管克鲁格发出了禁止布尔人入伍的警告，但1893年8月14日拟定的《志愿兵服役条件》还是让他们蠢蠢欲动，条件规定：若侵占马塔贝莱兰王国成功，每人有权在那里的任何地方圈占24平方千米的农场并掠取15块金子；凡掠获的财物半数归南非特许公司，半数由官兵平分。这一酬金方式公之于众时，英国自由党一片哗然。但在非洲，用战利品支付军饷是非常普遍的事，不值得大惊小怪。

1893年夏天，罗德斯最大的难题是说服英国政府。伦敦的殖民大臣里彭（Ripon，张伯伦的前任）勋爵命令开普高级专员亨利·洛克爵士阻止南非特许公司的"任何进攻行动"，并警告罗德斯，如果他试图把英国政府牵扯进他与洛本古拉的纠纷中，他的特许状就会失效。洛克爵士希望是帝国军队入侵布拉瓦约，而不是罗德斯的军队，借此杀杀罗德斯的威风。他对伦敦称，洛本古拉的武士在维多利亚堡事件中蓄意向白人开枪；然而事实正好相反'詹姆森到达维多利亚堡后，打死了十几个恩德贝莱人，但后者并没有还击。洛克继续煽风点火，说洛本古拉已经动员大军，准备入侵白人的领土。但事实上，马塔贝莱军队当时因天花泛滥战斗力急剧下降，国王不顾一切地想要阻止敌对行动。他派了一位经验丰富的使节穆谢特（Mshete）去给女王送信。洛克将信截住，向伦敦报告说，与野蛮的洛本古拉谈判毫无意义，因为洛本古拉坚持认为自己有权袭击绍纳人。

洛克一边上蒙下骗，一边组织部队。该部队由225名贝专纳兰边境警察和大约2000名由卡马国王领导的贝专纳人组成。对马塔贝莱兰的入侵，现在变成了两支军队——代表伦敦和帝国的高级专员洛克爵士的军队，以及代表南非特许公司和殖民民族主义的詹姆森的部队——的竞赛。

詹姆森的部队只有不到700名白人志愿兵，指挥官为帕克里克·弗比斯（Patrick Forbes）少校。他们的物资装在31辆笨重的牛车里，由300名土著运送。但他们有2门7磅炮和一些机枪，包括5挺马克沁机枪。1893年10月中旬，自索尔兹伯里堡出发的分队，渡过马绍纳兰和马塔贝莱兰的有效边界乌姆尼亚蒂（Umniati）河，不久便与自维多利亚堡出发的分队在铁矿山会师。途中几乎没有遇到抵抗，一方面是由于马塔贝莱军队天花泛滥，另一方面是由于洛本古拉直到最后一刻都在尽力争取和平。直到10月25日，马塔贝莱军才首次发起了大规模反击。约6000名黑武士（其中有2000人装备马蒂尼 - 亨利步枪）在夜间勇敢地向驻扎在尚加尼（Shangani）河附近的詹姆森车阵发起了进攻。平心而论，马塔贝莱军队无论是训练组织，还是勇敢程度，都不逊于塞奇瓦约的祖鲁军团。可惜的是，密集冲锋的人海战术，注定闯不过詹姆森军队用马克沁机枪制造的火海。志愿军以4人阵亡的代价，击毙了数百名恩德贝莱人，另有约50名绍纳难民在混战中死亡。按照习俗，战败的马塔贝莱指挥官马农达（Manonda）在树上自缢而死。一周后，当詹姆森纵队前进至离布拉瓦约只有48千米的本贝济（Bembezi）时，马塔贝莱人发起了第二次勇敢的进攻，但纵队以4人死亡、7人受伤的代价轻易将其击退，马塔贝莱人却阵亡了2500人。11月4日，出征仅仅一个多月后，詹姆森的纵队便进入了布拉瓦约。该公司的旗帜——中间有一头罗德西亚雄狮的英国国旗，被悬挂在一根临时竖起的旗杆上。洛本古拉带着王室成员逃走了，并且在临走之前命人点燃了弹药库，整个城镇差不多都被烧毁了。

然而，得意忘形的詹姆森纵队很快就被打了一记耳光。12月3日，艾伦·威尔逊（Allan Wilson）少校率领的37名巡逻队员在尚加尼河岸上发现了几小时前洛本古拉遗弃的货车。威尔逊断定国王就在附近，便积极展开搜索，但他贪功心切，并未将此事上报。第二天，他的巡逻队被3000名马塔贝莱武士（其中半数装备着马蒂尼 - 亨利步枪）包围，威尔逊背靠着树，战斗到最后一发子弹，然后被标枪刺死。巡逻队中只有3人幸免于难。

洛本古拉在残余势力的保护下骑马北逃。当他听说最后一个军团解甲投降时，他和他的重臣们一起服毒而死（另一种说法是，洛本古拉死于天花）。国王的奴仆们用黑牛皮将他的尸体裹好，埋葬在一个洞里，并将重臣和所有的财物葬在他的脚前。相比被当作动物关在笼子里的塞奇瓦约，洛本古拉至少在生命的最后一刻保留了君主的尊严。

詹姆森以大约50个白人的生命和5万英镑的代价，将一个危险的邻居从地图上抹掉，使罗德西亚的面积扩大了一倍，或许还帮助了南非特许公司免于破产。他还打败了帝国军队：在詹姆斯进入布拉瓦大约10天后，洛克的贝专纳兰边境警察才拖着笨重的步伐进入该城。1894年1月，罗德斯离开索尔兹伯里堡，回到开普敦。

罗德斯控制着开普敦报业公司的大量股份，因此可以操纵当地舆论。报纸纷纷声称，詹姆森的行动受到了当地人民的夹道欢迎。英国政府对输掉向布拉瓦约前进这场比赛非常理智，殖民部对此也没有过多干涉。官方对维多利亚堡事件的扭曲描述，使大多数人相信战争是不可避免的。即使是战争中最大的灾难——巡逻队在尚加尼河畔全军覆没，经过记者的妙笔生花，也成了英国最辉煌、最光荣的失败之一。英国民众们纷纷为这些勇士在最后一轮射击中喊着"天佑女王"的行为激动不已，并为他们战斗至死的悲壮叹息不已。

根据欧洲的战争观念，战胜者可以接管战败者的一切，所以在洛本古拉的国家里，几乎所有有价值的东西——土地、牛和其他财产，都可以被视为战利品。1894年，新政府的第一项举措，就是将这些战利品分给白人志愿者和南非特许公司。根据《志愿兵服役条件》，每个志愿者都能获得24平方千米土地。在12个月之内，布拉瓦约有2.6万平方千米的肥沃土地被划分给白人作为农场。恩德贝莱人返回后，发现自己失去了土地，于是只能给白人定居者当佃户。

牛对恩德贝莱人来说，是必不可少的。在洛本古拉时代，无人敢自夸拥有超过100头牛，即使是族长也不例外，否则会被巫术"嗅出"后砍死。至于国王本人，理论上拥有的牛不计其数，但他将牛分给臣民们放牧，让他们饮用牛奶。现在国王的牛群被白人没收，要么属于公司，要么被分给白人志愿兵当作战利品。阿玛霍利人（Amaholi）与绍纳人偷走了一些牛，将它们赶到马绍纳兰。还有成千上万的牛被来自德兰士瓦的偷牛贼偷走了。1895年秋，官方派来了一个牛群统计委员会。委员会将所有被没收的牛，判定为国王之前的财产。这之中，20万头牛已经有主了，在剩下的7.4万头牛中，他们又划出3.3万头作为战利品，剩下的才分给恩德贝莱人。

布拉瓦约在被殖民者占领6个月后，繁荣程度很快就超越了索尔兹伯里堡和其他马绍纳兰小镇。距离洛本古拉"旧宫"约5千米处的地方，耸立着一座由红砖砌成的英式建筑，屋前有一条据说有37米宽的、足以让许多牛掉头的、绿树成荫的街道。银行、酒店、高尔夫俱乐部、赛马俱乐部、板球俱乐部、轮滑滑冰场和业余剧院在这里拔地而起。随着大规模基建的蓬勃发展，廉价的劳动力成了必需品。当时，居住在布拉瓦约的白人以英国人为主，他们"白人至上"的理念与布尔人没有任何区别。白人把所有廉价而脏臭的体力活都交给了当地黑人干。对于昔日作威作福的恩德贝莱武士来说，为10先令的月薪折腰，屈尊干体力活着实是一种屈辱。在洛本古拉时代，这些工作都是由阿玛霍利人、卡兰加人（Kalanga）、绍纳人干的。因此，公司派了当地警察手持棍棒和来复枪，强迫恩德贝莱人工作。

失去土地和牲畜，被白人的非洲仆人殴打，被迫干体力活，对像恩德贝莱人这样早已习惯当"上等人"的民族来说，无疑是难以忍受的。即使是被白人"解放"的各民族，也未必心存感激，他们发现白人工头比黑人工头更严厉。而且，绍纳人的大量牛群还被南非特许公司的警察给没收了。

与此同时，从1894年9月开始，殖民部授权南非特许公司每年向马绍纳兰的每间茅屋收取10先令的税，如果无法用现金缴纳，也可以用谷物或货物缴纳。在纳塔尔和祖鲁兰等地，茅屋税执行得不错，既能带来税收，也能逼迫当地人为了纳税而工作。但在马绍纳兰，濒临破产的南非特许公司吃相过于难看，早于规定时间数月便迫不及待地开始征税，并且收税官如同土匪一般残暴，当地警察和白人工作人员对虐待行为根本不加以制止。事实上，即使以人道手段征收茅屋税，对穷困潦倒的绍纳人来说同样难以接受。他们要么失去牛群，要么失去男丁，最后只能被没收财产，或者被强迫劳动。

对土地、牛群的掠夺，强迫当地人劳动，强征茅屋税，引发了种种矛盾，但马塔贝莱兰和马绍纳兰的殖民者却统统视而不见。正如一位现代历史学家所言，如果白人有心让当地人暴动，没有人比他们"干得更出色了"。

接踵而至的一系列自然灾害，无疑让马塔贝莱兰和马绍纳兰的局势火上浇油。首先是蝗灾。本来蝗灾在非洲大陆算是家常便饭，但1895年的蝗灾尤其严重。蝗虫形成巨大的黑云，遮天蔽日，所经之处，草木不留。其次是旱灾。早在1894年年初，马塔贝莱兰就迎来了大旱。两年来，许多地区几乎没有下雨，庄稼也都枯萎了。最后是可怕的牛瘟，根据现代人分析，这场牛瘟似乎是由入侵索马里的意大利远征军带来的印度牛群传播开的。牛瘟在印度没有掀起任何波澜，却在非洲大陆肆虐，家牛、山羊、绵羊等家畜，以及非洲水牛、长颈鹿、角马等偶蹄类野生动物大批死亡。

牛瘟像森林大火一样横扫英属东非、乌干达和巴罗策兰（Barotseland，位于今赞比亚西南），之后暂时被赞比西河阻挡。1896年年初，牛瘟冲破赞比西河，传入马塔贝莱兰北部。1896年3月，牛瘟向布拉瓦约蔓延，牧牛横尸遍野。惊慌失措的政府为了阻止疫情扩散，将存在感染嫌疑的牛群赶进畜栏，然后集中屠宰。在两年的时间里，牛瘟以及对它的不当处理，杀死了赞比西河以南大约250万头牛。非洲南部大多数牛被屠，这对黑人来说简直是灭顶之灾。在他们看来，一切灾难都是白人统治者带来的。

恰恰在这节骨眼上，詹姆森医生如前文提到的那样，鲁莽地率领罗德西亚警察主力驾船闯入，并袭击了德兰士瓦。1896年1月2日，詹姆森及部下战败投降，被关到比勒陀利亚监狱。罗德西亚现在只剩下可怜的48名警察，马塔贝莱兰岌岌可危。

1896年3月中旬，当牛瘟迅速向布拉瓦约蔓延时，担任防疫检查员的正是弗雷德里克·塞卢斯。3月23日，星期一，他骑马去布拉瓦东南约40千米处的乌姆津瓦尼（Umzingwani）渡口，来到那里的道森商店。有人告诉他，3月20日晚上，恩德贝莱人在附近向两名当地警察开枪。塞卢斯并不惊慌，他在野外狩猎了20年，自认为对恩德贝莱人相当了解。在他看来，恩德贝莱人已经接受了南非特许公司的规定。但他也听说，早在罗兹韦王国时代就存在的对姆利木（Mlimo）①的崇拜又恢复了，人们蜂拥到马托波（Matopo）山去虔诚朝拜姆利木。首席祭司姆克瓦提（Mkwati）以姆利木的名义预言道："如果把白人从我们祖先的土地上赶出去，我一定消泯牛疫和蝗虫，并给你们普降雨露。"洛本古拉的旧臣——温文尔雅的乌姆鲁古卢（Umlugulu）一再向塞卢斯追问詹姆森袭击事件的结果，这引起了塞卢斯的警惕。

第二天，当塞卢斯回到他在艾塞克斯韦尔（Essexvale）的草屋时，他发现一切如常。一些友好的恩德贝莱人过来借斧头，要加固他们的牛栏。他初来非洲的年轻英国妻子把工具借给了他们，他们聊起了附近两名警察被枪杀的事。妻子称这

---

① 非洲信徒认为，姆利木掌管着人类的生死大权，能够在部落施善降恶，更为重要的是，他掌握着降雨的能力。至高神对部落拥有绝对的权力，而首长是唯一能够通神之人，因此首长也对所辖部落拥有绝对的权力。

样的行为很愚蠢，因为白人会惩罚他们。恩德贝莱人嘲笑道，现在白人警察几乎一个都不在了。

那天晚上，塞卢斯和他的妻子听说在马龙格瓦尼（Malungwani）山的另一边，一名土著专员被手下割断了喉咙。塞卢斯整夜无眠，枕戈待旦。次日早上，当地人报告说，一群恩德贝莱人从附近的一个畜牧场赶走了二三十头牛，威胁说谁阻止他们，他们就杀了谁。这些人拿着枪或梭镖，左胳膊和脖子上缠着白色牛尾，象征着他们处于战争状态。之后，他们赶走了第二个更大的牛群。

天黑前，塞卢斯骑马来到布拉瓦约，打算先把妻子安顿好，然后带着武装部队找回被赶走的牛。结果首都一片混乱，他这才知道恩德贝莱人暴动了。那一周，马塔贝莱兰大约有200名欧洲人和至少同样多的非洲仆人被杀。截止到3月30日，马塔贝莱兰的边远地区已经一个白人都没有了。幸存下来的大约2000名白人和几千名黑人奴仆集中在马塔贝莱兰的4个大城镇里——布拉瓦约、圭洛（Gwelo）、贝林圭（Bellingwe）、曼圭（Mangwe）。他们用沙袋和车阵、铁丝网、玻璃碴等搭建防御工事，到了夜里便点燃被油浸泡的木柴照明，他们甚至在一些距离城市中心较远的建筑里布设炸药，准备等恩德贝莱人占领时引爆。奇怪的是，恩德贝莱人并未切断通往马弗京的电报线，因此白人们可以轻易请求增援。

塞卢斯起初对恩德贝莱人抱有幻想，认为他们有复国的想法情有可原。但马塔贝莱人对妇孺的暴行让人目瞪口呆，他愤怒异常，想亲手杀死那些杀人犯。是谁组织起这些"温顺"的黑人臣民，如同草原上的鬣狗一样撕咬他们的主人？

塞卢斯首先想到了姆利木崇拜。但事实上，这种原始宗教在暴动中起到的作用有限。首席祭司姆克瓦提之所以发挥关键性的煽动作用，很大程度上是由于他的一个妻子是圭洛世俗领袖乌维尼（Uwini）的女儿。事实上，在暴动中扮演关键角色的，是代表马塔贝莱兰贵族阶层的旧"英杜纳"们。他们在亡国之后，暗中维持着军团的建制，并藏了2000支马蒂尼-亨利步枪。

按计划，暴动将在3月29日晚上开始，当晚是满月，正好赶上当地举行一场名为"大舞会"的仪式。但不知为何，暴动提前一个星期发动了。更糟糕的是，暴动者对声称能把白人的子弹变成水，让洛本古拉国王转世的巫师们依赖过多，对战略问题考虑得太少。

"英杜纳"们为这场暴动制定的目标极其简单：杀掉所有白人——不论是男人、女人还是儿童，摆脱南非特许公司对他们的压迫。由于长期压榨绍纳人，恩德贝莱人从未考虑过与绍纳人联合发起暴动；当白人的势力中心布拉瓦约不设防时，他们也未考虑过直捣黄龙；最重要的是，他们并未切断布拉瓦约通往南方的道路，也从未伏击过对手从贝专纳兰和开普赶来的补给车队，从而让白人的食物和援兵畅通无阻地到来。

　　出于上述原因，暴动仅仅持续一个星期后，锐气消退的恩德贝莱人逐渐失去了主动权。布拉瓦约的600名白人志愿兵，在塞卢斯、弗里德里克·拉塞尔·本汉姆（Frederick Russell Burnham）等人的指挥下，面对近万恩德贝莱武士时，上马机动，下马射击，通过一系列小规模的胜利，将敌人赶回了乌姆古扎（Umguza）河对岸的灌木丛中。双方都杀红了眼，志愿兵约有20人阵亡，50人受伤。被俘虏的白人无一生还，而恩德贝莱战俘同样很少被留下活口——志愿兵们急于为被害妇孺报仇，往往在审讯完战俘后将其处决。

　　到4月底，恩德贝莱人发现巫师们没有把子弹变成水的本事，开始丧失信心。5月11日，300志愿兵组成的纵队向东推进，与塞西尔·罗德斯亲率的600名罗德西亚士兵会师。5月底，这支部队胜利开进布拉瓦约。恩德贝莱人在乌姆古扎失败后，逐渐退入马托波山，利用崎岖的地形和陡峭的崖壁进行游击战。1896年8月21日，罗德斯亲自进入马托波山同40名"英杜纳"进行和平谈判。他做出了一些让步，答应解散南非特许公司的军队，只留下警察，并归还部分土地，还答应给"英杜纳"们发薪饷，提供食物和种子。10月13日，恩德贝莱人最终放下了武器。

　　英国政府在这场叛乱中的作用有些尴尬。叛乱初期，南非特许公司试图在开普组建解围部队时，英国政府把当地的正规军官赫伯特·普卢默（Herbert Plumer）少校强塞进部队，担任部队指挥官。这支部队包括在马弗京的700名白人志愿兵（包括詹姆森袭击事件后被释放的约200名俘虏），以及200名在德兰士瓦与开普招募的黑人。直到5月底，布拉瓦约解围半个月后，他们才抵达布拉瓦约。一周后，英国本土派来的军官——最高指挥官弗雷德里克·卡灵顿（Frederick Carrington）将军以及参谋长罗伯特·贝登－鲍维尔（Robert Baden-Powell，世界童子军运动创始人）上校——先后抵达。贝登－鲍维尔不禁懊恼道，自己来得太晚，错失了建功立业的机会。

他的担心纯属多余。6月中旬，罗德斯的援军刚离开，绍纳人便揭竿而起，100多名白人男女和儿童在马绍纳兰的边远地区被杀。与恩德贝莱人一样，绍纳巫师站出来向他们保证，他们不会被子弹伤害。但与恩德贝莱人和祖鲁人不同的是，绍纳人之前从未形成过中央集权的君主制国家，缺乏武士阶级和战争传统。因此，绍纳义军缺乏组织，战斗力不强，起义不久便声势渐微，逐渐淡出了伦敦报界的视野。

伦敦报界有了新的兴奋点，那就是张伯伦与罗德斯、詹姆森袭击事件之间说不清道不明的关系。张伯伦的政敌指控他参与了一场犯罪计划：利用罗德西亚警察，推翻邻近的友好国家德兰士瓦。

在舆论的压力之下，自由党决定成立一个调查委员会，由哈考克担任主席。张伯伦将在委员会中任职，并向该委员会提供他并未参与詹姆森袭击事件的证据，这场调查被报界戏称为"威斯敏斯特的遗体瞻仰"。1897年，委员会开始运行，张伯伦把手放在心口，发誓他完全不知道罗德斯的计划，自由党选择相信他。

事实上，张伯伦在1896年与罗德斯做了一笔肮脏的交易。张伯伦同意不取消南非公司的特许状，也不改革特许公司，条件是罗德斯同意辞去特许公司总经理的职务，不向调查机构提供"丢失的电报"。所谓"丢失的电报"，是指1895年罗德斯的专员向南非发出的7封电报，它们记录了张伯伦与袭击计划相关的一些行动。在这些电报中，只有1895年8月13日的一份电报被完整地公之于众，称"尽管张伯伦在公开场合不知道你的计划，但他会尽一切努力协助你"，其他电报的内容未被公开。从电报内容看，张伯伦肯定"非公开地"知道詹姆森的意图，并且干涉了约翰内斯堡暴动的时间安排和旨在支持暴动的突袭行动。

尽管罗德斯按照与张伯伦的约定，已经从南非特许公司董事会辞职，但他依然完全控制着特许公司。他的公司对待黑人不比对待牲畜好到哪儿去，并且不受帝国的约束。私下里，张伯伦对罗德斯恨得咬牙切齿，称罗德斯和他的团伙在勒索他。好在他保住了殖民大臣的位置，但他的南非联邦计划不得不推迟数年。眼下，他将目光转向了另外两个战场：争夺尼日尔河和尼罗河。

# 第二十九章 英法博弈

詹姆森袭击事件发生后，一向行事乖张、不走寻常路的德皇威廉二世给德兰士瓦的克鲁格总统发了一封电报，祝贺他在"未向友邦求助的情况下，凭借自己的力量反抗侵略，击退了入侵贵国的武装集团，重建和平，维护国家独立"。德皇这封冒失的电报，使这次规模不大的袭击演变成了国际事件。维多利亚女王为外孙威廉二世不顾及她的颜面，干涉德兰士瓦事务大动肝火，她给她的"小威利"发了一封措辞严厉的信。威廉二世只好像犯了错的孩子一样，向"亲爱的外婆"解释他并无恶意，他的行动只是为了获得"和平"，安抚德兰士瓦的德国金融家。

女王把这封信的副本给索尔兹伯里勋爵看。勋爵安慰她说，德皇已经认识到他的做法是错误的，女王陛下应该大度地"接受他所有的解释，而不要过于狭隘地去探究这些解释的真实性"。女王话锋一转，提到一个触及索尔兹伯里外交政策核心的问题。她忧郁地说："如今的事情和过去大不一样了。"她表示自己是一位年过古稀的老妪，不知要如何应对19世纪90年代危险的新世界。电报、大众报纸和家庭选举权的出现，似乎结束了绅士时代，国际政治家们不得不附和大众传媒。美国谴责英国在委内瑞拉拒绝仲裁；法国忌恨英国独占埃及；俄国威胁印度，怂恿法国在埃及采取更加积极的措施。大英帝国是否该抛弃传统的孤立外交政策？

索尔兹伯里恭敬地向女王指出，这就是德皇这封电报的目的。几个月来，威廉二世一直试图恐吓英国，使其加入"三国同盟"。该同盟最初是由俾斯麦建立的，目的是把奥匈帝国和意大利捆绑在一起，让它们联合起来对抗俄罗斯。女王回答道："英国人民永远不会同意为一项英国显然不感兴趣的事业而战。"索尔兹伯里点头同意，认为孤立主义确实危险，但"卷入与我们无关的战争"更加危险。

索尔兹伯里始终坚持传统的外交政策，即稳坐英国，维持欧洲势力均衡。德皇挑衅的电报，当然无法让他改变主意。他决定给德国人一点儿教训。他向德国人暗示，英国正在考虑撤离埃及的计划，并迈出了与法国达成友好协议的第一步。

但世人皆知，只要英国坚持留在埃及，那么英法关系就不会回暖。当时，英国政界已经形成了共识：英国应该常驻埃及，等待时机成熟，再征服苏丹。在意大利惨败阿杜瓦之前，英国朝野都不急于征服苏丹，并且自信地认为苏丹已经是英国的囊中之物。至于法国，尽管英国情报部门得知两支法国探险队分别从非洲东西海岸——红海边的法属索马里，大西洋边的法属刚果——向尼罗河上游、苏德沼泽以北的法绍达前进，但他们似乎并不急于前往苏丹，而是为了把法属非洲的东西两片领土连成一片。几个月来，这两支探险队均没有任何消息，也许他们已经被马赫迪军杀死了。

除了英法两国，还有一个人对苏丹抱有浓厚兴趣，那就是利奥波德国王。1895年12月，利奥波德郑重地向索尔兹伯里勋爵提议，请英国帮助他将刚果自由邦的领土扩张到喀土穆。索尔兹伯里认为这纯属无稽之谈，但国王坚持要详细阐述他的计划，声称"我们首先应说服赫迪夫，把喀土穆上游的尼罗河流域的特许权授予某个熟悉非洲事务的人"。这位"熟悉非洲事务的人"当然就是比利时国王本人了。勋爵认为利奥波德濒临破产，想把刚果部分领土卖给法国，现在索要尼罗河上游，无非是增加更多的筹码而已。但勋爵还得对国王和和气气，否则他可能会投入法国人的怀中。相比之下，女王对这位表弟的评论就不那么客气了："可怜的利奥波德，他一定是疯了！"

英法两国在非洲的另一个矛盾点是，在西非的势力范围如何划分。自1890年签订《英法协议》以来，这一问题并未取得任何进展。1894年，英法进行了两轮谈判，均未谈拢。索尔兹伯里认为，相比尼罗河的矛盾难以调和，西非算不上英国核心利益所在，是解决英法争端的突破口。因此在1896年1月，英法重新就西非问题展开谈判。然而在内阁中，索尔兹伯里与殖民大臣张伯伦就西非问题存在严重的分歧。索尔兹伯里是个实用主义者，他认为英国在西非表现出的慷慨——放弃拉各斯、黄金海岸甚至戈尔迪在尼日尔河流域的势力范围，换取对尼罗河的控制，是十分划算的；而作为商界代言人的张伯伦却恰恰相反，他千方百计地想要保卫西非领土，进而维护西非商团的利益。

多年来，西非商人们在疟疾肆虐的拉各斯和黄金海岸不断向白厅发出哀告，乞求政府拨款。因全球市场供过于求，自19世纪70年代以来，作为大宗出口商品的野生棕榈油的价格不断下跌。平衡西非殖民地财政的唯一希望，是发展棉花、咖啡和靛蓝等其他大宗出口商品。但是，棕榈油贸易只需石器时代的独木舟和泥泞的丛林小道，而其他商品则需要蒸汽时代的港口、公路、铁路，并需要帮助非洲土著实现开化。目前，西非殖民地面临的威胁主要来自两方面：野蛮部落与相邻的法国殖民者。张伯伦发誓，要为这些西非商人做主。1895年11月，他警告内阁同僚，私人企业不足以开发英国广大的"未开发之地"，国家必须投入资金和军队为私人企业带头。

张伯伦发出警告后不久，英国官方便在阿散蒂王国发挥了"带头作用"。19世纪90年代以前，在今加纳共和国的领土范围内，英属黄金海岸殖民地与阿散蒂王国一直处于共生状态。但在1895年，新任黄金海岸总督威廉·马克斯维尔（William Maxwell）向阿散蒂国王普列姆佩（Prempeh）发出最后通牒，要求阿散蒂接受英国保护，允许英国官员和军队进驻阿散蒂首都库马西（Kumasi）。普列姆佩断然拒绝，并将英国商人、传教士和官员驱逐出境。张伯伦在没有征求首相意见的情况下，贸然宣布对阿散蒂进行惩罚性远征。1896年1月，马克斯维尔出动3000名殖民军进犯阿散蒂王国。1月17日，英军没开一枪便占领了库马西。英军发现了一些头骨和活人祭祀的痕迹，这令他们大喜过望，因为他们出师打出的口号，正是结束普列姆佩国王的嗜血统治。20日，英国人逮捕了前来谈判的普列姆佩及其父母和8个大酋长。他们先是被囚禁在埃尔米纳堡，后又被流放到塞舌尔。阿散蒂人民得到的惩罚是，赔付5万盎司黄金的战争赔款。8月16日，英国宣布阿散蒂为英国的保护国，委派英国总督统治，从此独立统一的阿散蒂王国不复存在。象征阿散蒂王权的金凳子被阿散蒂人藏了起来。此次远征，英方只有18人死于战斗，但倒霉的是，前去镀金的贵族——女王宠爱的小女儿比阿特丽丝（Beatrice）公主的丈夫巴腾堡的亨利（Henry）亲王，因患上疟疾，在这场并不激烈的战争中去世。

现在，回过头来将注意力集中到英法两国关于西非的谈判上。尽管张伯伦在西非问题上态度强硬，但谈判期间，他因涉嫌参与詹姆森袭击事件而深陷危机，无暇顾及谈判。因此，英方主导谈判的只有索尔兹伯里一人。勋爵本以为这次谈判可以依照他的节奏顺利进行，没想到谈判刚开始便节外生枝：意大利在阿杜瓦遭遇惨败。为了拯救三国同盟，一向行事诡异、不拘一格的德皇威廉二世于3月3日夜访英国驻柏林大使馆，把盟友惨败的责任甩给法国，声称由于法国为孟尼利克提供了大量步枪才导致如此局面。他表示一切都是法国与沙俄的阴谋，其目的是把英国拉下霸主的宝座。最后，德皇恳求英国出手拯救遭到马赫迪军威胁的、驻守卡萨拉的意大利孤军。

索尔兹伯里最终决定不再等竣工时间未知的乌干达铁路修成，直接启动再征服苏丹计划。他命令赫伯特·基钦纳爵士率领埃及军队，小心翼翼地越过埃及边境的瓦迪哈勒法。这次军事行动用不着议会支付一分钱：既然德国、意大利和奥匈帝国都在支持英国，那么国际债务委员会完全有理由让埃及纳税人买单。

基钦纳先是在福凯特（Firket）取得胜利，接着沿尼罗河上溯320千米，攻占苏丹重镇栋古拉。此时，基钦纳完成了吸引马赫迪军注意力，为卡萨拉解围的任务，但离拿下喀土穆，为戈登报仇还为时过早。首先，埃及国库已经无法榨出更多的军费；其次，勋爵依旧认为沿乌干达北上，是再征服苏丹的唯一路线，然而乌干达铁路要过几年才能竣工。英国人必须赌运气，保证在此之前法国人不会抵达法绍达。

英国入侵苏丹之后，英法谈判自动破裂，双方短暂的缓和期就此结束，重新开始激烈地相互指责。

随着朱尔·梅利纳（Jules Méline）政府取代莱昂·布尔茹瓦政府，1896年4月，加布里埃尔·阿诺托重返法国外交部，第三次担任外交部部长。他希望自己能像偶像黎塞留那样，制定长期持久的外交政策。但可悲的是，在德雷福斯事件①主宰法国政坛的大背景之下，法国政局变幻无常，阿诺托自己也不清楚他能在法国外交部待多久。阿诺托之前最大的功绩，莫过于促成法俄同盟，但俄国在非洲几乎没有任何利益关系，能给的最大帮助，就是和法国联手，在国际债务委员会中阻碍埃及人从国库中拨出50万英镑作为基钦纳的军费。最终，这笔钱不得不由英国人自掏腰包。

阿诺托最为恼火的，是上任外交部部长拜特洛授权批准了"马尔尚计划"。

---

① 1894年，法国陆军参谋部犹太籍上尉军官阿尔弗勒德·德雷福斯（Alfred Dreyfus）被诬陷犯有叛国罪，遭到革职和终身流放法属圭亚那"魔鬼岛"的惩罚。以军方为代表的右翼势力乘机掀起反犹浪潮。该事件不久便真相大白，但法国政府却坚持不愿承认错误。1899年8—9月，经军事法庭重审，判德雷福斯仍被判有罪，但改判10年徒刑。9月19日，费利·富尔总统决定赦免德雷福斯，以息民愤。直到1906年7月最高法院才撤销原判，为其昭雪。该事件跨度长达12年，当时法国从上到下，包括政府、军队、教会、报界、政党、团体、家庭，几乎都分裂成赞成重审和反对重审两派，斗争异常激烈，整个法国陷入了一场严重的社会和政治危机。

1895年9月，当时还在里博手下担任外交部部长的阿诺托曾在法国外交部会见了马尔尚上尉。上尉声称他出任务的目的，只是让法国有权参加关于尼罗河的会议，他不会越过加扎勒河流域，并避免因升起三色旗或提出领土主张而激怒英国人，如果遇到英国人，双方将以"一切文雅和妥当"的方式相互致意。对于马尔尚的计划，阿诺托当时没有表态。但阿诺托的继任者拜特洛于1895年11月正式授权马尔尚执行计划。事实上，拜特洛被殖民部欺骗了。殖民部在1896年2月起草的命令非常极端：从苏德向法绍达推进。按照命令，马尔尚还将与当地酋长"结盟"，获得土地主权。为了减轻补给压力，不激怒马赫迪军，马尔尚远征队只有200人，其中大部分是塞内加尔士兵和船夫。在阿诺托返回法国外交部的前几天，马尔尚已经带着殖民部的命令驶向了非洲。

事到如今，阿诺托知道，这个足以惹怒英国人的计划既无法阻止，也无法掩盖，只能竭尽全力地削弱其影响。1896年6月，法国新任殖民部长安德烈·勒庞（André Lebon）签署的新命令没有提到法绍达，也没有提到任何领土要求。只要马尔尚服从命令，这场远征就对英法关系造成不了多大伤害。何况当时几乎没有人相信，马尔尚能够抵达尼罗河，毕竟在刚果河和尼罗河之间的分水岭上，有宽达数百千米未被开发的原始森林。

在东非地区，本来阿诺托同意让法属索马里总督莱昂斯·拉加德（Léonce Lagarde）与阿比西尼亚的哈拉省总督马康南亲王就边境问题展开谈判，但崇拜甘必大的殖民部长勒庞却支持在非洲不计成本地扩张。除了这一点以外，勒庞在西非还有诸多个人利益，他很快就成了达荷美铁路公司的董事。勒庞一面命拉加德继续推进连接白尼罗河和红海的阿比西尼亚铁路的建设，一面让拉加德组织数支法国探险队，从红海出发前往白尼罗河，与马尔尚在法绍达会合。另外，勒庞还秘密让拉加德去游说孟尼利克，派阿比西尼亚军队推进到白尼罗河东岸，届时法国与阿比西尼亚将以白尼罗河为界划分势力范围。作为回报，万王之王答应全力支持法国探险队。直到1897年3月，勒庞才将东非攻略递交内阁。眼看木已成舟，阿诺托只能同意内阁的裁决。

拉加德派出克罗切特（Clochette）和邦瓦洛（Bonvalot）各率一支法国探险队，在阿比西尼亚军队的配合下，向法绍达前进。勒庞认为，只要占领法绍达，法国就可以占领整个加扎勒河流域，从而在英国人的埃及和乌干达之间嵌入一枚楔子，阻断从开普敦到开罗的"全红"路线。等到阿比西尼亚铁路通车后，法属刚果便可以和红海相连，法兰西的非洲帝国就可以纵贯大陆东西。

除了派遣探险队以外，勒庞还在西非采取了一连串行动。自1892年征服贝汉津（Behanzin）王以来，法国便将达荷美发展成为新的扩张基地。当时，法国在尼日尔河流域及西非地区有3个跃跃欲试的前进方向：第一，象牙海岸和黄金海岸腹地；第二，达荷美以东，虽然皇家尼日尔公司宣称在这里拥有主权，但《英法协议》中未提及该公司势力范围西部边界的划分；第三，皇家尼日尔公司北部边界线，即萨伊—巴鲁瓦线以北地区。勒庞的目标是在西非造成占领领土的既成事实。

上文提到，英国于1896年自黄金海岸出发征服了阿散蒂王国，抢占到了先机。自阿散蒂向北，便是森林茂盛的上沃尔特山脉。非洲最令人敬畏的军事领袖萨摩里·杜尔被法军从西苏丹赶走后，便在上沃尔特创建了新政权。萨摩里依旧希望成为英国的保护国，从而获取新式步枪，卷土重来。但上沃尔特山区过于贫困，萨摩里仅靠合法贸易无法维持统治，于是他重操旧业靠出口奴隶艰难度日。自诩奴隶贸易终结者的英国人，自然不愿意支持他。萨摩里随后试图与阿散蒂王国结成同盟，但随着英国征服阿散蒂而希望落空。1898年，法国征服萨摩里的老对手——锡卡索王国之后，向萨摩里最后的领地发起了进攻。9月，山穷水尽的萨摩里被亨利·吉鲁（Henri Gouraud，一战后期成为法国第4集团军司令员）上尉率领的小分队抓获。他被流放到加蓬，在勒庞下台几个月后死去。

英法两国争夺最为激烈的，还是尼日尔河流域。法国急需证明的是，皇家尼日尔公司的领土主张只停留在纸面上，并没有实际效力。为了证明这一点，法国军官们自发组织起了多支探险队：侯斯特（Hourst）中尉从廷巴克图乘船沿尼日尔河而下，一路到达布萨急流，然后到达利阿巴（Leaba），未发现任何英国人的存在；其他探险队从达荷美的热带雨林出发，有的向北进入苏丹，有的向博尔古推进。1897年2月，法国军官布雷顿内（Bretonnet）中尉在已被英国人签约成为势力范围的布萨建立岗哨；而在北部，另一名军官卡泽马茹（Cazemajou）中尉与位于尼日尔东部索科托哈里发国的附庸阿贡古（Argungu）埃米尔国签署了一项条约。但卡泽马茹很快就被索科托苏丹杀掉了。勒庞对上述军官们的探险并未做任何表态，但他清楚，两国就尼日尔河流域再度展开谈判时，这些探险队取得的成果将能派上用场。

当法国军官在皇家尼日尔公司的势力范围内肆意活动时，戈尔迪·陶布曼在做什么呢？当时，张伯伦和戈尔迪正在因为尼日尔河流域不断被法国渗透而相互推卸责任。出现这一困境的根本原因在于，戈尔迪的公司被要求扮演政府角色，为大英帝国的利益保卫一个庞大的非洲帝国。但实际上，公司根本没有足够的资金去打仗或占领无利可图的领土。卢加德在尼基的遭遇就是个典型例子。卢加德本已与尼基和其他城镇的统治者签订条约，但他无法把哪怕是最小的公司哨所留在尼基，因此，法国探险家德科尔与达荷美总督巴洛特完全不管先来后到的道理，在尼基设立军事哨所，并渗透到布萨。自从1896年春英国入侵苏丹，英法谈判破裂后形势更危急。

如果戈尔迪集中全力对抗博尔古的法国人，也许能够抵挡住，但如今，公司的摊子铺得太大，战线拉得太长，树敌又太多：法国士兵在索科托的边界徘徊，如同猎犬一样嗅来嗅去；尼日尔河三角洲的布腊斯人接连发动起义，此消彼长；两个伊斯兰埃米尔国——努佩和伊洛林（Ilorin）挑战着公司在尼日尔河中游的权威；戈尔迪的宿敌、皇家尼日尔公司最严厉的抨击者、扩张主义者——拉各斯总督吉尔伯特·托马斯·卡特（Gilbert Thomas Carter）一直在对他的行动进行各种阻挠。在张伯伦接管殖民部的几个月前，卡特就曾要求"摧毁这伙强盗在伊洛林的总部"。并且，他还在1895年和1896年重申了这一要求，提议将伊洛林并入拉各斯。

这些伊斯兰国家大多建立于19世纪初。当时，豪萨地区伊斯兰教卡迪尼亚派的信徒在弗拉尼贵族奥斯曼·丹·福迪奥（Usman dan Fodio）的带领下发动了"圣战"，豪萨诸城邦土崩瓦解。1812年，在"圣战"取得全面胜利的基础上，奥斯曼自称哈里发，建立了索科托哈里发王国。除此之外，还形成了十几个大大小小、附庸于索科托哈里发王国的埃米尔国，其中便包括弗拉尼人建立的努佩埃米尔国与伊洛林埃米尔国。两国的奴隶贩子，在拉各斯北部伊巴丹的约鲁巴人中掠夺奴隶。随着卡特将拉各斯殖民地不断向内陆扩张，在丛林中开辟道路，建造堡垒，促进贸易和收入，废止人祭，打击奴隶贸易，这些伊斯兰国家切实地感受到了威胁。1896年年初，伊洛林埃米尔国挑衅地袭击了拉各斯警察的哨所。张伯伦立即向戈尔迪提出警告，如果他没有控制埃米尔国的本事，那这个任务可以由拉各斯殖民地完成。

事实上，戈尔迪的首要打击目标，是横跨尼日尔河的努佩埃米尔国，而不是伊洛林埃米尔国。努佩最近逮捕了皇家尼日尔公司的2名英国军官和45名土著警察，埃米尔虽然放了人，但扣下了他们的步枪。戈尔迪为了报复，从正规军各团借调了一些富有冒险精神的军官，组成一支装备后装步枪以及新式火炮的军队。1897年1月6日，由30名白人军官、513名非洲士兵和900名搬运工组成的公司军队，从公司的洛科贾基地出发。努佩埃米尔国仅仅是装备长矛、剑与火器的弗拉尼骑兵的数量就是公司部队的10倍以上。但努佩埃米尔国的一大战略弱点是，国土被尼日尔河一分为二，而当地船夫怀有二心，并不听从弗拉尼人的使唤。当时，尼日尔河西的努佩军由埃米尔的副手穆罕默德（Mohamedu）指挥，戈尔迪派汽船占据河流中央，阻止他们支援埃米尔。河东的努佩军在埃米尔的指挥下，集结在比达城下。1897年1月26日，公司军队遭到数千名身穿白袍的弗拉尼骑兵的连续攻击。公司步兵结成方阵，数次击退骑兵进攻，后者仓皇而逃。次日，戈尔迪用一门惠特沃斯12磅炮从几百米外向比达开炮。当城市着火时，埃米尔的军队撤退了。

公司军队8人阵亡，9人受伤。尽管在军事上打垮了努佩埃米尔国，但由于公司实力不足，无法直接统治，因此戈尔迪决定进行间接统治：他废黜了现任埃米尔，让兵力毫发无损的穆罕默德即位，但穆罕默德需要"遵守公司代表可能不时给他的指示……"

1897年2月16日，戈尔迪率军兵临伊洛林城下，之后的程序与比达之战几乎雷同：试图冲破公司军队方阵的弗拉尼骑兵被击溃；戈尔迪近距离炮击伊洛林城，城内一片火海。但与比达之战不同的是，战火平息后，戈尔迪对伊洛林埃米尔十分宽容，让他继续坐在王座上，只需签署条约，同意遵守公司"不时"发布的指示：停止越境掠夺奴隶，尊重与拉各斯的边界，销毁所有杜松子酒和朗姆酒的贸易库存等。除此之外，一切照旧。

戈尔迪刚刚征服两个埃米尔国，向法国人以及外交部展示了公司的力量，便不得不应外交部要求，于1897年3月不带一兵一卒前往北部哨所——以他名字命名的戈尔迪堡。据当地人说，一支外国探险队在布萨升起了一面奇怪的旗子，威胁说如果布萨国王不屈服，他们将烧毁国王的房子。随后，戈尔迪收到了一封落款为"布萨公馆"的信。信里通知他，布雷顿内中尉已经"以法兰西共和国的名义"占领了这座城市。手头无兵的戈尔迪无能为力，他所能做的就是重申布萨位于公司势力范围内，布萨事件必须交给两国政府解决。

1897年4月，消息传到伦敦，布萨这个位于尼日尔河岸边、周边砌着土墙的小镇被推到了国际政治的中心。法国人占领布萨后，可以进入整个尼日尔河中下游地区。尽管戈尔迪和布萨国王早就签了保护条约，但真正落实下去的却是法国人。十余年前，柏林会议定下了瓜分非洲沿海地区的规则，现在布萨事件会成为瓜分非洲内陆游戏规则的模板吗？

索尔兹伯里仍在努力重启关于尼日尔河流域的谈判。3月，他秘密访问阿诺托，建议将这些"小纠纷"提交国际仲裁。这个建议没有被采纳。布萨事件发生后，英国外交部分别在4月、5月和6月礼貌地提出抗议：布雷顿内中尉是否越权？但当时紧跟朱尔·梅利纳政府前进政策的阿诺托拒绝让步。

在英国关注的另一个方向——尼罗河上游，他们当时并不清楚拉加德探险队的实际情况，只知道法国人正试图从阿比西尼亚向西、从刚果向东前往法绍达会合。还有传言称，不甘寂寞的利奥波德自英国租借的拉多飞地，向北派遣了一支庞大的远征队，其目的是在争夺法绍达的竞赛中击败英法。

等到1897年8月，索尔兹伯里终于听到了来自尼罗河中游的好消息。8月31日，基钦纳占领了距喀土穆以北320千米的柏柏尔镇。但基钦纳对法绍达鞭长莫及，毕竟法绍达距喀土穆有近1000千米，中间还隔着强大的马赫迪军。因此，索尔兹伯里仍倾向于英军从乌干达向法绍达推进，但传说中的乌干达铁路在狮子出没的平原上并未竣工。索尔兹伯里等不及了，他派出一支小纵队，由1893年接替卢加德的乌干达驻军指挥官詹姆斯·麦克唐纳少校率领，向法绍达前进。按照计划，麦克唐纳将于1898年夏天抵达那里。索尔兹伯里悲观地预计，届时英法军队会有一场冲突。

1897年10月，阿诺托终于同意与英国恢复谈判。这符合索尔兹伯里的初心，他很高兴能用皇家尼日尔公司那些"瘠薄地"来换取英国在尼罗河的战略安全。他还打算将一条200千米长的走廊让给阿诺托，让法国将达荷美与布萨下游的一个基地连接起来。当时，英国内阁中的保守派，如财政大臣希克斯·比奇和海军大臣戈申都同意这一让步，但有一个人仍旧顽固不化，那就是殖民大臣张伯伦。1897年12月，张伯伦以辞职为要挟，向索尔兹伯里提出抗议，称他们不应该"屈服于威胁"。索尔兹伯里尽管十分恼怒，但他无法承受这位新帝国主义英雄离开造成的动荡。

西非重陷僵局，尼罗河流域又传来噩耗。1898年年初，索尔兹伯里得知麦克唐纳少校的远征失败了。问题出在几个苏丹连队上。这帮艾敏时代的老兵油子本来就被拖欠军饷，在得知即将执行重返地狱般的苏德沼泽的任务后，士气十分低落。苏丹士兵希望与麦克唐纳直接沟通，但遭到粗暴拒绝，于是发动兵变。负责平叛的基尔帕特里克（Kirkpatrick）上尉下令用机枪扫射，然而机枪竟然卡壳，上尉命令下属改用步枪开枪，结果他的手下纷纷把子弹打到了天上。

这股叛军随后于10月16日占据卢布瓦（Lubwa）据点，并扣押了3名欧洲军官作为人质。麦克唐纳赶到后，将据点包围。苏丹官兵向来看不起斯瓦希里士兵的战斗力，认为后者"像女人一样，一触即溃"，于是趁麦克唐纳立足未稳，于19日发动突然袭击，结果在马克沁机枪面前死伤累累。当天，麦克唐纳打退了叛军7次进攻，随后下令上刺刀反击，将对手赶回据点。叛军自知英方无意与他们谈判，便将人质杀掉。

麦克唐纳虽然初战告捷，围困卢布瓦长达3个月，但由于此时乌干达各地大小叛乱不断，作为当地为数不多的机动力量，麦克唐纳从围困部队中抽调200名骨干力量四处灭火。叛军瞅准时机，于1898年1月9日突围而出，向基奥加湖（Lake Kioga）方向撤退，试图与不愿做傀儡、心存反意的布干达卡巴卡姆万加取得联系。

索尔兹伯里眼见乌干达一片狼藉，麦克唐纳自顾不暇，只能把所有赌注押在基钦纳身上。但基钦纳和克罗默都认为，仅仅依靠埃及军队是无法粉碎马赫迪国的。他们需要几个英军旅进行支援，这不仅将花费英国纳税人至少100万英镑，而且必然会激怒法国人。当时，英国驻巴黎大使爱德华·蒙森（Edward Monson）爵士向内阁发出严正警告：对于因德雷福斯事件而陷入社会割裂的法国来说，与英国开战或许是一种解脱。但张伯伦依旧认为，法国人只不过是在虚张声势，他决心要在尼罗河与尼日尔河两个方向对法国人发出新的挑战。

我们再回到尼日尔河流域。如今，皇家尼日尔公司成了众矢之的：拉各斯抗议戈尔迪管理失败；无论是富裕的利物浦商人，还是饥饿的布腊斯人，都抗议公司的非法垄断；咄咄逼人的法国政府更是不断进行挑衅。张伯伦决定，由政府直接接盘，买下皇家尼日尔公司。1897年5月，张伯伦与戈尔迪就此事进行会晤，张伯伦希望戈尔迪在公司被帝国收购期间，积极配合政府，应对法国人的挑衅。戈尔迪则声称，如果特许状被撤销，他不会为拉各斯提供任何帮助，无论是码头上的起重机械，还是河里的明轮船。张伯伦无视戈尔迪的挑衅，命令海军部直接派出两艘炮艇支援拉各斯派兵接管公司在博尔古的部分地区，以阻止法国人从达荷美入侵。他希望皇家尼日尔公司让步，提供内河运输，但戈尔迪拒不从命，要求张伯伦如果要撤销特许状，那就快刀斩乱麻，给予他合理的补偿。戈尔迪指责说，政府不支持他对抗法国人，并愚蠢地让出通往尼日尔河的走廊，这将导致杜松子酒和枪支在弗拉尼诸国因泛滥而变得廉价，而放弃布萨将成为自马朱巴之战以来最致命的错误。张伯伦对此回应道：

> 我想告诉他，英国政府不同意他拿走所有的利润，却要我们花费数十万甚至数百万英镑来达成他想要的与法国对抗。
>
> 如果这是他的观点，我们最好的办法是立即没收他的财产，完全地、一股脑地没收！我们会支付他财产中的资本价值，但不会为任何商誉或未来利润买单。

虽然张伯伦狠话说尽，但直到1898年2月他才说服财政大臣希克斯·比奇向皇家尼日尔公司支付赔偿金。戈尔迪这才勉强同意帮助即将组建的、代表帝国的皇家西非边防军（RWAFF）打败法国人。张伯伦委托卢加德少校负责组建和统领西非边防军。卢加德一直视戈尔迪为英雄，两人在前几年又合作过，因此配合得相当愉快。尽管任用马克沁机枪把法国传教士赶出乌干达的卢加德势必会进一步激怒法国人，但张伯伦早就无所顾忌了。

当时，卢加德本打算赚点外快——受雇于一家英国勘探公司，率一支探险队深入卡拉哈里沙漠——但受到张伯伦的邀请后，他果断放弃了这份钱多事少的工作。卢加德与戈尔迪的政策不谋而合，都是主张利用尼日尔河北岸尚未被征服的索科托哈里发国作为筹码，收买法国人，但二人的主张遭到张伯伦断然拒绝。张伯伦要求卢加德采用"棋盘政策"，即潜入博尔古，在每一面三色旗帜旁边都插上米字旗，让英法两国的领土犬牙交错。卢加德认为，这种政策纯属胡来。从1897年11月到1898年3月，卢加德与张伯伦争论不休。张伯伦拒绝让步。卢加德一度想辞职，但戈尔迪恳求他不要犯傻：他是不可或缺的，帝国和皇家尼日尔公司都依赖着他。戈尔迪表示可以帮忙，发动媒体和议会反对"棋盘政策"。卢加德无法抗拒偶像的奉承，于是在1898年2月再次起航前往尼日尔河。

1898年4月6日，卢加德沿尼日尔河下游宽而浅的水道航行。冰冷的雨水从小汽艇"扎利亚"号（Zaria）的顶部滴落下来，打在卢加德脸上，他不得不裹紧毛毯。卢加德想喝点威士忌暖暖身子，却发现没有，他气得要命。他的助手兼好友——第一次来非洲的詹姆斯·威尔考克斯（James Willcocks）中尉则完全沉浸在大河壮丽的景色中：一头深棕色的巨大河马咕噜一声，消失在泥浆泡沫中；鹦鹉在头顶呼啸而过，"就像一道银光"。夜晚，热带暴雨突然袭来，雨水打在覆盖着蕨类植物的大树叶子上噼啪作响，听起来就像水坝决堤一样。卢加德认为，威尔考克斯为人单纯而有干劲，因此将新建部队、对付法国人等实际事务交给对方，而他自己则坐镇杰巴后方。但卢加德也不清楚如何在这个蛮荒之地组建一支2000人的部队，来对付如狼似虎的塞内加尔士兵。尤为不幸的是，戈尔迪那边传来消息，他未能如愿驳倒张伯伦的"棋盘政策"。因此，卢加德不得不尽量往好处想，向上天祈祷张伯伦是对的，法国人只会虚张声势。

4月底，威尔考克斯带着300名士兵及搬运工离开杰巴，向博尔古进发，其中大部分士兵是新招募的豪萨族新兵。离开河岸两天后，一行人穿过几乎无人居住的金合欢灌木丛，在基亚马发现了一面飘扬的三色旗。于是威尔考克斯依照"棋盘政策"，在3千米外大胆地升起了米字旗。5月5日，一名别着勋章，上穿耀眼白夹克，下着蓝色宽松长裤，打着褐色绑腿，戴着陆战队白头盔，躺在鲜红色的吊床上，由12名塞内加尔人护卫的法国军官出现了。威尔考克斯走进他的帐篷里，两人分别向各自的国旗敬礼。

基亚马国王不久后也来了，他告诉威尔考克斯，他曾和一个"白人大人物"成为朋友，这个人许下诺言就离开了，之后他再也没有听到过对方的消息。同年，法国人占领了他的城市，让他发誓效忠他们。威尔考克斯多少有些笨拙地解释说，他是那个"白人大人物"的使者。

法国军官生气地插嘴道："你侮辱了我们的国旗……博尔古的历史可以证明，英国是如何凌驾于一切条约之上的。"当威尔考克斯反驳说"博尔古的历史尚无人书写"时，法国副官庄严地拿出两卷法语版该国国史。两位指挥官再也无法保持坦然的表情，在笑声中结束了这场危险的对峙，他们互相握手，向对方的国旗敬酒。

接下来的几个星期，威尔考克斯没有歇着，把米字旗插到基希、波德（Bode）、奥库塔（Okuta）、杰巴索拉（Gbasora）、特曼吉（Termanji）和博加西（Borgasi），然后重新回到基亚马。这时雨季开始了，荆棘丛中的小径变成了泥坑。豪萨新兵们苦中作乐的精神让威尔考克斯很满意。基亚马的一天通常是这样度过的：法国人抗议，英国人反驳。有一天，法军亮出雪亮的刺刀，威胁英军；而英国人则在非洲人的怂恿下，向法国人吐口水，诅咒他们。不过，激烈冲突的场景，往往在笑声和握手中消失。然而，5月17日爆发了一场真正的危机。

一个星期前，英军在距离基亚马3千米的贝提库塔（Betikuta）小村升起米字旗。5月17日晚，一名法国中士把三色旗插到距离米字旗不足370米处。威尔考克斯警告法国人，除非在48小时内把它移走，否则作为报复，他会将米字旗插到距离基亚马大门366米远的地方。法国人回复道，这就意味着战争。事实上，双方血气方刚的士兵们都已厌倦了插国旗的游戏，准备真枪实弹地打一仗。但威尔考克斯不敢自作主张，于是回到杰巴与卢加德商量。卢加德个人希望避免战争，但要求不得对法方的挑衅低头。

威尔考克斯回到基亚马后，命令部队在营地周围筑起栅栏，挖掘战壕，布置好马克沁机枪，准备战斗。5月30日，他命令部队在基亚马的大门上挂上米字旗，随后假装在笔记本上写字，屏息等待枪声，但他没有听见枪响。法军指挥官最终决定对米字旗视而不见。

几小时后，达荷美总督发来一封加急电报，这是一份哈瓦斯通讯社的报道。法国指挥官立即把电报拿给威尔考克斯看，借以炫耀自己的判断。报道称，在巴黎的谈判即将结束，法国将把博尔古交给英国！张伯伦顶住了几乎所有人——首相、内阁、戈尔迪、卢加德——的反对，证明了在西非看似气势汹汹的法国人不过是外强中干，从而赢得了这场赌博。

1898年6月14日，在威尔考克斯下令把英国国旗挂在基亚马大门上两周后，阿诺托终于在6400千米外的巴黎签署《尼日尔公约》。总体来说，双方将1890年划定的势力范围分界线向萨伊东南挪了挪。在西北部，英国的势力范围始于激流之上的伊洛（Ilo），包括布萨和博尔古的大部分地区。法国人将达荷美东部边境从萨伊河下游160千米的地方延伸到博尔古西部，包括尼基城在内，英国无须把通往布萨下游航道的走廊提供给法国。在北方，遥远的索科托哈里发国（当时未被任何一方征服）被划给英国。

作为英国殖民西非的急先锋，皇家尼日尔公司的使命就此完成。1899年年底，英国政府出资86.5万英镑购买该公司的特许状，并于次年1月正式接管其所占领土。其中，伊达以南的领土并入尼日尔海岸保护国，改称"南尼日利亚保护国"，并且在1906年将拉各斯殖民地并入南尼日利亚保护国；而伊达以北的公司领土则改称"北尼日利亚保护国"。

索尔兹伯里对所谓的"博尔古的宝藏"一直持怀疑态度，他认为"除了在戈尔迪的梦中，其他地方不会出现战利品"，因此对有关尼日尔河流域的谈判并不看重。如今，又臭又长的尼日尔河纠纷解决了，索尔兹伯里如释重负。

在索尔兹伯里于当年2月下定决心重启基钦纳的再征服运动后不久，疲于奔命的詹姆斯·麦克唐纳少校终于得到了援兵：在19天内跋山涉水、行军579千米、由哈里森上尉率领的80名阿斯卡里，以及乘坐火车沿部分已竣工的乌干达铁路赶来的150名印度兵。麦克唐纳随后马不停蹄地追击对手，终于在基奥加湖附近的卡巴加姆比（Kabagambe）将这股人数为800人的叛军（600名苏丹士兵、200名当地穆斯林）死死咬住。但这些经验丰富的苏丹老兵很快便娴熟地构筑起坚固的防线，英方如果强攻，必然伤亡惨重。1898年2月18日，麦克唐纳因故返回乌干达首府坎帕拉，把部队交给哈里森指挥。24日，哈里森率军强行军17小时，绕过叛军正面防线，出其不意地发起了攻击。叛军惊慌失措，逃入后方围栅中。哈里森上尉见围栅中有很多妇孺，于是下令禁止使用马克沁机枪，而是单纯依靠刺刀冲锋攻占围栅，彻底平定了这次兵变。

成事不足败事有余的姆万加给英国人带来的麻烦远不如这些苏丹老兵。他在1899年联合布尼奥罗人共同起义，结果迅速失败。之后，他和他的死敌——布尼奥罗国王卡巴雷加双双被流放到塞舌尔群岛，并于1903年死在那里。

　　麦克唐纳因为平定乌干达叛乱有功，获得巴斯勋章。这之后，他先后参加了1900年八国联军镇压义和团与1903年入侵西藏的运动。帝都金碧辉煌的紫禁城、雪域高原圣洁的布达拉宫，均留下了这位帝国杀星血腥肮脏的足迹。

　　1898年夏天，索尔兹伯里最为关注的依旧是尼罗河上游的法绍达。英国情报部门估计，马尔尚上尉的队伍离法绍达不远，或许已经占领了那里；但到当年9月，基钦纳应该已经占领了喀土穆，随后他将乘蒸汽船向上游推进，迫使马尔尚撤退。为了拯救苏丹南部和埃及，索尔兹伯里已经做好了与法国开战的准备。

　　或许马尔尚已沉入杳无人烟的苏德沼泽了，但索尔兹伯里没有忘记其他参加法绍达竞赛的选手——与万王之王孟尼利克联手的法国探险队，以及本书的核心人物利奥波德国王。

# 第三十章 孤军深入的马尔尚

1897年，利奥波德国王为当时备受瞩目的布鲁塞尔国际博览会（Brussels International Exposition）剪彩。在公众看来，他很适合这一角色：他是仁慈的国王，比利时子民的君父，他用庞大的私人财富在未开化的非洲投资伟大的慈善事业，如今终于得到了回报。正如弗尼·卡梅伦预见的那样，刚果"富饶得无法用语言形容"，是一座名副其实的热带宝库。而且，随着1888年约翰·博伊德·邓禄普（John Boyd Dunlop）发明充气轮胎，世界对橡胶的需求量与日俱增，橡胶价格一路飙升。刚果的橡胶出口量水涨船高，从1892年不到250吨，到1896年上涨到1200吨。利奥波德用他从刚果赚到的钱，在布鲁塞尔郊区的特尔菲伦镇（Tervuren）建造了一座巴洛克风格的宫殿，作为国际博览会上刚果展品的博物馆。在这届国际博览会上，观众们在特尔菲伦镇最感兴趣的是用267个从刚果运来的非洲人组成的场景。这些非洲人住在茅草房里，生火做饭，敲鼓跳舞，旁边还有一个小湖供他们展示划独木舟。当利奥波德得知一些非洲人吃了公众抛来的糖块而消化不良时，就命人挂起一块"不许给他们喂食，黑人由管理委员会喂食"的牌子。博览会结束，将非洲人送回家后，一家报纸兴奋地写道："比利时的灵魂伴随着他们，就像朱庇特的盾保护着他们一样，但愿我们永远是全世界人性的表率！"

在国际博览会的炫目光辉下，比利时这一在国际政坛上无足轻重的欧洲小国一时间成了世界焦点，利奥波德真正意义上走上了人生巅峰。

然而就在几年前，国王还因刚果自由邦年年入不敷出而遭受巨额亏损。于是，1895年1月，国王和比利时政府签订了刚果"让渡条约"，打算让政府提前接手刚果。但两个月后，当利奥波德得知橡胶的销售数据时他反悔了，于是厚着脸皮撕毁了条约。不仅如此，国王还谎称他不得不将一笔500万法郎的贷款偿还给一位比利时银行家，议会只能为他提供一笔650万法郎（26万英镑）的新贷款。手头重新宽裕的国王，又想起萦绕在他心头40多年的梦想——成为当代法老。他认为，此时正是派遣探险队前往尼罗河上游把苏丹并入自由邦的大好时机，但他也清楚，这一梦想注定遭到英法的阻挠，于是他决定耍个花招。

1894年，英国为了防止加扎勒地区落入法国之手，打算把整个地区都租给利奥波德。事实上，自1888年艾敏部放弃赤道省南逃以来，该地一直被马赫迪军占领。不过，这一计划最终被法国破坏了。这一次，利奥波德对法国外交部部长阿诺托保证说，英国只租给他拉多飞地，眼下他想派兵赶走马赫迪军占领飞地，重建雷贾夫火车站，为法国或英国占领苏丹，重新开放尼罗河贸易做好准备。

利奥波德命令位于乌埃勒河上游的指挥官路易-拿破仑·加尔廷（Louis-Napoléon Chaltin）率军沿着人迹罕至的西线，大摇大摆地前往拉多飞地。这一路显然是故意摆在明面展示给列强看的。除此之外，利奥波德命令在刚果战争中打败了阿拉伯人的英雄弗朗西斯·丹尼斯男爵率领3000大军向法绍达推进，然后从那里顺尼罗河而下，进攻喀土穆。1890年的时候，国王希望斯坦利执行这一任务，但斯坦利不久后便结婚退出探险界，这一任务就此搁置。斯坦利警告过国王，马赫迪军对训练不足的非洲士兵来说，几乎是不可战胜的，但国王把斯坦利的逆耳忠言当成了耳旁风。

1897年5月5日，利奥波德在莱肯宫的刚果温室里悠闲地晒太阳时，收到了一份来自刚果的噩耗：2月，丹尼斯男爵所率远征军先遣队中的巴特特拉人在恩德尔菲（Ndirfi）发生叛乱，杀死了带队的比利时军官。丹尼斯远征军由数千巴特特拉人及其他非洲原始部落成员组成，里面有许多人来自食人族。而在1893年的时候，巴特特拉人便因领袖贡戈·鲁特特被判死刑，与丹尼斯结怨。此次远征，丹尼斯男爵为避免被法国人发现踪迹，选择了所有通往尼罗河路线中最令人生畏的一条行军路线：穿越可怕的伊图里森林。前面提过，斯坦利曾沿这一路线为艾敏帕夏解围，结果死伤累累，沿途躺满了斯坦利部下的尸骨。巴特特拉人本来就对丹尼斯心怀仇恨，再加上风餐露宿、食不果腹、病死者甚多，积怨不断升级，最终爆发了兵变。到5月底利奥波德再次得到消息时，巴特特拉叛乱已经蔓延到了主力部队。包括丹尼斯的兄弟在内共计10名比利时军官被杀，丹尼斯本人躲在森林里，狼狈地逃回了斯坦利维尔。叛军在整个刚果东北部横冲直撞，肆意烧杀。好在斯坦利维尔幸免于难。

东方不亮西方亮，利奥波德寄予厚望的丹尼斯男爵受挫，作为偏师的加尔廷反倒进展神速。加尔廷的自由邦军队有8个步兵连，每连各有100人；除此之外，还有阿赞德（Azande）部落的步骑兵约500人。他们于1897年2月14日抵达尼罗河畔，与小股马赫迪军交火。在随后3天中，从拉贾夫陆续赶来的约2000马赫迪军，在阿拉比·达法拉（Arabi Dafalla）埃米尔的指挥下，在一条低矮山脊上布设防线。加尔廷在17日上午派5个步兵连，在75毫米克虏伯炮的掩护下出击。马赫迪军不断对山下射击，但由于枪械老化、射术不精，几乎没给自由邦军造成多大损失。达法拉接着派偏师包抄加尔廷侧翼，但加尔廷派余下3个步兵连将其顶住，随后命阿赞德步骑兵切断马赫迪军偏师与主力的联系，将其歼灭。这时，担当主攻的5个步兵连已经攻上了山脊，残存的马赫迪军纷纷逃到城内。经过短暂的巷战，自由邦军队于当天攻占拉贾夫，随后以惊人的速度占领整个拉多飞地。不过单凭加尔廷这一路显然是完不成利奥波德国王攻略苏丹的宏图伟业的，因此自由邦军队只能长期驻守于此，直到1910年英国收回拉多飞地的租赁权，将其重新划归英埃共管的苏丹。

沿着尼罗河征服苏丹看来是没戏了，利奥波德只能打红海沿岸的主意。就在这时，意大利在阿杜瓦大败亏输，于是利奥波德国王趁火打劫，获得意属殖民地厄立特里亚的租赁权。并与意大利政府分享该殖民地一半的利润，但在英国的干涉下，双方被迫取消协议。就这样，利奥波德被迫退出了争夺苏丹南部的竞赛。

在这场竞赛中，目前遥遥领先的是法国人。

通常，从6月开始，绿色的埃塞俄比亚高原便迎来了雨季。在雨季，可供骡子通行的小径将变成浑浊的泥潭。1897年的雨季来得很早。在5月17日—6月28日的42天里，由德·邦尚侯爵率领的法国探险队在雨季中向西朝尼罗河蹒跚而行。邦尚是一个风度翩翩的潇洒年轻贵族，曾在1891年以副队长的身份参加斯蒂尔斯的加丹加远征。在他前面的某个地方，由克罗切特上尉率领的另一支法国探险队迷失在被雨水浸透的群山中。

按照殖民部长安德烈·勒庞的命令，这两支探险队应在阿比西尼亚军的协助下向尼罗河推进，在法绍达附近与马尔尚上尉会合。巴黎相信，孟尼利克会兑现为法国提供支援的承诺，因此给两支探险队的资金十分吝啬：克罗切特得到10万法郎，而邦瓦洛（邦尚这一路探险队最初的领导者）只得到5.5万法郎。法国政府命令法属索马里总督莱昂斯·拉加德作为驻亚的斯亚贝巴大使，监督万王之王履约。但邦尚却发现，并越来越笃信，拉加德出于个人原因在破坏他的远征。

邦尚探险队的原领袖邦瓦洛在与拉加德第一次会面时便发生了激烈的争吵。在亚的斯亚贝巴，得不到拉加德支持的邦瓦洛在孟尼利克宫廷寸步难行，于是他辞职回到法国。邦尚接替邦瓦洛后，说服孟尼利克允许他带着向导和一封介绍信去见巴罗（Baro）河①畔戈尔（Gore）地区的地方长官。然后，他带着3个法国同伴、上百名加拉人，从亚的斯亚贝巴出发了。

但是，邦尚一行显然忘记了高原的季节周期。雨季开始了！5月17日—到6月28日，邦尚一行踩着没过小腿的稀泥，奔向戈尔，不顾一切地追赶着克罗切特。在这42天里，他们的衣服总是湿漉漉的，没法晒干。邦瓦洛为了省钱，加上不了解当地情况，在法属索马里购买了大量单峰驼当驮兽。这些单峰驼是大漠里的"沙漠之舟"，根本无法忍受高原的泥泞和寒冷，大多数非死即病。被迫在泥泞小路上运送6吨物资的加拉苦力大量逃走，这些背井离乡的加拉人，家园早在数年前就因孟尼利克入侵被绍阿士兵瓜分殆尽。当远征队跌跌撞撞地进入戈尔时，邦尚才知道，应拉加德的要求，孟尼利克特意嘱咐向导们在高原上带着他们绕远路。不过，邦尚已无须与克罗切特竞争了——几个月前，克罗切特被马踢了一脚，伤到肝脏，没过几周就去世了。

邦尚把万王之王的推荐信交给了戈尔地区的总督特萨马（Tessama），如果邦尚足够老练，他早就应该发现信中的猫腻，但他没有。在信中，万王之王请求总督与邦尚一起前往边境，结尾却说："你快来，我们等你来了再谈这个问题。"于是，特萨马将一行人扣下，独自赶往亚的斯亚贝巴。邦尚一行在湿透了的帐篷里坐了3个星期，其间雨水淹没了山谷。7月17日，一名信使从首都赶来，声称邦尚一行得到陛下允许，可以前往任何地方。就这样，他们重新恢复了自由。继续西行80千米后，他们在西巴（Siba）被阿比西尼亚军拦住，对方声称陛下禁止他们进入。

---

① 巴罗河是白尼罗河支流索巴特河的支流，位于今埃塞俄比亚。

邦尚只能让两个同伴米歇尔（Michel）和巴托林（Bartholin）回首都拜见万王之王。9月27日黎明，米歇尔和巴托林被带到宫殿。皇帝像往常一样穿着朴素的黑色斗篷，蹲在通向会客厅的台阶上。米歇尔和巴托林不得不面对他，在较矮的台阶上坐着或蹲着。万王之王心情很好，询问他们的路线，翻看他们的地图，和他们聊天，就好像和他们是老朋友一样。米歇尔把在西巴遇阻之事禀报万王之王时，万王之王说："阻止你们的人都是傻瓜，他们搞错了一些事情。我将下达新的命令，安排好一切。"万王之王要求戈尔总督特萨马，惩治冒犯法国客人的家伙。于是米歇尔更加确认，是拉加德在捣鬼。

孟尼利克还询问了从法国发货的一艘可拆卸船只的情况。想要前往尼罗河，这艘船必不可少。米歇尔表示并未收到。直到10月3日，米歇尔与从海岸返回的拉加德相遇才得知真相。原来，拉加德以为邦尚一行早已抵达尼罗河，所以根本没有把船运到亚的斯亚贝巴，而是扔在吉布提。米歇尔在日记里愤怒地写道："我们所有的努力、所有的牺牲都白费了！"

离开亚的斯亚贝巴之前，米歇尔和巴托林最后一次尝试用爱国主义打动拉加德。他们声称，目前探险队陷入困境，既缺乏可信任的人手，又没有合适的交通工具，更没有多少钱。他们希望拉加德提供资金，并把船带给他们。拉加德拒绝。二人又要求拉加德从68名苏丹卫兵中拨给探险队20人，结果拉加德只赠给他们两峰骆驼，让他们早点回去。

11月初，米歇尔、巴托林和邦尚携万王之王的亲笔信回到戈尔。万王之王告诉他们："插上阿比西尼亚国旗，让直至白尼罗河的所有居民服从。"然而探险队几乎一无所有——没有船、没有钱、没有纪律严明的护卫队，除非奇迹发生，否则他们没有机会为孟尼利克效力或者活着到达法绍达。

12月，邦尚一行穿越苏丹东部的沼泽。一路上，他们经常看到巨大的非洲象如同楼船一样，从长草中冲出。加拉人从未停止过逃亡，他们有的被抓回来后遭到鞭刑，但更多的人死于高温或饥饿。这时，拉加德命令他们沿着索巴特河南岸走，而不是直接沿河北岸的传统象牙贸易路线走。拉加德命令走的南岸路线，中断在只有大象和鳄鱼生活的旷野。邦尚一行不得不返回，米歇尔与巴托林因疟疾致残。邦尚等人把所有的"误解"都归咎于拉加德，从未质疑过孟尼利克。事实上，尽管孟尼利克必须依照约定给予邦尚协助，但孟尼利克并没有打包票，让他们成功抵达。

孟尼利克的外交艺术在非洲统治者中堪称鹤立鸡群，或许并不亚于索尔兹伯里、俾斯麦等欧洲外交家。他借助各国瓜分非洲的乱局，娴熟地运用拜占庭式的外交技巧，纵横捭阖，谋求独立与发展。他即位之前一直与意大利走得近，但因《乌查里条约》与意大利交恶后，他便改为与法俄两国结盟。法国步枪与俄国炮兵教练帮助他在阿杜瓦打败了意军，如今法国仍然是他的主要武器供应国。他授予一家法国公司特许权，来修建穿越沙漠和山脉、终点站为首都亚的斯亚贝巴的铁路。这需要数年才能完成，因此他不希望法国人现在抵达法绍达。

当时，阿比西尼亚的主要外患，莫过于英国在西边制造的威胁。1896年夏天，当基钦纳对苏丹发起再征服运动时，万王之王主动提出与马赫迪国的阿卜杜拉哈里发合作，对抗所有欧洲人，尤其是"红色的英国人"。阿卜杜拉起初质疑万王之王的动机，但几个月后，随着基钦纳轻易碾碎沿途的马赫迪军，阿卜杜拉无法再拒绝万王之王提供的武器和弹药。1898年年初，孟尼利克派遣一些朝廷官员来到马赫迪国都恩图曼。尽管穆斯林禁止饮酒，但东道主还是用一桶桶枣酒招待客人。孟尼利克一口应允，他将帮助马赫迪国对付英国人。

赢得哈里发的信任之后，孟尼利克命令特萨马前往白尼罗河勘察。特萨马率领1000人马，带上一个叫作阿尔塔马诺夫（Artamanov）的俄罗斯冒险家和邦尚的两个同胞——莫里斯·波特（Maurice Potter）、费弗雷（Faivre）出发了。在加拉地区，他们依靠掠夺维持补给。随后，他们穿过巨大的、疟疾肆虐的苏德沼泽，那里似乎只有大象、河马和鳄鱼等巨兽居住。许多埃塞俄比亚人死在那里。他们沿着索巴特河北岸前进，6月16日，先遣队抵达尼罗河。两个法国人想把三色旗挂在尼罗河中的一个小岛上，但他们得渡过150米宽的、尼罗鳄频繁出没的水域。费弗雷不会游泳，波特生病，于是一个勇敢的亚姆博人（Yambo）带着三色旗跳入尼罗河，阿尔塔马诺夫紧随其后，两人将三色旗歪歪扭扭地插在岛上。但17天后，当马尔尚上尉经过这里时，这面三色旗已经不见了。

1898年6月4日上午10点，马尔尚在800千米外的丁卡（Dinkas）地区一座用泥土新建的名为德塞堡的法国堡垒，将一支小型船队开进了苏厄（Sueh）河。从西苏丹招募的75名黑人猎兵（另有一小队猎兵已经出发了）、一队亚科马（Yakoma）

桨手，在5名法国军官和士官的指挥下，肩并肩地挤进了4艘铁船和几只独木舟。船上堆满了成卷的布匹、一包包红白色珠子、数公斤奎宁、军官帐篷、蚊帐、成袋的面粉和象肉干，以及一箱箱来复枪子弹。

为了这一刻，马尔尚在6个月里受尽折磨。即使雨季来临，苏厄河的河水也只上涨了1米，船在河中行驶时，船底依旧会被淹没在水里的沙洲反复摩擦。好在风是吹往法绍达的，风把临时固定在桅杆上的灰色船帆吹得鼓胀。马尔尚戴着白色热带头盔，面容苍白而憔悴。出发前，他写信给朋友，解释占领法绍达对祖国的复兴是多么重要：

> 至少不要认为，我觉得自己肩负着整个世界。我夸大了我们在这里扮演的角色。当然不是……但榜样终归是榜样。当行动的动机是要提醒这个国家它真正的伟大之处，提醒它在大约20世纪前就开始的在这个世界上的使命时，它总是受人尊敬的。

马尔尚花了两年时间才穿越刚果，在尼罗河上游西端的苏厄河流域集结起一小队猎兵。马尔尚知道，基钦纳此刻正率领一支庞大的英埃联军从北方向法绍达挺进。也许他已经占领了喀土穆，向尼罗河上游推进；也许只要两周时间，他就可以乘坐明轮船到达法绍达。马尔尚希望马赫迪军会主动提出合作，对抗英国人，但他担心马赫迪军看不清大局，拒绝合作。他不得不请求巴黎增派援兵，毕竟他手头这点儿猎兵，无论是对付英国人，还是对付马赫迪军都不够对方塞牙缝。他还寄希望于克罗切特与邦尚的探险队，然而这两支探险队音讯全无。6月4日，也就是他们从德塞堡起航的那一天，马尔尚给殖民部长勒庞发了一封电报："犹豫不决的局面不能再继续下去了。请派遣占领军或下达撤退命令。"

不过，一旦苏厄河的河水涨到能够容纳马尔尚的小型船队，就没有多少时间可以浪费了。马尔尚甚至等不及24米长的汽船"费德尔布"号能够出航，便带着船队出发了。"费德尔布"号让马尔尚费尽了心力，它从刚果河一直开到乌班吉河的上游，随后由一名工程师一点点拆卸，由200名劳工在陆路上跋涉400千米运到尼罗河上游。像黄铜锅炉这些没法切割的部件，大家只能想法拽着它们前进。如今，工程师又奇迹般地将其组装好，然后送到苏厄河，但苏厄河水位太浅，马尔尚便将它留在德塞堡等待援军。

马尔尚的船队在亚科马桨手的欢笑声中前进。河岸上赤身裸体、涂着白垩粉的丁卡人若隐若现，偶尔张开右手行礼。岸边生活着许多大象、长颈鹿、犀牛与河马等巨兽，探险队经常狩猎它们，改善伙食。有一次，一只惊慌失措的河马扑向马尔尚的独木舟，险些把独木舟掀翻。在前面150千米的行程中，无人受伤。6月12日，探险队终于进入恐怖的苏德沼泽。"苏德"在当地语中意为"水生生物"，它是通往加扎勒河的门户，生长着许多巨大的纸莎草与马尾藻。根据先遣队的说法，它宽50千米，需要8天才能通过。结果马尔尚一行在沼泽中来回徘徊，饱受蚊蝇肆虐之苦。直到14天后，也就是6月26日，他们才冲破芦苇，进入加扎勒河，与先遣队会合。又走了9天，他们来到了加扎勒河与白尼罗河的交汇处。埃梅里上校在日记里写道，白尼罗河是"（尼罗河）神圣的起源，文明的摇篮，是两年来我们不断思索和努力靠近的对象。自圣路易和波拿巴以来，法国国旗第一次飘扬在法老和托勒密的河流上"。

1898年7月10日下午5点左右，伴随着河岸上西洛克人（Shillouk）的鼓声、牛群的哞哞声，船队绕过河湾，来到沼泽中间的一片玉米地，这里就是法绍达。玉米地中有一座埃及人修建的已经荒废的堡垒，附近是一片椰枣林，并没有基钦纳军队的踪影。

当晚，军官们举杯庆祝，为"更大的法兰西"干杯，猎兵和桨手们则匆忙地修缮起堡垒的防御工事。两天后，马尔尚以法兰西共和国的名义正式占领了法绍达。西苏丹士兵像在达喀尔阅兵场上一样，穿着猎兵礼服站成一排。"举枪，向国旗敬礼！"当旗手升旗时，绳子突然啪的一声断了。一个军官笑着说："这是个坏兆头，如果我们是罗马人，我们就放弃，回家去！"随后，士兵们点燃炸药充当礼炮，在爆炸声中，他们又把旗帜升了上去。

相比基钦纳，马尔尚更担心马赫迪军。法绍达地区的西洛克酋长带着族人逃进了沼泽地，去给马赫迪军通风报信。8月25日清晨，士兵们发出警报称，两艘年头起码有20年的老式汽船拖着7艘满载着白头巾士兵的大独木舟，隐约出现在视线中。只听轰的一声，汽船炮口里冒出一缕青烟，战斗爆发了。马尔尚的对手是

1200～1500名马赫迪士兵，但他只有99名士兵，没有炮兵。不过，他们纪律严明，配备了最新的弹匣步枪，覆盖着芦苇的战壕也保护得十分严密。马赫迪军的步枪射程不够，炮弹落在松软的地面上也没有爆炸。他们的一艘轮船还坏掉了，于是被它拖曳的独木舟只能坐以待毙。一番交战后，马赫迪军死伤过半，被迫北撤，退入炎热的雾霭中。

击退马赫迪军，让马尔尚在西洛克人中的地位陡然提升。4天之后，"费德尔布"号汽艇携带40名猎兵，在苏德沼泽上行驶24天后成功抵达。迎接它的是一片欢呼声和喜悦的泪水。西洛克酋长也满面笑容，于9月1日同意在条约上签字，让法绍达成为法国的保护国。随后，马尔尚赠给酋长老式步枪、3把骑兵军刀、几卷布和几串念珠。马尔尚知道，吃了亏的马赫迪军不会善罢甘休，只有基钦纳打垮马赫迪国，他们才能得救。

9月1日，也就是西洛克酋长签约的那天，在法绍达以北1100多千米的恩图曼，已在哈里发监狱里关了12年的德国军火商查尔斯·纽菲尔德（Charles Neufeld）忽然听到几声爆炸声。对他和他的狱友们来说，爆炸"就像被诅咒的人被释放时发出的尖叫声"。狱卒们称，"撒旦"来自船上。那天傍晚，狱卒称在真主的眷顾下，异教徒的船只又一次被驱赶或击沉。纽菲尔德陷入了绝望。但到了晚上，他听到了密密麻麻的脚步声以及武器的碰撞声。原来，成千上万的人拥挤在狭窄的街道上，准备出城。纽菲尔德知道，对恩图曼、对阿卜杜拉哈里发、对马赫迪国的末日审判，即将来临。

# 第三十一章 决战恩图曼

两年之前，也就是1896年6月，基钦纳在距离埃及、苏丹边境的马赫迪军驻地福凯特仅一天行程的阿加沙（Akasha）集中起10个步兵营、15个骑兵及骆驼兵中队、3个炮兵连。这支军队除了军官与机枪手外，剩下的全是埃及人与苏丹人。3天之后，部队经过夜行军，在黎明时分对福凯特发动了突袭，只有三分之一的马赫迪军成功逃脱。基钦纳用一场胜利，为再征服苏丹运动赢得了开门红。

尽管开局不错，但基钦纳很快便接连遭遇打击。先是一场霍乱席卷军队，病死者数量是福凯特战斗中损失人数的40倍。随后，怪异的雷鸣与沙尘暴严重妨碍了部队的前进，并摧毁了大约32千米的铁路。经过多方努力，铁路终于在一周后修复。

为支援陆上行动，基钦纳组建了一支小舰队，其中"扎菲尔"（Zafir）号是英国最新式的3艘炮艇之一。工程兵出身的基钦纳，对各种各样的新式机械出奇地迷恋。他喜欢驾驶一辆没有车灯和刹车的火车，用阿拉伯语向惊恐万状的埃及官员们大声下达命令，或者乘坐一艘超载的明轮船穿过激流。他还喜欢亲手把铆钉敲进新炮艇的船壳里，而副官趁长官不注意，偷偷用粉笔在他钉的铆钉上做记号，好日后重钉。"扎菲尔"号刚驶达尼罗河，基钦纳便迫不及待地向士兵们显摆。当他得意地站在甲板上，指挥炮艇威风八面地在尼罗河上巡航，站在河岸上的埃及与苏丹士兵正瞪大眼睛看着炮艇的时候，忽然响起了一声巨大的爆炸声。"扎菲尔"号引擎熄火，汽缸开始燃烧，一炮未打便不得不暂时退出行动。英国人只得从瓦迪哈勒法调来一艘1885年的老式炮艇让基钦纳暂时使用。

9月，攻打栋古拉的一切工作准备就绪。9月23日，英军在炮艇的支援下进入栋古拉，城里的敌军早已逃跑。"扎菲尔"号也被迅速修复，重新出现在尼罗河上，这让基钦纳如虎添翼。随后，基钦纳率军一路攻占墨洛维（Merowi）与科迪。这时，情报长官弗朗西斯·温盖特（Francis Wingate）上校送来情报称，法国人勾结阿比西尼亚的万王之王，意欲在赤道一带扩大影响力；哈里发同样对阿比西尼亚抛出橄

榄枝，试图与其握手言和，共同抵抗英埃军队南侵。克罗默勋爵极力支持基钦纳
再征服苏丹，但埃及政府拿不出军费来，因此克罗默不得不让基钦纳返回英国一趟，
号召民众募捐。最后共筹得50万英镑，这些钱将主要花在为保证后勤补给而修筑
的铁路上。

　　基钦纳希望修一条自瓦迪哈勒法穿越努比亚沙漠，直抵阿布哈马德（Abu
Hamed）的铁路，这条铁路将把军队在骆驼和汽船上承受的18天磨难缩短为闷罐
车里的一天一夜。但在地狱般的努比亚沙漠中，施工将面临诸多问题——保护施
工人员、吃饭、保证燃料等，其中最难解决的是补给用水、采购与运输设备。但
基钦纳不愧是英国工程兵中的精英。在他的组织下，1897年的第一天，苏丹军事
铁路工程开工大吉，截至当年7月23日，施工队已经修筑了166千米长的铁路，而
且修建的速度逐步提高到每天2.4千米。8月7日清晨，阿布哈马德，也就是基钦
纳计划中的铁路终点站，落入埃及军手中，柏柏尔守军弃城而逃。此时，基钦纳
左右为难。一方面，柏柏尔无论在战略意义上，还是精神意义上，都具有重大价
值，它是这一地区最大的城镇，是连接萨瓦金与喀土穆的枢纽，如果现在乘虚而
入占领柏柏尔，可以避免将来不必要的麻烦。另一方面，按照基钦纳的计划，埃
及军这一阶段的任务仅仅是攻占阿布哈马德，保证铁路贯通，继续推进已经超出
了这支军队的能力范围。而且基钦纳清楚，该城处于默特马哈（Metemmeh）与恩
图曼的马赫迪军的打击范围之内，东面还有虎视眈眈的马赫迪军名将奥斯曼·丁
加（Osman Digna）。一旦马赫迪军大举反扑，埃及军能否扛得住，基钦纳自己也没
有底。基钦纳拿不定主意，只得逐级向上请示。克罗默勋爵向他转达了索尔兹伯
里勋爵的意见：同意占领柏柏尔，但不允许继续前进。9月5日，埃及军攻占柏柏尔，
之后苏丹前线暂时平静下来。

　　11月1日，第一台火车头运抵阿布哈马德，苏丹军用铁路正式竣工。基钦纳一
再催促克罗默勋爵，让他向伦敦请示继续远征，但克罗默勋爵无奈地回复道：基钦
纳先前募集的军费已经快花光了。12月18日，温盖特发出预警：阿卜杜拉哈里发
集中了全部军队，正准备御驾亲征，攻打柏柏尔。索尔兹伯里勋爵这才同意派出
英军前去支援，并任命基钦纳为阿斯旺以南地区所有英军与埃及军的总司令。

　　1898年1月底，皇家沃里克郡团第1营、林肯郡团第1营、卡梅伦高地团第1营、

锡福斯高地团第1营陆续抵达苏丹，组成英军第1旅。此时，英国陆军的制服颜色，既不是泰勒凯比尔之战时的猩红色，也不是尼罗河战役时的灰色，而是卡其色。这种色调似乎与苏丹广袤浩瀚的沙漠融为一体，唯有高地人的格子裙为单调的黄褐色提供了点缀。士兵的单兵武器已升级为李 - 梅特福德（Lee-Metford）栓动步枪，弹夹可以放10发子弹，射速为10年前的马蒂尼 - 亨利步枪的两倍；火炮也升级为马克沁 - 诺登菲尔德后膛炮，射击时以机械引信点燃弹筒内的火药。在光学瞄准镜的帮助下，这种炮可把9磅的立德炸药①炮弹以很高的精度打出4572米远。相比装备最新式武器的英军，埃及新军依然使用老式的马蒂尼 - 亨利步枪及克虏伯大炮，但显而易见，联军的装备要远远胜过大多装备处于中世纪水平的马赫迪军。

基钦纳为对付率兵亲征的哈里发，将联军集中在柏柏尔周边，并派一个旅前往阿特巴拉河与尼罗河的交汇处修建堡垒。结果，阿卜杜拉率军刚走到恩图曼以北的科莱里（Kerreri）平原，便因部分埃米尔的极力反对而放弃亲征。早已被架空的希卢哈里发倒是主动请缨代替阿卜杜拉指挥，阿卜杜拉当然不愿意将精锐部队交给他，希卢愤愤而去。阿卜杜拉的儿子奥斯曼·谢赫·艾德丁（Osman Sheikh ed-Din）希望代父出征，条件是武装之前爆发叛乱的贾阿林人（Jaalayin），哪怕让他们充当第一拨炮灰，结果遭到阿卜杜拉同父异母兄弟雅库布的斥责。阿卜杜拉班师后，2月中旬，一心收复柏柏尔的默特马哈埃米尔马哈茂德（Ahmad）率2万马赫迪军渡过尼罗河，在尚迪（Shendi）与奥斯曼·丁加会合。随后，联军与马赫迪军在沙漠、堡垒、河流之间展开了一系列机动战。3月30日，阿奇巴尔德·洪特（Archibald Hunter）将军亲自率军进行武装侦察，发现马赫迪已经构筑起坚固的防御阵地。温盖特抓到几个逃兵，从他们嘴里弄清了敌军数量，并得知敌军食物短缺，马哈茂德的消极防御政策引起了军营上下的不满。基钦纳请示伦敦是否进攻。时任陆军总司令的沃尔斯利爵士回复道："你的手下有运筹帷幄的一流将才，你只需信任他，让他在时机合适时放手去做就好了。"

基钦纳担心天气炎热会导致瘟疫，最终决定主动出击。4月4日，联军移动到

---

① 立德炸药是一种威力极大的无烟火药，其名称来自它第一次试验的地方——肯特郡的立德山。

距离对方营垒6.4千米的地方安营扎寨。马哈茂德当夜退兵数千米，重新搭建营垒。7日傍晚，基钦纳检阅部队后，命令部队夜行军，前往11千米外的敌军新营垒。8日凌晨4点，全军在一处高地停下，从这里可以清晰地看见北面820米处敌军燃起的篝火。他们安静地等待着白昼到来。

太阳跃出沙漠后，步兵营起身，沿山脊部署成弧形阵线，阵线中布置了24门火炮、4挺马克沁机枪及1具火箭发射器。清晨6点20分，联军开始有条不紊地向敌军营垒倾泻高爆炸弹与葡萄弹。发出格外刺耳的吱吱声的火箭落在了灌木丛、棕榈树及安萨尔们住的草房上，燃起朵朵火焰。马赫迪军的巴卡拉骑兵不甘坐以待毙，冲进了埃及军队的左翼，埃及军凭借两挺马克沁机枪将其击退。炮击1小时20分钟之后，联军开始调整阵形，以如同阅兵一般的整齐队列展开宽约1.4千米的阵线，齐步前进。在阳光的照耀下，刺刀在卡其色头盔与塔布什帽上方闪耀着冷冽的光芒。在军靴发出的嘎吱声、士兵的呼叫声、长官的命令声中，夹杂着悠扬的苏格兰风笛声、英格兰人的战鼓声与刺耳的笛声、粗哑的苏丹铜管乐器声。火炮被重新装上前车，随着步兵一起前进，如有必要，它们随时能够卸下发射。

领头的几个步兵营开始对马赫迪军的围栅开火。忽然，274米外的围栅迸发出一片耀眼的火光。卡梅伦团有人跌倒，但很快就有其他人补上，前排士兵竭力通过快速齐射将安萨尔从阵地里赶了出去。不久后，卡梅伦团就接近了围栅，这些围栅由松垮的骆驼草刺堆成，并不结实。"将它推开！"有人高叫道。高地人推出缝隙后，一边高呼着"不忘戈登"，一边杀进围栅里。围栅后方是遍布灌木丛的、错综复杂的堑壕，以及密密麻麻如同蜂窝的散兵坑。刹那间，马赫迪军仿佛从土里钻出来般纷纷出现，他们奔跑、射击，最终在英军的强大火力下纷纷倒地。

右侧的苏丹营士兵成群结队地穿过围栅。他们的步伐比英军士兵更快，因此阵形脱节，阵线被拉得过长；而且由于轻率冒进，他们的损失也更大。苏丹第11营在内圈围栅附近遭到猛烈抵抗，伤亡惨重，但在第10营的支援下，还是在围栅里将马哈茂德揪了出来。英军一路追剿残敌，直至阿特巴拉河岸。记者G. W. 斯蒂文斯（G. W. Steevens）写道：

在河对岸，400米宽的干沙河床就像是一张不断有黑色小点在上面移动的捕蝇纸。追击者呈两条线赶来，慢慢挤满河岸。不到两分钟，这张"捕蝇纸"上全是黑色小点，不过这些小点不再移动了。

8点25分，英军号手吹响军号，下达"停止射击"的命令，战斗结束。联军单在围栅内便发现了超过2000具安萨尔的尸首。阿拉伯人大多战死，数百黑人安萨尔则放下武器成为俘虏，并自愿补充进苏丹步兵营。英埃联军共计80人阵亡，479人负伤，另外有不少人因伤势过重而死。损失最大的英军单位是卡梅伦团，他们失去了3名军官，另有57人伤亡。苏丹营的伤亡人数多达375人，埃及人只有14人伤亡。

阿特巴拉之战结束后，苏丹进入盛夏，联军不得不休养生息，陆续增补新部队。新部队中最引人瞩目的，莫过于联军唯一的一支英军骑兵——第21枪骑兵团的4个中队。该团组建不到40年，迄今为止尚未参加过任何战斗，因此人们戏谑道：该团的座右铭应该是"汝不应杀戮"。暴脾气的团长马丁（Martin）上校一心为本团正名，但他既缺脑筋，又缺经验。该团最大牌的明星是已故财政大臣伦道夫·丘吉尔之子温斯顿·伦纳德·斯宾塞·丘吉尔（Winston Leonard Spencer Churchill），他在该团既是骑兵军官，又是《晨报》的战地通讯员。

联军如今共有8200名英国人，17600名埃及人与苏丹人，2469匹马，4649匹骡子、驴以及骆驼。他们装备了当时全世界最好的武器——栓动步枪、机关枪、榴弹炮、日光反射信号器以及探照灯。8月24日，联军走出夏营，向恩图曼挺进。从28日开始，联军将行军阵形改为战斗方阵，慢慢向前推进。在未遇到任何抵抗的情况下，科莱里山丘遥遥在望。这片山丘高约274米，与尼罗河垂直分布，向西延伸3千米进入沙漠，是恩图曼的最后一道天然屏障。

9月1日上午10点，丘吉尔中尉在萨格拉姆（Jebel Surgham）山上，通过双筒望远镜观察恩图曼。展现在他眼前的，是恩图曼外围低矮的土墙，以及圆顶的白色马赫迪陵寝。这座城市的左侧是铁灰色的尼罗河和棕榈树环绕的图蒂（Tuti）岛，而图蒂岛正是青、白尼罗河的交汇之处。在棕榈林后面，有一座泛着微光的白色建筑，那是戈登宫殿的废墟。他把望远镜对准科莱里平原后的山岭，马赫迪军正迅速逼近。大约有5万名长矛兵、剑士和步枪手聚集在只有6.4千米宽的战线上，挥舞着数百面旗帜。"整个山坡似乎都在移动，"丘吉尔后来写道，"敌人的矛头大多在太阳的照耀下熠熠生辉，形成一片闪闪发光的云。"

在丘吉尔背后的，是基钦纳的6个英埃联军旅。来自不同世界的两支大军，略微让丘吉尔有种时光错位的奇幻感觉：装备12磅炮与李-梅特福德步枪的英埃联军，代表了工业世界；装备长矛和短剑、身穿补丁长袍的马赫迪军，代表了中世纪的伊斯兰世界。双方即将在数平方千米的战场上交锋。

大约上午11点，丘吉尔观察到由8艘白色炮艇组成的舰队出现在尼罗河上，它们接连不断地发射炮弹，把恩图曼的泥堡打成一团团红尘。随后，炮手们在图蒂岛附近卸下127毫米榴弹炮，其发射的高爆炮弹直接砸向马赫迪陵寝。3发炮弹后，陵寝高达30米的白色圆顶被削掉了。在附近的大清真寺里，面向麦加的神圣壁龛被炸得面目全非，讲坛也被炸成了碎片。城内军民眼见圣墓被炸毁，一下子困窘地沉默了下来。阿卜杜拉彻底放弃了在恩图曼打巷战的念头，命令所有能拿起武器的男人都去参战，加入已经在城外平原集结的大军。当天下午，阿卜杜拉命令部队暂停前进。晚上，为防止马赫迪军发起夜袭，基钦纳命令全体军官夜巡，并打开炮艇的探照灯，将前方平原照得犹如白昼，士兵们则持枪入睡。有的人满不在乎地陷入了沉睡；有的人只是轻轻打盹，一有动静就会惊醒；有的人则难以入睡，一直醒着，沉思到天明。士兵们身后是焦躁不安的驼兽，身前则是在月光下若隐若现的哨兵。

9月2日，天亮后大约一小时，骑兵巡逻队报告说，马赫迪军正向英军营地直冲而来。不到半小时，他们的旗帜和长矛就出现在了西南方的地平线上。第21骑兵团和其余骑兵迅速撤回围栅。清晨6点40分左右，两路高举白旗的马赫迪军从萨格拉姆山两侧冲了下来，向联军围栅发起正面冲锋。6点45分，英军野战炮开始轰击进入射程的马赫迪军，决战开始！

第一阶段的战斗更像是一场枪决。上文提到的两路白旗军分别由老将奥斯曼·阿兹拉克（Osman Azrak）与23岁的伊卜拉欣·阿尔·哈里尔（Ibrahim Al Khalil）率领，共计1.4万人，他们挥舞着长矛和写着《古兰经》经文的旗帜，高喊"安拉是唯一的真主，穆罕默德是他的先知"，排成巨大的新月形前进。炮弹将马赫迪军的阵线轰开了几个缺口，但缺口很快就被堵上了。英军步兵先是在1829米开外的地方用李-梅特福德步枪展开齐射，随后用马克沁机枪朝敌人开火。当马赫迪军距离他们732米远时，埃及营与苏丹营开始用马蒂尼-亨利步枪射击。由于前线英军步兵手中的步枪烫得都快要握不住了，指挥官不得不命令预备队的士兵将步枪传到前线，供前线士兵使用。水冷式的马克沁机枪的水消耗得很快，卡梅伦高地团的士兵就负责用水壶积攒水，保证其继续射击。其实，假如英军事先挖好战壕，卧倒射击，可能在这一阶段就会毫无伤亡，但英军之前并未下达此命令。英军的战斗队形和80多年前滑铁卢战役时没有多大区别，依然肩并肩排成两排，第一排跪着，第二排站着。骆驼刺搭起的围栅根本挡不住子弹，好在这拨马赫迪军只有少数人配备了老式的雷明顿步枪，而且其精度十分差。另有一群马赫迪军藏在离围栅274米远的沙坑里，靠步枪杀伤少量英国步兵，但英军随后就用炮弹将他们轰了出来。相比之下，下令搭建胸墙、挖掘战壕的埃及营和苏丹营在这一阶段几乎毫无损失。上午8点30分，硝烟散尽，马赫迪军的两名指挥官战死沙场，超过2000名士兵血肉模糊地躺在战场上，另有数千人负伤撤退。在希达尔（Sirdar）叫喊着"停火！拜托，停火！不要浪费弹药"之前，无人能逼近英埃联军阵线。

但此时，哈里发只投入了四分之一的兵力。艾德丁的青旗军、希卢的绿旗军在与联军的骑兵、骆驼军团厮杀之后，溜到了英军营地西北3千米处的科莱里山后。而哈里发的亲兵——1万多黑旗军从未出现过，他们是不是潜伏在萨格拉姆山后面？基钦纳似乎并不关心这些，他只想尽快冲进恩图曼。他命令第21枪骑兵团去侦察萨格拉姆山与恩图曼之间的平原，步兵则从左边以梯队形式行军在后，仿佛当天是演习日，这里是索尔兹伯里平原（英军进行大规模演习的地方）。但即便是演习，在没有炮艇、战壕和围栅的保护下行军，裁判也不会打高分。

枪骑兵越过山脊后，发现数百马赫迪士兵隐蔽在一个看似很浅的洼地内。团长马丁上校见此情况，立即下令："向右转，以线列阵形展开！"号手吹响军号，传递命令。整整16个分队迅速排成一条直线，手中的长矛整齐划一地对准前方，第21枪骑兵团终于在实战中发起了第一次冲锋。然而枪骑兵冲锋到半路，才发现在他们与洼地之间有一条6米宽的深沟，里面蜷伏着大约2000名敌军。措手不及的枪骑兵刹不住马蹄，径直冲进了深沟里。丘吉尔写道："在一阵惊天动地的碰撞声中，近30名枪骑兵连人带马摔进沟里，超过200名阿拉伯人被压在下面。"当骑手们挣扎着将自己固定在马鞍上，或者再次上马时，安萨尔们猛地扑向他们，割断战马的腿筋，挥砍缰绳与马镫上的皮带，将骑兵赶下马，随后将其迅速斩杀。这两分钟，是剑与矛的对抗，也是本次战役中真正公平的较量。丘吉尔继续写道：

> 只剩3条腿的战马仍在苦苦挣扎，鲜血从它的身体里喷涌而出。士兵们步履蹒跚……他们的身体被鱼叉洞穿，胳膊和脸被割成碎片，内脏从身体里流出。人们在喘息，在哭喊，在倒下，在不断死去……

马丁上校看了看伤亡惨重的骑兵团与敌人严整的阵形之后，及时而明智地取消了第二次冲锋，他命令两个中队转向侧翼，下马用卡宾枪向沟里的敌人射击。几分钟后，敌人不再坚守，井然有序地向萨格拉姆山撤去。这场英军历史上的传奇冲锋，与滑铁卢的灰骑兵死亡冲锋、巴拉克拉瓦（Balaclava）的轻骑兵冲锋一样，代价惨重，战果平平。只是由于象征着第21枪骑兵团，乃至整个英国陆军的勇气和纪律，才在无数油画中成为永恒。但颇为讽刺的是，骑兵团并没有完成基钦纳交给他们的任务，即对萨格拉姆山后的平原进行全面彻底的侦察。在战役的下一阶段中，他们的失误给联军造成了巨大的危机。

按照基钦纳的部署，联军各旅的梯队应该沿着西南—东北方向前进，但两个英军旅为了第一个进入恩图曼，快速前进，没有意识到后面的旅——赫克托·麦克唐纳准将的苏丹旅——离最近的 D. F. 刘易斯（D. F. Lewis）的埃及旅已经有800米。就在这时，1.7万黑旗军从西南方向冲来。他们一直隐藏在萨格拉姆山后，第21枪骑兵团并没有侦察到他们。

苏丹士兵虽然英勇，却显然不如英军镇定。面对突袭，他们的射击相当凌乱，瞄准也飘忽不定。好在参加过马朱巴之战的麦克唐纳不像马丁上校那么鲁莽，他骑马来到火线前，一边怒吼、谩骂，一边敲击士兵们的来复枪，让他们理智射击。与此同时，他派信使向希达尔报告他们的困境。基钦纳回复道："他没有看到我们正向恩图曼挺进吗？告诉他跟上。"

所幸基钦纳不久就改变了主意，他派了2个英国旅和1个埃及旅向西行进，以保护麦克唐纳的左翼。由于马赫迪军的残余部队——哈里发本人的黑旗军与从科莱里山后杀回来的青旗军、绿旗军无法协调攻击，麦克唐纳还能一一应付。他先是粉碎了来自西方的冲锋：一排穿着白色长袍的马赫迪士兵站在象征末世来临的黑色旗帜下，狂叫着发起冲锋，却被马蒂尼 - 亨利步枪、马克沁机枪和野战炮的组合火力打得血肉模糊。接着，他在林肯郡团的协助下，粉碎了绿旗军自北方发起的冲锋。混战中，希卢哈里发双腿被炸断，由部下抬走。之后，大约200名巴卡拉骑兵进行了最后一次狂野冲锋，但骑手们更多只是一心求死以报君王。随着联军机枪持续不断地发出"嗒嗒嗒"的射击声，一切都结束了。

在接近5个小时的战斗中，马赫迪军依仗令人生畏的勇气，发起了3次大规模冲锋，每次都在马克沁机枪、高爆炸药及步枪齐射的打击下惨败。在这场恐怖的大屠杀中，参战的5.1万安萨尔中，大约1万人阵亡，超过1.6万人受伤，5000人被俘。联军士兵奉命射杀任何手持武器的部落男子（包括"看起来有攻击性"的伤员），埃及与苏丹士兵在执行这一任务时格外卖力。

零星的流弹让人防不胜防。《泰晤士报》的记者休伯特·霍华德（Hubert Howard）被从炮艇发射的炮弹击毙，基钦纳也险些遇难。

当天下午，基钦纳骑着白马，在参谋们的簇拥下进入恩图曼。紧随其后是苏丹第11营，黑人士兵肩上扛着哈里发的黑色圣旗，上面弹痕累累、血迹斑斑，向当地民众展示了马赫迪国的厄运。令很多英军官兵失望的是，他们在一座神秘而梦幻的东方城市举办华丽庆功宴的期待，很快被恩图曼城内满目疮痍、穷困潦倒的景象所驱散，整个恩图曼都充斥着屎尿、垃圾、污水与腐尸散发的恶臭。在白日的征战和行军中累得精疲力竭的士兵到了晚上大多数也找不到舒服地方过夜。比如来复枪队第2营的埃梅里上校便发现，自己及部下得在一个乱葬岗宿营，那里到处是死去的驴子、马、骆驼等等。

基钦纳花了两个小时才找到他的帐篷，他躺在地上，借着烛光口述公文。他的胜利是摧枯拉朽的，代价却微不足道。联军只有48人阵亡，382人受伤。英军阵亡者一半来自第21骑枪兵团。美中不足的是：哈里发骑着骆驼逃跑了。

基钦纳竭尽全力消除马赫迪的一切痕迹。战斗结束4天之后，基钦纳下令将马赫迪陵寝夷为平地，并将马赫迪的尸骨扔进尼罗河。据说，希达尔留下了马赫迪的头骨当墨水瓶，连女王都被他的残忍惊呆了，在舆论压力下，马赫迪的头骨被体面地埋葬在瓦迪哈勒法。

9月4日，基钦纳一行来到喀土穆戈登宫殿的废墟前，举行追思仪式。此时，戈登战死时所站的著名侧梯早已坍塌，花园里杂草遍布，荆棘丛生。士兵们在断壁残垣上悬挂起两面国旗——英国国旗和赫迪夫国旗，奏起两首国歌——《天佑女王》和《赫迪夫之颂》。仪式在戈登最喜欢的赞美诗《与我同在》中结束。而以铁石心肠著称的基钦纳，在宣布仪式结束时竟然忍不住泪流满面。远在温莎堡的女王读到这场迟来的葬礼时，同样忍不住潸然泪下，她在日记中写道："毫无疑问，我们终于给他报仇了。"德皇威廉二世这次学乖了，及时地为他的外祖母发来贺电。

由于马赫迪军的俘虏供称，一伙不明身份的"外国人"在法绍达袭击了他们，于是基钦纳在收复喀土穆一周后，率领卡梅伦高地团的100名官兵、2个苏丹营、1个炮兵连，登上由5艘炮艇组成的舰队，向南驶向法绍达。

再来看法国探险队。马尔尚在8月25日击退马赫迪军后，继续在法绍达挖战壕、筑土墙，做好迎敌准备。9月17日，一些惊恐的当地人发出警报：一支庞大的马赫迪军队正在向法绍达逼近——5艘炮艇装载了成千上万的士兵。马尔尚让手下做好戒备，结果第二天来了两位头戴红色塔布什帽、身穿卡其色军装的苏丹军官，他们显然是基钦纳的手下。他们递给马尔尚一封来自希达尔的信，希达尔在信中要求法国人立即撤离，声称整个上尼罗河地区都是埃及的一部分。

上午10点左右，基钦纳舰队在狭窄的河道里列队航行，船上飘扬着赫迪夫的红旗，甲板上站着1500名士兵。舰队在离河岸不到150米的地方抛锚，把炮口对准法国人。马尔尚和另一名军官登上了英军的旗舰"达尔"号（Dal）。基钦纳礼貌地用法语与马尔尚沟通后，两人同意此事的是非曲直由巴黎和伦敦来裁决。法国的三色旗依旧飘扬，基钦纳则把赫迪夫的旗帜挂在了堡垒旁的一棵树上。随后，基钦纳设宴招待马尔尚，二人互相拍打着对方的后背，频频用威士忌与苏打水举杯，谈论与马赫迪军作战的轶事。那天下午，马尔尚用甜香槟、青菜和鲜花回请基钦纳。

基钦纳在堡垒旁鳄鱼出没的泥滩上安置了600名苏丹步兵，然后在白尼罗河与索巴特河交汇的地方设置了另一个前哨。之后，基钦纳回了恩图曼一趟，别有用心地给马尔尚带来了从开罗寄来的最新的法国报纸。事实证明，这些报纸的威力胜过基钦纳的黑人士兵。马尔尚回忆道："打开报纸一个小时后，10位法国军官一边哭泣，一边颤抖……在36个小时里，我们谁也说不出话来……"

原来，自从法国作家爱弥尔·左拉（Émile Zola）于1898年1月13日以"我控诉"为第一句在《震旦报》上发表了《致共和国总统费利·富尔（Flix Faure）的信》以来，德雷福斯事件愈演愈烈。受到审判和谴责的左拉，逃到了英国；梅林政府垮台，亨利·布里松（Henri Brisson）总理上台；涉嫌诬告德雷福斯的亨利少校认罪自杀。丑闻像坏疽一样蔓延，先是蔓延到军队，然后蔓延到教会和政府中的反犹太同盟。很快，整个法国分裂成两个阵营。9月13日，巴黎2万名建筑工人罢工。将军们召集了6万官兵在广场上严阵以待。这便是马尔尚从报纸上看到的消息。法军上下对此议论纷纷，担心"大恐怖"时代即将来临，对自己和第三共和国的未来感到十分迷茫。

那么，马尔尚远征的后盾泰奥菲勒·德尔卡塞是如何看待法国社会的撕裂呢？德尔卡塞和大多数人一样，起初确信德雷福斯有罪。在1894—1895年德尔卡塞担任殖民部长期间，德雷福斯就关押在他所辖的法属圭亚那的"恶魔岛"监狱。然而，到了1898年，德尔卡塞和大多数激进派一样，期望真相水落石出。9月27日，德尔卡塞收到来自法绍达的爆炸性电报的第二天，布里松总理和包括德尔卡塞在内的大多数内阁成员投票赞成重审德雷福斯一案。

德尔卡塞曾自豪地对妻子说，他就是那个坚持不给"约翰牛"让路的人。因此，他在暹罗、西非和尼罗河流域蓄意与英国对抗，并坚决支持蒙蒂尔与马尔尚的远征。然而，马尔尚出发两年半以后，欧洲的外交形势发生了翻天覆地的变化。首先，英德关系开始回暖，德皇祝贺英国夺回喀土穆就是证明。而英国重夺喀土穆，也使尼罗河上游成为世界上最具战略意义的航线之一。为了消除英国的顾虑，德尔卡塞对英国大使爱德华·蒙森爵士保证，马尔尚只是探险家与"文明使者"。蒙森明确表示，索尔兹伯里勋爵将寸步不让，他让德尔卡塞在无条件撤军和决裂之间做出选择——决裂可能意味着战争。

德尔卡塞清楚，法国难以承担与海上霸主英国开战的后果。首先，由于多年来的混乱规划，法国海军舰种虽然繁多，但实力很弱。很多专家悲观地预测，一旦开战，法国海军可能连两周都顶不住。其次，即使军事同盟沙俄愿意帮忙，由于波罗的海港口冰封，波罗的海舰队也无法出动（从几年后的日俄对马海战来看，波罗的海舰队的战斗力也不值得高估）。因此，德尔卡塞决定派刚从驻英大使位置上退下来的库塞尔男爵重返英国。

10月5日，库塞尔男爵在与索尔兹伯里勋爵的第一次会面中，借用了勋爵的主要法理武器——征服权。毕竟，如果英国对恩图曼的领土主张是通过击败马赫迪军实现的，那么法国对法绍达的领土主张也应如此。索尔兹伯里被迫声称，他们的权力继承自赫迪夫。但俗话说，真理只会在大炮的射程之内。德尔卡塞只能哀叹："他们有军队……我们只有争论。"

索尔兹伯里还发起了舆论攻势。自由派帝国主义者罗斯贝里勋爵和格莱斯顿派自由党人哈考特爵士在演讲中谴责法国企图越过边界，并警告政府不要让步，英国是时候打起精神，保卫非洲的重要利益——尼罗河流域了，即使为此发动战争，也在所不惜。提倡沙文主义的《每日邮报》呼吁开战。于是，当库塞尔索要从乌班吉到尼罗河的通道时，英国政府的回答是：10月24日下令海军准备战斗，预备舰队处于战备状态。在这种剑拔弩张的气氛中，10月27日，索尔兹伯里勋爵召开了内阁会议，他将女王的圣意公之于众："为这样一个可怜而渺小的目标而战，我不能同意。"

经过激烈的争论，内阁同意只要法国在法绍达降下三色旗，就可以开启边境谈判。

在英国召开内阁会议的两天前，反德雷福斯分子发起暴动，包围了法国政府。布里松政府倒台，连带着德尔卡塞也岌岌可危，但他仍争分夺秒，努力解决法绍达事件。德尔卡塞让马尔尚的副手巴拉蒂尔（Baratier）火速赶往巴黎。巴拉蒂尔天真地对外交部部长宣称，得到"费德尔布"号补给的法绍达据点弹药充足，食物可以维持数月，士兵的健康和士气都很好，反倒是基钦纳的苏丹驻军正处于叛乱边缘。但随后巴拉蒂尔才领悟到部长的本意，德尔卡塞需要他证实的是：法绍达已成为"死地"，马尔尚这样的殖民英雄不应再冒着生命危险耗在那里，他需要撤走。

巴拉蒂尔惊怒交加，他在巴黎联络老殖民派尤金·艾蒂安等人，阻挠德尔卡塞的撤退计划。德尔卡塞立即让巴拉蒂尔返回苏丹。此时，一股强大但一直被忽视的力量插了进来，那就是作为国家团结象征的费利·富尔总统（法兰西第三共和国是议会共和制国家，总统实权不大）。法绍达事件加重了德雷福斯事件对法国造成的分裂。左派坚决支持德雷福斯，谴责帝国主义；右派的沙文主义者给反德雷福斯分子提供驱动力，叫嚣着为法绍达开战。因此，富尔总统全力支持德尔卡塞。

11月2日，夏尔·迪皮伊成为新任总理，次日法国政府命令马尔尚撤出法绍达。

法绍达危机和平解决占据了世界各大报纸的头条。但在法绍达，由于当地没有通电报，处于与世隔绝的状态，气氛反而日趋紧张。英军依旧用果酱交换法军的香槟，但双方都给步枪上好了油，并把炮口对准对方的营地。由于令人窒息的酷热、高温和肆虐的蚊虫，以及阅读报纸、讨论德雷福斯事件带来的压抑痛苦，法军士气极其低落。

12月4日上午8点，"纳赛尔"（Nasser）号明轮船驶进锚地，准备接走马尔尚一行。与马尔尚惺惺相惜的基钦纳为他举办了告别宴会，并送给他一面从马赫迪军"索菲亚"号轮船上缴获的旗帜。在苏丹士兵演奏的《马赛曲》中，马尔尚热泪盈眶地接过这面旗帜。巴黎同意马尔尚通过阿比西尼亚和吉布提回国。当地黑人询问埃梅里为何离开法绍达，埃梅里无法向这些单纯的黑人解释受辱和被出卖的痛楚，只能回答："白人也不知道。"

解决法绍达事件后，索尔兹伯里勋爵开始消化苏丹。最后，英埃双方于1899年1月签署《共管协定》。该协定规定：英国与埃及对苏丹拥有联合主权；两国国旗同时悬挂，代表赫迪夫和女王地位平等；在苏丹设立总督，由赫迪夫任命英国人担任，但人选必须由英国政府推荐，未经英政府同意，不得随意撤换总督。由此可见，虽为"共管"，但英国占据了绝对的主宰地位。

1899年3月，索尔兹伯里趁着法国右翼政变，富尔总统死在情妇怀里，政局越发混乱之际，胁迫德尔卡塞签署了一份正式协定，作为去年签订的《西非公约》的附件。根据该协定，法国放弃加扎勒河流域的所有据点，其领土东起达尔富尔，西到乍得湖。5月，马尔尚一行回到法国。迪皮伊政府为其举办了短暂的欢迎仪式，之后便打发他去度假，并安排侦探监督他，确保他不与右翼政客联系。两年之后，马尔尚作为法国远征军的一员，参加了八国联军镇压义和团的战争。

法绍达这片鲜为人知的沼泽，让索尔兹伯里的外交生涯达到了巅峰。现在，非洲大陆上的独立国家已经所剩无几。其中最富有、最令人向往的是控制兰德金矿的德兰士瓦共和国。英国人似乎忘记了马朱巴之战的伤痛，开始自信满满地以为，兼并德兰士瓦不过是小菜一碟。但他们没有想到，为了对付布尔人，他们付出的鲜血、财富和遭受的耻辱，比之前所有在非洲的战争中付出的都要多。

# 第三十二章 第二次布尔战争

1899年9月8日，午饭后不久，被匆忙召集起来的英国内阁成员举行了会议。副首相亚瑟·詹姆斯·贝尔福（Arthur James Balfour）身穿亮丽的蓝色哔叽西装和黄鞋子，似乎刚打完高尔夫球；殖民大臣张伯伦刚从海布里花园回来，会议开始前他还在炫耀自己种的兰花。其他大多数内阁成员是从荒野或松鸡地赶来的：财政大臣希克斯·比奇从他在格洛斯特郡的24平方千米土地上赶来，陆军大臣——第五代兰斯顿侯爵亨利·查尔斯·基思·佩蒂-菲茨莫里斯（Henry Charles Keith Petty-Fitzmaurice）从他在克里郡的德林狩猎小屋赶来。他们在马蹄形桌旁就座，对面是身穿黑色长礼服、神情忧郁、弯腰驼背的索尔兹伯里首相。当时，索尔兹伯里处于人生中最糟糕的时刻，他的妻子死于癌症，他自己的健康也每况愈下。但是，他仍以鉴赏家的热情，追求着秘密外交——在会议室里和平征服——的微妙艺术。他对张伯伦暗中参与詹姆森袭击事件的鲁莽行径感到不齿，在南非的棋局中，他要按自己的思路博弈。

之前英国认为，德兰士瓦高原穷困不堪，又不具有非占领不可的战略重要性，只要布尔人不四处扩张，英国便可容忍这个白人至上的内陆政权保持独立地位，任其在黑人的汪洋大海中自生自灭。因此在1884年，英国与德兰士瓦签订《伦敦公约》，放弃了宗主国的地位。没想到签约后不久，德兰士瓦便发现了兰德金矿，短短十年，金矿附近的约翰内斯堡就从一个小村庄演变成拥有十万人口的城市。到1899年，德兰士瓦每年出口黄金就能进账2400万英镑，一跃成为非洲头号富国。本就能征善战的布尔人，有了充足的钱购买最新式的枪炮。

钱袋子鼓起来、枪杆子也硬起来的布尔人，开始四处寻求扩张机会。在北方，布尔人与马塔贝莱兰国王洛本古拉签订合同，派驻代办，渗透的第一步本已圆满完成，但最终被塞西尔·罗德斯抢先一步，煮熟的鸭子飞了。在东方，德兰士瓦为了攫取通向沿海的交通线和港湾，以便与欧洲其他国家（荷兰、德国、法国）自由交往，先后试图抢占祖鲁兰的圣卢西亚湾、汤加兰的科西湾，但两次都被英国人捷足先登。直到灭国，德兰士瓦都未获取良港。

由于兰德金矿的矿脉较深，必须利用当时最先进的爆破技术、矿井机械与氰化法才能挖掘，因此大多数投资者是财大气粗、资金雄厚的英国人。从兰德开采到的黄金，在铸成金锭后，被源源不断地运至英格兰银行的地下金库。此时，黄金在国际货币体系中的地位扶摇直上，各国纷纷实行多种形式的金本位制。黄金储备最雄厚的伦敦，顺理成章地成了世界金融市场的中心。

本来英国人投资开发，德兰士瓦坐收管理费，是个不错的双赢模式，但在如此巨大的财富面前，抢夺地盘输给英国人的德兰士瓦政府焉能不眼红，他们对金矿征收苛重的直接税和利润税，并授予各种特许权，攫取额外收入。如在1894年，德兰士瓦把销售炸药的垄断权给了诺贝尔（Nobel）托拉斯（托拉斯，垄断组织的高级形式之一），规定每销售一箱（50磅）炸药，政府抽税5先令。仅仅这项特许权，便使英裔金矿主在1894—1899年多付出220万英镑。在德兰士瓦，英裔不仅在经济上受到压榨，在政治上也没有投票选举的权利。

1899年4月，一封由两万多名英裔签署的请愿书由南非送到唐宁街。5月，张伯伦派遣高级专员阿尔弗雷德·米尔纳（Alfred Milner）爵士前往德兰士瓦的姊妹国——奥兰治自由邦的首都布隆方丹（Bloemfontein），与德兰士瓦总统保罗·克鲁格就投票权问题进行谈判。米尔纳彬彬有礼，但毫不让步，他决心让克鲁格接受他的计划：所有的男性移民在德兰士瓦居住5年后，都将被赋予投票权。在克鲁格表示拒绝后，米尔纳直接终止了谈判。在伦敦的张伯伦与米尔纳一唱一和，他公布了米尔纳咄咄逼人的私人文件（"干预的理由是压倒性的……成千上万的英国臣民被永久地置于农奴的地位"），其目的是煽动公众舆论，以此迫使克鲁格让步。克鲁格同意了米尔纳的方案，条件是英国不再干预德兰士瓦的内政。张伯伦却不依不饶，继续施压，他在演说中指出："（对付）克鲁格……就像挤海绵里的水，一点一点挤出改革方案。"让张伯伦与米尔纳想不到的是，这块"海绵"在压力下反弹了。克鲁格将获得选举权的居住年限由5年改为7年，并要求国际仲裁。

在这样的背景下，索尔兹伯里组织了本章开头提到的内阁会议，商议对策。一心想要建立南非联邦的张伯伦提出了两条建议。第一，向纳塔尔增兵1万，理由如下：如果克鲁格只不过虚张声势（这是当地黄金大亨的普遍看法），这1万英军会把克鲁格吓回谈判桌前；如果克鲁格疯狂到要向英国宣战，那么在雷德弗斯·布勒爵士率领的4.7万陆军动员起来之前，这1万英军足以顶住布尔人。第二，对克鲁格发布最后通牒：英国移民居住一年便能取得投票权（这会让英国很快接管德兰士瓦）；采纳黄金巨头们的新政（意味着更低的采矿成本和更廉价的黑人劳动力）；削减军备；允许英国骑警进驻共和国，成为当地治安的主宰者（这一点最令人难以接受）。

张伯伦清楚，德兰士瓦无论如何是不会接受如此苛刻的最后通牒的。内阁同意了张伯伦提出的派兵1万的建议，但陆军部的专家称，在这1万人抵达前便下达最后通牒太过鲁莽。因此，内阁决定暂缓下达最后通牒。

9月8日下午2点50分，会议解散，内阁成员们兴高采烈地重返假期。唯有老一代内阁成员、财政大臣希克斯·比奇对军费开支感到心痛：向纳塔尔调兵1万得花费35万英镑；如果派遣布勒的远征军，得花费1000万英镑。与此同时，他又想起马朱巴的旧事，问首相："这难道没有使你想起发生在巴特莱·弗雷尔爵士身上的一些事情吗？"索尔兹伯里并不认为克鲁格会怯战，他预测这场战争的惨烈程度堪比克里米亚战争。他一周前曾私下跟陆军大臣兰斯顿勋爵谈过：英国无法在战争面前退缩，那意味着放弃在南非的霸权，而南非是通往印度的战略要地；但是为了这样一个消极的目标而被迫发起战争是残酷的。

张伯伦的增兵要求，源于米尔纳远在开普的呼吁。米尔纳从小在德国长大，时年46岁。1897年，詹姆森袭击事件之后，张伯伦派米尔纳到开普敦给罗德斯"擦屁股"（实际上是给他自己"擦屁股"）。第二年，当内阁忙着处理法绍达事件时，米尔纳回到伦敦与他的上司规划南非的蓝图。米尔纳鼓动张伯伦说，德兰士瓦河的淘金热使南非发生了翻天覆地的变化：如今南非新的政治中心是约翰内斯堡，不是开普敦；而且强硬派领袖克鲁格已经第四次当选德兰士瓦总统了。伦敦如今必须站在南非英裔身后，作为其坚实的后盾，否则统一南非的将是德兰士瓦的布尔人。

事实上，米尔纳远比张伯伦更具侵略性。张伯伦的本意是把克鲁格逼回会议桌前，通过和平方式建立一个新的盎格鲁—布尔联合自治政权；而米尔纳则想通过战争，让南非彻底成为英国人的天下。米尔纳抵达南非之后，便与两位兰德大亨阿尔弗雷德·拜特和朱利叶斯·沃纳结盟。拜特与沃纳是詹姆森袭击事件的主要赞助人，但自从詹姆森突袭德兰士瓦惨败后，他们便疏远了罗德斯，把宝押在帝国政府上。两人都是德裔，与米尔纳算是老乡，因此与他关系格外密切。拜特曾给米尔纳提供许多帮助，包括为米尔纳在约翰内斯堡开展一场反克鲁格的新闻运动提供资金。这些黄金大亨对德兰士瓦政府的横征暴敛感到绝望。眼看战争一触即发，金融难民开始从金矿拥向开普敦。截至1899年9月，阿尔弗雷德·拜特每天损失10万英镑，而另一名大亨韦恩赫尔·拜特价值1700万英镑的股份同样岌岌可危。在兰德，巨大的黑色矿车停止转动，烟囱之上的灰色苍穹重归蓝色。金融家们给米尔纳传递信息，称他们"对战争做好了充分准备"，"现在应该结束这种局面"。因此，米尔纳催促伦敦增兵，他的意图绝非阻止布尔人发动战争，而是逼迫布尔人主动进攻。可以说，第二次布尔战争完全是米尔纳一手促成的。

内阁派兵1万的消息让陆军总司令沃尔斯利将军松了一口气。沃尔斯利和大多数英国军官一样，对马朱巴惨败后格莱斯顿采取的"失败中的和平"政策感到羞耻，一心希望和布尔人打一仗。但得知出兵的军队与主将后，沃尔斯利又忍不住发火。原来，这1万军队由67岁的印度老将乔治·斯图尔特·怀特（George Stuart White）将军率领，直接从印度出发。当时，英国陆军分为两派：由沃尔斯利勋爵领导的"非洲派"，以及由罗伯茨勋爵领导的"印度派"。沃尔斯利在之前20年里一直统治着英国陆军，"沃尔斯利圈子"众将如同群狮，在非洲战场为帝国开疆拓土。而比他大一岁的罗伯茨勋爵在第二次阿富汗战争后便如同气血已衰的孟加拉虎，在印度陆军中长期蛰伏。1895年，沃尔斯利好不容易熬到剑桥公爵退休，继任陆军总司令一职；而从印度归来的罗伯茨则在爱尔兰栽了个大跟头，在爱尔兰总司令任上被撤职。曾担任印度总督的兰斯顿是罗伯茨的忠实粉丝，他希望借此机会，让老将重新出山，因此有意让罗伯茨的老部下怀特为其打响头炮。可沃尔斯利知道怀特从没到过非洲，而且他永远也不会忘记，正是来自印度的第58团的崩溃，导致了马朱巴之战的惨败。

沃尔斯利不仅对"印度派"心存芥蒂，而且对自己的"非洲派"也缺乏信心。爱尔兰民族主义者巴特勒将军是"亲布尔派"，他在1898—1899年代理南非高级专员期间，曾指责黄金大亨们试图挑起战争，并因此被遣送回国。布雷肯伯里将军早就背叛了沃尔斯利，加入了"印度派"。至于本次作战主力部队的指挥官布勒将军，他曾是沃尔斯利内定的陆军总司令接班人，但如今他俩的关系也变得微妙起来。1895年剑桥公爵退休后，罗斯贝里首相一度想让布勒接任总司令，布勒欣然接受。此事因罗斯贝里下台而作罢，但沃尔斯利显然不是宰相肚里能撑船的人，他无法原谅布勒的不忠。

一旦与布尔人开战，战争会以什么样的形式进行呢？当时，英军还没有建立德国式的总参谋部，因此收集整理战争情报的任务全部仰仗情报部。英国情报部预测，奥兰治自由邦可能会与德兰士瓦联手，届时布尔军队将达到5.4万人。而英军在1万援兵抵达纳塔尔后也只有1.5万人，在数量上处于绝对劣势。然而，情报部并不认为布尔人是值得重视的对手，认为布尔人只擅长和非洲土著打仗，他们的将军既不会指挥大兵团作战，也不会使用炮兵。因此，英国人只需防范2000~3000规模的布尔人越境袭击，这些人"缺乏纪律和组织"，他们会在"首次惨重失败后"溃逃。那么，马朱巴之战是怎么回事呢？这些情报"专家"解释道，如今的布尔人和在马朱巴山打败科利的布尔人完全不一样，他们是"垮掉的一代"。

《孙子兵法》曰："知可以战与不可以战者胜，识众寡之用者胜，上下同欲者胜。"但现在，沃尔斯利与兰斯顿势不两立，布勒与沃尔斯利形同陌路，怀特对非洲一无所知，情报部门对敌人不屑一顾。于是，怀特在9月中旬抵达莱迪史密斯（Ladysmith）时，对前线是两眼一抹黑，他给妻子写信诉苦道："再见了亲爱的老伴，我们应该在南非多派驻2万士兵的。"

就在伦敦召开内阁会议的第二天早上，比勒陀利亚的克鲁格总统便得知了英国将派1万官兵赶赴纳塔尔的消息。克鲁格果然中了米尔纳的圈套，认为他与自己在布隆方丹会面不过是一场骗局，目的是挑拨各个共和国与殖民地的布尔人之间的关系，战争难以避免。克鲁格的得意门生——律师出身的29岁检察官扬·史末资（Jan Smuts）也认为："从人性的角度讲，共和国和英国之间的战争是注定的。"史末资制订了一项针对纳塔尔的大胆计划：集结4万布尔大军，直奔大海，在怀特的1万援军抵达前占领德班港。这将激励开普与纳塔尔的布尔人积极起义，而英国的竞争对手——德国和法国也将借机在英国背后捣乱，如此一来，英国在南非的统治必定土崩瓦解。但是奥兰治自由邦总统马蒂纳斯·特尼斯·斯泰恩（Martinus Theunis Steyn）还在幻想和平，因此否决了史末资的大胆计划。

随后在9月22日，德兰士瓦当局从一家英国报纸上得知，英国政府决定派4.7万陆军士兵去进攻德兰士瓦，这才开始积极备战。9月28日，德兰士瓦共和国完成动员；10月2日，奥兰治自由邦完成动员。此时，英军早已控制了德班港。源源不断的英军，包括远至加拿大、澳大利亚和新西兰的部队从德班港上岸。史末资的计划已经无法执行了。

早在1898年，德兰士瓦共和国与奥兰治自由邦便共同成立了联邦会议，以协调抗英行动。在战争已成定局之后，联邦会议制订了主动出击的计划：两支布尔纵队将在图盖拉河以北的三角形地带会合；其余纵队则将袭击位于奥兰治河以北的开普边境城镇金伯利和马弗京。布尔人自视为文明国家，按照文明世界的战争惯例，他们首先要对英国宣战。史末资起草了最后通牒，指责英国违反了1884年签署的《伦敦公约》，煽动英裔造反，并在边境集结军队，要求英国政府在4个关键问题上做出保证：

1. 英国必须就所有分歧接受仲裁；

2. 从边境撤出所有军队；

3. 召回刚到的援军；

4. 同意不再派遣任何部队。

史末资在最后通牒中威胁道，除非女王陛下的政府在48小时内答应这些要求，否则德兰士瓦政府"非常遗憾地被迫将这一行动视为正式宣战"。

10月10日，伦敦收到这份最后通牒。《每日电讯报》宣称："人们哭笑不得。"《泰晤士报》称其为一个"小共和国"的"昏头昏脑之举"。这份最后通牒也让英国一方摆脱了宣战的责任。先前，议会讨论布勒入侵需要的1000万英镑的预算时，张伯伦一直在绞尽脑汁地思索发起战争的理由。现在好了，不需要进一步解释了。布勒出兵的目的变得简单起来，击退布尔人的入侵。

当时，英国国民对南非发生的事情很冷漠。在过去20年里，大多数英国家庭的生活似乎与非洲相距甚远。斯坦利发现利文斯通、营救艾敏，卢加德闯荡布干达王国时，一度让非洲成为国民的热门话题。然而相比这些，英国遭遇的耻辱更加令人难忘：切姆斯福德兵败伊散德尔瓦纳，科利折戟马朱巴，戈登战殁喀土穆……好在英国在布尔人身上已吃过一次亏，应该不会让悲剧重演了。按照英国军事"专家"们的说法，布尔人会被布勒大军压扁，英军在圣诞节前就能打下比勒陀利亚，维多利亚时代祥和的生活不会受到任何干扰。

10月是南非的早春季节，比勒陀利亚却已经快要成为空城了。许多布尔青年应征入伍，登上开往纳塔尔的火车。几千名非洲土著也加入了劳工组织，负责挖战壕和干其他体力活。64千米外的约翰内斯堡更加荒凉。政府征用了几座金矿及大量黑人矿工。大批英国人和黑人离开兰德地区，半数商店的门被木板封住，唯有一两辆矿车的铁车轮依旧在转动。

比勒陀利亚以南320千米外的草原，在春雨中开始泛绿，为战士的马匹、拖着大篷车的牛提供了足够的草料。68岁的老将朱伯特率领的德兰士瓦纵队准备等最后通牒时限一过，就翻越德拉肯斯山脉，向纳塔尔发起进攻。18年前，正是朱伯特将军率军在马朱巴击溃了科利的400名红衫军，如今他能对付怀特的1.4万"穿卡其色军服的人"吗？朱伯特信心十足。布尔人在数量上占有优势——大约1.5万名德兰士瓦人和6000名奥兰治自由邦人在边境摆好了阵势，而且他们更熟悉纳塔尔北部的地貌与气候。

10月12日，星期四凌晨，最后通牒时间一过，布尔人便策马扬鞭，越过边境。跟随布尔军队的《泰晤士报》年轻记者里奥·阿莫里（Leo Amery）看到，"骑兵、炮兵和马车，在黑暗、寒冷的夜晚排成纵队，沿着蜿蜒的道路行进，通向灰暗天空下马朱巴山的黑色山头"。

而在千里之外的英国，10月14日，一群喧闹的爱国人士聚集在南安普敦，向即将前往南非的布勒将军致敬。穿着便装，扣眼里插着德文郡紫罗兰的布勒身材高大魁梧。他像斗牛犬一样紧绷着被晒成古铜色的脸，在踏板上发表朴实的演说。他希望他不会"离开太久"。人群欢呼起来。布勒的妻子奥黛丽（Audrey）女士带着群众开始唱《天佑女王》。有人喊着"带回来克鲁格的一把胡子"，也有人喊着"铭记马朱巴"。布勒站在甲板上，挥动着便帽，看着邓诺塔城堡（Dunottar Castle）在大雾中渐渐消失。

布勒将军曾在祖鲁战争中与布尔人并肩作战，因此对布尔人的战斗力相当清楚。当布勒得知怀特让约1万名英军驻守在铁路枢纽莱迪史密斯，让4500名英军驻守在煤矿城镇邓迪（Dundee），人数本来就处于劣势的部队被一分为二时，他表示反对，但无人听从他的建议。

果然，朱伯特率领德兰士瓦主力杀入纳塔尔后，先攻打兵力较少的邓迪。10月20日，第二次布尔战争的第一场大战在邓迪城北打响。佩恩·西蒙斯（Penn Symons）少将率军英勇地冲向塔拉纳山头，击退了德兰士瓦人，但是己方的炮弹却不长眼，误伤了不少英军步兵。最终，英军伤亡400余人，西蒙斯伤重不治。尽管此时的英军官兵均已穿上卡其色制服，但他们闪亮的指挥刀与各种装饰，依然让他们成了活靶子。德兰士瓦军则只伤亡了百余人。

塔拉纳山之战结束后，怀特终于意识到邓迪守军有被围歼的危险，于是命其撤回莱迪史密斯。德兰士瓦军紧随英军的脚步，将莱迪史密斯包围。克里斯蒂安·德·维特（Christiaan de Wet）率领的奥兰治军赶来与德兰士瓦军会合后，城外的布尔联军达到了2.1万人。布尔军在附近的高地布设克虏伯大炮，时不时炮轰小镇。10月30日，怀特率领守军突围，但对隆巴德（Lombard）山一带的布尔军阵地冲击失败，英军损失了1272人。怀特被迫率剩余的1.2万大军困守莱迪史密斯，与德班港的联系也被切断了。

另一支由老将皮特·克龙涅（Piet Cronjé）和库斯·德·拉·雷（Koos de la Rey）率领的德兰士瓦军绕道贝专纳兰，包围了钻石之城金伯利和铁路枢纽马弗京，掐断了开普与罗德西亚之间的联系。金伯利被合围前，政界大佬塞西尔·罗德斯乘坐最后一班满载军火的火车进入金伯利，誓与这座曾给他带来财富与荣耀的城市共存亡。总的来说，开战以后，布尔人以迅雷不及掩耳之势，完成了对南非所有英军的包围。但由于攻城手段缺乏，他们无力攻克马弗京、金伯利、莱迪史密斯等战略重镇。到了11月中旬，布尔人只留下少数兵力围困这些城镇，转而把部队派往南方，阻击布勒的大军。

12月中旬，布勒率远征军登陆后，兵分三路向金伯利和莱迪史密斯进发，试图为友军解围。如今，英国在南非共有6万多名正规军、150门野战炮。有如此强大的军力做后盾，英国人对布勒痛击布尔人充满信心。但令人大跌眼镜的是，1899年12月10日—12月15日成了"黑色一周"。这一周，双方一口气打了三场仗，英军三战全败。

"黑色一周"爆发的第一战，是12月10日的斯托姆贝赫（Stormberg）之战。英军中路军指挥官、绰号"倒铲"的第3师师长威廉·加塔克（William Gatacre）中将是基钦纳再征服苏丹时表现最出色的将军之一。尽管布勒给他的任务是保障东开普殖民地的安全，分配给他的也只有一个兵力不足的师，但精力充沛的加塔克依然锐意进取。他把手头上的兵力与当地部队合而为一，拼凑出了一支2600多人的部队，试图夺回位于开普殖民地北部、先前被奥兰治人占领的斯托姆贝赫。然而，由于被向导误导，再加上参谋人员的无能，全军在黑暗中走错了路。本来，加塔克选择的攻击地点地势平缓，但他们折腾到清晨才抵达一个陡坡。英军好不容易顶着山坡上奥兰治人射击的子弹爬上山顶，却又被己方大炮炸倒一片。在死伤100多人后，英军稀里糊涂地撤下山头，有600多名没有接到撤退命令的士兵成了奥兰治人的俘虏。通过此战，英军不擅长异乡作战、缺乏合格参谋的缺点暴露无遗。

斯托姆贝赫之战爆发的第二天，在距离金伯利南面仅仅24千米的地方，马赫斯方丹（Magersfontein）之战打响。西路军指挥官——第1师师长梅休因（Methuen）中将的任务是沿铁路进军，为金伯利解围。这一路起初还算顺利，英军接连取胜（尽管每一战损失都要高于对手），把布尔军一直赶过摩德（Modder）河。但英军并未"宜将剩勇追穷寇"，而是就地休整。德拉雷趁着对手休整，命令部下在马赫斯方丹山脚下的平地挖掘1米宽、1米深的堑壕，并在前方布设铁丝网。12月9日，英军开始炮击马赫斯方丹山，但这些地方一个布尔人也没有，纯属浪费炮弹。10日，英军加大炮轰力度。傍晚，梅休因派出安德鲁·吉尔伯特·沃科普（Andrew Gilbert Wauchope）少将的高地旅，采用泰勒凯比尔之战和阿特巴拉之战的战术：利用夜行军，在黎明发起突袭。高地旅在这一晚上受尽了老天爷的折磨，先是在闷热中跋涉，随后遭遇从天而降的暴雨，但训练有素的英军依然秩序井然，丝毫不乱。大约在天亮前半个小时，高地旅向366米开外的敌军堑壕发起猛攻，试图与对手展开肉搏战。可惜他们的对手既不是泰勒凯比尔防线中睡眼惺忪的埃及农夫，也不是阿特巴拉之战中手持长矛和老式步枪的马赫迪军。布尔人的弹仓步枪使用的是无烟火药，他们不断从战壕里发射子弹，英国人却根本看不到对手。他们被钉在敌军阵地前进退不得，就算极少数勇士冲破火力封锁，杀入敌方阵地，也起不到什么作用，不是战死便是力竭被俘。经过10个小时的鏖战，英军伤亡近千人后被迫撤退，其中单单"黑守卫"团便伤亡300余人，沃科普少将更是当场阵亡。梅休因再也不敢主动求战，只能老老实实地在摩德河畔扎营，等待援军。

  "黑色一周"的第三场战斗，于12月15日在纳塔尔的科伦索（Colenso）打响，这场战斗彻底摧毁了英军速胜的希望与布勒将军的信心。布勒将军亲自指挥东路军，率领2.1万人马前去为莱迪史密斯解围。由于老将朱伯特先前从马上摔下，摔成重伤，布尔军由在隆巴德山战役中崭露头角的路易·博塔（Louis Botha）指挥，他们在曲折蜿蜒的图盖拉河北岸严阵以待。12月15日，英军兵分两路发起攻击。按照计划，英军东路的第2旅在C. J. 隆（C. J. Long）上校的炮兵支援下，正面攻击河南岸的小镇科伦索，然后通过铁路桥过河；西路的第5旅从布莱德尔渡口（Bridle Drift）过河，包抄敌军阵线；第4旅与第6旅作为预备队压阵。由于英军缺少该地的精确地图，这个看似不错的计划执行起来错漏百出。先是东路英军步炮协同失误，C. J. 隆上校的两个炮兵营远远走在第2旅前方，一直前进到距离河岸不足1千米远的地方。他们顶着布尔人的枪林弹雨坚持开炮，一度压制对手，直到一个小时后弹药告罄才不得不撤离。而西路由亚瑟·菲茨罗伊·哈特（Arthur Fitzroy Hart）少将率领的第5旅，在"好心"的黑人向导的引导下，并未找到布莱德尔渡口，只能挤在狭窄的岸边遭到对手屠杀。一些心急的士兵试图泅渡，结果由于南非当时正值夏季，水位上涨，很多人活活淹死在图盖拉河中。眼看东、西两路皆不顺，布勒乱了心神，不顾手里还有两个整装待命的预备旅，匆忙下令撤退。好在英军征集勇士，抢回了C. J. 隆上校12门火炮中的2门，挽回了一丝颜面。在这场战役中，英军伤亡上千人，布尔军的损失却不到50人。布勒有点儿输糊涂了，甚至通过日光反射信号器告诉怀特焚毁档案、密码及弹药，争取体面投降。好在怀特将军意志还算坚定，没有听从布勒的劝告。

  至此，英军在第二次布尔战争中已经折损了7000名士兵。伊散德尔瓦纳之战和马朱巴之战后，英国在非洲经历了大大小小无数场战斗，但牺牲的基本是非洲人，无论他们属于哪一方——阿拉比手下的埃及人，戈登和哈里发手下的苏丹人，洛本古拉国王的恩德贝莱人和附庸的绍纳人，乌干达的"英格利萨"和"法兰萨"，尼日利亚的努佩人和伊洛林人，英国子弟的伤亡向来微乎其微。这一次，近5万大英健儿亲自上阵，结果损兵折将，让欧洲列强看了笑话。即将过去的19世纪被称为"英国世纪"，但在该世纪的最后一个月里，"黑色一周"似乎暗示了大英帝国未来的晦暗前程。病入膏肓的阿盖尔（Argyll）公爵得知科伦索之战的结果后，气得一命呜呼，死前还在吟诵阿尔弗雷德·丁尼生（Alfred Tennyson）赞美威灵顿公爵的诗句："那个没丢过一门英国炮的人啊。"民众终于意识到布尔战争绝不是走走过场就可以取胜的，而是一场需要流血牺牲的鏖战。

好在维多利亚女王一生经历过无数大风大浪，她得知英军连战连败后，亲自来到内阁，云淡风轻地对临时外交大臣贝尔福说："请理解，在这所房子里没有人灰心丧气。我们不考虑失败的可能性，这种可能性不存在。"女王不仅鼓舞臣下把战争继续下去，她还自掏腰包，在元旦那天为士兵们送去了罐装的香草巧克力，其中一个装在帆布背包中的巧克力罐挡住了一颗子弹，拯救了一名士兵的性命。当有人提议对将军们的糟糕指挥展开调查时，女王明智地加以了阻止：

> 女王必须强烈敦促贝尔福先生，有必要抵制这些对我们的将领和作战指挥方式不爱国也不公平的批评……战争结束之后，可以再进行调查，但不是现在。毫无疑问，陆军部犯了很大的错，但需要改变的是整个体制，而这一点现在还办不到。

得到女王撑腰后，英国军界又打起了精神，他们清楚，如果想让时日不多的女王亲眼看到战争的胜利，他们确实需要加把劲儿了。

"黑色一周"结束后，英国方面采取了以下部署：

第一，继续向南非增兵。大部分是预备役人员的第5师已经开始动员，第6师和第7师也准备好了出发，加拿大、澳大利亚和新西兰等自治领也将应邀派遣新的部队。

第二，布勒将军痛定思痛后，给母国发去电报，要求招募像布尔人那样擅长骑马射击的志愿者。于是政府决定招募来自英格兰和爱尔兰的猎人、护林员，创建新的"皇家义勇队"，规模为1万人。

第三，布勒将军不再担任总司令，而是只负责纳塔尔一个方向的战事。兰斯顿并未让对南非了如指掌的沃尔斯利再度挂帅，而是选择了沃尔斯利的老对手——"印度派"领袖罗伯茨元帅。鉴于罗伯茨元帅当时已经年近古稀，兰斯顿安排帝国新一代战争英雄、喀土穆的胜利者、戈登的复仇者、年富力强的基钦纳少将担任他的参谋长，辅佐这位老将。罗伯茨白发出征之时，右臂还缠着黑纱：他唯一的儿子弗里德里克中尉在科伦索之战中志愿参加夺回火炮的行动，结果受了致命伤，死在野战医院，布勒将军为他申请了一枚维多利亚勋章。

趁着罗伯茨还在路上，布勒打算效仿切姆斯福德勋爵在祖鲁战争中的旧事，通过胜利为自己雪耻。他把希望寄托在刚到南非的第5师身上。1900年1月24日天亮前，爱德华·伍德盖特（Edward Woodgate）准将率领第5师第11旅约2000名士兵赶走布尔哨兵，"成功"占领了距离莱迪史密斯约32千米的斯皮恩（Spion）山。英军以为胜利在望，便开始高呼"马朱巴"。然而，英军几乎一个不落地重犯了马朱巴的错误：为了急行军，他们未携带重炮；由于夜行军造成的疲惫，军官并未下令构筑阵地；他们控制的山头并非斯皮恩山的最高点，而只是一处较高的台地。布尔人从真正的制高点以每分钟7发的频率发射炮弹。当伍德盖特组织英军试图凭借近战优势夺下制高点时，布尔人难得地抑制住了对白刃战的恐惧，与扑上来的英军展开了白刀子进红刀子出的肉搏战，竟然奇迹般地将英军赶下山头。在布尔人猛烈的炮击下，很快伍德盖特的头部就受了致命伤。天亮后，暴晒在非洲烈日下的英军喝光了水，挤成一片，他们晕头转向，又没有明确的指挥官，只能徒劳地躲避劈头盖脸地落下的炮弹。刚从比勒陀利亚越狱逃脱的战地记者温斯顿·丘吉尔描述道：

> 有的人独自蹒跚而行，有的人由战友搀扶着，有的人用手或膝盖爬行，有的人被担架抬着。到处都是尸体……霰弹和弹片以最可怕的方式把他们撕成了碎片。我在爬坡时，越过了大约200人。此外，各军种的未受伤人员也在不断地少量流失。一些人大声咒骂；一些人精疲力竭，昏倒在山坡上；其余人似乎喝醉了，虽然他们没有酒。很多人"睡"得很沉……

24日夜里，英军在黑夜的掩护下，抛下死者与重伤员，悄悄撤下山。次日，布勒与博塔协商暂时休战，各自收敛战死者，救助伤员。来自印度的医疗队这才在莫罕达斯·卡拉姆昌德·甘地（Mohandas Karamchand Gandhi，即后来的印度"圣雄"甘地）的带领下上了山，为宗主国的士兵收尸。斯皮恩山一战中，英军损失了1500余人。第二次替莱迪史密斯解围的行动到此为止。

2月5日，布勒试图在瓦尔克兰茨（Vaal Krantz）找到打开图盖拉河防线的钥匙，但钥匙又一次断在锁里，英军伤亡了300余人。不过在2月14日的第四次尝试中，布勒终于时来运转。这一次，英军相比德兰士瓦军，人数优势为四比一，火炮优势为十比一。处于绝对优势的布勒，似乎恢复了自信与创造力。他要求士兵效仿布尔人的战术：后面的士兵用步枪掩护前面的士兵，轮流向前滚动式推进。除此之外，他还强调了炮兵支援，甚至创新性地使用了"徐进弹幕"战术（炮弹随着步兵前进向前延伸，直至覆盖对方的防御纵深）。当然最重要的是，布勒效仿布尔人，命人挖掘堑壕。经过10天惨烈的战斗，布勒终于将敌人赶出阵地。2月28日，面庞晒成古铜色的布勒的老兵们进入莱迪史密斯，与被围困了4个月、面色惨白、身患伤寒的守军握手。遗憾的是，路易·博塔带着布尔军成功逃走了。布勒为了给莱迪史密斯解围，总共伤亡了5000余人，德兰士瓦方面仅损失了500~600人。

在莱迪史密斯以西480千米的地方，奥兰治自由邦绵延起伏的草原上，罗伯茨携他的"压路机"闪亮登场：共计5个师，3.5万人（包括南非大部分骑兵在内）。他的第一个任务是为金伯利解围（当时处在包围圈里的罗德斯已经叫嚷着要投降了，英国绝不允许这样一个大人物落入敌手）；第二个任务是攻占布隆方丹。凭借强大的兵力，出色的机动能力，再加上当地像台球桌一样平坦的地形，这两个目标事实上不难实现。罗伯茨让梅休因在金伯利以南的马赫斯方丹牵制克龙涅，同时派出约翰·弗伦奇（John French）少将率领骑兵师前往侧翼，连续渡过里特（Riet）河与摩德河，长途奔袭金伯利。4天后，弗伦奇几乎没开一枪就替金伯利解了围，罗德斯端着冰镇香槟，欢迎弗伦奇。但长期的围困，无疑进一步摧残了这位自小便体弱多病的大亨的身体健康，两年以后，年仅48岁的罗德斯因心脏衰竭去世。

金伯利失守后，向东撤退的布尔军非但没有抛弃辎重轻装急行，反而有大量布尔民众扶老携幼加入进来，拖家带口与军队同行。克龙涅知道己方行军速度迟缓，无力摆脱敌方骑兵的追击，便在摩德河柔软的白色河岸上挖掘战壕。他将牛车连接起来布设车阵，把马匹与辎重布置在阵地中央，仿佛追击他们的是一群手持长矛的祖鲁人，而不是装备15磅炮的英军。

当时，罗伯茨因患伤寒卧病在床，只能把指挥权交给基钦纳。基钦纳虽然在苏丹战争中建立了功勋，但事实上，他是一位中规中矩、按部就班的将军，他似乎把对手当作马赫迪军了，命令英军步骑兵对敌军堑壕发起一波又一波的攻击。当天，英军伤亡近1300人，刷新了开战以来英军单次作战伤亡的纪录，这一天被称为"血色星期天"。罗伯茨得知英军进攻受挫后，强忍病痛亲自督战。他一面命令部下加大炮轰力度，一面让他们挖掘"之"字形堑壕，逐步向敌军阵地逼近。2月27日，皇家加拿大步兵团已经逼近到距离布尔军堑壕70米的地方。面对加拿大人森然的刺刀，克龙涅失去了抵抗的勇气，被迫升起白旗，4000多名布尔官兵被押往开普的战俘集中营。两个星期后，也就是3月13日，罗伯茨在波普拉树林（Poplar Grove）击退已成惊弓之鸟的敌军后，径直穿过布隆方丹的街道，在斯泰恩总统府外的旗杆上，把妻子绣的一面小小的英国国旗升了起来。当时，正在前线视察的斯泰恩总统和克鲁格总统险些双双成为英军的俘虏。

姜果然还是老的辣。老将罗伯茨出手不到两个月，便扭转了局势。英军不仅成功为莱迪史密斯、金伯利解围，还攻占了奥兰台自由邦首都布隆方丹，俘获了克龙涅等高级将领。形势看起来一片大好。

然而，罗伯茨过于在乎旧时绅士战争的价值观（当然仅仅针对白人）。布尔人还没有跪地求饶，罗伯茨便急匆匆地主动给敌人松了绑。他提出了慷慨的条件：全体布尔官兵只要交出来复枪便可回家，不会遭到清算。同时，罗伯茨也打算让部下放松一下。夺取布隆方丹两天后，他致电维多利亚女王："自由邦似乎不太可能再制造更多的麻烦。德兰士瓦人可能会坚持下去……但我相信，用不了多久，战争就会有一个令人满意的结局……我们不得不在这里休息一会儿。"

于是在接下来的两个月里，罗伯茨一直待在布隆方丹。他发布赦免令，努力解决运输和供应问题，而这些问题主要就是由他和基钦纳造成的。

早在去年12月，沃尔斯利就曾警告过陆军大臣兰斯顿勋爵，罗伯茨熟悉印度军队，基钦纳熟悉埃及军队，但他们都不熟悉英国军队。当时，兰斯顿认为沃尔斯利纯属嫉妒，现在看来，沃尔斯利的话有一定的道理。罗伯茨和基钦纳曾试图改革英军的运输系统，结果导致低效但成熟的运输系统出现混乱，人马的口粮被削减，军骡运输线崩溃；而另一边，无人被告知要为铁路订购更多的火车皮和发动机，医疗用品少得可怜，根本无法遏制伤寒、痢疾等疾病的流行，就连罗伯茨本人也不幸中招。流行病造成的英军死亡人数远多于战死人数（这在近代战争中是正常的现象）。在此期间，以克里斯蒂安·德维特为首的奥兰治自由邦残军改变作战方式，依靠运动战袭击英军的补给线，让英军的后勤问题更为严重。

在奥兰治足足休整了7周的英军，终于在5月3日恢复了元气。罗伯茨重新启动了他的"压路机"，浩浩荡荡地向德兰士瓦开进。他让布勒将军率两个师包抄在比格斯堡和纳塔尔北部山区掘壕固守的布尔人，布赖恩·托马斯·马洪（Bryan Thomas Mahon）上校率1100名官兵组成快速纵队为被围8个月的马弗京解围。马洪的手下大多是移民，他们许多人曾在5年前追随詹姆森袭击德兰士瓦。在那场袭击中，詹姆森便是从马弗京出发的。

5月14日，布勒在比格斯堡击败路易·博塔。5月16日，马弗京之围被解。5月24日，英国宣布吞并奥兰治自由邦。

接着，5月27日，英军越过瓦尔河，杀入德兰士瓦。5月30日，罗伯茨占领了约翰内斯堡和兰德，200座金矿完好无损。6月5日，罗伯茨在比勒陀利亚再次升起妻子绣的小国旗。7月4日，罗伯茨与布勒会师，随后二人联手，于8月27日在伯根达尔（Bergendal）轻松击败博塔的德兰士瓦军，后者的阵线土崩瓦解。克鲁格先是逃到葡属殖民地莫桑比克，随后乘坐一艘荷兰巡洋舰"盖尔德兰"号（HNLMS Gelderland）来到欧洲，在荷兰度过余生。沙尔克·W. 伯格（Schalk W. Burger）留守，担任代理总统。终于洗刷耻辱的布勒将军荣归南安普敦。与布勒同行的罗伯茨元帅晋升伯爵，获得了10万英镑的奖金，并在一年之后接替老对手沃尔斯利担任陆军总司令。剩下的"扫尾工作"被交给了基钦纳。

随着战局好转，张伯伦说服索尔兹伯里趁热打铁，举行所谓的"卡其选举"，并打出了"支持自由党就是支持布尔人"的口号。索尔兹伯里毫无悬念地在选举中获得连任，但勋爵年事已高，无法继续身兼首相和外交大臣两职，于是他让在陆军大臣一职上毫无建树的兰斯顿勋爵担任外交大臣。索尔兹伯里的长子克朗本（Cranborne）勋爵和3个侄子都进入了政府部门工作，这届政府也因此被讽刺为"塞西尔酒店"。但正在内斗的自由党却无法对这家"酒店"构成威胁。自由党党魁坎贝尔-班纳尔曼（Campbell-Bannerman）只希望战争尽快结束，正常的政治秩序得以恢复，战争造成的党内创伤早日愈合。因此，他逼迫大卫·劳合·乔治（David Lloyd George）等激进派接受吞并两个布尔共和国的既成事实。1901年1月22日，维多利亚女王在外孙威廉二世的怀中死去。老太太咽气之前，总算看到布尔战争大局已定，可以安心闭眼了。之后，威尔士王子即位，成为爱德华七世。想必新王在告别母亲，告别19世纪，告别辉煌的维多利亚时代时，也希望这个时代的最后一场战争早日结束。

但不屈不挠的布尔人很快让罗伯茨、基钦纳、自由党、爱德华七世等人的幻想落空。常规战争算是结束了，但新的战争——游击战才刚刚开始。布尔人痛定思痛，放弃了笨重的辎重大车，只携带少量物资在马背上打游击战，他们在大草原上来去如风，令英军望尘莫及。

1900年3月30日，罗伯茨攻占布隆方丹不久，德维特便率部伏击了摩德河河谷的英军运输队，以伤亡8人的微小代价，俘虏近800名英军。他们还破坏了为布隆方丹提供自来水的水厂，加剧了英军中的伤寒与痢疾感染率，间接导致2000名英军病亡。12月3日，投笔从戎的扬·史末资和德拉雷率部向比勒陀利亚以西的一支英国运输护卫队猛扑过去。10天后，他们与贝耶斯（Beyers）的游击队联手，在诺伊奇达赫特（Nooitgedacht）的一个峡谷里狩猎了更大的猎物——由克莱门茨（Clements）将军指挥的1200名英国士兵的营地。克莱门茨丢下所有的补给品，费了好大的劲儿才摆脱困境。一周后，由克里金格（Kritzinger）和贾奇·赫尔佐格（Judge Herzog）率领的100多名游击队员冲破了基钦纳守卫的奥兰治河的警戒线，向开普殖民地发动了一场突袭，试图促使开普的布尔人起义。1901年2月，德维特渡过奥兰治河，进入开普。一时间，基钦纳仿佛陷入了游击战的汪洋大海中。

然而，由于各路布尔游击队协调不佳，他们的行动最终均告失败。克里金格被击毙，赫尔佐格与德维特撤回奥兰治河对岸。基钦纳夺回主动权，重新开始在草原上追逐敌人。起初，基钦纳希望说服游击队议和，但他在米德尔堡与博塔将军的谈判因双方分歧过大以失败告终。于是，基钦纳采取了烧毁布尔农场的策略。

实事求是地讲，这一战略的始作俑者是罗伯茨元帅。但他当时只命令英军烧毁布尔游击队员的农场，掠夺他们的牛马，并一再要求保障亲英派布尔人农场的安全，但在1901年，游击战争的残酷已非前一年可比，基钦纳在实施这一策略时，往往导致亲英派布尔人的农场也被烧毁：要么是被英军误烧，要么是遭到布尔游击队的报复。于是，基钦纳变本加厉，命令把农场里的布尔人统统集中在铁路沿线的难民营里。难民营中有两类人：一类是真正的难民，也就是亲英派布尔人的家眷以及宣誓中立的人；一类是人质，即布尔战士的家眷。两类人从进入难民营的第一天起，配给的口粮份额就不一样：对前者而言，困扰是能不能吃饱；对后者而言，则是能不能活下去。但急于结束战争的基钦纳对平民的生死毫不在意，把布尔人赶进难民营后，他的下一步计划便是勒紧布尔人身上的绳索。

英军之前的策略是单纯以骑兵对抗骑兵，在南非大草原上追逐布尔游击队，但由于兵力不足，加上英军骑兵的单兵战斗力要逊色于在马背上长大的布尔人，因此大多数游击队都能从英军编织的罗网中逃脱。于是，工程兵出身的基钦纳改用"铁壁合围"战略，他命人大量搭建由瓦伦钢板、铁皮屋顶与石头组成的简易碉堡（每个碉堡可驻扎7人），还在碉堡之间的道路两边布设铁丝网，并雇用了5000名黑人士兵巡逻。黑人与布尔人之间仇深似海，双方之间的战斗往往格外残酷。身着英军制服、携带达姆弹者，一经被俘，就会被立即枪毙。在碉堡与铁丝网的基础上，基钦纳组织枪马娴熟的南非志愿兵和海外殖民士兵一边放火，一边前进，一片区域一片区域地进行清剿，把游击队员逼得上天无路，入地无门。

就在战场上的形势逐渐明朗的时候，基钦纳的高压政策却在伦敦引起了舆论风暴。

1901年3月1日，劳合·乔治引用了路透社的一篇报道，该报道真实地描述了难民营里两种口粮的定额。约翰·埃利斯（John Ellis）和 C. P. 斯科特（C. P. Scott）等人借用一个当时刚刚流行的词汇——集中营（西班牙殖民军在镇压古巴起义军时建立了第一个近代意义的集中营）来形容难民营。埃利斯质问，这些营地里究竟住着多少人？究竟已经有多少人死在里面了？

新任陆军大臣布罗德里克（Brodrick）狡辩称，难民营里的平民都是自愿进入的。劳合·乔治揭露这纯属扯谎时，布罗德里克又声称，这些营地是出于人道主义的考虑，为了不让妇孺在大草原上挨饿而修建的（这种说法在某种程度上有一定的合理性）。4月和5月，布罗德里克陆续公布了第一份不完整的难民统计人数：德兰士瓦有21105人，奥兰治有19680人，纳塔尔有2524人。另外，已有几百人死于疾病，但据称死亡率正在"迅速下降"。

直到5月下旬，41岁的艾米丽·霍布豪斯（Emily Hobhouse）经过3个月调查写下的报告，才让英国公众意识到难民营的可怕："大规模地焚毁农田……驱逐出境……成批被大火赶出来的人被护送过来……没有衣服穿……营地里半饥半饱……发烧的孩子躺在地上……死亡率高得吓人。"随着封锁网不断收拢，基钦纳腾出1.4万机动部队进行大扫荡，被赶进难民营的布尔人就像水坝决堤的水迅速暴增。伤寒、痢疾和麻疹本来就是南非多发的流行病，一旦在人口密集的难民营中暴发，后果不堪设想。根据霍布豪斯的报告，难民营里不仅缺少医生、护士长、护士、护理员、毛毯、药品，就连健康的饮食、干净的水、防晒和防冻的措施都没有！

在国内人权运动的抗议以及法国、德国的干涉下，英国政府派去了一个由女权主义者、自由统一党人米莉森·福西特（Millicent Fawcett）夫人领导的女性调查委员会。福西特证实了霍布豪斯报告的准确性。上至基钦纳，下至难民营看守，各级人员的不作为，将这场危机变成了灾难。仅仅拿1901年10月为例，该月初，难民营里的白人人口为111619人，有色人种为43780人。该月，白人死亡3156人，有色人种死亡698人。委员会毫不客气地指出，大多数死亡完全可以避免，造成难民危机的直接原因是不遵循卫生要求，根本原因是医护条件匮乏。

英国政府终于意识到，问题的根源在于基钦纳在南非一手遮天，缺乏权力制约。于是政府派米尔纳和文职官员接管难民营。等到1902年2月，难民营死亡率才降至6%，之后降至2%，低于格拉斯哥贫民窟的死亡率。但难民营给布尔人造成的心灵创伤难以弥补。劳合·乔治预测："当孩子们遭遇这种对待，经历死亡的威胁，他会被激起人类心灵最深处的反抗英国在南非殖民统治的热情……人们将永远记住，英国统治这里的方法是以这种方式开始的。"

尽管在舆论上基钦纳输得彻底，名声一落千丈，但他的"铁壁合围"战术奏效了。即便史末资领游击队跳到外线，在开普腹地转战数千里，打出几十场漂亮的战斗，也未能给整体战局带来丝毫改观。1902年4月，布尔军政领袖博塔、史末资、德拉雷、德维特、赫尔维格和斯泰恩总统等借助英方的电报联络，从四面八方乘坐英方的列车赶来，聚集在弗里尼欣（Vereeniging）的一个大帐篷里，商讨和平谈判事宜。

这些布尔领袖们清楚，面对当前的局势他们无力回天。首先，他们手下饥寒交迫的游击队员缺少牛、马、弹药与医药，只能在英军的驱逐下疲于奔命。其次，基钦纳迫于舆论压力，私下下令不再向难民营里输送妇孺，结果反倒使布罗德里克的解释一语成谶，散落在草原上的布尔人家眷的处境比待在难民营里的更糟。第三，布尔人幻想的殖民地的同胞揭竿而起的场景，在德维特、史末资多次入侵开普后从未出现过。第四，之前被布尔人欺压的黑人各民族见布尔人失势，开始组织起武装守卫边界，防止布尔人借道入侵：佩迪人封锁了战略要冲瓦特沃河谷，阻止布尔游击队的牛车给高原上的兵团运送粮食辎重，布尔骑兵几次发起冲击均未能突破；一支祖鲁部落则为了报复布尔人赶走他们的牛群，在弗里海德（Vryheid）附近的霍尔克兰茨（Holkrans）夜袭游击队宿营地，杀掉52个游击队员。第五，基钦纳俘虏德维特之弟皮特·德维特后，利用后者招募了数千亲英布尔人与布尔降兵，英布战争即将变成布尔人之间的手足相残。总而言之，不管布尔人如何折腾，这场战争很快就会以灾难和耻辱告终，趁着手头还有几张可打的底牌，早日和谈才是正道。

与此同时，英国提出的和谈条件着实宽宏大量，彰显出了帝国气魄。他们非但没有索要战争赔款，反而主动向在战争中损失家畜的布尔人提供赔偿，并准备提供300万英镑的贷款来帮助布尔人重建家园。基钦纳私下还对史末资暗示，一旦反对发起布尔战争的自由党上台，新政府便极有可能让两个殖民地自治。

英方在弗里尼欣所提的条件与在米德尔堡时所提的条件，唯一不同之处在于非洲人的投票权问题上：基钦纳与博塔在米德尔堡谈判时，英方要求德兰士瓦和奥兰治的非洲本地人在代议制政府"被批准时"获得投票权；在弗里尼欣谈判时，英方玩了一个文字游戏，提出非洲本地人将在代议制政府"被批准之后"获得投票权。"之后"意味着"永远不"，英国人与布尔人心照不宣。

5月31日，布尔诸路领袖为是战是和进行投票，结果大多数人投票赞成和谈。当天晚上，在比勒陀利亚，基钦纳、米尔纳、德兰士瓦代理总统伯格和奥兰治自由邦代理总统德维特（当时自由邦总统斯泰恩身患重病）签署和平协议。这场让英国人蒙羞，耗费了2万英国公民生命、2亿英镑军费的战争终于结束了。在第二次布尔战争中，布尔人阵亡7000人。另外，约有2.8万名布尔平民、1.4万名有色人种死于难民营。

结束布尔战争，让基钦纳感到相当满意，他终于能从这场让他声名狼藉的战争中脱身了，并且他还被授予了子爵爵位，得到5万英镑的奖金（他立即将这笔钱用来投资南非黄金股票）。唯一不希望战争结束的英国人，或许是一手挑起这场战争的米尔纳。他希望通过战争彻底打破布尔人的社会架构。与其承诺"尽快"实现自治，不如穷追猛打，把布尔人的旧势力彻底摧毁，不破不立。由于在南非的4块殖民地中，布尔人在白人中人数占有绝对优势，因此米尔纳颇有先见之明地预测：和谈之后，只有降低炸药和运输的成本、非洲矿工的高工资，才能吸引大量英国移民到南非，避免政权再次落到布尔人手中。

和平协议签署6周后，精疲力竭的索尔兹伯里勋爵向爱德华七世提出辞职，他的侄子贝尔福继任首相。从1885年首次拜相，16年来，索尔兹伯里勋爵堪称非洲瓜分运动的主持者，他确保了这段时间产生的新殖民地和保护国中的一半（30个中的15个）归属英国，并且大部分是非洲最富饶的土地：盛产金矿的德兰士瓦，盛产棕榈油的尼日尔河流域，盛产茶叶和咖啡的乌干达，盛产棉花的埃及与苏丹……难能可贵的是，在此过程中，大英帝国未同列强发生任何战争。当然，勋爵的双脚从未踏上过非洲的土地，因此他自己也不得不承认有些势力划分行为纯属"拍脑门"之作：

> 我们一直在相互交换山脉、河流和湖泊，其间只有一个小小的麻烦会妨碍到我们，那就是我们根本不知道这些山河湖泊究竟坐落在什么地方。

那么，在当时最文明、最发达的欧洲人的统治下，上亿黑色与棕色皮肤的非洲子民是否能充分享受到"3C"——商业、基督、文明呢？自利文斯通以来，欧洲人一直傲慢而乐观地认为，在他们的统治下，非洲人的境况至少不会比被当地酋长统治差。但30年过去了，从刚果幽闭黑暗的雨林，到德属西南非洲的荒凉沙漠，欧洲人所有关于商业、基督和文明的长篇大论，全部成了笑话。

# 第三十三章 断手之刑

1902年5月16日清晨，也就是英国与布尔人在弗里尼欣签订和约的两周以前，装着《泰晤士报》的罐子准时落在莱肯宫外的草坪上。

由于腿脚越来越不利索，利奥波德国王的晨练已不再是散步，而是骑着一辆大自行车环行莱肯宫一圈，之后他开始读报。当天的《泰晤士报》用半个专栏报道了前一天晚上在伦敦市长的官邸举行的抗议集会，谴责对刚果土著人的"严重暴行"。集会呼吁所有签署《柏林总议定书》和《布鲁塞尔总议定书》的国家"合作，促成必要的改革"，并呼吁英国政府主动行动。这场集会的推动者是英国的两位社会改良家：伦敦原住民保护协会（the Aborigines Protection Society，解放主义者协会的前身）的秘书理查德·福克斯·伯恩（Richard Fox Bourne）、迪恩森林区的激进议员查尔斯·迪尔克（Charles Dilke）。但利奥波德清楚，这两个人都不能将星星之火发展成燎原大火。前者四面树敌，他的大嘴嘲讽过所有殖民者；后者曾陷入一桩著名的离婚案，从而名誉扫地。

但与往常不同的是，在此次抗议中，向来清高的人道主义者得到了大富商的支持。利物浦商会副会长约翰·霍尔特（John Holt）声称，刚果自由邦违反了《柏林总议定书》中规定的自由贸易规则。利奥波德决心抓住这一点，做出应对之策：他宣称人道主义者被利物浦商人利用，后者的目的是抢占刚果自由邦市场。

迄今为止，国王将慈善家与新十字军领袖的身份保护得非常好，在英国的形象也十分正面，但他还是露出了一丝破绽。1895年1月，曾在卢加德征服布干达王国中发挥重要作用的军火商查尔斯·斯托克斯，因往返于德属东非与刚果自由邦之间向阿拉伯叛军售卖军火被捕，最后被比利时军官洛泰尔（Lothaire）上尉判处绞刑。他被绞死的消息引起了上至索尔兹伯里，下至英国公众的抗议。刚果自由邦不得不赔偿英方15万法郎，并对洛泰尔进行审判，但因缺乏证据最终宣布洛泰尔无罪。无罪释放的洛泰尔之后担任了刚果特许总公司的董事。通过此事，利奥波德国王意识到，刚果现有的司法体系过于简单粗暴，容易引起友邦不满。

1896年，利奥波德任命了一个六人委员会——原住民保护委员会，来对司法当局任何导致"原住民可能成为受害者的暴力行为"进行判定。其成员都是人品毫无指摘的宗教人士：3名比利时天主教牧师、2名英国浸信会传教士、1名美国浸信会教徒。但该委员会在刚果根本无法开展工作，他们的驻地不仅分散，而且远离暴行频发地，也就是橡胶生产区。这个委员会总共开了两次会，每次都只有3人参加。它的唯一作用，就是进一步为慈善家增光添彩，毕竟，既然国王如此开诚布公地成立委员会，谁还能否认他的高尚动机和建立一个富强文明的非洲国家的决心呢？

　　此外，利奥波德决心将莱肯宫的英国访客发展为他的宣传者。他们当中有外交官，如英国公使康斯坦丁·菲普斯爵士；有年轻的领事罗杰·凯斯门特（Roger Casement）；有宗教人士，如刚果博洛博（Bolobo）地区传教负责人格雷坦·金尼斯（Grattan Guinness）和浸信会领导者 A. H. 贝恩斯（A. H. Baynes）；还有航运大亨阿尔弗雷德·琼斯（Alfred Jones）等富商。

　　尽管斯托克斯事件余波犹存，但处于隔绝状态的原住民委员会得到的对原住民施虐的传闻越来越少，英国人道主义者的呼吁变得更像是无病呻吟。而且随着布尔战争的爆发，英国民众的注意力被转移，批评的声音几乎完全消失了。

　　平息了刚果自由邦的舆论争端之后，国王开始沉迷于比利时本土的城市规划。他购置了无数土地：在奥斯坦德的沙丘上，在布鲁塞尔郊外的绿色田野上，在大大小小城市的贫民窟里。1900年，在一位法国建筑师的帮助下，他扩宽了布鲁塞尔的大街，修建凯旋门来庆祝比利时建国70周年（比利时于1831年建国），在特尔菲伦修建刚果博物馆，扩建莱肯宫，还在奥斯坦德修建了公园。他慷慨地把除了莱肯宫以外的其余壮丽建筑献给他的人民，此举赢得了他们的爱戴。有一次，他为一座新建筑举行奠基仪式，全场掌声雷动，这个见多识广的老人一时竟激动得说不出话来。

　　年过花甲的国王迎来了人生的夕阳红，事业爱情双丰收。他与王后玛丽-海丽特（Marie-Henriette）的感情早已名存实亡，与两个女儿也不怎么亲近。为了满足需求，国王每月支付800英镑，让人从英国定期送来处女供他消遣。1900年，65岁的国王在巴黎认识了16岁的妓女布兰奇·德拉克洛瓦（Blanche Delacroix），两人开始幽会。1902年，王后在斯帕去世，再无约束的利奥波德国王把布兰奇安置在一座别墅里。在国王的余生中，连他的私人秘书也再未见过布兰奇。谁会想到，这位王者风范十足的老人，会在年纪足以当他孙女的情妇面前唯命是从呢？

他的幸福还在于刚果自由邦终于扭亏转盈。当然在公开场合，他的代言人依旧宣称开发刚果自由邦的是比利时的私人公司，国王自己则纯粹是在做慈善。实际上，刚果自由邦政府掌握着这些私营企业50%的股份；而且刚果自由邦的贸易统计数据还被人为篡改了，从官方数据看，刚果自由邦勉强能平衡收支。

在橡胶经济红火之前，刚果自由邦的出口商品确实不多，只有少量的棕榈油和象牙。但随着邓禄普发明橡胶轮胎，橡胶的需求量暴涨，到1902年，刚果的橡胶销量8年内增长了15倍，总价值超过4100万法郎（164万英镑），占出口贸易额的80%以上。由于自由邦人工收割橡胶①的成本极低，刚果自由邦的出口额是进口的两倍，于是国王闷声发大财，偷偷积累了巨大的财富。

按照当时管理殖民地的不成文规定，殖民者应将利润用于在殖民地进行再投资，以造福非洲土著和欧洲投资者，但利奥波德却认为，这些都是他自己辛辛苦苦挣的血汗钱，他可以随意支配。在除国王之外的所有人都认为刚果是个无底洞时，国王把1500万法郎的私产全部投资到这里，如今是他躺着数钱的时候了。值得一提的是，国王投资了中国卢汉铁路（京汉铁路），尽管利息低于其他列强，但他还是净赚了大约25万英镑。钱袋子鼓起来之后，国王开始在比利时大兴土木，并与布兰奇在法国海滨度假胜地费拉角（Cap Ferrat）花天酒地，大肆挥霍。

然而利奥波德心中有一根刺，始终未能拔除。

1890年，山穷水尽的利奥波德为了争取2500万法郎的无息贷款，曾提出比利时政府有权在10年后兼并刚果（参见第24章）。到了1900年，利奥波德应该兑现他的诺言，忍痛割爱了。好在此时比利时国民对刚果自由邦没什么兴趣，甚至还不如5年前刚果自由邦濒临破产时，因此主动放弃了这一权利。国王悬着的心终于落了地，刚果自由邦依旧是他的私人王国，他名利双收的宝地。他对利文斯通、"3C"以及在非洲传播文明的高谈阔论，令仰慕者敬佩得五体投地。但是，国王对特许

---

① 热带雨林里的野生橡胶主要来自非洲藤胶，人工采集藤胶的方法为：劳工在藤蔓上切一个口，然后将流出的汁液擦在手臂、胸部和肚子上，利用身体的热量使其凝固，接着将其剥落，揉搓成一个球。

公司和刚果自由邦的商业伙伴们就完全换了一张面孔。

在19世纪90年代,当外国传教士第一次向他抱怨刚果自由邦当地通过强迫劳动收割橡胶时,国王似乎良心未泯,对刚果自由邦的一位高级官员利布莱切茨(Liebrechts)说:"有必要制止这些可怕的虐待行为。必须结束这些压迫,否则我将离开刚果。我不允许自己溅上血或泥,这些恶行必须停止。"

利布莱切茨并未执行国王的命令,他知道国王只不过是说说而已。他猜对了。

到1902年的时候,利奥波德显然"成熟"了很多。他看不出有什么理由为伯恩这样的怪人或迪尔克这样声名狼藉的人感到惊慌。他没有注意到,在这两位不成器的社会改良家背后,有一个叫埃德蒙·莫雷尔(Edmond Morel)的年轻人在出谋划策。

莫雷尔曾在利奥波德的好友阿尔弗雷德·琼斯的埃尔德·登普斯特(Elder Dempster)航运公司上班,经常出入西非。他利用业余时间研究蓝皮书,为西非问题撰稿。他20岁出头时就已经是这一冷门问题的专家了。当时他对伯恩、迪尔克等旧式人道主义者持厌恶态度。他告诉《蓓尔美街报》的读者,非洲"绝非失望的冒险家、贫穷的当地猎人和被误导的慈善家诱导我们相信的那样"。至于那些虐待土著人的故事,即使是真的,"哪个欧洲国家能够承担起将文明的福祉和罪恶引入黑暗大陆的重任,并在这方面声称自己的代表一清二白?"确实没有一个国家敢拍着胸脯,给出肯定的回答。

尽管莫雷尔当时没有去过刚果自由邦,但他还是在一篇文章中肉麻地称赞利奥波德国王道:"刚果的未来一片光明。高瞻远瞩的国王利奥波德给他祖国争取到的广袤土地,有朝一日将为比利时人的事业提供一个难得的用武之地。"

10年之后,莫雷尔早已明白刚果自由邦政府绝非慈善家,但他还是认为在那里发生的暴行只是孤例。这是由于只有少数目睹暴行的人出来发声,比如我们在第25章提到的英国军医西德尼·辛德上尉,他出版过一本刚果自由邦军队与阿拉伯人作战的书,书中记述了刚果自由邦一方的食人族所犯下的种种暴行;又比如瑞典牧师斯约布洛姆(Sjöblom)、美国传教士 J. B. 墨菲(J. B. Murphy)和威廉·莫里森(William Morrison)、英国探险家爱德华·格莱夫(Edward Glave),他们均声称在刚果自由邦滥用权力的现象十分普遍。然而,当时刚果自由邦各地已有大约240

名天主教徒、220名新教徒，他们大多沉默不语。因此莫雷尔认为，即便刚果自由邦存在暴行，也是由于个别阿斯卡里失控导致的。至于与他在安特卫普码头一起吃喝玩乐的刚果自由邦官员，莫雷尔很难想象这些彬彬有礼、风度翩翩的人会参与暴行。即使他们参与了，他认为这也是因为他们的无知和缺乏管理殖民地的经验，这些问题在英国殖民官员身上早已司空见惯。

但等莫雷尔返回安特卫普，研究埃尔德·登普斯特公司收集的贸易数据后，他发现了3个奇怪的现象：

第一，公司定期为刚果运送大批枪支弹药；

第二，刚果输出的橡胶与象牙等热带产品越来越多，但进口商品的数量却可以忽略不计，换言之在刚果几乎没有贸易交换；

第三，通过公司运往比利时的热带产品的总价，远远高于刚果自由邦公布的利润。

根据上面3个现象，莫雷尔不难得出结论：刚果自由邦官方并未给当地人支付劳动报酬，而是依靠棍棒皮鞭，甚至子弹来强迫他们劳动；利奥波德国王依靠篡改贸易数据，让大多数利润流入自己的口袋。莫雷尔感到"头晕目眩、胆战心惊"。他后来写道："撞见一个杀人犯已经够糟糕了。而我无意中却撞见了一个杀人团伙，国王就是他们的头目！"

莫雷尔将他的惊人发现告诉了上司阿尔弗雷德·琼斯。琼斯不以为然，告诉莫雷尔要相信国际慈善家利奥波德的高贵品行，并说这个国家在不断变好。天真的莫雷尔似乎忘了，刚果自由邦不仅是埃尔德·登普斯特公司的最大客户之一，琼斯还是刚果自由邦政府任命的利物浦荣誉领事。

莫雷尔随后在《演讲者》杂志上发表了一系列揭露"刚果丑闻"的文章。不久，他决定从埃尔德·登普斯特公司辞职，成为西非问题的专职作家。莫雷尔的文章引起了迪尔克和伯恩的注意，几个志同道合的人开始有了联系。但揭露利奥波德的真面目绝非易事，国王不仅拥有"欧洲最聪明的大脑"，而且手臂"伸得很长"，坐在布鲁塞尔就能遥控刚果自由邦全境。莫雷尔意识到，他们可能永远无法说服刚果自由邦的英国传教士们打破沉默。

莫雷尔对迪尔克和伯恩的建议是，向商界寻求援助。毕竟，在利文斯通的"3C"

理论中，商业是第一个"C"。在刚果自由邦，利奥波德不仅剥夺了当地人拥有自己土地的权利，还剥夺了《柏林总议定书》规定的在刚果自由贸易的权利。换句话说，刚果自由邦在掠夺非洲农民的同时，也在掠夺英国商人。

起初，商界无人理会他们。很多人与阿尔弗雷德·琼斯一样，与刚果自由邦签订了利润丰厚的合同；还有一些人，则与爱戴国王的比利时人有生意往来。不过，刚果自由邦的邻近殖民地——法属刚果把一位富商推入了莫雷尔等人的阵营。当时，极端落后的法属刚果自由邦急需一条绕过激流、通向内陆的铁路。殖民地的缔造者兼首任总督布拉柴曾试图说服巴黎出资，结果他被召回法国。布拉柴离开后，法属刚果政府效仿刚果自由邦，利用国家权力（和枪支）为特许公司开路，排挤英国贸易公司。于是，以诚实正直著称的利物浦商会副会长约翰·霍尔特站到了莫雷尔一边。

莫雷尔等人争取到商界的强援后，开始试图引爆英国的公众舆论。1902年5月举行的官邸集会，尽管参与者寥寥，但无论是《晨报》等帝国主义铁杆支持者，还是《每日新闻》和《曼彻斯特卫报》等自由贸易主义捍卫者，都一致认为英国对在柏林会议上同意在自由贸易和慈善事业的基础上建立刚果自由邦负有责任，英国必须带头说服列强督促刚果自由邦改革。作为当时的超级大国，如果英国出面干预刚果自由邦政府，那么利奥波德就岌岌可危了。

但霍尔特等人并未说服外交部。作为利物浦商会副会长，霍尔特的确拥有强大的人脉，但商会会长正是阿尔弗雷德·琼斯，因此霍尔特难以发挥作用。时任外交大臣的兰斯顿勋爵打起了太极拳。他承认在刚果自由邦发生的一切是可悲的，但就算把《柏林总议定书》的签约国重新召集在一起，也只会对非洲重新进行瓜分，这对"我们自己的利益来说是不可取的"。

因此，变革者们转而走群众路线，致力于向民众灌输这样的观念：国家垄断等于强制劳动，强制劳动等于滥用暴力。1903年年初，莫雷尔出版了《西非事务》，其中一章揭露了刚果自由邦的压榨经济。随后伯恩出版了《刚果的文明》，讲述19世纪90年代的旧事，包括斯托克斯被非法绞死的事情。曾在自由邦服役的英国军官盖伊·巴罗斯（Guy Burrows）上尉出版了《中非的诅咒》，书中配有骇人听闻的插图，证实了酷刑和杀戮不过是刚果自由邦官员的常用手段这一说法。变革派组织公开集会，游说议员在众议院发起质询。接下来，只需刚果自由邦的传教士们打破沉默。终于，1903年4月，伦敦原住民保护协会成功地联合浸信会，呼吁比利时政府对暴行进行调查；5月，美国长老会传教士威廉·莫里森从刚果自由邦带回了一份最新报告。

利奥波德一手持胡萝卜，一手持大棒进行犀利反击。1903年年初，刚果自由邦以诽谤公务员的罪名，在英国法庭对巴罗斯上尉提起公诉。3月底，由于巴罗斯未能找到其他目击者，英国法官判定巴罗斯犯了诽谤罪，罚款500英镑，并查禁《中非的诅咒》一书。国王还翻起了迪尔克的旧账，试图把变革者批倒批臭。同时，国王试图通过减少英国浸信会在刚果自由邦的缴税，堵住他们的嘴。1903年，英国浸信会领袖休·吉尔金·里德（Hugh Gilzean Reid）率代表团前往布鲁塞尔觐见国王，声称他们非常感激他"为改善刚果土著的生活条件所做的开明努力"。

1903年春天，在阿尔弗雷德·琼斯的引荐下，利奥波德国王派来的官员阿尔茨（Aerts）找到莫雷尔，对其威逼利诱。确认无论如何也改变不了莫雷尔的决心后，阿尔茨悻悻离开。

5月20日，威廉·莫里森在伦敦原住民保护协会组织的一次会议上，向包括6名议员在内的与会者讲述了发生在刚果的残酷暴行的细节。两周后，自1897年迪尔克提出动议以来，下议院首次就刚果问题进行辩论。令莫雷尔又惊又喜的是，下议院毫无分歧地接受了改革者的要求。政府承诺与其他签署了《柏林总议定书》的国家协商，"以便采取措施消除该国广泛存在的罪恶"。外交部宣布，在英国就刚果问题与其他国家接触之前，让英国驻刚果自由邦的领事罗杰·凯斯门特写一份全面报告。

实际上，当时的外交大臣兰斯顿勋爵并不想，也没工夫卷入刚果自由邦这摊子烂事，他当时正忙着在大陆上为英国寻找一个盟友。自从贝尔福接替叔叔担任首相后，他深知帝国的实力已大不如前，便决心打破僵局，结束英国在布尔战争期间成为众矢之的的孤立状态。

就在人道主义者在下议院的刚果辩论中获胜的前一周，爱德华七世对巴黎进行了国事访问。这个昔日的花花大少，一贯不惜在赛马、食物、法国女演员上一掷千金，因此他在浪漫之都过得十分自在。在为期3天的国事访问中，巴黎人为他倾倒。"马尔尚万岁""布尔人万岁"变成了"爱德华万岁""我们的好爱德华"。

7月，法国总统回访伦敦，随行的外交部部长德尔卡塞与兰斯顿展开谈判。这场谈判出奇地顺利，英国以保证法国在摩洛哥的行动自由，换取对方承认其在埃及的权力。还没到午饭时间，大致意向已经达成。

然而谈判内容见诸报端后，却引起了轩然大波。英国公众不能容忍用摩洛哥换取埃及，毕竟埃及实际上已经是英国的保护国，而法国仍然需要控制摩洛哥。德尔卡塞也反悔了，他指出英国在摩洛哥没有任何存在感，而法国在埃及拥有大量的投资和非凡的影响力。看来英法两国在非洲的扯皮又得无限期延长了。

促使双方下定决心缔约的，是日俄战争的爆发。日本是英国的盟国，法国是俄国的盟国。本来英国朝野还担心弱小的日本会要求英国出动舰队助战，没想到日本联合舰队几乎全歼了沙皇的波罗的海舰队和太平洋舰队，而且在陆战中战胜了沙俄军队。法国人猛然惊醒——看似不可一世的沙皇俄国并非他们对抗德国的依仗，于是欣然与英国握手言和，就此结束了两国在非洲20年的争吵。英法成为"协约国"，并在1914—1918年的血与火的洗礼中共同战斗而获胜那一刻。

我们再说回刚果事件。1903年6月4日，已经在英国诸港口担任领事达11年的浸信会成员凯斯门特在马塔迪收到外交部的电报。外交部命令他尽快"深入内部"，调查刚果自由邦政府的暴虐行为。于是第二天早上，他便动身前往利奥波德维尔。

凯斯门特发现该国人口正在急剧减少。他认为导致这一现象的原因，一是昏睡病等热带疾病肆虐，二是刚果自由邦政府强制当地人劳动。他需要能站得住脚的证据。最了解实际情况的，莫过于当地传教士，但传教士害怕刚果自由邦政府的报复，敢怒不敢言。凯斯门特决定亲自前去调查。美国浸信会的教友们帮他租了"亨利·里德"号小汽船，他在船上放了糖、汤、蛋奶沙司和几箱胡萝卜，随后乘坐小汽船从利奥波德维尔逆流而上260千米，到达热带雨林的边缘，也就是橡胶区的起点。

凯斯门特来到博洛博，这里曾是一个可以辐射4万人的传教站，但如今，传教士告诉凯斯门特当地只剩下1000人。刚果自由邦军队袭击了附近的村庄，以惩罚村民没有缴纳食物税。所谓"食物税"，换句话说，就是强迫人民为国家提供食物。在印波科（Impoko），他会见了刚果自由邦政府暴行的受害者。浸信会传教士斯克里夫纳（Scrivener）带他去见了一些被迫当铁匠的巴辛吉力人（Basingili），这些人声称自己是逃避政府迫害的难民。凯斯门特问他们为什么要背井离乡时，无论男女皆大声说，因为政府征收橡胶税。

"政府如何收税？"

"每个村庄必须从乡下运来20篮橡胶。这些篮子很大，几乎和这个（他拿出一个差不多有凯斯门特的手杖柄那么高的空篮子）一样大……我们一个月得装满四次。"

"你的工资是多少？"

"我们没有报酬。我们什么都没有……我们村子虽然得到了一点儿布和盐，但干活的人分不到……过去，我们要花10天时间才能得到20篮子橡胶。我们总是饿着肚子在森林里寻找橡胶树，妇女们也不得不加入进来，放弃耕地和打理菜园。我们快饿死了。在森林里干活时，豹子一类的野兽咬死了我们中的一些人。其他人要么迷路，要么饿死。我们恳求白人放过我们，说我们找不到橡胶了，但白人和他们的士兵咒骂道：'赶紧去，你们这些牲口！'我们尝试着进入森林深处。一旦我们失败了，没有获得足够的橡胶，士兵们就会来到我们的城镇，杀害我们的同胞。许多人被枪杀，一些人的耳朵被割掉，剩下的人被士兵用绳子拴住脖子和身体带走了。传教站的白人有时不知道士兵对我们做了什么恶事，但正是这些白人派士兵来惩罚我们，因为我们没有带回去足够的橡胶。"

另一名当地人讲述了这样一个故事。

> 我们对白人说："我们现在没有足够的人手去做你们想让我们做的事。我们的国家已经没有多少人了，人民正在迅速死亡。我们死于被你们逼着干活，死于庄稼荒芜，死于家园被毁。"白人看着我们说："欧洲就有很多白人……一定有办法，黑人的国家一定有很多人。"

住在附近的一位老人告诉凯斯门特："很久以前我们常去猎象，森林里有很多大象，我们有很多肉吃。但是刚果自由邦杀死了猎象者，因为他们弄不到足够的橡胶，于是我们只能挨饿。我们被派出去收集橡胶，一旦我们找到的橡胶数量不够，我们就会被枪杀。"

"谁向你们开枪？"凯斯门特问。

"是白人派他们的士兵来杀我们。"

"你怎么知道是白人派来的士兵？也可能是野蛮士兵自己的行为。"

"不，不，有时我们把橡胶带进白人的驻地里……当橡胶数量不够时，白人就会让我们一个接一个地排成一列，然后射穿我们所有人的身体。有时他会亲自向我们开枪，有时他的士兵会这样做。"

凯斯门特对当地人的话半信半疑，但一位英国传教士证实了这一点。凯斯门特继续乘坐"亨利·里德"号向上游行驶。在鲁克拉拉（Lukokela），英国传教士 J. 怀特海德（J. Whitehead）带他去见了更多的巴辛吉力难民，他们的故事同样凄惨。凯斯门特在他的日记中写道："可怜而虚弱的人们正在走向痛苦的死亡。"之后，凯斯门特陆续听到了这样的故事：孩子们逃进灌木丛里，他们的父亲和兄长被抓去强制劳动，母亲和姐姐被士兵开枪打死，他们自己则可能会被食人族吃掉；数以百计的家庭被屠杀或烧死在家里；不断有村庄被烧毁或洗劫，男人被抓为奴隶，妇孺被砍死……

最可怕的是"断手"的故事。

刚果自由邦的士兵为了证明自己没有浪费弹药，将受害者的手（不管他们当时是死是活）砍下，装在篮子里。一名刚果自由邦政府官员向凯斯门特承认，这"在可怕的过去"曾发生过，但现在已经没有了。然而，无论是传教士，还是当地人，都声称这些事情还在继续。

当"亨利·里德"号驶进橡胶区幽暗恐怖的心脏地带时，他为这里的荒凉感到震惊，他的语气愤怒却竭力保持客观：

> 湖区的情况相当糟糕……1887年我到访过的繁荣地界，所有我熟悉的村庄和地区，如今荒无人烟。其他地方只剩下少量生病或正在受折磨的人。提到政府，他们说："白人永远不回家吗？这会持续到永远吗？"

9月6日，凯斯门特见到了一个右手自手腕处被齐刷刷砍断的男孩。他终于受够了。他回到港口，乘能搭上的第一艘船"安布罗斯"号（Ambrose）回国。他在发给英国外交部的信中写道："在所有这些可耻的、臭名昭著的行为中，人类一直在捕食人类……这种卑鄙的东西（橡胶贸易）竟然有脸自称商业……"12月，他将一份揭露利奥波德政府罪恶的、长达84页的报告，提交给外交部。兰斯顿读完之后，不得不承认这是"最令人痛苦和信服的证据"，但由于12月10日英国驻布鲁塞尔公使要拜见利奥波德国王，再加上由阿尔弗雷德·琼斯领导的利奥波德游说团已经开始活动，抗议这份报告将损害英国的商业利益，兰斯顿难以下定决心是否将其公开。

凯斯门特在写完报告的两天前，结识了莫雷尔，两人在凯斯门特朋友家里秉烛夜谈。凯斯门特用柔和悦耳的声音进行"恐怖独白"。莫雷尔回忆道，凯斯门特"讲了一个反对文明的卑鄙阴谋，讲了他必须克服的困难，讲了为他设下的圈套……"他仿佛可以看到一幅幅触目惊心、如同梦魇的画面：被追捕的女人抱着孩子，惊慌失措地飞奔向灌木丛；那些颤抖的黑色身躯被河马皮鞭不断抽打，血液从身体中流出；野蛮的士兵四处追逐，烧毁村庄；以及可怕的、数量惊人的断手……

1904年2月，改革者们终于看见了曙光。英国浸信会的部分教士与博洛博的传教会支持这项运动，愿意为其提供证据。莫雷尔在约翰·霍尔特等利物浦商人的资金支持下，正式成立刚果改革协会。3月，协会在利物浦音乐厅的第一次集会就吸引了上千人参加。

此时，兰斯顿勋爵终于下定决心，驳回利奥波德游说团的抗议，将凯斯门特的报告公之于众，这在英国新闻界引起了巨大轰动。刚果自斯坦利隐退之后，时隔多年重新登上各大报纸的头条。被莫雷尔称为"老虎"的凯斯门特成了英国人眼中的公众英雄。然而，比利时人的英雄依然是他们的国王，他们的支持是利奥波德发动反击的后盾。至于另外两个相关国家——法国和德国，都不想就刚果问题再次开会。法国对在刚果的分赃心满意足，在法属刚果，特许公司依靠强迫当地人劳动（效仿利奥波德）收集的橡胶，已获得不小的利润。至于德国，一方面，他们担心重新开会会让法国获得更多的利益，另一方面，当时德属西南非洲爆发了大起义，德国无暇顾及刚果问题。

# 第三十四章 种族灭绝

19世纪70年代之前，西南非洲由于位置偏僻，大部分地区是缺水的荒漠，一直未被欧洲列强所重视。当时，只有莱茵传教会在当地的两个民族——赫雷罗人（Herero）和纳马人（Nama）中长期传教，这为德国之后殖民该地打下了根基。

1884年，俾斯麦为了获得大选胜利，大打殖民牌，不来梅商人吕德里茨趁机获得经营西南非洲的特许权。截至1903年，西南非洲，这块面积相当于两个德国的殖民地，已有近3000名移民，他们主要是退伍军人。

1904年1月，德属西南非洲首府温得和克传来的消息越来越糟糕。一开始是黑人偷窃牛，顶撞德国人，这在当地早已司空见惯，但当局不敢大意，匆忙召集预备役军人。1月10日，从奥卡汉贾（Okahandja）镇传来消息称，赫雷罗人正在高价收购市场上所有的马、马鞍、缰绳和衣服。1月12日，在德国殖民地的战略中心——斯瓦波克蒙德（Swapokmund）港和温得和克之间的新铁路线上，赫雷罗人爆发起义。几天之内，中部地区的德国重镇——奥卡汉贾、奥马鲁鲁（Omaruru）和温得和克的正规军与预备役遭到全副武装的赫雷罗人的围攻。

德国殖民部专家奥斯卡·斯图贝尔（Oskar Stübel）报告说，德国驻军遭到了"令人绝望的攻击"。起义爆发几天后，赫雷罗人切断了电报，柏林再也收不到来自温得和克的消息。雪上加霜的是，当时温得和克的兵力十分薄弱。前一年秋季，西南非洲总督西奥多·冯·洛伊特魏因（Theodor von Leutwein）上校带着两个连去镇压南部纳马族邦代尔斯瓦特（Bondelswarts）部落叛乱，只在首都及周边留下一个连。要等到2月中旬，洛伊特魏因才有可能班师。如今唯一能提供支援的，是当时沿海岸巡逻的炮艇"哈比希"号（Habicht）上的85名陆战队员。

斯图贝尔认为，必须从本土派兵。帝国首相冯·比洛（von Bülow）伯爵和德皇本人支持他的看法。德国国会批准了280万马克（14万英镑）的军费，并从海军中征集了500名志愿兵。就连惯常对帝国主义政策冷嘲热讽的社会民主党领袖奥古斯特·倍倍尔（August Bebel），也在决议投票时选择弃权。

但在德国，没有人能解释，10年来像他们的牛一样温顺的赫雷罗人为何突然像饥饿的鬣狗一样疯狂撕咬他们的主人。洛伊特魏因总督在几年后的回忆录中也无法给出合理解释，只承认赫雷罗人把握住了德军主力南下的机会。

事实上，在掀起起义前，赫雷罗人一直热心倡导与德国人合作，并在这一合作中收获颇丰。著名探险家、帝国专员纳赫蒂加尔医生将一张空白条约交给赫雷罗族老酋长——老塞缪尔·马赫雷罗（Samuel Maherero），承诺德国会在赫雷罗人与纳马人作战时支援他们。马赫雷罗听后，毫不犹豫地在空白条约上签字画押。1885年10月，时任西南非洲总督的海因里希·恩斯特·戈林（Heinrich Ernst Göring，纳粹战犯赫尔曼·戈林的父亲）医生在奥卡汉贾同老马赫雷罗签订保护条约。条约声称，德国人承诺尊重当地的风俗习惯，赫雷罗人可以保留他们从德国贸易公司购买的现代步枪，过古老的田园生活，继续他们的部落战斗。作为回报，赫雷罗人必须放弃控制外交事务的权力，赋予德国人在德国当局管辖下进行贸易的权力。

然而，当时的德国在西南非洲军力尚弱，无力履行在与纳马人的战争中支援赫雷罗人的承诺。1888年，老马赫雷罗宣布，废除同德国人签订的条约。1890年老马赫雷罗死后，赫雷罗族陷入了继承人危机。老酋长的第四子塞缪尔·马赫雷罗本来没有继承权，但他凭借基督徒的身份获得了新上任的德国驻军指挥官洛伊特魏因的全力支持。在德军的支持下，塞缪尔打败了同父异母的兄长尼科德莫斯（Nikodemus），成为赫雷罗族酋长。尼科德莫斯下场凄惨，死于德国行刑队枪下。为了树立塞缪尔的权威，洛伊特魏因还将没收的牛所获得的一部分收入分给了赫雷罗人。

几乎与此同时，前任德国驻军指挥官冯·弗朗索瓦（von François）上校，入侵了当地的另一股势力——纳马族威特布（Witbooi）部落的领地。年逾古稀的威特布部落酋长亨德里克·威特布伊（Hendrik Witbooi）和塞缪尔一样是基督徒。但与鼠目寸光的塞缪尔父子相比，亨德里克无疑具有远见卓识，他清醒地意识到，德国人需要定居的土地、出口的牛群，以及用来开采黄金钻石的、近乎无偿的非洲劳动力，双方的矛盾注定无法调和。早在戈林与老马赫雷罗缔约时，亨德里克就修书一封，规劝老对手："你知道你都做了些什么吗？你把土地和主权都交到了白人手中！你将为此而后悔，永远被懊悔折磨着，就像把太阳背在背上一样。"

面对弗朗索瓦的入侵，亨德里克成功逃脱，但德军还是杀死了大约50名妇孺。洛伊特魏因抵达纳马人的领地时，清楚自己的兵力不足以消灭威特布人，因此向亨德里克提出慷慨的和谈条件：威特布人像赫雷罗人一样可以保留步枪、弹药和传统，但他们必须与殖民当局合作，不再掠夺牲畜和发起部落战争。亨德里克不仅全盘接受了洛伊特魏因的要求，还命令手下的纳马士兵帮助德国人平叛。

在接下来的10年里，由于德国殖民者、赫雷罗人、威特布人均不具备压倒性的、可以一口吃下另外两家的实力，三方势力基本维持了和平。但10年后，贫瘠的西南非洲不仅未如想象的那样蓬勃发展，反而穷得无可救药。对海外殖民地本来就不感兴趣的威廉二世，开始考虑将其转交给英国。一份1891年的秘密备忘录中写道："皇帝准备在必要时放弃西南非洲，以便把所有的精力都集中在东非。"一直萦绕在吕德里茨心头的钻石光芒，似乎在1886年他的小船在奥兰治河翻船的那一天，和他一起消失了。这片被太阳晒成褐色的大草原，只出产最消瘦的牛，然而赫雷罗人宁可把牛杀掉祭祀祖先，也不愿卖给德国人。

前文提到，19世纪90年代中期牛瘟席卷了非洲大地，先是在马塔贝莱兰肆虐，后又蔓延到了西南非洲。赫雷罗人最多的时候有25万头牛，牛瘟过后他们的牛几乎全部死光了。生计日蹙的赫雷罗人把他们的土地卖给了德国移民，换来的钱要么给牛种痘，要么买新的牛，甚至仅仅只能用于购买维持生存的食物。有的农民为了赊购一袋玉米，结果被索债的德国人牵走10头牛，其中8头用来抵偿本金，2头用来抵偿利息。德国人则早早普及了种牛痘的技术，牛的死亡率大幅度降低。如此一来，只有几百人的德国移民却拥有4万头牛，和赫雷罗人拥有的牛数量不相上下。牛瘟之后，疟疾、伤寒（由牛奶短缺引起的）、蝗灾纷至沓来。但对德国人来说，赫雷罗人的灾难仿佛是对他们的恩典。

与1896年马塔贝莱兰和马绍纳兰爆发牛瘟后的情况不同，牛瘟并没有在西南非洲引起起义，反而为德国的殖民发展铺平了道路。洛伊特魏因向柏林报告说，在牛瘟杀死所有的牛后，骄傲的赫雷罗人不得不放低身段，适应私人农场或公共工程中的苦力角色。这样一来，西南非洲终于建起了从斯瓦波克蒙德通往温得和克的新铁路。在铁路和电报的带动下，殖民地终于开始大量吸引移民和德国资本。

瘟疫过后，以退伍军人为主的德国移民人数急剧增加。在发现金刚石矿以前，他们主要从事粗放畜牧业，因而需要占领大片土地开拓牧场。殖民政府划给每个移民5000公顷土地。截至1903年，这些移民每年要花掉纳税人900万马克（42.5万英镑）的补贴。

洛伊特魏因眼看西南非洲的建设开展得如火如荼，确信他已经为西南非洲带来了永久的和平。在担任总督的10年里，洛伊特魏因拒绝了一切解除赫雷罗人武装，瓦解这个民族的建议。洛伊特魏因对他们的酋长总是彬彬有礼，仿佛这里的统治者是酋长，而不是德国人。然而，他的德国同胞对待赫雷罗人的态度就没有这么友善了。他们不但当面管赫雷罗人叫"狒狒"，还野蛮地鞭笞、杀戮他们，强奸他们的妇女，而且不会受到法律制裁。洛伊特魏因对此表示遗憾，认为这是难以避免的。他直言不讳地向柏林报告道，德国移民不会拿自己的健康去冒险帮助非洲原住民。他们与所有的殖民者一样，来到这里只是为了攫取非洲的土地和劳动力，像社会民主党领袖倍倍尔那样在国会上高谈"人道主义原则"的口号，纯属自欺欺人。洛伊特魏因毫不掩饰地声称"殖民总是不人道的"，德国人为了让赫雷罗人签约做出的"高尚的承诺"，是"由于我们当时尴尬的战略处境"不得已为之。洛伊特魏因认为：如今，德国已经是西南非洲的主人，无论是赫雷罗人，还是纳马人，都没有叛乱的可能；当前西南非洲的唯一威胁，是北部的奥万博兰（Ovamboland），那里居住着人口众多、能征善战的奥万博人[1]。

洛伊特魏因的判断不无道理。德国人一手扶植的赫雷罗族酋长塞缪尔·马赫雷罗本人并不想发动战争。塞缪尔是一名基督徒，他高大英俊，热爱白色西装、牧场主式样的帽子和德国的白兰地。他不具备游击战领袖所需要的坚忍克己的品质。

但洛伊特魏因不知道的是，当时的塞缪尔内外交困，外有德国人挑衅，内有年轻部落成员奚落，他的人民日益绝望，除了亲自领导起义，他别无选择。塞缪尔的起义计划，简单得近乎天真：趁着洛伊特魏因率主力南下，联合酋长们对所有

---

[1] 又称"安博人"，分布在纳米比亚北部的干旱草原和安哥拉南部，属于班图语系，是纳米比亚共和国的核心族群。

的德国定居点发动攻击。塞缪尔还决定亲自说服威特布部落80岁高龄的老酋长亨德里克共同发动起义，似乎忘记了赫雷罗人与纳马人是厮杀数百年的世仇。

直到起义前夕，塞缪尔才匆忙给亨德里克酋长写了一封信：

> 我们对德国人的所有服从和忍耐都无济于事，因为他们每天都在无缘无故地枪杀人。因此，我请求你，我的兄弟，不要置身事外，发出你的声音，让整个非洲拿起武器反对德国人。让我们战死沙场，而不是死于虐待、监禁或其他灾难。告诉所有的首领，起来战斗！

平心而论，这封信相当具有感染力和号召力，但受塞缪尔委托的纳马族雷霍布斯（Rehoboth）部落酋长将信转交给亨德里克后，亨德尔克却毫不迟疑地把信交给了德国人。其实就算亨德里克收到信，他的态度也不会转变。相反，赫雷罗人揭竿而起后，亨德里克遵照与洛伊特魏因的约定，派了100名纳马士兵协助德军镇压赫雷罗人。

1904年1月12日，数百名赫雷罗骑手突袭奥卡汉贾，起义爆发。1月12—23日，赫雷罗人占据主动。分散居住在自己农场里的德国移民毫无抵抗之力，往往被他们的非洲仆人杀掉，一些人还在临死前遭到了可怕的折磨。短短几天，就有大约100名德国移民被杀。值得一提的是，在马赫雷罗的管束下，赫雷罗人杀的几乎全部是德国成年男子，并未杀害德国的传教士、妇女、儿童，以及其余国家的白人，如英国人和布尔人。14日，义军攻占瓦特伯格（Waterberg）高原的哨所。在杀掉以拉德马赫军士为首的所有驻军后，塞缪尔下令将所有白人妇孺与传教士遣返回奥卡汉贾。

好在德国移民大多是退伍军人，他们很快便组织起来，重新操起熟悉的毛瑟枪。纵使赫雷罗武士勇猛如雄狮，也不愿冲击部署了机关枪和山炮、用沙袋防护的德国兵营。赫雷罗人对驻防城镇——奥卡汉贾、奥马鲁鲁、奥吉姆宾格韦（Otjimbingwe）和温得和克——的零星袭击花费了大量的时间。当时，正在南方作战的洛伊特魏因得知消息后，命令弗兰克上尉率一个连的德军士兵急行军给这些城镇解围。起义不到一个月，德国人便夺回了主动权，但洛伊特魏因依然认为，赫雷罗人人数众多、装备精良，他们难以取胜。于是，他在2月中旬回到斯瓦波克蒙德，准备与塞缪尔谈判。

然而，在8000千米外的柏林，人们对叛乱的消息反应过度。虽然这只是一场发生在角落里的、鲜为人知的小规模战争，但它是德皇威廉二世统治以来德军独立参加的第一场战争。此时，离普法战争结束已经过去30多年了，欧洲大陆承平日久，德军又不像英法同行那样在世界各处的殖民地四处"救火"，这导致新一代条顿武士寸功未立。于是，数以千计的官兵自愿奔赴非洲，仿佛某个大国威胁着他们的祖国。

反应过度的不仅是士兵，还有远在柏林的威廉二世本人。他武断地认为，叛乱的原因是洛伊特魏因和威廉大街的殖民专家对赫雷罗人过度怀柔。于是，他决定把战争的主导权从斯图贝尔和威廉大街那些"老太太"们手里夺回，交给总参谋长格拉夫·冯·施里芬（Graf von Schlieffen），并选择了一位在镇压义和团运动中显露锋芒的铁血悍将——洛塔尔·冯·特罗塔（Lothar von Trotha）将军，取代洛伊特魏因成为总司令。德皇相信，特罗塔是一名纯粹的武夫，不会在道德和政治上多做考量，他特意嘱咐特罗塔"不择手段"地镇压叛乱。

于是在德皇的怂恿下，特罗塔过度倚仗武力解决问题，将这场鲜为人知的"小战争"变成了一场臭名昭著的种族灭绝战。

在特罗塔将军于1904年5月从德国起航之前，洛伊特魏因还有机会改变战局。然而4月13日，他率领的小股军队反攻失败，在奥维姆博（Oviumbo）被3000名赫雷罗人包围，不得不屈辱地选择撤退。洛伊特魏因决定继续防守，等待特罗塔的增援部队到来。

移民开始对非洲人展开疯狂的报复。按照德国人在当地制定的法律，"偷牛贼"必须在陪审团审判后方可被判处死刑。在那年春天，许多与起义无关的非洲人被丧心病狂的移民抓住，交给全部由白人组成的陪审团。审判结果可想而知。法学家出身的洛伊特魏因对这种滥用法律的行为痛心疾首，他质问柏林，他怎样才能在这种歇斯底里的氛围中坚守自己的立场？但是当倍倍尔警告国会，德军士兵向家人们炫耀他们屠俘的"壮举"时，洛伊特魏因不得不承认："这次倍倍尔议员的判断是正确的……然而，这是难以避免的，毕竟发生了这样的事情，我们的士兵无法表现得过分宽容。"

洛伊特魏因清楚，自己已经失去了对德国移民的控制。想要恢复秩序，就只能指望特罗塔抵达后打败赫雷罗人。但此刻的洛伊特魏因依然认为，妥协是很有必要的。因为赫雷罗人和他们的牲畜是贫瘠的西南非洲为数不多的财富，如果把他们全部消灭掉，德国在这块殖民地20年的苦心经营就付诸东流了。柏林坚持要求赫雷罗人无条件投降。洛伊特魏因则认为，赫雷罗人投降后，除了杀人者以外，其余人不应被剥夺生命。

强势的特罗塔将军于6月11日在斯瓦波克蒙德登陆后，毫不客气地拒绝了洛伊特魏因的建议。他只想在战场上，凭借克虏伯大炮与马克沁机枪打败赫雷罗人。经过近3个月的战斗，特罗塔把4万赫雷罗人（只有不到5000人手里有武器）驱赶到奥马哈克（Omaheke）沙地西部边缘的瓦特伯格高原，此地距离铁路补给线100千米。从奥马哈克沙地再往东走，便是可怕的卡拉哈里大沙漠。特罗塔决定将手下的1500名德军兵分六路，将瓦特伯格高原包围起来。德军的组织水平在当时确实举世无双，即使缺乏这一地区的精确地图，必须在起伏的地势上搬运对战局至关重要的克虏伯重炮，他们也很好地完成了任务。值得一提的是，特罗塔故意在东南方留出一个通道，放赫雷罗人进入奥马哈克沙地。洛伊特魏因与特罗塔的得力部将冯·艾斯多夫（von Estorff）少校双双提出质疑，但特罗塔并未改变部署。[1]

发生在8月11—12日的瓦特伯格之战毫无悬念。德军依靠30门克虏伯重炮不断轰击赫雷罗人的阵地。绝望的赫雷罗人被迫反击，成片倒在德军的14挺马克沁机枪前。德军仅付出26人阵亡的代价，便打垮了赫雷罗人。残余的赫雷罗人果然向东南方突围。特罗塔并不奋力追击，只是阻拦他们返回奥万博兰和北部的沃土。8月20日，特罗塔把赫雷罗人赶到了高原的最东侧。他命令德军对离沙漠最近的水潭严加看守，然后布置了一排如同篱笆的岗哨，把长达250千米的沙漠边界封锁起来。奥马哈克沙地宽320千米，几乎没有水源，越过沙地便是英国人的地盘贝专纳兰。大约8000名已成惊弓之鸟的赫雷罗战士，带着两倍数量的妇孺，以及仅剩的牛马，

---

[1] 也有说法称，这一安排并非特罗塔有意部署，而是防守该方向的部队未能及时赶到预设阵地。

一头扎进了这个看似避难所的死亡陷阱。

1904年10月2日，特罗塔发布了在现代欧洲历史上罕见的，或许只有在纳粹德国才会出现的《种族灭绝令》：

> 我，伟大的德国士兵的将军，告知赫雷罗人民：
> 赫雷罗人不再是德国臣民。他们谋杀（德国人）、偷窃（牛）、割下伤兵的耳朵和其他部位，现在却出于怯懦拒绝继续战斗。我要对他们说的是，他们必须离开这个国家，否则我将用枪逼着他们离开。在德国境内发现的每一名赫雷罗人，无论是否携带武器、是否有牛，都将被枪毙。我将不再接收任何妇孺。我要把他们赶回他们的家人身边，否则我将下令向他们开枪。
>
> 签字：伟大的皇帝的将军，冯·特罗塔

这一赤裸裸的种族灭绝计划令人咋舌。但无论是远在柏林的皇帝，还是苦战半年的德军，都认为既然洛伊特魏因的妥协政策已经破产，那就只能尝试特罗塔的《种族灭绝令》了。洛伊特魏因卸任总督，由特罗塔接任。

但到了10月底，就连总参谋长施里芬伯爵也开始对他的门徒失去信心。特罗塔声称，他有办法全灭所有的赫雷罗人。施里芬伯爵评论道：

> 虽然冯·特罗塔将军的意图是值得赞扬的，但他却无力执行。他不得不待在奥马哈克的西端，却无法迫使赫雷罗人离开那里……因此，我们别无选择，只能设法说服赫雷罗人投降。然而冯·特罗塔将军下令射杀每一个赫雷罗人，这就使情况变得复杂起来。

帝国首相冯·比洛伯爵请求德皇撤销《种族灭绝令》，理由有四点：一、该命令犯了反人类罪；二、不切实际；三、破坏殖民地经济；四、有损德意志帝国的国际形象。

德皇犹豫了5天才同意比洛的请求，命令特罗塔对赫雷罗人"施以慈悲"。比洛坚持要求，给特罗塔的指示应该更加明确。又等了8天，德皇才指示首相，命令特罗塔撤销《种族灭绝令》，接受除战犯与杀人者外的其余赫雷罗人的投降。

特罗塔的反应就像是一个被宠坏的孩子忽然被夺走玩具，他拒绝接受首相的命令。事实上，在西南非洲讨论和平为时尚早。就在特罗塔发布《种族灭绝令》的第二天，由亨德里克领导的纳马族威特布部落，后知后觉地响应了塞缪尔的号召。

纳马人居住在奥兰治河和斯瓦科普（Swakop）河之间。德国人打败亨德里克后，允许纳马人自治。十几年来，亨德里克一直对洛伊特魏因忠心耿耿，纳马人不会被德国人称为"狒狒"，纳马女性不会被强奸，他们神圣的牛也不会被商人宰杀。从军事角度来看，被困在奥马哈克沙地的赫雷罗人已注定灭亡，亨德里克此时决定加入叛乱无异于自杀。当时，德军在非洲已有上万兵力，威特布部落却只有区区900名武士，即使加上邻近3个纳马部落——弗兰斯曼（Fransman）、红族（Red Nation）和沃德斯肯杰格尔（Veldskoendragers）的勇士，兵力也不过1500人，其中配备了现代步枪者不足一半。

因此，我们只能猜测，令亨德里克不甘心坐以待毙的原因，或许是特罗塔对赫雷罗人的屠杀以及对非洲人的种族歧视。此外，一名来自开普、名叫斯图尔曼的奎纳人自称先知，声称上帝要把非洲从白人手中解放出来。已到耄耋之年的亨德里克"老夫聊发少年狂"，戴上白羽毛（纳马族发起战争的象征），起兵反抗德国人。他对同伴们说：

> 我现在不再顺从地跟着（德国人）走。我将给（德国）上尉写一封信，告诉他我已经戴上白羽毛，我跟在他身后亦步亦趋的时代结束了……救世主已经开始行动，他将用他的恩典和怜悯解放我们。

1904年10月3日，纳马起义全面爆发，一半的纳马族部落团结在亨德里克的旗帜下。与赫雷罗起义一样，纳马起义始于对德国移民的血腥屠杀。在最初的几天里，大约有40名德国人被杀，但大举南下的德军很快夺回了主动权。12月，亨德里克在纳里斯（Naris）的营地遭到突袭，他不得不在50名战士的掩护下逃命。1905年1月，他逃入卡拉哈里沙漠。对德军追兵来说，麻烦才刚刚开始。威特布人化整为零，采用游击战术，通过袭击德国补给线进行报复。德军的损失越来越大，数百名士兵死于疾病，尤其是斑疹伤寒。与此同时，另外两股游击力量也在拉扯德军的精力。一股是名叫雅各布·莫伦加（Jacob Morenga）的游击战领袖率领的队伍。莫伦加来自开普，父亲为赫雷罗人，母亲为纳马人。另一股是来自纳马族贝塔尼部（Bethanie）的科尼利厄斯（Cornelius）带领的游击队，贝塔尼部曾在镇压赫雷罗的战争中与德国人并肩作战。1905年6月，焦头烂额的特罗塔派遣儿子——特罗塔中尉前往科尼利厄斯的营地谈判。特罗塔中尉正在和科尼利厄斯聊天时，一支德国巡逻队无意中向营地开火。年轻的中尉被愤怒的科尼利厄斯的手下射杀，特罗塔为和平所做的努力宣告失败。

1905年秋，大约有300名纳马游击队员游走于迷宫般的荒山或卡拉哈里难以接近的要塞中，让1.5万名装备精良但后勤笨重的德军疲于奔命。失去耐心的柏林当局终于让特罗塔回国，取代他的是文官总督弗里德里希·冯·林德奎斯特（Friedrich Von Lindequist）与军事指挥官戴姆（Dame）。

然而，随着德军不断进入西南非洲，纳马人就快支撑不住了。1905年10月29日，亨德里克·威特布伊在一次袭击德国补给线的行动中受了致命伤。他的遗言是："我受够了，一切都结束了。现在，孩子们应该休息了。"几周后，他的儿子塞缪尔率威特布人向德军投降。为了保命，他们放弃了马匹和武器，在他们的旧都基遍（Gibeon）附近的一个营地定居下来。科尼利厄斯接受了类似的条件，选择投降。11月，特罗塔乘船回到德国，他终于可以宣称自己赢得了这场战争——他似乎忘了还有400名士兵的莫伦加。

叛乱前，赫雷罗有8万多人。到1904年8月，超过一半的赫雷罗人被赶进奥马哈克沙地，饥渴而死者不计其数。随后几个月里，骑着骆驼的德国巡逻队只要遇到试图西逃的赫雷罗人，便毫不留情地将其杀掉。古斯塔夫·弗伦森（Gustav Frenssen）在当时流行的小说《彼得·莫尔向西南前进》（*Peter Moors Fahrt nach Südwest*）中描述了瓦特伯格之战后赫雷罗人的惨状：

> 我们在烈日下走得越远，我们的旅途就越令人沮丧。那些狂野、骄傲、悲伤的人们，在死亡的恐惧中何等屈辱。他们又老又病，妇孺皆有……有一些人独自躺着，尽管仍然活着，但眼睛和鼻子上都是苍蝇。有人叫走了我们

的黑人车夫，我想是去都他们结束痛苦。所有生命，包括人和牲畜，都无助地躺在那里，无法移动半分，看起来就像是被从空中抛下来的一样。中午，我们在堆满尸体的水坑边停了下来。

塞缪尔最终率领5000人穿越奥马哈克，逃到贝专纳兰与开普。英国人为他们提供了庇护，条件是他们不再反抗德国。

不同于特罗塔，林德奎斯特的手段是，效仿布尔战争中的基钦纳，修建集中营来安置赫雷罗人。截至1905年夏天，有9000名赫雷罗人被送进集中营。到1905年11月，许多赫雷罗人死去，他们有的死于饥饿，有的死于德国人对赫雷罗村庄的袭击。特罗塔被召回后，又有6000名赫雷罗人与2000名纳马人被送进集中营。

在集中营里，不仅工作繁重、食物匮乏，还没有医疗用品。到1907年，德国人报告说，1.5万名赫雷罗人和2000名纳马俘虏中，有一半以上的人死在集中营里。情况最糟糕的，是安格拉·佩克纳的鲨鱼岛。1906年9月，亨德里克的重臣和其余纳马俘虏因公然违反投降条款被关押在这里。7个月内，1732人中有1032人死于寒冷和虐待，包括科尼利厄斯。剩下的人苟延残喘，十分之九成了残废。只有一半纳马人（2万人中的9800人）和不到四分之一的赫雷罗人（8万人中的1.5万人）在战争中幸存下来。

毫无疑问，尽管《种族灭绝令》在德皇的要求下被取缔，但特罗塔已经在事实上打断两个民族的脊梁骨。1905年特罗塔回到德国后，德皇给他颁发了荣誉勋章，以表彰其屠杀原住民的赫赫战功。赫雷罗人和纳马人的土地和牲畜悉数被殖民政府没收，分给德国移民，他们被强行赶入贫瘠荒凉的保留地，为殖民政府修建铁路、港口，成为德国人任意驱使的劳动力。德国人用刺刀维持着在西南非洲的统治。

1907年3月31日，在德国公众舆论的压力下，林德奎斯特总督终于宣布纳马战争正式结束。其实，当时德国在非洲的麻烦远不止赫雷罗—纳马起义。1905年7月，瓦特伯格之战爆发前，德属东非爆发了另一场起义。

# 第三十五章 马及马及起义

1905年7月下旬，雨季结束几周后的一个早上，棉花在东非灿烂的阳光下飞快成熟，棉桃已有部分绽开。两位来自基尔瓦西北马通比（Matumbi）山的贫困山村南迪特（Nandete）的长老，带领一群村民，沿着石径来到棉花地里。两位长老象征性地拔起3棵棉花苗，把它们扔在地上。随后，战鼓声响起，将宣战的消息传往隔着陡峭山坡的临近村庄。轰轰烈烈的马及马及起义就此爆发。

在德属东非，破坏棉花田可是象征着造反的弥天大罪。1891年，德国政府取消了东非公司的特许状，直接接管东非殖民地。殖民政府宣布，所有土地归德皇所有，并大力推行橡胶、剑麻、棉花等大宗出口商品的种植园建设。在南迪特，当地男人被迫在种植园里耕种，每天只得到35芬尼的报酬。只要他们停止劳动，哪怕直一下腰板，都会遭到阿拉伯监工25鞭子的惩罚。如果男人逃走了，监工就让他的妻子代替他干活。

1905年年初，一名叫金吉基蒂勒·恩格瓦勒（Kinjikitile Ngwale）的乡村医生，声称自己被蛇神"洪果"（Hongo）附身。他对外自称先知，在恩加兰贝（Ngarambe）建造了巨大的朝圣所。来自不同村落、操着不同口音的数百信徒纷纷前来，借助"洪果"的力量与祖先交谈。尽管德国殖民者的消息并不闭塞，对金吉基蒂勒的情况有所耳闻，但他们并没有放在心上，认为此人只不过是个愚昧的巫医。金吉基蒂勒和其余巫医一样，给信徒下发各种"灵药"，但不一样的是：他号召信徒们团结起来，驱逐德国人。

金吉基蒂勒的"灵药"被称为"马及"，"马及"在斯瓦希里语中意为"水"，他的"马及"实际上是加了蓖麻油与小米的水。金吉基蒂勒宣称，只要信徒们喝下"马及"，就可逢凶化吉，刀枪不入，让德国人的子弹失去效力，被子弹打中就和雨淋在身上一样。老早就不满德国统治的马通比部族、北方的基齐（Kichi）部族和南方的恩金多（Ngindo）部族酋长纷纷前往恩加兰贝，将"马及"迎回自己的部落。到1905年夏天，"马及"已经向西部和南部扩散了上百千米。但是金吉基蒂勒清楚"马及"的真实功效并非他吹嘘的那么神奇;他也知道信徒们手里只有前装枪、矛和箭,缺少弹仓步枪;还知道他们不像祖鲁人或者恩德贝莱人那样尚武,自身组织十分松散,力量也不够集中。因此,金吉基蒂勒对发动起义持观望态度,直到出现本章开头的场景——长老拔除棉花苗,对德国人宣战。

当时,德属东非的驻军少得可怜,整个殖民地南部只有588名阿斯卡里和458名土著警察。这些部队大多驻扎在沿海城镇。在比德国本土面积还大的内陆地区,殖民政府只有几名德国士官指挥着大约200名阿斯卡里。至于东南部的大部分地区,德国人实在顾不过来,只能把一些任务,如征税、为德国种植园提供劳动力、为公共工程征集劳工、监督农民种植当局规定的经济作物等,交给阿拉伯人与斯瓦希里人去做。但他们显然不是廉洁高效的管理者。终于,原住民无法忍受阿拉伯人和斯瓦希里人的统治,发动了大规模起义。闯了祸的他们匆忙逃向海边,寻求德国统治者与阿斯卡里的庇护。

基巴塔(Kibata)的"阿基达"(中层官员)塞夫·本·阿米里(Sefu bin Amri)最先遭到义军袭击,他逃到海边向德国人发出警报,但德国人没有理睬。1905年7月31日,马通比起义军以额头缠着小米秆为标记,向海岸的萨曼加(Samanga)挺进。他们沿途破坏棉花田,烧毁通往亚洲的贸易点。德属东非总督阿道夫·格拉夫·冯·戈尔岑(Adolf Graf von Götzen)决定征召志愿兵,不过他当时并未意识到问题的严重性。

8月初,一名来到马通比的德国军官注意到当地人把妇女和儿童藏起来,并伏击了德国巡逻队。殖民政府这才如梦方醒,逮捕了金吉基蒂勒,并于8月4日在莫霍罗(Mohoro)的地方办事处以叛国罪将其绞死。金吉基蒂勒死前宣称,他的使者已经把"马及"这一战争灵药扩散到了四面八方。

这不是一句空话。马及马及起义不断向西部和南部蔓延。恩金多部族在他们的领土上制造了两个"风暴眼":一个是北部的马达巴(Madaba)贸易点,它在遭到袭击后沦为一片焦黑的废墟;一个是利瓦莱(Liwale)有着茅草屋顶的据点,它在一场"火箭"之雨中灰飞烟灭,德国守军被活活烧死。8月14日,由达累斯萨拉姆天主教主教斯皮斯(Spiss)带队的德国传教士在旅行中遭遇恩金多部族义军,主教声称他们只是旅行者,但在恩金多人眼里,他们是德国人,这就足够了。主教、两名本笃会修道士和两名修女被长矛刺死。

5名传教士被杀和起义迅速向外扩散的消息轰动了德属东非首府达累斯萨拉姆。德国志愿兵每天晚上在火车站外操练时，都可以模糊地看到郊野燃烧的火光。戈尔岑总督向柏林报告称，欧洲人"到了恐慌的边缘"，要求"立即增援"。柏林方面由于忙着镇压西南非洲起义，导致海外可部署兵力捉襟见肘，因此只同意从本土调遣150名陆战队员，从当时在太平洋上航行的2艘德国小型巡洋舰上调遣50名陆战队员。但是区区200名陆战队员，能否扑灭从基尔瓦棕榈树环绕的海滩到尼亚萨湖周围崎岖的山脉之间燃起的起义之火？

起义初期，金吉基蒂勒的预言似乎应验了。所有得到"马及"保护的民族——马通比人、恩金多人和基齐人都轻而易举地赶跑了德国人。在基齐以北，达累斯萨拉姆附近的洪泛区，扎拉莫部族（Zaramo）酋长基巴西拉（Kibasila）因拒绝种植棉花而入狱，他也信奉"洪果"，于是扎马莫人顺理成章地加入了马及马及起义。在南边160千米处的恩科维（Nkowe），姆韦拉（Mwera）部落的塞勒曼尼·曼巴（Selemani Mamba）也加入了马及马及起义。他对手下说："我们不会死，我们只会杀人。"另一个酋长，来自鲁波塔（Rupota）的加布里埃尔·姆布（Gabriel Mbuu）加入了他的行列。他们冲向尼扬高（Nyangao）的德国传教站，发现神父们已经逃进了灌木丛中。义军从神父们的仆人口中撬出了他们的藏身之处，对其穷追不舍。但随后，曼巴发现巫师被传教士们开枪打死了，子弹并没有失去效力，"马及"没起作用！

与此同时，巫师们为恩金多西北部的波戈洛（Pogoro）、姆邦加（Mbunga）等部族带去了瓶装的"马及"。他们额头缠着小米秆，身上携带蓖麻籽，使用相同的暗号：

"'洪果'和欧洲人，哪个更强？"

"'洪果'！"

8月16日，姆邦加部族攻占了位于伊法卡拉（Ifakara）的德国前哨，杀死殖民政府雇来的13名阿斯卡里。战斗结束后，起义者把德意志帝国的雄鹰标志摘下来，顶在旗杆上，旁边是被熏黑的海军陆战队士官的头颅。接着，姆邦加人准备攻打位于峭壁上的马亨吉（Mahenge）要塞。

不过，姆邦加人并未就联合进攻之事与恩金多、波戈洛等部落协调好。而且这几个部族已经对所谓的神药"马及"产生了怀疑。有很多义军被毛瑟枪打死，"马及"并未产生效力。就连一些姆邦加人，也选择不戴小米秆。

就在这时，姆邦加部族一个叫卡尔莫托（Kalmoto）的小酋长逃到马亨吉，将姆邦加部族的打算告诉了德军指挥官冯·哈塞尔（Von Hassel）上尉。哈塞尔并没有把这个消息太当回事，结果第二天他就中了姆邦加人的埋伏，勉强逃脱。哈塞尔上尉匆忙加固了马亨吉的防御工事，并建造了一座木塔，他可以带着机枪、罐头和几箱酒，躲进塔里。要塞里除了60名阿斯卡里，还有几百名来自乌比那（Ubena）的部落士兵，他们一直忠于德国人。对哈塞尔来说，这是天大的幸运。义军试图拉拢乌比那酋长基万加（Kiwanga）时，基万加狡猾地说，只要"洪果"巫师挺过行刑队的子弹，他就立马叛依。当然，这些巫师没有人能通过考验。

义军发起进攻前，哈塞尔下令将有背叛嫌疑的人吊死在村里的树上，8月30日天亮后不久，成千上万的恩金多人和波戈洛人高叫着，在一名手持小米秆的"洪果"巫师的率领下，如同飞蛾扑火一般向要塞发起冲锋。一名教士悲伤地描述了信任"马及"的非洲人毫无畏惧地冲向机枪口的情形：

> 由于他们要杀死我们所有人，为了保护自己，我们不得不参与射击。我们在大约1千米开外的地方向攻击者开火。欧洲人和士兵用两挺机关枪（以及其他武器），给前进的敌人制造了大量的死亡和破坏。虽然我们看到（他们）队伍里的人越来越少，但在一刻钟内，幸存者仍然在枪林弹雨中秩序井然地向更近的地方挺进。随后，队伍崩溃，敌人躲到了无数小石块后面……突然传来了一声喊叫："东边有新的敌人！"每个人都朝那个方向望去，3所学校浓烟滚滚，至少有1200人组成的第二纵队正向我们逼近……他们一进入射程就在震耳欲聋的开火声中撞上了我们的子弹。第一批攻击者倒在离火线只有3步远的地方……等再也看不见敌人，站长（哈塞尔）从要塞的塔顶爬了下来……分发了香槟。

第二天，姆邦加人包围了马亨吉要塞，但围而不打。直到9月23日，来自伊林加（Iringa）的德国指挥官尼格曼（Nigmann）上尉突袭姆邦加人的大营，才为哈塞尔解了围。随后，殖民地的阿斯卡里对姆邦加人进行了血腥报复。

马亨吉攻坚战的失败，标志着西北部的马及马及起义由盛而衰。然而，马及马及起义早已向南扩散到德属东非境内，武装最精良、组织最严密的民族——恩戈尼人加入了进来。恩戈尼人与非洲著名的战斗民族祖鲁人、恩德贝莱人同文同宗。他们与兄弟民族一样建立了完善的军团制度，使用祖鲁式的短矛。1897年赫赫人起义时，恩戈尼的贵族们清楚自己的长矛无法与德军的毛瑟枪对抗，因此采取隔岸观火的策略。但德国人搞定赫赫人之后，开始禁止恩戈尼人掠夺奴隶，向他们征收赋税，这让恩戈尼人无法接受。8月下旬，身穿白色长袍的巫师金加拉（Kinjala）声称被"洪果"附体，将"马及"带到恩戈尼首都松盖阿（Songea）。到10月中旬，"马及"已经扩散开来，5000名恩戈尼战士准备用松盖阿的德军的鲜血来清洗他们的长矛。但10月21日拂晓，从马亨吉出发的尼格曼上尉率军携带2挺机关枪袭击了恩戈尼人的营地。恩戈尼武士扔掉装着"马及"的瓶子，慌忙逃走。"'马及'是骗人的！"这一消息在丛林和山脉中飞快传播。

10月中旬，戈尔岑终于等来了他的增援部队——包括上文提到的200名陆战队员在内的1000名援兵。戈尔岑计划让援军兵分三路，从首府达累斯萨拉姆出发，进行反击。其中，旺根海姆（Wangenheim）上尉向西攻击萨加拉人（Sagara），然后向南逼近波戈洛人和姆邦加人的领地；施莱尼茨（Schleinitz）少校向西南方向快速挺进，粉碎维洞达（Vidunda）山脉的起义军；约翰内斯（Johannes）少校向松盖阿进发，去攻击恩戈尼人、贝纳人（Bena）和潘瓜人（Pangwa）。

戈尔岑总督给出的投降条件并不算严苛：起义军中的中下级官兵交出武器、酋长和巫医，既往不咎。但戈尔岑认为，只有通过制造饥荒，才能让更加顽固的叛乱分子屈服。旺根海姆上尉赞同道："只有饥饿和物资匮乏才能使人屈服。军事行动只是达成目的一小部分手段。"于是，戈尔岑命令3支纵队一手持毛瑟枪，一手持火把穿过德属东非的南部。一路上，他们焚毁了叛乱的村庄，将谷物运走或分给效忠他们的部落，无法搬运的则就地烧掉。相比特罗塔的《种族灭绝令》，戈尔岑的"饥荒策略"就显得仁慈得多，也有效得多。约翰内斯少校于11月29日抵达松盖阿。1906年1月中旬，他逮捕并绞死了北恩戈尼酋长姆普图亚（Mptua）。南恩戈尼酋长查布鲁马（Chabruma）逃到莫桑比克，结果被当地人杀害。恩金多、波戈洛和马通比的酋长也被效忠派谋杀。到1906年6月，声势浩大的马及马及起义被扑灭，东非大地又恢复了和平。但和平的代价是，赤地千里，饿殍遍地。事实上，零星的反抗并未停止，战斗一直持续到了1907年。

相比为镇压西南非洲起义投入的1.7万人、2000万英镑的军费，德军镇压马及马及起义仅动用了500人、200万英镑的军费。在这场战争中，殖民者一方共有15名德国士兵与389名阿斯卡里阵亡，代价可谓十分轻微。这主要是由于两个战场面临的对手有本质的差别，赫雷罗人与纳马人已经被高度同化，他们穿着欧洲人的服装，擅长骑马，使用火器；而马及马及起义中的各个非洲部落，大多还手持长矛、弓箭，依靠古老的多神教信仰支撑作战。

在马及马及起义中，因战乱、天灾以及戈尔岑的"饥荒战略"造成的原住民死亡人数，是拿起武器反抗德军的义军死亡人数的10倍之多，据说有25万~30万人死于饥荒。在高原地区，一半的维洞达人、一半以上的马通比人、四分之三的潘瓜人死于镇压起义或饥荒。饥荒结束后，昔日的玉米田和棉花地慢慢被森林吞噬，很快就成为犀牛、河马和大象等非洲巨兽的栖息地。曾经人口稠密的恩金多山区，如今成了世界上最大的野生动物保护区——塞卢斯国家公园。

1906年，也就是冯·比洛担任首相的第六年，非洲殖民地的刀光剑影终于基本告一段落，但一系列殖民丑闻却不约而同地浮出水面。德国的4个非洲殖民地——喀麦隆、多哥兰、德属东非和德属西南非洲的最高官员都受到了牵连。

最耸人听闻的丑闻，来自1895年以来一直担任喀麦隆总督的杰斯科·冯·普特卡默（Jesco von Puttkamer）。普特卡默的父亲曾担任普鲁士内政大臣，叔叔是俾斯麦，他本人是著名的花花公子，以在赌博中一掷千金闻名。柏林方面早就知道这个年轻人行为不检，为了防止他在德国惹麻烦，便将他远远地打发走，任命他为喀麦隆总督。普特卡默统治下的喀麦隆，白人乱施鞭刑，将人鞭打致死的行为层出不穷。而德国官员在喀麦隆滥用权力的行为，同样不在少数。如司法部的高官冯·布劳希奇（von Brauchitsch，二战时期德国元帅布劳希奇的父亲）议员和最高法官迈耶（Meyer），强行购买年轻的非洲女孩为妾，完全不顾这些女孩已有婚约。在若恩（Jaune）的施尼曼（Schenneman）中尉听到他的黑人情妇和三个非洲人通奸，命令仆人把那3个非洲人阉了，结果仆人听错了命令，带着一队士兵阉掉了他在附近村庄遇到的头三个男人。多米尼克（Dominik）中尉本来奉命与巴荷洛人（Bahoro）谈条约，结果他枪杀了村里所有的成年人，把54个孩子放进篮子里，像淹小猫一样将他们淹死。

除了放任暴行之外，普特卡默还收受贿赂，接受当地商业公司赠送的股份。不仅如此，他还亵渎了伟大的帝国海军。有一次，他在邀请"哈比希"号船长吃饭时，让一位"男爵夫人"作陪。事实上，这位"夫人"是一个妓女，普特卡默给她做了假护照，将她带到身边。在等级森严的柏林官场看来，这项罪行要比受贿与施暴严重得多。

1902年，喀麦隆的几位领袖——国王阿夸、曼加·贝尔（Manga Bell）和埃克瓦拉·迪多（Ekwala Dido）前往德国，抗议普特卡默的"过分虐待"。柏林告知他们会得到赔偿后，领袖们心满意足地回国了。但刚回到喀麦隆，阿夸国王便被总督关进监狱。1905年，国会大厦收到喀麦隆诸领袖与民众的正式请愿书。殖民部征求普特卡默的意见后，将其原封不动地退了回去。参与请愿的30名酋长都因"不服从命令"而在喀麦隆接受审判，并被判长期监禁，其中阿夸国王被判监禁9年。由于公众的强烈抗议，阿夸国王被释放，并第二次前往柏林，解释这份请愿书。

1906年，殖民部的一位低级官员终于被高层掩盖事实的行为激怒，将普特卡默的行为公之于众。在他对普特卡默的指控中，有3条指控铁证如山：对当地人施暴、金融腐败和道德败坏。普特卡默在军事法庭上接受了审判，结果高高举起，轻轻放下，普特卡默最后只因替情妇做假护照被罚款1000马克。他和喀麦隆的其余官员，都未因对非洲人的恐怖统治而受到惩罚。

普特卡默在多哥兰的同行——瓦尔德马尔·霍恩（Valdemar Horn）总督的暴行也令人发指。1902年，霍恩抓到一个偷存款箱的男孩后，下令鞭打他25下，然后把他绑在柱子上，不给他食物和水，除非他说出藏钱的地方。男孩最终受虐而死。1905年，霍恩在殖民地法院——多哥兰和喀麦隆高等法院受审，但只轻描淡写地被罚900马克，比普特卡默的罚款还少！还是德国本土的军事法庭对霍恩进行复审，才让他失去了三分之一的养老金。

总督带头施暴，各级官员自然上行下效。遭受暴行的不仅有当地人，还有试图保护土著的传教士。在达累斯萨拉姆以北160千米的阿塔帕梅（Atakpamé），地区主任施密特（Schmidt）在鞭打、强奸一名13岁的非洲女孩阿加罗（Adgaro）后，将她锁在臭名昭著的"施密特的魔窟"里。以施密茨（Schmitz）神父为代表的当地天主教传教士对施密特提出抗议，声称将通过媒体揭露其恶行。次日凌晨，施密特带着9个士兵将他抓走，关了3周。由于没有证人，施密特最终被判无罪，而施密茨神父因作"伪证"被判处14天监禁（他上诉后被释放）。这件事在德国引起了强烈的抗议，但没有人能收拾得了施密特。

另一件丑闻，涉及我们的"老朋友"，德属东非的元勋卡尔·彼得斯。他向他的崇拜者吹嘘，他在射杀任何敢于反抗他的非洲人时感到"兴奋"，并时不时炫耀他在塔纳山谷留下的"丰功伟绩"（参见第20章）。1891年，彼得斯被任命为德意志帝国驻东非高级专员。倍倍尔和德国社会民主党人谴责这一任命，把彼得斯称为"怪物"，是充满侵略性的帝国主义的象征，而当地人则称他为"姆科诺-瓦-达木"，意为"双手沾满鲜血的人"。就连后世的希特勒，也评价彼得斯"是殖民地行政官的楷模，尽管他严厉而又残酷"。

1897年，彼得斯因被指控非法绞死非洲仆人马布鲁克（Mabruk），被带到波茨坦的一个殖民地法庭。在法庭上，彼得斯反驳说，他之所以那样做，是因为马布鲁克偷了他的雪茄，他要维护自己的权威。事实上，彼得斯怀疑马布鲁克与他的情妇贾格贾（Jagodja）有染。除了杀掉马布鲁克，彼得斯还下令对贾格贾实施鞭刑，直到她的背像"剁碎的肉"，最后非法绞死了她。除此之外，彼得斯还被指控在向殖民政府提交的报告中撒谎。殖民地法院判定上述指控属实，但只是开除了彼得斯的公职，不发给他养老金，没有向他提起刑事起诉。1906年，彼得斯的好友——保守党领袖奥托·阿伦特（Otto Arendt）说服德皇为彼得斯恢复部分名誉以及帝国专员的职务，并逼迫负责彼得斯案件的检察官赫尔威格（Hellwig）辞职。

当殖民地的一系列丑闻被公之于众时，比洛政府不得不忍受由天主教徒组成的中间派联盟与社会民主党的联合攻击。在西南非洲，被德国人称为"黑拿破仑"的雅各布·莫伦加一度被英军俘虏。莫伦加在做出永不反叛的保证后被释放，但他随即回到西南非洲，把残存的赫雷罗人、纳马人、威特布人组织到一起，继续反抗德国的统治。比洛于1906年12月，提出向西南非洲拨付2922万马克的军费，彻底解决赫雷罗—纳马战争的议案，但未被议会通过。比洛以此为由，解散议会，重新选举。

1907年的选举被称为"霍屯督选举"①。在这场选举中，政府、2个保守党、民族自由党和2个自由思想党，以民族口号结成统一战线，其领袖自然是比洛本人。而比洛的两大对手中，中间派领袖马蒂亚斯·埃尔兹伯格（Mathias Erzberger）自1903年以来便一直抗议殖民部的无能和狡诈；倍倍尔的社会民主党仍然坚持马克思主义等式——帝国主义等于剥削，认为解决殖民地问题的方法是废除殖民地，而不是改革。在德意志帝国接连打赢两场殖民战争，民族主义思潮涌动的大背景下，埃尔伯格与倍倍尔显得格格不入，难怪比洛在"霍屯督选举"中大获全胜，比洛派各党获得席位220个，社会民主党的席位却由81个减少至38个。西南非洲的德军得到军费后，与南非的英军联合，终于在当年的9月20日在南非的伊森海德（Eenzaamheid）将莫伦加击毙。赫雷罗—纳马战争正式结束。

尽管从获得的票数看，比洛的殖民政策大受欢迎，但事实上，在大选开始5个月前，比洛含蓄地承认殖民地的管理亟待改革。他选择了一个胖乎乎的年轻银行家伯恩哈德·德恩堡（Bernhard Dernburg）来一扫殖民部的积尘。在德恩堡看来，帝国在海外的投资，应该转换思路，之前德国人一直把获取利润的希望放在种植园上，因此他们将非洲人看作纯粹的苦力，但德恩堡认为，非洲蕴藏着丰富而廉价的原材料——石油、棉花、可可和橡胶，它们对帝国的工业建设有着极大的推动作用。但首先，必须让殖民部更有效率，获得更多的权力。换句话说，殖民大臣一职必须由德恩堡自己担任。其次，帝国必须仿照英属印度，培训和招募专门在殖民地服役的人。最后，帝国必须逢山开路，遇水架桥，为殖民地搞定基础建设，这样才能为企业的成功铺平道路。总而言之，土著人民是殖民地的宝贵财产，土著的经济发展必须加以鼓励，土著的权力必须得到保障。德恩堡的计划看似有理有据，令人信服，但他并不了解殖民地的实际情况，因此他的计划只是纸上谈兵。

1907年7月，如愿成为殖民大臣的德恩堡前往德属东非考察。3个月后，他理

---

① 霍屯督人，自称"科伊科伊人"，主要分布在纳米比亚、博茨瓦纳和南非。一般认为，霍屯督人属于尼格罗人种中的科伊桑人，使用属于科伊桑语系的霍屯督语。前文提到的赫雷罗人与纳马人，均属于霍屯督人。

智多了，当然也瘦多了。他已经摸清了开发非洲的两大难题：第一是经济。在英国将肥沃的乌干达收入囊中后，德属东非已经没有多少财富了：不光没有金银矿，连铜矿也没有；大多数地区土壤贫瘠，雨量稀少，不适合发展农业。第二是政治。北方少数沃土吸引了几千移民陆续到来，他们组建游说团体，期望从祖国得到强大的经济和政治支持。但正是这些移民，成了让殖民地人道、科学、有序发展的桎梏。

德恩堡在4块殖民地推行了一些改革，尽其所能地减少虐待行为，但在西南非洲和德属东非，他的努力遭到移民的阻挠。1908年，西南非洲发现钻石矿。德恩堡希望白人和黑人（包括残存的赫雷罗人和纳马人）都能从中受益，但移民却想将其全部据为己有。在德属东非，问题集中在种植剑麻、咖啡和茶叶等作物上。如果大量开辟种植园，需要新建铁路，并强迫黑人劳动。柏林不顾德恩堡和雷肯伯格（Rechenburg）总督的反对，批准了强迫劳动的法案。至于多哥兰这个小殖民地，则一直入不敷出。

1910年，四面树敌、心力交瘁的德恩堡被迫辞职。他的继任者林德奎斯特曾是西南非洲总督，他坚决维护移民的利益。在他上任之前，特奥巴登·冯·贝特曼-霍尔维格（Theobald von Bethmann-Hollweg）取代比洛成为首相。越发缺少管束的威廉二世更加放飞自我，他领导下的德意志帝国越来越孤立、好斗、鲁莽。当列强们更多地关注军备竞赛时，德国人又一次忘记了非洲。

自封"匈奴人"的日耳曼人因信奉军国主义，在殖民地实施残暴而腐败的统治。那么以"自由、平等、博爱"为圭臬的法兰西人，他们治下的殖民地会不会好一些？

遗憾的是，法属刚果的缔造者布拉柴于1905年重回旧地时，发现那里的情况与德属、比属殖民地别无二致。

# 第三十六章 布拉柴重回故地

　　1905年4月29日，布拉柴在加蓬首府利伯维尔（Libreville）登陆。当地人给了他英雄般的欢迎，一个曾是奴隶的家庭跪在了他的脚下。33年前，年轻的布拉柴上尉慷慨解囊，解放了他们。几天后，布拉柴乘坐轮船沿奥果韦河行驶。居住在河边的当地人看见轮船高耸的烟囱喷吐出的浓烟，便在村庄里不断敲击手鼓表示欢迎。

　　布拉柴当年只有53岁，但看上去像个老头子，他的头发几乎全白了，瘦骨嶙峋的身体因反复发作的疟疾和痢疾而佝偻着。1882年12月17日，法国设立法属刚果殖民地，下辖今加蓬和刚果（布），由布拉柴担任总督。但布拉柴并不算"合格"的殖民地管理者：他不喜欢在布拉柴维尔办公，更喜欢待在丛林里；他不喜欢与法国官员打交道，更喜欢与土著开玩笑；他不赞成强制劳动和鞭刑，而是坚持"和平征服"的原则。这样一来，他就得罪了雄心勃勃的殖民地军官们。企业家们也为布拉柴的"妇人之仁"而抱怨：在橡胶贸易的黄金时代，法国为何不效仿刚果自由邦的"成功案例"，依靠强制当地人劳动开采橡胶呢？1897年，"不合时宜"的布拉柴从总督的位置上黯然下台。

　　少了布拉柴这块绊脚石之后，巴黎先是把土著拥有的大批土地收归国有，随后同40个特许公司签订租让合同，租出6000多万公顷的土地，租期为30年。根据合同，特许公司享有对租让土地的全部使用权，当地人只许将橡胶卖给特许公司。作为交换，公司上缴利润的15%给政府。这些公司为了尽快回本，对法属刚果采取了杀鸡取卵式的掠夺开发。

　　7年之后，两名法国军官乔治·托克（Georges Toqué）和费尔南多·高德（Fernand Gaud）在刚果河以北的乌班吉沙里地区犯下了可怕的暴行。民怨沸腾之下，殖民政府不得不让二人在布拉柴维尔法庭受审。这时，法兰西又想到了布拉柴这位昔日的英雄，于是召唤他前去调查该事件。

　　布拉柴的靠山是总统埃米勒·卢贝（Emile Loubet），他曾于1892年担任总理，后因巴拿马丑闻①下台。一朝被蛇咬，十年怕井绳。卢贝认为，让伤口痊愈的最好办法，莫过于将伤口暴晒在阳光下。世人皆知，布拉柴超脱于政治，是非洲土著权利的坚定捍卫者，因此，派他前去调查，就不会有人指责政府掩盖真相。然而政府跟总统大人显然不是一条心的，政府已经打好主意，鉴于布拉柴糟糕的身体状况，他只能沿着安排好的路线巡视，然后写出一份报告。但政府并未承诺像英国政府公布凯斯门特的报告一样，公开这份报告。

事实上，当时其他人权主义者早就或明或暗地指出了法属刚果存在的问题。如凯斯门特在他的报告中含蓄地指出，法属刚果的情况与比属刚果差不多。而且两年前莫雷尔曾披露，约翰·霍尔特正是被垄断制度赶出法属刚果的。莫雷尔坚持认为，法国应该结束特许制度，恢复自由贸易，这是《柏林总议定书》的神圣原则。当时，英法签订协约不久，还处于蜜月期，因此外交大臣兰斯顿勋爵无意在刚果问题上挑起事端；而陷入殖民战争的德国，同样没有精力利用刚果打击法国。

不管怎么说，在世界橡胶产业空前繁荣的大背景下，法国最贫穷落后的新殖民地在特许公司的不懈"努力"下竟然有望扭亏转盈，现任法属刚果总督、乍得战争中的英雄埃梅里·让蒂（Emile Gentil）"功不可没"。因此，布拉柴出发后，巴黎政府连忙送给让蒂总督一颗定心丸：布拉柴先生当然应当得到一切帮助，但让蒂先生不必惊慌，这次任务并没有威胁到"（我们依托的）"殖民政府，只是为"（布拉柴的）热情提供一个发泄的出口"。

法国殖民部长艾蒂安·克莱门特（Etienne Clémentel）给布拉柴安排了两位助手——殖民地督察员瓦罗-德里斯索（Hoarau-Desruisseaux）和年轻公务员、《时报》的兼职撰稿人费里西安·沙拉耶（Félicien Challaye）。布拉柴年轻的妻子特蕾莎（Thérèse）与丈夫同行。特蕾莎的父亲是一名法国外交官，她在美国华盛顿长大，有着新大陆姑娘的热情奔放，思想十分活跃。10年前，她对布拉柴一见钟情，并在探险家回巴黎休病假期间将其俘获。如今，布拉柴身体虚弱，他的大儿子雅克

---

① 19世纪70年代末，苏伊士运河的缔造者雷赛布成立巴拿马运河公司，主持运河工程，随后发行股票。不料因工期、工程量、资金等多重影响，运河修到三分之一的时候公司便宣布破产了，约90万持股散户倾家荡产。经调查，包括弗雷西内、鲁维埃、弗洛凯、克列孟梭等大批政客、议员与报界名流接受贿赂，帮助公司掩盖经营不善的事实。丑闻对巴黎政界产生了深远的影响。

（Jacques）近期死于阑尾炎，这让他的精神濒临崩溃。特蕾莎坚持伴随在丈夫身边，或许她已经预知到丈夫时日不多。

布拉柴在加蓬时，并未亲眼见到任何暴行。但在加蓬—刚果边境的恩乔莱（Njole），迎接他的老人亲口对他说，特许公司不仅用极低的价格收购橡胶，而且只用廉价工业品支付报酬。除了税收高以外，当地的司法也十分武断：官员认为，管理土著的最好办法，就是用河马皮鞭抽打20下。当布拉柴试图深入调查时，却接二连三地出现诡异的神秘事件：船只延误、文件丢失、电报线路中断……等他费尽千辛万苦抵达现场时，真相早就不存在了，当地平安无事。但有一两次殖民当局穿帮了。他们计划赶在布拉柴之前释放所有苦力，但不知何故命令未能传到上游数千米的辛达拉（Sindara）前哨站，结果布拉柴一行目睹欧洲旅客的行李被一群汗流浃背、带着锁链的苦力卸在河岸上。

在经历了令人沮丧的两周后，布拉柴决定把加蓬交给瓦里-德里斯索来调查，他则尽快前往刚果。布拉柴从刚果自由邦港口马塔迪乘坐火车，仅一天就抵达了利奥波德维尔。7年前，第一列火车成功驶入利奥波德维尔。在那里，他受到了一名老传教士和两名法国副官的迎接。这位老传教士，正是他的宿敌菲利普·奥古亚德（Philippe Augouard）主教。而利奥波德维尔的对岸，便是以布拉柴本人命名的法属刚果首府布拉柴维尔。

第二天，法属刚果总督让蒂为布拉柴一行接风。当布拉柴提到要像以前那样找当地的太凯人交谈时，让蒂毫不客气地加以拒绝，并直截了当地说，布拉柴不该接受调查前同事的任务，"因为他应该从经验中了解到，一个人常常要做一些吃力不讨好的工作，而这些工作受到的批评比得到的荣誉要多"。

让蒂的发言引起了一阵沉默，无人说话，更不用说鼓掌了。随后，奥古亚德主教打破了沉默。他发言的内容是法属刚果历史的简介。在详述了布拉柴作为探险家取得的成就之后，他开始毫无廉耻地吹捧让蒂："我们不屈不挠的领袖，沿着他杰出的前任所走的道路大步前进，最终使我们的刚果获得了它等待已久的经济动力……"

前面我们领教过布拉柴对付斯坦利挑衅时以柔克刚的技巧。但如今的布拉柴，拖着病体残躯，再也不能采用类似的方式，对付让蒂和奥古亚德两人唱的这出双簧了。他懒得站起来，只咕哝了几句他作为"赤脚人"在19世纪80年代探索刚果时的艰苦生活，并补充说，相比之下，主教"在斯坦利的庇护下旅行"。主教站起来抗议，声称布拉柴纯属"诽谤"。

实事求是地讲，布拉柴的讽刺确实有失偏颇。绰号"食人族主教"的奥古亚德同样是一位爱国志士。他与布拉柴同龄，但看上去要年轻健康很多。奥古亚德虽然早在少年时便成为一名神父，但在普法战争期间巴黎被围城时，他毅然投笔从戎，作为志愿兵参战。战争结束后，他晋升成为一名主教。自1878年起，奥古亚德主教就开始执行一项双重使命：把上帝带到中非，把中非交给法国。他曾17次徒步穿越从维维到布拉柴维尔长达380千米的崎岖、酷热的道路，逐步建立了由教会学校和教会医院构成的天主教帝国。布拉柴如果稍微懂得一些处世之道，就应该想法拉拢这位同龄人，结果两人每次会面都演变为争吵。奥古亚德主教如此评价布拉柴："与探险家相比，他作为政府官员的素质远远不够。法国殖民者指责布拉柴过于温和，似乎对他来说，总是殖民者错了。布拉柴使用殖民地的资源，却什么也没做成。"

宴会的第二天，布拉柴受邀访问当地的教会学校。奥古亚德主教特地安排黑人小孩排成一排，用《圣露西亚》的曲调，为他唱赞美歌：

> 城市的创始人，
> 平静的征服者，
> 通过他的胜利，
> 缔造了弗朗斯维尔。

很明显，主教试图与布拉柴和解，但布拉柴在与孩子们的讲话中，对上帝只字未提。很快，这两个头发花白的老头就当着孩子们的面，为25年前的鸡毛蒜皮争吵，再次不欢而散。好在特蕾莎比丈夫更擅长交际，她在布拉柴维尔参加过两次弥撒。在特蕾莎的影响下，布拉柴同意不干涉教会与学校的运作。但奥古亚德主教认为，让蒂要比布拉柴更适合担任总督，因此继续维持与让蒂的同盟，协助让蒂免受布拉柴的暗中调查。

布拉柴得知，乌班吉沙里地区的殖民暴行最为严重，但要前往那里，需乘坐船只、独木舟和骑马，往返路程共有2800千米。这趟旅行即使对沙拉耶这样身强体壮的年轻人来说也是严酷的考验，对布拉柴来说无异于自杀，但布拉柴不顾大家劝说，坚决要去。

　　一行人起初乘坐双层汽船"多莉兹"号（the Dolizie），船上配备了制冰机等奢侈品。在某些地方，刚果河更像是一片海而不是一条河。河岸上的大树或隐没在热雾中，或被岛屿所掩盖。水是浅棕色的，类似茶里加了牛奶形成的颜色。布拉柴深情地回忆说，20多年前，在那片荆棘丛生的灌木林里，他挣扎了好几天，在渴得半死的时候，第一次看到了平静的、在月光下闪闪发光的刚果河。在刚果自由邦河岸一侧的博洛博，他们遇到了著名的英国传教士和探险家乔治·格伦费尔（George Grenfell）。正是格伦费尔，在1886年偶然发现了刚果河的巨大支流——乌班吉河的河口。布拉柴邀请他共进晚餐，并询问当地人在博洛博过得怎么样。格伦费尔的回答看似乐观，但似乎若有所指："他们在这里受到的待遇并不差，这里没有橡胶。"

　　"多莉兹"号向北驶入乌班吉河后，水的颜色开始变浅，类似加了一点儿茶的牛奶。河岸被渲染成大片的绿色，偶尔有一头河马或一条鳄鱼慢悠悠地蹚入河中。他们已经进入了橡胶产区。布拉柴一行之前在村庄里歇脚时，没有携带任何武器，而是在怀抱黑人小孩的特蕾莎的引领下进村。但前往贝都村（Bétou）时，他们被告知，当地村民发生叛乱，切勿靠近村庄。原来，特许公司的黑人商人掠走了当地妇女，强迫她们收割橡胶，于是贝都村村民展开报复，杀死并吃掉了27名黑人商人。法国殖民政府派来了塞内加尔士兵，一场丛林战争即将爆发！贝都村村民早已枕戈待旦，做好了准备。讽刺的是，村民们的枪支和火药都是这家特许公司为了获取丰厚利润出售给他们的。

　　接下来，布拉柴一行参观了班吉的一间小屋。1904年，68名妇女、儿童被当地公务员塞进小屋里作为人质，以强迫他们的父亲、丈夫用野生橡胶交税。在一名年轻医生发现他们之前，已有47人死于饥饿或窒息。人们对法国殖民政府提出抗议，但当地官员却被调到布拉柴维尔——一个比沙立更理想的地方。

　　布拉柴一行靠岸之后，骑了10天的马，穿越乌班吉河和沙里河之间的分水岭，于7月初到达这一地区的总部克朗佩尔堡（Fort Crampel）。布拉柴还记得，这里以玉米种植园闻名，如今却变成了荒野。除了偶尔能买到一只鸡外，他们什么食物也买不到。大多数村民已经逃离，以免被绑去当搬运工。布拉柴精疲力竭，但还是就特许制度夜以继日地对非洲人进行访谈。沙拉耶发现，他的领导试图把这些"野蛮人"当人，了解他们的基本需求，了解他们对健康、食物、住所和安全的想法。他还决心用自己的理想——"公正、慷慨、尊重"来激励他们。然而，以托克和高德为代表的法国同胞，已经堕落到禽兽不如的地步。沙拉耶写道：

> 巨大的悲伤压得疲惫的身体和精神透不过气来。德·布拉柴先生对由他探索并交给法国，然后由他管理和组织的刚果，有着炽烈的爱。他痛苦地发现，它处于如此可怕的状态。他看到一个暴虐贪婪的政府，建立了一个考虑不周的、充满破坏性的税收制度，用野蛮的方式执行它：通过恐吓当地人，将他们赶出政府驻地，而不是提供有效的保护吸引人们来执行它。他看到了那些特许经营公司的贪婪与见利忘义，他们试图创造一种新的奴役形式，而不是通过自由贸易来赢得非洲人的忠诚。他了解到欧洲人频繁的暴行，这些人已经堕落到了最野蛮的黑人的水平。他清楚地知道，沙里河上游可怕故事的所有细节：强迫搬运，建立人质营地和妓院，展开屠杀。

布拉柴在马背上颠簸了500千米，长期穿着湿漉漉的衣服，在漏雨的小屋中休息，吃着不健康的食物，这些都导致他的身体越来越差。对这位法属刚果缔造者打击最大的是这片黑人昔日的沃土已经变成了荒野，有价值的东西被特许公司搜刮得近乎一干二净。当"多莉兹"号沿乌班吉河返回时，布拉柴患上了严重的痢疾。8月19日，一行人抵达布拉柴维尔，参加对托克与高德的审判。此时，布拉柴已经病得无法走出房间，只能由沙拉耶代为传话。

托克和高德两人手里都有几条人命。高德最耸人听闻的罪行是，在1903年7月14日国庆日，下令用一根雷管炸死一名叫帕普卡（Papka）的囚犯。他还被指控，强迫另一名囚犯喝人肉汤。托克最严重的罪行是，下令把一位名叫恩达加拉（Ndagara）的酋长扔进瀑布中淹死。沙拉耶认为，两人的暴行显然不是孤例，在法属刚果的行政人员眼中，杀掉一个非洲人并不比杀一条狗更难。搬运工、向导、工人、税收，殖民者获得这一切的手段靠的全是武力与杀戮。屠杀或把妇孺拘为人质，已成家常便饭。唯一体现出这些人残留着"荣誉意识"的，是他们对所作所为加以否认。

起初，法官以证人——阿斯卡里——文化程度不高、证据漏洞百出，而且他们只能算污点证人（手里也沾满了鲜血）为由，驳回了他们的证据。但两个良知未泯的欧洲人——一名低级官员与一名医生，在法庭上公开指证了托克和高德。这下法官再也没有借口为两人脱罪了。经过6天的审判，法官宣判，二人各有一项铁证如山的罪状：托克淹死了恩达加拉，高德炸死了帕普卡。两人分别被判处5年监禁。白人听众听说共和国的军官竟然因为杀死几个黑鬼被判5年都吓坏了，不仅拒绝与法官握手，甚至拒绝与同席的人握手。

全程参与审判的沙拉耶一开始认为，这场"严厉"的审判，将为之前无数未受惩罚的罪行和可耻的无罪释放画上句号，法国未来将依靠法律而不是酷刑、屠杀统治刚果。但让沙拉耶感到不安的是，两人既没有进行辩护，也没有对审判结果提出抗议。之所以出现这种情况，只有一个合理解释，那就是让蒂收买了两人。他们同意保护让蒂免受曝光，担下一切罪责，作为交换条件，他们得到的只是象征性的判决，而不用真的在牢里待满5年。果然，两年后二人就被释放了。

布拉柴不顾病重，坚持把他的报告写完。接下来，他要回到巴黎，说服政府解雇让蒂，废除特许制度。

8月29日，布拉柴告别布拉柴维尔这个以他名字命名的地方。前往利奥波德维尔火车站的渡船很远，在镇子的另一边。布拉柴坚持步行前往，他摇摇晃晃、步履蹒跚，仿佛进入了梦境，达到无我境界。沙拉耶不知道他在想什么，是回忆年轻时的胜利，还是畅想布拉柴维尔未来的辉煌。

布拉柴回到利伯维尔后，把调查任务移交给了瓦罗-德里斯索。随着布拉柴病情日趋加重，医生们要求把他送到达喀尔的医院。这时的布拉柴已经快说不出话来了，但他还是谈到了利奥波德臭名昭著的蒙加拉特许公司，认为"法属刚果绝不能成为一个新的蒙加拉"。

4个水手把行将就木的布拉柴抬上开往达喀尔的船上。他身体僵硬，面容憔悴，眼睛呆滞无神，胡须发白。沙拉耶走到担架前，最后一次和他握手告别。许多人潸然泪下。大家清楚，非洲即将失去一位真正具有侠义精神的帝国主义者。

9月14日，布拉柴在达喀尔去世。为了弥补多年来对这位英雄的忽视，法国政府为他举行了盛大的国葬。成千上万的巴黎人前往拉雪兹神父公墓（Pere-Lachaise Cemetery）参加送葬仪式。殖民部长克莱门特致悼词：

> 布拉柴并未死去……他的热情长存……即便他不是领袖，他也是榜样。他告诉人们，永远不要对正义和人道的永恒信仰感到绝望，这是法兰西的光荣。

尽管布拉柴享尽哀荣，但几个月后，他关于法属刚果的报告便和他的躯体一样被埋葬。在1906年2月的一次为期3天的辩论中，议会以345票对167票，通过不公开布拉柴报告的决议。克莱门特承诺，对特许公司严加管理；但是，要让他们把土地归还给国家，还需要许多年的时间。唯有布拉柴的忠实信徒沙拉耶，在《时报》上揭露了政府试图掩盖的罪行。他明确指出，特许制度本身必须停止，只要国家把刚果交给特许经营公司管理，暴行就会继续下去。同年，沙拉耶在巴黎成立了法国保护土著协会，通过舆论不断向政府施压。1909年，法国政府终于与特许公司谈判，以承认公司对部分土地的私有权为条件，收回了大片租让土地。

16年后的1925年，著名小说家安德烈·纪德（André Gide）前往法属刚果旅行时，发现那里的土地改革并非如政府吹嘘的那般有效。特许公司的土地确实少了很多，但他们只交出了废弃不用的土地，继续利用恐怖政策开发其余土地。用纪德的话来说："令人惊讶的是，这种可怕的制度，这种无耻的剥削，在危害被公开之后，在被殖民地的总督们多次谴责之后，仍然存在……"几乎与此同时，一名传教士证实，公司的武装人员将一队非洲人捆绑起来，押着他们前去收割橡胶。这些人赤身裸体，被折磨得麻木无知。他们在饥饿和疾病的袭击下，像苍蝇一样倒下。病人和孩子留在村中任其挨饿，人吃人的现象时有发生。

法国人为什么不顾人道主义危机与社会舆论，坚持将法属刚果交给特许公司开发呢？原因很简单，与比属刚果不同，法属刚果实在称不上是"热带宝库"。首先，当地没有黄金、钻石、铜等矿产；其次，在高温多雨条件下，当地的富铝土养料少、分化快，比较贫瘠，无法种植茶叶或咖啡等大宗农产品。法属刚果的财富——象牙、野生橡胶、红木——稀疏地散布在几百千米的沼泽地里，这里人烟稀少，平均每平方千米只有1.5人，收获它们意味着要在公路和铁路上投资数千万法郎，却得等几十年才能盈利。难怪频繁变动的法国政府不愿前人栽树，后人乘凉，宁愿让特许公司碰一碰运气。

到1906年，8年前进入法属刚果的40家特许公司有9家破产、21家严重亏损。以大西洋海岸为起点修建的铁路，直到1934年才修到布拉柴维尔。这条铁路让法国纳税人付出了2.31亿法郎（925百万英镑），让非洲人付出1.7万条人命。

# 第三十七章 丘吉尔的非洲之旅

1905年12月初，以激情四射的年轻"牛头犬"莫雷尔、利物浦老商人约翰·霍尔特、名誉扫地的自由党议员查尔斯·迪尔克爵士以及"老虎"凯斯门特为核心的刚果改革协会，终于看到了希望的曙光。

利奥波德在1904年也成立了自己的刚果调查委员会，该委员会由3名法官组成，受比利时法官埃梅里·詹森（Emile Janssens）领导。当时大家都认为该委员会不过是国王的工具，但等1905年11月7日刚果调查委员会在布鲁塞尔发表调查报告后，世人才发现该委员会也在谴责刚果自由邦政府有计划地侵犯人权。英国媒体和英国外交部私下认为，这是对利奥波德的沉重打击，同时也证明了凯斯门特的报告和刚果改革协会的工作是正确的。

1905年12月4日，贝尔福辞职离开唐宁街，亨利·坎贝尔-班纳曼（Henry Campbell-Bannerman）爵士继任英国首相，爱德华·格雷爵士出任外交大臣。之前，刚果改革协会在兰斯顿勋爵的外交部频频碰壁，莫雷尔希望今后与格雷的合作能更为愉快些。毕竟格雷出身废奴主义者家庭，他的曾伯祖父是在1807年提出废除奴隶贸易法案的格雷伯爵。但凯斯门特不信任他。"我很遗憾格雷去外交部，因为我担心他或多或少会成为利奥波德的朋友。这些帝国主义分子与我们不是同道中人！"

12月11日，也就是格雷履职的第一天，伦敦起了大雾。格雷从白金汉宫接受官印后，由于接他的马车在雾中迷路，他只能步行上班。他走进办公室时，外交部的下属们正在谈论摩洛哥危机。

1830年，法国入侵阿尔及利亚，不知天高地厚的摩洛哥阿拉维王朝的拉赫曼苏丹不仅趁火打劫，侵占阿尔及利亚西部地区，还庇护卡德尔大起义的祸首阿卜杜·卡德尔。这给了法国入侵摩洛哥的口实。从1836年到1844年，法国陆海军多次出击摩洛哥，摩洛哥无力抵挡。不过由于法国急需消化新占领的阿尔及利亚，无暇西顾，因此只是与拉赫曼苏丹签署了《丹吉尔（Tangier）条约》，自此法国把摩洛哥视为其天然的势力范围。1904年，英国在《英法协约》中承认，英国一不会阻挠法国维持摩洛哥的秩序，二不会阻挠法国为摩洛哥的行政、经济、财政、军事改革提供援助，从而默许了法国对摩洛哥的控制。

但在1905年3月，德皇威廉二世趁着俄国在日俄战争中战败，法俄同盟暂时无法发挥作用的时机，公然造访摩洛哥港口丹吉尔，并发表讲话称：他视苏丹为一个独立国家的君主；在承认摩洛哥主权的前提下，各国在摩洛哥享有同等的权益……这无疑是与《英法协约》公然对抗，史称"第一次摩洛哥危机"。

危机爆发时，英国外交大臣还是兰斯顿勋爵，他承诺给予法国外交上的支持，并警告德国大使，如果德国攻击法国，英国不会袖手旁观。撂下狠话之后，兰斯顿便跟着贝尔福下台了。格雷作为外交大臣的第一个任务就是摆平这场危机。

好在当时德法两国都未丧失理智，同意通过国际会议进行协商解决，因此格雷的任务并不十分艰巨。1906年1月，格雷郑重警告德国驻伦敦大使梅特涅（Metternich），他的政策与前任外交大臣兰斯顿一致：并未承诺在军事上与法国结盟，但倘若德国主动入侵法国，英国政府将不得不派遣陆海军支持法国。这些话似乎让威廉二世清醒了许多。在当月于西班牙阿尔赫西拉斯（Algeciras）举行的会议中，已成孤家寡人的德国接受了一个勉强保住面子的方案：德国商人可以在摩洛哥自由贸易，但法国仍旧事实上控制着摩洛哥大部分地区的财政权与警察权。"第一次摩洛哥危机"和平解决。

在第一次摩洛哥危机达到顶峰时，格雷本人遭遇了沉重打击：2月1日，他的妻子多萝西（Dorothy）摔下马车，在昏迷中去世。格雷夫妇膝下并无一儿半女，多萝西对格雷来说意味着一切。葬礼结束后，格雷立即跳入摩洛哥的漩涡里，试图用在外交风云中的驰骋，来忘却失去爱妻的伤痛。

处理完"第一次摩洛哥危机"后，格雷把精力放到了刚果自由邦。正如凯斯门特所想，格雷本人讨厌利奥波德，认为刚果自由邦的制度是"犯罪"。但格雷知道，在此之前，利奥波德一直指责英国在霍尔特、莫雷尔以及利物浦其他商业盟友的怂恿下，试图攫取刚果自由邦东部的土地，这令格雷对插足刚果自由邦感到棘手。而且当时欧洲大战在即，格雷首要考虑的是切勿伤害比利时人民的自尊，以免把这个位置至关重要的中立国推到"三国同盟"一方。

3月底，外交部接待了来访的比利时殖民问题专家费利西安·卡蒂埃（Félicien Cattier）教授。不久前，卡蒂埃以触目惊心的细节揭穿了所谓"国际慈善家"的本质：刚果自由邦"并非一个殖民势力，而是一个只为国王利益服务的商业企业"。他建议英国政府采纳去年7月刚果改革协会通过的两项决议中的第一项，也就是"比利时方案"：说服比利时王国兼并刚果自由邦。卡蒂埃教授的请求，让格雷打起了精神。7月5日，格雷第一次礼貌地告知下议院，他支持"比利时方案"，并补充道："我们不能永远等下去。"可惜的是，格雷在此事上的发言权有限。除了埃及与苏丹外，英国在非洲的其他事务全由殖民部而非外交部负责。当时，英国自己的屁股都不干净，殖民部的首要任务是确保自身不受到类似针对刚果自由邦的指控。

当时的殖民大臣额尔金九世伯爵维克多·布鲁斯（Victor Bruce）是房地产管理专家、苏格兰皇家银行和北英国铁路公司董事、成功的印度前总督、苏格兰自由党的中流砥柱，是一个害羞、节俭、谨慎、沉默、谦逊、原则性很强的人。额尔金31岁的事务次官——温斯顿·丘吉尔则热情似火、酷爱冒险、魅力十足，与他的性格恰恰互补。丘吉尔于去年被保守党除名，转投自由党的怀抱。二人接手殖民部后的第一个活儿，就是推动南非两块新殖民地——德兰士瓦和奥兰治自治。此外，他们还有另一项紧迫任务，那就是改善德兰士瓦的华人矿工的境遇，这是对自由党原则与执政能力的一次考验。

布尔战争期间，南非各大金矿破坏严重，矿场纷纷倒闭，大批黑人矿工离散回乡。英国殖民政府在战后重建时，想方设法重新招募矿工，但由于工资低、待遇差、死亡率高，黑人不想回到矿上，因此时任殖民大臣的张伯伦同意从中国引进廉价劳动力。这些留着大辫子的华人，尽管一如既往地勤劳能干、吃苦耐劳、心灵手巧，但在离家千里的非洲大陆，他们依然遭受了奴隶般的待遇。他们没有家人陪伴，住在由白人看守的集体宿舍不得擅自离开，否则就要被判刑、罚款或罚做苦役。按合同规定，华工只准做粗工，即爆石、打眼、扛矿石上车等，每天工作10小时；但矿场主经常违反合同，延长工作时间，有时他们一天要干12小时以上。由于矿内缺乏安全设备，只要用炸药爆石，往往"石壁倾倒，压毙于矿内者时有所闻"。华工的悲惨遭遇激起了英国舆论对矿场主的广泛谴责。平心而论，英国贫民窟的居住条件并不比华工好，但距离越远，人道主义的本能就越强大。正如某些超级大国对国内的种种问题视而不见，却对他国的人权指手画脚一样。德兰士瓦居民也反对使用华工，他们担心华工团结起来排挤当地的黑人工人，会产生新的种族纠纷。等到华工组织起来，抗议恶劣的待遇时，南非当局又呼吁立即停止输入华工，否则与帝国决裂，另立政府。

但在南非推行改革，结束华工的困境与人心离散的局面，显然会侵犯早在战时便与高级专员米尔纳爵士相互勾结的南非矿主的利益。难怪一名自由党议员愤慨地说道："这个国家之所以对华工问题产生如此强烈的愤慨，只因它是南非旧政府的欺骗政策，是巨大骗局的标志和象征。5年半以前，这个国家的人民被欺骗了……但他们现在已经看清了这样一个事实：南非旧政府的政策是由嗜血的敛财者策划的。这是一场争夺廉价劳动力的战争。"额尔金决定向"万恶之源"米尔纳爵士开刀。

1904年，米尔纳爵士曾秘密批准南非矿主在认为华工偷懒或有"违反自然的恶习"时可以对其施加鞭刑，该丑闻一年以后才被公之于众。1906年3月2日，下议院提出弹劾米尔纳的动议。丘吉尔虽然曾在布尔战争中得到米尔纳的协助，但他对这位恩公毫不手软，米尔纳黯然下台。1906年8月，额尔金颁布命令，禁止华工因轻微错误而被减薪、集体惩罚或被煤矿监察员秘密审判。但矿主依旧禁止华工享受家庭生活，也禁止他们嫖妓。德兰士瓦政府依然处于声名狼藉的境地。

自由党人清楚，让华工，乃至南非所有有色人种摆脱奴隶生活的唯一手段，是立即让德兰士瓦自治，成立类似澳大利亚或加拿大那样的自治政府。1906年1—2月，布尔民族英雄扬·史末资前往伦敦，他一方面表示自己愿意效忠大英帝国，一方面又晓以利害关系，终于使自由党取消了布尔人强烈反对的《利尔顿宪法》（*Lyttelton Constitution*）。由于实际原因，新宪法在1906年年底之前无法实施。自由党人乐观地认为，就像之前的保守党人一样，他们可以在新的德兰士瓦议会中将大部分席位提供给亲英者。

1906年3月底，南非4个殖民地中最具"英国特色"的纳塔尔发生暴动。暴动的起因是，纳塔尔殖民地政府为解决财政拮据，决定向非洲人征收每人一镑的人头税。1906年2月，纳塔尔警方与一群拒绝缴税的祖鲁人发生冲突。两名白人警察被祖鲁人用标枪刺死。纳塔尔政府反应迅速，于2月9日宣布实行戒严。两名祖鲁人上了军事法庭，随后被处决。到3月中旬，又有12名祖鲁人因同样的罪行被判处死刑。殖民部对纳塔尔当局的严酷手段感到震惊。丘吉尔起草电报给纳塔尔总督，他在电报的结尾强调："在我有机会进一步考虑你的意见前，你应该暂停执行死刑。"但纳塔尔当局将其当作帝国政府干涉殖民地内政，以全体辞职表示抗议，并掀起舆论风暴。额尔金不得不解释道，他从未质疑纳塔尔当局拥有惩处黑人的权力，殖民部只不过希望对当地情况有所了解。纳塔尔当局这才撤回辞呈。有恃无恐的纳塔尔政府开始凭借白人志愿兵与黑人雇佣军镇压一位已被殖民政府废黜的酋长班巴塔（Bambata）领导的祖鲁暴动。白人在这场暴动中的损失不大，只有6人被杀害，其中没有妇孺。白人的总伤亡人数为26人，却有至少3000名祖鲁人被殖民部队击毙，他们大多数像羚羊一样，在图盖拉河岸边、塞奇瓦约墓地旁的恩坎德拉（Nkandla）森林惨遭围猎。6月，班巴塔的头颅被一名军医砍下，据称是为了确认他的身份。

和以往一样，血腥仇杀在这场暴动中贯穿始终。自由党人重建文明帝国的愿景显得格外不合时宜，额尔金不得不忍痛吞下苦果。当纳塔尔总督提议英国为这些殖民英雄铸造帝国勋章时，丘吉尔回复道："一枚由殖民地出资铸造的、刻着班巴塔人头颅的铜质奖章，是对他们的牺牲和胜利最恰当的纪念。"

1907年，纳塔尔的原住民事务委员会提出，要为倾听非洲人的诉求提供更好的渠道，试着让非洲部落有限自治。然而计划赶不上变化。1907年，心绪稍安的纳塔尔政府把目标对准祖鲁人的精神领袖——塞奇瓦约的儿子迪尼祖鲁（Dinizulu）。迪尼祖鲁是昔日辉煌的祖鲁王国的象征，在祖鲁人心中威望颇高。尽管他在去年的祖鲁暴动中一直保持沉默，但纳塔尔政府不想留着这颗定时炸弹。1907年，纳塔尔当局试图以23项叛国罪逮捕迪尼祖鲁，但额尔金和殖民部认为大多数证据纯属强行逼供。在殖民部的干涉下，迪尼祖鲁至少得到在公开法庭上受审的权利。1909年，迪尼祖鲁被判包庇叛乱分子等三项罪名成立。他被判处4年监禁，并于第二年被流放到德兰士瓦的一个小农场。

祖鲁暴乱摧毁了纳塔尔独居一隅、不加入联邦的信心。纳塔尔的白人统治阶级人口太少，随时会被黑人组成的汪洋大海淹没。唯一的解决办法是，同其余3个殖民地合并。这样一来，相对更公平、更人道、更高效的本地政策有望诞生。

与此同时，在1906年的头几个月里，自由党人决心不忘昔日格莱斯顿等人的理想，要确保其余殖民地，如北尼日利亚、英属东非和乌干达等保护国得到公正与和平的管理。1899年，张伯伦以86.5万英镑的出价，强迫戈尔迪交出皇家尼日尔公司的势力范围。12月，在布尔战争"黑色一周"的阴影下，卢加德扬帆出海，接管戈尔迪的广袤帝国——近78万平方千米土地和大约2400万人。卢加德每年从财政部获得8.8万英镑可供自由支配的补助金。然而这笔钱加上关税，只够支付临时政府的费用：到1901年，北尼日利亚有100名文职人员、200名军官和2000～3000名黑人士兵。

在戈尔迪时代，皇家尼日尔公司只控制了尼日尔河和贝努埃河两岸的狭长地带，以及努佩和伊洛林这两个间接统治的伊斯兰国家。卢加德决心把帝国的触角伸向边远地区，这意味着要打破北部的索科托哈里发国的独立。在卢加德看来，索科托哈里发国尽管贸易兴隆却腐败嗜血，其财富和权力依赖于掠夺异教邻居的奴隶。但卢加德并不希望直接灭掉这个国家，而是想效仿努佩和伊洛林，实行间接统治。

1902年，趁张伯伦前往德兰士瓦演讲，卢加德派遣一支700人的纵队入侵卡诺（Kano）。他的野战炮将这座大城市的土墙炸出了许多洞，炮弹穿过那些有裂缝的塔楼，击穿了13扇牛皮大门。马克沁机枪倾泻的弹雨，使守军慌于逃命。接着，卢加德入侵了首都索科托，只装备剑与矛的守军大部分逃走。没过多久，他就征服了外强中干的索科托哈里发国，废黜了不得人心的原苏丹，扶植新苏丹穆哈马杜·阿塔希鲁二世（Muhammadu Attahiru Ⅱ）上台，但取消了其"哈里发"的尊号。原哈里发国的领土上，只剩下一个庞大的、敢于反抗的异教部落——芒希人（Munshi）仍旧保持独立。

1906年1月初，卢加德简短地通知他的部队，芒希人烧毁了皇家尼日尔公司设在贝努埃河畔阿比尼西（Abinsi）的哨所，杀死了许多豪萨人，并且封锁了航道，因此他打算发动一场"强大的军事远征"。额尔金决定不再坐视不理，他禁止卢加德再发起惩罚性的征讨，至少必须得到殖民部的批准。只有在需要保护公司财产和清理航道的情况下，卢加德才能继续前进。

但来自母国的电报，无法对卢加德构成丝毫约束。眼下是打垮芒希部落的最佳时机，600名士兵已经蓄势待发，准备向芒希人进攻，将他们临阵召回，无疑是个糟糕的选择，这将导致东南地区出现一股强大力量。但紧接着，一件事情的发生迫使卢加德本人下达了撤军命令。

原来，在距离索科托19千米的小村庄萨提乌（Satiru），一个叫作马兰·伊萨（Mallam Isa）的人自称马赫迪，发起"圣战"。两名公务员、一名白人军官，以及几十个黑人骑乘步兵被锄头、斧头和长矛杀死，而萨提乌周围320千米范围内并无其他英国军队。接下来6天里，卢加德一直守在电报机旁，想知道他精心打造的北方帝国是否已经被摧毁了。好在阿塔希鲁二世坚持他对着《古兰经》宣誓的忠诚誓言：马兰·伊萨是个暴发户，是索科托的叛徒！周边的弗拉尼诸埃米尔也采取了类似的态度。1906年3月初，卢加德派了一支500人的军队去镇压暴乱。在索科托苏丹的支持下，卢加德的部队将子弹射向一群拿着锄头和斧头的农民，把他们当作害虫一样打死了。卢加德的军队毫无伤亡地杀死了2000人。战俘被处死后，他们的头被砍掉钉在木棍顶上。接着，这个村庄被夷为平地。这场叛乱的成功镇压，证明了卢加德间接统治的可行性。但是，这场远征的消息传到伦敦后，殖民部的反应可想而知。丘吉尔记载道：

> 与纳塔尔审判后对12个非洲人的处决相比，灭绝几乎手无寸铁的乌合之众，又如何呢？我承认，我一点儿也不明白我们的立场是什么，尤其是这些事情是在我们的直接授意下进行时，我们还能用什么方式来对纳塔尔政府施加压力呢？

幸运的是，尼日利亚没有引起议会的注意，南非和"华工奴隶"仍然是辩论的热点话题。

殖民部和卢加德之间的鸿沟仍在持续扩大。1906年5月，卢加德的夫人弗洛拉·卢加德（Flora Lugard）前往布伦海姆拜访马尔伯勒（Marlborough）公爵，恰好遇到了公爵的堂弟温斯顿·丘吉尔。丘吉尔大放厥词："废除西非边防军，放弃尼日利亚的大部分地区！这地方太大了，我们守不住！结束全部惩罚性征讨，满足于对一小部分地区进行和平管理。"弗洛拉归来后，警告丈夫说，丘吉尔"无知得无可救药"，而且他"个人活动太多，可能会造成巨大的麻烦"。而丘吉尔则在会议记录中抱怨说，卢加德幻想自己在"闷热的俄罗斯"——尼日利亚当沙皇。

卢加德与自由党的矛盾越来越大，他不仅好斗、喜欢前进政策，还拒绝接受哪怕是最轻微的批评。卢加德因为弗洛拉身体太差，无法长住尼日利亚，居然申请自己在一年里有半年时间坐镇伦敦，遥控北尼日利亚。1905年7月，他在殖民部向利特尔顿（Lyttelton）提出了这个想法，利特尔顿答应帮他说情。但在1906年3月，额尔金断然拒绝了卢加德的请求。于是，卢加德辞去总督一职。额尔金将他晾在英国快一年后，才派他前往香港担任总督。对一个快退休的老官僚来说，香港是声色犬马、歌舞升平的东方明珠；但对卢加德这样年富力强的帝国缔造者来说，香港无疑是一潭死水。

在1907年10月下旬至1908年1月初的休会期间，丘吉尔对英国在东非的领地进行了一次巡视与访问，足迹遍及埃及、苏丹、英属东非和乌干达。4个月里，丘吉尔时常泡在浴缸里，向他那倒霉的秘书埃迪·马什（Eddie Marsh，他在这个岗位上一干就是30多年）口述冗长的报告（他终生未改这一习惯），从而把一场大型狩猎变成了"官方展示"。他还写了一系列关于他冒险经历的文章，让《海滨》杂志的读者们兴奋不已。从蒙巴萨上岸后，他把座椅固定在火车的排障器上，沿着价值500万英镑的铁路，前往乌干达。一路上，他看到了成群的羚羊和瞪羚，500匹炫目的斑马，顶着大长角的黑色角马，成群的红色东非狷羚和野生鸵鸟，十几只懒洋洋地躺着的长颈鹿，还有6只在白日里悠闲地穿过铁轨的狮子。此外，他还看到了成群结队的狒狒，它们"看起来和人一样大"。

丘吉尔和他遇到的各路非洲名人拍照，他还过足了打猎的瘾，猎得了几只鳄鱼、一只河马、一头犀牛、几只非洲大羚羊、两只非洲小苇羚、几只瞪羚和两只粟马羚，还骑马用长矛杀死了两只疣猪。他没有向《海滨》的读者透露，也没有写在他的畅销书《我的非洲之旅》里的是，在英属东非，几千新来的白人定居者公然反抗总督，他们神气活现、荷枪实弹地公开游行。1907年3月，也就是丘吉尔到达前几个月，殖民者协会主席埃瓦特·格罗根（Ewart Grogan）在肯尼亚首府内罗毕（Nairobi）的法院门口，鞭打了3名基库尤仆人，原因是他们把一辆人力车撞翻，又"无礼"地跟白人妇女顶嘴。总督向伦敦报告此事，额尔金告诉他这些是"无法无天和不公正的行为"，格罗根必须受到惩罚。

在额尔金准备亲自到英属东非考察之前，丘吉尔对此事件写下了短评："我们绝不能让最开始来的这几个恶棍，用'负责任地统治殖民地'的卑鄙借口，从我们手中夺走美丽而前途光明的保护国，毕竟我们已经在它身上花了那么多钱。下议院绝不允许我们放弃对土著的职责，因为他们是最和平、最勤劳、最守法的民族。"

但是，当丘吉尔站在内罗毕法院大楼对面，也就是暴行发生的地方时，他就不太自信了。他认为东非的种族关系，就像是"一群笨拙、厚脸皮、长着角、目光短浅、脾气暴躁的犀牛之间的关系一有风吹草动它们就会盲目地冲上去"。他怀疑这里能否成为一个白人的国家，白人能否在拥有"凉爽而轻快的微风、温和而不变的气候"的美丽高地上生活和养育他们的家人，在牛、马和人之间流行的、可怕的热带疾病能否被克服。丘吉尔发现，这里的白人定居者们意志消沉。带着上述困惑，他前往了乌干达。

丘吉尔发现，乌干达是一颗货真价实的"明珠"。这场瓜分终于收获了令众人满意的硕果。凭借新铁路，英国帮助乌干达大力发展出口经济。新教学校与医院井井有条，教会学校的好学生、姆万加的儿子——11岁的道迪·切瓦（Daudi Chewa）被教导得十分令人满意，他已成为新的卡巴卡。昔日卢加德部署机枪的教堂边的高地里，如今全是黑人学生，他们唱着曲调优美的英语赞美诗。他把乌干达描述为"一个童话世界"，并以一个大家长的口吻，在书中居高临下地写道："东非黑人应该培养自己对文明着装的品位，这无疑将会成为一种优势。他们的生活将逐渐变得更加系统与多样化，不再那么原始野蛮，而他们自己的经济地位也将获得提升。"

丘吉尔随后又回到了10年前他战斗过的地方——苏丹。他见证了自恩图曼战役以来喀土穆的巨大变化：奴隶制被废除，铁路延伸到了青尼罗河南岸，宽阔的街道上有了电灯，教育、工艺和农业都有了转变，出现了欧洲的商店、蒸汽电车和渡船，还有了可以培训小学老师的戈登纪念学院……总而言之，所有这些都是大英帝国的统治带来的好处。然而，他的男仆乔治·斯克里弗斯突然死于亚细亚霍乱。丘吉尔为他安排了一场让马什觉得"极为感动的"军事葬礼，"我又发现自己站在了敞开的墓穴旁，落日的余晖仍然笼罩在沙漠上，葬礼上的鸣枪声打破了寂静"。

1908年1月，丘吉尔带着重新树立的信心和对大英帝国的期望，回到额尔金身边，格莱斯顿与老自由党人昔日的理想，似乎已经出现在东非的地平线上。此时，英国公众的焦点转移到了刚果自由邦。从利奥波德手中拯救刚果自由邦的斗争再次达到高潮。令人惊讶的是，这一次响应莫雷尔呼吁的，是大洋彼岸的美国。

这时的利奥波德国王原形毕露，那些有关文明使命的甜言蜜语、承诺未来进行改革的海誓山盟已经一去不复返。1906年6月3日，他气急败坏地发表了一封"皇家信"："我在刚果的权力不能分享，它是我劳动和付出的成果……我有责任向全世界宣告这些权力。"

# 第三十八章 利奥波德之死

　　1905—1906年的冬天，年逾古稀的利奥波德国王和他的情妇布兰奇·德拉克洛瓦的第一个孩子吕西安（Lucien）降生。在过去的几年里，国王的体重增加了35磅，他的左腿疼得越来越厉害，都没法骑自行车在莱肯宫兜风了。对他来说，莱肯宫已不再值得留恋。事实上，凭借从王属基金会（Fondation de la Couronne，利奥波德依靠刚果王属地的收入建立的信托基金）获得的1250万法郎（50万英镑），他已决心拆掉莱肯宫，建造巨大的巴洛克风格的新宫殿。他的继承人、侄子阿尔伯特（Albert）亲王看到宫殿的设计图纸后，惊呼道："可是舅舅，这将是一个小凡尔赛宫！"利奥波德国王回答："小吗？"国王知道自己时日不多，为了在有生之年住上这座宫殿，享几年清福，他不再对刚果自由邦的横征暴敛遮遮掩掩了。事实上，这时的他也没法修复自己已经崩塌的形象了。

　　国王自己组建的、由比利时法官埃梅里·詹森领导的刚果调查委员会，于1905年出炉了一份150页的报告。报告虽然由平淡客气的官方语言写成，却证实了凯斯门特的说法，谴责了比利时天主教传教士对暴行保持沉默的态度。天主教组高层不得不狡辩道，他们也曾上报过暴行，只不过是私下向刚果自由邦的政府官员报告的。这份报告一出，即便是国王最狂热的追随者，也无法替国王辩白。

　　如果詹森的报告还算含蓄委婉，那么费利希恩·卡蒂埃（Félicien Cattier）教授的报告则是爆炸性的。他的研究显示，国王为了弥补刚果自由邦108万英镑的赤字，一共借了520万英镑。多出的钱去哪儿了？卡蒂埃调查后发现，国王仅在布鲁塞尔和奥斯坦德两地的房地产市场中，就投资了73万英镑；而且国王在收买媒体方面，撒钱无数。就算如此，还有几百万英镑下落不明。

　　卡蒂埃强烈呼吁比利时政府兼并刚果自由邦。作为回应，利奥波德于1905年6月3日发表"皇家信"。随后，比利时议会就是否兼并刚果自由邦展开热烈讨论。这一次，无论是一贯反对殖民的社会主义者，还是国王在刚果自由邦的昔日搭档奥古斯特·贝尔纳特领导的自由党右派，都赞成这一提议。但时任首相的保守派领袖——天主教教徒斯梅特·德·纳耶尔（Smet de Naeyer）并不赞成兼并刚果自由邦，他的理由是接管刚果自由邦可能会让当时已不稳定的国际局势变得更加微妙，进而威胁到比利时的中立立场。

结果当年7月，比利时维持中立的最强有力的保障——英国外交大臣爱德华·格雷爵士表态支持比利时政府兼并刚果自由邦。这还不算完，11月3日，就在比利时议会重新就兼并刚果自由邦问题展开讨论之前，英国《晨报》发布了一条让利奥波德惊惧的消息：美利坚合众国政府正准备与英国政府合作，迫使国王吐出刚果。

西奥多·罗斯福（Theodore Roosevelt）总统领导的美国政府之所以做出这一决定，可以追溯到两年前。当时，埃德蒙·莫雷尔渡过大西洋，前往美国进行为期3周的巡回演讲，并以美国传教士为骨干成立刚果改革协会美国分会。莫雷尔在纽约、莫霍克湖（Lake Mohonk）和波士顿向听众讲述利奥波德在非洲的恐怖统治——焦黑的村庄、被肢解的尸体以及一篮子一篮子的断手。他同时对威廉·莫里森等美国新教传教士敢于揭露暴行的勇气不吝溢美之词。莫雷尔的助手——牧师约翰·哈里斯（John Harris）先后走访了200多个美国城市。莫雷尔来到华盛顿后，受到了国务卿约翰·海伊（John Hay）和罗斯福总统的热情接待。但罗斯福与海伊的观点相同，认为莫雷尔的来访是"善意的鲁莽之举"。

当莫雷尔在大洋彼岸发起气势如虹的攻势时，利奥波德这只老狐狸自然不会坐以待毙。国王的优势依旧在于财富造就的专业公关团队，该公关团队由其狂热崇拜者、比利时驻华盛顿大使蒙彻尔（Moncheur）男爵负责。他还聘请了神秘的加州律师——大胖子亨利·科瓦尔斯基（Harry Kowalsky）上校在国会上替他充当说客。除此之外，国王派出各种各样的使节，包括他自己的私人秘书卡登·德·维特（Carton de Wiart）与美国政客和新闻界进行交涉。公关团队的说辞还是老套路：莫雷尔实际上代表的是利物浦商团的利益，他们试图把安特卫普的橡胶贸易转移到利物浦。

起初，包括著名作家马克·吐温（Mark Twain）和马萨诸塞州参议员亨利·卡伯特·洛奇（Henry Cabot Lodge）在内的大多数社会名流和政治家都中了招，倾向于支持利奥波德。很快，利奥波德便争取到一位重量级的支持者。1906年2月，美国新任国务卿埃里胡·鲁特（Elihu Root）发表了一份声明：由于美国政府并未在《柏林总议定书》上签字，因此《柏林总议定书》无法作为美国进行国际干预的法律依据。这似乎彻底粉碎了刚果改革协会的希望。

鲁特选择支持利奥波德有两方面的原因。

第一，美国当时在菲律宾陷入了丛林游击战的泥潭之中，曾担任陆军部长的鲁特对利奥波德的复杂处境感同身受。刚果自由邦的面积是菲律宾的5倍，人口却和菲律宾差不多，但更加野蛮落后，难以调教。利奥波德在治理刚果时，出现针对原住民的暴行在所难免。

第二，鲁特有着自己的私心。1906年11月，利奥波德为了堵住列强们的嘴，将刚果自由邦交给四大国际公司垄断：由英国和比利时合资的矿业联盟，一家法国和比利时合资的采矿与铁路公司，一家由美国商人和刚果自由邦政府共同控制的采矿和木材公司，一家由托马斯·瑞安（Thomas Ryan）和古根海姆（Guggenheims）领导的美国财团建立的美国—刚果公司。鲁特在担任国务卿之前，担任过托马斯·瑞安的律师，与其有着盘根错节的利益关系。

在鲁特看来，利奥波德在美国的基本盘稳如泰山，没想到不到一个月，国王阵容豪华的公关团队就捅出了娄子。

前文提到，利奥波德国王安排科瓦尔斯基上校游说美国国会，但蒙彻尔担心上校抢了他的风头，因此挑拨离间，将其称为"声名狼藉的犹太人"。利奥波德在聘用上校一年后，便将其解雇。科瓦尔斯基上校也不是省油的灯。为了报复，他把他的故事和国王的私人信件卖给了一家叫《纽约美国人》的报纸。该报纸自12月10日开始，连续进行了一个星期的专栏报道。美国公众这才知晓，国王团队一路撒钱，不仅贿赂了诸路记者、国会代表，还成功贿赂了参议院外交关系委员会成员汤姆斯·G. 加勒特，使其阻挠抗议刚果自由邦的决议通过。这一惊世丑闻公之于世后，包括马克·吐温和亨利·卡伯特·洛奇在内的诸多国王支持者立即改变了立场。洛奇在参议院发起了一项呼吁国际社会对刚果自由邦丑闻进行调查的提议。罗斯福总统于12月11日正式宣布，美国将与英国合作，敦促比利时兼并刚果自由邦。

在英美两大列强的施压下，利奥波德国王不得不忍痛割爱。接下来他要做的，就是在谈判中漫天要价，坐地还钱。早在1906年夏，比利时议会初步讨论兼并刚果自由邦时，利奥波德就提出，王属基金会和王属地的收入归他所有。换句话说，他同意放弃刚果自由邦的土地，但不会放弃刚果自由邦的利润。议员们当然不傻。正如自由党领袖保罗·海曼斯（Paul Hymans）所说，比利时永远不会接受这种残缺的主权。

世人本不指望利奥波德国王会妥协，但1906年12月14日从布鲁塞尔传来了一则令人震惊的消息：利奥波德同意按比利时政府给出的条件，将刚果自由邦移交给对方。政府将迅速批准兼并刚果自由邦，并将起草一项殖民法案，为比利时的第一块殖民地引入人道主义制度。

原来，国王在12月13日得知罗斯福总统宣布进行干预后，便决定以退为进，静观时局。新年过后，国王这方的局势果然出现了缓和的迹象。在美国，蒙彻尔男爵对参议院的游说相当成功，洛奇的决议未被通过。在国内，民心尽失的德纳耶尔政府，为保住权力只能与国王捆绑，而国王拒绝向他提供起草新殖民法案所需的财政资料。德纳耶尔最终还是没有撑住。1907年4月，他把首相一职移交给了身体糟糕的同事儒略·德·特罗德斯（Jules de Trooz）。1907年12月初，特罗德斯公布《交割协定》。该协定以巨大的篇幅赞颂了利奥波德治理刚果自由邦的"丰功伟绩"，半遮半掩地提到刚果自由邦目前存在的暴行，但对未来的改革只字未提。新政府将接管旧政府留下的所有政治遗产，并承诺支持王属基金会。简而言之，比利时政府将接管利奥波德治下的刚果自由邦的一切，除了这片土地上的大半收益。

《交割协定》立即在比利时国内引起了强烈抗议。社会主义者、自由主义者、贝尔纳特的天主教教徒联合起来，反对这一协定。好在特罗德斯在失去大多数人的支持之前，彻底获得了解脱：国王的顽固态度使他疲惫不堪，12月31日，他倒地猝死。

与此同时，刚果改革协会美国分会一直在不依不饶地轰炸白宫，要求美国政府采取进一步的干预措施。1907年12月，国务卿鲁特和国务院尴尬地收到了他们的刚果特使、总领事史密斯的正式报告。本来，鲁特委托史密斯出具报告，是希望它能成为拖延的借口。但史密斯显然未顾及上司的想法，而是把利奥波德与他的自由邦扒得一丝不挂：刚果自由邦政府公然违反《柏林总议定书》，严重侵害人权；

刚果自由邦并没有实现开化；它根本不是一个真正的国家，而是一个巨大的商业组织……鲁特再也没有拖延的理由，他命令美国驻比利时大使与比利时新政府达成协议，要求比利时在兼并刚果自由邦的同时，必须确保终止践踏人权的行为，这些行为是对《柏林总议定书》和《布鲁塞尔总议定书》的嘲讽。

美国驻布鲁塞尔大使威尔逊（H. I. Wilson）和其他国家的大使一样，之前被利奥波德国王奉承得心花怒放。此刻，他不得不尴尬地面对弗朗茨·斯科拉特（Franz Schollaert，接替特罗德斯）的新政府，威胁说如果比利时不能以令人满意的条件进行兼并，后果自负。新上任的英国驻比利时大使亚瑟·哈定（Arthur Hardinge），继威尔逊之后向比利时政府发出警告。美英于1908年1月23日发表联合公报，坚持要求斯科拉特政府承认前任政府在《柏林总议定书》和《布鲁塞尔总议定书》中承诺的义务，尊重"贸易自由、传教士的权力和对当地人的人道待遇"。

不到一周，斯科拉特政府就给出了新方案。国王最终同意放弃王属基金会。该基金会是打开这个热带宝库的钥匙，刚果自由邦被比利时兼并很久之后，它都还能源源不断地从刚果自由邦获得收入。作为补偿，比利时政府不仅同意承担国王1100万法郎的债务，还同意支付给国王455万法郎，完成其在布鲁塞尔与奥斯坦德等地修建的豪华建筑的扫尾工作。这时国王又恬不知耻地撒谎说，在橡胶业勃兴之前，也就是刚果濒临破产的那些年里，他在刚果大约投入了2000万法郎，从未获利。实际上，国王得到了6倍的回报。因此，为了感谢国王陛下"在刚果的巨大牺牲"，国王将在15年里从刚果得到合计5000万法郎（200万英镑）的年金。

如今的利奥波德，虽然依旧腰缠万贯、富可敌国，但已彻底成了名副其实的"孤家寡人"。过去30年间的所有合作者——埃梅里·班宁、兰贝蒙特、蒂斯、贝尔纳特纷纷与他分道扬镳。他时不时发火，让私人秘书卡登·德·维特胆战心惊。只有在布兰奇和两个私生子吕西安、菲利普（Philippe）的陪伴下，他才会有一丝活力。

1908年2月，经过数月的争论后，批准《交割协定》的法案在比利时议会中顺利通过。该协定还附加了一项法案，以确保殖民地真正受议会管辖。

眼下只剩最后一个棘手问题了。如果比利时要求英国和美国承认其对刚果自由邦的兼并，它们必然会拒绝，因为这两个大国坚持要求比利时做出在刚果进行改革的保证。因此，比利时并未通知任何列强，只是在1908年10月20日在《比利时通报》上公布了一项法律：以比利时国王的名义批准比利时兼并刚果自由邦。

爱德华·格雷爵士为比利时兼并刚果自由邦这一既成事实感到震惊。被比利时兼并后，刚果自由邦的制度并没有改变，既没有真正意义上的殖民政府，也没有学校、医院或其他对当地人有益的东西，只有一个建立在强迫劳动基础上的巨大商业公司。格雷担心"比利时方案"只是国王创造的一个新骗局，利奥波德的腐败官僚和特许公司仍然是刚果自由邦的主宰。此时，他只能呼吁法国、德国等所有签署《柏林总议定书》的国家团结起来，对比利时兼并刚果自由邦提出抗议。然而列强并不买账。无论是法国还是德国都不愿意得罪这个位置至关重要的邻国，其他国家则因英国外交大臣过分关注远在天边的刚果自由邦而感到困惑。1908年过去之后，只有英美两国坚决不承认比利时对刚果自由邦的兼并。另一边，斯科拉特因担心在刚果进行改革会增加比利时政府的支出，坚决不做任何改革的承诺。于是，事情就这样陷入了僵局。

人道主义者起初坚决支持格雷的决议。1908年圣诞节前两天，《泰晤士报》发表了一封由莫雷尔倡议，克罗默、贝尔福、19名主教、75名议员和其他显贵联名签署的信，信中对格雷的政策表示"非常满意"。但改革运动的灵魂人物莫雷尔，不久便因失去耐心而下了一步臭棋。

1909年5月，莫雷尔呼吁外交部把刚果自由邦出口的橡胶、象牙和其他产品列入奴隶产品的黑名单，并封锁其在尼罗河的贸易出口，没收从刚果自由邦出发的比利时船只的货物。莫雷尔甚至自信满满地警告外交部官员，他有英国人民的支持，除非格雷做出回应，否则他会"挣脱束缚，掀起一场前所未见的风暴"。外交部的官员们不得不承认："莫雷尔虽然是个诚实的狂热分子，但他的头一定肿了。"事实上，莫雷尔根本无法通过说服格雷的选民来打破僵局。

几个月过去了，比利时没有做出任何让步，英国政府的注意力却转向了另一个非洲问题。

1907年，德兰士瓦自治殖民地根据额尔金勋爵颁布的新宪法进行选举。勋爵满怀信心地认为，德兰士瓦的新总理将会是个讲英语的南非人，可以兼顾布尔人与不列颠人的利益。但他万万没想到，不列颠人的选票出现了分流，而布尔人的投票比预期的更加集中。于是，两位布尔少壮派战争英雄——路易·博塔与扬·史末资分别当选为总理和副总理，博塔的人民党赢得了67个议席中的37个。1907年7月，亚伯拉罕·菲舍尔（Abraham Fischer）的统一党在奥兰治自治殖民地的37个议席中获得了32个，成功当选总理。显然，布尔人不仅能征善战，在政治上也是一把好手。战争结束仅仅5年，他们便通过选票，重新夺回德兰士瓦与南非的政权。

　　1908年10月，英国政府鼓励4个南非殖民地组建新的南非自治领。1908年年底，4个殖民地的代表在德班举行国民会议（制宪会议）。次年春，大会制订了《南非法案》草案。按照草案，南非将成立相对集权的联邦，而不是松散的邦联。该联邦将由盛产黄金的德兰士瓦控制。旧共和国时期的种族歧视毫不掩饰地渗透在《南非法案》里，没有一名非洲土著可以在联邦中任何一邦的议院中任职。在德兰士瓦和奥兰治，有色人种无权投票。在纳塔尔，非洲土著无权投票，有色人种中只有少数印度人拥有资格。之前种族之间相对平等的开普，其优良传统也受到威胁。衡量一个人是否具有投票资格的是文明，而不是种族。然而，根据宪法草案，受过教育的非洲中产阶级的投票权可能会被占据联邦议会两院三分之二的票数扼杀。另外，《南非法案》序言里提到："为原来没有被包括在联邦之内的那些南非部分地区最终作为省或领地加入联邦做好准备，是有益的。"所谓"南非部分地区"，指的是3个直属英王的保护国——贝专纳兰、巴苏陀兰、斯威士兰。只要南非政府提出要求，英国将把这3个黑人小国移交给南非联邦。

　　没想到在1909年7月，两个来自南非的代表团突然来到伦敦，阐述各自的观点。

　　第一个代表团，代表了100万白人。他们派出的代表是德兰士瓦总理博塔、副总理史末资，开普代表霍夫迈尔（Hofmeyr）、梅里曼和詹姆森医生（罗德斯的老伙伴）。他们向额尔金的继任者、殖民大臣克鲁（Crewe）勋爵陈述自己的观点：随着《弗里尼欣和约》的签署，昔日"大迁徙"以及两次布尔战争中的死敌已经握手言和，这一奇迹般的和解为缔造白人联盟提供了期待已久的机会。目前，《南非法案》草案已经得到包括开普在内的南非所有白人社区的同意。而开普早已失去在经济上的主宰地位，不敢违抗其余3块殖民地对种族歧视的坚持。英国政府应该抓住机会，建立一个新的大自治领，这将是一块让爱德华七世的王冠熠熠生辉的宝石。

　　第二个代表团，代表的是至少900万黑人和棕色人种，即南非的原住民。他们的首席发言人是一个白人律师，开普前总理威廉·施莱纳（William Schreiner），他刚刚为塞奇瓦约的儿子迪尼祖鲁辩护回来。施莱纳是一位坚定的联邦主义者，他对《南非法案》中的种族歧视感到震惊，认为其是"宪法上的污点"。他来伦敦的目的，就是把污点抹掉。他的到来，受到了查尔斯·迪尔克爵士等人和原住民保护协会、反奴隶制协会等组织的欢迎。但除了《曼彻斯特卫报》上的激进派，以及像拉姆齐·麦克唐纳（Ramsay MacDonald）这样的工党议员外，施莱纳并未争取到有影响力的媒体与官员的帮助。施莱纳试图警告自由帝国主义者，南非联邦将是一种对自由党追求各民族自治权利的背叛，但听者寥寥。

7月中旬，施莱纳拜访克鲁勋爵，后者对其表示同情，却只能向施莱纳保证，贝专纳兰、巴苏陀兰、斯威士兰移交给白人主导的联盟一事，必须征求当地原住民的意见，把这3个小国的国民置于帝国的保护之下。至于保住原住民在南非的投票权，以及向黑色或棕色人种议员开放联邦议会，克鲁压根儿不抱任何希望。阿斯奎斯（Asquith）政府早已承诺，按照宪法草案的条件批准成立联邦。其实早在10年前，米尔纳便直截了当地给阿斯奎斯提出了建议："只要牺牲掉黑鬼，游戏就很简单了。"

《南非法案》最终在议会中顺利通过。1909年9月2日，该法案获得爱德华七世批准。1910年5月31日，即《弗里尼欣和约》签订8周年纪念日，路易·博塔就任南非联邦首任总理。施莱纳为南非有色人种争取政治权利的行动失败了。从125万白人选民中产生的白人政府，从此开始对425万被剥夺了选举权的非洲人、50万混血种人和16.5万印度人实行漫长的种族主义统治。也是在这一年，最后一批华工离开南非，驶往秦皇岛。大多数人除了满身伤痕，一无所得。

让我们再说回比利时。1909年10月，比利时议会终于在千呼万唤中宣布了刚果改革计划：逐步实施自由贸易，保证1910年7月前在半个国家内推行；之后两年，分阶段在全国推行；时机成熟后，当地人可以自由买卖橡胶。然而"牛头犬"莫雷尔依旧紧紧咬住刚果，毫不松口："尽管名字已经变了，但是老公司还在，仍旧进行着掠夺和奴役的老游戏。"然而，莫雷尔所做的一切无济于事。

备受挫折的莫雷尔最后掉转炮口，猛烈抨击格雷爵士为了协约国的要求和秘密军事承诺而牺牲刚果。这种攻击让克罗默勋爵这样的帝国主义者对刚果改革协会敬而远之。刚果改革协会曾经的团结，逐渐在相互指责中消失了。然而莫雷尔距离最终的胜利，并不远了。

74岁的利奥波德行将就木。由于莱肯宫中堆满了用于改造的施工图纸，因此国王只能裹着一件晨衣，躺在温室外面一间叫棕榈亭的小屋里。他的胃因肠道堵塞而膨胀（实际上是胃癌），医生们不敢给他动手术。国王请牧师给他做临终涂油礼，但因他与布兰奇的私情而被拒绝。为了使丧事能够顺利进行，火速赶来的布兰奇与利奥波德匆忙举行了婚礼仪式。他的两个女儿路易丝（Louise）和斯蒂芬妮（Stephanie）也抵达了莱肯宫，希望能在国王临终前与他和解，顺便让父亲在遗嘱中对她们多加关照。但国王执拗到了最后，拒绝让她们进入棕榈亭中探望他。他的亲人中，只有继承人阿尔伯特亲王在他身边守候。

1909年12月14日，医生们终于动了手术，但手术后国王只活了几个小时。弥留时刻，国王用颤抖的手签署了比利时王国实施义务兵役制的法案。哭得梨花带雨的布兰奇最后被人强行带走。国王的遗愿不无辛酸：

> 我希望在清晨时下葬，切勿隆重。除了我的侄子和我最亲近的人，禁止任何人为我送葬。

利奥波德龙驭上宾后，遗体在布鲁塞尔王宫停灵两天。之后，人们为他举办了国葬。利奥波德下葬后，广大比利时人长出了一口气，他们终于可以摆脱臭名昭著的老国王了。相比之下，新国王阿尔伯特一世堪称平民国王、模范丈夫、道德标兵。4年以后，当阿尔伯特一世带领弱小却顽强的比利时军队英勇抗击德意志帝国的侵略时，协约国媒体巧妙地将之前比利时人施加在刚果原住民身上的暴行移花接木到侵略军身上，如钉死小孩，砍断手脚等。只有少数头脑冷静的人提醒义愤填膺的协约国民众，这些暴行实际上发生在非洲，是比利时人干的。据推测，刚果自由邦的人口在1880—1920年间减少了一半。导致这一结果的原因，除了谋杀、饿死、累死、无家可归和疾病死亡等，还包括出生率急剧下降。

1911年，也就是利奥波德死后两年，法国强迫摩洛哥苏丹签订《非斯条约》，正式吞并摩洛哥的大部分领土。西班牙分得了摩洛哥的剩余土地——里奥德奥罗（Rio de Oro）。这个1885年便成为西班牙保护地的沙漠地带正式成为西属撒哈拉殖民地。为了平息德国的愤怒,法国将法属刚果的一大片领土分给了德国。与此同时,意大利打败奥斯曼帝国,占领了的黎波里和昔兰尼加(Cyrenaica),并将二者合二为一,建立起利比亚殖民地。这场"菜鸡互啄"的战争,最大的2个亮点是飞机第一次作为武器出现在利比亚战场上。就此,持续30余年的瓜分非洲运动结束。

此时此刻,广袤的非洲大地,只剩下两个国家保持着独立:一个是在瓜分中将领土扩大了一倍,但其领袖孟尼利克自称为白人的阿比西尼亚,另一个是拥有大量来自美国的黑人定居者(前奴隶)、代表帝国主义黄金时代贫困和暴政缩影的利比里亚。

# 参考文献

[1] 罗伯特·柯林斯.苏丹史 [M].徐宏峰，译.北京：中国大百科全书出版社，2010.

[2] 阿伦·马林森.英国陆军史：从英国内战 范大学出版社，1995.

[3] 杨灏城.埃及近代史 [M].北京：中国社会科学出版社，1985.

[4] 理查德·霍尔.季风帝国：印度洋及其入侵者的历史 [M].陈乔一，译.天津：天津人民出版社，2019.

[5] 亚当·霍赫希尔德.利奥波德国王的鬼魂：贪婪、恐惧、英雄主义与比利时的非洲殖民地 [M].扈喜林，译.北京：社会科学文献出版社，2018.

[6] 詹姆斯·特拉斯洛·亚当斯.重铸大英帝国：从美国独立到第二次世界大战 [M].覃辉银，译.桂林：广西师范大学出版社，2018.

[7] 张文亮.深入非洲三万里：李文斯顿传 [M].兰州：敦煌文艺出版社，2006.

[8] 坎蒂丝·米勒德.帝国英雄：布尔战争、绝命出逃与青年丘吉尔 [M].陈鑫，译.北京：社会科学文献出版社，2018.

[9] 葛公尚，于红，等.世界民族（第6卷）：非洲 [M].北京：中国社会科学出版社，2013.

[10] 安德鲁·罗伯茨.丘吉尔传：与命运同行 [M].李晓霞，译.北京：中信出版社，2021.

[11] 埃米尔·路德维希.俾斯麦传 [M].袆旸，译.长春：吉林出版集团有限责任公司，2012.

[12] 诺曼·里奇.大国外交 [M].中国人民大学出版社，2015.

[13] 茉莉娅·贝尔德.维多利亚女王：帝国女统治者的秘密传记 [M].陈鑫，译.北京：社会科学文献出版社，2019.

[14] 马娅·亚桑诺夫.守候黎明：全球化世界中的约瑟夫·康拉德 [M].金国，译.北京：社会科学文献出版社，2018.

[15] 劳伦斯·詹姆斯.大英帝国的崛起与衰落 [M].张子悦，解永春，译.北京：中国友谊出版公司，2018.

[16] 巴巴拉·W.塔奇曼.骄傲之塔：战前世界的肖像，1890-1914[M].陈丹丹，译.北京：中信出版社，2016.

[17] 托比·格林 . 一把海贝：从奴隶贸易兴起到革命年代的西非 [M]. 郭建龙，译 . 北京：社会科学文献出版社，2020.

[18] 海因里希·奥古斯特·温克勒 . 西方通史（第一卷）：从古代源头到20世纪 [M]. 北京：社会科学文献出版社，2020.

[19] 王爱云 . 二十世纪初南非华工事件初探 [J]. 南开学报，1996(2).

[20] Thomas Pakenham.*The Scramble for Africa*[M].New York：Avon Books，1992.

[21] Donald Featherstone.*Campaign 023：Khartoum 1885, General Gordon's Last Stand*[M].New York：Osprey Publishing，1993.

[22] Donald Featherstone.*Campaign 027：Tel El-Kebir 1882,Wolseley's Conquest Of Egypt*[M].New York：Osprey Publishing，1993.

[23] Donald Featherstone.*Campaign 029：Omdurman 1898,Kitchener's victory in the Sudan*[M].New York：Osprey Publishing，1993.

[24] Ian Knight.*Men at Arms 212：Queen Victoria's Enemies (1) Southern Africa*[M].New York：Osprey Publishing，1989.

[25] Ian Knight，Richard Scollins.*Men at Arms 215：Queen Victoria's Enemies (2) North Africa*[M].New York：Osprey Publishing，1989.

[26] CJ Peers，Raffaele Ruggeri.*Men at Arms 411：Warrior Peoples Of East Africa 1840-1900*[M].New York：Osprey Publishing，2005.

[27] Winston S. Churchill.*River War: An Historical Account of the Reconquest of the Soudan*[M].Auckland：The Floating Press，1899.

[28] Michael Barthorp.*Blood red Desert Sand：The British Invasions of Egypt and the Sudan 1882-98*[M].London：Cassell; Reprinted Edition，2002.

[29] William Wright.*Battle Story:Omdurman 1898*[M].Gloucester：History Press，2012.

[30] Angus Konstam.*New Vanguard 239:Nile river gunboats 1882–1918*[M].New York：Osprey Publishing，2016.

[31] Michael Barthorp.*Men at Arms 201：The British Army On Campaign 1816-1902 (4)1882-1902*[M].New York：Osprey Publishing，1989.

[32] Byron Farwell.*Queen Victoria's little wars*[M].New York：W. W. Norton & Company，1985.

[33] CJ Peers.*East Africa：Tribal and Imperial Armies in Uganda, Kenya, Tanzania and Zanzibar, 1800 to 1900*[M].Foundry，2004.

# 图片

图1：1843年，利文斯通来到林波波河的起源地马波塔撒（Mabotsa）。马波塔撒狮患严重，狮子不但经常捕杀当地人饲养的羊，还常常伤人。于是利文斯通组织当地人使用他带来的火器狩猎狮子，结果他左肩遭到狮子撕咬，终身无法高举重物。但狮子在他肩膀上留下的齿痕成了这位伟大探险家穷极一生，致力于拯救、教化非洲各民族的难以磨灭的印记。[ Josiah Wood Whymper（1813—1903）绘 ]

图2：最后一次探险时被担架抬着前进的利文斯通。〔Josiah Wood Whymper（1813—1903）绘〕

图3：19世纪探索非洲的部分探险家。
第一排从左至右依次为：弗尼·卡梅伦、塞缪尔·贝克、理查·伯顿、詹姆斯·格兰特。
第二排从左至右依次为：约翰·斯皮克、古斯塔夫·纳赫蒂加尔、格哈德·罗尔夫斯。

图4：国际非洲协会的旗帜，金星象征着文明之光。该旗帜后来被刚果自由邦沿用。

图5：斯坦利在《我是如何找到利文斯通的》一书中写下了他与利文斯通相见的一幕："我慢慢地走向他，看到他脸色苍白，有点儿疲惫，满脸灰白胡子。他戴着一顶镶金边的蓝色帽子，穿着红色的外套与灰白色的斜纹软呢裤。我想跑上去拥抱他，但是我知道在众人的注视下，英国绅士不适合这样的见面礼。我不知道他的反应，于是我脱下帽子，缓缓说道：'恕我冒昧，您是利文斯通医生吗？'他轻轻地脱下帽来，说：'是的。'我把帽子戴上，他也把帽子戴上，我们分别走上前，紧紧握住对方的手。我几乎大声叫道：'感谢上帝，能够在此遇见你。'他回答道：'我也感谢上帝，能够在此迎接你。'"［Walter Stanley Paget（1862—1935）绘］

图6：蒂波·蒂普的画像［现藏于桑给巴尔石头城的珍奇宫（House of Wonders）］。斯坦利如此描述蒂普："他个子很高，蓄着黑胡子，肤色很黑，正值盛年，身材挺拔，动作敏捷，一副精力充沛的样子。他的面相很聪慧，只是眼睛不时会神经性地抽动一下。"

图7：在大迁徙运动中，布尔人扶老携幼，将全部家当装上牛车，赶着成群的牛羊，以家族或社区为单位陆续出发。在途中，随着会合，他们的队伍不断壮大。［Joseph Ratcliffe Skelton（？—1927）绘］

5

图8：被布尔志愿兵追击的科萨武士。〔Richard Caton Woodville Jr.（1856—1927）绘〕

6

图9：1882年塞奇瓦约访问英国时，留下了这幅肖像画。塞奇瓦约的这次访问堪称圆满。英国社会一改对他"食人蛮王"的刻板印象，对他的治国智慧、军事才能十分认可，就连维多利亚女王也接见了他。次年回国后，塞奇瓦约再次加冕为祖鲁国王。但此时他的国土面积大大缩小，原北部领土已归由英国扶植起来的齐伯布（Zibhebhu，他的远房兄弟）统治，南部靠近纳塔尔的领土也不再由他控制。当年6月，齐伯布发兵攻打塞奇瓦约，塞奇瓦约战败，被迫流落在外，于1884年2月因心脏病去世。[ Karl Rudolf Sohn（1845—1908）绘 ]

图10：冲锋的祖鲁士兵。他们堪称当时世界上机动性最好的步兵，其组织性、纪律性以及勇敢无畏的战斗精神，在非洲几乎无人能敌。[ William Heysham Overend（1851—1898）绘 ]

7

**图11：**伊散德尔瓦纳之战的最后时刻，在形如斯芬克斯的巨石脚下，英军和祖鲁人展开了激烈的肉搏战。〔Charles Edwin Fripp（1854—1906）绘〕

**图12：**罗克渡口之战。〔Alphonse de Neuville（1835—1885）绘〕

8

图13：被描绘成摩西的雷赛布。图中，他脚踏尼罗鳄，将苏伊士地峡一分为二。[André Gill（1840—1885）绘]

**图14：**乌伦迪战役结束之后，英国骑兵军官审问祖鲁战俘。[ Richard Caton Woodville Jr.（1856—1927）绘 ]

**图15：**德兰士瓦三巨头，从左至右依次为：彼得·朱伯特、保罗·克鲁格、小比勒陀利乌斯。早在1864年，小比勒陀利乌斯便在克鲁格的支持下第二次当选总统，因此二人算是老搭档。

**图16**：此画展现了马朱巴之战的最后关头：乱哄哄的山头，身穿各式制服的英军（陆战队、水兵、高地兵），以及画面中央被击中后倒在下属怀中的科利将军。[ Richard Caton Woodville Jr.（1856—1927）绘 ]

**图17**：赫鲁米尔人袭击法军西帕希骑兵。虽说法军把镇压赫鲁米尔人当作入侵突尼斯的借口，但后者切切实实地给法军带来了很大麻烦。[ Charles Auguste Loye（1841—1905）绘 ]

11

**图18**：卡萨辛之战中，英军骑兵在夜间向埃及军发起冲锋。[ Harry Payne（1858—1927）绘 ]

**图19**：泰勒凯比尔之战中的近卫旅。骑在白马上挥斥方道的是该旅旅长康诺特（Connaught）公爵。沃尔斯利为了防止女王的这位爱子出现闪失，特地把该旅安排在阵线后方。[ Alphonse de Neuville（1835—1885）绘 ]

图20：19世纪后期的法国探险家皮埃尔·萨沃尼昂·德·布拉柴（左）与让－巴蒂斯特·马尔尚（右）。

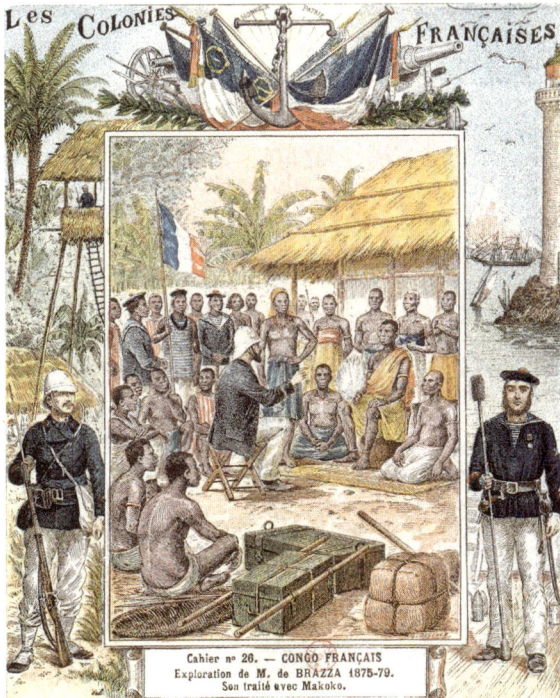

图21：布拉柴会见非洲酋长马科科。〔出自《Les Colonies Francaises》，作者 G. Dascher〕

图22：19世纪中期的廷巴克图。由于摩洛哥人的入侵与破坏，加上大航海时代以来撒哈拉商道地位的日益下降，廷巴克图早已不复昔日风采。〔Johann Martin Bernatz（1802—1878）绘〕

图23：塞内加尔轻步兵登陆非洲海岸。〔Henri Meyer（1841—1899）绘〕

**图24：**法国工程兵在塞内加尔建设铁路。［Louis Charles Bombled（1862—1927）绘］

图25：乔治・戈尔迪・陶布曼。[ Hubert von Herkomer（1849—1914）绘 ]

撒哈拉以南尼格罗人种

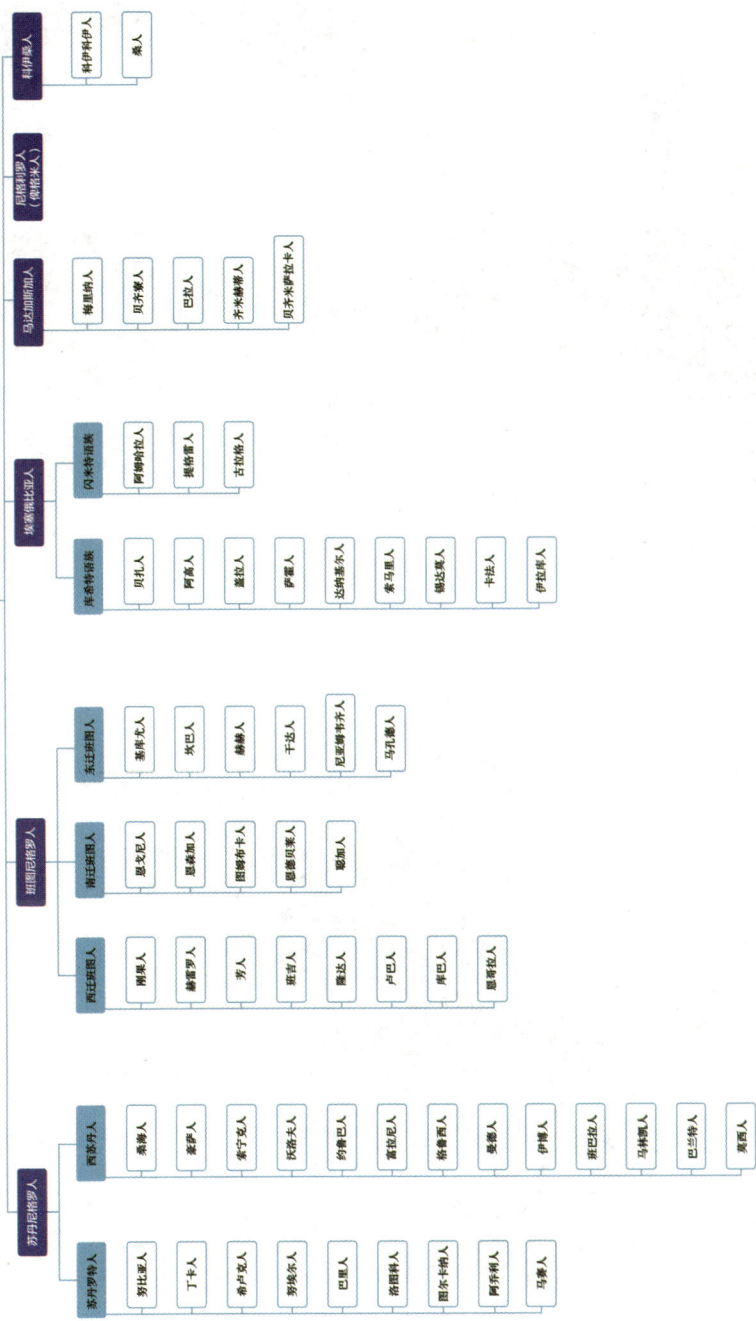

- 苏丹尼格罗人
  - 苏丹尼格罗人
    - 努比亚人
    - 丁卡人
    - 希卢克人
    - 努埃尔人
    - 巴里人
    - 洛图科人
    - 图尔卡纳人
    - 阿乔利人
    - 马赛人
  - 西非人
    - 桑海人
    - 莫萨人
    - 索宁克人
    - 沃洛夫人
    - 约鲁巴人
    - 富拉尼人
    - 格鲁西人
    - 曼德人
    - 伊博人
    - 班巴拉人
    - 马林凯人
    - 巴兰特人
    - 夏西人
- 班图尼格罗人
  - 西班图人
    - 刚果人
    - 赫雷罗人
    - 芳人
    - 班查人
    - 隆达人
    - 卢巴人
    - 库巴人
    - 恩库拉人
  - 南班图人
    - 昆戈尼
    - 恩森加人
    - 图姆布卡人
    - 恩德贝莱人
    - 聪加人
  - 东班图人
    - 基库尤人
    - 牧巴
    - 赫赫
    - 干达人
    - 尼亚姆韦齐人
    - 马孔德人
- 埃塞俄比亚正人
  - 库希特语族
    - 贝扎
    - 阿高
    - 盖拉
    - 萨霍
    - 达纳基尔人
    - 索马里人
    - 锡达莫人
    - 卡法
    - 伊拉库人
  - 闪含特语族
    - 阿姆哈拉
    - 提格雷人
    - 古拉格人
- 马达加斯加人
  - 梅里纳人
  - 贝齐寮人
  - 巴拉
  - 齐米赫特人
  - 贝齐米萨拉卡人
- 昆格米罗人（俾格米人）
- 科伊桑人
  - 科伊科伊人
  - 桑人

图26：居住在撒哈拉以南的尼格罗诸民族。

17

图27：马赫迪运动的两代领袖，左为穆罕默德·艾哈迈德·伊本·阿卜杜拉（马赫迪），右为哈里发之首、马赫迪的继承人阿卜杜拉·伊本·穆罕默德。

图28：马赫迪义军。〔Richard Caton Woodville Jr.（1856—1927）绘〕

**图29：** 在沙漠中行军的骆驼纵队。英军在埃及战争中发现，传统的红色制服在北非过于显眼，于是让国内紧急赶制灰色制服，但由于战争结束得过快，英军历史上这套唯一的灰制服便穿在了骆驼纵队身上。[ Orlando Norie（1832—1901）绘 ]

**图30：** 营救戈登的英军与马赫迪军在阿布克里爆发大战。[ William Barnes Wollen（1857—1936）绘 ]

**图31：**身穿华丽的埃及陆军制服的戈登在喀土穆总督宫殿的台阶上被安萨尔投掷的长矛杀死。这是戈登最为人接受的死法。［George William Joy（1844—1925）绘］

**图32**：桑给巴尔岛上的奴隶市场。尽管在英国的施压下，桑给巴尔苏丹在1822年签署了禁止奴隶贸易的协约，然而事与愿违，东非沿海地区的奴隶贸易反而呈现出急剧上升的趋势。19世纪初，该地区每年贩卖黑奴3000人，19世纪40年代每年贩卖的黑奴上升至15000人，而在19世纪五六十年代这个数字还在持续上升。[Émile Bayard（1837—1891）绘]

**图33**：图为19世纪60年代，斯皮克访问布干达王国时的盛况。该国的繁荣给探险家留下了深刻的印象。[出自亨利·莫顿·斯坦利于1878年出版的著作《穿越黑暗大陆》（Through the Dark Continent）]

21

**图34**：梅萨一世时代的布干达女兵卫队，不过这一兵种应是纯粹的摆设，在梅萨卡巴卡死后便被撤编了，后来的卢加德对此只字未提。（出自亨利·莫顿·斯坦利于1878年出版的著作《穿越黑暗大陆》）

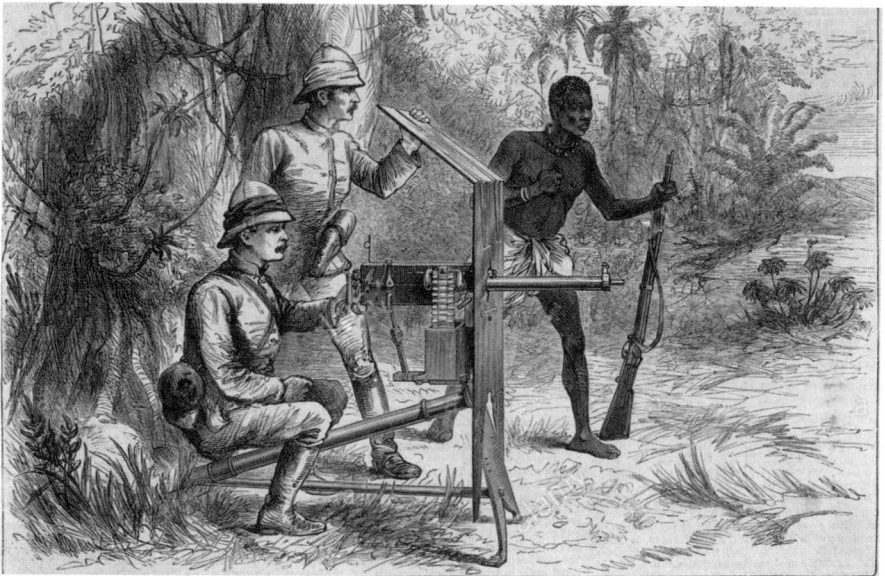

**图35**：诗人西莱尔·贝洛克（Hilaire Belloc）在诗中写道："不管风雨变化，利器在手。马克沁重机枪，他们没有。"这种射速最高可达每分钟600发的杀人利器，可以对非洲土著造成降维打击。（出自亨利·莫顿·斯坦利于1890年出版的著作《最黑暗的非洲》）

**图36：**斯坦利的先头纵队历经千难万险终于走出了伊图里雨林，然而有超过半数的人死在雨林之中。（出自亨利·莫顿·斯坦利于1890年出版的著作《最黑暗的非洲》）

**图37：**德国军舰炮轰潘加尼。

**图38：**由于很多来自内陆的战士已经漂流回家，而在雨季的漫长等待已使阿布希里的斯瓦希里追随者精力衰竭，因此面对兵精粮足的威斯曼雇佣军，阿布希里难逃失败的结局。

**图39:**门戈之战中,威廉上尉率苏丹士兵向敌人发起进攻。〔George Derville Rowlandson（1861—1928）绘〕

24

**图40**：塞古宫殿。

**图41**：法军攻打塞古。[ Henri Meyer（1841—1899）绘 ]

图42：在沙漠的高温下，金属盔甲很快便会发烫，因此尼日利亚或博尔努地区的骑兵优先选择棉甲作为防护。

图43：法国攻占廷巴克图后，一度将其当做法属西非首府，但由于其衰颓已是不可逆转，因此到了1904年，法国又把首府改到达喀尔。[ Frederic Theodore Lix（1830—1897）绘 ]

图44：鸟瞰大津巴布韦。起初，欧洲人认为落后、愚昧的非洲人难以在中古时期完成如此庞大、复杂、精巧的石制工程，大津巴布韦的创造者只能是阿拉伯人、腓尼基人、波斯人或所罗门王子派来寻找金子的人。这种观点被许多殖民主义者广泛采用。直到1930年，英国考古学家格特鲁德·卡顿·汤普森才在经典著作《津巴布韦文化》中指出："检查了从各个角落收集来的全部已有的证据之后，还没有一件是不符合班图根源和中世纪时期这种论据的。""我……坚决不同意一再提出的调和性意见，即（认为）津巴布韦及同类的建筑是当地的工人在一个优秀的外来种族或监督者指导下修建的。"她的观点得到了大多数学者的认可。

图45：漫画中的罗德斯，以一个巨人的形象屹立在非洲大陆的版图之上。他双脚立足在埃及的开罗和南非的开普敦，双臂张开，手中牵着连接两地的电报线。[ Edward Linley Sambourne（1844—1910）绘 ]

**图46**：姆西里派出的探子。他们把自己打扮成鼓手模样，一边敲鼓，一边观察斯蒂尔斯的远征队。
〔出自1892年出版的《加丹加的远征：由德·邦尚侯爵的游记编写》，René de Pont-Jest（1830—1904）著〕

**图47**：斯蒂尔斯上尉的非洲士兵。

**图48**：表现刚果象牙贸易的绘画，出自1900年莱比锡的一家肉罐头广告。这些奴隶在抵达海岸目的地后就会被就地卖掉，因此有"黑象牙"之称。

**图49**：高举比利时旗帜的非洲雇佣军。该画作现展览于比利时特伦菲尔非洲宫（Royal Museum for Central Africa, Terveuren）。

**图50：**米松的远征队。〔出自1897年7月发行的法国报刊《小报》（Le Petit Journal）〕

图51：该图展现了19世纪90年代的时局：结成伙伴的法俄两国军人志得意满；而德、奥、意三国却彼此缠绕在一起，无法挣脱；至于保持"光荣孤立"的英国，则躲在一旁悄悄观察局势。（出自1896年10月发行的法国报刊《小报》）

图52：皇家尼日尔公司的豪萨士兵，拍摄于1897年。尽管当时后膛枪已经开始普及，但他们依旧装备着老旧的施耐德步枪。

图53：马科科酋长率部民乘船突袭阿加萨。[Robert Barnes（1840—1895）绘]

32

图54：英军在壮丽奇绝的东非大峡谷行进。常年在印度作战的内皮尔将军特地带了44头大象搬运火炮。和行军中的艰难相比，与阿比西尼亚军队的交战显得容易多了。[ 随军中尉科尼利厄斯·弗朗西斯·詹姆斯（Cornelius Francis James）绘 ]

33

图55：多加利战役。〔Michele Cammarano（1835—1920）绘〕

图56：威尔逊一行在尚加尼进行最后的抵抗。〔Allan Stewart（1865—1951）绘〕

**图57**：大捷之后，班师回朝的万王之王孟尼利克。由于阿比西尼亚长期以来军阀割据，因此孟尼利克既担心外敌入侵，又担心祸起萧墙。阿杜瓦战役结束后，他匆匆下令班师，途中不断与当地武装发生冲突，甚至在加拉人手中惨败，损失超过阿杜瓦战役。[ Paul Buffet（1864—1941）绘 ]

**图58**：身穿黑鸵鸟毛披肩，肘部、膝部缚着白色牛尾，手持圆头棒和牛皮盾的恩德贝莱武士。〔Thomas Baines（1820—1875）绘〕

**图59**：抓获萨摩里·杜尔。［Henri Meyer（1841—1899）绘］

**图60**：马尔尚的探险队。［Henri Meyer（1841—1899）绘］

图61：发起冲锋的第21枪骑兵团。[ George Delville Rowlandson（1861—1930）绘 ]

图62：在喀土穆总督宫殿废墟前，基钦纳为戈登举办了迟来的追思会。[ Richard Caton Woodville Jr.（1856—1927）绘 ]

图63：弱小的法兰西"小红帽"——玛丽安娜（Marianne）女神在露出獠牙利爪的英吉利"狼外婆"——布列塔尼亚（Britannia）女神面前，牢牢地抱住法绍达，而远处正是金字塔与斯芬克斯。〔出自1898年11月发行的法国报刊《小报》〕

图64：牛气冲天的英国大兵（卡其色制服）同法国士兵在弹丸之地——法绍达进行对峙。从来自英法双方不同视角的漫画可以看出，英法两国当时的国力差距悬殊。[ John Tenniel（1820—1914）绘 ]

**图65：**上图为占据有利地形，依托临时工事抵抗的布尔军。下图为仓促匍匐射击的英军。从军容上看，相比制服整齐的英军，布尔军更像乞丐，但布尔人的散兵战术早已炉火纯青，而英军则刚刚摸到现代战争的皮毛。

**图66：**德兰士瓦、奥兰治的部分军政要人。

第一排从左至右依次为：奥兰治自由邦总统马蒂纳斯·特尼斯·斯泰恩、皮特·克龙涅、德拉雷。

第二排从左至右依次为：克里斯蒂安·德维特、路易·博塔。

**图67：**坚守莱迪史密斯的英军。从图中可以看出，此时的堑壕深1米左右，隐蔽效果不佳。[ Richard Caton Woodville Jr.（1856—1927）绘 ]

图68：被围困在金伯利的罗德斯死死抱着他热爱的香槟酒。[出自1900年2月17日发行的法国幽默报刊《笑》（Le Rire）]

图69：1901年9月17日，在莫德方丹附近遭到史末资游击队袭击的第17枪骑兵团。在这场战斗中，布尔人以1死6伤的代价，毙伤、俘获英军120余人。在布尔战争中，威风凛凛的枪骑兵已经成为中看不中用的摆设。[Richard Caton Woodville Jr.（1856—1927）绘]

图70：英军纵火烧毁布尔人的农庄。在布尔战争中，总共有3万多个农场被焚毁，360万头牲畜被宰杀。[ Richard Caton Woodville Jr.（1856—1927）绘 ]。

**图71:**3名布尔军人的照片。他们中既有白胡子老翁，也有青葱少年，可见当时布尔人的战争资源已经趋于枯竭。

**图72**：在刚果公安军的监督下，黑人正在搬运装满橡胶的篮子。为了完成指标，他们被迫采用快捷省事的方法：将橡胶树砍下来，或者剥下橡胶树的皮。这种竭泽而渔的手段，使得橡胶林逐步消失，橡胶产量成倍下降。
〔Frederic de Haenen（1853—1928）绘〕

**图73：**画面中，英国国王爱德华七世与法国总统埃米勒·卢贝握手拥抱。英法从矛盾重重的宿敌到缔结协约，这位被称为"欧洲之伯"的国王的个人魅力发挥了极大的作用。（出自1903年7月发行的法国幽默报刊《笑》）

**图74**：温得和克保卫战。

图75：马及马及义军，拍摄于20世纪初。

图76：马及马及义军袭杀德国殖民者。（出自1903年11月发行的法国报刊《小报》）

图77：镇压马及马及起义的阿斯卡里。德属东非的阿斯卡里待遇在非洲各殖民地中相对较好，其薪水是英属东非同行的两倍。[ Wilhelm Kuhnert（1865—1926）绘 ]

图78：布拉柴重回非洲。该画的作者或许忘了，布拉柴早已不是那个意气风发、英俊潇洒的青年探险家，而是个形容憔悴，即将就木的老人。（出自1905年3月发行的法国报刊《小报》）

**图79：**在法属刚果，移民们使用亚洲象耕田。尽管非洲当地有体型更大的非洲草原象，但由于其脾气暴躁、难以驯化，因此殖民者往往不远万里，从印度、东南亚等地运来它们的"远亲"当重劳力。（出自1911年1月15日发行的法国报刊《小报》）

图80：卡诺战役中，富拉尼骑兵像中世纪骑士一样发起冲锋。[Frank Craig（1874—1918）绘]

图81：讽刺利奥波德二世化身毒蛇，疯狂吞噬非洲土著的漫画。[Edward Linley Sambourne（1844—1910）绘]

图82：南非联邦的国旗。注意右侧的国徽，其中希望女神代表开普，黑马羚代表纳塔尔，柑橘树代表奥兰治，大篷车代表德兰士瓦。

图83：意大利士兵在胜利女神的引领下，英勇地登上的黎波里海岸，驱逐土耳其人。阿杜瓦惨败十余年后，意大利终于在非洲大陆扬眉吐气。（出自1911年10月发行的法国报刊《小报》）

# 示意图

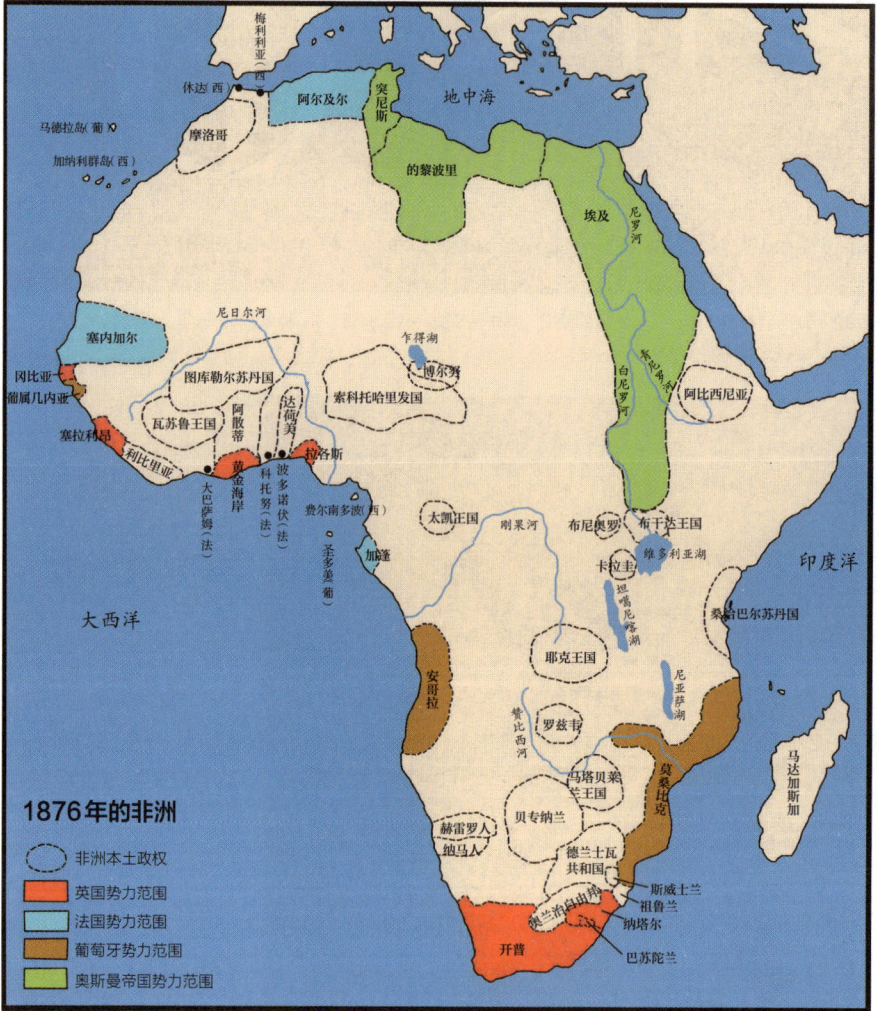

**1876年的非洲**

- ◌ 非洲本土政权
- ▮ 英国势力范围
- ▮ 法国势力范围
- ▮ 葡萄牙势力范围
- ▮ 奥斯曼帝国势力范围

**示意图1:** 1876年的非洲各方势力。可见当时殖民非洲的列强只有英、法、葡等几国,其殖民地也以沿海地区与岛屿为主。

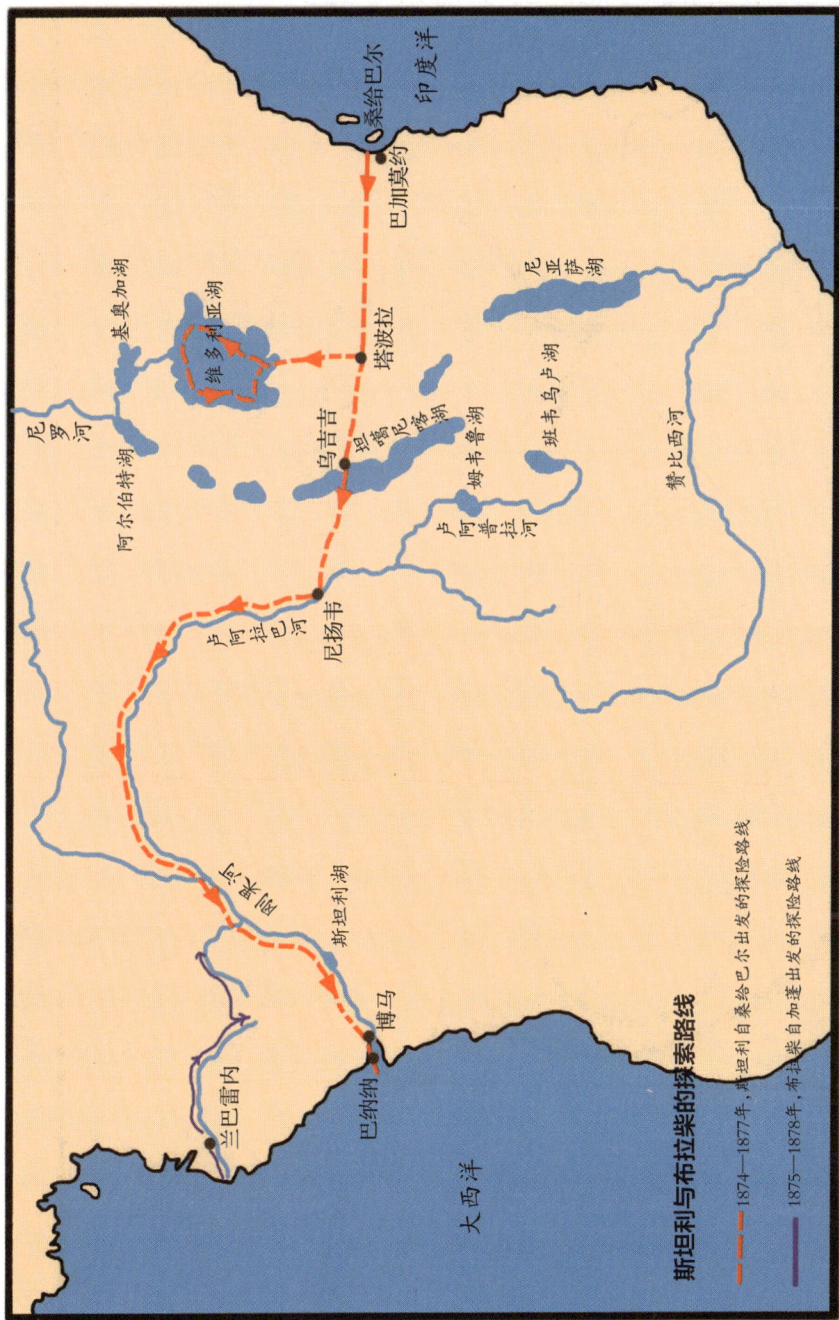

**斯坦利与布拉柴的探索路线**

━ ━ 1874—1877年，斯坦利自桑给巴尔出发的探险路线

━━━ 1875—1878年，布拉柴自加蓬出发的探险路线

示意图2：19世纪70年代，斯坦利与布拉柴在非洲腹地的探索路线。

桑给巴尔

印度洋

巴加莫约

塔波拉

尼亚萨湖

基奥加湖

维多利亚湖

尼罗河

阿尔伯特湖

乌吉吉

坦噶尼喀湖

姆韦鲁湖

班韦乌卢湖

赞比西河

尼扬韦

卢阿拉巴河

卢阿普拉河

刚果河

斯坦利湖

博马

兰巴雷内

巴纳纳

大西洋

55

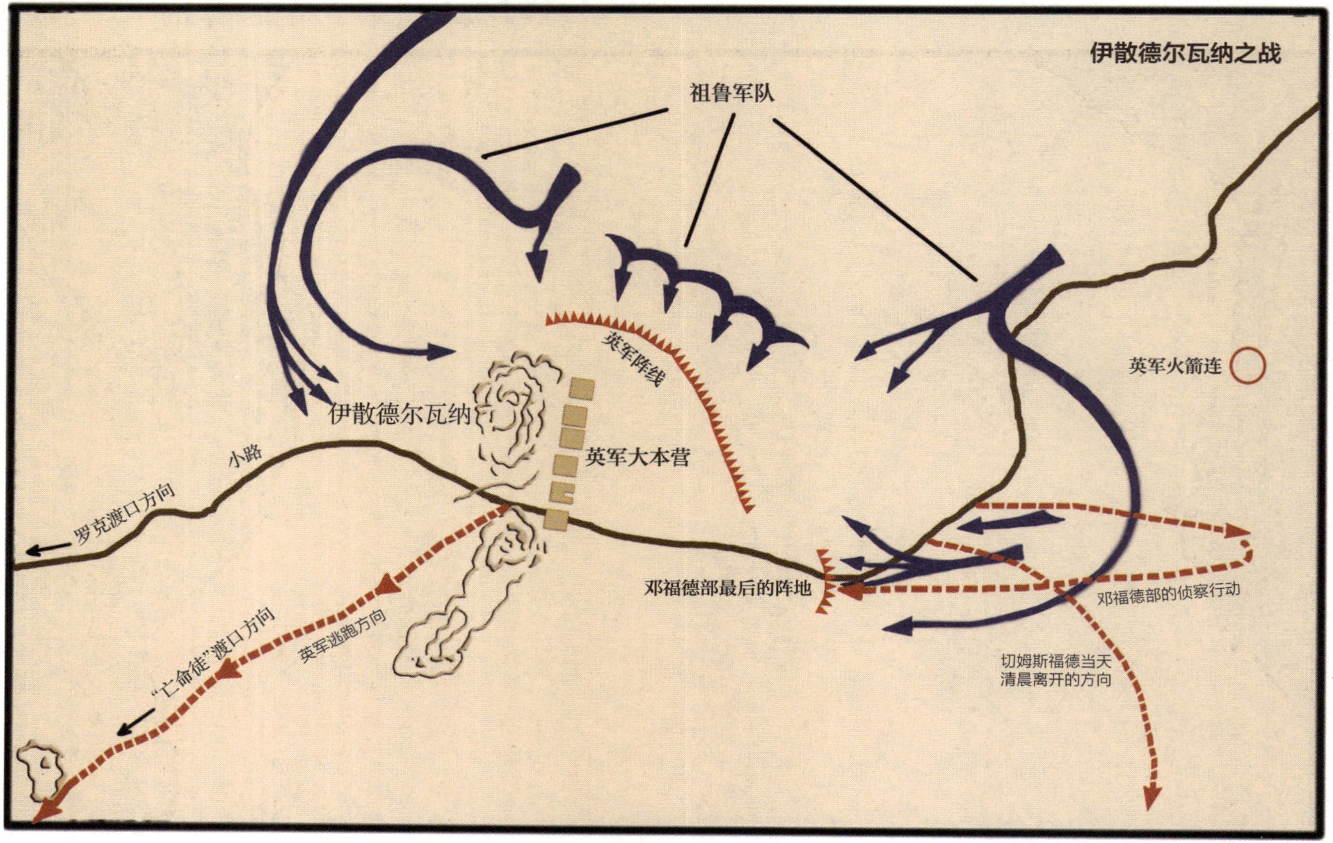

伊散德尔瓦纳之战

英军火箭连

祖鲁军队

英军阵线

英军大本营

伊散德尔瓦纳

小路

罗氏渡口方向

切姆斯福德当天
清晨离开的方向

邓福德部的侦察行动

邓福德部最后的阵地

英军溃逃口方向

"逃亡之路"

示意图3：1879年1月22日爆发的伊散德尔瓦纳之战。

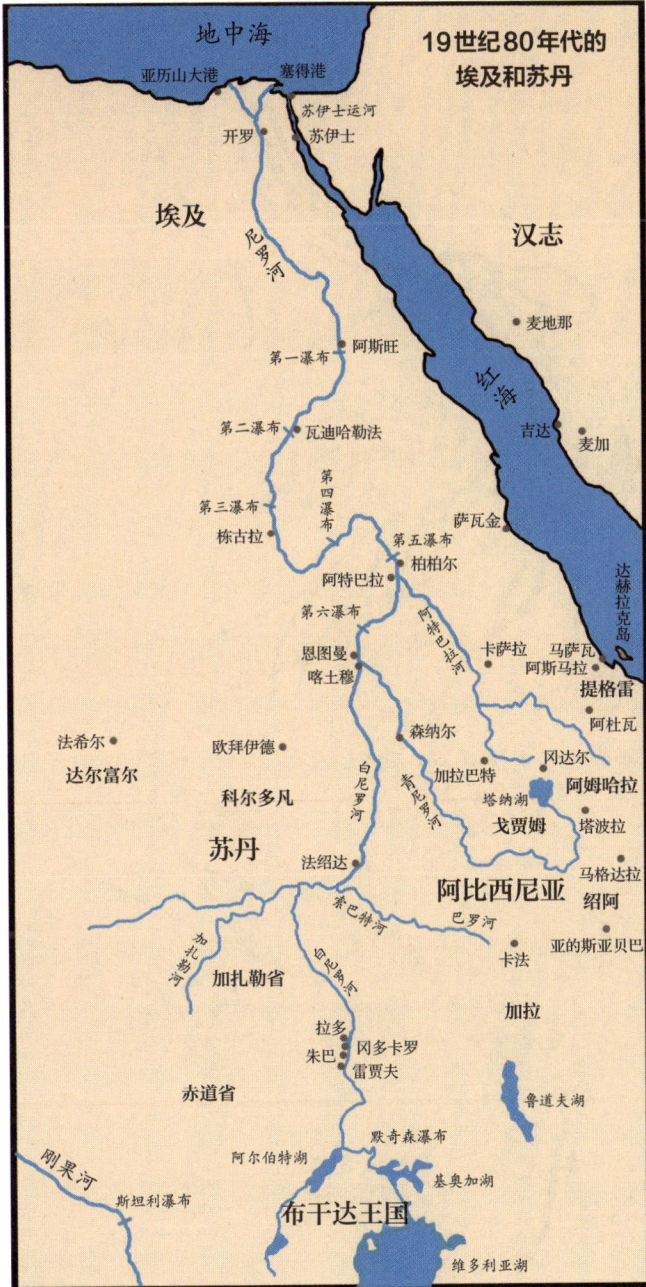

地中海

亚历山大港　塞得港

苏伊士运河
苏伊士

开罗

19世纪80年代的
埃及和苏丹

埃及

尼罗河

汉志

麦地那

阿斯旺

第一瀑布

瓦迪哈勒法

第二瀑布

红海

吉达　麦加

第四瀑布

第三瀑布

栋古拉

萨瓦金

第五瀑布
柏柏尔

达赫拉克岛

阿特巴拉

第六瀑布

阿特巴拉河

卡萨拉

马萨瓦
阿斯马拉

提格雷

恩图曼
喀土穆

森纳尔

阿杜瓦

法希尔

达尔富尔

欧拜伊德

青尼罗河

白尼罗河

加拉巴特

冈达尔

塔纳湖

阿姆哈拉

塔波拉

科尔多凡

戈贾姆

苏丹

法绍达

索巴特河

马格达拉
绍阿

巴罗河

阿特巴拉河

亚的斯亚贝巴

阿比西尼亚

加扎勒省

卡法

加拉

白尼罗河

拉多
朱巴

冈多卡罗
雷贾夫

赤道省

默奇森瀑布

鲁道夫湖

刚果河

斯坦利瀑布

阿尔伯特湖

基奥加湖

布干达王国

维多利亚湖

示意图4：19世纪80年代的埃及和苏丹。

57

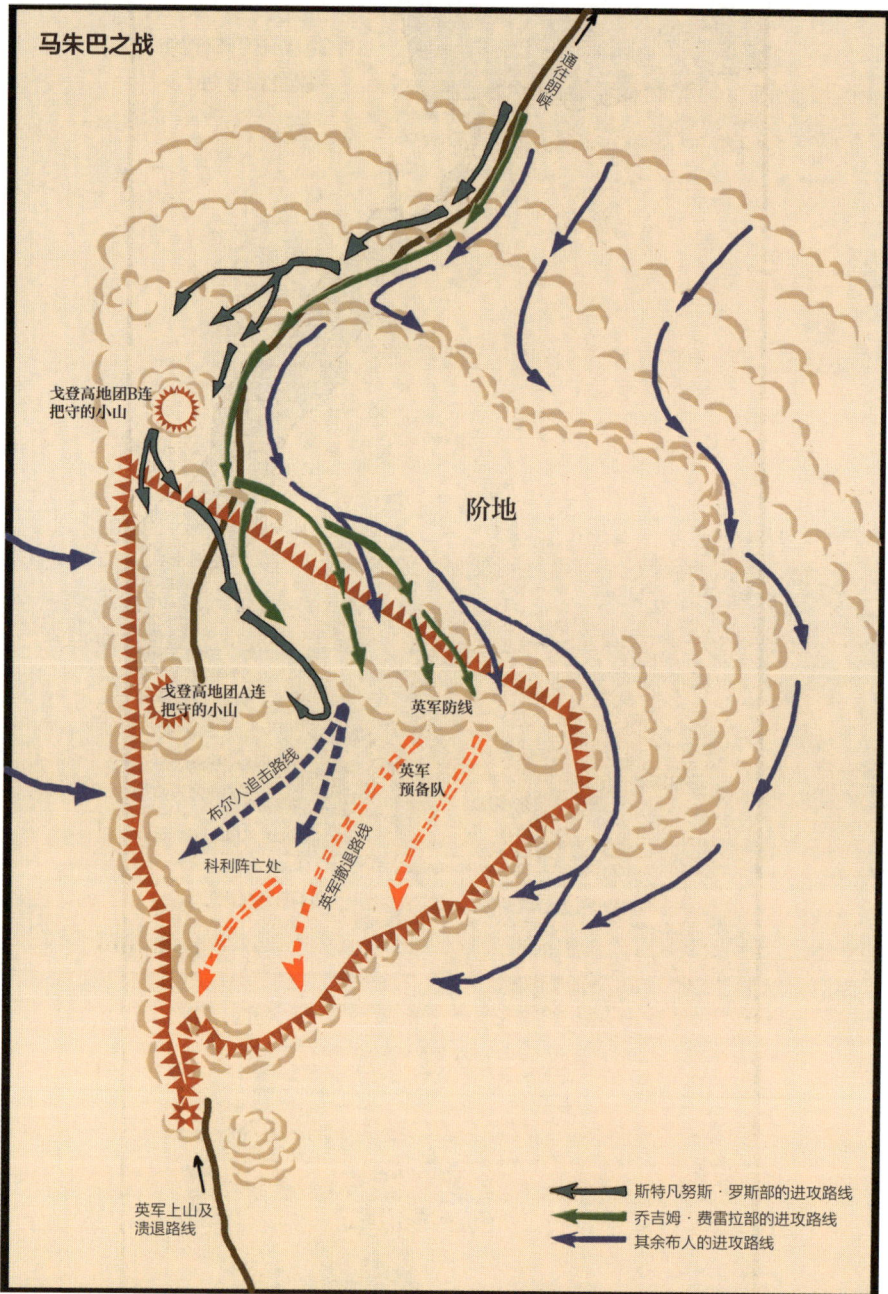

马朱巴之战

戈登高地团B连
把守的小山

阶地

戈登高地团A连
把守的小山

英军防线

布尔人追击路线

英军预备队

科利阵亡处

英军撤退路线

英军上山及
溃退路线

斯特凡努斯 · 罗斯部的进攻路线

乔吉姆 · 费雷拉部的进攻路线

其余布人的进攻路线

**示意图5：**1881年2月27日爆发的马朱巴之战。

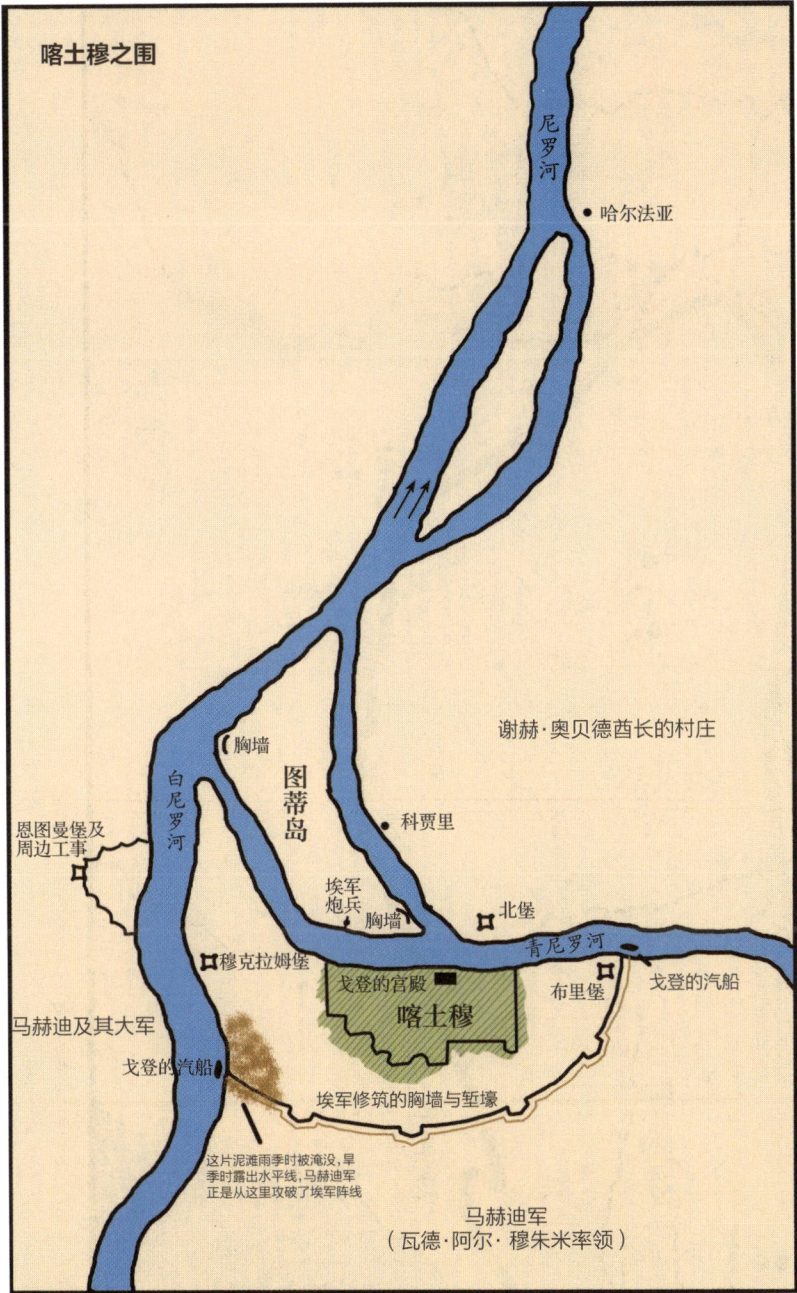

喀土穆之围

尼罗河

• 哈尔法亚

谢赫·奥贝德酋长的村庄

胸墙

图蒂岛

科贾里

白尼罗河

恩图曼堡及
周边工事

埃军
炮兵 胸墙

北堡

青尼罗河

穆克拉姆堡

戈登的宫殿

喀土穆

布里堡

戈登的汽船

马赫迪及其大军

戈登的汽船

埃军修筑的胸墙与堑壕

这片泥滩雨季时被淹没，旱
季时露出水平线，马赫迪军
正是从这里攻破了埃军阵线

马赫迪军
（瓦德·阿尔·穆朱米率领）

**示意图6**：1884—1885年的喀土穆之围。

59

斯坦利为替艾敏解围进行的远征

**斯坦利为替艾敏解围进行的远征**

- ① 斯坦利探险队前方纵队进军路线
- ② 斯坦利探险队后方纵队起初扎营地点
- ③ 斯坦利探险队后方纵队最终扎营地点
- 1888年4月29日,斯坦利与支教会合处
- 伊图里雨林的范围

法属乌班吉沙里

赤道省

英属东非

德属东非

尼罗河

布干达

基奥加湖

瓦德莱

阿尔伯特湖

鲁文佐里山脉

维多利亚湖

姆万扎

塔波拉

乌吉吉

坦噶尼喀湖

韦累河

博多堡

阿鲁米河

巴纳利亚

扬布堡

卢阿拉巴河

洛马米河

卡松戈

尼扬韦

基伍湖

爱德华湖

利萨拉

巴素科

楚阿帕河

阿阿河

刚果河

利基蒂维

刚果自由邦

乔果河

卢夸河

班加拉

开赛河

博洛博

黎加河

贡果河

图帐区

贾河

斯坦利湖

利奥波德维尔

新奥波德维尔

布拉柴维尔

葛果河

马塔迪

罗安达

福雷斯湖

德属喀麦隆

法属刚果

奥果韦河

葡属安哥拉

大西洋

**德属赤道非洲**

示意图7:1887—1889年,斯坦利为替艾敏帕夏解围围进行的远征。

60

# 恩图曼之战

阿里·瓦德·希卢的绿旗军

奥斯曼·谢赫·艾德丁的青旗军

阿布·泽里巴山丘

科莱里山

达牟山丘

萨格拉姆山

奥斯曼·阿兹拉克的白旗军

基钦纳本阵

英军搭建的防御围栅

哈里发本阵

哈里发与雅库布作为预备队的黑旗军

伊卜拉欣·阿尔·哈里尔的白旗军

奥斯曼·丁加的"卷毛兵"

库尔河沟

尼罗河

马赫迪军进攻的最远地点

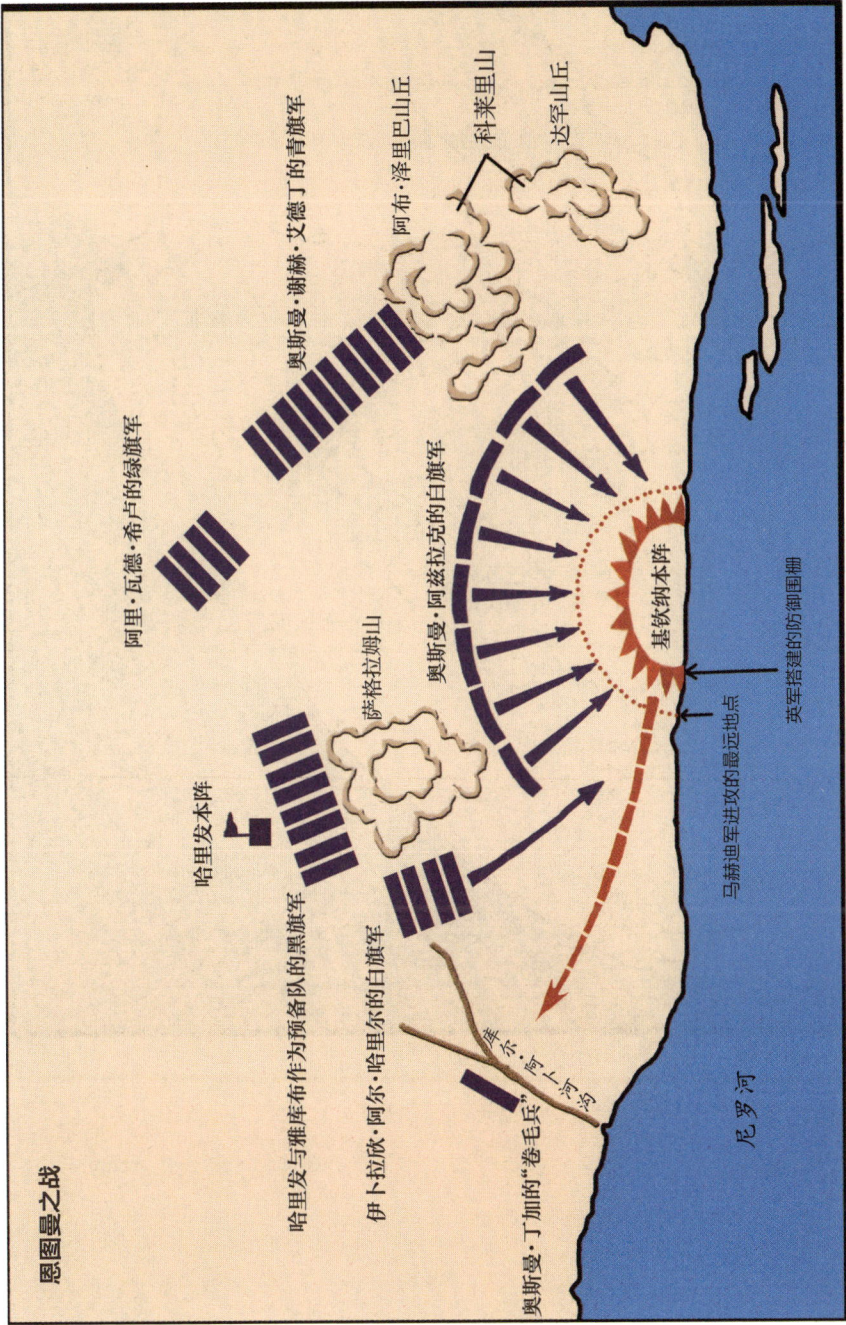

示意图8：1898年9月2日的恩图曼之战。

61

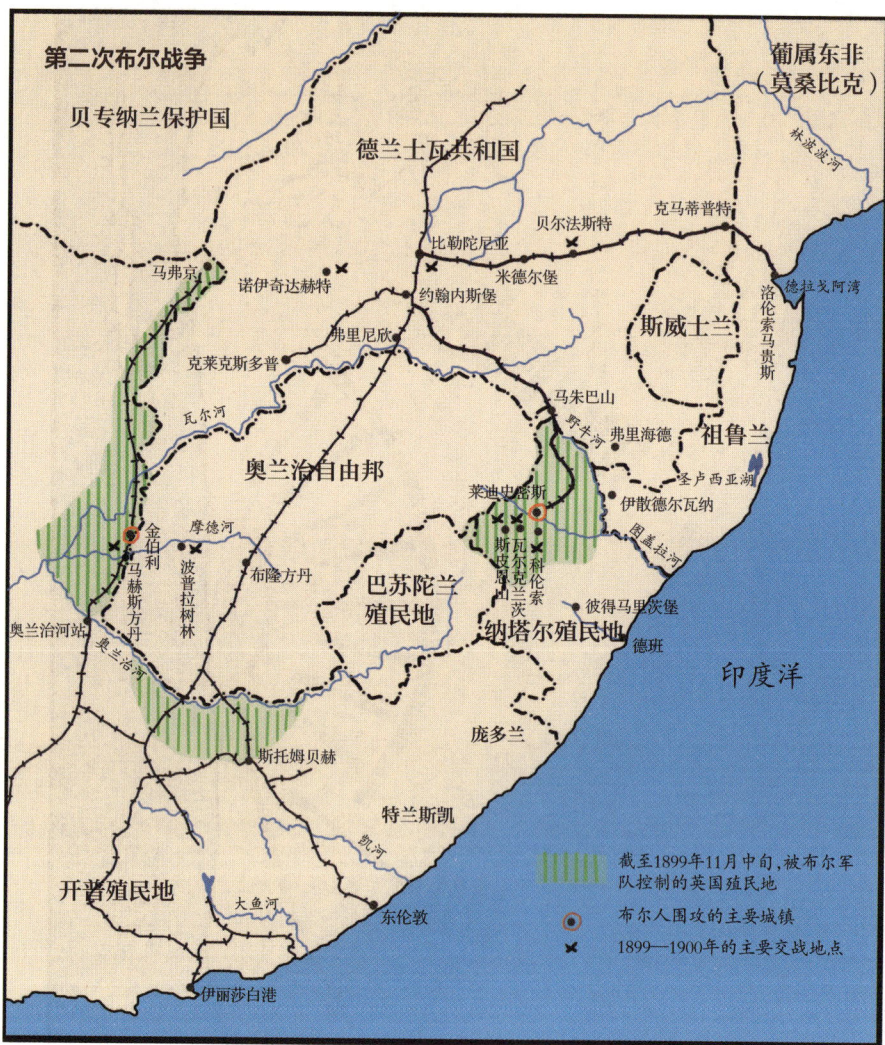

第二次布尔战争

贝专纳兰保护国

德兰士瓦共和国

葡属东非
（莫桑比克）

林波波河

马弗京

诺伊奇达赫特

比勒陀尼亚

贝尔法斯特

克马蒂普特

约翰内斯堡

米德尔堡

斯威士兰

洛伦索马贵斯

德拉戈阿湾

克莱克斯多普

弗里尼欣

瓦尔河

奥兰治自由邦

马朱巴山

野芓河

弗里海德

祖鲁兰

圣卢西亚湖

莱迪史密斯

金伯利

马赫斯方丹

摩德河

布隆方丹

伊散德尔瓦纳

图盖拉河

波普拉树林

奥兰治河站

奥兰治河

斯科尔兰茨
瓦尔克朗
斯皮昂山

科伦索

巴苏陀兰
殖民地

彼得马里茨堡

纳塔尔殖民地

德班

印度洋

庞多兰

斯托姆贝赫

特兰斯凯

凯河

开普殖民地

大鱼河

东伦敦

伊丽莎白港

截至1899年11月中旬，被布尔军
队控制的英国殖民地

布尔人围攻的主要城镇

1899—1900年的主要交战地点

**示意图9：**第二次布尔战争（1899—1902年）时期的南非。

62

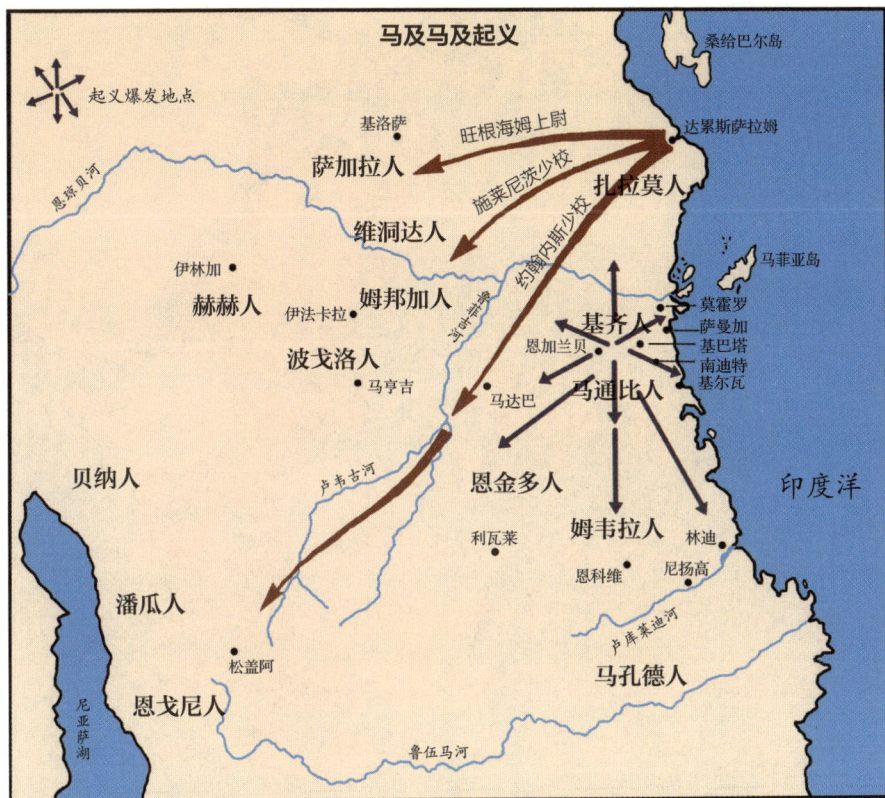

**示意图 10：**1905—1906年的马及马及起义。

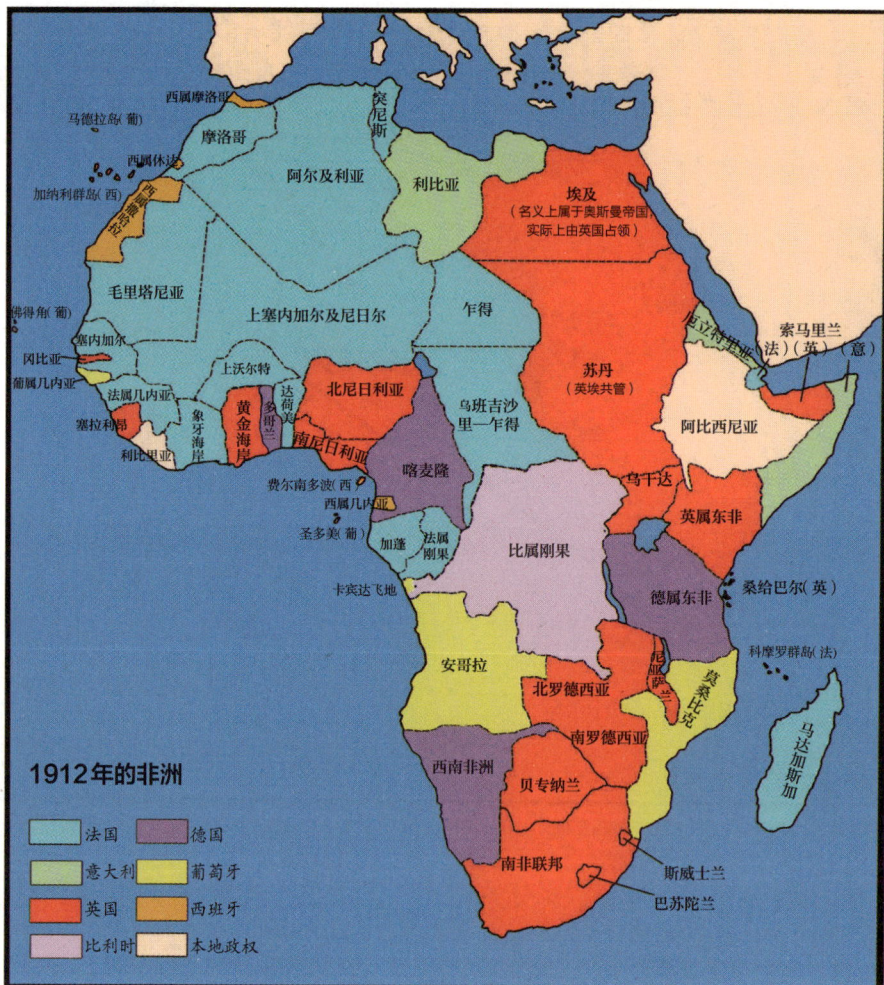

**示意图11**：1912年，被列强瓜分后的非洲。①

图中文字：

1912年的非洲

图例：
- 法国
- 德国
- 意大利
- 葡萄牙
- 英国
- 西班牙
- 比利时
- 本地政权

西属摩洛哥
马德拉岛（葡）
摩洛哥
西属休达
加纳利群岛（西）
阿尔及利亚
利比亚
突尼斯
埃及（名义上属于奥斯曼帝国 实际上由英国占领）

毛里塔尼亚
上塞内加尔及尼日尔
乍得
苏丹（英埃共管）
厄立特里亚（意）
索马里兰（法）（英）

佛得角（葡）
塞内加尔
冈比亚
葡属几内亚
法属几内亚
塞拉利昂
利比里亚
象牙海岸
黄金海岸
达荷美
多哥（德）
北尼日利亚
南尼日利亚
乌班吉沙里—乍得
阿比西尼亚
乌干达
英属东非

上沃尔特
喀麦隆
费尔南多波（西）
西属几内亚
圣多美（葡）
加蓬
法属刚果
比属刚果
德属东非
桑给巴尔（英）

卡宾达飞地
安哥拉
北罗德西亚
尼亚萨兰
莫桑比克
科摩罗群岛（法）

西南非洲
南罗德西亚
贝专纳兰
马达加斯加

南非联邦
斯威士兰
巴苏陀兰

① 1912年的法属西非包括：塞内加尔、毛里塔尼亚、上塞内加尔及尼日尔（今马里与尼日尔）、法属几内亚、象牙海岸、达荷美（今贝宁）、上沃尔特（今布基纳法索）。1912年的法属赤道非洲包括：加蓬、乌班吉沙里—乍得（今中非共和国）、乍得、法属刚果。